国家社科基金
GUOJIA SHEKE JIJIN HOUQI ZIZHU XIANGMU
后期资助项目

国家社科基金后期资助项目(20FZWA008)研究成果

冯沅君陆侃如年谱长编

张可礼　编著

山东大学出版社
SHANDONG UNIVERSITY PRESS
·济南·

图书在版编目(CIP)数据

冯沅君陆侃如年谱长编 / 张可礼编著.—济南：山东大学出版社，2024.1

ISBN 978-7-5607-7946-1

Ⅰ．①冯… Ⅱ．①张… Ⅲ．①冯沅君－年谱②陆侃如－年谱 Ⅳ．①K825.6

中国国家版本馆 CIP 数据核字(2023)第 190331 号

责任编辑　张晓林　张彩芸
美术编辑　王秋忆

冯沅君陆侃如年谱长编

FENG YUANJUN LU KANRU NIANPU CHANGBIAN

出版发行　山东大学出版社
社　　址　山东省济南市山大南路 20 号
邮政编码　250199
发行热线　(0531)88363008
经　　销　新华书店
印　　刷　济南乾丰云印刷科技有限公司
规　　格　720 毫米×1000 毫米　1/16
　　　　　49 印张　876 千字
版　　次　2024 年 1 月第 1 版
印　　次　2024 年 1 月第 1 次印刷
定　　价　196.00 元

国家社科基金后期资助项目
出版说明

后期资助项目是国家社科基金设立的一类重要项目，旨在鼓励广大社科研究者潜心治学，支持基础研究多出优秀成果。它是经过严格评审，从接近完成的科研成果中遴选立项的。为扩大后期资助项目的影响，更好地推动学术发展，促进成果转化，全国哲学社会科学工作办公室按照“统一设计、统一标识、统一版式、形成系列”的总体要求，组织出版国家社科基金后期资助项目成果。

全国哲学社会科学工作办公室

冯沅君、陆侃如塑像。立于山东大学中心校区文史楼北桂花园内。

塑像由山东大学中文系 1956 级学生敬塑。

目　录

引言：璀璨的“双子星”

在中国20世纪的人文社会科学领域，曾先后出现了一些夫妇，他们相互辉映，成为璀璨的“双子星”。早一些的如陆侃如和冯沅君、冰心和吴文藻、陈西滢和凌叔华、姜亮夫和陶秋英；晚一些的如萧乾和文洁若、钱锺书和杨绛、任继愈和冯钟芸、程千帆和沈祖棻。他们专业有别、个性不同，学养、经历和所处的境遇也不尽一致，但他们都热爱祖国，敬重自己的事业，都能辛勤耕耘，在各自从事的事业上做出了重要的贡献，为后人留下了宝贵的精神财富。但如果非要对他们做一大致权衡的话，能在多方面做出重要贡献、具有持续生命力的，我认为应当首推陆侃如、冯沅君夫妇。在诸多“双子星”中，陆侃如、冯沅君夫妇是更加璀璨的。

作为“双子星”的陆侃如、冯沅君夫妇，在结婚之前，就各自发出了耀眼的光芒，喜结连理、珠联璧合之后，又共同经历了人生和祖国的风风雨雨。他们栉风沐雨，相濡以沫，并肩携手，奋勇前进，多有创获，相继发出了更加灿烂的光芒。

在中国20世纪的人文社会科学领域的史册中，冯沅君是集作家、学者、教授、翻译家于一身的国宝级的女性知识分子，是才女，是斗士，是高士，是爱国者。她勇于冲破封建枷锁，走出封建家庭，接受现代高等教育。1922年，她毕业于北京女子高等师范学校，接着考取了北京大学研究所国学门，是研究所的第一位女研究生。她是一位反封建的女健将，敢于打碎旧式封建婚姻的镣铐，展现出一种新女性的追求，是现代妇女解放的先行者、鼓吹者。她参加了五四学生运动，是一位女闯将、一匹“战马”。在五四新文化运动中，她创作、研究两峥嵘。她随潮流而动，呼吸新鲜空气，在自由的气氛中大胆创作，是早有名气的新女性作家的先锋之一。她手握着笔，心怀着爱，肩上有担当，用自己创作的《卷葹》《春痕》《劫灰》等作品，旗帜鲜明地宣扬反封建礼教、张扬个性解放、争取自由，走向自我的新潮流。她为了反对封建礼教，揭露封建礼教的罪行，和同学编写并出演《孔雀东南飞》，开女大学生演出戏剧之先例。在学问还是女性的禁区时，她是较早地进入中国古典文学研究领域的女学者，先后出版了《古优解》《古剧说汇》等在中外有影响的专著。她是较早地踏上大学讲台的女教师。自 1925 年到 1974 年病逝，她先后在金陵女子大学、暨南大学、复旦大学、安徽大学、北京大学、河北女子师范学院、中山大学、武汉大学、东北大学、山东大学等高等院校任教。她终生坚守在高等院校的教学岗位上，写下了一个大写的“师”字。她始终抱有忠于教育的赤子之心，学高为师，身正为范，全身心地投入工作，滋兰树蕙，教书育人，桃李芬芳。在 20 世纪 20 年代至 60 年代，在中国高等院校人文社会科学领域里，她当是第一位女性教学大师，是唯一的一位女性一级教授。她是翻译家，留学法国，取得了博士学位，前后翻译过不少法国名著，还翻译过英文著述。在冯沅君所处的那样的时代，一名曾经受到过封建制度压抑和封建思想束缚的弱女子，竟能取得如此显赫的成绩，难得！罕见！这其中有时代的赐予，她的心脉一直和时代一起搏动，也因为她有独特的家庭背景、“聪明才气”，有勇气，有志气，勤奋而顽韧不舍。当然，冯沅君作为一颗“璀璨之星”，在发光的过程中，也伴随着忧伤、苦闷、孤独、自虐等悲剧性的暗淡。悲剧性遭遇造成她灵魂深处的创伤。她知道“人生是苦闷多而喜悦少”，曲折坎坷是常态。她作为一位女性，在社会上，在生理上，承受了比男性更多的艰难和重压。这种悲剧性使她对人生的体验比一般男性更深切，常常体现在她的为人处事中，在一些著述中也时有流露。但她没有因此而消沉。她在悲剧中苦斗，建立起乐观和希望，常常洋溢着的是一种悲壮。她被压抑的生命始终在燃烧。她道德高尚，智虑清明，自始至终持有一种顽强的、坚韧的、永远向前的心态。她的一生，从多方面体现了真正的现代中国女性知识分子的生命历程、特点和风貌。

陆侃如开始是以年轻早熟的学人的身份进入人们的视域的。他才华横溢、勤奋好学、性格外向、通脱豁达、善于结交、长于适应。他在读中学时，注重学习英国文学；到大学，转为学习研究中国古代文学。陆侃如在北京大学和清华研究院学习期间，亲炙胡适、梁启超、王国维、陈寅恪等名师的教诲。他组织学术团体，主编学术刊物。22 岁时发表有关《楚辞》的研究论文，23 岁时出版专著《屈原》。清华研究院研究生毕业后，他就走上了高等院校教学岗位，一直坚守到病逝。他曾先后在中法大学、上海公学、复旦大学、暨南大学、安徽大学、燕京大学、中山大学、东北大学、山东大学等校执教。1951 年被评为一级教授。他还长期兼任过多所高校的文学院院长、系主任等行政职务，兼任过山东大学副校长、图书馆馆长。他在其位，司其职，谋其事，尽心尽力。他在完成教学和教学行政工作任务的同时，一直潜心于学术研究。他在《楚辞》研究、《诗经》研究、汉乐府诗研究、中古文学研究、以《文心雕龙》为代表的中国古代文论研究等方面，都取得了许多为学术界所推崇的重要成果。他和冯沅君一起留学法国，取得了博士学位。他精通英文、法文、俄文，翻译出版过一些重要的法国名著，也翻译过英文、俄文论著。陆侃如青年时期，崭露头角，光彩照人。此后，风里雨里，一直发光发热。1957 年，他曾被错划为“右派分子”。“文化大革命”期间，曾被“无罪”地监禁了三年多。面对意外的、沉重的打击，他没有怨天尤人，没有倒下。他把自己的一生，献给了高等教育，献给了学术研究。

冯沅君和陆侃如是五四精神哺乳的后五四时期的知识分子。他们既有深厚的中国传统文化的根柢，又受到西方文化多方面的浸润，具有明显的现代意识，在中国文学研究由传统向现代迈进的历程中，做出了重要的贡献。由于时代的影响，他们不像他们的师辈王国维、梁启超、胡适那样，在文化学术上综览古今、贯通中西，兼及文史哲等多方面，在社会上有广泛的影响。冯沅君、陆侃如这一代知识分子，明显地呈现出职业专业化的特点，走向学科专业化。冯沅君虽然在“五四”之后，曾以小说创作轰动文坛，但时间不长。她也同陆侃如一样，以研究和讲授中国古代文学为职志。他们在联姻之前，各自作为一“星”，分别放出了自己的光芒。他们联姻之后成为“双子星”，彼此辉映，更加亮丽。他们相濡以沫、相互切磋、互补互融，不仅在教学方面相得益彰，而且在学术研究上相继取得了丰硕的成果。他们合著的《南戏拾遗》，特别是《中国诗史》《中国文学史简编》《中国古典文学简史》三部文学史著作，开风气、建范例，学术性与实用性相结合，问世后，受到推赞，有久远的生命力。其中的《中国诗史》受到鲁迅的推许，多次再版。《中国古典文学简史》曾被译成英文和罗马尼亚文，为对外传播中国文化做出了贡献。

冯沅君、陆侃如一生矢志不移，一直坚守在高等院校的教学岗位上，一直都在研究如何继承、弘扬、传播中国古代优秀的文学遗产。他们生逢社会变革、战争频仍，又亲历了不断的政治运动。他们虽然是书生，是“教书匠”，是学者，但他们一生没有埋头于书斋，没有蜗居于追求知识、传授知识的一隅。他们成长于中国大动乱时代，既有学人深厚的训练和学问的基础，又不同于那些经院式的学人。他们始终是入世者，而不是出世者。他们心中一直有祖国，有人民。他们关怀社会现实，参与社会现实的变革。他们的关怀和参与，有时体现在直接的政治行动上，但更多是体现在教学、写作和科学研究上。他们的关怀和参与，不是出自琐碎的个人欲望，而主要是来自他们所处的历史潮流。他们经历了不同的时代，与时代潮流同频共振。他们参与变革社会现实，其动因的核心是爱国情怀。他们不顾个人的安危，勇敢地参加了五四运动。抗日战争期间，不论是在巴黎留学期间，还是回国后在大西南颠沛流离的艰难岁月中，他们在求知问学、教书育人、学术研究的同时，随时随地运用各种方式投入抗战建国的大业。解放战争时期，他们反对国民党的黑暗统治，积极帮助进步的学生，而被国民党特务列入“黑名单”。他们相信共产党，相信马克思主义，新中国成立后热爱祖国，拥护共产党，以前所未有的热忱，孜孜不倦，投入教学和研究中。在“反右派”和“文化大革命”期间，他们的身心虽然受到了严重的摧残，遭遇到难以想象的屈辱，但是“千磨万击还坚劲”，他们没有颓丧，没有自怨自艾，不避世静思，不玩世不恭，仍然保持着积极的人生态度，保持着对祖国、对事业的满腔热忱。他们的所思所为在大多境遇中是自觉的，是发自内心的。他们之所以能达到这样的境界，其中重要的是基于对历史的体认和伦理道德的立场。他们积极的入世精神继承的是传统知识分子“先天下之忧而忧，后天下之乐而乐”与“家事、国事、天下事，事事关心”的高贵品格。这种积极的入世精神，使他们知道自己掌握的知识应该用于社会、政治、文化、教育的发展。这种积极的入世精神，使他们有归属感。

当然，综观冯沅君、陆侃如的一生，在其关注、参与社会现实的变革的过程中，也出现了诸如媚时随风、“赶浪头”、怯懦等问题。金无足赤，人无完人，人间没有超凡入圣的神明。冯沅君、陆侃如不是完人，不是神明，他们也有人性的弱点。人性有时是脆弱的，特别表现在面对外力的重压或诱惑时。人是在一定的体制下生存的。人的思想和作为很难脱离时代，总是不同程度地带有所处时代的印记。面对时代的巨大的功能作用，个人往往是很难掌控命运的，总会不同程度地受到时代的钳制。时代、社会现实特别是以政权性质、政治取向为主要内容的政治生态，能左右人文社会科学。当时代、社会现实、政治生态各方面比较宽松时，人文社会科学领域里的自由就多一些，大体呈多元态势；当时代、社会现实严酷、意识形态单一时，人文社会科学领域就会被压抑，会呈现出单一的走势。这是无权无势的知识分子所无法改变的。新中国成立以后，冯沅君在一次同学生的谈话中曾很有感慨地说：“一个人要违抗社会风气，违抗潮流，是很难很难的，只有极少数杰出者才能做到。”冯沅君、陆侃如生活在一个社会转型时期。在这个时期，政治、经济、文化等方面都发生了巨大的变革。生活在这样的境遇中的敏感的知识分子，除了极个别的以外，绝大多数都不同程度地“随风”、不同程度地“赶浪头”。冯沅君、陆侃如也没有超脱，他们毕竟是书生，对政治是隔膜的。他们不知道，也不可能知道一系列的文化思想批判运动的政治目的。他们受到的创伤，不仅是他们自己的创伤，也是给中国人民留下的创伤。对于现代许多知识分子出现的这样那样令人感到惋惜的问题，与其苛责个人，不如探究那个灾难的、痛苦的、不正常的时代和政治体制出现问题的根基，总结吸取教训，使它不再重演。我们在申述这一点的同时，也不能忘记知识分子应有的高贵品格。知识分子应当重视养育自己独立的品格，应当牢记和践行一些前辈所倡导和奉行的“独立之精神，自由之思想”。应当敢于应对权势的压抑或诱惑，具有超越世俗的纯真和虔诚的品格。这并不意味着知识分子应当超脱尘寰，去追求隐逸高洁，而是把“独立之精神，自由之思想”同忧患意识、参与意识结合起来，同责任感和使命感结合起来。

陆侃如、冯沅君夫妇自青年时期直至因病逝世的半个多世纪，一直在中国古代文学教学和研究领域里辛勤耕耘，在教书育人的同时，相继出版了许多为学术界所赞誉的著述。与此相联系的是，基于他们高尚的品格，一些重要著述的问世和教学业绩自 20 世纪 20 年代直至现在的一百多年间，人们一直没有忘怀。这体现在述评他们的生平、整理他们的著述、研究他们的学识以及回忆纪念他们等多方面。

关于冯沅君和陆侃如的生平，他们生前没有人系统地叙写，仅留下几篇片段的记述，他们逝世之后这一缺憾才得以弥补。这方面的著作主要有：许志杰的《陆侃如和冯沅君》，2006 年山东画报社出版；严蓉仙的《冯沅君传》，2008 年人民文学出版社出版。文章主要有：袁世硕、严蓉仙的《冯沅君传略》，刊于《晋阳学刊》1982 年第 2 期；牟世金、龚克昌的《陆侃如传略》，刊于《晋阳学刊》1983 年第 5 期；张可礼的《陆侃如先生和他在学术上的重要业绩》，刊于《山东大学中文学报》2019 年第 2 辑。

冯沅君和陆侃如的著述，在他们生前大多是写定后以单篇、专书的形式随时发表和出版，还有不少书稿没有来得及整理出版。系统地整理出版他们的著述是在他们逝世之后。1980 年，袁世硕编《冯沅君古典文学论文集》，山东人民出版社出版；1983 年，袁世硕、严蓉仙编《冯沅君创作译文集》，山东人民出版社出版；1987 年，陆侃如著《陆侃如古典文学论文集》（全二册），上海古籍出版社出版，本文集主要由龚克昌、牟世金编选；2011 年，袁世硕、张可礼主编《陆侃如冯沅君合集》，安徽教育出版社出版，全书共 15 卷，是目前收录陆侃如、冯沅君著述较全的合集。与此相联系的是，严蓉仙、张可礼、李剑锋、贺伟曾先后编撰了冯沅君、陆侃如的著述、创作和译著年表。

对冯沅君、陆侃如著述的研究，自20世纪20年代开始一直到今天赓续不断。研究的重点主要是冯沅君创作的小说、冯沅君和陆侃如有关中国古代文学研究的重要著作，如两人合著的三部中国古代文学史等。就研究著述的形式来看，大体上呈散点状态，多散见于一些著述中，缺少比较专门的、系统的研究论著。比较集中一点的有：张可礼的《陆侃如冯沅君先生〈中国诗史〉的主要贡献》，刊于《文史哲》2002年第2期；黄秉泽的《冯沅君师古代戏曲研究的贡献》，收入黄秉泽的《中国古代文学论丛》，中国国际广播出版社2009年版；袁世硕的《文学史学大师冯沅君先生》、张可礼的《史料、史识和美学的融通：陆侃如先生的中国古代文学史著》，并刊于《文史哲》2011年第5期。

冯沅君、陆侃如病逝以后，虽然他们人走了，但是他们的精神风貌还一直活在人们的心里。这突出地体现在众多的回忆及怀念他们的文章里。这方面的文章，我个人搜集到的有40篇。作者有冯沅君、陆侃如的亲属，如冯友兰（写有《沅君幼年轶事》）、陆晋如、冯钟芸、冯钟璞（宗璞）；有冯沅君、陆侃如的同学、好友和同事，如程俊英、苏雪林、赵清阁、刘维汉、孙昌熙。冯沅君的同学程俊英写有多篇文章回忆纪念冯沅君。冯沅君的同学苏雪林在她的日记中有多处怀念冯沅君和陆侃如。回忆怀念冯沅君、陆侃如的文章，更多出自他们培养的感念师恩的学生，如路遥、吕家乡、袁世硕、赵淮青、张杰、尚达翔、陆文彩、郭同文、龚克昌、吴长华、项怀诚、牟世金、陈其相、黄元、田士琪、石家麟、黄炽、刘淦、刘文忠、陈祖美、杜书瀛、杨慧文、马瑞芳、高夙胜、马宏山。这些文章都是他们发自内心而作，都是他们的真情实感，写的都是他们的亲身经历，或写受到冯沅君、陆侃如的教诲，或写他们的精神风貌，或写他们的日常生活，文章亲切、真实、生动、具体，不仅有助于我们体认、学习冯沅君、陆侃如的为人和治学，同时也为后人研究他们提供了难得的第一手史料。

长期以来，人们对冯沅君、陆侃如的怀念和崇敬，除了体现在诸多的文字表述上，还采用了一些其他的形式。一个典型的事例是山东大学中文系1956级学生自发地集体捐赠冯沅君、陆侃如两位先生塑像，塑像矗立在山东大学中心校区文史楼北的桂花园里。2010年10月17日上午，庄重肃穆的塑像揭幕仪式举行，参加揭幕仪式的有时任山东大学党委书记朱正昌和校长徐显明、时任海门市政协副主席郁斌、1956级校友、山东大学师生代表等60余人。揭幕仪式由时任山东大学副校长樊丽明主持，朱正昌为塑像揭幕，1956级学生、时任国家财政部部长项怀诚代表1956级同学致辞，徐显明讲话。塑像揭幕之后，历年有不少亲友师生前来瞻仰。塑像前常有鲜花，献花者没有留下姓名。

在近一个世纪的岁月里，人们对冯沅君、陆侃如生平的叙写，著述的整理、研究，以及对他们进行回忆怀念的著述等成果丰硕。这些成果的积累和刊布，有助于人们认知冯沅君、陆侃如的生平经历以及他们在多方面做出的重要业绩，有助于体认他们的为人与处事，同时也使他们用一生心血创造的精神财富得到存传。我们在充分肯定上述各方面成绩的同时，也注意到以往刊行的多种著述中，还存有不少值得重视的问题。仅在史料方面，就我个人所阅读的有限论著而言，发现的错误达50多处。下面略举数例。

1. 事实错误

《西北有高楼》① 载：陆侃如在法国巴黎大学的博士学位论文题目是《论述中国汉魏文学》。经查巴黎大学档案和其他史料，实际上论文题目是《周朝社会史》。

《冯沅君传》② 第207页载：1945年1月，中华全国文艺界抗敌协会川北分会创办《文学期刊》（月刊），陆侃如任主编。《1872～1949文学期刊信息总汇》(2)③ 第1496页提供的史料为：冯沅君任主编。

《九三学社前辈冯沅君》④ 载：冯沅君、陆侃如“修订的《中国文学史简编》（中国青年出版社1957年出版），外文出版社翻译出版英、捷克、俄、罗马尼亚等文向国外发行”（《一级教授冯沅君》⑤ 也有类似之说）。这里有两点错误：一是翻译出版的是《中国古典文学简史》，不是修订的《中国文学史简编》；二是翻译出版的只有英文和罗马尼亚文两种。

《陆侃如传略》⑥ 载“党的十一届三中全会的胜利消息传来时”，陆侃如“真是欣喜欲狂了”。事实是：十一届三中全会于1978年12月18至22日召开，陆侃如已于本年12月1日病逝。

---

① 参见兰芳：《西北有高楼：汉代陶楼的造物艺术寻踪》，北京，文化艺术出版社，2019年。

② 参见严蓉仙：《冯沅君传》，北京，人民文学出版社，2008年。

③ 参见刘增人、刘泉、王今晖编著：《1872～1949文学期刊信息总汇》(2)，青岛，青岛出版社，2015年。

④ 参见高夙胜：《九三学社前辈冯沅君》，济南市政协文史资料委员会、中共济南市委统战部、九三学社济南市委员会编：《风雨同舟六十年·九三学社卷》，济南，济南出版社，2009年。

⑤ 参见王玉平：《一级教授冯沅君》，刘培平主编：《山大第一》，济南，山东大学出版社，2017年。

⑥ 参见牟世金、龚克昌：《陆侃如传略》，《晋阳学刊》1983年第5期。

2. 时间错误

《冯沅君先生年谱》[①] 载：1921年陆侃如“所著《屈原》一书由上海亚东图书馆出版”。实际上《屈原》出版于1923年。

《陆侃如和冯沅君》[②] 第227页、《冯友兰先生年谱长编》[③] 第78页均说：“冯沅君于1925年7月毕业于北京大学研究所国学门。”经核查，冯沅君毕业的时间是1925年春。

《我心目中的陆侃如先生》[④] 载：陆侃如“1933年毕业于法国巴黎大学博士班”。多种史料证明：陆侃如毕业的时间是1935年。

《冯沅君传》第156页说：陆侃如、冯沅君1935年“6月下旬，夫妻双双获得了博士学位”。《胡适日记全集》[⑤] 第7册第237、238页1935年6月19日记：“到车站接陆侃如……晚上与陆侃如访 Professor L. Forster，同饭，谈甚久。”此记载证明陆侃如、冯沅君夫妇6月19日回到北京，春季完成博士学位论文的写作，其获得博士学位，当在6月上旬或之前。

《和封建传统战斗的冯沅君》[⑥] 说冯沅君于1955年任山东大学副校长。根据山东大学档案，她任山东大学副校长是在1963年。

3. 地点错误

《冯沅君传》第121页载：陆侃如和冯沅君的结婚典礼是1929年1月在“江苏海门陆府举行的”。据《冯友兰年谱》第106页记载，他们的婚礼是1月24日在上海举行的，冯友兰作为主婚人主持婚礼并代表母亲表示祝贺。25日，陆侃如、冯沅君夫妇回陆之原籍江苏省海门县省亲，冯友兰同往。

台湾《传记文学》第44卷第3期《冯沅君传记》载：冯沅君于1974年6月17日“因病在青岛去世”。事实是冯沅君在济南省立第一医院逝世。

4. 篇名错误

《如同“卷葹”的冯沅君先生》[⑦] 载：冯沅君的主要著作之一《中国

---

① 参见尚达翔:《冯沅君先生年谱》,《河南师范大学学报》1986年第4期。

② 参见许志杰:《陆侃如和冯沅君》,济南,山东画报出版社,2006年。

③ 参见蔡仲德编撰:《冯友兰先生年谱长编》(上、下册),北京,中华书局,2014年。以下简称《冯友兰年谱》。

④ 参见龚克昌:《我心目中的陆侃如先生》,《文史知识》2003年第8期。

⑤ 参见曹伯言整理:《胡适日记全集》,台北,联经出版公司,2004年。

⑥ 参见孙瑞珍:《和封建传统战斗的冯沅君》,《新文学史料》1981年第4期。

⑦ 参见杨慧文:《如同“卷葹”的冯沅君先生》,山东大学“新世纪古典文学研究暨纪念冯、陆、高、萧国际研讨会”论文,2001年。

文学史大纲》（英文版）；《忆沅君师》[①] 载冯沅君“与陆先生合著《中国文学史简编》，被译成好几国文字”。经核实，此著作应为《中国古典文学简史》。

《鲁迅与冯沅君》[②] 说冯沅君的小说篇名是《我在爱情前犯罪了》，实际的篇名是《我已在爱神前犯罪了》。

上面列举的诸多错误，有些以误传误，常被引用。这些错误，不仅给读者传布了错误的知识，同时也容易使研究者在研究某些问题时一开始就陷入陷阱，做出错误的判断。产生这些错误有多方面的原因。人多有贵远贱近的陋习，总觉得古远的东西才珍贵，而现代和当今的东西不值得珍惜。就人文社会科学领域来看，人们重视的是古远的史料，轻忽的是现代特别是当代的史料。长期以来，学术界对现代、当代学人史料的关注度远不如对古代史料的关注度，即使关注，也多集中在几位特别突出的大人物身上，而对冯沅君、陆侃如这一层次的知识分子，却关注较少。再者，人还有“贵耳贱目”、图方便、“顺手牵羊”的惰性，在使用史料上常常不愿认真查阅、寻根问底、求真求实，而习惯于辗转相抄。看来，在冯沅君、陆侃如研究中，在史料方面出现的一些错误及其原因，在某种程度上具有普遍性。

回顾以往，经由不少人的辛勤耕耘，对冯沅君、陆侃如的研究取得了相当大的成绩。我们在肯定这些成绩的同时，还应当正视研究中存在的诸多缺陷。除了上面列举的一些明显的错误之外，还表现在研究范围比较狭窄、研究程度不够深入。

在研究范围上，由于学术研究分工过细，多囿于一隅，视角大多集中在冯沅君的小说创作、冯沅君和陆侃如在中国古代文学研究成果的评价上，而对他们人生整体的探究，对他们深沉的家国情怀，对社会现实的关注、参与，对他们终生所从事的教育事业，对他们在中外文化交流方面的业绩等方面则很少涉及。冯沅君、陆侃如一生主要的业绩是在中国古代文学的研究和教学方面，自然应当成为研究的重点，但也不宜仅限于此。他们关于古代文学的教学和研究，是与他们人生整体生活息息相关的。他们的人生整体生活在任何方面发生的变化都不同程度地影响了他们的教学和研究。

在研究程度上，不少研究主要基于意识形态的框架，潜藏着“学术政

---

① 参见张杰：《忆沅君师》，《春风桃李忆吾师》，青岛，青岛海洋大学出版社，1990 年。

② 参见吴长华：《鲁迅与冯沅君》，《文史哲》1981 年第 4 期。

治”的倾向，太多的先验设定，颂扬多、肯定多、避讳多，往往以颂扬、肯定代替具体的研究、分析。多是现象的叙述，很少“振叶以寻根，观澜而索源”。冯沅君、陆侃如作为20世纪的知识分子，历经沧桑，跌宕起落，经历了长期的风雨如磐的艰难时代，也经历过阳光明媚的短暂岁月，他们的思想、情感是丰富的、复杂的、变动的。以往我们对冯沅君、陆侃如的认识和研究，应当说是初步的。其原因，既有研究者个人的局限，也有时代的局限。对任何人物、事件研究的拓展与深入，在很大的程度上不是完全由被研究者和研究者自身来决定的，而往往需要宽松的社会环境，需要拉开时间的距离。在他们和后续事件完全成为历史之前，我们很难看清楚当初历史事件的真相和真正的意义，很难探究其主要根源。

冯沅君、陆侃如是20世纪精英层面上的重要人物，是公众性的知识分子，在20世纪人文社会科学领域的公共知识系统中占有一席之地，尤其是在中国古代文学的教学与研究领域，成就卓著。他们留下来的宝贵的精神财富，已经嵌入史册，但一直没有尘封，我们常常见到它们的踪影。如果考虑到20世纪许多后五四时代知识分子的人生起伏跌宕，考虑到学术思想的传承、开拓、转折和断裂，思考他们的向往、追求、挣扎与努力，成就与遗憾，冯沅君、陆侃如可以作为重要的代表。可以预言，可以肯定，随着历史前进的脚步，随着时代的不断开放和宽容，随着对话时代的出现和完善，人们会继续怀念他们，会在以往研究的基础上，从多方面继续研究，探讨他们的思想、价值，总结其经验，汲取其教训，使我们能明智一些。继续研究，既要立足于历史，又应有现实的体察，以开放的心态，不拘一格，从多角度着眼和下手，面上要开拓，点上应深化。鉴于以前研究中的不足和出现的这样那样的错误，今后不论从哪方面、哪一点上来研究，有一个原则和规范，就是研究必须建立在全面、可靠的史料的基础上。先把方方面面的事实弄清楚，做好事实的确认，然后做阐释分析、做价值评估。

前此伴随着对冯沅君、陆侃如的研究，不少研究者在史料的搜集方面付出了辛勤的劳动，特别是尚达翔、许志杰、严蓉仙三位先生。尚达翔为编写《冯沅君先生年谱》、许志杰为撰写《陆侃如和冯沅君》、严蓉仙为撰写《冯沅君传》，不辞劳苦，从多方面查阅各种文字史料，走访多位知情者，为研究陆侃如、冯沅君提供了大量珍贵的史料。但有关冯沅君、陆侃如的史料是相当丰富的、复杂的，由于种种原因，以前搜集到的史料仍是有限的。有限的史料，遮蔽了冯沅君、陆侃如人生历程中的许多重要内容，而且有些史料没有来得及考核辨证，结果出现了上面所列举的以讹传讹的弊端。另外，还有大量的史料有待搜集和考辨。我们作为冯沅君、陆侃如的晚辈，离他们所处的时代较近，若不及时、继续把有关他们的、尚未搜集到的各种史料特别是许多零星的碎片打捞出来、记录下来、保存起来，不仅会影响研究的拓展和深入，而且随着时间的流逝，许多史料会自然地丧失。搜集史料，进而还要整理史料。可以把搜集到的有关冯沅君、陆侃如的史料，从不同的角度，用不同的形式加以整理。就我的愚见，编著他们的年谱是一种重要的形式。年谱是用编年体记载谱主生平事迹的著述，能起到知人论世的作用。陆侃如、冯沅君夫妇相识联姻，亲密合作，共同生活达半个世纪，用年谱的形式把他们的生平事迹加以整理记述，不仅能以时间为线索，了解他们的生存处境和生活历程，为今后进一步研究他们提供比较全面、可信的史料，进而推动中国现代学术的传承与发展，同时也是为现代学术史、文学史存传材料的一种形式。就我个人所知，冯沅君指导过的研究生尚达翔编有《冯沅君先生年谱》，但相当简略，并且有不少错误。正是缘于上述的考虑，我不揣浅陋，在前贤时彦各方面已有成果的基础上，尝试编著《冯沅君陆侃如年谱长编》。

在本年谱的编著过程中，除了遵循编著年谱的一般规则外，还特别突出了下面三点。

第一，重视谱主的生存处境。本年谱每年在叙列谱主的主要事迹、思想和著作等（年谱的主体）之前，先简列谱主的生存处境，记与谱主关系比较密切的政治、经济、文化学术（主要是有关文学的）等方面的重要生态，以明谱主生存的社会境遇、时代氛围、学术概貌。之所以先列上述内容，主要是因为谱主同许多知识分子一样，他们的一生都是在互联互动的整体社会背景和文化场域中度过的。生存处境与个人命运缠绕在一起，他们的人生和命运不是自己能够完全掌控的。生存处境是严峻的，有时是相当残酷的，是个人无法拒绝的，是难以承受的，但也不得不承受。生存处境在很大程度上决定了谱主的命运，支配着他们的思想、言论和行动。他们既受所处社会背景和文化场域的深刻影响，又自觉或不自觉地用自己的言行和著作等参与了社会和文化的解构与建构。生存处境激励过他们，塑造过他们，也压抑、扭曲、伤害过他们。人文社会科学领域中的诸多问题，离开了其社会境遇是很难解释清楚的。"知人"应"论世"，只有了解他们的生存处境，才能以同情的心态认识他们、理解他们。另外，本年谱把谱主的生存处境的重要事项，按年简要地予以叙列，当能减少研究者和读者的一些查寻翻检之劳。

第二，力求史料真实、丰富、立体。真实的史料是谱主的经历、思想感情的主要载体，隐含着活的生命。真实史料是年谱的根基，是年谱的生命。不真实的年谱，只会损于谱主，贻害读者，扰乱历史。本年谱的编写，坚持真实第一这一根本原则，尽力网罗、集成多年来存留、搜集到的各方面的可信的史料，弥补被掩盖、被删除的史料，纠正已经发现的不真实的史料。努力做到保持原生态、历史实在，记述谱主所处的真实社会情境，真实的人生，真实的事迹、思想、情感、著作等。尽量做到持之有故，不做无证之言。叙写谱主光彩照人的人格、优长、业绩，不溢美；记载他们的困惑、无奈、局限、缺陷、弱点，不隐讳。努力做到对历史负责，对文化负责。在具体取材和写法上，采用资料性、学术性、传记性相统一的原则，立足于客观陈述，不囿于意识形态的框架，力避简单化和过分的本质化。目的是写出谱主真实的一生，既注重记叙谱主重要的经历、事迹和著述，也不忽略一些重要细节。年谱是谱主的一部生命史，也是一部心灵史。谱主既有那一代知识分子的共性，又有特殊的小环境凝成的个性。谱主的人生是复杂的、丰富的、鲜活的，是由许多重要事件和细节构成的，其中有些带有偶然性。如果说重要事件是谱主的骨骼的话，那么富有意味的重要的细节则是他们的血肉。有些细节，有助于揣摩谱主的性情气质和偏好。历史的真实往往基于细节的真实。有些细节，还能使某些模糊的重要事件得以清晰。本年谱注重从多角度叙述谱主的立体的人生，同时借以折射出某些历史的侧影。从谱主独特的家庭背景、命运沉浮、复杂的动荡的生命历程中，可以窥见20世纪许多变动不居的社会场景和某些历史的背影。把有关他们的重要事件和重要细节结合起来，使读者读起来有亲切感，不会感到枯燥乏味，而能感受到谱主在风雨变幻的人生处境中热爱祖国、追求进步、学识渊博、感情上有悲欢、内心有矛盾、性格上有欠缺的真实的一生。

第三，注重全面掌握、鉴别史料。史料是编写年谱的基础。本年谱的编写，本着“竭泽而渔”的目标，注重全面地掌握史料，既注意全面搜集前此各种著述中已经使用过的史料，也尽力搜集前此未发现的史料。有关陆侃如、冯沅君夫妇的史料，尽管有许多已经散佚了，但存留下来的还是相当丰富的。其中大量的是在他们自己的著述（包括许多未出版、未公开的）中，也有不少散见在他人的著述中，还有一些保留在人们的记忆里，保留在许多日记、书信、档案、年谱、手稿里。我在编著此年谱的过程中，在注意搜集前此各种著述已经使用的史料的同时，还特别注意广览博读，搜集前此未发现的各种史料，阅读了大量的文字史料，也访问过与谱主有直接交往的一些前辈，发现了大量的新史料。史料都是“过去时态”

的，即使是第一手史料，也难免有这样、那样的差错，至于第二手史料，在流传的过程中出现的差错则更多。因此，我在编著此年谱的过程中，对掌握的史料，下了一些考订的功夫，注意鉴别真伪，去粗取精。努力做到真实、恰切、严谨。期望为后人继续研究、认知冯沅君、陆侃如，继承和发扬他们的高尚品格和卓越业绩留下一些真实历史的记忆，为中国现代的知识分子的历史，留下一份鲜活的档案、史料，留下一份文化资源。

我在编著这部年谱的过程中，基于不自欺、不欺人，不自误、不误人的心态，工作是认真的、审慎的，想把两位先生的年谱编得完整、可信、可用，但期望和实践的结果总是有差距的。由于生性愚钝，见识有限，再加上又到了奔九之年，精力有限，年谱中肯定存在着一些疏误，恳切地盼望各位不吝指教。对各位的指教，我表示由衷的谢忱！

编著说明

一、本年谱的内容，大体分两部分：先简列谱主的生存处境，记与谱主关系比较密切的政治、经济、文化学术（主要是有关文学方面的）等重要事实，以明谱主生存的社会境遇、时代氛围、学术概貌；次叙谱主的事迹、思想、著作等，兼及他人对谱主的介绍、研究、评论、印象等。为了醒目地区分年谱中两部分内容，在字体上，生存处境部分用楷体，谱主事迹等用宋体。

二、本年谱在史料的引用上，对一些容易见到的史料，尽量从简，而对那些鲜为人知的、长期尘封的史料，如手稿、档案、日记、书信等，则尽量多予引用，使读者、研究者减少检索之劳。引用的史料，尽量注明出处，有些史料，附有简单的说明或考辨，置于每页页下注，以备核查。引用得比较完整的史料，单独另起一段，用仿宋字体。

三、本年谱对同一史源中的多种史料，凡涉及不同时期的，分别著录于不同时期的条目内。这样分割，有碎片化的缺欠，但有时间的真切。

四、本年谱由条目组成，每一条目一般以时间、具体内容、史料出处为序编辑。

五、依据谱主的生平经历，结合他们的生存处境，本年谱粗略地将谱主的经历分为八个时期。每一时期有提要，提要字体加粗。谱主逝世后的相关事迹，置于最后的“余音遗绪、身后回响”部分。

六、为了便于读者了解谱主每年的重要事迹，在叙述谱主每年的具体事迹前，列有简明的提要。为了醒目，提要字体加粗。

七、谱文著录谱主著述、译著，按首次发表的时间编排。由后人整理的著述主要根据著述的时间，编入相应的时期。为了便于读者查阅，凡是已经后人编入谱主新的“文集”（主要是《陆侃如冯沅君合集》）中的，注明在“文集”中的卷数、页码。

八、谱文标示每年时间，依次为公元、干支、朝代。1912 年之前，注明清朝年号，1912～1949 年注明中华民国纪年。每年著录的具体内容按年、月、日次序编排。每月之事，难以考定何日的，置于各月最后的“本月”内；只知季节、不知月份的，“春季”置于3月份后、“夏季”置于6月份后、“秋季”置于9月份后、“冬季”置于12月份后。每年之事，难以确定月份和季节的，置于每年最后的“本年”内。有些事迹，约在某年，置于某年最后，注明“约在本年”。

九、对谱主冯沅君、陆侃如同一时期的事迹，以先二人共事、次冯沅君、后陆侃如为次编辑。

十、谱文中涉及人物的年龄，以虚岁计算。

十一、谱文中所引史料，力求与原文保持一致，个别影响阅读之处，径直改正，不加注明。

十二、为了节省文字，谱文对谱主以及涉及的其他人物，一律径称其名。

十三、本年谱收入多种图像史料，以与文字相参照。所收图像，个别的由我提供，绝大部分引自袁世硕、张可礼主编的《陆侃如冯沅君合集》，许志杰的《陆侃如和冯沅君》，严蓉仙的《冯沅君传》。

十四、本年谱后附有主要征引参考文献，并附以“简称”。为节省篇幅，谱文中引用时只标“简称”。

十五、本年谱后附有人名索引，以备检索。

年谱目录

一、求学时期，崭露头角（1900～1927 年）

冯沅君儿童少年时在家学习，后以同等学力考取北京女子高等师范学校，毕业后考取北京大学国学门研究生。陆侃如在家乡读完小学、中学，考取北京大学（预科、本科），清华研究院研究生毕业。他们参加了五四运动。五四运动、新文化运动的浪潮洗礼了他们的心灵。他们关怀人生、社会、政治改革，如饥似渴地读书求知，不局促于偏隅，注重双向双线：传统文化与新文化、中学与西学。通识滋养了他们，充实了他们的生命，开阔了他们的视野。他们边学习，边研究，成熟早。他们在求学时期，崭露头角，显示了相当强的创新能力，先后发表了多种著述。

1900 年　庚子　清光绪二十六年　冯沅君 1 岁

冯沅君出生于河南省唐河县一个封建地主家庭、文化世家。

1901 年　辛丑　清光绪二十七年　冯沅君 2 岁

冯沅君被订了娃娃亲。

1903 年　癸卯　清光绪二十九年　冯沅君 4 岁　陆侃如 1 岁

陆侃如出生于江苏省海门县一个开明绅士家庭。

1904 年　甲辰　清光绪三十年　冯沅君 5 岁　陆侃如 2 岁

冯沅君全家随父亲到武昌。冯沅君开始在母亲指导下读《四书》。

1907 年　丁未　清光绪三十三年　冯沅君 8 岁　陆侃如 5 岁

冯沅君全家随父亲到湖北省崇阳县。家里设有书房，教书先生教冯沅君古文、算术、写字、作文。

1908 年　戊申　清光绪三十四年　冯沅君 9 岁　陆侃如 6 岁

冯沅君的父亲病逝。冯沅君随母亲、胞兄返回家乡唐河。家里请先生教冯沅君继续读书。

1909 年　己酉　清宣统元年　冯沅君 10 岁　陆侃如 7 岁

冯沅君在河南唐河。陆侃如在家乡入恒基小学读书。

1910 年　庚戌　清宣统二年　冯沅君 11 岁　陆侃如 8 岁

冯沅君在唐河。夏，冯沅君的母亲同意冯友兰、冯景兰考入唐河县立高等小学。

1911 年　辛亥　清宣统三年　冯沅君 12 岁　陆侃如 9 岁

冯沅君入端本女学就读。冯友兰发现父亲的题壁诗。

1912 年　壬子　中华民国元年　冯沅君 13 岁　陆侃如 10 岁

冯沅君在唐河。陆侃如恒基小学毕业。

1913 年　癸丑　中华民国二年　冯沅君 14 岁　陆侃如 11 岁

冯沅君在唐河。陆侃如入江苏海门县三益高等小学读书。

1914 年　甲寅　中华民国三年　冯沅君 15 岁　陆侃如 12 岁

冯沅君在唐河，梦想进学校。

1915 年　乙卯　中华民国四年　冯沅君 16 岁　陆侃如 13 岁

冯沅君在唐河，冯友兰、冯景兰合编父亲遗作《复斋遗集》。

1916 年　丙辰　中华民国五年　冯沅君 17 岁　陆侃如 14 岁

冯沅君在唐河。冯友兰为冯沅君讲古代诗文，引导她走上了文学的道路。陆侃如海门县三益高等小学毕业，考入江苏省立南通县第七中学。

1917 年　丁巳　中华民国六年　冯沅君 18 岁　陆侃如 15 岁

冯沅君以初级师范毕业同等学力考入北京女子师范学校国文专修科。

她入学后至五四运动爆发，对该校“半封建”式的管理、学业设置等方面表示不满，“开始攻击”。

1918 年　戊午　中华民国七年　冯沅君 19 岁　陆侃如 16 岁

暑假，冯沅君留在学校读书。中秋节，作诗《中秋对月》。

1919 年　己未　中华民国八年　冯沅君 20 岁　陆侃如 17 岁

冯沅君参加五四运动。努力学习英文、外国名著，读新出刊物。开始写新的诗文。五四运动时，陆侃如在中学参加罢课、抵制日货运动。

1920 年　庚申　中华民国九年　冯沅君 21 岁　陆侃如 18 岁

冯沅君写信给冯友兰，“言其终身大事不满意”。开始与王品青相识恋爱。开始发表学术论文。陆侃如在江苏省立南通县第七中学读四年级。

1921 年　辛酉　中华民国十年　冯沅君 22 岁　陆侃如 19 岁

冯沅君发表散文两篇和近四万字的论文《历代骈文散文的变迁》。陆侃如考入北京大学预科。

1922 年　壬戌　中华民国十一年　冯沅君 23 岁　陆侃如 20 岁

冯沅君参加公演《孔雀东南飞》。到晋、鄂、苏、越考察学习。北京女子高等师范学校毕业后，考入北京大学研究所国学门。发表论文《释贝》、剧本《孔雀东南飞》等。陆侃如发表《英国诗坛大事记》。李大钊约见陆侃如。陆侃如在北京大学成立中国诗歌研究会。考入北京大学国文系。发表《楚辞》研究论文两篇。

1923 年　癸亥　中华民国十二年　冯沅君 24 岁　陆侃如 21 岁

冯沅君在北京大学研究所国学门就读。回家解除小时定下的娃娃亲。撰有论文《楚辞的研究》。陆侃如发表论文《屈原生年考证》，出版专著《屈原》。

1924 年　甲子　中华民国十三年　冯沅君 25 岁　陆侃如 22 岁

冯沅君发表小说《隔绝》《旅行》《慈母》《隔绝之后》，发表文章《淘沙》（一至三）等，写诗词多首，任《语丝》长期撰稿人。在北京大学完成论文写作。陆侃如在北京大学同游国恩、储皖峰等成立述学社，创办

《国学月报》，发表《宋玉赋考——宋玉评传的一节》《读诗杂记》等。

1925 年　乙丑　中华民国十四年　冯沅君 26 岁　陆侃如 23 岁

春，冯沅君北京大学研究所国学门毕业，到南京金陵大学教书。发表小说《我已在爱神面前犯罪了》《缘法》，文章《祝英台的歌》《〈老子〉韵例初稿》《对于文学应有之理解》，译文《论重黎绝地天通》等。陆侃如发表《什么是九歌》《〈孔雀东南飞〉考证》等论文，开始接受“左翼的文艺理论”。

1926 年　丙寅　中华民国十五年　冯沅君 27 岁　陆侃如 24 岁

冯沅君从南京金陵大学返回北京，入北京大学研究所国学门做研究，同时到中法大学兼课。发表小说《劫灰》《贞妇》《林先生的信》《写于母亲走后》，文章《〈楚辞〉韵例》《南宋词人小记二则：玉田先生年谱拟稿　玉田家世及其词学　张镃传略（附录）》《玉田朋辈考初稿》等。陆侃如考取清华国学研究院研究生。发表《“三颂”研究》《〈诗经〉参考书提要》，出版专著《乐府古辞考》。

陆侃如与冯沅君在北京大学相识。

二、站稳大学讲坛，多种论著问世（1927～1931 年）

冯沅君北京大学研究所国学门研究生、陆侃如清华国学研究院研究生先后毕业，到高等学校任教。他们结为连理，比翼双飞，凭借自己的才华、深厚的学养、认真负责的教学态度，站稳了大学讲坛，同时寝馈于学术研究，出版了多种有影响的著述。

1927 年　丁卯　中华民国十六年　冯沅君 28 岁　陆侃如 25 岁

陆侃如和冯沅君在上海订婚。冯沅君去南京金陵大学任教。出版小说集《卷葹》，发表《唐河的传说》等。陆侃如清华国学研究院研究生毕业，受聘到北京中法大学任教。发表《“二南”研究》《宋玉评传》等，出版瑞典高本汉（珂罗倔伦，B. Karlgren）著、陆侃如译《左传真伪考》。

1928 年　戊辰　中华民国十七年　冯沅君 29 岁　陆侃如 26 岁

冯沅君、陆侃如阅读了不少马列主义的文艺理论书籍，并在讲课时常常引用。冯沅君先后到暨南大学、复旦大学任教，在上海公学大学部兼课。小说集《春痕》初版、《卷葹》再版，发表《论〈左传〉与〈国语〉的异点》《庄子词释》等论文，出版专著《张玉田》。陆侃如先后到复旦大学、上海公学大学部任教，任上海公学大学部中国文学系主任，在暨南大学兼课。出版专著《屈原》，发表《陶公的千五百周忌》《论〈山海经〉的著作时代——与程憬先生的一封信》《楚辞引论》《乐府引论》《林和靖的诗》等论文，以笔名小梅发表小说《小梅尺牍》第一至第三号。

1929 年　己巳　中华民国十八年　冯沅君 30 岁　陆侃如 27 岁

冯沅君、陆侃如在上海举行婚礼。冯沅君小说集《春痕》再版、小说《劫灰》出版。陆侃如任《中国文学季刊》总编辑，出版专著《宋玉》，发表《读骚楼偶识》《〈山海经〉考证——〈古代文学史〉附录之一》《读王绩的诗（〈中国诗史〉第九篇第二章第一节）》等论文，以笔名小梅发表小说《小梅尺牍》第四至十三号。

1930 年　庚午　中华民国十九年　冯沅君 31 岁　陆侃如 28 岁

冯沅君、陆侃如到安徽大学任教。冯沅君发表散文《私语》《清音》，论文《一种古小说中的文学史料》、《温庭筠》（《中国词史》第二章）。陆侃如发表《译诗一篇》、《陶潜时代》（《中国诗史》第七篇），《乐府古辞考》收入《万有文库》第一集。

1931 年　辛未　中华民国二十年　冯沅君 32 岁　陆侃如 29 岁

陆侃如、冯沅君合著《中国诗史》（卷上、卷中、卷下）先后出版。冯沅君应北京大学之聘，到北京大学中文系任讲师。陆侃如担任北平师范大学研究生的指导工作，《乐府古辞考》收入《国学小丛书》出版，论文《最早的五言诗》发表。

三、一起留学法国，取得博士学位（1932～1935 年）

冯沅君、陆侃如同时考取法国巴黎大学文学院博士班。他们边学习、边研究，努力汲取西方的优秀文化，开阔了视野。冯沅君以《周朝历史及技术》为论文题目，陆侃如以《周代社会史》为论文题目，分别顺利地取得了博士学位。他们翻译了一些重要著述，参加了“反法西斯反帝反战大同盟”，接受马克思主义理论。在国内，有多种论著出版。

1932 年　壬申　中华民国二十一年　冯沅君 33 岁　陆侃如 30 岁

冯沅君、陆侃如到法国留学，同时考入巴黎大学文学院博士班。冯沅君、陆侃如著《中国文学史简编》出版。陆侃如发表论文《中国古代的无韵诗》《论〈卦爻辞〉的时代》以及文章《诗经情诗今译·序》（陈漱琴著）等。

1933 年　癸酉　中华民国二十二年　冯沅君 34 岁　陆侃如 31 岁

鲁迅推介《中国诗史》。陆侃如、冯沅君在法国留学。冯沅君入巴黎大学后做中国和法国近代诗歌的比较研究，《沅君卅前选集》出版。陆侃如著《乐府古辞考》国难后出第 1 版。发表译著《中国古书的真伪》（瑞典珂罗倔伦著）、《恩格斯两封未发表的信》、《法国社会经济史》（法国赛昂里著）、戏剧《金钱问题》（法国小仲马著）。

1934 年　甲戌　中华民国二十三年　冯沅君 35 岁　陆侃如 32 岁

冯沅君、陆侃如在法国留学。《中国文学史简编》再版。冯沅君发表《忆庐隐》。陆侃如爱好到巴黎旧书摊买书。《乐府古辞考》国难后出第 2 版。

1935 年　乙亥　中华民国二十四年　冯沅君 36 岁　陆侃如 33 岁

冯沅君、陆侃如获得巴黎大学博士学位，毕业。他们在留学期间，曾参加法国“反法西斯反帝反战大同盟”。冯沅君应聘到天津河北女子师范学院任教。鲁迅从冯沅君的小说集《卷葹》中选《旅行》和《慈母》两篇，编入《中国新文学大系　小说二集》出版。陆侃如应聘任燕京大学教授，兼中文系主任。《屈原与宋玉》出版。

四、萍漂西南，在国难中坚守（1936～1945 年）

卢沟桥事变后，冯沅君、陆侃如走出书斋，离开北平，流离迁徙，漂泊大西南，艰难、忧伤、奋进，在风雨炮火中，先后坚守在安徽大学、武汉大学、中山大学、东北大学等多所高等院校教学岗位上，教书育人。他们从多方面积极参与抗日战争。他们恪守学人本色，坚持著书立说。

1936 年　丙子　中华民国二十五年　冯沅君 37 岁　陆侃如 34 岁

冯沅君、陆侃如在《教授界对时局的意见书》上签名。发表《南戏拾遗》。冯沅君发表《古剧四考》《论杵歌》《吴声歌中的几个字》《读诗札记》《元杂剧与宋明小说中几种称谓》。陆侃如发表《〈风〉〈雅〉韵例》《读〈吴歌小史〉》《鲁迅先生月祭》，译法国马伯乐（H. Maspero）作《评郭沫若近著两种》、瑞典高本汉（珂罗倔伦）著《书经中的代名词"厥"字》等。

1937 年　丁丑　中华民国二十六年　冯沅君 38 岁　陆侃如 35 岁

卢沟桥事变时，冯沅君因病辞去河北女子师范学院教职。作诗多首，发表《说赚词》《关于儿童读物》等。陆侃如修改《中国诗史》古代部分，开始撰写《中古文学系年》，发表《介绍几部法国史》等。辞去燕京大学职务，由冯沅君代课。

1938 年　戊寅　中华民国二十七年　冯沅君 39 岁　陆侃如 36 岁

冯沅君、陆侃如到安徽大学任教。后离开安徽大学，经上海、香港、河内到昆明。陆侃如应聘中山大学，和冯沅君到广州。陆侃如任中山大学师范学院教授。冯沅君赋闲。不久，他们随中山大学迁往广东罗定县。冯沅君接到武汉大学的邀请，只身前往迁到四川省乐山的武汉大学中文系任教，发表多篇有关抗日战争的诗文。陆侃如发表《关于方玉润——清代西南文人小记》《北平陷落的周年》等文。

1939 年　己卯　中华民国二十八年　冯沅君 40 岁　陆侃如 37 岁

冯沅君到达乐山武汉大学任教。后辞去武大教职，前往中山大学任教。作诗多首，发表《丁戊纪事诗》《告内地宣传者》《说广东精神》等文，译法国马伯乐著《书经中的神话》并出版。陆侃如随中山大学由罗定迁到云南澂江。发表《五四运动的一段插话——自传之一章》《吴康著法文汉集考源》等。

1940 年　庚辰　中华民国二十九年　冯沅君 41 岁　陆侃如 38 岁

陆侃如随中山大学迁往广东北部山区坪石镇，任师范学院国文系系主任兼史地系主任、师院教务主任，发表《建安诗谱初稿（汉魏六朝诗谱之二）》。冯沅君在澂江作诗多首，后到坪石镇。

1941 年　辛巳　中华民国三十年　冯沅君 42 岁　陆侃如 39 岁

冯沅君在坪石用三个月撰写《古优解》，赋闲一段时间后，中山大学师范学院聘请她讲授中国文学史。写诗词多首。陆侃如发表《建安文学系年（一九六至二一九）》。

1942 年　壬午　中华民国三十一年　冯沅君 43 岁　陆侃如 40 岁

冯沅君、陆侃如应迁到四川三台县的东北大学的邀请，离开中山大学到东北大学任教。冯沅君、陆侃如联合署名发表《中国诗歌的起源》《乐府的起源与分类》。冯沅君发表《金瓶梅词话中的文学史料》《我的学生时代》等文。陆侃如发表《西园读书记》（书评），其中批评了郭沫若在《蒲剑集》中关于屈原的论述。

1943 年　癸未　中华民国三十二年　冯沅君 44 岁　陆侃如 41 岁

冯沅君发表《汉赋与古优》《妇女与文学——三台妇女运动会讲词》《记女曲家黄峨、徐媛》《记女曲家吴藻》等。陆侃如发表《初平兴平文学系年》《中古诗人生年质疑》《中古诗人小记》《“三百篇”的年代》，译诗两首：一首是《秋天的歌》（法国 P. Verlaine 作），另一首是《誓辞》（法国 P. Louÿs 作）等。

1944 年　甲申　中华民国三十三年　冯沅君 45 岁　陆侃如 42 岁

冯沅君母亲病逝。《古优解》出版，发表《骰子考》《词的句法》《〈孤本元明杂剧〉钞本题记》《诸宫调的引辞和分章》《南戏拾遗补》《几封有名的抒情信》等，作诗《不寐闻雁，长谣述哀　三十韵》。陆侃如母亲病故。发表《〈采薇〉〈出车〉〈六月〉三诗的年代》《怎样研究诗经——答某生问》等。

1945 年　乙酉　中华民国三十四年　冯沅君 46 岁　陆侃如 43 岁

陆侃如等在三台成立了“中华全国文艺界抗敌协会三台分会”，冯沅君积极参与。他们热心支持、参加各种爱国抗日活动，受到国民党反动派的仇视。冯沅君整理好《古剧说汇》，发表《古优××的×定》等。陆侃如的父亲陆措宜病逝。

五、在黑暗中抗争，向往光明（1946～1949 年）

陆侃如、冯沅君先在迁回沈阳的东北大学任教，1947 年 8 月应聘到青岛山东大学任教。他们支持革命，亲近共产党，热心帮助进步学生，遭到国民党特务的恐吓，渴望光明。

1946 年　丙戌　中华民国三十五年　冯沅君 47 岁　陆侃如 44 岁

陆侃如、冯沅君随东北大学迁回沈阳。陆侃如继续任文学院院长兼中文系主任，冯沅君任教授。冯沅君任《文潮月刊·文潮》编委。发表《“科”与“科泛”》《〈杨白花〉及其作者》《关汉卿及其所创造的女性》《再论诸宫调的引辞与分章》《〈双渐小卿诸宫调〉的作者与改者》，译法国雨果作《播种的季节·薄暮》《法国歌曲的价值及其发展——〈法国近代歌曲选〉导言》及《跋》，Dumont Wilden 作《新法国的文学》《法国的高贵，风流人》。陆侃如发表《悼伯希和教授》。

1947 年　丁亥　中华民国三十六年　冯沅君 48 岁　陆侃如 45 岁

陆侃如到沈阳后，由于思想进步，常常遭到国民党反动派的恐吓。冯沅君、陆侃如到青岛山东大学中文系任教。冯沅君《古剧说汇》出版。发表《杨夫人散曲与〈云梦窗〉》《元剧中的〈东墙记〉》《从李煜词论“个”字》《倒下了这个家族的巨人——纪念我平生最敬爱者》，译 Aristide Bruant 作《人民颂》、法国民歌《我曾漫步》。陆侃如完成《中古文学系年》初稿，发表《班彪生于广平说》《扬雄与王音王根王商的关系》《读刘汝霖〈汉晋学术编年〉（专论扬雄部分）》《军事国文选序》等。

1948 年　戊子　中华民国三十七年　冯沅君 49 岁　陆侃如 46 岁

陆侃如、冯沅君支持革命，援助进步学生。冯沅君发表《暖红室本〈董西厢〉摘误》《记侯正卿》《唐传奇作者身份的估计》《史弘肇》《元曲家杂考三则》等论文。发表翻译法国诗歌《一天早晨我起来》《工人歌》《双牛吟》《他曾从这里走过》。陆侃如发表《左思练都考》《一千八百年前的中国文学》《记王逸及其子延寿》等论文。

1949 年　己丑　冯沅君 50 岁　陆侃如 47 岁

青岛解放前，陆侃如积极护校、反对南迁。青岛解放后，任校务委员会副主任委员、校图书馆馆长。发表《王延寿的生卒》《关于〈文赋〉——逯钦立先生〈文赋撰出年代考〉书》。冯沅君给学生作关于“一二·九”运动的讲演。

六、努力改造思想，踌躇满志地奉献（1950～1956年）

新中国成立后，陆侃如、冯沅君一直在山东大学任教直至病逝。新中国成立是冯沅君、陆侃如两人的一个重要分界线。他们热爱新中国，拥护共产党，努力学习毛泽东思想，修订出版《中国诗史》《中国文学史简编》等多种著述。他们的地位在提高，荣誉接踵而至，头上有“桂冠”，有耀眼的“光环”，多欢畅，多建树，但也伴随着盲从和迷茫。在学术上，他们诸多“批判性”的否定，脱离了学术性的认识。

1950年　庚寅　冯沅君51岁　陆侃如48岁

冯沅君、陆侃如捐献大部分积蓄，支援抗美援朝。冯沅君出席山东省人民代表会议，并被选为主席团成员。任山东大学学术审议委员会主任。发表《看了〈血泪仇〉的几点意见》《看〈小二黑结婚〉后的感想》等。陆侃如任山东大学校务委员会副主任，继续兼任图书馆馆长。任华东大学、山东大学迁并办理委员会副主任委员。发表《给研究文学史的同志们的一封公开信》《鲁迅先生和中国文学遗产》《学会过穷日子》等文章。

1951年　辛卯　冯沅君52岁　陆侃如49岁

冯沅君当选为山东省妇联副主席。参编《中国文学史大纲》。发表《前七世纪的爱国女诗人——许穆夫人》。陆侃如先后任山东大学学术委员会副主任委员、《文史哲》杂志副社长、山东大学副校长。发表《思想改造与课程改革》等文章。

1952年　壬辰　冯沅君53岁　陆侃如50岁

陆侃如、冯沅君加入九三学社。他们响应党的号召，积极改造旧思想。冯沅君发表《〈季布骂阵词文〉补校》等文。陆侃如任山东大学院系调整委员会副主任委员，发表《关于大学中文系问题》《把毛泽东文艺思想贯彻到古典文学的教学中去》等文。

1953年　癸巳　冯沅君54岁　陆侃如51岁

冯沅君发表《满怀信心改革教学——学习辩证唯物论第三个特征的体会》《苏联经验同样提高了我们的教学》等文。陆侃如任全国政协委员，被评为一级教授，被选为全国文联委员。发表《论古典作家宇宙观和创作方法的矛盾》《我们为什么纪念屈原》《屈原的伟大》《厉行节约，搞好教学，为国家总路线服务》等文。

1954年　甲午　冯沅君55岁　陆侃如52岁

陆侃如、冯沅君发表《中国文学史简编》的修订稿《中国文学史稿》（一至六）。冯沅君被选为全国人民代表大会代表、山东省人民政府委员，出席第一届全国人民代表大会。发表《教学与研究的关系是辩证的》《胡适反动思想给予古典文学研究的毒害——在十一月七日〈红楼梦〉第一次讨论会上的发言》《俞平伯先生在研究方法上的错误——在〈红楼梦〉第一次讨论会上的发言》《谈刘姥姥》等文。陆侃如参加在北京召开的全国政协第二届第一次会议、九三学社会议，任九三学社青岛分社筹备委员会主任。发表《什么是中国文学史的主流》《略论吴敬梓和他的〈儒林外史〉——在山东大学中文系中国文学史教研组吴敬梓逝世二百周年纪念会上的讲话》《为全国人民代表大会的伟大成就而欢呼！》《严厉地肃清胡适反动思想在中国学术界残存的毒害》等文。

1955年　乙未　冯沅君56岁　陆侃如53岁

陆侃如、冯沅君发表《宋诗简论——〈中国文学史稿〉补》、《中国文学史稿》（七至八）。冯沅君发表《批判胡适的〈西游记考证〉》。陆侃如任九三学社青岛分社主委。发表《胡适反动思想给予古典文学研究的毒害》《五年计划是全国人民幸福的源泉——庆祝一九五五年国庆节》等文。

1956年　丙申　冯沅君57岁　陆侃如54岁

陆侃如、冯沅君著《中国诗史》（修订本）出版。发表《关于编写中国文学史的一些问题》。冯沅君《古剧说汇》（修订本）出版，发表《王实甫生平探索》。陆侃如访问印度。当选为九三学社中央常委。参加中国作家协会理事第二次会议。《楚辞选》（与高亨、黄孝纾合著）、《精简国学基本问答》出版。发表《在学术机构里开展"百家争鸣"的关键》等文。

七、落难、挫折，改造、奉献（1957～1965年）

陆侃如、冯沅君合著《中国古典文学简史》、《中国文学史简编》（修订本）出版。冯沅君改造旧思想，努力研究，认真教学，被评为一级教授，任山东大学副校长等职务。陆侃如因赞成教授治校被划为右派分子，免职降级，接受改造。摘帽以后，坚持治学，重返教学岗位。

1957年　丁酉　冯沅君58岁　陆侃如55岁

陆侃如、冯沅君著《中国古典文学简史》、《中国文学史简编》（修订本）出版，发表《关于中国文学史分期问题的商榷》。冯沅君参加全国人大第二届第三次会议。参编的《中国文学史大纲》出版。陆侃如参加全国政协会议。听了毛泽东所作的题为《关于正确处理人民内部矛盾的问题》的讲话。参加毛泽东召集的部分大学负责人座谈会。毛泽东说陆侃如对宋玉的评价未免太高。因赞成取消高等学校党委制被划为右派分子，不断受到批判。

1958年　戊戌　冯沅君59岁　陆侃如56岁

冯沅君任山东大学校务委员会委员，发表《个人规划（1958～1960）》《交出我的白旗，拔去它！》，写成《我所认识的伟大剧作家关汉卿》。冯沅君著，杨宪益、戴乃迭译《中国古典文学简史》（英文版）出版。陆侃如九三学社中央常委和九三学社青岛分社主任的职务被撤销，开始记“时事学习”笔记，写检查，劳动改造。

1959年　己亥　冯沅君60岁　陆侃如57岁

冯沅君、陆侃如与山东大学中文系三年级学生和部分教师共同编写《中国大文学史》（又名《中国人民文学史》）。冯沅君出席第二届全国人民代表第一次会议。发表《我在学术思想上的严重错误》《〈三国志演义〉刍论》等文。陆侃如继续写改造日记。当选为政协山东省第二届委员会常委。省委批准摘掉其右派分子帽子。

1960年　庚子　冯沅君61岁　陆侃如58岁

冯沅君、陆侃如参加全国第三次文代会。《中国古典文学简史》（罗马尼亚文版）出版。冯沅君定“个人红专跃进规划”。发表《学习毛主席的诗词的初步体会》《关于中国文学史上两条道路的斗争》等文。陆侃如多次参加省人大委员会召开的会议。发表《陶渊明的田园诗》。

1961年　辛丑　冯沅君62岁　陆侃如59岁

冯沅君发表《古典戏剧中浪漫主义初探》《评价辛弃疾的几点零星意见》《陆游的生活道路与创作道路》等文。陆侃如发表《陆机〈文赋〉二例》《陆机的创作理论和创作实践》《文学理论遗产的批判继承》《〈文心雕龙〉中有关浪漫主义的一些论点》《〈文心雕龙〉论“道”》等文。

1962年　壬寅　冯沅君63岁　陆侃如60岁

冯沅君发表《在继承文学遗产的道路上——学习〈在延安文艺座谈会上的讲话〉的札记》《李清照的〈渔家傲〉与〈永遇乐〉》《培养研究生的体会》等文。发表诗歌九首。陆侃如创办山东大学中文系古代文艺理论讨论班。《文心雕龙选译》（上册）（与牟世金合著）出版。发表《文学史工作中的三个问题——从文学研究所〈中国文学史〉想起》《做好继承文学遗产的工作，争取做毛主席的好学生》《〈文心雕龙〉术语用法举例——书〈释“风骨”〉后》等有关评介《文心雕龙》文章多篇。

1963年　癸卯　冯沅君64岁　陆侃如61岁

冯沅君任山东大学副校长。出席全国人大第二届第四次会议。被评为一级教授。发表《认清阶级关系，加强自我改造》等文。陆侃如当选为山东省政协第三届常委。经常写学习《毛选》笔记。《刘勰论创作》出版。发表《葛洪的文学观》《左思评传》《汉人论〈楚辞〉》等文。撰有《刘勰年表》。

1964年　甲辰　冯沅君65岁　陆侃如62岁

冯沅君当选为第三届全国人民代表大会代表。林庚、冯沅君主编的《中国历代诗歌选》（上编一、二）初版。冯沅君发表《怎样看待〈一捧雪〉》、《从思想内容与艺术成就衡量元杂剧》（上）等文。陆侃如制订“五好计划”。发表《如何批判继承文学理论遗产》。

1965年　乙巳　冯沅君66岁　陆侃如63岁

冯沅君发表《怎样看待〈窦娥冤〉及其改编本》《从〈三家巷〉〈苦

斗〉中的人物分析看文学遗产的借鉴问题——区桃、胡杏、胡柳的形象的初步分析》《吴伟业〈圆圆曲〉与〈楚两生行〉的作期——读诗质疑之一》等文。陆侃如写完讲义《中国文学理论简史》。

八、冤狱、晚晴（1966～1978年）

“文化大革命”前夕，冯沅君被免去山东大学副校长职务。“文化大革命”期间被批斗，进行劳动改造，不断写检查，孤苦伶仃，壮志犹存，参加教改、教学，逝世时魂系教学。陆侃如被监禁近四年，无罪释放后被撤销教授职务，后来参加集体著述项目，发表重要论文《与刘大杰论杜甫信》。“文化大革命”期间，陆侃如、冯沅君被抄家、被定为“牛鬼蛇神”。突如其来的变故，使他们的身心受到严重的摧残，但他们没有被厄运扼喉，没有退隐，没有消沉。坚强的意志使他们无愧无悔地走完了人生最后的荆棘之路。令人痛惜的是，他们没有赶上改革开放的新时代，没有来得及把晚期扭曲的自我修复成正常的自我。

1966年　丙午　冯沅君67岁　陆侃如64岁

冯沅君被免去山东大学副校长职务。“文化大革命”开始后，冯沅君、陆侃如被抄家，被批斗，进行劳动改造，写检查，写汇报。

1967年　丁未　冯沅君68岁　陆侃如65岁

冯沅君、陆侃如继续被批斗，写检查，写揭发材料，进行劳动改造。

1968年　戊申　冯沅君69岁　陆侃如66岁

冯沅君继续劳动改造，写检查，写检举材料。陆侃如先被公安机关拘留，后被逮捕。

1969年　己酉　冯沅君70岁　陆侃如67岁

台湾出版冯沅君、陆侃如著《中国诗史》，台湾两家出版社影印《南戏拾遗》。冯沅君劳动改造，写检查。陆侃如在济南狱中。

1970年　庚戌　冯沅君71岁　陆侃如68岁

冯沅君随山东大学文科迁往曲阜，学文件，写检查。陆侃如在济南狱中。

1971 年　辛亥　冯沅君 72 岁　陆侃如 69 岁

冯沅君给工农兵学员讲过几节课。陆侃如被“无罪”释放，到曲阜。

1972 年　壬子　冯沅君 73 岁　陆侃如 70 岁

冯沅君参加研究编写教材工作。陆侃如被撤销教授职务，工资由高教四级降为九级。冯沅君和陆侃如到北京探亲。

1973 年　癸丑　冯沅君 74 岁　陆侃如 71 岁

冯沅君任山东省妇联筹备小组副组长。患结肠癌，住院治疗。

1974 年　甲寅　冯沅君 75 岁　陆侃如 72 岁

冯沅君病重期间，牵挂着学生和教学。病逝。陆侃如随山东大学文科由曲阜迁回济南后，参加集体项目《韩非子选注》。

1975 年　乙卯　冯沅君诞辰 76 年　陆侃如 73 岁

陆侃如继续参加《韩非子选注》，读刘大杰《唐代社会与文学的发展》后，致信刘大杰。

1976 年　丙辰　冯沅君诞辰 77 年　陆侃如 74 岁

陆侃如参加注释刘禹锡诗文。突患脑血栓，病卧。

1977 年　丁巳　冯沅君诞辰 78 年　陆侃如 75 岁

陆侃如发表《与刘大杰论杜甫信》，不同意其把杜甫强列为法家。开始准备撰写《文心雕龙》全书译注。

1978 年　戊午　冯沅君诞辰 79 年　陆侃如 76 岁

陆侃如开始整理冯沅君的遗稿，撰写《忆沅君——沉痛悼念冯沅君同志逝世四周年》，《刘勰和文心雕龙》出版。病逝。

九、余音遗绪、身后回响（1979～2021 年）

人的生命由形体和精神两部分组成。形体无法超越时空，有时而尽，终为土灰；精神却能久远，长留人世。冯沅君、陆侃如逝世 40 多年了，但时间并没有隔离人们对他们的关注，人们没有忘怀他们，这是他们的长久的生命。他们没有离开这个世界，他们的精神、风范久留人间，仍活在人们的心中。他们的爱国情怀一直在激励人们。他们淳朴的、奋进的天性，他们与人类道义相连着的心灵，一直在陶冶人们。他们突出的教学业绩和丰厚的著述还在时间的长河中持续流传，泽被后世，同人们交流。他们的悲惨遭遇，令人痛惜，让人叩问。这从以时间为序列举的他们逝世后的部分事实中，可见一斑。

年　谱

一、求学时期，崭露头角（1900～1927年）

冯沅君儿童少年时在家学习，后以同等学力考取北京女子高等师范学校，毕业后考取北京大学国学门研究生。陆侃如在家乡读完小学、中学，考取北京大学（预科、本科），清华研究院研究生毕业。他们参加了五四运动。五四运动、新文化运动的浪潮洗礼了他们的心灵。他们关怀人生、社会、政治改革，如饥似渴地读书求知，不局促于偏隅，注重双向双线：传统文化与新文化、中学与西学。通识滋养了他们，充实了他们的生命，开阔了他们的视野。他们边学习，边研究，成熟早。他们在求学时期，崭露头角，显示了相当强的创新能力，先后发表了多种著述。

1900年　庚子　清光绪二十六年　冯沅君1岁

1月，陈子褒在《新知报》第111册发表《报章宜用浅说》，主张“开民智莫如改革文言”，明确提出报纸应改用白话。

3月至6月，义和团以“扶清灭洋”为口号，从山东省发展到京津地区。

6月、8月，英、美、法、德、俄、日、意、奥八国联军先后侵占天津、北京。慈禧太后挟光绪西逃西安。

8月，慈禧下诏剿除义和团。

12月，慈禧发上谕，全部接受各国驻华外交使团提出的《议和大纲》。

本年

孙中山发动惠州起义，唐才常在长江一带策动勤王之役，均失败。

敦煌千佛洞第十七窟发现大量唐五代写本，习称“敦煌遗书”，其中有许多文学著述，被称为“敦煌文学”。

黄人本年开始至 1913 年在苏州东吴大学任教期间，讲授并编写《中国文学史》。《中国文学史》约 170 余万字。

冯沅君出生于河南省唐河县一个封建地主家庭、文化世家。

9 月 4 日，冯沅君出生于河南省唐河县祁仪镇。

冯沅君，原名恭兰，后改名淑兰、叔兰，字德馥，笔名淦女士、沅君、大琦、易安、吴仪、淑峦、天吴。本年父亲冯台异 36 岁，母亲吴清芝 40 岁。有胞姊温兰，胞兄新兰（早殇）、友兰（字芝生）6 岁、京兰（后改名景兰，字淮西）3 岁。

冯沅君先世原籍山西省高平县。清康熙五十五年（1716 年），六世祖冯泰来河南省唐河县经商，遂定居唐河县城南 55 里之祁仪镇。经百余年，繁衍为当地望族。至曾祖父（名殿吉，号石泉，道光年间武秀才），因其慷慨好施，卒时家道中落，赖曾祖母涂氏、茹氏辛勤持家，得以中兴。祖父（名玉文，字圣征。生于道光五年，即 1825 年；卒于光绪十八年，即 1892 年）曾考过秀才，本应录取，但因同县官闹了点别扭，有人劝他去疏通，他不肯，就没有被录取。从此他就不再去应试，一生没有取得任何功名。他的诗作得很好，传下来的几十首诗，编为《梅村诗稿》。他的诗有一种冲淡闲适之趣。当时邻县的新野县有位名士赵一士，为这部诗稿题了一首诗：“身处人间世，心怀太古春。风流伊上叟，击壤作尧民。”他持家时，家里大概有一千五百亩地。当时在那一带还不算大地主，大地主多的有两万多亩地，有几千亩土地的地主很多。他带着他的子孙生活，家里经常有二三十口人吃饭，也算是个封建大家庭了。祖父有三子一女，大儿子名云异，字鹤亭；二儿子名台异，字树侯；小儿子名汉异，字爽亭；女儿冯士均。在祖父的教育下，这家成为当地的书香之家，进入了“耕读传家”的行列。云异能作诗，他把他自己作的诗编为《知非斋诗集》。冯台异，号复斋，又号后乐生，生于同治五年（1866 年），光绪十五年（1889 年）中举人，曾任唐河崇实书院山长，光绪二十四年（1898 年）赐同进士出身，他也能作诗，有《复斋诗集》。

冯沅君之父冯台异（1866～1908 年）
（引自《冯沅君传》第 2 页）

冯沅君之母吴清芝（1862～1944 年）
（引自《冯沅君传》楔子第 2 页）

冯士均“尤长于诗”，可惜十八岁就去世了，留下的诗，家里人编为《梅花窗诗草》，台异为之作“序”。

冯沅君母亲名吴清芝，字静宜，生于同治元年（1862 年），识字不多，懿质德高。冯友兰《先妣吴太夫人行状》云：“其先闽人，清初随云南右路总兵涂公孝臣屯垦唐河，因家焉，居城南二十五里小吴庄。”又云：“先考应试落第，归过汝坟桥，题壁忆内诗云：‘年来事事不如人，惯逐群仙步后尘。才调如卿堪第一，奈何偏现女儿身。’盖其处事明敏，才华富赡。”①

1901 年　辛丑　清光绪二十七年　冯沅君 2 岁

1 月 29 日，清廷下诏预约“变法”。

5 月，罗振玉、王国维主编《教育世界》在上海创刊。

7 月，张之洞等会奏变法三折，主张废科举、设学校、派游学、去积弊、采西法，强调“变而不失其正主”。

8 月 29 日，清廷下诏改变科举章程，废八股，改试策论，并改书院为学堂。

9 月

3 日，梁启超在《清议报》第 90 册发表《中国史叙论》。

7 日，清廷与英、美、俄、德、日、奥、法、意、西、荷、比十一国在北京签订《辛丑条约》，规定中国赔款白银四亿五千万两，分三十九年付清，本息合计九亿八千万两，史称“庚子赔款”。

14 日，清廷下兴学诏，整顿京师大学堂，各省改书院为大学堂，各府设中学堂，各县设小学堂。

本年，英国翟理斯著《中国文学史》，伦敦威廉·海涅曼公司出版。此书是西方学者编写的一部较早的中国文学史著作。

① 《冯友兰年谱》上册，第 1～3 页。

冯沅君被订了娃娃亲。

冯沅君家，凭媒妁之言将冯沅君与牛家订了娃娃亲。[①]

1903年　癸卯　清光绪二十九年　冯沅君4岁　陆侃如1岁

4月，李伯元《官场现形记》开始载于《世界繁华报》，至1905年6月载完。

5月，《绣像小说》半月刊在上海创刊，李伯元任主编。

6月，夏曾佑在《绣像小说》第3期发表《小说原理》。

9月，《新小说》第7号首辟"小说丛话"栏目，发表梁启超等人撰写的"丛话"13则，还发表狄葆贤的论文《论文学上小说之地位》。

本年

东京中国留日学生和上海一带爱国知识分子发起拒俄运动。

邹容发表《革命军》。《苏报》因宣传革命被封禁，章太炎、邹容被捕入狱。

张之洞奏请改革科举，讲求实学。

吴趼人《二十年目睹之怪现象》《痛史》，李伯元《活地狱》开始连载。

陆侃如出生于江苏省海门县一个开明绅士家庭。

11月26日，陆侃如出生于江苏省海门县（今海门市）三阳镇普兴村。三阳镇处于长江三角洲的腹地，长江入海口的北岸，与上海隔江相望，离上海直线距离50多公里，据南通市区70公里，距海门市区30公里。陆侃如的父亲陆措宜，字可群。曾就读师范学校，热心教育事业，在家乡创办恒基高等小学，自任校长，推行新学。后为解救乡里贫病，筹办社仓，潜心中医，开设诊所，实行义诊。热心为周围群众义务调解民事纠纷，有很高的声望。群众称他为"老先生"，有了困难总是向他请教。他曾任县教育局视学及督学、第二区行政局长，后因不愿与贪官污吏同流合污，托病辞职。陆措宜生有两男一女：侃如、翔如（女，适倪方炎，体弱多病，早逝。生一子二女）为原配何夫人生，晋如为续弦倪菊人生。侃如，字衎庐，小名雪成，笔名小璧[②]、小梅[③]。有时发表论著署名"侃如"。

---

① 参见尚达翔：《冯沅君先生年谱》，《河南师范大学学报》1986年第4期。

② 参见关国：《陆侃如（1903～1978）》，《传记文学》1984年第3期。

③ 1927年陆侃如曾用笔名小梅发表《小梅尺牍》。

1904年　甲辰　清光绪三十年　冯沅君5岁　陆侃如2岁

2月，日俄战争在中国东北爆发，清廷宣布严守“局外中立”。黄兴、陈天华在长沙组织“华兴会”，策划起义，失败。

3月，商务印书馆在上海创刊《东方杂志》。

4月，王国维在《教育世界》第8期开始发表《红楼梦评论》。

6月，《时报》在上海创刊。

8月，曾朴、徐念慈在上海创办《小说林》社，专门出版创作与翻译小说。

9月，《新新小说》在上海创刊。任京师大学堂教习的林传甲，依据《奏定大学堂章程》，参照日本“笹川种郎中国文学史之意”，编成《京师大学堂国文讲义》，出版时，改题为《中国文学史》。

11月，蔡元培等在上海成立光复会。

本年，立宪运动开始兴起。

冯沅君全家随父亲到武昌。冯沅君开始在母亲指导下读《四书》。

冯沅君父亲冯台异任职湖北武昌方言学堂。武昌方言学堂（建于1893年，今武汉大学前身）是两广总督张之洞为了推行新式教育，在武昌办的一所外语学校。学校的监督（相当于校长）由梁鼎芬担任。冯台异被委派为会计庶务委员（相当于后来的总务长），实际主持学校的日常工作。冯台异曾被派往勘测粤汉、川汉铁路路线。

冯友兰《三松堂自序》：

> 我的父亲成进士以后……以母老为辞，不愿到边远地方去，用“指省”的办法，分发到湖北。因为湖北是河南的邻省，唐河县跟湖北省枣阳县是邻县……在光绪三十年左右，我父亲终于在武昌得到一个固定的差使。那时候，在武昌做两湖总督的是张之洞，他办了一些洋务，一些新政，其中有一样是办新式教育，在武昌办了一所外语学校，叫“方言学堂”。

冯沅君的父亲冯台异任职于武昌方言学堂，冯沅君随母亲，胞兄冯友兰、冯景兰到武昌安家。到武昌，先租房子住，后来搬到黄土坡。因家中收入不多，不能为冯沅君和胞兄延师教读。张之洞在武昌初办的学校，学生多贵游子弟，冯沅君的父母恐怕子女染上纨绔习气，不敢令其入学校。母亲治理家务之余，亲自教子女读书。遇到不认识的字，记下来，等父亲回家时问之。父亲相信，在学新知识之前，必须先把中文学好。他认为，没有一个相当好的中文底子，学什么都不行。一二年间，友兰读完《周易》《左传》《礼记》，景兰读完《诗经》《书经》，沅君读完《四书》。每尽一册，母亲必为煮鸡蛋两个，或以铜元四枚买五香牛肉一块，予以奖励。父亲曾亲自为子女编过地理、历史讲义，前者称《山泉斋舆地讲义》，包括外国、本国两部分。母亲督导读书，“时家无钟表，画线于地以志日影，影至某线休息，至于某线读书写字，皆有定规，日以为常”。母亲说：“吾教书无他长，但耐烦有恒耳。”一般学校要做的事，父亲也要子女做。当时武昌的学校，无论大小都要穿制服，父亲也叫母亲做一套，还叫他们唱《学堂歌》。[①] 冯沅君和哥哥也外出玩耍，到山麓下泉水下流的小水渠捉虾蟆。[②]

1907 年　丁未　清光绪三十三年　冯沅君 8 岁　陆侃如 5 岁

2 月，康有为改保皇党为国民宪政会，拟与清廷配合推行宪政。《小说林》月刊在上海创刊，摩西（黄人）、徐念慈主编。

5 月至 12 月，同盟会连续发动武装起义，均失败。

7 月，光复会会员徐锡麟刺杀安徽巡抚恩铭，准备起义，失败被杀。不久光复会、同盟会会员秋瑾在绍兴谋起义亦遇害。

9 月，王钟麒在《月月小说》第 1 年第 11 号发表《中国历史小说史论》。

10 月，梁启超在日本组织政闻社，推动立政宪运动。

12 月 25 日，清廷命令各部严申学堂禁令定章，不准学生干预国家政治，不准联名聚众集会、演说。

本年

日本久保天随修订本《支那文学史》，由东京平民书房出版。

吴梅著《中国文学史》（自唐迄清），京师大学堂油印本。

冯沅君全家随父亲到湖北省崇阳县。家里设有书房，教书先生教冯沅君古文、算术、写字、作文。

春夏之交，冯沅君的父亲冯台异，由湖北藩司梁鼎芬推举，任湖北崇阳县知县。[③] 冯台异任崇阳县知县后，全家随其到崇阳县。《冯友兰年谱》

---

① 参见《冯友兰年谱》上册，第 7～10 页。

② 参见冯沅君《晋鄂苏越旅行记》5 月 26 日日记。

③ 冯友兰《祭母文》：先考“受高贤之知遇，始为宰于崇阳”。此“高贤”即指藩司梁鼎芬。参见《冯沅君先生年谱》。

上册第 11、12 页记载：春夏之交，冯沅君与兄友兰、景兰“随吴太夫人乘船沿江北上，欲返故里探视外祖母。至沙洋遇逆风，停数日。忽得信，知台异公已得缺，任湖北崇阳县知县。遂又随吴太夫人返武昌。居水上数十日，待台异公聘请幕僚、选择家人、制造仪仗毕，方举家离武昌。沿长江西行，一天后至金口，转入长江支流，四天后至汀泗桥，再陆行一天至崇阳任所”。冯沅君与母亲、哥哥“先住茶厘局，一月后始迁入县署”。冯友兰《先妣吴太夫人行状》：“家事无大小，恭自操作。及先考知崇阳事，拟为置衣买婢，亦力辞。”冯沅君与哥哥“开始随教读师爷读书”。《三松堂自序》：

> 自从教读师爷（即我们的先生）到衙门以后，我们读书就上了轨道了。功课有四门：古文、算术、写字、作文。经书不读了，只读古文，读本是吴汝纶所选的《桐城吴氏古文读本》，一开头就是贾谊的《过秦论》。读古文虽然还不能全懂，但是比经书容易懂多了；并且有声调，有气势，读起来觉得很有意思。算术是加减乘除从头学起。此外是写大字，每星期作文一次。功课不紧，往往一个上午就上完了……我的大部分课外时间都消磨在父亲的签押房里。在签押房里有两大箱子书，还有一些新出的刊物，我在签押房里总是趴在床上翻看那些新、旧书籍。当时有一种刊物，叫《外交报》，其中发表的文章，都是讲世界知识和国际情况，这些文章我很爱看。①

关于冯沅君到崇阳的学习情况，冯友兰在 1984 年写的《沅君幼年轶事》中有所叙述：“到崇阳，父亲给我们请来个教书先生，设了一间书房。我们这三个孩子分成两班。我和景兰为一班，沅君……一个人一班。……有一天，沅君写大字，不知道先生说一句什么批评的话，沅君生气了，第二天就不去上学。母亲生气地说，不上学，就要把她送到上房后边的一间黑屋里。她宁愿上小黑屋，也不去上学。母亲劝说解释，亲自把她送到书房门口，先生也出来接她，她无论如何也不进门槛，沅君性格之犟强，可见一斑。”②

冯沅君爱好种瓜。冯沅君在 1961 年春回忆：“我种瓜是出于个人爱好。从七八岁起，就曾和哥哥们种过南瓜、冬瓜。那时瓜吊在大石榴树

---

① 《冯友兰年谱》上册，第 11、12 页。

② 冯友兰：《沅君幼年轶事》，《文史哲》1985 年第 6 期。

上，或蹲在茂密的树叶下，有圆的，有长的，大得出奇。”①

冯沅君听母亲唱《祝英台的歌》。1925年冯沅君在《北京大学研究所国学门周刊》第1卷第3期发表的《祝英台的歌》（《陆侃如冯沅君合集》第15卷，第247～249页）一文中回忆：“当我七八岁时，晚上总跟老妈睡觉；睡不着时她总给我唱这个歌，日长睡余，烦得猫不是，狗不是的，遂将此段歌谣消遣，至于它的名字是什么，我那位老干娘未告诉我，我也不得而知，反正是记述梁山伯送祝英台回家的。”

1908年 戊申 清光绪三十四年 冯沅君9岁 陆侃如6岁

3月，王钟麒在《月月小说》第2期发表《中国三大小说家论赞》。

3、4月间，同盟会在广东、云南先后发动起义，均失败。

春夏间，立宪派发动各省派代表入京进行国会请愿运动。

11月，光绪帝、慈禧太后相继去世。王国维在《国粹学报》第47期发表《人间词话（1～21则）》（22～39则刊于第49期，40～64则刊于第50期）。

12月，溥仪即帝位。

冯沅君的父亲病逝。冯沅君随母亲、胞兄返回家乡唐河。家里请先生教冯沅君继续读书。

夏，冯沅君的父亲冯台异因脑出血逝世，终年42岁。冯友兰《三松堂自序》记此事：

> 在那年夏天，下面出了条人命案。父亲下乡去验尸……回来以后，隔一两天就病了。起初以为是伤风感冒之类。可是那一天，父亲在上房卧室里坐着，母亲在卧室对面的房间里给我们做面食……我们正在围着母亲看她做面食，只听到对面卧室里扑通一声，我们跑过来一看，父亲已经横躺在床上，呼吸急促，张着口喘气，不能言语了。延至下午三四点钟的时候，父亲就一句话没有说，与世长辞了。当时只是说“紧病”，现在看起来是脑出血……台异公的弟弟汉异公来崇阳协助料理丧事……母亲与三叔商定，先传出话去，银钱礼物一概不收，只收悼念文字。开吊之日，收到挽联挽幛很多。有一个秀才很有才，父亲很喜欢他，还为他平反了一件冤案。他送来一副挽联：“是

① 郭同文：《永远难忘的三次讲课——纪念冯沅君先生》，山东大学青岛校友会编：《山东大学（青岛）人物志》，北京，海洋出版社，1991年，第50页。

上国栋梁，大任能胜，可惜无端遭摧折；真下民父母，诚求务中，谁教哭泣失瞻依!”这种诚挚之词，大概不仅是为他个人感恩而发。①

冯台异有《复斋遗集》七卷，今存。②

11月，冯沅君随母亲、叔父汉异公与胞兄由水路扶父亲灵柩北归唐河。冯友兰《先妣吴太夫人行状》：“到家甫定，即为延名师，束脩既厚，膳馔亦丰，每星期日必置酒以劳师生。”冯友兰《三松堂自序》记此事：父亲安葬之后，“母亲第一件事就是安排我和景兰怎样上学。她和伯父、叔父说，友兰的父亲说，无论学什么学问，都需要先把中文底子打好。她主张还是请个先生到家，教我们打好中文底子。伯父、叔父都同意了。以后两年时间就在家里从先生读书，同学的有伯父的儿子五哥，还有几个表兄弟。头一年请了一个老年先生，后来又换了一个年轻的先生。这位年轻的先生，是省里高等学堂的学生。他倒是教了我们一些比较新的东西，还教我们读黄宗羲的《明夷待访录》”③。

冯友兰晚年回忆道：

在父亲亡故后，母亲常对孩子们说，你们父亲听某一个名人说过，不希望子孙代代当翰林，只希望子孙代代有个秀才。因为子孙代代有翰林是不可能的事，至于在子孙中代代有个秀才，这是可能的，而且是必要的。这表示你一家的“书香门第”继续下去了，可以称为“耕读人家”了。④

1909年　己酉　清宣统元年　冯沅君10岁　陆侃如7岁

1月，张德瀛著《文学史》，广东政法学堂初版。

2月6日，清廷颁布诏谕，禁止蓄养买卖奴婢。

5月15日，清廷学部奏准变通中学课程和初等小学堂章程。中学课程仿照德、法学制，实行文实分科。文科重经学，实科重工艺。

10月，各省成立谘议局，举行第一届常年会。

冯沅君在河南唐河。陆侃如在家乡入恒基小学读书。

---

① 《冯友兰年谱》上册，第13、14页。

② 参见《冯友兰年谱》上册，第3页。

③ 《冯友兰年谱》上册，第14页。

④ 冯友兰：《三松堂自序》，北京，人民出版社，1998年，第26页。

春，唐河土匪扰乱。冯友兰《先妣吴太夫人行状》：

唐河自宣统元年春至三年冬，地方不靖。先伯父请兵剿匪，匪首王八老虎视为深仇，家中一夕数惊，人皆逃避。先妣以先考停柩在堂，独不去。盖其临难不苟免之志亦昭昭也。①

约在本年，陆侃如入其父亲陆措宜创办的恒基小学读书。陆措宜家教很严，“主张小孩子不应该给他们好东西吃，只管教他们勤奋念书”②。

1910 年　庚戌　清宣统二年　冯沅君 11 岁　陆侃如 8 岁

1 至 10 月，立宪派连续发动三次国会请愿运动，清廷下令镇压。

2 月，黄兴发动广州新军起义，失败。

5 月，黄节著《文学史概》排印。

6 月，章太炎《国故论衡》在日本出版，分《小学》《文学》《诸子学》上、中、下三卷。

7 月，《小说月报》在上海创刊。

9 月，鲁迅开始在绍兴府中学堂任教，业余“翻类书，荟集古逸书数种”。

冯沅君在唐河。夏，冯沅君的母亲同意冯友兰、冯景兰考入唐河县立高等小学。

冯友兰《三松堂自序》：后来家里请的年轻教师“上开封上学去了。经过这两年的教学经验，母亲对我们上学的问题又惶惑起来了。一则因为，要请到合适的先生真不容易。二则她想到，叫我们在家里上学，没有一个资格，恐怕于我们的前途有妨碍……县里的高等小学确实与以前的县学有相似之处……这种相似之处，使母亲怀疑，如果不上县里小学，将来是否可以得到与秀才相当的资格……照封建社会的情况说，一个人成了秀才，虽然不是登入仕途，但是可以算是登入士林，成为斯文中人，就是成为知识分子了。以后他在社会中就有一种特殊的地位……恰好这年的暑假，县学招生了，伯父主张，叫他的儿子——我的五哥，同我和景兰去报名，母亲同意了……考试由县官主持……只考了一篇策论式的文章，就完卷了……过了一些时候，消息传来，我们这一次入学考试，不知道有哪一点手续不合，省里不承认我们这一班。县官也没有办法，只得把我们这一

① 冯友兰：《三松堂全集》第 14 卷，郑州，河南人民出版社，2000 年，第 290 页。

② 《陆晋如给牟世金的信》1983 年 1 月 14 日。

班算是预科……等于初等小学……也没有办法，只好上下去”①。

1911年　辛亥　清宣统三年　冯沅君12岁　陆侃如9岁

4月，同盟会举行广州起义，七十二人殉难。

10月10日，武昌新军起义，辛亥革命爆发，各省相继响应起义、独立。

12月，十七省代表在南京开会，选举孙中山为中华民国临时大总统。

本年，大量曾遭清廷查禁的明清之际之史籍，开始被重新翻印，流传开来。

冯沅君入端本女学就读。冯友兰发现父亲的题壁诗。

年初，冯友兰考取中州公学中学班。冯友兰《三松堂自序》记载此校：

> 这个中州公学，确实是当时河南的一些比较进步的绅士所办的。它除了法政班之外，还设有中学班，中学班恰好在年假后招新生。高小毕业，或有同等学力的人，都可以报考。伯父决定叫四哥去报考。大哥、二哥向我母亲说，说我也应该去。母亲也同意了……中州公学的中学班，设在开封南关外，据说是从前的一个书院。考试又分为初试和复试两次。我初试考了第二名，复试第一名。四哥和其他高小毕业的人都落在后边。当时我自己也有点惊奇。中州公学的监督是杨源懋，他的官衔是翰林院编修，在开封以绅士资格办中州公学。他不常到学校来，也没有和学生讲过话。不过所请的教员都是有比较进步的思想的人，据说有些人还是同盟会的人。当时我感觉，这个中州公学，好像是同盟会在河南的一个机关，因此学生们对于他都很敬佩。

暑假，冯友兰回唐河，同吴太夫人的侄女吴淑贞结婚。

10月

冯沅君的母亲应县教育局长、族弟吴简斋之请，在唐河老君庙街西姚宅任端本女学学监，冯沅君即在此学就读。母亲“给自己起了个名字，叫吴清芝，还印了个名片。这是她第一次走出家庭的范围，到社会上办事。她本来是一个极有才干的人，有机会到社会上做一点事，自然很高兴，心情很舒畅。但是她教学的宗旨，仍然是贤妻良母”。“她向学生们说，旧规

① 《冯友兰年谱》上册，第15、16页。

矩还是要遵守的，叫你们来上学，是教你们学一点新知识、新本领，并不是叫你们用新知识、新本领代替旧规矩。”她尝曰：“吾办学校无他长，惟使师生间和而已。”

冯友兰所在的学校中州公学中学班，因武昌起义停课回唐河，途经汝坟桥，住在一家客店，找到了父亲当年住此店时的题壁诗。这些诗大概是父亲己丑至戊戌年间会试落第时题写的。①

1912年　壬子　中华民国元年　冯沅君13岁　陆侃如10岁

1月1日，中华民国宣告成立，孙中山在南京就任临时大总统。中华书局在上海成立。

2月

12日，清帝溥仪退位。统治中国268年的清王朝结束。

13日，孙中山辞去临时大总统职。

15日，南京临时参议院推举袁世凯为临时大总统。

3月10日，袁世凯在北京宣誓就任临时大总统。

5月3日，京师大学堂改名为北京大学，严复任校长。

8月25日，国民党在北京开成立大会，选举孙中山为理事长，主张实行政党政治，成立责任内阁。

10月

7日，康有为、梁鼎芬等在上海成立孔教会。

24日，教育部颁布《大学令》，规定“大学以教授高深学术，养成硕学宏材，应国家需要为宗旨”。将大学分为文、理、法、商、医、农、工诸科。

本年

管达如在《小说月报》发表《说小说》。

吴梅著《词学通论》，东南大学出排印铅字本。

冯沅君在唐河。陆侃如恒基小学毕业。

本年春节后，冯友兰回开封中州公学。不久，母亲同意他转到武昌中华学校。

冬，冯友兰又考取了上海中国公学，读预科。②

陆侃如从家乡恒基小学毕业。

---

① 以上二则参见《冯友兰年谱》上册，第18、19页。

② 参见《冯友兰年谱》上册，第20、21页。

1913年 癸丑 中华民国二年 冯沅君14岁 陆侃如11岁

3月22日，康有为主编《不忍》杂志在上海创刊，主张尊孔复辟。

6月，袁世凯下令恢复学校祭孔典礼。

7月，江西等地宣布独立并组织讨袁军，史称“二次革命”，不久失败。

10月10日，袁世凯在北京故宫太和殿就任正式大总统。

本年，晚清至民国初期，戏曲、小说创作及小说翻译繁荣。据阿英《晚清戏曲小说目》统计，创作小说自1885年至1911年有479种，翻译小说自1982年至1913年有627种，戏曲剧本自1896年至1911年有162种。

冯沅君在唐河。陆侃如入江苏海门县三益高等小学读书。

本年上半年，冯友兰的妻子吴淑贞病故。冯友兰的母亲怕影响冯友兰的学习，未将噩耗函告冯友兰。直到暑假，冯友兰回唐河度假，才知道妻子病故。冯友兰《先妣吴太夫人行状》：“先妣亦不令照顾家中事务，盖恐分其为学治事之心……计自友兰等十余岁出外游学……从未接一招归之谕，或言家事困难之书。”①

陆侃如入江苏海门县三益高等小学读书。②

1914年 甲寅 中华民国三年 冯沅君15岁 陆侃如12岁

2月7日，袁世凯通令各省祭孔，以春秋两季行祭孔礼。

7月，第一次世界大战爆发。

8月，王梦曾编纂《中国文学史》，上海商务印书馆印行。

本年，《传奇汇考》8卷本由古今书室石印出版。

冯沅君梦想进学校。

冯沅君1943年回忆：“自十四五岁时我就梦想着进学校。我知道学校里国文数学是主要科目，因在这方面特别努力。除了我的表妹，我不曾向任何人透露过我的志愿。我沉默的等候时机来到。在渴望中我等它等了两三年。”③

---

① 《冯友兰年谱》上册，第23页。

② 参见《冯沅君先生年谱》。

③ 冯沅君：《我的学生时代》，《妇女新运》1943年第5期。

1915年　乙卯　中华民国四年　冯沅君16岁　陆侃如13岁

1月22日，袁世凯发布《特定教育大纲》，要求中小学均加“读经一科”。

2月，梁启超在《中华小说界》第2卷第1期发表《告小说家》，强调小说的感染教育作用。

5月9日，袁世凯接受日本提出的“二十一条”，全国人民一致反对，各地出现抵制日货高潮。全国教育联合会规定各校每年5月9日为国耻纪念日。

8月14日，杨度、严复、刘师培等成立“筹安会”，鼓吹恢复帝制。

9月15日，《青年杂志》在上海创刊。创刊号发表陈独秀《敬告青年》《法兰西人与近代文明》。

本月，王国维著《宋元戏曲史》，由上海商务印书馆出版。

12月

12日，袁世凯宣布恢复帝制，改1916年为洪宪元年。

25日，蔡锷等宣布云南独立，组织护国军。各地纷纷响应，宣布独立。

冯友兰、冯景兰合编父亲遗作《复斋遗集》。

上半年，冯友兰经中国公学同学金松岑介绍，与任载坤女士订婚。任载坤，字叔明，河南新蔡人，生于1894年，时年21岁，正就读于北京女子师范学校。

下半年，冯友兰毕业于中国公学，在上海考入北京大学。

本年，冯友兰、冯景兰合编父亲台异公遗作《复斋遗集》。冯友兰《〈梅村诗集 梅花窗诗草 复斋遗集〉后记》云：“我同弟景兰于民国初年收集其遗著，编为《复斋遗集》七卷，第一至第二卷，判牍；第三卷，《勘川汉铁路记》；第四卷，诗；第五卷，文；第六卷，杂著；第七卷，附录。”①

1916年　丙辰　中华民国五年　冯沅君17岁　陆侃如14岁

5月9日，孙中山发表第二次讨伐袁世凯宣言，号召“保持民国，不徒以去袁为毕事”。

6月6日，袁世凯在全国声讨中死亡。

---

① 以上二则参见《冯友兰年谱》上册，第24、27页。

8月1日，黎元洪就任大总统，重新任命各省军政长官，全国开始形成军阀割据局面。

9月1日，《青年》杂志（1915年9月陈独秀在上海创办）改名《新青年》。

10月，胡适发表《与陈独秀书》，开始倡导文学革命。谢无量著《中国妇女文学史》，上海中华书局初版。

12月26日，黎元洪任命蔡元培为北京大学校长。蔡元培实行大学改制，倡导学术自由，兼容并包。

本年

丁福保辑《全汉三国晋南北朝诗》刊行。

丁福保辑《历代诗话续编》《清诗话》，上海医学书局初版。

冯友兰为冯沅君讲古代诗文，引导她走上了文学的道路。陆侃如考入江苏南通省立第七中学。

夏，陆侃如在海门县三益高等小学毕业，考入江苏南通省立第七中学（今南通中学）。第七中学是四年毕业的旧制中学，校址在南通。校长是张季直的高足缪敏之。缪敏之“提倡礼教。在礼堂正中供着孔子的神位，每逢开学或集会，必定先向孔子神位行三鞠躬礼”。课程有英文、国文、历史、地理等。校长缪敏之知道外文的重要，所以特别注意学生的英文程度。“他的办法是：教英文最好请英美人。”他请南通教堂里的外国牧师教学生读《圣经》，牧师还领学生到教堂听过将赴北京任大学校长的司徒雷登的讲演。① 陆侃如在省立七中还“师从教育家徐昂研习国学。建筑专家陈从周、国学专家蒋鸿礼和陆侃如师出一门，都是南通中学毕业，徐昂的学生”②。

暑期，冯友兰回唐河省亲，为胞妹冯沅君讲古代诗文。当时，冯友兰在北京大学文科中国哲学门学习。关于他为胞妹讲古代诗文的情况，冯友兰有记载：

> 当时北大中文系有一位很叫座的名教授，叫黄侃。他上课的时候，听讲的人最多。我也常去听讲。他在课堂上讲《文选》和《文心雕龙》，这些书我从前连名字也不知道。黄侃善于念诗念文章，他讲完一篇文章或一首诗，就高声念一遍，听起来抑扬顿挫，很好听。他

① 参见陆侃如：《五四的教训》，《山大生活》1950年5月；《我第一次见到司徒先生》，《燕大周刊》1937年第6期。

② 许志杰：《陆侃如和冯沅君》，第108页。

念的时候，下边的听众都高声跟着念，当时称为“黄调”……黄侃也常出题叫学生作诗，有一个本系的学生不会作诗，叫我替他作。我作了几首拟古诗十九首的诗，他抄好送给黄侃，黄也居然加圈加点，还写了赞赏的批语。我的这种课外学习，倒是在我家里发生了作用，那就是：我把我的一知半解传授给我的妹妹沅君，引导她走上了文学的道路。自从我们从崇阳回老家以后，沅君就不上学了。我从北大放假回家，在家中也常念诗念文章，沅君听了很爱慕，就叫我教她。我照着黄侃的路数，选了些诗文，给她讲，教她念。她真是聪明绝顶，在一个暑假很短的时间内就学会了，不但会讲会念，而且会写，居然能写出像六朝小赋那样的小品文章。①

1943年，冯沅君回忆：

我未曾进过中小学，我的学校生活开始于我十七岁时。在我入学校之前，知识的灌输十九依仗我的母兄。两个哥哥，一个负责给我改文章，一个讲解数学上的疑难。但因为他们那时都在外处学校读书，所以只有在暑假内我可以得他们的直接指导，其余的时日都是函授。我的母亲是我们兄弟姊妹的经书教师（因为我的父亲羁于职务，同时他又早卒）。她不能写作，但通习群经。在这位严师手下，我们对诸经不读则已，读必全书成诵，一字不能含糊。私塾滋味我也尝过。乡间的“虾蟆王”（对教师的贱称）大都是蠢且懒，我不愿从他们读书，我的家人也同意。我是河南人。北方向不似南方开通，女子教育发达得较迟缓。清末民初，只省会开封有两个简易师范，大县分有小学。我的家乡不幸在偏僻的外县，去开封七百多里。我的家人素以稳健著称，不好趋新立异。长辈对于子女教育的意见是：男孩子出外进学校是应该的，丈夫本志在四方，女孩子通文墨已近于奢侈，游学他方实可不必。时地与家人的特性，这是断送我的中小学学生生活的两个主因。②

1917年 丁巳 中华民国六年 冯沅君18岁 陆侃如15岁

1月，《新青年》编辑部由上海迁到北京。胡适在《新青年》发表

① 《冯友兰年谱》上册，第28、29页。

② 冯沅君：《我的学生时代》，《妇女新运》1943年第5期。

《文学改良刍议》，提出文学改良应从“八事”入手，提倡以白话文代替文言文。

2 月，陈独秀在《新青年》发表《文学革命论》。

5 月，胡适在《新青年》发表《历史的文学观念论》，认为“一时代有一时代之文学”。

7 月，张勋拥戴清废帝溥仪复辟。段祺瑞组织讨逆军，复辟失败。段祺瑞解散国会，废除“临时约法”。

8 月，孙中山发起护法运动，在广州成立军政府，开始南北对峙的局面。中国北京政府对德、奥宣战。

9 月，蔡元培著《石头记索隐》，上海商务印书馆初版。

11 月，俄国“十月革命”胜利。北京大学国文门研究所成立。

本年

董康辑《诵芬室丛刊》，武进董氏刊本，二编印《读曲丛刊》七种。

刘师培编有《中国中古文学讲义》。

冯沅君以初级师范毕业同等学力考入北京女子师范学校国文专修科。她入学后至五四运动爆发，对该校“半封建”式的管理、学业设置等方面表示不满，“开始攻击”。

暑假，冯友兰回唐河，继续为冯沅君讲解古代诗文。冯沅君的文学水平有很大的提高。得知北京女子师范学校要招国文专修科的消息，家人都主张冯沅君去应考，冯沅君也表示坚决要去。她对母亲说：“如果是说要花钱，我将来什么也不要！”意思是说，将来出嫁时不要嫁妆。母亲本来是喜欢女儿读书的，在暑假将要结束时，不顾别人的议论，毅然决然，让冯友兰兄弟带着妹妹进京报考。报考时，恭兰改名淑兰。冯沅君这一辈，男女大排行，最后一字取“兰”。伯父取名时，长兄冯友兰建议中间字为“温、良、恭、俭、让”。伯父听了，欣然同意。冯沅君在姐妹中，排行第三，故取名恭兰。冯沅君到北京报名时，因嫌自己名字太“温、良、恭、俭、让”，便自作主张改名为冯淑兰。[①] 冯沅君报考，结果考取了。关于报考北京女子师范学校一事，1943 年冯沅君回忆：

> 民国六年秋，北京女子师范为要改高师，添办国文专修科。投考者的资格是初级师范毕业，或同等学力。考试的科目是国文、史地。这不是我所期待的机会吗？我的梦想实现了。一个过分稳健的家庭为

① 参见孙瑞珍：《和封建传统战斗的冯沅君》，《新文学史料》1981 年第 4 期。

什么肯放个十七八岁的大闺女到千里外进女学堂，尤其是附近三数县内向无此例。其中原因有三：第一，我的父执张中孚先生此时正在北平充当国会议员，他的家眷也寓平，我到平后不愁无长辈教导。第二，张先生是河南女子教育推进者之一，见了我的“窗课”，力主我出外进学校。他的主张增加了我的母亲对于女学校的信仰心。第三，我的两个哥哥此时都在北平念书，彼此可以照应。[①]

阴历九月初，冯沅君负笈北上，入北京女子师范学校读书。该校位于宣武门内石驸马大街，即今北京市西城区新文化街9号，是由四座楼宇组成的校舍，校舍占地约4000平方米。建筑很特别，可能是为了防止女学生随意出入，从大门到学生宿舍有四道门，中间是一条长阔的过道。大门是两扇大铁门，向来不走人，出入都走旁边的小门，会客室就在其旁。第二道门的楼上楼下，都是男教职员的办公室。第三道门是教室，门的左右和楼上共有八个教室。第四道门是女学监的办公室和她们的寝室。每道门前的左右都有天井，学监办公室的楼上和四周是学生的宿舍，宿舍楼下是学生的自修室。全班同学共有四十多人，除北京招来的十三名外，其余多由各省教育厅保送入学。年龄相差很大，大者四十余岁，次者三十多岁，最小的十六七岁。学生吃饭不要钱，每月伙食费共五元，可能存有贪污行为，吃得很不好，没有油，没有荤菜，多是一碗白菜，早餐只有一点咸菜。[②]

北京女子师范学校校门

（引自《陆侃如和冯沅君》第88页）

① 冯沅君：《我的学生时代》，《妇女新运》1943年第5期。

② 参见程俊英：《回忆郑公二三事》，朱杰人、戴从喜编：《程俊英教授纪念文集》，上海，华东师范大学出版社，2004年，第300页；程俊英：《忆“五四”前后的冯沅君》，朱杰人、戴从喜编：《程俊英教授纪念文集》，第335页。

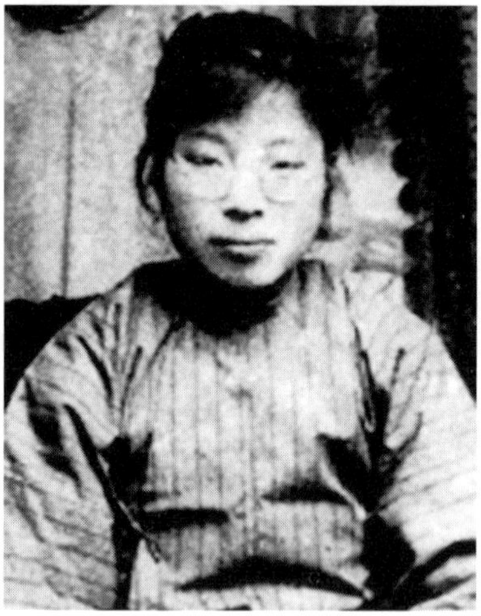

1917 年，初到北京女子师范学校的冯沅君。
（引自《陆侃如和冯沅君》第 7 页、《冯沅君传》第一章第 2 页）

关于冯沅君当年入北京女子师范学校时的情景，她的同班同学程俊英回忆：学校开学后十多天，冯沅君才来到学校。学监杨荫榆领她进入饭堂，“她穿一套蓝条土布裤褂，辫梢系了根红绒线，一直拖到脚跟，三寸金莲，慢慢走到我们桌边”①。冯沅君到校不久，顾震福先生给她们上“历代文选课”。上课时，顾先生问谁能背诵自己喜欢的 300 字以上的古诗文。冯沅君站起来背诵了三国时期王粲的抒情小赋《登楼赋》。她的背诵，得到老师的赞赏，同学们也为之一震。顾震福是清末民初著名的文字学家、经学家、谜家，也爱好诗词。冯沅君常常向他请教。在顾震福的眼里，“冯淑兰是个高材生，所以在课堂上对她特别关注。但在一次作业中，冯淑兰却露出了知识缺漏的马脚。先生对她前后表现的大相径庭颇感奇怪，就问她是否生了病，还让她今后要多读书，扩大知识面”，顾震福“为了扩大冯淑兰的视野，弥补她知识的空缺，给她开出了一张阅读书目。她也深感仅靠母亲和哥哥的指点，阅读和背诵数量有限的古文，和同学们十年八年在老师的指导下系统地学习，是不能相比的。自己没有学习过历史、地理、博物、算学、音乐、美术等课程，需要填补的知识空白实在是太多了”。② 此后，冯沅君一边听课，一边努力读书，课外的时间都埋头在图书馆读书。为了多读书，连星期天，哥哥来找她玩，她也舍不得浪费时间。她寒假没有回家。“寒假开始后，同学们陆续离校了，班里三四个

① 程俊英：《小脚教授冯沅君：为解除婚姻六年不归家》，《成都日报》2011 年 5 月 23 日。

② 参见《冯沅君传》，第 5、6 页。

不准备回去的女孩搬到了一起住。学校给她们安了个小火炉，每人一张小桌……冯淑兰除了睡觉、吃饭，便整天埋头在书本里……她立下了雄心：要通过自己的苦读，赶上同学；再通过努力，争取超越同学。”“春节过后，冯淑兰继续着她的苦读。顾先生开的书读完了，笔记写了两大本，又写出了《春秋战国时兵制之比较》和《中国六大民族同化及其竞争地之研究》两篇文章。”① 关于入北京女子师范学校的学习情况，冯沅君在 1943 年回忆：

> 我的学生时代从民六□□校到民十四年开始教书，先后七年半。这七年半可分为两个时期：“五四”前，“五四”后。“五四”以前，办女子教育的人，大多数不将女生男生同样看待。他们的思想还是半封建的（客气点说）。他们所理想的新女性和从前“以顺为正”吟风弄月的闺秀初无二致。这种思想反映到学生的日常生活上，也反映到学生的学业上。“五四”以前，我们学校的学生是不准随意出校的。星期日可以请假外出，但不得超过四小时。不得在外吃饭（如有朋友邀请，须离校时预先说明，还要有请柬为证），更不得在外住宿。有家在北平的学生，星期六下午课毕可以回家，但星期日下午五时前必须回校，而且离校时须交出家长来接的证件，返校时须由家长证明何时离家。如有集会（除去照例的运动会、学校成立周年纪念等）没有课外娱乐，更不许男女朋友往来：总之，第一是服从，第二还是服从……如前面所已叙述的，我进的是国文专修科，但事实上这班所开的功课，确是异常杂乱（尤其是第一年），国画、习字、音乐等，都是必学的，真正属于中国文学的，或与中国文学有关的科目，却大多缺如。教员更少通品。教文字学的，讲不明白双声、叠韵；教诗文习作的教学生读唐诗三百首，参考事类通编，不晓得“紬史记石室金匮之书”的出处；教体育的是学理化出身。乡间生长的女孩子的我，乍到北平进□学堂，自然觉得耳目一新，对物对人都有惊奇，钦佩的分儿，何敢妄加评议。但环境是不易改变的，青年人的见识、知力却往往突飞猛进。到北平不过半年，我已感到环境的缺陷。我发现我的同学没有几个可以做我的益友，中等教育并没有给他们应该给的东西；学校当局不独思想荒谬，而且没有培植青年的诚意；教员多滥竽充数。三者中前者和我尚无重大关系，大可以“尔为尔，我为我”；后

① 《冯沅君传》，第 7、8 页。

二者影响到我的学业前途，对他们绝对不应容忍。我于是对浅薄荒谬的教员开始攻击，同时憎恨袒护他们的校长。①

约在本年，冯沅君从开封到北京女子师范学校上学之前，因为爱菊花，特别是霜后的菊花，写了一首咏菊的小赋。冯景兰会画国画，画了四朵黄菊花，冯友兰援笔把冯沅君写的小赋写在空白的地方。他们将三人合作的这幅作品作为祝寿的礼物送给了母亲，母亲见后拍掌大笑，说："这可比你们买什么礼物都好！"②

1918年　戊午　中华民国七年　冯沅君19岁　陆侃如16岁

1月，李大钊任北京大学图书馆主任。

2月，北京大学成立歌谣征集处，征集全国各地民间歌谣，并在北京大学《日刊》上陆续发表。许多人开始自觉收集、研究民间歌谣。

5月，鲁迅在《新青年》发表《狂人日记》。

10月，胡适在《新青年》发表《文化进化观念与戏剧改良》。谢无量著《中国大文学史》初版。

11月

10日，蔡元培为《北京大学月刊》撰《发刊词》，认为大学是"共同研究学术之机关""'囊括大典、网罗众家'之学府"，主张大学应遵循"思想自由之原则"，行"兼容并收之主义"。

15日，北京大学在天安门举行庆祝第一次世界大战协约国胜利演讲会，李大钊作题为《庶民的胜利》的讲演。

19日，北京大学傅斯年、罗家伦、杨振声、顾颉刚等20位学生，在北京大学发起组织《新潮》杂志社，以"介绍西洋近代思潮、批评中国近代学术上、社会上各种问题为职司"。

12月，周作人在《新青年》发表《人的文学》，宣扬人道主义文学。

本年，《新青年》陆续发表胡适、刘半农、沈尹默等人写的白话诗。并从5月开始，全部采用白话和新式标点。

暑假，冯沅君留在学校读书。中秋节，作诗《中秋对月》。

约在1月，冯沅君有禀告母亲的信。此信为母亲珍藏。1945年2月，

---

① 冯沅君：《我的学生时代》，《妇女新运》1943年第5期。

② 参见冯钟芸：《四姑》，《芸叶集》（名家心语丛书），北京，新世界出版社，2002年。

冯友兰回唐河奔丧后，阴历除夕，寄信冯沅君，附此信，今佚。[①]

暑假前考试完毕，冯沅君等同学轰走了班主任女教师戴礼和男教师陈树声。冯沅君等入学后，校长方还仍然请戴礼当班主任、陈树声为教师。戴礼教学生《礼记·内则》，讲“三从四德”，讲“男主外、女主内”的封建礼则。陈树声讲授古文，专讲桐城义法。学生很反感，听不进去。一年以后，冯沅君等同学就向学校提出来，说她们不听这两门课。方还看学生都不同意他们继续教，就不敢再请他们了。关于此事的缘起，程俊英回忆：“考试完毕，大家正准备回家，晚上自修，沅君忽站起来，大声高呼：‘同学们，一年宝贵的时间过去了，我们千辛万苦冲出封建家庭来此求学，想想看，学到了什么？我建议，与其窒息而死，不如吐气而生，我们上书校长，撤换戴礼、陈树声，另聘高明者任教，大家赞成吗？’大家异口同声赞成，一致通过上书。方还校长只好同意不发聘书给戴、陈，另聘北大毕业的陈中凡老师任教。”[②]

暑假，冯沅君为了读更多的书，没有回家，留在学校。她除了泛读一些书外，重点读了《左传》和《史记》。[③]

8月，陈中凡经教历史的老师王家吉[④]的介绍，经校长、介绍人、陈中凡三方面的协商，决定应聘北京女子师范学校，兼任国文专修科主任，讲授“经学通论”“诸子通谊”“文字学”三门课。[⑤] 一说，陈中凡每星期教授《春秋左传》《尚书》各两小时，《说文》两小时。[⑥] 不久，陈中凡应聘的消息传开了，同学们都很高兴。暑假，有一天，程俊英从家里到学校探望留校的同学。冯沅君说：

> 家兄在北大读书，了解陈老师一些情形。他说陈老师是北大预科补习班的国文教员，家学渊源，博闻强识，其治学方法颇受刘师培先生的影响。加入北大办的“进德会”，主张六不主义（不做官、不纳妾、不吸烟、不喝酒、不嫖、不赌），颇受蔡元培校长的影响。
>
> …………

---

① 参见《冯友兰年谱》，第403页；《陆侃如冯沅君合集》第15卷《岁除篇·引言》，第389页。

② 程俊英：《“五四”时期的北京女高师》《忆“五四”前后的冯沅君》，朱杰人、戴从喜编：《程俊英教授纪念文集》，第293、336页。

③ 参见《冯沅君传》，第9页。

④ 姚柯夫编著《陈中凡年谱》（北京，书目文献出版社，1989年）作“王宗吉”。

⑤ 参见程俊英：《陈中凡老师在女高师》，朱杰人、戴从喜编：《程俊英教授纪念文集》，第341页。

⑥ 参见姚柯夫编著：《陈中凡年谱》，第12页。

第二学年开学的第一课，陈老师首先宣布他决定将北大的名教授聘请到我级兼课的方针，并谈了他办刊物的设想。果然不久，李大钊、胡适、刘师培、黄侃、周作人、林损等陆续来校任教，他们给禁锢闭塞的女高师，带来了一股清新的革命气息与朴学之风。①

冯沅君开始从陈中凡受业。②

中秋节时，北京女子师范学校学生会组织对歌笔会，冯沅君作诗：

中秋对月

皎洁今宵月，光辉万里同。
一为辞故国，两度客秋风。
逸响残荷沼，幽香老桂丛。
那堪长浪迹，南北类飘蓬！

琴书淹滞久，对景每生愁。
木落惊穹谷，虫鸣感素秋。
望洋频浩叹，哀郢枉怀忧！
愿借云梯上，搏风汗漫游。③

寒假，冯沅君回家过春节。年初二的晚上，母亲到冯沅君的房间，手里拿着两块贵重的衣料，告诉她，这是早年为她定下的娃娃亲方庄那边送来的。还告诉她，方家卖了些田地，在城里开了家绸缎铺，由少爷经营。他们也问询她的学业。冯沅君听了这些，低头不语，闷闷不乐，感到了自己的不幸。春节过后，正当冯沅君准备启程回北京时，吴庄的表姐突然说要来看望她。这位表姐大她三岁，曾是她仰慕的人。表姐是个才女，能吟诗绘画，写得一手好字，曾在洛阳的中学读过书。后来家人听说她和男同学有来往，便让她辍学回家了，和定了娃娃亲的对象结婚了。多年不见表姐，冯沅君急切地想知道她的近况。表姐一进门，令冯沅君大吃一惊：形销骨立，表情木然。原先准备好和表姐的对话，也未能顺利进行。表姐的今昔对比，使冯沅君战栗心痛。她的不幸，也许会成为自己的不幸。几年

① 程俊英：《陈中凡老师在女高师》，朱杰人、戴从喜编：《程俊英教授纪念文集》，第 341 页。

② 据冯沅君 1939 年致陈中凡信。参见陈中凡著，柯夫编：《清晖集》附录之《商兑集》，北京，书目文献出版社，1987 年，第 224 页。

③ 《陆侃如冯沅君合集》第 15 卷，第 324 页。

后，她以表姐的遭遇为题材，创作了轰动文坛的小说。[1]

冯沅君全家合影。第二排中为冯沅君之母吴清芝，左二为冯沅君，后排右一为冯友兰，左一为冯景兰。（引自《陆侃如和冯沅君》第 12 页、《冯沅君传》第一章第 13 页）

本年，陆侃如买得 Manly 的英诗选。[2]

约在本年，冯沅君作《秋思赋》。冯友兰《沅君幼年轶事》载：

沅君曾作有一篇《秋思赋》，大概是她在国学专修科中的作品，颇有六朝小品的神韵，景兰会画中国画，画有一幅“秋满山皋图”，把沅君的这首小赋写在空白的地方，作为题词。我也作了一首诗。这幅画……遗失了。画固然不可再见，赋的原文也不记得了，只有我的诗还记得。诗曰：“秋意满山皋，吾弟妙挥毫。树林忽疏阔，花丛骤寂寥。若非严萧瑟，何以续清高。寄语同怀妹，悲秋毋太劳。”如果这幅画能够保存下来，倒是我家的一段佳话。[3]

1919 年　己未　中华民国八年　冯沅君 20 岁　陆侃如 17 岁

1 月

1 日，北京大学《新潮》杂志创刊，傅斯年、罗家伦、周作人等先

---

① 参见《冯沅君传》，第 11～16 页。

② 据陆侃如 1923 年 6 月 3 日致胡适信。

③ 冯友兰：《沅君幼年轶事》，《文史哲》1985 年第 6 期。

后任主编。

15日，陈独秀在《新青年》发表《本志罪案之答辩书》，明确提出“德先生”（民主）和“赛先生”（科学）两大宗旨。

本月，巴黎和会否决中国取消“二十一条”以及在华特权的要求。

2月

胡适著《中国哲学史大纲》（卷上）（先秦部分），由商务印书馆出版。

傅斯年在《新潮》发表《中国文学史分期之研究》。

3月

18日，《公言报》发表《请看北京大学思潮变迁之近状》，并附林琴南致蔡元培函，谓陈独秀、胡适等“毁斥伦常，诋排孔、孟”，“尽废古书，行用土语为文字”。蔡元培当即作《致〈公言报〉并答林琴南函》，予以驳斥，并声明两种主张，即对于学说“循‘思想自由’原则，取兼容并包主义……无论为何种学派，苟其言之成理，持之有故……虽彼此相反，而悉听其自由发展”，对于教员“以学诣为主。在校讲授，以无背于第一种主张为界限。其在校外之言动，悉听自由，本校从不过问，亦不能代负责任”。

20日，刘师培、黄侃等支持北京大学学生创办《国故》月刊，声明以“昌明中国固有之学术”为宗旨。

4月

15日，胡适在《新青年》发表《实验主义》，系统介绍美国实用主义哲学。

30日，美国杜威应胡适等邀请来华讲学，抵达上海。

5月4日（星期日），北京大专五千余名学生集会游行，反对北洋政府在巴黎《凡尔赛和约》上签字，要求“外争主权，内惩国贼”“取消二十一条”。各地纷纷响应，五四学生运动爆发。当局出动军警逮捕学生，引起全国各界抗议。

7月20日，胡适在《每周评论》发表《多研究些问题，少谈些“主义”》。

8月，李大钊在《每周评论》发表《再论问题与主义》，展开“问题与主义”的论战。

10月

中国国民党正式成立，孙中山任总理。其规则曰：“本党以巩固共和，实行三民主义为宗旨。”

胡适在《少年中国》第1卷第4期发表《大学开女禁的问题》，主张先在北京大学收女学生旁听，作为试验过渡。

本年

燕京大学成立，司徒雷登为第一任校长。

用白话文写作的作品和论著大量涌现，采用白话的刊物约 400 种。

张元济主持辑校的《四部丛刊》初编，开始由商务印书馆出版。

吴梅著《曲学通论》（又名《词余讲义》），北京大学成本部印行。

冯沅君参加五四运动。努力学习英文、外国名著，读新出刊物。开始写新的诗文。五四运动时，陆侃如在中学参加罢课、抵制日货运动。

1 月，冯友兰与开封第二中学教师韩卿等，在开封创办《心声》杂志，创刊号刊有冯沅君（署名冯淑兰）诗《秋雨感怀》（《陆侃如冯沅君合集》未收）。①

春，陈中凡倡导、筹备，创办北京女子高等师范学校《文艺会刊》（蔡元培题名全称为《北京女子高等师范文艺会刊》）。程俊英在《陈中凡老师在女师大》一文中回忆：

> 一九一九年春，陈老师对我们说："北大办了较多刊物，效果很好。你们平时作了一些诗文，苦无发表园地，我主张每年出一期《文艺会刊》何如？"大家举手赞成。于是他开始筹备、编辑。②

4 月，北京女子高等师范学校创办的《文艺会刊》第 1 卷第 1 期刊行。③ 第 1 期刊首有陈中凡写的《文艺会刊缘起》，然后分门别类刊载同学的诗文。《文艺会刊》问世后，各校学生纷纷订购，销路很广。冯沅君（署名冯淑兰）在第 1 期，发表《论文章贵本于经术》、《本校十周纪念会序》、《拟古诗》（含《拟行行重行行》《凛凛岁云暮》《拟驱车上东门》《拟明月何皎皎》四首）、《感旧并序》、《书怀》（以上诗文《陆侃如冯沅君合集》未收）。

5 月

4 日，五四学生运动爆发。北京三千多名大专学生集会游行，反对北洋政府在巴黎《凡尔赛和约》上签字，要求"外争主权，内惩国贼"。当天，北京女子师范学校的学生并不知道学生游行集会。

---

① 参见：《冯友兰年谱》上册，第 40 页。

② 朱杰人、戴从喜编：《程俊英教授纪念文集》，第 342 页。

③ 刊行时间据程俊英《拟〈今日良宴会〉》《都门杂感》二诗注，朱杰人、戴从喜编：《程俊英教授纪念文集》，第 359 页。

5日，北京大专学生罢课。北京女子师范学校学生在国文科教师陈中凡、图画科教师吕凤子的激励下，参加游行示威。程俊英、罗静轩《“五四”运动的回忆点滴》一文载：

> 记得一九一九年五四运动的第二天，上午上课，级任陈中凡老师登上讲台，严肃地对同学们说：“五月一日和二日两天，开巴黎和会，日本人在会上蛮横无理地要求承继德国在山东的权利，如果不答应他们要求，就拒绝出席和会。这就激动了北京各大学同学的公愤。昨天三千多人结队游行，并派代表到外国使馆，要求各国出来主持公理，取消日本在山东的无理要求。代表到了东郊民巷，外国使馆不接见，就到曹汝霖家，曹见势不佳，赶快逃走了。学生代表从墙上跳进曹家，碰见卖国贼章宗祥，学生气极了，打了他一顿。”①

又，《程俊英自传》回忆，在五四运动的第二天，“上午上课，陈中凡老师登上讲台，严肃地对同学们说了这样的事：‘……警察厅派人逮捕了许多学生，高等学校多半罢课。’这是陈老师对我们的激励”②。听了陈中凡关于五四游行的讲述后，“校学生会决定游行，并上书总统，提出释放被捕学生”③。她们在操场集会，参加游行。她们身穿绿色校服；四名同学举着校旗，其余的举着三角标语旗：“打倒日本，打倒卖国贼”；“释放爱国学生”；“撤退包围北大军警”；“姊妹们，关心国事，争取男女平权”……校长方还认为学生“举动狂妄”，为了阻止学生上街游行，派人在大门上缠上了铁链，还挂了把大铁锁锁了学校大门。同学们奋力摇晃大门，用石头打砸铁链、铁锁，但砸不开。这时，冯沅君忽然记起学校在参政胡同那边还有一个小边门。她立即约了几个同学转到了小边门。边门虽然也锁着，但木门、门框都比较单薄。她们齐心协力，砸开了边门，冲出校门，“浩浩荡荡，扬眉吐气地走到新华门。沿途军警密布，枪械森严”，她们“昂首挺胸，旁若无人。这次游行影响很大，引起了各地的罢课罢市”。她们“得意地说，这是有史以来，女子第一次的干政游行”。④

---

① 朱杰人、戴从喜编：《程俊英教授纪念文集》，第274页。

② 朱杰人、戴从喜编：《程俊英教授纪念文集》，第283页。

③ 《陈中凡年谱》，第14、15页。

④ 参见《陈中凡年谱》，第15页；《冯沅君传》，第19～23页。

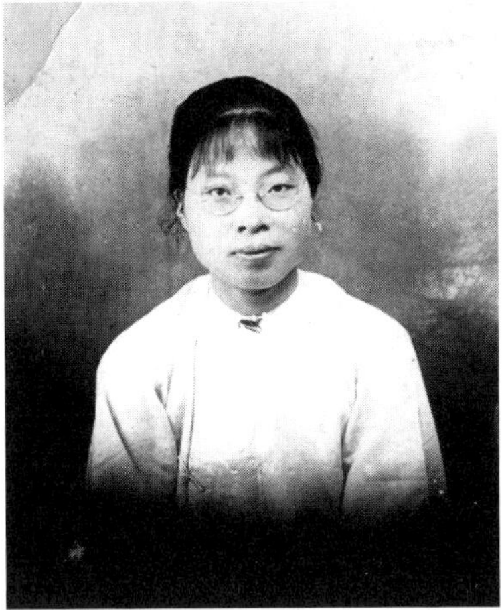

五四时期的冯沅君（引自《陆侃如冯沅君合集》第十二卷正文前）

关于冯沅君参加五四运动时的情形和收获，她在1957年4月27日刊于《新山大》的《回忆五四——给青年同志的一封信》（《陆侃如冯沅君合集》未收）中回忆：

首先想到的是我怎样投入这个运动。参加五四运动的时候，我是个女子高等学校的二年级学生，是个不满19周岁的，刚从封建地主家庭走出来的姑娘。在那个半封建半殖民地的社会里，女学校的教育，还是以封建思想为主导思想。我和我的同学们都一味地读死书，其他一概不过问。然而，当五四运动的浪头扑过来的时候，我们这般温顺得像小鸟一样的女孩子，却冲破金丝笼，来迎接这个风暴。

这是什么力量推动我们呢？这是对祖国的爱。祖国被少数败类出卖了！祖国马上就要被帝国主义宰割了！我们不能不管，我们应该站出来保卫它。

打卖国贼，烧赵家楼，五四这天的壮举，女学校并没有参加，因为在那个时候男女学校是不大通声气的。后来爱国青年的大量被捕，却激起了女学生的怒火。六月初，北京各女校学生在新华门前向当时的政府请愿，是中国历史上，青年妇女的第一次的集体的政治行动。我呢，是请愿书的起草人之一。

请愿本就是个斗争。在和北洋军阀斗争中，我校同学先与北洋军阀的狗腿子——我们学校校长开了火。为阻止我们同学出发请愿，他以锁校门当王牌。他这张王牌，这把锁，恰恰象征着万恶军阀加在人民身上的锁镣，象征着数千年来封建势力加在妇女身上锁链的锁，是不堪一击的。它被砸开了，像高涨的潮水一样，我们的队伍冲出去了！而且，后来靠着公正舆论的支援，我们还把这只狗的饭碗都砸碎了，把他驱走了！

在投入斗争的一刹那，我是不是顾虑到自己个人的利害，如被逮捕，被开除学籍等等呢？这不能说没有。但是这种顾虑只像萤火的一闪，它是微弱的，而且立即消灭。我是这样，我的同学们也是这样。

其次，想到的是五四运动对我的影响。五四运动是个爱国运动，是个在文化学术方面有深刻的革新意义的运动，一句话是个革命运动，它像阵春雷。春雷能使因严冬而蛰伏在地下的众多生物苏醒起来。五四运动则唤起潜伏在青年们的思想意识里求解放、反压迫的愿望。政治斗争使青年们团结起来，活跃起来，结合着资本主义思想，社会主义思想的吸收，他们的眼睁开了，再也不肯受禁闭了。当然，在这个时候，反抗的矛头大都是指向封建社会的上层建筑——思想意识，制度等等；但毕竟是种叛逆行为。我也是这种青年之一。五四运动前，我对封建制度，礼俗是盲目的顺从，即令感觉到它对自己不利的时候，也如此。五四运动以后，我对这些东西由怀疑而和它对立起来，甚且写文章批判它，因而也就为某些思想保守的人们所憎恶。思想的转变引起学习的转变，我又卷入新文学运动的浪潮中，因而也就为某些在文学上保守的前辈所“惋惜”。

五四运动的消息传到南通后，陆侃如在江苏南通省立第七中学参加了罢课、抵制日货运动。陆侃如后来在《五四运动的一段插话——自传之一章》中写道：

七中本无学生会的组织。“五四”的消息传到南通后，方开始组织起来。那时南通中等学校还有师范、商校、农校、医校及纺织。除各校自己的组织外，还有联合会。当时议决罢课以响应北京学生。

那时我们正在三年级。比我们高一班的同学，只差几个星期便毕业了。他们反对罢课。学校当局也是反对罢课的，故校中便形成两个对立的集团。一二三年级为罢课派，领导者是三年级学生。四年级与校方勾结而成反对派。教职员大都是中立的，甚且同情罢课。在学生议决罢课后，校方令教员照常授课，虽然教室里已阒无一人。我们派代表向教员说明罢课的理由，他们都极谅解。

校长缪先生极为学生所爱戴，可是此时因病回家了。校中主持者有学监史先生与舍监蔡先生。蔡舍监与缪校长是儿女亲家，故大权便落在他手里。他平日本不为学生所钦佩，他所领导的反对派尤其为我们所深恶痛绝。他曾在日本一个学校里混过，所以我们便斥他为汉奸……

当时最有趣的工作之一，便是侦查蔡舍监与四年级同学究竟定了什么计策来破坏我们。对方也恐怕我们有侦查之举，故开会极秘密，常常是夜间在教员宿舍内举行。我们呢，常常整夜不睡，买通校役来取得消息。记得有一夜，我也被派去侦查，心里高兴得什么似的。赶快借穿了黑衣裤，以免被人看破。蹑手蹑足的同了几位同学，偷偷摸摸的走到校役告诉我们的地方。从窗缝里瞧见蔡舍监与四年级代表，便恨得咬牙切齿。

双方感情渐渐的越闹越糟，蔡舍监的独子（即缪校长之婿）也是三年级学生，竟至不能存身于宿舍中。蔡舍监几次要向学生训话，始终没有人理他。有一次自己走到自修室来，向一部分学生说话，便发生激烈的辩驳，几至用武。①

又，陆侃如1950年在《五四的教训》一文中说：

当五四运动爆发时，他（编著者按：校长缪先生）请假回家了，由舍监蔡先生代理。舍监的职位有点像国民党反动派统治下的训导主任的工作。蔡先生是个日本留学生，他禁止我们抵制日货，更不许我们罢课。但是青年们爱国的热情是压制不住的，所以罢课终成为事实。等到缪先生销假回校，已经无法挽回。他和蔡先生两人碰了一鼻子灰，双双辞职离校，校务便由学监史先生继任。学监相当于教务主任，史先生在这次事件中的态度是比较开明的。②

19日，北京女子师范学校罢课，支持北京学界联合会。程俊英在《回忆女师大》一文中说：

五月十九日，北京全体学生大罢课，我校一致行动，连清华大学（编著者按：应作“清华学校”）和普通中学都参加了。下午，我校自治会开会，决定每人每月节约伙食费二元（每月伙食费共五元，师

① 陆侃如：《五四运动的一段插话——自传之一章》，《宇宙风》1939年第79期。

② 《五四的教训》，刊于1950年5月11日《山大生活》新14号，《陆侃如冯沅君合集》未收。

范学校由国家供给)、作为北京学生联合会的经费。各人自由捐助零用费铜元,作为慰劳被捕学生的费用。①

又,程俊英、罗静轩在《“五四”运动的回忆点滴》一文中说:

(十九日)晚上,我们上楼就寝时,忽然听见我级关应麟同学的哭声,大家惊慌地下楼,看见关应麟咬破右手食指,鲜血淋漓的在写血书。她见我们就大声地说:“姊妹们,真痛心呀!外国人这样欺侮我们,中国还有这样多的卖国贼,我预备从明天起不吃晚饭,把省下来的钱捐给北京学界联合会。我和诸希贤老师(我校学监)商量,她一定不肯,我一定要这样做,这个血书,就是我的决心!”我们大家都异口同声地说:“关姊姊做得对,不管猪(诸)蹄子答应不答应,我们就这样做吧!”接着后面来了一阵叫声:“猪(诸)蹄子逃掉了,猪蹄子逃掉了!”②

25日,北京女子师范学校成立北京女学界联合会第三团。冯沅君是演讲团团员。程俊英、罗静轩在《“五四”运动的回忆点滴》一文中说:

五月二十五日,北京女学界联合会召开女高师第三团成立会,全体同学参加。讨论结果,决定与学界联合会一致行动,大家都说:“罢不罢,看北大!”因为北大的同学是在李大钊老师的影响下成为运动中的主力,我们在北大的影响下组织若干演讲团到处宣传。我们这一团的团员,有张曼君、冯沅君、关应麟、罗静轩、程俊英等五人,并推举张曼君为团长。③

6月

1日,“北京政府下令,责成教育部及各省教育厅约束学生即日上课,并且嘉奖曹、章、陆三人。这样一来,北京各校学生决定再度上街游行讲演。六月三日、四日及五日,各校学生在街头演讲”④。“从六月一日

① 朱杰人、戴从喜编:《程俊英教授纪念文集》,第347页。
② 朱杰人、戴从喜编:《程俊英教授纪念文集》,第274、275页。
③ 朱杰人、戴从喜编:《程俊英教授纪念文集》,第275页。
④ 陶圣希:《从“五四”到“六三”》,陈占彪编:《五四事件回忆:稀见资料》,北京,生活·读书·新知三联书店,2014年,第133页。

至六月三日，演讲、请愿斗争更为激烈，这是五四运动后的又一高潮。几天来，从清晨到傍晚，北京及全国各地赴京请愿的学生，布满大街小巷，到处是游行的队伍，到处是呐喊的声音。”①

4日，北京女子师范学校学生上街游行、请愿。程俊英、罗静轩《“五四”运动的回忆点滴》一文说：

六月一日，卖国政府为曹、陆、章三人辩护，污蔑学生为不逞之徒。二日晚上，学界联合会议决定明天再到街上讲演，被卖国政府知道了，在三日那天，又派许多军警到处捉人，学生被捕的一千多人，都幽禁在北大理科和法科两院里。六月四日早上，我们听见这消息，愤慨异常，马上约各校代表到我校开紧急会议，会上议决下午游行和上总统书，并约定在四时前各校队伍齐集天安门，然后派代表到总统府上书。上总统书的内容大约是：释放被捕学生；尊重学生人格；自由讲演；立即撤退包围北大的军警。当我校同学整队出发游行的时候，看见前面的两扇大铁门，已经用大锁锁上了。大家正在想计策的当儿，忽见钱丞红着脸举手大声地喊：“可恨的老顽固，等以后和你算账，看你当得成校长！姊妹们，我们从后门走吧！”大家都应声向后转，走到后门，谁知后门也锁得紧紧的。钱丞气极了，用两拳向墙上撞，大家也跟着你一拳我一脚的打，只听得哗啦一声，后面的矮墙角倒下来了。钱丞用两手轻轻地一托，抬下了两扇后门；我们的队伍，就浩浩荡荡、扬眉吐气地走出了后门，手拿纸旗，口里高声地喊：“打倒日本！打倒卖国贼！撤退包围北大的军警！”校长方还，知道我们破壁而出，马上打电话给警察局。当我们的队伍走到西长安街时，路上密布军警，我们昂首挺胸，奋勇前进，警察呆呆地站着，也不敢拦阻。总统府要人，看见我们来势汹汹，也不敢出来，仅派陈某接见我校代表，态度谦恭，答应在三日内一定回信。我们整队归来，天色已晚……六月十一日的早上，陈中凡老师又上课了，他满脸笑容地对同学们说：“这次游行，影响很大，引起了上海、天津各处的罢市罢课。昨天政府免去曹汝霖、陆宗舆等卖国贼的职务。我今天祝贺你们游行请愿的成功！”②

① 罗章龙：《从“五四”到“六三”》，陈占彪编：《五四事件回忆：稀见资料》，第282页。

② 朱杰人、戴从喜编：《程俊英教授纪念文集》，第275页。可参阅程俊英：《回忆女师大》，朱杰人、戴从喜编：《程俊英教授纪念文集》，第348、349页；程俊英：《陈中凡老师在女师大》，朱杰人、戴从喜编：《程俊英教授纪念文集》，第343页。

6日，北京女学界联合会北京女子师范学校第三团开会，“决定下午继续到外宣传，地点在宣武大街和骡马市一带。沿途看见各校的讲演团络绎不绝，有的团员汗流浃背、力竭声嘶的还在讲。我们讲演的内容以反对外国人干涉中国主权、反对官僚卖国、希望市民罢市为主。听众多为劳动大众和商店店员。有的说：‘姑娘们说得对，可恨的日本，可恨的卖国贼，我们也要罢市！’”①。

29日，冯沅君积极参加北京女子师范学校驱逐校长方还的活动。程俊英、罗静轩《“五四”运动的回忆点滴》一文记载：“六月下旬，正是学校发送教师聘书的时候，我级教师都收到了，只有陈中凡老师没收到。这更激起同学们的公愤，在六月二十九日召开驱逐方还会议，委托冯沅君、刘云孙、高晓岚、罗静轩、程俊英等商讨驱方策略。小组会上决定起草驱方宣言和上教育部次长书。驱方宣言的内容，是数方干涉我校同学‘六四’游行等十大罪状，用崭新的白话文写成。过了几天，即将驱方宣言付印散发，并附一份在上教育部次长书后，送到教育部。方还知道了，不敢到校。七月七日，教育部正式免方还职，委毛邦伟先生担任我校校长。”② 又，据程俊英《忆“五四”前后的冯沅君》一文，驱逐校长方还所“列数方还十大罪状”的宣言，是由“冯沅君执笔起草”的。③ 冯沅君在《我的学生时代》一文中说，方还是一个“不学无术的小政客”。

7月28日，毛邦伟被委任为北京女子师范学校校长。毛邦伟曾任内阁中书，后赴日本留学，1912年任北京高等师范学校教授。新校长毛邦伟还没有到校就职时，程俊英等同学“就到他家提出下学期希望聘请的教师，主要是李大钊老师和陈中凡老师”④。

8月，陈中凡受女子师范学校校长毛邦伟之聘，任国文部主任兼教员。他“锐意改革，在九、十两个月内，连续发表《文科进行之方针》《学术思潮与教育主义之改进》两次演说，并于十一月七日，请来蔡元培先生演说《国文之未来》”⑤。

---

① 程俊英、罗静轩：《“五四”运动的回忆点滴》，朱杰人、戴从喜编：《程俊英教授纪念文集》，第275页。可参阅程俊英：《“五四”时期的北京女高师》，朱杰人、戴从喜编：《程俊英教授纪念文集》，第295页。

② 朱杰人、戴从喜编：《程俊英教授纪念文集》，第275、276页。

③ 朱杰人、戴从喜编：《程俊英教授纪念文集》，第336页。

④ 《陈中凡年谱》，第15页。

⑤ 《陈中凡年谱》，第14页。

陈中凡（1888～1982年），曾任北京女子师范学校国文部主任，讲授“文字学”“诸子通义”“经学通论”。（引自《陆侃如和冯沅君》第84页、《冯沅君传》第一章第39页）

9月，中华民国教育部将北京女子师范学校更名为北京女子高等师范学校，扩大规模，增设生物部、国画专修部、家事部，登报向全国招生。女子师范学校第1期学生，在这年的夏天完成了预科学业，转为正科生，成为女高师国文系第一班，名额已满，不再招生。在安徽省安庆实验小学教书的苏梅（苏雪林）、黄英（庐隐），有强烈的升学热忱，经由陈中凡的帮助，成为旁听生，插入了这个班级。她们旁听半年后，各交了一篇文章，陈中凡批阅“文理优长”，报告校长，便将她们注册为正科生。[①] 女高师“同学大都是来自各省的女界英才，有的曾当过几年中小学教员，有的曾任过校长，下笔则斐然成章，登坛则辩才无碍，社会活动则又个个足称先觉，人人不让须眉”[②]。

五四运动从多方面促进了北京女子高等师范学校的改革。冯沅君1943年在《我的学生时代》一文中回忆：五四运动“发动于抨击国贼，争取国际上的平等，而他的最大功绩却在解除封建社会加给人们，尤其是女人的锁镣。自此而后，在理论上，对国家，社会男女有同样的义务与权利。这种空前的自由平等的获得（虽然现在看起来还嫌空虚）使富于进取精神的女性活跃起来……我的学校在此时也有极大的变化”。暑假，驱逐了原校长后，“继任的校长虽不见得如何出色，但他尊重学生的意见，付

① 参见沈晖编著:《苏雪林年谱长编》,合肥,安徽文艺出版社,2017年,第11页。
② 沈晖编:《苏雪林文集》第2卷,合肥,安徽文艺出版社,1996年,第61页。

各系主任以全权，课程教授方面因得有不少改进。此时我们修习的课程都改得与北大国文系差不多。我们的教授也不再是那些少读诗的冬烘。北大的名教授如胡适之、刘申叔（师培）、黄季刚（侃）等，新的旧的都来我们系里兼课。此外还有几位名字虽不为一般人所习知，而确有真才实学的专任教授。在这些教授的指导下，我们于文艺习作外开始练习写学术论文，课外有讲演会，会中报告大家读书的收获。我们一系出版的文艺会会刊是女高师最早的刊物。这个新场面使我极度兴奋。我开始写新文艺，写白话论文批评旧礼教，努力学习英文（改女高师后方有这门功课），读外国名著译本，对于新出刊物总似饥者思食一般。学校的日常生活，此时也与从前不同。学监者流不再‘禁子’似的拘束学生。衣食交际学生都有点自由。校长也比从前开明，对于学生团体的校外活动，如街头讲演，天安门开大会，检查商店日货，结队示威游行等绝不干涉。同时五四运动将学生团结起来了。校内有学生自治会，校外有学生联合会。我是个喜欢活动的人，也曾在学生自治会中任过职务，参加过几次讲演游行”。《苏雪林年谱长编》第 12 页载：当时陈中凡任国文部主任，他是“蔡元培先生的高足，继承蔡先生‘兼容并包’的教学思想。授课的教师里，有国故派的黄侃（讲授‘文学概论’‘诗文选’），刘师培（讲授《文心雕龙》），顾震福（讲授‘文字学’‘古体诗词’），胡光炜（讲授‘修辞学’），也有新文化运动的开拓者李大钊（讲授‘伦理学’‘女权运动史’），胡适（讲授‘中国哲学史’），傅铜（讲授‘罗素唯心论说’‘西洋伦理学史’），周作人（讲授‘西洋文学史’），钱玄同（讲授‘语言学’‘文字学’），黎劭西（讲授‘文法学’），留美派的赵丽莲、吴贻芳、陈衡哲也请来了，赵、吴教英文，陈授文学创作。就连拖着长辫子的辜鸿铭也来女高师授课，他精通多国文字，留洋多年，学有专长”。苏雪林在《我的学生时代》中回忆：“我到北京的那一年，正值五四运动发生未久，我们在讲堂上所接受的虽还是说文的研究，唐诗的格律，而我们的心灵已整个地卷入那奔腾澎湃的新文化怒潮，每天我们都可以读到许多新文化运动的报纸副刊，周期性的杂志，各色各样的小册。每天我们都可以从这些精神粮食里获取一点营养料，每天我们都可以从名人演讲里，戏剧宣传里，各会社的宣言里得到一点新刺激，一点新鼓动。我们知道什么是革命，什么是反抗，什么是破坏。我们学习革命，学习反抗，学习破坏……对于旧的学术思想，我们都从头给予评判，对于我们素所崇拜的偶像都推倒了，素所反对的反而讴歌赞叹起来了。我们都是旧社会出来的人，深受旧社会压迫的痛苦，我们也都是被传统思想束缚过的人，深知传统思想妨碍进步之大，所以用不着多少宣传劝说，我们自然会争先恐后地向着光明阵营跑。那罪恶已显著的如不自然的大家庭制度，不自由的婚姻制度，片面的贞操观念，基于宗法社会的孝的道德，虽在中国社会已拥有数千年深固的威权，只须几篇论文，几场辩论，便顷刻间冰消瓦解。那尚有可以讨论价值的如女子承袭权问题、自由离婚问题、恋爱神圣问题、儿童公育问题，我们的结论也自然而然归到肯定方面。但我们对于各种问题，都是平心静气地研究、讨论，不容许有丝毫成见与偏心存乎其间，所以我们的破坏并不是盲目的，我们的反抗也非意气作用。我们那时把康德所谈的'人类理性'发展到了最高点，无论什么问题都要拿来放在理性的权衡上称量一下。"“杜威、罗素来华讲学，我们也欣逢其盛，我们也去听过他们的公开演讲。杜威的实证哲学，虽因胡适之先生的介绍，可以略懂皮毛，罗素的学说的精义，则竟非浅陋如我们者所能窥测其万一。但能够瞻仰他们的风采也就叫我们满足了。”①

深秋，李大钊为女高师讲课。程俊英在《回念李大钊老师》一文中写道：

> 我永远不会忘记第一天见到李大钊老师时情景。那是1919年的深秋，北京女子高等师范学校开学了，星期一早上，上课的钟声响了，级任陈中凡老师同李老师登上讲台，大家马上起立鞠了九十度的躬。陈老师说：“守常先生是北大图书馆主任，还在北大、男高师上课，李老师于百忙中答应为我级担任‘社会学’‘女权运动史’两门课，诸位应该特别感谢。”我们又全体起立鞠躬。我心里想：同学们在“五四”运动时，早已了解李老师是一位马克思主义者，在《新青年》杂志上读过他的《青春》《今》《我的马克思主义观》等文章……今天能够作他门徒，亲聆教诲，无不引以为幸。陈老师退出后，李老师开始讲课了。他说：“今天上社会学，后天上女权运动史，这两门课的内容虽不相同，但是互有联系的，如妇女解放，就牵涉到社会性质问题。……”接着，李老师介绍了马克思的生平，又简要地介绍了马克思的学说。我们从此才了解他的学说是唯物主义的，是科学的，也初步懂得了经济基础和上层建筑的相互关系，无产阶级社会革命的原因等等。李老师讲课深入浅出，不似哲学老师所介绍的其他外国哲学家的言论，玄之又玄，所以同学们都很爱听。谈到国内形势时，他

① 沈晖编:《苏雪林文集》第2卷,第61～63页。

激愤地说："在中国，首先要消除封建军阀、卖国官僚、投机政客。我们的政府，是北洋军阀，是帝国主义的走狗，这样的政府会做有益于人民的事吗?"并且一再强调学习马克思学说，不是纸上谈兵，而要身体力行。……在"女权运动史"课上，李老师介绍了各国妇女争取自由平等、女子参政、保护女工同工同酬等的动态。说明世界妇女已经觉醒和她们的迫切愿望。李老师又指出："但这不过是企图枝节的改良，不能彻底解决问题。只有社会性质改变，只有实现共产主义社会，妇女才能获得真正的解放。"到了期末，将要考试了，李老师向来反对在课堂上死记硬背的问答式考试法，他说："学习一门课的知识是为了应用，经过学生独自去思考，提出自己的见解，写出论文，才有好处。"说着便在黑板上写了一个论文题目："论妇女解放"。考试结束后，他挑选我作的一篇离经叛道的文章，亲自送到女高师校刊上发表。①

李大钊（1889～1927年），曾在北京女子高等师范学校讲授"社会学""女权运动史""伦理学"。

又，程俊英《陈中凡老师在女师大》一文中回忆：

在李大钊老师"社会学"和"女权运动史"两门课上，我们第一次知道了马克思主义和共产主义。了解了俄国十月革命的一些情况，以及世界劳动妇女争取自由平等的动态。②

又，苏雪林回忆：

李大钊先生讲书极有条理，上课时滔滔千言，如瓶泻水，但你永

① 朱杰人、戴从喜编：《程俊英教授纪念文集》，第317、318页。

② 朱杰人、戴从喜编：《程俊英教授纪念文集》，第341页。

> 远莫愁他的笔记难记，因为他说话只直说下去，不着一句废话，也没半点游姿余韵，所以一点钟的话记述下来，自然成为实实在在的一章讲义。他的朴实诚恳的面貌和性格也同他的讲授一般，很引起我的敬爱。①

李大钊讲课内容和方法新颖，讲解、讨论相结合。曾举行过一次“主观”和“客观”问题的讨论。讨论中，一位同学发言：“我的一个同学，她聪明好学活泼漂亮。她父亲因为生意亏本，把她当抵押品许配给了大老板的傻儿子……她听了父亲的安排，顺从了客观现实，明知前方是个苦海，她跳了下去。她所以要这样做，是为了家庭，孝顺父母。然而她要面对的将是和这个低能的傻子生活一辈子！……我认为，我们新女性就是不能顺从这种客观现实，任人宰割。我们要自己主宰自己的命运，要用我们的斗争来改变这种病态的社会现象。如果旧势力过大，我们无力改变，也决不能妥协。”李大钊听了带头鼓掌。大家也跟着鼓掌。冯沅君却始终低着头，没有鼓掌，联想到自己定娃娃亲的事，心里充满了迷惘、悲哀。在当时的日记中她写道：

> 听说世瑛家里不同意她和郑振铎来往，嫌郑家家底不厚。世瑛是老大，还有四五个弟妹需要她照顾。她是个孝女，已经和郑振铎疏远了。世瑛是学生会主席，带领大家高喊自由解放，其实她心里也有苦情。唉，自由恋爱的路到底在何方？自己的前程呢？谁让我们是女人，谁让我们生在今日的中国！我们的悲哀只能作为历史记载下来，让后人来追悼了。②

10 月 1 日，苏雪林以灵芬女士为笔名，在《晨报副刊》发表《新生活里的妇女问题》，谈“五四”后妇女解放：“妇女应像男人一样，勇敢挣脱束缚，走出封建家庭，走向社会，自己解放自己。”

11 月 30 日，北京女子高等师范学校举行冯沅君的同学李超女士追悼会。李超，广西抚州金紫庄人。她好学上进，在抚州修业于梧州女子师范，辗转去广州公益女子师范学习。1918 年 6 月，只身到北京，9 月考入北京女子师范学校旁听，一学期后转为正科生。她生长在一个富裕家庭，姊妹三人，两个姐姐早已出嫁，无男孩，父母过继了一个弟弟之子当儿

---

① 沈晖编：《苏雪林文集》第 2 卷，第 63 页。

② 《冯沅君传》，第 17～19 页。

子。父母亡故后，家产悉归嗣兄，嗣兄也成家了。她的嗣兄不仅封建思想严重，不喜欢女子读书，而且惜财如命，多次阻挠李超外出求学，逼她回去嫁给素不相识的一个官僚。她拒绝了。嗣兄则以她无权继承遗产为理由，断绝了一切关系，切断了供应她的生活费用，而且阻止他人资助。她本来就患有肺病，断绝了生活费，病贫交加，忧愤莫诉，8 月 16 日赍志以殁。“身后事由她的同乡料理，医院费用由她姊夫欧君还债，最后他哥哥来信说：‘妹子至死不悔，死有余辜。’”① 当局怕因李超之死引起连锁反应，主张悄悄处理。而学生自治会则决定举行一个追悼会纪念她。为了扩大影响，学生会还邀请了社会上不少的知名人士参加。李大钊特地写了《为发起组织李超女士追悼大会启事》，刊于《晨报》1919 年 11 月 19 日。② 发起人有周绍昌、李大钊、陈中凡、胡适、蔡元培、毛邦伟、梁漱溟、罗家伦、康白情、黄日葵、伍树芬（女）、吴弱男（女）、赵炳麟、关冕钧等 49 人。追悼会在学校礼堂举行。灵堂布置得肃穆庄严，礼堂中央悬挂着李超短发、着深色衣裤学生装遗像，相框上方有蔡元培手书“不可夺志”的横幅，两旁悬挂的是她的同窗姊妹书写的挽联。一侧是：

> 不坠青云志，鹓雏气自雄。才高伤薄命，学富叹途穷。
> 多病同秋草，孤生等峄桐。精灵应未沫，彤管想英风。
> 亦有好门基，劬书岂乏资？如何鸮入室，转令鹊无枝？
> 长吉修文梦，渊明乞食诗。遗编重检点，感旧泪如丝。③

另一侧是：

> 梧桂钟灵地，芝兰绝世姿。少孤能自立，多难畏人知。
> 有志一身重，无才两自危。前车今已覆，后死尽堪悲。
> 文采希班左，枌乡负盛名。十年钻蠹简，万里阻鹏程。
> 同本煎何急，斯人疾自成。重泉赍志去，感逝泪盈盈。

参加追悼会的除了本校的师生，还有一些社会各界的知名人士和兄弟院校的代表共千余人。主持追悼会的学生会主席王世瑛致了简短的悼词，接着

---

① 程俊英：《回忆女师大》，朱杰人、戴从喜编：《程俊英教授纪念文集》，第 349、350 页。

② 后收入李大钊研究会编著：《李大钊全集》第 5 卷，人民出版社 2006 年版，第 338 页。

③ 据程俊英《诗趣》一文，“亦有好门基”二首是程俊英所作，后发表在北京女子高等师范学校《文艺会刊》第 3 期上。

是自由讲话。蔡元培、李大钊、胡适、陈独秀、蒋梦麟、梁漱溟、邓中夏等，都发表讲话。在来宾中第一位讲话的是胡适。他听到女弟子李超的噩耗后，立即挥毫写了几千字的《李超传》。[①] 现在又胸佩白花站在学生的面前，说：李超的遭遇是中国无数女子争取自由而不可得者的写照。她短暂的一生揭示了中国封建家族制度的荒谬——有女不为后。她的死是当今中国女子问题研究的新起点。他还说："我提出几个问题请大家讨论：①家长族长应不应专制？②女子应不应受教育？③女子有无承袭家产的权利？④生女儿是不是无后？"[②] 他写的《李超传》在追悼会上散发。陈独秀本来不是女高师的老师，但当女高师的学生带着陈中凡先生的亲笔信，邀请他参加追悼会时，他立即答应，并早早地站到了追悼的人群中。他讲话不长，说：女子占人数一半，何以低人一等？李超就因为是女性，才遭此厄运！要杜绝李超的悲剧，就要解放妇女。妇女要获得解放，就要砸烂旧礼教，打倒孔家店！他大声疾呼："李超同学已经在旧礼教压迫下牺牲了，今后我们一定要对旧礼教作无情的斗争，妇女才能得到解放。"李大钊讲道："无情地揭露了封建礼教残害中国妇女的罪恶，号召觉悟的妇女应奋起斗争，勇敢砸烂束缚妇女身心的封建桎梏。"蔡元培、梁漱溟、蒋梦麟也讲了话。[③]

追悼会后，吃完斋饭，学生们回到宿舍，看到李超睡过的床铺空空荡荡，又都呜咽起来。冯沅君在追悼会上没有发言，她只是不断地流泪，也没有去吃斋饭。现在她点燃了一支蜡烛，放在李超的床上，说：今天我们祭祀她，几百个人哭一个，阿超算是有福气。她在九泉之下该瞑目了。将来我们还不知道是何结果！也不知何人会来追悼我们！同学们劝冯沅君说：阿兰，你不要再说了。哭声又连成了一片。在李超的床前，同学姊妹又举行了一次"心祭"。学生会主席王世瑛劝阻大家：眼泪救活不了阿超，也制止不了悲剧重演。我们是新女性，应当振作起来，把悲痛化为向封建旧礼教开炮的力量。为阿超写点什么吧！此后学生会在北京女子高等师范

① 一说胡适"会后作《李超传》一文，收在《胡适文存》里"。参见《程俊英自传》，朱杰人、戴从喜编：《程俊英教授纪念文集》，第 283 页。

② 程俊英：《回忆女师大》，朱杰人、戴从喜编：《程俊英教授纪念文集》，第 350 页。

③ 关于李大钊、蔡元培、梁漱溟、蒋梦麟参加追悼会并讲话之事，参见梁漱溟：《我生有涯愿无尽》，上海，上海人民出版社，2013 年，第 303 页。梁漱溟的讲话后来收录在其著《东西文化及其哲学》第五章内，见王淑芳、麻星甫：《李大钊与北京两师大》，《北京大学学报》1989 年第6 期。程俊英：《"五四"时期的女高师》《回忆女师大》。

学校《文艺会刊》上登载了一组悼念李超的诗文。[1]

本年

胡适到北京女子高等师范学校文教部教“中国哲学史”。苏雪林回忆：“当他来教他自编的《中国哲学史》时，别系同学都来旁听，即年在四五十以上的学监、舍监及校中各部门职员，也自己端个凳子坐在我们后面，黑压压的水泄不通的一堂人，鸦雀无声，聚精会神，聆受这位大师的宏论。”[2] 另外，胡适在女高师还讲授“哲学方法论”。冯沅君曾把胡适讲授的“哲学方法论”记录下来，查阅资料，加以整理，节录两三万字，刊于北京女子高等师范学校《文艺会刊》第3期。[3]

胡适（1881～1962年），曾在北京女子高等师范学校讲授“白话文学史”“中国哲学史”。

苏雪林创作的短篇小说《姑恶行》刊于北京女子高等师范学校《年刊》，冯沅君把它寄给在美国的冯友兰。关于《姑恶行》的写作与刊行，苏雪林有如下的述说：我的“第一篇小说则系十七岁的那年……前一年，我已写过一篇三四百字长的五言古诗，题为《姑恶行》，现则又取其事衍为小说……民国八年秋，升学北京高等女子师范，学校有印行年刊之举，我将此文略加改削投去，蒙录取刊出。同班好友冯沅君欢喜骈四偶六、妃白俪青的六朝美文，见我学韩柳体，常不以为然。我遂自命为‘桐城谬种’，而唤她为‘选学遗孽’。沅君读了我这篇小说，又表示不大佩服，寄了一本年刊给她正在美国读书的哥哥冯芝生，顺便提及她对我作品的意见。不意她令兄复信，对我竟大加赞美，说我富有文学天才，将来定有成为作家的希望”[4]。

---

① 请参阅：(1)梁漱溟：《我生有涯愿无尽》，上海，上海人民出版社，2013年，第303页，梁漱溟的讲话后来录在其著《东西文化及其哲学》第五章内；(2)《李大钊北京十年》，第301页；(3)《李大钊与北京两师大》；(4)《冯沅君传》，第29～32页；(5)《苏雪林年谱长编》，第15页。

② 《苏雪林日记选》，第419、420页；沈晖编：《苏雪林文集》第2卷，第63页。

③ 参见《冯沅君传》，第34、35页。

④ 沈晖编：《苏雪林文集》第2卷，第114、115页。

1920年　庚申　中华民国九年　冯沅君21岁　陆侃如18岁

3月

梁启超发表《欧游心影录》，引发东西文化论战。

胡适《尝试集》出版。

4月

《共产党宣言》由陈望道翻译在上海出版。

教育部在北京举办国语讲习所，胡适应邀讲课十五次，后辑成《国语文学史》。

6月，张静庐著《中国小说史大纲》（第一编　总论），上海泰东图书局初版。

8月，鲁迅被北京大学聘为兼职讲师，曾兼任该校国学门委员会委员。自编讲义，讲授“中国小说史略”。

9月，《新青年》编辑部迁到上海，开始系统宣传马克思主义。

10月12日，罗素来华讲学。

11月6日，张东荪在《时事新报》宣传罗素关于“中国第一宜讲教育，使无知识的有知识，使有知识的更进一层。第二是开发实业救济物质生活。至于社会主义，不妨迟迟”的主张，受到李达、陈望道、李大钊、陈独秀等人的批评，从此开始关于社会主义的大讨论。

11月，胡小石在北京女子高等师范学校讲授“中国文学史”。

12月1日，李大钊在《新青年》发表《唯物史观在现代史学上的价值》。

本月，北京大学沈兼士、周作人、钱玄同等发起成立歌谣研究会。

本年，北京、上海、湖南、湖北等地出现马克思主义研究会及共产主义小组一类的团体和组织。

冯沅君写信给冯友兰，“言其终身大事不满意”。开始与王品青相识恋爱。开始发表学术论文。陆侃如在江苏省立南通县第七中学读四年级。

约在本年年初，李大钊为北京女子高等师范学校讲授“伦理学”。他讲授此课时，“首先对封建主义的伦理道德进行了深刻的批判，指出其为统治阶级服务的实质。特别是关于‘孝道’，他通过自己亲身体会讲述了封建主义的孝道与赡养老人的区别。学生们也就封建的伦理道德的具体问题纷纷发表批判性意见，课堂上气氛十分活跃，师生各抒己见”①。关于

① 王淑芳、麻星甫：《李大钊与北京两师大》，《北京师范大学学报》1989年第6期。

李大钊讲授“伦理学”的情形，程俊英在《怀念李大钊老师》一文中说：

> 1920年，“女权运动史”课程结束，代替它的是“伦理学”，李老师在讲课中批判了封建的伦理道德，指出忠、孝、节、义等的实质、虚伪及其毒害。他说：“古代三从四德这些教条，把历史上千千万万的妇女都捆死了。……新的伦理学，是要高举民主和科学两面鲜明旗帜反对旧伦理、旧政治、旧宗教，什么礼法、贞节、礼教都要丢到垃圾堆里去。”他又说：“过去妇女没有恋爱婚姻的自主权，到现在还是如此。听说我级有的同学由父母之命已订了婚姻，却不知对方是何许人，这是不合理的。你们不是喜欢演话剧吗？听说演得很不错，但观众只限于本校师生，最好公开演，为什么不演一出反封建婚姻的话剧呢？”于是，我们便积极行动起来，商讨决定将汉乐府《孔雀东南飞》改编为五幕话剧。①

李大钊讲“伦理学”除了理论阐述外，还拟出若干题目，让学生到妇女中进行社会调查。冯沅君一边学习，一边参加了调查，写出了《今后吾国女子之道德问题》。②

1月23日，在美国哥伦比亚大学留学的冯友兰收到冯沅君写给他的信，信中说：“不能将母亲一生在乡间得贤良名誉坏在不肖儿女手里。”冯友兰云：“真孝子之言。”寄函给冯沅君。③

冯沅君与大嫂、二嫂合影。摄于1920年前后。左二是冯沅君，右一是冯景兰夫人，右二是冯友兰夫人任载坤（1894～1977年）。（引自《陆侃如冯沅君合集》第十二卷正文前）

① 朱杰人、戴从喜编：《程俊英教授纪念文集》，第318页。

② 参见《冯沅君传》，第36～38页。

③ 参见《冯友兰年谱》上册，第47页。

2月12日，冯友兰收到冯沅君的信。①

3月

20日，冯友兰收到冯沅君的信。

25日，冯友兰收到冯景兰转来冯沅君的信。冯友兰日记："言其终身大事不满意，令我设法。于是万感咸集，上午不能看书，下午写信发之，晚心仍不静。"②

春，北海公园举行了一次"杜威先生平民教育思想"讨论会。参加者除了教育社的几个青年外，还有北京大学、北京师范大学、北京女子高等师范学校等学校的一些活跃分子，其中有北京大学物理系的学生王品青和女高师的冯沅君。他们二人都是河南人。王品青业余爱好文学，老家已有妻子。讨论会后，大家在北海划船。在船上，冯沅君认识了王品青。此后他们开始来往。③

4月10日，在美国的冯友兰致冯沅君信。④《冯沅君传》第35页载：本年，冯友兰已在美国哥伦比亚大学攻读博士学位，他因撰写论文需要胡适的一篇文章，找不到，便来信要妹妹去向胡先生借，然后抄录一份寄给他。上述一事，当是此信的主要内容。冯沅君接到此信后，由一位同学陪同到胡适寓所，说明来意。胡适热情接待，立即应允。冯沅君此后不再拘束，听胡适课后，也敢提问题，陈述己见。

本月

冯沅君（署名冯淑兰），在北京女子高等师范学校《文艺会刊》第1卷第2期发表文章《春秋战国时兵制之比较》《读〈汉书·艺文志〉随笔》《中国六大民族同化及其竞争地之研究》《今后吾国女子的道德问题》(《春秋战国时兵制之比较》《读〈汉书·艺文志〉随笔》《中国六大民族同化及其竞争地之研究》三文见《陆侃如冯沅君合集》第12卷，第1～10页。《今后吾国女子的道德问题》见《陆侃如冯沅君合集》第15卷，第147～151页)，诗词《中秋对月》《暮春经景山下》《昭君》《曲壮闵墓》《香冢》《拟汉武帝〈秋风辞〉》《百花生日祝词》《秋夜赋》(《中秋对月》《暮春经景山下》《昭君》《曲壮闵墓》《香冢》《拟汉武帝〈秋风辞〉》《百花生日祝词》见《陆侃如冯沅君合集》第15卷，第323～325页；《秋夜赋》，《陆侃如冯沅君合集》未收)。《春秋战国时兵制之比较》《中国六大

---

① 参见《冯友兰年谱》上册，第49页。

② 以上二则参见《冯友兰年谱》上册，第52页。

③ 参见《冯沅君传》，第42、43页。

④ 参见《冯友兰年谱》上册，第52页。

民族同化及其竞争地之研究》两篇文章，经由陈中凡先生指点和多次修改。《今后吾国女子的道德问题》一文，首先从多方面怀疑、批判旧的“三从”“四德”女子道德观，然后从家庭和社会两方面提出了新的女子道德观。在家庭道德方面应当：“第一，发挥同情互助的真精神，以矫正不平等的习惯。第二，应用学理改造家庭，免去坐吃山空的流弊。第三，以民治主义的教育教导子女，一洗从来升官发财的妄想。”在社会道德方面应当：“一、今后的道德不求仅做一个贤母良妻，要想着在社会上做一个堂堂的人物。二、处世接物，应当发挥同情博爱的精神。三、行为必本着个人的良心，不学那旧式的女子畏首畏尾；更不学那浮躁的女子趋势沽名；应当为真理而活动，为正义而活动。四、不被金钱的引诱；不受势力的压迫。”

5月、6月、9月至12月，鲁迅在北京女子高等师范学校兼课。①

6月13日晚，在美国暑期学校学英、法、德文的冯友兰寄冯沅君信。②

本月，陈中凡作北京女子高等师范学校周年概况报告。③

9月29日，陆侃如致胡适信：“请详细指教：一、读古代儒家哲学书——《论语》《大学》《中庸》《孟子》和《荀子》——的时候，应注意的是什么？二、近三十年来的文和短篇小说的选本，哪一种是最好？”（《陆侃如冯沅君合集》第8卷，第385页）

本月

梁启超联合蔡元培、林长民、张元济等在北京成立讲学社，请外国著名学者来华讲学。这次请了英国哲学家罗素。冯沅君是热心的听讲者，王品青也来听讲。这次演讲虽然因为翻译未到而延迟了，但却给王品青和冯沅君谈恋爱提供了机遇。他们散步时，冯沅君捡起了一片红叶，随口吟诵：“晓来谁染霜林醉，都是离人泪。”王品青说：“冯君，为何如此伤感？”冯沅君说：“是的，秋天是物类竞自由的季节，可这不属于我。”王品青说：“草木无情，有时飘零。人为动物，唯物之灵。百哀感其心，万物劳其形。”“听说冯君擅长诗词，能否拜读？”不久，当两人再次会面时，冯沅君给送他两首七绝（《陆侃如冯沅君合集》未收）：

---

① 据《鲁迅日记》1921年2月6日、3月31日、6月1日、7月14日记载。本书所引《鲁迅日记》，均据《鲁迅全集》第15～17卷，北京，人民文学出版社，2005年。

② 参见《冯友兰年谱》上册，第54页。

③ 参见《陈中凡年谱》，第16页。

御柳依然拂岸斜，萧条苑树宿昏鸦。
夕阳无语迟迟下，落尽京城枝叶花。

玉河冷落水潺湲，王气销沈不复还。
已堕龙髯何处问，独驱疲马过煤山。[①]

秋

陈中凡推荐两江师范学堂公共科届同学胡小石来北京女子高等师范学校任教。[②]

陈中凡在女高师讲授的"文字学""诸子通义""经学通论"，"颇受学生好评"。[③]

11月

胡小石离开上海应聘赴北京女子高等师范学校任教授，兼国文部主任，教"文学史""修辞学""诗歌选作"等，兼部行政。[④] 关于"诗歌选作"课，他在第一次上课时，便阐明了这门课的宗旨和方法：研究和实践并举。他认为有造诣的人，应兼具"儒林"和"文苑"之所长，既要在研究上有个人的体会，也要懂得创作。他分析作品时，特别注重"炼字"。他认为"炼字"在中国修辞学中，占有极重要的地位。他对唐诗情有独钟，尤尚李白、杜甫。冯沅君本来喜欢吟诗填词，对此课特别热爱。在一次胡先生大大赞颂了诗圣杜甫后，冯沅君悄悄对坐在身旁的程俊英说：胡先生可能受元稹"自诗人以来未有如子美者"一语的影响吧。[⑤]

胡小石（1888～1962年），曾任北京女子高等师范学校国文专修班主任，讲授"文学史""修辞学""诗歌选作"。

① 参见《冯沅君传》，第43、44页。
② 参见《陈中凡年谱》，第16页。
③ 参见《苏雪林年谱长编》，第12页。
④ 参见周勋初编：《胡小石文史论丛》，第248页。
⑤ 参见《冯沅君传》，第50、51页。

12 月 30 日，苏雪林“创作《戏赠本级诸同学歌》。这首诙谐有趣的长诗，逼真地再现五四时代女高师人才济济、严谨的学风与浪漫的青春气息——用精准的笔触，巧妙地把本班诸同学比作历史人物。比如诗中写到成绩优异、醉心国学的冯沅君：‘冯衍才气众所摄，显志赋成修名立。蠹鱼三世食仙书，天府十年窥秘笈。’”①

苏雪林（苏梅）（1897～1999 年），冯沅君的同窗好友。

冬

陈中凡为北京女子高等师范学校国文部作一年来教学工作总结和今后计划的报告，理论联系实际，有经验总结和大胆改革之设想。②

一个星期天，王品青、冯沅君相约参加在中山公园今雨轩举行的黄英（庐隐）的小说《一个著作家》的座谈会。座谈会的内容触动了冯沅君。当时与会者发言踊跃，见解多样，大家对男女主人公双双殉情感慨不已。这篇小说后来发表在文学研究会主办的《小说月报》上，黄英成了文学研究会的第一个女会员。主持这次座谈会的郭梦良是北大法科学生，认识王品青。王品青、冯沅君一起露面，大家知道了王品青和冯沅君在恋爱。嗣后，王品青经常到女高师访冯沅君，两人常常一起参加社会活动，逛公园，郊游。③

本年

陆侃如在江苏省立南通第七中学读四年级，和同班的几个同学组织了一个“松竹诗社”，作的大多是七绝。他和同学在英语老师的鼓励下，还做了两件事：一是演英文剧。此剧由陆侃如改编，在礼堂公演，陆侃如还扮演了其中的一个角色。二是编英文杂志，他担任的稿件是编写“英国诗人小传”。他说“我在中学”，“我的功夫几乎全花在英文学上”。④

---

① 《苏雪林年谱长编》，第 14 页。

② 参见《陈中凡年谱》，第 16 页。此报告，《冯沅君传》第 23 页题作《一年来教授训练的经过和将来底希望》。

③ 参见《冯沅君传》，第 44、45、67 页。

④ 陆侃如 1923 年 6 月 3 日致胡适信，《陆侃如冯沅君合集》第 8 卷，第 388 页。

1921年 辛酉 中华民国十年 冯沅君22岁 陆侃如19岁

1月1日，沈雁冰、郑振铎、叶绍钧、王统照等12人在北京成立文学研究会，提倡为人生而艺术。该会以改革后的《小说月报》和《文学周报》《文学旬刊》等为主要阵地出版著述，并出版丛书百余种。

本月，梁启超《清代学术概论》出版。

4月，在广州开非常国会，推举孙中山为非常大总统。

7月23日，中国共产党第一次全国代表大会在上海召开，选举陈独秀为总书记。

本月，郭沫若、郁达夫、成仿吾等在日本东京成立创造社，以“打破社会因袭，主张艺术独立”“造成中国未来之文学”为宗旨。先后创办《创造季刊》《创造周报》《创造月刊》《文化批判》等，并出版《创造社丛书》。

8月5日，郭沫若新诗集《女神》，由上海泰东图书局出版。

12月，鲁迅小说《阿Q正传》开始连载。

冯沅君发表散文两篇和近四万字的论文《历代骈文散文的变迁》。陆侃如考入北京大学预科。

2月至5月，鲁迅在北京女子高等师范学校兼课。①

3月

9日，王品青托人带给冯沅君玻璃丝的小镜框一个，并附情书一封。冯沅君看信后感动地递给程俊英。信说：“兹奉上玻璃丝相框一帧，藉表微忱，以其象征余心之坦白、坚韧、缠绵如此丝也。祈哂纳为感！”②字迹秀劲，文辞清婉。

10日，冯沅君、苏雪林、程俊英同去哲学老师傅铜家里聚会。当天，傅铜请他的老师罗素及其女友（一说第二任太太）勃拉克（有的译作桃拉伯拉。她身材不高，健壮，已怀孕）在家里聚会，故邀约他的一些女弟子和十几位男同学到家里开 party。③ 程俊英回忆：“有一次，在哲学老师傅铜南池子家里开晚会，冯沅君和我去参加，会后余兴，罗素的年轻情人勃拉克在庭院里跳起了拉船舞，神态骄傲，我不理她。会中，认识了冯

① 据《鲁迅日记》1921年2月9日、16日，3月9日、23日、30日，4月13日、20日，5月4日记载。

② 程俊英：《回忆女师大》《忆“五四”前后的冯沅君》，朱杰人、戴从喜编：《程俊英教授纪念文集》，第350、336页。

③ 参见《苏雪林年谱长编》，第16、245、246页。

沅君的情人王品清，他是北大学生，殷勤招待，态度温雅。”①

4月1日，冯沅君（署名冯淑兰）在北京女子高等师范学校《文艺会刊》第1卷第3期发表《历代骈文散文的变迁》（《陆侃如冯沅君合集》第12卷，第11～57页）。此文近四万字，引言后分四部分：第一部分，文章为什么有骈散的分别？第二部分，骈散未分以前文章的情形。第三部分，骈散既分以后文章的情形。第四部分，结论。此文的写作始于上年。在写作的过程中，得到了陈中凡先生的悉心指教。陈中凡为她解答疑问，开出了阅读书目。批阅了她写的两本上百页的读书笔记。“错误的地方改正了，有问题的地方打上了小问号，有好多处还画了双圈。凡有改动处，必批有小字。”陈先生的指教，促进了她努力研究骈文散文的决心。② 冯沅君在第3期发表了《哲学方法论（节选）》（胡适之讲演，冯淑兰辑录），还发表了《感兴》《元旦后二日赏雪，因回忆旧年探梅之游》《新禽言》《观弈》《蓼花》《秋夜杂感》《春草赋》《吊新战场文》（以上八篇参见《陆侃如冯沅君合集》第15卷，第326～328、330～332页）③。

5月4日，冯沅君（署名冯淑兰）在北京《晨报》发表《五四纪念的杂感》（《陆侃如冯沅君合集》第15卷，第152、153页）。此文从多方面忆及两年中令人“失望”之事：

> 珲春问题是继青岛问题起的一个外交问题，是我们大家所曾竭尽心力去争过的。该处五县的人民被外人蹂躏的惨状和困苦的情形，是我们大家所深印在脑中的，现在怎样结束？没有结果。
>
> ××挟着累次得胜的势力，为患朔方，塞外的战云已密密布满，笼罩着新黑二省的疆界。一般专制阃外，坐拥貔貅的督军，哪一个自告奋勇，去到战地上望一望？
>
> 教育是大家所公认为国家根本的事业，应当特别扩充的。现在怎样？首都之下，累次陷入无教育的境地，虽说近来些微有点恢复的希望，但是风雨飘摇的状况之中，前途还是茫茫难测。外省呢？裁经费，罢课的事，也是时常听见的。
>
> 北五省去年的旱灾，数百万难民卖妻质子，流离死亡，不晓得有多少，有谁肯解囊捐助，做一点慈善事业？

---

① 程俊英：《回忆女师大》，朱杰人、戴从喜编：《程俊英教授纪念文集》，第350页。“王品清”，当作“王品青”。

② 参见《冯沅君传》，第38～41页。

③ 《陆侃如冯沅君合集》著录《感兴》等八篇，注云《文艺会刊》“第四号”，当作“第3期”。

财政呢？债台高筑。督军呢？拥兵跋扈，只晓得刮皮饱他们的私囊。一般平民呢？还是抱着个因循的态度，虽遇灾害，还是听天由命，不知道去改造环境。总而言之，教人失望而已。

此文最后说：

失望就可了一切事吗？我们做事一遇着些微困难就算失望吗？遇着困难就失望，是我们青年应有的态度吗？天下的事情那有这么容易成功的？经的困难越多，收的效果越大，只要有奋斗，牺牲的精神，没有不成功的。我希望大家振起当初发扬蹈厉的精神来，并且永久继续下去，教数十百年后大家都晓得五四运动是我们中国重新的开始，勉力！勉力！

6月22日，《民国日报》第1版刊登《南游心影》，杜威讲演，冯沅君（署名冯淑兰）笔记。此文又载《教育公报》第8卷第10期。《教育公报》同期，又载《教师职业的现在机会》，杜威讲演，冯沅君（署名冯淑兰）笔记。

约在7月，陆侃如考入北京大学预科，主要学习英文学。寒假“为祖丧回南”，读《楚辞集注》。陆侃如1923年6月致胡适信说：“我在中学及本校预科时，我的功夫几乎全花在英文学上，凡认识我的人都知道我进本科时一定入英文系的。改变的动机始于前年寒假。那时我为祖丧回南，并未带什么书籍，所以我就在旧书中随便拿起一本来读读。这本恰是《楚辞集注》，却引起了我研究中国文学的兴味。回京后，我一方面继续做《楚辞》的研究，结果便是《屈原评传》；一方面便和几个同志组织一个中国诗歌研究会。”（《陆侃如冯沅君合集》第8卷，第388页）

约在本年夏，一个星期天上午，在和王品青看完为大学生加演的易卜生的话剧《玩偶之家》之后，冯沅君为自己的命运悲观绝望。她为了母亲，不愿“悔婚”。王品青鼓励她要有信心。他已下决心要结束自己的包办婚姻。不久后的一个星期六下午，女高师学生自治会组织了一次题为“新女性的婚姻观”的演讲会。会上有一个女同学提出了一个问题：如果你相爱的男子由父母包办结婚了，你该怎么办？女方是否可以继续爱他？男方是否还有爱的权利？站在一边的冯沅君听了如雷击顶，稍微镇定，退出了会场。她陷入了矛盾痛苦。第二天，她给王品青写了一封信：

> 这干枯的世界，除了精神的慰安外，还能有什么！倒不如行我所适，永垂骂名也在所不惜。我是世界上最不幸的人，是可以沉沦到底的。然而，你是个有前途的青年，没必要替我这个没出息的人分担痛苦，沉陷在苦海而不能自拔。
>
> 我不想让你痛苦，我也不能再让我的老母流泪。鱼我所欲，熊掌也我所欲。两者不可得兼，我只能取其一了。我这只飘零的孤雁到了回飞的时候。
>
> 我要求你，让我从你的生活中消失，永远地消失。

王品青读了这封信后急病了，他和冯沅君的恋爱也暂时消停。[①]

8月，陈中凡离开北京女子高等师范学校，应聘到南京，任东南大学国文系主任兼教授。[②] 胡小石接替陈中凡任冯沅君这一班的班主任。关于陈中凡离开北京女高师和胡小石应聘到女高师任教，程俊英在《胡小石老师在北京女高师》一文中回忆：

> 那是一九二一年仲夏时节，北京石驸马大街女子高等师范学校国文部的同学们，都在伏案准备大考，教室气氛显得十分紧张。下午三时，忽见陈中凡老师匆匆登上讲台，我们莫名其妙地起立鞠躬，等待他的教诲。他慢吞吞地说："同学们，我们共同切磋近三年了，在讲授几门课程中，在编辑《文艺会刊》中，深深感到'教学相长'一语的至理，尝到互相研讨的乐趣。这三年，我忙于编写教材，很少还乡，家中妻子，未及兼顾。近日南京东南大学寄来聘书，要我担任国文系教授兼主任，考虑再三，踌躇不决。继思何不效古人记妻寄子法，把你们寄托给挚友胡小石先生。他为人正直，博学多才，书法遒劲，擅长诗歌、修辞之学，是你们的好导师。我向校长推荐，已获赞同，不知你们意下如何？"同学们早知陈老师在北大学习，任职日久，加上女高师的三年，现在想和师母、师兄团聚，自在情理之中，不便挽留，只是默默挥泪而已。不久，陈老师和胡老师一齐来到我们的教室，同学全体起立鞠躬，陈老师说："关于胡老师的高贵品格和湛深的学问，上次已经介绍过了，现在我把级任的担子交他来挑，非常感激。下学期还要担任'修辞学''诗歌选作''中国文学史'三门课程，你们要认真学习，把他的学问传授过来。"胡老师则接着说："古

---

① 参见《冯沅君传》，第48～50页。

② 参见《陈中凡年谱》，第17页。

人说：‘弟子不必不如师，师不必贤于弟子。’我承中凡兄之托来北京，和你们共同切磋，谈不上传授。开学以后，关于班级工作及三门课的教学，还希望大家多多提出意见。”班长站起来，代表我们表示谢意，表示今后一定努力学习，将胡老师的学问全部接下来，养成为可作人模范的教师。①

暑假后开学，胡小石讲授“修辞学”。程俊英在《胡小石老师在北京女高师》一文中回忆：

转瞬间，暑期已过，学校开学，星期一早上第一课，就是修辞学。胡老师开宗明义表示，不发讲义，讲稿即讲义，你们可作简要的笔记。……一学期讲下来，我的笔记簿已积得厚厚一本，装订成册。快到考试，胡老师说：“我反对在课堂上考笔记，死记硬背，没意思。大家自己命题，作一篇关于修辞的文章。”我写了一篇《诗之修辞》，按时（一星期）交卷。三天发下来，卷上批着 100 分，卷末批云：“定义正确，例证允当，洵为佳作。”胡老师对我说：“《诗之修辞》可以发表。”②

另外，同学们特别喜欢胡先生开的“诗歌选作”这门课，“因为胡老师突出唐诗，尤崇李杜。……胡老师最喜欢杜甫，谈起他的经历及诗作，感情充沛、眉飞色舞。下课后，冯淑兰（沅君）笑着说：‘胡老师可能受元稹“自诗人以来未有如子美者”一语的影响吧。’我点点头。我们受胡老师的启发，大家都读了不少唐诗，写了不少诗，发表在《文艺观摩录》中。后来知道胡老师应邀作一次‘李杜诗之比较’的讲演，内容多根据‘诗歌选作’的讲稿加以整理补充的”③。“在他的启发指点下，学生们读了不少诗，也写了不少诗，其中的优秀习作被选登在女高师的一份刊物《文艺观摩录》上。冯沅君从小就喜爱写诗，现在有老师的指教，兴趣更浓，经常写诗填词。胡小石也成为她终生接受教益的恩师。”④

10 月

13 日，蔡元培复陆侃如函：

① 朱杰人、戴从喜编：《程俊英教授纪念文集》，第 338 页。

② 朱杰人、戴从喜编：《程俊英教授纪念文集》，第 338、339 页。

③ 朱杰人、戴从喜编：《程俊英教授纪念文集》，第 339 页。

④ 《冯沅君传》，第 52 页。

陆侃如君鉴：

来函属题两个寿匾、一个中挂，现实无暇，请谅。

蔡元培[①]

24日至30日，冯沅君（署名冯淑兰）在北京《晨报副刊》发表《明陵八达岭游记》（《陆侃如冯沅君合集》第15卷，第154～162页）。此文写于10月13日夜。

本月，李大钊应女高师国文部的邀请，"到该校作题为'美国图书馆之训练'的演讲。他首先介绍了世界上关于图书馆员训练事宜的产生和发展，强调要办好图书馆，必须对图书馆员进行培训"[②]。

初冬，胡小石执笔起草了《北京女高师国文部同窗会章程草案》十二条。[③]

约在本年，冯沅君经常去北京大学听鲁迅讲的课。许钦文回忆：冯沅君在女高师读书时，经常去北京大学旁听鲁迅的课，因此与鲁迅认识。而许钦文当时也到北大去旁听，所以常常看到她，只见她的衣着很朴素。[④]冯沅君"还参加过北京大学组织的卢梭思想讨论会"[⑤]。

1922年　壬戌　中华民国十一年　冯沅君23岁　陆侃如20岁

2月，全国教育独立运动会在北京成立并发表《教育独立宣言》，谋求教育脱离政党与宗教。

5月，胡适到北京女子高等师范学校作题为"宋元的白话韵文"的演讲。

7月12日，女权运动同盟会在北京成立。其宗旨是要求在宪法上规定男女完全平等。

本月，中国共产党在上海召开第二次代表大会，制定了领导革命的最低纲领和最高纲领。

9月，郑振铎在《文学旬刊》发表《我的一个要求》，批评国内出版的几部文学史和英国翟理斯的《中国文学史》，"向研究中国文学史的人要

① 转引自高平叔、王世儒编注：《蔡元培书信集》（上），杭州，浙江教育出版社，2000年。
② 《李大钊与北京两师大》。
③ 参见《胡小石文史论丛》，第248页。
④ 参见吴长华：《鲁迅与冯沅君》，《文史哲》1981年第4期。
⑤ 袁世硕：《文学史大师冯沅君先生》，《文史哲》2011年第5期。

求一本比较完备些的中国文学史”。

10月，郑振铎在《文学旬刊》发表《整理中国文学史的提议》。

11月10日，北京“言论自由期成会”成立，胡适、李大钊、梁启超、林天木等60人任评议员。

本月

孙中山接受中国共产党的建议，发表宣言，确立联俄、联共、扶助工农三大政策。

中华民国北洋政府颁布《学校系统改革案》。

冯沅君参加公演《孔雀东南飞》。到晋、鄂、苏、越考察学习。北京女子高等师范学校毕业后，考入北京大学研究所国学门。发表论文《释贝》、剧本《孔雀东南飞》等。陆侃如发表《英国诗坛大事记》。李大钊约见陆侃如。陆侃如在北京大学成立中国诗歌研究会。考入北京大学国文系。发表《楚辞》研究论文两篇。

年初

北京女子高等师范学校改为国立北京女子师范大学，许寿裳任校长，聘请鲁迅担任第三届国文部课程。许广平初入学。胡小石担任第二届国文部课程并兼年级主任。[①]

2月

24日至26日，冯沅君参加公演话剧《孔雀东南飞》。上年，约在秋天，在北京女子高等师范学校任教并主持国文部的陈中凡教授，将学生想把长篇叙事诗乐府诗《孔雀东南飞》改编成话剧演出的想法告诉了李大钊。李大钊当时在女高师兼课。他听了以后，十分赞赏，并主动表示愿意担任导演。女高师的同学知道此事后，十分高兴。迅疾推选冯沅君、黄英（庐隐）和苏梅（苏雪林）等四五名同学，废寝忘食，用了三天三夜，由冯沅君执笔，编了五幕话剧《孔雀东南飞》。剧本编成后，马上安排角色排演，“商量决定演员名单，李老师（李大钊）说：‘程俊英是全班年纪最小的，性格温柔，合于演兰芝。孙桂丹（斐君）东北人，带有男性气质，演仲卿。陶玄有办事才能，很泼辣，适合演刘兄。陈定秀身体矮小，带有娇气，演小姑吧。冯淑兰样子很像婆婆，演焦母吧。’说着，大家都哈哈大笑”[②]。排练开始后，女学生没有演出的经验，李大钊虽然愿意担任导

① 参见《胡小石文史论丛》，第248页。

② 程俊英：《怀念李大钊老师》，《程俊英纪念文集》，第318页。关于当时决定演员的情形，一说唯独没有愿意担任为人厌恶的家长焦母这一角色。李大钊很着急。正在这时，冯沅君挺身而出，说：“让我来试试。只是我说不好北京话。”李大钊很高兴。

演，但没有多少戏剧知识。为了提高演出水平，保证演出质量，李大钊又把中国现代戏剧先驱陈大悲请来指导。她们抓紧时间，利用课余，排练了多次，“请师生们提意见”。立冬前后，彩排了一次，大家都认为可以演出，于是决定在全市公演。当时，鲁迅正在教育部任职，对相隔只有一条胡同的女子高等师范学校，多予关注。女高师的同学对鲁迅也十分仰慕。当演出场所难以决定时，她们去找鲁迅，想通过他租借位于手帕胡同的教育部礼堂。鲁迅爽快地答应帮忙，事情很快得到了解决。教育部同意借用礼堂，而且还免收了租金。北京女子高等师范学校的学生打破了陈规陋习，破天荒地甘当“戏子”，上台公演自己编写的《孔雀东南飞》，震动了北京。演出海报贴满了京城的大街小巷。海报写的是：

> 思悠悠，恨悠悠，直到铲除封建礼教方始休。兰芝赴清池，仲卿挂枝头。生命诚可贵，爱情价更高。

新闻记者也帮助做了一些广告：

> 爱情之千古绝唱，礼教之血泪控诉。不是名角，胜似名角。女大学生粉墨登场，开新一代文明风尚。

当时规定的票价分一元、二元、三元、四元（当时米价是六元一石）四等，票价虽然很贵，但很快被抢购一空。第一次公演是在晚上七点，下午四五点钟礼堂里已座无虚席，观众两千余人，多是北京各大学的师生。前两排的贵宾席上就座的是许多社会名人和女高师的老师。鲁迅和教育部的官员，李大钊和夫人以及他们的儿子李星华、李葆华在前排就座。临演前，李大钊嘱咐程俊英：“这出戏演得好不好，关键在兰芝这一角色，你演得愈悲惨，反封建婚姻的意义愈鲜明，不但要使女观众流泪，还要使男观众流泪，才算成功。”① 首次公演非常成功。演出结束后，李大钊夫妇带着儿子、女儿特意到后台，对演员表示祝贺。程俊英在《怀念李大钊老师》一文中回忆：“《孔雀东南飞》的剧词缠绵悱恻，使许多观众感动不已。我们的演出博得李老师和观众的好评。陈大悲先生和一些观众还在《晨报副刊》上发表了一些评语。李老师对我说：‘《孔雀东南飞》虽然是一出历史剧，但在现在演出，有着深刻的现实意义，表现了“五四”时代

---

① 程俊英：《怀念李大钊老师》，朱杰人、戴从喜编：《程俊英教授纪念文集》，第318页。

知识界妇女要求摆脱吃人的封建礼教的束缚，争取婚姻自由的强烈愿望。同时，还对一千多年来文坛上轻视艺人、轻视俗文学的旧传统作了顽强的反抗。我教你们伦理学，也不是纸上谈兵，是要身体力行的。’他这一番教导，使我认识了文艺的作用，又在第一舞台演出了《金钱与爱情》《一只马蜂》等话剧。”① 首演之后，为了满足观众的要求，又连演了三天，场场爆满。为了满足清华大学同学的要求，星期天还专门为他们演出了一场。演出所得的收入，全部捐给了妇幼救国会。又，程俊英在《忆“五四”前后的冯沅君》一文中说：“沅君的表演尤其出色，体现了封建家长的专横。演出结束后，我们用每人四十元的演剧所得，赴日本参观考察。但不知为什么，唯独沅君没有去日本。”②

冯沅君对戏剧“最感兴趣”，她在《文化先锋》1942年第6期发表的《舒湮的〈董小宛〉》一文中说：“在文艺的各部门中，戏剧与我发生关系最早，同时我对他也最感兴趣。二十年前，我在北平读书时，学校演剧我总不免在剧场上出现一两次，剧本的写作也曾尝试过。”

“冯沅君女士等把《孔雀东南飞》改成剧本以来，这首诗便渐渐地引起一般人的注意；也有研究焦仲卿是否真心殉情的，也有讨论小姑为什么长得那么快的。”③

关于女高师编演话剧《孔雀东南飞》一事，林峥在《女高师的新教育与“新女性”的塑造》④ 一文中所记内容与上述诸文所记有相同，也有不同，特录以备考。此文说：

> 1922年2月24日至26日，女高师国文专修科学生在教育部大礼堂举行游艺会，连续三天公演《叶启瑞》《归去》《孔雀东南飞》《爱情与金钱》等四部话剧。此次公演的剧目是由李大钊、陈大悲指导，女高师学生自编自演，她们希望一方面表达对于“五四”新女性的处境与选择的思考，另一方面也藉此与轻视艺人、轻视俗文学的旧传统作斗争……围绕女高师的公演，《晨报副刊》上刊发了一系列剧评……程俊英饰刘兰芝……冯沅君饰焦母……程俊英在李大钊先生的鼓励下，对于演剧产生了热情，之后又在第一舞台主演了《金钱与爱

---

① 朱杰人、戴从喜编：《程俊英教授纪念文集》，第318页。

② 引自并请参阅：《冯沅君传》，第24～29页；《李大钊北京十年》，第303页；朱杰人、戴从喜编：《程俊英教授纪念文集》，第309、318、337、342页。公演时间据《李大钊北京十年》第303页的记载。

③ 陆侃如：《〈孔雀东南飞〉考证》，刊于《学灯》1925年5月7日、8日。

④ 林峥：《女高师的新教育与“新女性”的塑造》，《云梦学刊》2009年第5期。

情》《一只马蜂》等话剧。……而对于冯沅君而言，《孔雀东南飞》的演出不仅令她初尝文艺创作的滋味，更在她心中播撒下关注戏剧、关注俗文学的种子。

28日，陆侃如试编《英国诗坛大事表》，刊于《学艺杂志》第3卷第9号。此表所编的时间从7世纪到1889年。[①]

3月8日，北京大学图书馆主任李大钊启事：

陆侃如君鉴：

有事须面谈，望于本日（三月八日）下午四点钟至五点钟来第一院图书主任室一谈。[②]

春

陆侃如在北京搜集关于《楚辞》的材料。[③]

春假

陆侃如在北京大学和几个同志成立诗歌研究会，“会员虽只五六个，但朝夕讨论，甚是有趣”[④]。

5月

6日，陆侃如致胡适信（《陆侃如冯沅君合集》第8卷，第385～387页）：

适之先生：

《八代全诗》今奉还，乞检收。

最近购得《中古文学概论》，徐（编著者按：徐嘉瑞）先生的见解很可使我们佩服，但他因忽略散文而连小说也忽略了，似乎是个小疵。因为魏、晋、隋、唐的小说，很多合于他的基本观念的。

就此书内容看来，很可改称《乐府概论》。近来我正在研究乐府，故特别注意他论乐府的地方。有几处望他于再版时改正：

…………

① 参见《陆侃如冯沅君合集》第8卷，第286～294页。题目中的“纪”应作“表”。

② 参见《北京大学日刊》1922年3月8日。收入中国李大钊研究会编注：《李大钊全集》第4卷，北京，人民出版社，2006年，第58页。

③ 据陆侃如1927年在《国学月报》第2卷第1期发表的《〈古代诗史〉自序》，《陆侃如冯沅君合集》第8卷，第131～133页。

④ 据1923年6月3日陆侃如致胡适信，《陆侃如冯沅君合集》第8卷，第388页。

这些小疵固不足掩其大醇，但对于初学的人似乎有害；而刘先生的古怪的分类，尤其可陷初学者于迷途，故我总望他改正。如有机会，望先生以此意转致徐先生。

前日听见谦之说，先生《词选》序文内对于新诗的音节有新的意见。关于这点，我曾和朱君辩论过。今天本拟同国恩同到先生家，一来看先生的序文，二来谈谈徐嘉瑞的书；后来一想，先生看此信只须五分钟，若到先生家，至少须一刻钟，故不来打扰了。至于《词选》序，商务馆已说在印刷中，大约不久也可看到了。

学生陆侃如　五月六日

前日我在一院贴启事，愿以重价征求《屈原赋注》数部，一来自己要参考，二来也想替先生征一部。截至今日止，只有玄同先生来信说愿送我一部，却无他人愿出售。先生在幼渔先生处借得的《辛稼轩集》，缪金源说隆福寺有一部，价十元以上。

5 月 15 日至 6 月 23 日，冯沅君到晋、鄂、苏、越考察访问。学校安排冯沅君这届学生在毕业前夕外出考察访问。一路由教务长李贻燕带领去日本，另一路是“国内教育参观团”，由年级主任胡小石带领，自 15 日至 6 月 23 日去太原、武昌、南京、杭州、上海、苏州。冯沅君随胡小石一路。考察访问前后 40 天，冯沅君每天写日记，后来以“晋鄂苏越旅行记”为题，连载于北京《晨报副刊》8 月 9 日至 9 月 21 日。署名淑兰女士（《陆侃如冯沅君合集》第 15 卷，第 163～227 页，有误）。日记中，相当具体地记载了许多小学、中学、师范学校、自省堂（通俗教育机关）等学校的教育情况、各地山水风物，也记有一些社会现象和自己的感受。部分日记如下。

5 月 16 日日记：

十时，改乘正太车西行，雨益大，雾益厚，凭窗望去，只见四围的景物，都隐入虚无缥缈的境中，依稀故事上所称道的仙岛神山。这种隐约模糊的景物，我觉得在自然的美中，算是别开生面，较之显示于天朗气清的时候的，格外的奇异，格外的可爱。

5 月 19 日日记：

（下午，参观太原国民师范）我参观了这个学校，不觉生了好多感想：一，据该校的总干事的报告，此校自成立以后，毕业了一班，毕业生的职务，多半本县服务，但是很少向乡间去的，多数在城里就事，这不是中国人爱慕虚伪的繁华的心特盛的证据吗？我愿我们青年们，以后无论作什么事体，最重的要养成到民间的精神。二，对于这个学校注重职业教育的用意，极端的表同情，因为他们将来所教的学生，不是安富尊荣的人家的子弟，是村女牧童，受生活压迫的贫家儿童，应在输入普通知识给他们的时候，致使他们得点职业上的陶冶，不过所聘的教各种工业的人，智识都很浅薄，并无能独出心裁，作点新异的东西，致各工场的产品，都很糙粗的。三，当我们从院中走出的时候，见有五六个少年的人，担着泥、砖，由西往东走，看他们衣履之朴实，和手足胼胝的样子，只当成泥水匠了。后来有人告，方知是本学校的学生，他们这种能耐劳的精神，我真十二分的佩服……五时许，胡先生召集大家开批评会，批评该地的教育。胡先生谓此地教育之短处：一，即受政治之翼卵，而不能自立；二，宗教——军人的宗教——仪式太重。其长处即办学校的人，都诚恳耐苦，而本省当道者，以武人而能对于教育表示这样的诚意，尤为难得……次又谈到女子教育，他说："据本校——女师——校长所说的，本省男女师范的数目，是一样多的，男师范六，女师范亦六。但以学生的数目比较，则女生与男生相差甚远。这里面的原因，一半是由于社会上一般人，对于女子教育还不十分信仰，不愿把女儿送入学校。一半是因为女子人口数目实较男子少得多。女子与男子相较，几成四与九之比例。至女子为什么这样的缘故，是因为陪嫁和缠足的风气在山西太盛了，为母亲的以恐负这样责任，所以不惜把女孩溺死。这种坏风气一成，若是有养三四个女孩的，亲邻都从而非笑之，说她太不怕麻烦了。"我听了不胜为我们女子太息！现在记的时候，心中还有颤动呢！

5月20日上午在太原参观工业学校及外国文言学校。日记：

（关于外国文言学校）他们用心总算苦了！不过在实现理想的学校的情形之下，还有几个必要的条件：第一，办事人——无论校长或教职员都在内——品格要高，对于所办的学校要有诚意，换句话，就是：纯粹为要实现某种理想而办的，不是为要达别种目的，而借此作个手段；第二，办事人必有充分的知识，所要实现的理想有系统的组织；第三，有充足的经费，不受经济的压迫；第四，抱定什么宗旨，始终要一致的，不为强有力者所左右……我以为中国的社会，现在诚然不好，诚然能使学校所养成品行好的人变坏，不过我们对于它应当取的态度，是奋斗的不是退让的。再进一步说，个人和社会是绝对不能分离的。所以我们要改良不良的社会，首先要明了社会上的情形，如医生须明了病人的情形一样。

5月23日日记：

（乘京汉路列车）到孝感时，天忽然下雨了，但这阵微雨却使自然的美丽增色不少。我原是个雨景的赞美者，我以为无论什么景物，在最强烈的太阳的光线下，觉得太清晰了，太现实了，给我们视觉的刺激太强了，阴雨或晚间，光线较弱，刺激我们视觉的程度也略减点。所以我说日光下景物，是散文的，是喜剧的；阴雨或晚间的景物，是诗的，是悲剧的。我爱天朗气清的景物，不及阴雨霏霏的景物，就是为此。

5月25日日记：

（在武昌，午饭后）随胡先生至官书局买书。书价极廉，可惜南来携款不多，不能多买。下午阴雨，故未出外参观，闷闷的坐着，看新买来的《鹤归来》传奇，其中慷慨激昂处，足使人泪下，但缺乏剪裁的功夫，故通篇结构不够紧凑。

5月27日日记：

（在武昌，上午参观模范小学）走到礼堂附近，见挂有时事揭示牌，将每日的大事简单明了写在上面。这种东西我以为于小学生很有益的，比那冷酷的无趣的格言牌子强的多。我素来的主张，小学教育，无论如何，总要使学生的情感尽量发展，这群带有真、爱、美的小天使，要是硬以无情的教育去矫揉造作，使他们失去本来的天真，简直是毁坏世间无上的艺术品，剥夺人们艺术的享乐，其罪真是不可赦啊！

6月7日日记：

自到南京以来，今天可算是第一次出游了。论起我的病，现在实不曾全愈，走多两步，便觉得身体轻飘飘的，好像足不着地似的。勉强出来的原因，为的是明天要登程赴杭，要不先出来活动活动，怎能跋涉这一天多的长途，并陈斠玄、胡小石二位先生今天作东道，请我们在龙蟠李家——他们借的地方——吃饭，不得不勉强去应酬一下……饭后与陈先生共摄一影，作此次南游的纪念。

6月17日日记：

（在上海四马路振华旅馆）接到雪林自法来信，力劝我暑假后留法，心里又不禁为此难受了一阵。

6月20日日记：

晨七时乘车赴南京，又将从前领略的风景，温习了一遍。下午一时到南京。因为明天就乘津浦北上，所以下车后就住在下关大兴旅馆。这旅馆真好极了，串店的妓女，穿梭似的往来，幸喜我们还不似安龙媒那样腼腆，不然真连房门都不要开了。内中有一个年龄极小，并且看着很伶俐。我登时想着她若生上等人家，受了完善的教育，焉知不是社会上个人材。这种不良的社会制度，何时始能铲除净尽啊！晚上六七点钟后，旅馆里更加热闹了，不独这个旅馆如此，东邻西舍也都是大弹大唱起来。乐器的声音，唱的声音，猜拳的声音，直闹得我睡也睡不安。我真不明白（为）什么这些人取乐的方法这样卑鄙污浊？他们只觉歌喉婉转，是很可悦耳的，我听去觉得比楚囚对泣还要使人难受。她们的歌声中，似含无限的凄楚。夜坐不寝，陈师来，和他谈了一会。

6月21日日记：

八时渡江，陈师至江畔相送，每人嘱咐了几句话。无限别绪，又被他唤去了。

冯沅君到晋、鄂、苏、越考察旅行，除了上述《晋鄂苏越旅行记》有记载外，1930年3月在《中国文学季刊》第1卷第2号发表的《清音》中也有记述。《清音》有8则，当是补记。①

7月

冯沅君毕业于北京女高师。冯沅君这一级女高师第一期学生，经历了预科、正科五年的学习，毕业了。国文专修科这一届约40人，毕业时仅剩32人。② 毕业典礼在学校礼堂举行。礼堂的两侧贴着大标语：

社会需要你们改造，你们要勇敢迎上去。
用你们的人格修养，肩负起时代的重任。

北京女子高等师范学校第一届国文专修班部分师生合影。后排右四戴礼帽者为李大钊，右五为胡小石，右三为冯沅君。（引自《冯沅君传》第一章第55页）

毕业典礼非常隆重，教育部也派了官员参加。有许多外校老师光临，包括李大钊。

李大钊老师说："你们都是'五四'新时代的优秀女学生，受过运动的锻炼和新思潮的教育。今后，在各人的工作中，千万不要忘记国家的前途和妇女的命运，继续前进。我一定和你们经常见面、谈心。"胡小石老师插话："李老师说得对，我们今后一定互通消息，你们就像我的女儿一样，要随时知道同学们毕业后的情形。"……最后，

① 参见1930年3月。
② 参见《冯沅君先生年谱》。

在大礼堂前小花园拍照留念。①

冯沅君没有能参加这隆重的典礼。那天北京大学让她去考试。考试和面试从上午一直延续到下午。考试结束，她坐上人力车，急赶回校，但已经晚了，礼堂里传来了告别的歌声：

……
天之涯，海之角，
知交半零落。
人生难得是欢聚，
惟有别离多。②

陆侃如考入北京大学国文系。陆侃如读预科时，主学的是英文学，读本科改学国文，改变的动机是偶然读《楚辞集注》后，产生了研究中国文学的兴味。③ 1927 年，陆侃如在《国学月报》第 2 卷第 2 期发表的《〈古代诗史〉自序》（《陆侃如冯沅君合集》第 8 卷，第 131～133 页）一文中说：

> 最初，我鉴于国人对于西洋文学的不了解，鉴于严又陵介绍西洋思想的成绩，便想继续的从事于西洋文学的介绍……后来，至一九二二年，我在海滨的"燕翼小筑"过夏，吃饭睡觉外无所事事，便把春间至北京所搜集关于《楚辞》的材料，凑成一篇《屈原评传》。那时，我得到《努力周报》增刊《读书杂志》的消息，便选录关于《大招》《远游》著者问题的一段寄去。胡适之先生把它发表……自此以后，便引起我研究中国文学的兴趣了。

后来陆侃如回忆：

> 我考上北大，我到了新文化的策源地。和当时的其他青年一样，我马上便成了胡适的崇拜者，我熟读他每一篇文章，甚至模仿他的字

① 程俊英：《回忆庐隐二三事》，朱杰人、戴从喜编：《程俊英教授纪念文集》，第 309 页。
② 《冯沅君传》，第 56、57 页。
③ 参见陆侃如 1923 年 6 月 3 日致胡适信。

体。他家里挤满了青年学生，我几乎天天去和他谈话。[①]

同时考入北京大学国文系的游国恩，结识同班的陆侃如，此后两人过从甚勤，常常相互讨论学习。陆侃如在读本科时，“为他讲课最多的是王国维”[②]。

游国恩（1899～1978年），
陆侃如在北京大学时的同窗好友。
“时相过从，颇极攻错观摩之乐”。

8月13日，“李大钊出席北京女权运动同盟在女高师举办的茶话会，讲话的要点次日也刊登在《晨报》上面，表示了对男女平等的全力支持”[③]。

秋，冯沅君经胡小石的推荐，考入北京大学研究所国学门。她是国学门的第一个女研究生。冯沅君的母亲得知女儿考取了北大研究生特别高兴，“好像她也圆了梦”[④]。当时的北京大学在红楼。冯沅君入校后，被安排在后门内候戒大院一座楼梯边的一间很小的北屋，整日不见阳光，又潮又暗。冯沅君1943年在《我的学生时代》一文中回忆：“民国十一年夏毕业于女师，那时北大已开女禁，我就到北大研究所国学门继续读书。这一段学生生活与女高师的后三年无大差别，所不同的是此时我不再劳我的老母筹措各种费用，靠津贴和课外工作的报酬，我的生活问题也可解决了。”冯沅君到北京大学后，常与王品青见面交谈。见面的机会多了，反倒没有以前的那种渴望思念和见面的喜悦。冯沅君入国学门后，主要是研究《楚辞》，同时也写作诗文。她把自己入北京大学的研究情况和写的七绝寄给老师胡小石，请他指教。

① 《陆侃如和冯沅君》，第35页。
② 刘文忠：《四大师：陆侃如、冯沅君、高亨、萧涤非》，《新文学史料》2015年第3期。
③ 《李大钊北京十年：教学篇》，第302页。
④ 《四姑》。

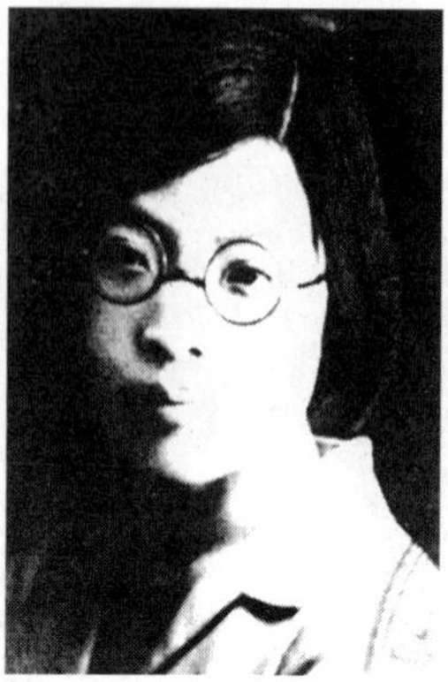

冯沅君考取北京大学国学门研究生留影
（引自《冯沅君传》第二章第 62 页）

北京大学红楼

10 月

1 日，陆侃如在《读书杂志》第 2 期发表《〈大招〉〈招魂〉〈远游〉的著者问题——〈屈原评传〉“余论”之一》（《陆侃如冯沅君合集》未收此文。此文的内容，后收入著者的《屈原评传》）。

18 日，陆侃如致胡适信，说收到了胡适寄的《读书杂志》第 1 期，读了其中胡适的《读楚辞》一文，“很有些意见与先生不同”（《陆侃如冯沅君合集》第 8 卷，第 387 页）。又，陆侃如在 1927 年刊于《国学月报》第 2 卷第 1 期的《〈古代诗史〉自序》中回忆：胡适之先生把《〈大招〉〈招魂〉〈远游〉的著者问题——〈屈原评传〉“余论”之一》发表后，“并把第一期寄给我，其中有《读楚辞》一篇，主张与我不约而同，很使我高兴。他起初劝我把《评传》全文交北京大学《国学季刊》发表，后来又劝我替屈原编一个新的专集，即以《评传》代序”。

本月

陆侃如提议试编《中国诗选》。1923 年 6 月 3 日，陆侃如致胡适信（《陆侃如冯沅君合集》第 8 卷，第 388 页）说：去年 10 月，我们中国诗歌研究会“开秋季常会时，我的提议中有一条是试编《中国诗选》。我想中国旧诗选中固少包括各时代的，而尤少包括各体裁（骚、词、曲）的。这个缺陷，别人觉得不觉得我是不知道，我自己呢，自从十六岁时买的（时在中学三年级）Manly 的英诗选本以来，已经觉得四年有余了。那些老先生们既想不到做这番功夫，我们小孩子又何妨尝试一下呢？我拟分为五卷，由我们五人分任”。

11 月 11 日，陆侃如拜访胡适。《胡适日记全集》第 6 册第 923 页：

“会客。上午陆侃如、杨鸿烈、毛子水来谈。”

12月3日，陆侃如在《读书杂志》第4期发表《读〈读楚辞〉》（《陆侃如冯沅君合集》第6卷，第693～698页）。胡适《读楚辞》“以为《天问》是后人杂凑的”，“把《卜居》《渔父》的时代移后”，否认《史记·屈原贾生列传》是司马迁作的。针对胡适上述的观点，《读〈读楚辞〉》提出了自己的见解，认为：“（一）《天问》《卜居》《渔父》是屈原作的。（二）《史记·屈原列传》是靠得住的，传说的屈原是会生在战国时的。（三）屈原传说是不能否认的。”

月初，胡小石“因与校当局不合，决定辞职南返。女师大部分留京的毕业生，与第二届国文部部分同学欢送先生，请李大钊先生作陪，并在学校大礼堂前假山上摄影留念”①。

25日，在武昌高等师范学校任教的胡小石写信给冯沅君：

德馥贤弟：

去京又已兼旬，每忆前游，辄复感喟……

弟顷何所作楚辞研究当有新得，挂念挂念。前所寄诸绝句，略为增润一二字，不能为原作生色也。七绝只限长二十八字，字字皆负责綦重，故用字不能不求经济。此则炼字之所以为急。（宋贤最讲用字，多尚以少字包多意，此其所长也。）弟属思清绮，取竟（境）亦幽微，可喜。出语稍苦易矣。诗与他文异，吾友胡翔冬有云：诗须于通后求不通。此语大可寻味。所谓不通者，欲将说明语、衔接语，可略则略之，以便增入多竟（境）多义，不能处处止于文从字顺也

弟诗情竟（境），并能自创，故更为进一解，何如？

王志第二卷，此间印就，今寄上。王翁持旨颇偏激，然其论文章原流皆精辟。

光炜居此枯寂，也少有山水之游。自然之美，不欺人于幽忧寂落之候。武昌寡交游，惟自然堪为吾友也。归后录录（碌碌），故至今始作书相报。他同学处亦当然有书报也。天寒，珍重不一。光炜拜上。

诸兰弟均致候　　　　十二月二十五日②

---

① 《胡小石文史论丛》，第248、249页；程俊英：《回忆庐隐二三事》，朱杰人、戴从喜编：《程俊英教授纪念文集》，第309页。《胡小石文史论丛》系此事于本年7月、《回忆庐隐二三事》说“胡小石老师应南京师大的邀请”，均不确。胡小石是到武昌高等师范学校任教的。

② 《冯沅君传》，第61、62页。

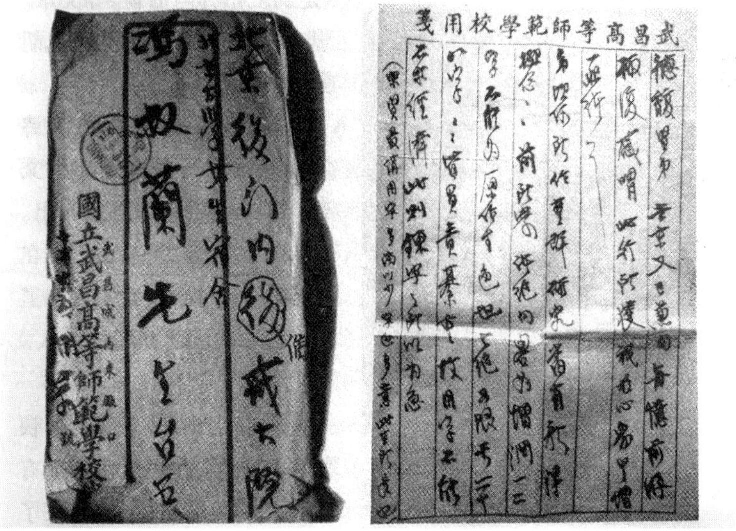

1922 年 12 月，胡小石给德馥（冯沅君）的信（原件）。
（引自《冯沅君传》第二章第 61 页）

本年

冯沅君改编的《孔雀东南飞》五幕剧本，刊于《戏剧》第 2 卷第 2 期。原署名“北京女子高等师范学校国文部四年级学生合编”。据 1942 年《文化先锋》第 6 期所刊冯沅君写的书评《舒湮的〈董小宛〉》一文，该剧实际上是冯沅君编写的。《舒湮的〈董小宛〉》开头云：

> 在文艺的各部门中，戏剧与我发生关系最早，同时我对他也最感兴趣。二十年前，我在北平读书时，学校演剧我总不免在剧场上出现一两次，剧本的写作也曾尝试过。（其中有个剧本取材于古乐府《孔雀东南飞》，陈大悲先生曾刊登在他主编的剧刊上，用的名义是女高师国文学会，因为这个剧本是该会人推我写作的。余外作品，出演后，大都抛向字纸篾里。）

冯沅君（署名冯淑兰）在北京女子高等师范学校《文艺会刊》第 1 卷第 4 期发表论文《释贝》（《陆侃如冯沅君合集》第 12 卷，第 58～63 页），诗歌《杨柳枝》《哀鸿篇》（《陆侃如冯沅君合集》第 15 卷，第 328、329 页）。

《释贝》一文主要解释“贝”作为古代的一种货币的产生和功用。此文开头指出："贝之为物，在古代中国经济学币制上，占有很重要的位置。"下面分四部分指出：第一部分，"用贝起于神农之后、黄帝之前"。第二部分，贝之所以见重，一是因为贝质地美而固，大小相等，便于计算；二是因为华夏民族定居大河两岸，离海很远，难以得到。第三部分，贝的功用：代贾、纳税、馈遗、假货、抵押、赎罪、求神。第四部分，"贝在当时社会上的势力"。文中引用和参考的资料广博，达30多种，依次有《说文》、《诗经》、《易经》、《史记》、《管子》、《禹贡》、《左传》、《汉书》、《说文》（段注、司市注）、《白虎通》、杨恽《报孙会宗书》、《周礼》、《公羊传》、《尔雅》、《论语》、《释诂》、《魏都赋》、《既夕礼》、李斯《谏逐客书》、《广雅》、《孟子》、《尧典》、《吕刑》、司马迁《报任安书》、《楚辞》、《广雅》、《士婚礼注》、应劭《汉书注》、鲁褒《钱神论》等。

1923年　癸亥　中华民国十二年　冯沅君24岁　陆侃如21岁

1月，《小说月报》第14卷第1号设有"整理国故与新文学运动"专栏。郑振铎在《新文学的建立与新文学运动》一文中指出："重新估定和发现中国文学的价值。""我的整理国故的新精神便是：'无征不信。'以科学的方法，来研究前人未开发的园地。"

4月，胡适在《努力周报》增刊《读书杂志》上发表《读梁漱溟先生的〈东西文化及其哲学〉》。俞平伯著《红楼梦辨》，上海亚东图书馆初版。

5月6日，顾颉刚在《努力周报》增刊《读书杂志》上发表《与钱玄同先生论古史书》。

本月，北京大学国学门成立风俗调查会。研究民间文学热潮迅速波及其他省份。

6月，中国共产党第三次全国代表大会召开，决定与国民党合作，建立统一战线。瞿秋白在《新青年》发表《东方文化与世界革命》，开始东西方文化问题论战。

7月1日，刘掞藜在《读书杂志》发表《读顾颉刚君〈与钱玄同先生论古史书〉的疑问》，疑古与信古之争由此开始。

8月，鲁迅小说集《呐喊》由新潮社出版。

12月，鲁迅著《中国小说史略》上册，北京大学第一院新潮社初版，下册于1924年6月初版。胡适、徐志摩等在北京成立新月社，创办《新月》等。

本年

《孙文学说》在上海出版。王国维《观堂集林》出版。

冯沅君在北京大学研究所国学门就读。回家解除小时定下的娃娃亲。撰有论文《楚辞的研究》。陆侃如发表论文《屈原生年考证》，出版专著《屈原》。

1 月

寒假前，冯沅君接到母亲给她的快信，要她务必回家过年。冯沅君找到王品青，商讨探亲计划。寒假，冯沅君回开封家。春节过后，冯沅君要求解除小时定下的娃娃亲。全家经过几天的协商，最终同意解除。关于冯沅君解除娃娃亲的具体情景，冯沅君的侄女冯钟芸在《四姑》一文中有所叙写：1952 年，我到青岛与四姑冯沅君相处了好几天，“她待我亲切，我也愿意说话坦率些。我把自己心里存在多时的问题提出来：‘四姑，你 1923 年那次回开封，家里人的脸上都绷得紧紧的，全无笑容。我很久想不出家里出了什么大事。奶、四姑、吴九姑、爹、伯等个个神色不平常，还来了一位雷姑姑，只有妈和娘（伯母）有时出入。西厢房靠南墙铺了张极大的床，可睡几个人。北头里屋是奶奶的卧室。这些人一连数日坐在屋子里，听不见说些什么。妈如果出来，见了我们这些孩子，总是摆摆手催我们走开。孩子们真不知出了什么大事，大家都傻着脸，也不敢问。过了好几天，听见屋里有些动静，慢慢地人出入也自由了。当然小孩子仍不许入内，也不许在门口探头探脑。过后，大约是事过了，四姑等都回北京去了，我们也不敢问大人一声，只能闷在心里。’过了些年，我长大了，在图书馆里，偶然，看见一个人手里拿了本书，书名《卷葹》。因为这个书名特别，又是四姑写的书，我就借来翻看了几篇，忽然看见一篇名叫《慈母》的文章，这里清楚地写出前数天大家坐在后院两房里，严肃讨论的问题及其结果。我才明白这真是件大事。幸亏奶奶心疼女儿，不再坚持原来意见，同意解除替四姑小时定下的娃娃亲，使四姑如愿以偿。我虽说知道了真相，但也不敢跟他人说起。这些年就这样过去。我想，既然大人不告诉我，我也不必跟别人议论它。现在，我和当年的当事人坐在一起，我就表示了自己的意见：‘四姑，你当年为解除婚约作难，这确实是妇女解放的一桩大事。’四姑笑着说：‘这已是过了多年的旧事了，当时，我只认为只要自己做的事是合理的，就应该力争，你说对不？’我说：‘姑姑这一代人争一争，下一代就会享福，不再遇到这种糟心的事。’四姑笑了起来”。

3 月 1 日至 21 日，陆侃如在《学灯》发表《屈原生年考证》。此文又刊于本月《文学周刊》第 68 期（《陆侃如冯沅君合集》未收）。

6 月 3 日，陆侃如致胡适信，征求胡适对自己编选《中国诗选》的意见，信中写道：

适之先生：

我这封信是要征求先生对于《中国诗选》的意见。

我在中学及本校预科时，我的功夫几乎全花在英文学上，凡认识我的人都知道我进本科时一定入英文系的。改变的动机始于前年寒假。那时我为祖丧回南，并未带什么书籍，所以我就在旧书中随便拿起一本来读读。这本恰是《楚辞集注》，却引起了我研究中国文学的兴味。回京后，我一方面继续做《楚辞》的研究，结果便是《屈原评传》；一方面便和几个同志组织一个中国诗歌研究会，于去年春假开成立会，会员虽只五六个，但朝夕讨论，甚是有趣。故于下半年进本科时，便入国文系了。

去年十月我们开秋季常会时，我的提议中有一条是试编《中国诗选》。我想中国旧诗选中固少包括各时代的，而尤少包括各体裁（骚、词、曲）的。这个缺陷，别人觉得不觉得我是不知道，我自己呢，自从十六岁时买的（时在中学三年级）Manly的英诗选本以来，已经觉得了四年有余了。那些老先生们既想不到做这番功夫，我们小孩子又何妨尝试一下呢？我拟分为五卷，由我们五人分任。这提议当下通过了。

到今年四月中开春季常会时，我问起各人进行的怎样了？却都说还不曾着手。其实我自己也不曾着手。当时有人提议道，分功〔工〕固然很好，但无人负责任，进行自然迟了。他说，这最好是让一个人做去，别人再做别的必需的工作。这个当时也通过了，并议定把这工作放在我身上，因为我是提议者。我当时很有些害怕，后来一想，毅然允许了。

我害怕的原因是：一，无选诗的时间；二，无选诗的能力。我后来一想，觉得这两点都不打紧。我想即使不想选诗，我也拟于本校毕业前对于中诗的全体得到一些明确的知识，对于每一个时代，也应读一两种重要的选本及若干种重要的专集。这样，我很可把选诗的时间容纳在研究的时间内。读完《诗经》，便可摘下几首我认为好的；读完《词综》，也照样摘下若干首。研究到什么时代，就选到什么时代，便不须另花选诗的工夫了。至于能力方面，则更无关系。本校教授中对于中诗有研究的很多，他们一定能给我许多帮助的。我拟定目录后，请他们细心增删一下，然后由我参酌他们的意见来写定，这样便不至闹出大笑话了。因此，我当时并不推辞。

将来目录拟定后，当再抄一份给先生审定。我想先生一定肯帮助我的。但此是后话，如今先把《例言》及《总目》抄录于后：

…………

我近来忽然脚软不能行路，医生断定是血亏受风症，不许我看书，已请了一个月的病假了。病中无事，就随便拟了《例言》及《总目》，抄给先生看看，不知先生的意见怎样？

如蒙赐复，请寄至我家中（江苏，海门，卷边桥），因我不久便归南了。《屈原》稿本于先生离京后二日挂号寄至上海任寓，已收到否？双挂号，至今未接回条，故问一声。

学生陆侃如　十二，六，三

附《中国诗选·例言》和《总目》。①

6日，胡适收到陆侃如的信。《胡适日记全集》第4册第70页："收信：陆侃如、冬秀、柯成楙、一涵、泽涵、杭州青年会。"

本月

陆侃如回故乡海门。②

夏，冯沅君收到黄英（庐隐）从上海寄来的新发表的小说和一封长信。信中主要回忆了女高师同学们如诗如歌的生活，说自己和心恋许久的郭梦良以"同室"的名义结合。自己和郭君现在虽然甜蜜，结局可能并不会美妙。冯沅君看完信，感慨万分。为了答谢同学的知心和坦诚，冯沅君立即给黄英回信。信中在祝贺有情人终成眷属后，也对他们终究坚持不了"精神恋爱"揶揄了几句。她在信中感慨万分地追忆了往昔同学的情谊，还附上自己刚写的散文《母女》（《陆侃如冯沅君合集》未收）请指点。一周后，黄英回信。她没有谈对《母女》一文的意见，却说：

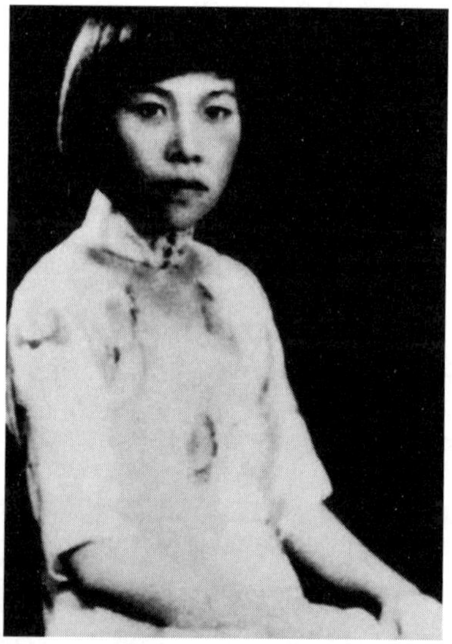

庐隐（黄英）（1898～1934年），冯沅君的同窗好友。

① 《陆侃如冯沅君合集》第8卷，第388～391页。

② 参见上引陆侃如致胡适信。

> 阿兰，我一向佩服你的智慧和勇敢。你敢于蔑视传统，毅然和王君相恋，你独立特行敢爱敢恨，义无反顾的反封建壮举，难道不应该记录下来！用你的笔，用你的心，用你的热情，替姊妹们的利益呐喊呼唤吧！我们是最先有机会接受教育的时代新女性。我们不呼喊，谁起来呼喊！我们不觉悟，谁能先觉悟！我们总不能忘了李先生叮咛：新女性应当冲锋在前，妇女是顶着半边天的！在世人沉寂的时刻，我们可不能也取沉默。让我们心贴心手拉手，彼此鼓励着前行。亲爱的朋友，你愿意吗？
>
> 阿兰，把你和王君的爱史展示出来，把想说的话呐喊出来，把万种思绪倾泻出来，改变一下这淡如水的生活；我们要振奋起来。即使不为社会，给自己的生活增添些色彩也未尝不是件好事！

冯沅君看完信，心情激动。又想起前几天读过几本文学研究会和创造社出版的新文学作品，大开眼界，于是又从柜子里找出这些书刊翻阅，其中创造社发起人之一的郁达夫在一篇文章中宣称："创造社同仁奋然兴起打破社会因袭，主张艺术独立，愿与天下无名作家共兴起而造成中国未来之国民文学。"这几句话深深吸引了冯沅君。又翻阅了《创造周报》，为之感叹，为之流泪。她决定"写小说"。第二天，她给黄英回信："听你的话，步你的后尘，但愿能和你结伴而行，尽一个新女性的职责。"在王品青的支持和督促下，她开始写小说了。用了个把月，写出了《被软禁的日子》，寄给了上海的《创造月刊》。约一个月，稿子退回来了，还附有一篇短信：女学者进文学界，欢迎。新女性的斗争亮点不足，作品似还欠艺术性。稿子退回来，冯沅君闷闷不乐。正在这时，她的同学毕业留校做校刊编辑的程俊英和她的未婚夫张耀翔（她们的心理学教师）到冯沅君住的小屋，请她喝喜酒。当程俊英和未婚夫得知冯沅君稿子被退回之后，鼓励冯沅君不能打退堂鼓，说：你和王君就是亮点！你们挑战旧礼教，谱写轰轰烈烈的恋爱史就是艺术化的人生。要写，就写真个儿的，不要有顾虑。不要因袭别人，要开创新路子。你最有资格写这类小说。记住，退稿总比用稿多。冯沅君送走了客人之后，陷入了沉思：黄英的痛苦太多，借文来倾吐；自己的苦涩不少，也应当爽快地倾泻出来。为了后来者，应当把先行者的血泪展示出来。她决心继续写小说。①

7月16日、18日、19日、20日，陆侃如在《晨报副刊》发表《王勃

① 以上参见《冯沅君传》，第65～70页。

评传（改稿）：呈沈尹默先生》（《陆侃如冯沅君合集》未收）。[1]

本月

陆侃如著《屈原》（《陆侃如冯沅君合集》第5卷，第82～264页），由亚东图书馆出版。书前有陆侃如作于本年4月20日的“序例”：

> 这本小册子分三部分：（一）屈原评传；（二）《屈原集》；（三）附录。卷首加《楚辞地图》一幅，以供参考……《屈原评传》中考证占十分之七以上。因为前人对于作品的真伪及时代都不甚注意，故特详细讨论。《屈原集》中只有十一篇。因为我对其余各篇，都认为不是屈原作的（参看《评传》）。这十一篇分为二卷：上卷五篇都作于怀王朝，都作于西历前四世纪末年；下卷六篇都作于顷襄王朝，都作于西历前三世纪初年……各篇的错简及错字是很多的。本书于此，多所改正……通行本所注古音，谬误实甚。今特根据清代学者们研究的结果，作《古音录》以正之。

陆侃如编《屈原》，
1923年7月上海亚东图书馆出版。
（引自《陆侃如和冯沅君》第180页）

附录有三：一、校勘记；二、古音录；三、著者可疑的作品。

【剑锋补：

9月24日，教务处布告冯沅君请补奖学金事：

> 旁听生冯淑兰、熊婉蒨、李韵笙，报名请补克兰夫人奖金学额，经教务会议议决：该生等无成绩可凭，须经过考试一次，再行决定。兹特定于本星期四（二十七日）下午四时在第一院第一教室面试，望

[1] 参见郦千明编著：《沈尹默年谱》，上海，上海书画出版社，2018年，第135、136页。只著录18日、20日（续）。

即按时前来受试为要。

十二年九月二十四日[1]】

11月2日，《新中州报》刊出《〈心声〉复行出版广告》："《心声》现在又复活了……"又刊出《心声》第一期目录，其中有冯沅君诗一首。[2]

12月

17日，陆侃如拜访胡适。《胡适日记全集》第4册第202页："今天是我满三十二岁的生日……陆侃如与游国恩来谈。"

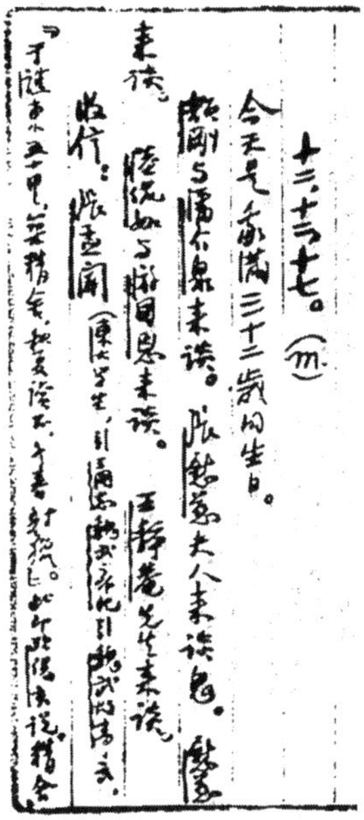

1923年12月17日胡适日记手稿（引自《胡适日记全集》第3册，第923页；《胡适的日记》手稿本，台湾远流出版社1989年影印）

26日，陆侃如致胡适信（《陆侃如冯沅君合集》第8卷，第391页）：

适之先生：

先生处若有什么善本《楚辞》（影本、复本均可），可否借阅数日？校勘完了，当即奉还（可交来人带下）

善本书也有不可靠处。例如，《古逸丛书》里的复元本《集注》，

① 《北京大学日刊》1923年第1299期，第1页。

② 参见《冯友兰年谱》上册，第70页。未见此诗。

可算得善本了，然而《山鬼》第二十一句却是“山中人兮若杜若”，第一个若字当系芳字之误。我所见的注本中，戴震的《赋注》校勘的最精，然而他竟把余字全改作予字！因我要恢复这些余字，故拟向各师友处多借些善本来——虽不可靠，但总有些可供参考之处。

我校勘《楚辞》时，遇到好几处疑点，很想同先生讨论讨论，可惜先生病了。我很诚恳地祝福先生早日痊愈！

学生陆侃如　十二月二十六日

前由号房转上《评传》全稿，想已收到了？

本月

陆侃如完成《宋玉评传》初稿。①

本年

冯沅君作《杨白花》（《陆侃如冯沅君合集》第15卷，第400页），如下：

杨白花（中华民国十二年作）

杨白花，飘零向天涯。金屋璧台春欲暮，宫柳和烟受风斜。凤城日落啼鸦起，绵绵山更茫茫水。长歌未已泪阑干，点点化作相思子。

冯沅君（署名冯淑兰）提交的论文《楚辞的研究》，通过了审查。北京大学《国学季刊》第1卷第2号《研究所国学门重要纪事》：“本学年本学术委员会审查认为合格之研究生五人，兹列如下：《楚辞的研究》，提出人：冯淑兰，河南□源，国立北京女子高等师范学校毕业。”② 经查所见资料，未发现冯沅君《楚辞的研究》一文。上海商务印书馆1935年1月出版的陆侃如《屈原与宋玉》一书，其中论《橘颂》部分和附录《〈楚辞〉研究参考书目》中，引用、列有冯沅君《楚辞研究》改稿本，此改稿本的原稿可能是《楚辞的研究》。

陆侃如在北京大学呈缴论文《宋玉研究》。北京大学《国学季刊》第1卷第4号《国立北京大学国学门重要纪事》记载本年“七月一日至十二月三十一日，本届审查合格之研究生及研究生呈缴之成绩列记如下：陆侃如，江苏海门，本校国文系修业。研究题目：《宋玉研究》”③。

---

① 参见陆侃如1929年8月出版的《宋玉》“序例”。

② 《冯沅君先生年谱》。

③ 《冯沅君先生年谱》。

陆侃如在北京大学读清代学者方玉润的《诗经原始》。1938年8月，陆侃如在《新动向》第1卷第4期发表《关于方玉润——清代西南文人小记》（《陆侃如冯沅君合集》第8卷，第283～285页）一文中回忆：

> 我读方玉润的书，还在十五年前。那时我正在北大读书，而方玉润的《诗经原始》颇为北大师生们所推重。这部书里充满了独立的见解，所以与姚际恒的《诗经通论》及崔述的《读风偶识》等同样的适合于五四前后的解放精神。

1924年　甲子　中华民国十三年　冯沅君25岁　陆侃如22岁

1月23日，国民党第一次代表大会在广州举行。大会宣言重新解释三民主义，提出联俄、联共、扶助农工三大政策，共产党以个人名义加入国民党，实现了第一次国共合作。

2月

胡适在《晨报副刊》发表《再谈整理国故》，说：整理国故有四种方式——“读本式的整理”“索引式的整理”“结账式的整理”“专史式的整理”。

胡适在《国语月刊》发表《〈国语文学史〉大要》。

4月，印度著名诗人泰戈尔访华。

9月

5日，孙中山决定北伐。

24日，孙中山颁布《建国大纲》。

11月

清废帝溥仪被驱逐出宫，永远废其帝号。

陈景新著《小说学》，由上海明星社出版。

12月31日，孙中山抱病抵达北京。

本年，罗振玉辑《敦煌零拾》，东方学会印行，是辑录敦煌文学作品的最早刊本。

冯沅君发表小说《隔绝》《旅行》《慈母》《隔绝之后》，发表文章《淘沙》（一至三）等，写诗词多首，任《语丝》长期撰稿人。在北京大学完成论文写作。陆侃如在北京大学同游国恩、储皖峰等成立述学社，创办《国学月报》，发表《宋玉赋考——宋玉评传的一节》《读诗杂记》等。

1月

6日，陆侃如在《努力周报·读书杂志》第17期发表《宋玉赋考——宋玉评传的一节》（《陆侃如冯沅君合集》未收，其内容后改收入《宋玉评传》）。

12 日，胡适收到陆侃如信。《胡适日记全集》第 4 册第 236 页："收信：任之、陆侃如。"此前，陆侃如致胡适信，"说应该从'唐以前的诗'里分出'乐府'来，另作一书，正如从'唐以后的诗'里分出'词选''曲选'一样"①。

【剑锋补：

25 日，马夷初在《北京大学日刊》两次函告陆侃如，第一次是一并与郑孝观的，第二次专门与陆侃如，内容与落款日期相同。如第一次：

郑孝观、陆侃如兄鉴：

属书联封已就，刻送收发课转交，请即往取可也。

十三年一月二十五日　马夷初②】

2 月 28 日，冯沅君署名淦女士在《创造季刊》第 2 卷第 2 期发表小说《隔绝》（《陆侃如冯沅君合集》第 15 卷，第 3～11 页）。这篇小说用第一人称、书信体式，写在北京读书的女学生系隽华已经有唯一的爱人士畛，但回家探亲时，母亲逼迫她嫁给财主的儿子刘慕汉。她拒绝后被母亲幽禁在一间小屋内"隔绝"了三天。她写信给士畛，倾吐自己被"隔绝"无自由的处境——孤苦、愤慨、思考、顾忌、渴望，回忆与他热恋时的愉悦、亲密和甜蜜。幸运的是她有表妹的同情和帮助疏通。最后写道：要逾越这间小屋外的墙壁，"今晚十二时你可在墙外候我"。

3 月

15 日，冯沅君（署名淦女士）在《晨报副刊》发表《淘沙　—郑振铎君〈中国文学者生卒考〉——〈小说月报〉第十五卷第一号》（《陆侃如冯沅君合集》第 15 卷，第 228～230 页）。此文写于 2 月 26 日，对郑振铎《中国文学者生卒考》一文提出了四点商榷意见，认为："研究秦以后的学问，我以为经学和文学是不可混在一起的。"文中对郑振铎把郑玄、何休、王充、主父偃、公孙弘等列为文学家，而未提文学家傅毅、冯衍、杜笃、蔡文姬等提出商榷。此文发表后，受到了郑振铎的关注，他很快于 3 月 26 日写就《读淦女士的〈淘沙〉》一文，刊于 4 月 2 日的《晨报副刊》上，回复了冯沅君所提出的四点意见，并表示感谢。后来，郑振铎把

① 未见此信。以上所引，据本年 3 月 28 日陆侃如致胡适信。

② 《北京大学日刊》1924 年 1 月 26 日第 4 版、1924 年 1 月 28 日第 3 版。

该篇答复之文，与另外两封信一起（《复王鉴君的信》《复蒴遂如、刘承休诸君的信》），以《〈关于中国文学者生卒考〉的几则怀疑的解答》为题，刊于1924年3月《小说月报》第15号第3卷。在收录的三文中，《读淦女士的〈淘沙〉》一文篇幅最长，也最完整、系统。

21日，冯沅君（署名淦女士）在《创造周报》第45期发表小说《旅行》（《陆侃如冯沅君合集》第15卷，第16～23页）。这篇小说作于1923年3月5日，用的是第一人称，写一个女学生，为了自由，为了爱情，冲破了“旧礼教旧风俗”，旷课十多天，和自己的恋人单独乘车外出旅行。他们生活在一起很甜蜜，相偎依，接吻，拥抱，读书，但不放纵、不越轨。

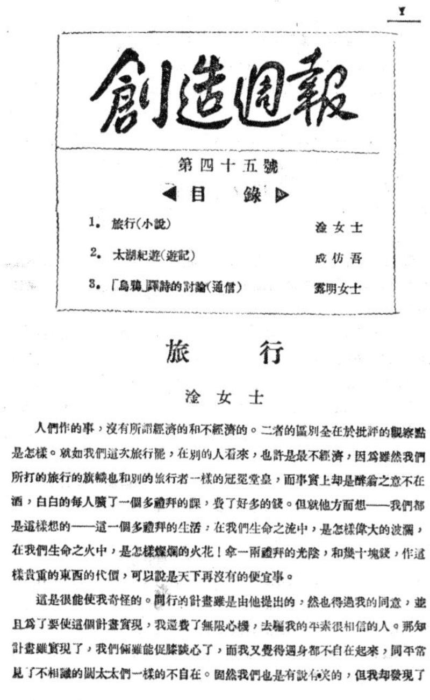

Y

創造週報

第四十五號

目 錄

1. 旅行(小說)　淦女士
2. 太湖紀遊(遊記)　成仿吾
3. 「烏鴉」譯詩的討論(通信)　露明女士

旅　行

淦 女 士

人們作的事，沒有所謂經濟的和不經濟的。二者的區別全在於批評的觀察點是怎樣。就如我們這次旅行罷，在別的人看來，也許是最不經濟，因爲雖然我們所打的旅行的旗幟也和別的旅行者一樣的冠冕堂皇，而事實上却是醉翁之意不在酒，白白的每人曠了一個多禮拜的課，費了好多的錢。但就他方面想——我們都是這樣想的——這一個多禮拜的生活：在我們生命之流中，是怎樣偉大的波瀾，在我們生命之火中，是怎樣燦爛的火花！拿一兩禮拜的光陰，和幾十塊錢，作這樣貴重的東西的代價，可以說是天下再沒有的便宜事。

這是很能使我奇怪的。同行的計畫雖是由他提出的，然也得過我的同意，並且爲了要使這個計畫實現，我還費了無限心機，去騙我的平素很相信的人。那知計畫雖實現了，我們倆雖能促膝談心了，而我又覺得週身都不自在起來，同平常見了不相識的闊太太們一樣的不自在。固然我們也是有說有笑的，但我却發現了

《创造周报》第四十五号，冯沅君在该刊发表小说《旅行》。
（引自《陆侃如和冯沅君》第80页、《冯沅君传》第74页）

28日，冯沅君（署名淦女士）在《创造周报》第46期发表小说《慈母》，尾注：“一九二三年十一月七日晚　北大女宿舍。”（《陆侃如冯沅君合集》第15卷，第24～30页）。这篇小说写一个女生离家到北京读书六年没有回家，原因是她小时已有包办的婚约，到了北京以后自由恋爱，有了恋人，怕回家被逼嫁人。后来，母亲和兄长三翻四覆地来信，尽管惧怕、忧虑，但想到“伟大的母性的爱”，依然决定回家。回家后，看到母

亲清瘦苍老的面容，见到“世间唯一的、绝对的、神圣的母亲的爱”，感到自己“以世间一般的险诈的心理，来推测母亲的罪过”。后来她向母亲提出解除婚约。母亲说：“你们要代我想，我要是这样做了，怎有脸再见你们的伯叔们。……但是我虽想得到而没有勇气去做。把你强送去……我心中不忍看你受委屈。……你们若以你们的主意为是，你们便照你们所认为是的做去，我这个老人任她受去吧!”最终慈母之爱成就了女儿的自由恋爱。

陆侃如致胡适信（《陆侃如冯沅君合集》第8卷，第392～395页）：

适之先生：

先生处可有丁福保编的《全汉魏六朝诗》（编著者按：应作《全汉三国晋南北朝诗》）吗？如有，我拟借阅数日，乞交来人带下。

嘱编高中教科书中的《楚辞》，大约今年年底可成，暂定目录如左……

我在一月里曾有信给先生，说应该从“唐以前的诗”里分出“乐府”来，另作一书，正如从“唐以后的诗”里分出“词选”“曲选”一样。我这话的意思，是我自己想担任编《乐府》的工作。先生得无笑其不自量力乎？暂拟目录如左……

我在研究所提出的“宋玉研究”，不久可完毕。我拟再提出《中国古代诗史》的题目，预计约须五年。这个《诗史》的目录，我也拟好了，录后乞政……

我早就有编《诗史》的野心，这目录也拟过好几次，朋友间已讨论过许多时，上边录的是最近写定的（我认汉以前为古代，魏至唐为中代，晚唐以后为近代，先生以为如何?）第三、四篇大约可在本校卒业前写定。在第十二章《汉诗考》里，我想证明五言诗之晚出，此时正在随时留心找些攻击苏、李古诗的材料，我很希望先生给我些有力的帮助!

学生陆侃如　三月廿八日

4月

19日，冯沅君（署名淦女士）在《创造周报》第49期发表小说《隔绝之后》（《陆侃如冯沅君合集》第15卷，第12～15页）。《隔绝之后》是《隔绝》的续篇，叙写的方式，由系隽华诉说变为系隽华的表妹诉说。原来系隽华与恋人士畛约定在被幽禁的第三天夜间12时越墙相会，未料

10 时母亲突发胃病，请医生，买药。母亲是隽华“一生中最爱最敬慕的人”。糸隽华不忍逃离，就服了她回来时带的毒药自杀身亡。士畛得知后，直跑到床前，吻了她的唇，低声说：“我们终是胜利的。”然后也服毒自杀了。小说中特别写道：“阿母！你也不要怨我，我也不怨你，破坏我们中间的爱情的，是两个不相容的思想的冲突，假如以后这样的冲突不消灭，这种惨剧，决不能绝迹在人类的舞台上。”

20 日，冯沅君署名淦女士在《晨报副刊》发表《淘沙　二〈郭沫若君的十字架〉——〈创造周报〉第四十七期》(《陆侃如冯沅君合集》第 15 卷，第 230～231 页)。此文写于 4 月 11 日。文中写道：

> 自从读《歧路》之后，我就常常记念着这位飘泊的作者的生活状况。我知道这种孤独寂寞的生活可以使他多写出几篇动人的作品，来发掘我们这些在沙漠似的人生中枯燥得连眼泪没有了的人的泪泉。但是我深信善于表现人生悲剧的作者决不会使鉴赏他的文字的人于从流泪中得慰藉后便将他忘却了。
>
> 在市场购得了一份《创造周报》第四十七期，便一面走一面读……我觉得词句终是文艺的筌蹄，文艺的值价的基础，决不全建筑在这上面呵，飘泊的作者哟！亲子的爱，在现在这社会制度之下，将永远是冲突的！这种冲突之不能调和，同精卫不能填满无涯的海一样……
>
> 我不懂文艺的定评是什么，我更不知道文艺批评上用的术语。在黯淡的夕照中，我挟着书沿着小河彷徨；在冷清清的斋舍我一个对着书流泪。飘泊的作者，这是你给我的慰藉，也许就是你的作品的评价。

23 日，冯沅君和陆侃如作为学生代表，到北京火车站参加迎接印度著名诗人泰戈尔的欢迎仪式。本日，泰戈尔在访问上海、杭州、南京、济南以后，到达北京。梁启超、蔡元培、胡适等到车站迎接。①

24 日，冯沅君（署名沅君）写给孙伏园的信，刊于《晨报副刊》的《更正》，信写于 4 月 20 日。

28 日，冯沅君、陆侃如到先农坛听由徐志摩、王统照等人组织的泰戈尔演讲会。②

① 参见《陆侃如和冯沅君》，第 173 页。

② 参见《陆侃如和冯沅君》，第 173 页。

5月

19日，创造社的主将成仿吾在《创造周报》第55号上发表《一年的回顾》一文中，对冯沅君接连在《创造周报》《创造季刊》上发表了四篇小说，示以感谢："在我们这一年——很长很长的一年工作之中，我们深幸得到了几位同心的朋友。他们给了我们不少的气力，他们是一个维系我们希望的星斗。他们之中我们尤其感谢倪贻德、周全平、淦女士和敬隐渔四位。这四位好朋友的作品，虽然还不能就使我们满足，然而他们是以一日千里之势在向完美之域猛进。"

本月，陆侃如与杨鸿烈、游国恩、林之棠、张为骐、储皖峰等成立述学社，创办编辑《国学月报》，朴社出版经理部发行。编辑委员会由陆侃如、林之棠、黄优仕、储皖峰组成（1927年又增加何联奎、杨鸿烈），陆侃如任编辑主任。1929年7月出至第3卷第2期终刊。主要刊发文学、史学、经学、诸子等学术研究成果。主要撰稿人有梁启超、胡适、陆侃如、林之棠、黄优仕、姚名达、白之藩、游国恩、何联奎、储皖峰、张为骐、徐嘉瑞、黄节、黄绶等。①

6月3日，陆侃如在《文艺周刊》（文艺旬刊）第36期发表《读诗杂记：谢灵运的游记诗》（《陆侃如冯沅君合集》未收）。

7月

17日，陆侃如致胡适信（《陆侃如冯沅君合集》第8卷，第395～399页）：

适之先生：

我常常想编一部《中国诗史》，近来所做各种研究都是向着这个目标进行的。

此时我所有的关于中国诗的常识，使我知道《诗史》当分这样的三期：汉以前为第一期（古代），建安至唐为第二期（中代），晚唐以后为第三期（近代）。

中代与近代的分界是否以晚唐为最适宜，我尚无十分把握。但古代与中代的分界，我很有些自信力。普通大部以汉代属后，似乎不妥。汉诗以乐府为骨干，而乐府的性质却近于前者而远于后者。古代诗有几种特点，他们大都无主名，大都无形式上的束缚——每篇的句数，每句的字数，每字的声律，都无限制。汉诗亦然。至于内容方

① 刘增人、刘泉、王今晖编著：《1872～1949文学期信息刊总汇①》，青岛，青岛出版社，2015年，第246页。

面，汉乐府绝似《诗经》。其中有庙堂的乐章，亦有民间的歌谣。到建安以后便不同了。七子、三祖几乎以做诗为职业，今天燕会作诗，明天从军做诗，形式上什九是五言了。那些伪托的苏、李诗及《十九首》也是此时的产品。我近来研究汉乐府，始知五言诗之发生即由于此。东汉晚年，乐府贵盛一时，文人竞相仿造。乐府中既有五言部分，而文人大都是喜欢整齐的，故拟乐府多五言之作，影响所及，遂成五言一统时代。（《诗经》中多杂言，而后人拟作多四言，亦同此理。至于七言诗及绝句，也由六朝乐府产生的。）我现在称汉代为乐府时代，作为《古代诗史》之末篇，便是因为这一点。

现在我在预备《古代诗史》的稿子，尚未完全写定。大约以《诗经》《楚辞》及乐府（汉）三大部分为主。我拟在北大卒业以前脱稿，那时再送给先生看。现在先说一个大纲，如有不妥之处，望即赐教，以便修改。

第一篇　导言

…………

我现在即照此计划做下去，脱稿后再做中代近代的，期以二十年。《古代诗史》成后，拟编一部《古代诗选》，其取弃及编次均依《诗史》；中代近代编成后，亦各编一选本，相附而行。我的目的有二：第一是想替中国诗歌整理出一些眉目来，第二是想改变一般人对于中国文学的糊涂态度。他们不但误信苏、李诗，并且变本加厉，认枚乘为五言诗的倡始者，全不管他是否可靠。他们不但以《九歌》解作忠君之思，并且拿六经来比附《离骚》。至于认中诗起于唐、虞，认《国风》无情诗，更是极普通的观念了。所以我妄想把先生的“历史癖”及“考据癖”应用于《诗史》。

我极希望先生把自己的意见指示我，或者对于上述大纲加以修改，或告知几种重要的参考书，或其他编文学史时应特别注意的事项。

学生　陆侃如　七月十七日灯下

闻先生将于下半年赴美国，未悉确否？如系确实，我极愿知道先生的行期。据说商务馆售稿有契约，并须保证人，我想即请先生担任。先生赐复时，请寄至江苏海门卷边桥。

29日，冯沅君（署名淦女士）在《晨报副刊》发表《淘沙　三〈朱谦之杨没累两君的《荷心》〉》（《陆侃如冯沅君合集》第15卷，第

232～233 页）。此文写于 7 月 10 日古汴。写在列车上读朱谦之、杨没累合写的小说《荷心》的感想。文中认为：

> 文学作品之必带作者的个性，这是同日月经天、江河行地一样，凡是略微研究过文学的人，都要承认的。并且所谓文学作品的个性，决不是专指作者之思想和见解而言，就作品的技术方面说，辞句篇章的构造，也是因人而异的。至于书信，我以为应较其他体裁的作品更多含点作者的个性色彩……这种证据——个性之不可磨减的证据——过去的伟大的作家，已给我们留下不少。真不想在这本《荷心》中竟发现了例外。
>
> 也许是因为我在哲学方面的知识太缺乏了。我始终以为无论怎样，浅近的事物，一用了哲学上的术语来叙述，便立刻使读者感到晦涩……自身早就是整个的艺术品的爱情信，那能用那枯燥的难解的哲学上的术语来叙述描写。当我正读《荷心》时，我不断地设想，若果他们两君能将这些非常人所能懂的哲学上的术语，尽换成清隽的辞句，这部小册中所叙述的那些情境，定能在我的幻想里构成个极乐园来。

对于冯沅君上述的指责，杨没累在本年 8 月 3 日的《晨报副刊》上发表《看了淦女士的〈淘沙〉以后》为《荷心》辩护。

暑假（7 月 17 日后），陆侃如在家乡江苏海门卷边桥（据陆侃如本年 7 月 17 日致胡适信）。

秋

陆侃如与游国恩等创办爱智学会国学部。

11 月 17 日，孙伏园、鲁迅、周作人等在北京创刊《语丝》，在《语丝》刊登的石印广告上，有 16 名长期撰稿人的名单，其中有淦女士（冯沅君）。据川岛回忆：《语丝》“长期撰稿人中撰稿的并不一定来参加，如鲁迅先生、淦女士（《语丝》中笔名是‘沅君’）等始终未参加过”。“鲁迅先生不参加的原因，据

鲁迅（1881～1936 年）

（引自《陆侃如和冯沅君》第 74 页）

他自己说：‘但我那时是避开宴会的，所以毫不知道内部的情形。’”冯沅君“究竟为什么不参加《语丝》的集会，是不是与她的生活简朴有关呢?”①

本月，蒋善国编《楚辞》，上海梁溪图书馆初版。收《离骚》《九歌》《天问》《天问校正》《九章》《远游》《卜居》《大招》《渔父》《招魂》《九辩》等。书前有胡适之《读楚辞》，陆侃如《读〈读楚辞〉》等。

本年

冯沅君在北京大学研究所国学门完成毕业论文《宋元明清诗史》的写作。②

冯沅君在《语丝》第6期发表《“无病呻吟”》（《陆侃如冯沅君合集》第15卷，第234、235页），写于11月24日夜。此文“反对轻易对于文艺下无病呻吟的判决词”：

> 说到文艺上，我以为我们所根据以判断某文艺中所申诉的颠沛流离是有病呻吟或无病呻吟的资料，是作者的生平（时代背景及生活）……以此推之，假如我们希望我们的判断精确，第一步须考究我们所借以理解文艺作者的生平的材料是否真实。但是这种材料从何而来？我以为对过去的是传纪，对于现在的（除去知己的朋友）是传说（非属于历史的）。传纪与传说绝对的可靠吗？我想多数人都要答个“不”字。因为传纪是过去的传说，而传说则有毁誉爱憎存乎其间，难有个真实的。我反对轻易对文艺下无病呻吟的判决词的理由，此其一。
>
> 纵然传纪与传说都真实了，但人生是多方面的，决不是绝对受饮食男女、富贵利达等条件支配的……有些外面看着像是七宝楼台的人生，说不定内部就是瓦砾荆榛。这种人生的隐痛，委实是外轻内重的病，只有当局人会领略着。然而文艺之可贵，即在其能抒写人之难言的痛苦或欢愉。于是有许多生活阔绰的人，竟不免发出些肃杀憔悴之音。这类人知音者少，而缺乏同情的读者，反又加以“无病呻吟”之罪。呵！“莫抛心力作词人！”我反对轻易对于文艺下无病呻吟的判决词的理由，此其二。
>
> 文艺界的朋友们，我们宁可说某种文艺没有艺术的价值，因其不

---

① 吴长华：《鲁迅与冯沅君》，《文史哲》1981年第4期。

② 参见冯沅君：《我的学生时代》，《妇女新运》1945年第5期；刘文忠：《四大师：陆侃如、冯沅君、高亨、萧涤非》，《新文学史料》2015年第3期。

能引起读者的同情；那种冷酷的判词千万要斟酌用。因为世间尽有些蓄了满腔不平之气而无充分表现的能力的可怜的人呵！

冯沅君“在家闲居的时候，半年中居然作了六十首诗词”（冯沅君：《闲暇与文艺》，《陆侃如冯沅君合集》第15卷，第241页）。

冯沅君（署名沅君）在《京报副刊》第1期发表《买烧饼》（《陆侃如冯沅君合集》未收）。

冯沅君（署名沅君）在《京报副刊》第4期发表《张静庐君的〈单蛮（应作“恋”）集〉》（《陆侃如冯沅君合集》未收）。

冯沅君（署名冯淑兰）在《北京女子高等师范周刊》第64期发表题为《拟宣城诗》诗二首：一首题为《游山》，一首题为《离夜》（《陆侃如冯沅君合集》未收）。

陆侃如在《国学月报汇刊》第1集发表《五月五日》（《陆侃如冯沅君合集》第5卷，第272～274页），5月21日写于北京。此文主要写“五月初五日在六朝时已成了屈原的忌日了”。

【剑锋补：

约在本年，陆侃如致信胡适（《陆侃如冯沅君合集》未收）：

适之先生：

《全三国诗》今奉还，乞检收。

前嘱编高中教本《楚辞》，今已脱稿。另编《乐府》一种，亦已写定，今呈上稿本六册，乞加指政。

去年友人童士恺送我《毛诗植物名考》数册，今送上一册，或可供先生《诗经新解》的参考。另呈《寿恺堂集》八册，是吾乡周彦昇所著。在学术荒芜的海门，周先生算是鸡群之鹤了。他的《晋书校勘记》收入《广雅丛书》内，北大也有一部。这是他的诗文集。他和我的祖父是表亲，故他的儿子送了几部给我，今又转送一部给先生。统希哂纳。

学生陆侃如[1]】

---

[1] 耿云志主编:《胡适遗稿及秘藏书信》第34册，合肥，黄山书社，1994年，第593～594页。按：该信未属日期。1924年陆侃如致信胡适云：“嘱编高中教科书中的《楚辞》，大约今年年底可成。”该信提到《楚辞》教科书，当作于同年。剑锋据此书所补陆侃如致胡适书信24通，冯沅君致胡适信7通；除直接参考《胡适遗稿及秘藏书信》外，还参考了《陆侃如集外佚文书信辑考》一文（孙之梅、郭建鹏：《新文学史料》2021年第1期），纠正了其中一些识读错误，补充了个别未能识读之处，系年也有不同。下文不再一一具体说明。

1925年　乙丑　中华民国十四年　冯沅君26岁　陆侃如23岁

1月，胡适、陈源等在北京创办《现代评论》，主张自由主义。

2月12日，清华国学研究院筹备处成立，委任吴宓为主任。8月1日，正式成立。先后聘请王国维、梁启超、陈寅恪、赵元任等任导师。

3月12日，孙中山逝世。

4月，鲁迅在《京报》上创办了《莽原》周刊，自任编辑。

5月30日，发生“五卅惨案”。

本月，北京图书馆协会发起“京师图书馆展览会”，陈列宋、金、元、明刊本200余种，敦煌写经3000轴。

7月

1日，国民政府在广州成立。

7日，国民革命军誓师北伐。

10月10日，北京故宫博物院建立。

本月，范文澜著《〈文心雕龙〉讲疏》，天津新卯印书局出版。

本年

刘复辑《敦煌掇琐》印行，收刘复20年代初从法国国家图书馆藏敦煌写本中抄录的104种敦煌遗书。

春，冯沅君北京大学研究所国学门毕业，到南京金陵大学教书。发表小说《我已在爱神面前犯罪了》《缘法》，文章《祝英台的歌》《〈老子〉韵例初稿》《对于文学应有之理解》，译文《论重黎绝地天通》等。陆侃如发表《什么是九歌》《〈孔雀东南飞〉考证》等论文。开始接受“左翼的文艺理论”。

2月

陆侃如在《国学月报》第2期发表《什么是九歌》（《陆侃如冯沅君合集》未收）。

【剑锋补：

21日，冯沅君致信胡适（《陆侃如冯沅君合集》未收）：

适之先生：

因环境的压迫，我抛却可爱的学生生活，而来南京金陵大学给陈斠玄先生代课（他往广东去了）。幸而功课每周只有八小时，尚未全将精神和时间卖给人家。听说先生很关心我的事，所以将我的现状说说。以后有见教的地方请寄信至金陵大学文科办公室。

敬祝

健康

生冯淑兰上，二月廿一日[1]】

春，冯沅君北京大学研究所国学门毕业后，经原北京女子高等师范学校文学部主任陈中凡老师的介绍，到南京私立金陵大学教书。时，胡小石亦返回此校任教，“寓南城梧桐村”，冯沅君“讲余每趋前请益”。[2]

冯沅君任职私立金陵大学时留影

（引自《陆侃如冯沅君合集》第十二卷正文前）

5月

7日、8日，陆侃如在《学灯》发表《〈孔雀东南飞〉考证》（《陆侃如冯沅君合集》第6卷，第792～798页），4月23日作于北京。此文开头说：

> 自从前年冯沅君女士等把《孔雀东南飞》改成剧本以来，这首诗便渐渐地引起一般人的注意；也有研究焦仲卿是否真心殉情的，也有讨论小姑为何长得那么快的。然而很少有人对于它的技术上做系统的研究的，更没有人注意到它的著者及时代等问题上去的。依我的浅薄的学识，对于它的著者问题是无从解答；但对于它的时代上，我却有些小小的意见，或可供文学史家的参考。

此文主要考证《孔雀东南飞》的写作时代，举华山、青庐、龙子幡三事，证明它是齐梁时作。

22日，《学灯》发表黄节《黄晦闻致陆侃如书》、陆侃如《陆侃如答黄晦闻书》（以上二文见《陆侃如冯沅君合集》第6卷，第799～804页）。《陆侃如答黄晦闻书》5月12日作于北京。陆侃如《〈孔雀东南飞〉考证》

① 耿云志主编：《胡适遗稿及秘藏书信》第36册，第613页。

② 参见冯沅君：《我的学生时代》、《渝州谒夏庐师》注，《陆侃如冯沅君合集》第15卷，第341页。

发表以后，黄节致陆侃如信，认为《孔雀东南飞》“盖汉人所作，而经六朝人增改润饰者”。《陆侃如答黄晦闻书》表示，“仍深信《孔雀东南飞》为齐梁人作”。

约在7月，王品青北京大学物理系毕业后，经朋友介绍到北京孔德中学任教。冯沅君在北京时，两人因性格不同，常有龃龉。冯沅君到南京后，两人书信往来，不和谐似乎有所缓和。冯沅君到南京工作半年后，患有头痛病，一发作接连几天，痛苦烦恼。[①]

8月

7日，冯沅君（署名沅君）在《京报》之《莽原》周刊第16期发表小说《我已在爱神前犯罪了》（《陆侃如冯沅君合集》第15卷，第79～84页）。自注：作于1925年7月20日。这篇小说用书信的形式，写一位20多岁的男性教师，已“有患难中结合”的“温柔而有才干的爱妻”碧琰，他们“中间向来丝毫隔阂都没有”。但他却暗中爱恋上了他的花容月貌、“灵心慧性”的女学生狄帆，“简直着了迷”，“将她当情人待”。他把此事写信告诉了碧琰。碧琰回信说：“只要她也爱你，你要同她亲密下子也可以。我相信你不会因她忘弃了我们当年患难中结合的盟誓。其实就忘了，又有什么要紧的？双方的绝对自由，是爱情的重要的属性。万一有此事发生，也只能说是我的不幸，道德上决不发生问题。我谨祝你们的爱成功！”他接到碧琰的信后，“回她封最恳挚的信”，“深夜中跑到院里向上帝祈祷，表白我忏悔的心情”，虽然他素日是不信上帝的。他“用尽方法希望从此渐渐地将她（狄帆）忘却”。但后来他不仅没有做到，反而“男子的占有的本领忽然发作了”，“要向她作亲爱的表示”。再后来他往学校去找狄帆，“她已同她的哥哥回上海了”。“我已在爱人前犯了不忠实的罪，怎见我多情多义的碧琰！……”

9月

28日，冯沅君作诗《秋日的玫瑰》（《陆侃如冯沅君合集》第15卷，第400、401页），自注：“一九二五，九，二八。”刊于《猛进》第33期。诗前引言：

> 尝谓花有三品：香色俱佳者为上品，有香无色者为中品，有色无香者为下品。玫瑰之可爱不仅以其色之娇艳，实兼以香之能醉人也。爱玩之余，遂系以诗。

---

① 参见《冯沅君传》，第83页。

31 日，冯沅君（署名沅君）在《语丝》第 42 期发表小说《缘法》（《陆侃如冯沅君合集》第 15 卷，第 70～73 页）。《缘法》写教师雄东在心爱的妻子玉贞死后，痛哭欲绝，恋念不舍。后来父母因贪图财产，威迫他娶了“黧黑多麻”、年纪大、不懂事的三妞。和三妞“结婚那天他到玉贞坟上哭得死去活来。可是结了婚不到三天，他竟高兴起来，整天在房中陪那黑美人玩，学校的课也不去教了”。

10 月

12 日，陆侃如于北京写成《〈词选笺〉自序》，据此文原注。此文 1927 年刊于《国学月刊》第 1 卷第 4 期。①

28 日，冯沅君在《北京大学研究所国学门周刊》第 1 卷第 3 期发表《祝英台的歌》（《陆侃如冯沅君合集》第 15 卷，第 247～249 页），作于 7 月 27 日。

《北京大学研究所国学门周刊》第一卷

（引自《陆侃如和冯沅君》第 43 页）

11 月

18 日，冯沅君（署名沅君）在《北京大学研究所国学门周刊》第 1 卷第 6 期发表《〈老子〉韵例初稿》（《陆侃如冯沅君合集》第 12 卷，第

---

① 详见 1927 年此条。

64、65页）。

23日，冯沅君（署名沅君）在《语丝》第54期发表《〈镜花缘〉与中国神话》（《陆侃如冯沅君合集》第12卷，第86～96页）。

27日，陆侃如致胡适信，信中主张对《诗经》应“‘南’‘风’‘雅’‘颂’四体并列”。“这四种都是诗体之名，旧说多谬。”“我以为‘风’与‘颂’的合理解释仍当从音乐下手。”“关于四体的时代，我想把现在《诗经》的次序翻过来。现在‘南’在前，‘颂’最后，其实应该‘颂’最前，‘雅’次之，‘风’又次之，‘南’最后……我们试看‘颂’之晚出者体裁便近‘雅’，‘雅’之晚出者体裁便近‘风’，而‘风’之早出者则体裁近‘雅’，便可知其先后相因之迹了（晚出的‘南’实在是《诗经》与《楚辞》的媒介）……”此信1928年1月刊于《国学月报汇刊》第1集（《陆侃如冯沅君合集》未收）。

29日，冯沅君辑录《中国古代哲学史初稿》（下编）。主要内容：“庄子哲学”（包括“庄子哲学集评”“庄子之事迹及时代”“庄子政治论”“庄子之人生论”）、“孟子”（包括“孟子之师承”“孟子生卒考”“孟子之时代”“孟子之性论”“孟子之人生哲学”“孟子之政治哲学”）、“荀子”（包括“荀子之事”“荀子之教育哲学”“知识论”）、“韩非思想之来源”、“慎子言势”等。①

本年

冯沅君在《金陵光》第14卷第2期发表《〈楚辞〉用韵之格式与“三百篇”》（《陆侃如冯沅君合集》未收）。

冯沅君在《女师学院期刊》第4卷第12期发表法国马伯乐作、冯沅君译《论重黎绝地天通》（《陆侃如冯沅君合集》第15卷，第411～414页），9月4日作于北平。

冯沅君（署名沅君）在《语丝》第10期发表《不著名的文人的作品》（《陆侃如冯沅君合集》第15卷，第236页）。此文认为：

> 所谓名作家的作品之所以流传千古，固不能说尽赖作者在社会上的地位，与作品自身之价值无关系，但至少这总是其赖以流传的一部分势力。至于社会上视为不足轻重的人之作品，也能流传至今，则全赖作品之艺术的价值，不然早已化为尘土了。所以无论其为诗，为

---

① 《中国古代哲学初稿》今存手稿一本，内页题：“中国古代哲学史初稿（下编）　沅君辑录1295，11，29。金陵。”“1295”当是1925。此辑录“初稿”当非一日而成。其中，许多部分的文字用红色画有横线。

词，均是经过无数淘沙的金屑。若果身后名是可贵的，这有才而后人不知的作者真为可怜。所以就艺术价值方面说，就同情方面说，则此无名的作品应该重视。

……我主张选文艺为总集之时，绝对应收无名的文人之作品；若果作者之年代可考，且作品在艺术方面有最高之价值，文学史亦未尝不可选录以代表一代文学之精神。

冯沅君（署名沅君）在《语丝》第10期发表《对于文学应有的理解》（《陆侃如冯沅君合集》第15卷，第237页），作于10月22～24日夜。此文认为：

“文学是人生之表现。”这句话虽为人所公认，但是要知道人性是多方的。在这许多性之元素中，有些是得环境之帮助而得相当发展，有许多是受环境的压制而蕴蓄于内，看去同没有一样。但是它们只是潜伏而已，并且常以压力过大而反动力亦大，纵不见之于行为，而于不知不禁间流露于语言文字；于幻想中求满足，因之号为清高淡泊的陶渊明作出《闲情赋》来。

世人因为只认人性是单一的，所以发生两种错误：一种是就作品中所说的判定作者的生平，一种是以作者的生平来判作品，若此作品不与作者的为人相符，则判定不是他作的。所以朱淑真因为“月上柳梢头，人约黄昏后”一语，判她有外遇（有人证明此词不是朱氏作的，其实若就以上所说的解释，就承认是她作的也与她的名节无损），而欧阳修的艳词，则许多人来证明不是他作的。

总之，我并非反对以作者的生平与作品互证，但是不可太拘泥了。

冯沅君（署名沅君）在《语丝》第22期发表《愁》（《陆侃如冯沅君合集》第15卷，第238、239页），3月3日作于金陵。此文说：

前三二年的我，也曾为中华前途担过忧，以为这些愁来愁去的作艺，是中国民气消沉的表征，最好是将这一类的作品都拉杂而摧烧之。现在不知怎的（也许是得了骸骨迷恋的症候），对于这一类的作品，竟同情起来。（自然那些不能感人的作品是例外。）

我觉得旧文艺中，所用的愁的意义很广，凡我们心中的怀人思乡、感时伤世种种的郁闷感慨悲哀，几乎都用此字象征……要之愁在旧文艺中所象征的心情，是以其在本文中的地位而定。若用种较明显浅近普通的名词来代替古人之所谓愁，即现在所谓无聊，所谓苦闷，有诗趣的天鹅绒般的悲哀。总而言之，生活上的不安而已。至于这种无聊苦闷悲哀的内容，那就复杂了。

本来人生只是生命的活跃……但因人生是苦闷多而喜悦少，所以文艺中所表的心灵也是偏于号泣叹息一面。所谓诗三百篇大抵圣贤发愤之作所为也，诗穷而后工与诗人之爱言愁，其理是一样的，都是由于人生是苦闷的。

我并未主张诗人整人都要镇日价忧伤憔悴，但是我以为作者对于人生的态度是积极还是消极，是与文艺本身的价值无多大关系的，我们遇见欢乐固然应该笑，但遇见悲哀与苦闷同样的应该哭，只是别装哭装笑就得了。

冯沅君在《语丝》第22期发表《闲暇与文艺》（《陆侃如冯沅君合集》第15卷，第240、241页），3月21日作于金陵。此文认为：

……在中国旧文艺中描写闲情（非陶渊明《闲情赋》的闲情）的作品……我想此类文艺在文艺之国中定占不小的领域。

在这一点，我并不承认：这是中国古来诗人的消极与怠惰的表现。因为我承认诗人的心宛如一池水，有风时固然波澜沦涟，产生一种极兴奋的作品；无风时自澄澈明净，产生一种悠然自得微妙闲静的作品。前者如猛士如侠客；后者如幽人如静姝。不过人的气质有刚柔缓急之不同，所以有偏于前者，有偏于后者，有兼而有之者。

再进一步说，我更主张闲暇与孤寂是作成文艺的重要原素。我承认固然有许多文艺是生活困顿、情感极兴奋时的产物，然而我始终主张文艺是精神剩余的作品。若果终日为名利，为面包忙得马不停蹄，很难作出好文艺。因为无论是写景或写情的文字，当我们创作时，必有精密的观察与体会，决不是在心为形役的生活中所能做到的。再说玄秘点，文艺的创作全凭兴会，而此兴会又是稍纵即逝。所以百务倥偬的人，别说兴会对于他望望然而去之，即偶尔光顾，他也无暇接待此嘉客。

就我个人的经验说，去年在家闲居的时候，半年中居然作了六十首诗词，今年因为忙着做“人之患”，三个月来半首诗都未作……

冯沅君（署名大琦）在《语丝》第43期发表《未雨绸缪——呈S》（《陆侃如冯沅君合集》第15卷，第242～244页），作于本年11月8日。

冯沅君（署名大琦）在《语丝》第49期发表《走了》（《陆侃如冯沅君合集》第15卷，第245、246页），作于本年10月4日。

冯沅君在《猛进》第33期发表《秋日的玫瑰》（《陆侃如冯沅君合集》第15卷，第400、401页）。

陆侃如开始接受“左翼的文艺理论”。他说：“在一九二五年到一九二七年的大革命之后，左翼的文艺理论教育了我。渐渐地我知道，人的意识是决定于他的社会的存在，阶级社会里的人，他的阶级意识，是和他所隶属的阶级密切相关的。”①

1926年　丙寅　中华民国十五年　冯沅君27岁　陆侃如24岁

2月，王国维著《人间词话》，北京朴社单行出版。

3月18日，北京学生集会请愿，反对日本干涉中国内政，北洋政府镇压，酿成“三·一八”惨案。

本月，创造社《创造月刊》创办。

6月，《古史辨》第1册，北京朴社出版。此册包括古史论战的内容及其前后的相关文章。

7月1日，国民政府发表北伐宣言。9日，国民革命军出师北伐。

8月

开明书店创办。

毛泽东发表《中国社会各阶级分析》。

9月4日，鲁迅应厦门大学之聘，抵达厦门。在厦门大学讲授文学史纲要，编讲义，只编到汉代，所以讲义名作《古代汉文学史纲要》。

10月，吴梅著《中国戏曲概论》，上海大东书局初版。

冯沅君从南京金陵大学返回北京，入北京大学研究所国学门做研究，同时到中法大学兼课。发表小说《劫灰》《贞妇》《林先生的信》《写于母亲走后》，文章《〈楚辞〉韵例》《南宋词人小记二则：玉田先生年谱拟稿　玉田家世及其词学　张镃传略（附录）》《玉田朋辈考初稿》等。陆侃如考取清华国学研究院研究生。发表《“三颂”研究》《〈诗经〉参考书提要》，出版专著《乐府古辞考》。陆侃如与冯沅君在北京大学相识。

① 陆侃如：《五四的教训》，《山大生活》1950年5月11日。

1月4日，冯沅君（署名沅君）在《语丝》第60期发表小说《劫灰》（《陆侃如冯沅君合集》第15卷，第53～60页）。《劫灰》主要写“我”的家乡在宣统二年冬天、民国三年时，被土匪浩劫的悲惨境况：逃难时，陈二嫂怕她的女儿的哭声被土匪听见，“赶快用手捂住她的嘴，直把这个三岁又白又胖的小女孩闷死了。还有安家大姑娘，怕土匪捉着直向地的中间爬，竟掉在一座为雨所坏的大墓里。墓里的水直齐到她的腰间。她始终不敢出一口大气，整整在那里浸了两个钟头，次日便卧床不起了”。“铁头穿胸的尸骸，栋燃梁焦的房屋，呼儿唤女的哭声”，“治土匪”“顶出名的”刘家三少爷被乱刀剁碎、割下的耳朵、肉屑……

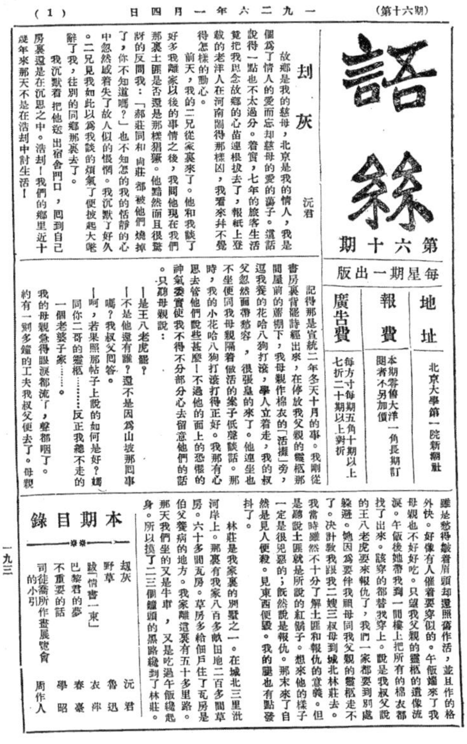
(第六十期)　一九二六年一月四日　(1)

語絲

第六十期

每星期一出版

地址　北京大學第一院新潮社

報費　本期零售大洋一角長期訂閱者不另加價

廣告費　每方寸每期五角十期以上七折二十期以上對折

刼灰　沅君

故鄉是我的慈母，北京是我的情人，我是個爲了情人的愛而忘却慈母的愛的蕩子。這話說得一點也不太過分。着實，七年的旅客生活覺把我思念故鄉的心苗連根拔去了，報紙上登載的老洋人在河南鬧得那樣凶，我看來并不覺得怎樣的動心。

前天，我的二兄從家裏來了。他和我談了好多我離家以後的事情之後，我問他現在我們那裏土匪是否還是那樣猖獗。他黯然而且很驚訝的反問我：「郝莊同和尚莊都被他們燒掉了，你不知道嗎？」也不知怎的我的恬靜的心中忽然感着失了故人似的悵惘。我沉默了好久。二兄見我如此以爲我談的煩氣了便披起大氅辭了我，往別的同鄉那裏去了。

我沉默着把他送出宿舍門口，回到自己房裏還是在沉思之中。浩刦！我們的鄉里近十幾年來那天不是在浩刦中討生活！

記得那是宣統二年冬天十月的事。我剛從書房裏背罷詩經出來，在停放我父親的靈柩那間屋前的蓆棚下，我母親作棉衣的「活攤」旁，逗我養的花哈八狗打滾，舉人立着走，我的叔父忽然面帶愁容，很張皇的來了。他連坐也不坐便同我母親隔着做活的桌子低聲談話。那時，我的小花哈八狗打滾打得正好。我那有心思去管他們說些甚麼！不過他的面上的恐懼的神氣委實使我不得不分部分心去留意他們的話。只聽母親說：

—是王八老虎罷？

—不是他還有誰？還不是因爲山坡那回事嗎？我叔父回答。

—呵，若果照那帖子上說的如何是好？媽同你二哥的靈柩……反正我總不走的一個老婆子家……。

我的母親急得眼淚都流了，聲都咽了。約有一刻多鐘的工夫我叔父便去了。母親雖是愁得皺着眉頭却還照舊作活，並且作的格外快。好像有人催着要穿似的。午飯端來了我母親也不好好吃。只望我父親的靈柩的遺像流淚。午飯後她帶我到一間樓上把所有的棉衣都找了出來。該穿的都替我穿上。說是我叔父說的王八老虎要來報仇了，我們一家都要到別處躲避。她因爲要伴我顧母同我父親的靈柩走不了。決計教我跟我二嫂三叔母到城北林莊去。我當時雖然不十分了解土匪和報仇的意義。但是聽說土匪就是所說的紅鬍子。想來他的樣子一定是很兇惡的；既然說是報仇。那末來了自然是見人便殺。見東西便毀。我的腿也有點發抖了。

林莊是我家裏的別墅之一。在城北三里洸河岸上。那裏有我家八百多畝田地二百多間草房。六十多間瓦房。草房多給佃戶住了瓦房是伯父養病的地方。我家離這裏有五十多里路。那天我們坐的又是牛車，又是吃過午飯纔起身。所以摸了二三個鐘頭的黑路纔到了林莊。

本期目錄

一九三

冯沅君著《劫灰》，刊于《语丝》1926年第16期。

（引自“全国报刊索引”电子数据库）

本月

陆侃如在《国学月报汇刊》第1集发表《就〈周南〉〈召南〉寄胡适之书》（《陆侃如冯沅君合集》第5卷，第35、36页），作于1925年11月27日。此文说：“前蒙以《〈周南〉〈召南〉说》的稿子见示，甚望先生早日发表……我主张‘南’‘风’‘雅’‘颂’四体并列。”

陆侃如在《国学月报汇刊》第1集发表《〈诗经〉参考书提要》(《陆侃如冯沅君合集》第5卷，第65～77页)。此“提要”收下列七种：一是子贡《诗传》，二是申培《诗说》，三是《韩诗外传》，四是《毛诗草木鸟兽虫鱼疏》，五是《毛诗指说》，六是《吕氏家塾读诗记》，七是《续吕氏家塾读诗记》，原注：“此提要共计一百二十种，上卷汉至明五十种。”注：写于1925年4月1日，北京。此提要又载《国学月报汇刊》1928年第1集。①

陆侃如在《国学月报》第1卷第11号发表《“三颂”研究》(《古代诗史》第三篇第二章初稿)，又载1928年《国学月报汇刊》第1集（《陆侃如冯沅君合集》未收)。

2月，陆侃如著《乐府古辞考》(《陆侃如冯沅君合集》第6卷，第717～791页)，收入王云五主编《国学小丛书》第1集，上海商务印书馆初版。此书分八部分：一引言，主要论述“什么是‘乐府’?”“什么是‘乐府古辞’?”二郊庙歌。三燕射歌。四舞曲。五鼓吹曲。六横吹曲。七相和歌。八清商曲。

3月18日，北洋政府镇压学生，陆侃如“和同学一起反对北洋军阀政府”②。

春，冯沅君在金陵大学一年聘期满，从南京返回北京，入北京大学研究所国学门做研究，并兼一点事务性工作。不久，又到中法大学兼课，讲文学史，有讲义。她住在冯友兰家。冯沅君回到北京后，和王品青的关系变得冷漠。③

5月31日，冯友兰邀吴宓到后局大院2号甲家中，见任夫人任载坤及冯沅君。④

约在上半年，陆侃如第一次读到法国著名汉学家伯希和的著作。陆侃如1946年在《文艺先锋》第8卷第1期发表的《悼念伯希和教授》(《陆侃如冯沅君合集》未收)一文中写道：“二十年前，我在北大读书的时候，第一次读到他的著作。”

7月5日，冯沅君（署名沅君）在《语丝》第86期发表小说《贞妇》(《陆侃如冯沅君合集》第15卷，第61～69页)，自注：作于1926年6月18日。这篇小说写何姑娘与慕凤宸结婚后，被休弃，病重。后来得知慕

---

① 编著者按：此“提要”未编完。

② 陆侃如1959年3月20日日记。

③ 参见《冯沅君传》，第83、84页；1928年5月27日陆侃如、冯沅君给胡适的信(《陆侃如冯沅君合集》第8卷，第400页)。

④ 参见《冯友兰年谱》上册，第85页。

老太太逝世，在开吊的第二天，她抱病前往吊丧。住了四天，她就去世了。去世后，她的坟就在慕老太太的坟的旁边，坟旁有一块小小的石碑，上铸“贞妇慕门何氏之墓”。

本月

陆侃如《〈楚辞概论〉序》（《陆侃如冯沅君合集》第6卷，第699～701页），刊于《清华周刊》第26卷第2期，又见游国恩著《楚辞概论》，北京述学社初版。文中写道：

> 近来我们常常叹息中国无好文学史：也有迻译外人所著来充数的，也有杂抄文论诗话来凑成的，也有拦入经学今古文之争的，也有高论昆曲与国运之关系的。但这也难怪。第一，若未研究过西洋文学史，体裁必难尽善。第二，若不注重考证，取材必不可靠。第三，若不先从小部分做起，研究不易精审。因此，我们一方面力避前人的覆辙，一方面纠合同志们作部分的研究——或分类，或断代……近来泽承因《辞赋史》中论《楚辞》的一部分材料特别多，与他部不称，便让它独立，提出付印，叫作《楚辞概论》……
>
> 这书最大的特点，是把《楚辞》当作一个有机体，不但研究它本身，还研究它的来源和去路……
>
> 这书还有一个特点，便是对于作者的事迹、作品的时代和地点等问题，一步不肯放松……
>
> 回忆四年前，我和泽承尚不认识。那时他见了我在《努力报》所发表考证《楚辞》的文字，便特地来访我。四年以来，时相过从，颇极攻错观摩之乐。现在他快要离北平了，我们都感到一种怅惘的别意……

8月

11日，清华国学研究院举行本年度第1次教务会议，决定录取本年度新研究生陆侃如、谢国桢、刘节、王力、金哲、戴家祥等24名，后增补至29名。陆侃如以第三名的成绩被录取。研究院这次会议，还研究修订了《研究院章程提要》，特别对国学进行了重新认定——中国语言、历史、文学、哲学、音韵学及东方语言，进一步拓宽了国学研究的范围。根据这样的基本要求，陆侃如自己确定的研究课题是《古代诗史》和《古代诗选》，导师是王国维和梁启超两位国学大师。梁启超是社会名流，在北京各大学兼职较多，而且有很多社会活动。因而，他在清华的时间并不多。陆侃如接受指导最多的是王国维先生。

30日，冯友兰致陈中凡信中述及冯沅君："淑兰在此已略有枝栖，勿念。"①

1926年陆侃如在清华大学研究院

（引自《陆侃如和冯沅君》第28页）

清华研究院导师陈寅恪（1890～1969年）

（引自《陆侃如和冯沅君》第29页）

清华大学研究院的先生。前排左起：赵元任、王国维、梁启超、李济。

（引自《陆侃如和冯沅君》第30页）

约在本月，在清华研究院举行的第一次茶话会上，校长曹云祥和导师

① 《陈中凡年谱》，第23页。

王国维、梁启超“都提到了陆侃如的名字。梁启超先生还专门说到了陆侃如对屈原和宋玉的研究”，“陆侃如还被确定为梁启超的助手，协助整理《桃花扇》，负责学校、学生和梁先生的联络事宜，深得梁先生的喜爱”。①

9 月 4 日，鲁迅到厦门大学任教。

10 月

【剑锋补：

1 日，陆侃如致胡适致信（《陆侃如冯沅君合集》未收）：

适之先生：

阅日刊，悉先生安抵伦敦，甚慰。商务稿件事已办妥，勿念。

我到清华已逾半载，杨鸿烈兄亦至此。我拟编《中国诗史》的上卷《古代诗史》，初稿已成，现在正在改作，约今年底可脱稿。我拟交亚东出版，用版税结。因为商务太迟（我的《乐府古辞考》去年寄去，至今尚未出版，不知何故）。先生若有信给汪孟邹先生，请先替我说一声。

前在上海郑振铎家见 Giles 的 *Gems of Chinese Literature* 一书，笑话真不少，他不但把《山鬼》改成散文，《对楚王问》改成诗歌，并且说宋玉是屈原的 nephew，若作外甥解，我们可说宋玉是女媭的儿子了。

学生侃如

十五、十、一②】

12 日，鲁迅在厦门收到他在北京大学的学生王品青的信和《卷葹》稿件。王品青把署名淦女士在创造社刊物上发表的 4 篇小说《隔绝》《旅行》《慈母》《隔绝之后》寄给了鲁迅，请他用《卷葹》作书名，编入他的《乌合丛书》中，并转托鲁迅请陶元庆画封面。③

19 日

鲁迅给北新书局经理李小峰寄去了信并《卷葹》书稿。李小峰，1918 年考入北京大学哲学系，参加五四运动，任北京大学学生团体“新潮社”干事。1924 年在北京创办北新书店（取北京大学和《新潮》杂志的首字）出版新文学书籍。1926 年 6 月，北新书店在上海开分销店，不

① 《陆侃如和冯沅君》，第 29～31 页。

② 《胡适遗稿及秘藏书信》第 34 册，第 607～608 页。

③ 参见《鲁迅日记》10 月 12 日。

久，北京总店迁至上海，改名北新书局。

鲁迅致陶元庆信："很有些人希望你给他画一个书面，托我转达，我因为不好意思贪得无厌的要求，所以都压下了。"

29日，鲁迅致陶元庆信，请陶元庆为《卷葹》一书画封面，并解释说：小说集《卷葹》，"内容是四篇讲爱的小说。卷葹是一种小草，拔了心也不死，然而什么形状，我却不知道。品青希望将书名'卷葹'两字，作者名用一'淦'字，都即由你组织在图画之内"①。

11月

某日，清华研究院举行茶话会，参加者包括校长曹云祥，导师梁启超、陈寅恪等以及研究生30余人。梁启超发表演说。演说词由研究生陆侃如、刘节笔录，后发表在12日《清华周刊》第389期。在演说中，梁启超批评现代教育只注重知识的教育，而忽视德行的教育，希望清华研究院能改变这一不良风气，而发展出一种新学风，即将现代教育与古代书院教育相融合，培养出智仁勇兼具或知识与德行二者兼具的人才。他要求学生立志成为一流人物，且用绵密的修养工夫来成就自己；毕业后更能开创新学风，以改造教育和社会。

梁启超（1873～1929年）

20日，鲁迅在厦门致许广平信：

> 编好《争自由的波浪》……看完《卷葹》都分头寄出去了……提起《卷葹》，又想到了一件事，这是王品青送来的，淦女士所作，共四篇，皆在《创造》上发表过。这回送来要印入《乌合丛书》，据我看来，是因为创造社不征作者同意，将这些印成小丛书，自行发卖，所以这边也出版，借谋抵制的。凡未在那边发表过者，一篇都不在内，我要求再添几篇新的，品青也不肯。创造社量狭而多疑，一定要以为我在和他们捣乱，结果是成仿吾借别的事来骂一通。但我给她编定了，不添就不添罢，要骂就骂去罢。

---

① 本书所引鲁迅书信，均据《鲁迅全集》第11～14卷，北京，人民文学出版社，2005年。

21日，在厦门的鲁迅在致韦素园的信中，谈到酝酿新编《未名》文学半月刊时说：

> 稿子是一问题，当有在京之新进作者作中坚，否则靠不住。刘（刘半农）、张（张凤举）未必有稿，沅君一人亦难支持，我此后未必能静下，每月恐怕至多只能做一回。与其临时困难，不如索性不出。

22日，鲁迅致信陶元庆，谈到为《卷葹》作画一事。

23日，鲁迅致李霁野信中，谈到《莽原》半月刊（1926年1月《莽原》由周刊改为半月刊）时说："我想，应以你们为中坚，如大家都有兴趣，或译或作，就办下去，半农、沅君们的帮忙，都不能作为基本的。"

24日，陆侃如与冯沅君在北京大学相识，此后不断约会，书信频繁，谈情说爱。1927年5月，冯沅君与陆侃如在上海拍摄的订婚照，相片空白处有陆侃如的题词："红楼邂逅浑如昨，白首同心一片丹。"由此可知，他们的相识是在北京大学红楼。又：1928年5月27日，陆侃如、冯沅君（署名叔兰）致胡适信："每年十一月廿四日，是我们开始认识的纪念日。"（《陆侃如冯沅君合集》第8卷，第400页）；冯沅君《春痕・璧弟》（写于一九二七年五月十五日晚九时）说："今天怎不是'二十四'？我们的纪念日！"从上引的两则史料可以确定，陆侃如、冯沅君第一次相识的时间在本年11月24日，地点是在北京大学。他们相识往来，从恋爱到定情的大致情况，除了不多的明确的记载之外，可参考冯沅君的短篇小说《EPOCH MAKING……》、中篇书信体小说《春痕》和陆侃如以小梅作笔名发表的中篇小说《小梅尺牍》。冯沅君和陆侃如都是文人。他们在这三篇小说中，把许多真情实意文学化了。《EPOCH MAKING……》和《小梅尺牍》中的素秋、《春痕》中瑷如，很明显有冯沅君的影子；《EPOCH MAKING……》和《小梅尺牍》中的小梅、《春痕》中璧君的许多事情，在陆侃如的身上有所体现。这三篇小说用的都是书信体，虽然属于文学创作，有虚构，不是实录，但明显是有自己的生活作底子的，许多内容和形式有直接的对应，如小梅"二月七日晨七时半"写给素秋的第六号信中写道："但愿素秋不要把我当作小孩子，把神圣的爱情当作骗小孩的糖块！"素秋接到此信后，于"八日下午三时"给小梅回信，其中有下面的话："接到你七日的来信。小梅，我的心也乱了……你怕我把你'当作小孩子，把神圣的爱情当作骗小孩的糖块'。"把这三篇小说写的许多内容和他们生活中的一些事迹联系起来，可以窥测他们相知、相识和交往的一些情感和事实侧影。《EPOCH MAKING……》（收入 1929 年上海北新书局出版的冯沅君的小说集《劫灰》，《陆侃如冯沅君合集》第 15 卷，第 103～105 页）有下面的叙写：

> 在六年前，我是不知道“爱”的，而且怕在异性朋友间发生“爱”。但是，我的心肠是很热的，也可说是颇有侠义之风，我要牺牲我自己成全人家。某君虽然学问浅薄，但颇有才情，当时对我异常热，因此我很想成全他，安慰他在人生途中所受的苦恼。不意数年朋友的结果，他处处负我的期望；我于此发现我同他的志趣不合，我灰心之极！然而我自伤无知人之明，自寻这场苦恼，原想此生不再爱人，不想最近又遇你。
>
> 我认识你——学问上的认识——是你在 E 报发表论文之后。但此时我想象的你许是“道貌岸然”的人，那知见了面却是个活泼的青年。我们的第一次谈话后，我觉得你的态度似失之狂；后来写了几次信的结果，知道你是极天真的。你的真率的性格和我的真率的性格相感，故我对你的作品为不客气之批评，然而此时我并未想到你会对我发生了“爱”。待你冒雪进城看我，信上说了些热烈而缠绵的话，我了解你的意思。但我自己很吃惊，我又遇见了奇迹，我的生命之流中又添了新水；我很怕，我怕我此后的生活将更痛苦，而且又害了你。在我这喜和怕的境地中，有人拆了你的信，此信又为某君所见，他为之病了，终于移入医院——他原来对我的爱情还未尽泯灭。已谢了的花儿是不能复上故枝，我对他此时的状况，只有冷，没有当年的热情了——我自从感到他的志趣同我不合，我对他的热情就被灰心驱走了。对于你呢，一方怕蹈从前之覆辙，一方不免梦想着这次可全始全终罢。因此，我愿我们都以冷静的态度继续下去，经过较长时间之酝酿，然后再趋于亲密。

从上面的引文中，可以推知：冯沅君在与陆侃如相见前，已经看到陆侃如在报刊上发表的文章，在“学问上”知道了他。后来相见、通信，陆侃如对冯沅君产生了“爱”。对陆侃如的“爱”，冯沅君因为此前有恋爱失败的痛苦，既担忧，又有“梦想”，表示彼此“都以冷静的态度继续下去”。

小说《春痕》1928 年由上海北新书局出版（《陆侃如冯沅君合集》第 15 卷，第 107～142 页）。其中有陆侃如 1928 年 2 月 25 日写的《后记》：

> 《春痕》作者告诉我："《春痕》是五十封信，假定为一女子寄给她的情人的，从爱苗初长到摄影定情，历时约五阅历。"作者又说："这五十封信并无长篇小说的结构，虽然女主人的性格是一致的，事实也许是衔接的。"又说："每一信里也许讲的两件事，故标题极难定；现在避难就易，姑以首二字命篇。"

信中写女主角瑗如与她的恋人璧君相见后，友谊发展得很快。璧君"二十年来过惯天之骄子的生活"，"不曾尝过人生苦味"，比较单纯，相识后，对她爱得炽烈、坦诚，"情谊深厚""柔情蜜意""情至义尽"，有担忧而少伤感。而瑗如虽然"生性浪漫"，多情，爱"少年英俊""活泼""天真""于文艺有同嗜"的璧君，但她的年龄比璧君大，阅历多些，情感复杂、细腻，认为自己是"人生途中的倦客"，"是波涛中的萍梗"，"是受过苦的"，生命过程中留下了"伤痕"，所以对璧君的爱，长时间情怀复杂矛盾，交融着感伤、烦乱、怅惘、担忧、期望、茫然，热中有"冷"，浓中含"淡"。当找到了真爱之后，又为之"陶醉"，表示"终生相依"，达到了"又亲又爱"无法割舍、摄影定情的地步。50 封信，始于 1926 年 12 月 27 日，终于 1927 年 5 月 20 日，历时 5 个多月。信中所叙写的主要事实，大体上与冯沅君和陆侃如的一些经历吻合，同时还有许多细节，完全是实录，如瑗如 1927 年 1 月 20 日夜写的一封信中写道："璧君拿着一日千里的进步的年岁，有二三大师可借问难质疑，住在'水木清华'的所在……"同年 3 月 7 日晚 8 时半写的信中说："璧今日何以自遣？大约仍校《桃花扇》?"上述这些，完全是陆侃如在清华研究院做研究生时的真实写照。《春痕》是了解冯沅君和陆侃如相识相恋的重要参照，这一点早在 30 年代就有论者揭示。文艺批评家草野指出："《春痕》是作者给陆侃如先生的一部绮丽缠绵委婉悲痛的情书集子。"①

《小梅尺牍》共十三号（封）(《陆侃如冯沅君合集》未收)。第一号至第三号 1928 年 7 月刊于《文学周报》第 6 卷第 301～325 期。这三号分别注明书写的时间是："一月二十二日""一，二九，夜十一时半""二月一日下午十时（丙寅除夕）"。丙寅是 1926 年。第四至十三号 1929 年 1 月刊于《文学周报》第 7 卷合订本。第四至十三号自注的写作时间，始自 1927 年 1 月 21 日，终于 3 月 7 日。

《小梅尺牍》是小梅写给素秋的，有时简称"秋"或"阿秋"。信中当

---

① 《现代中国女作家》,北平,人文书店,1932 年,第 91 页。

有虚构的成分，但其中也透露了冯沅君与陆侃如恋爱过程中的一些实情。

20世纪20年代的陆侃如
（引自《陆侃如冯沅君合集》第一卷扉页）

第一号信是回复素秋“十八日的手书”和她“面交的信”。从回复的信中知道，前此素秋给他的信“写得凄惋”、语气“很冷”，叫他“沈静”，“好好读书作文”。小梅的复信主要写他读到素秋信之后的“百感交并”，无法“沈静”，表示“我十二万分的愿意接受你的教训”，“动手好好的读书作文”“这完全是为素秋而努力读书的”。针对素秋信中所说的“鲜浓食物不能多吃久吃”一句话，他直言：“为何不能多吃久吃？素秋，这食物是我的生命的源泉，你为何这样冷酷呢？”

从第二号信知道，他和素秋昨天曾相见交谈。看到素秋“恹恹病态”，望她“善自珍摄”，同时也见到她的“冷淡的神情”，觉得她“太矜持了”。他们经常通信。此信写道：“你二十六晚十二时半的信可说是‘一字一珠’（泪珠）。”信中还说：“我的心上早已发出了一万个‘爱’字，但始终不敢冒昧‘说’出‘写’出……始终不敢说‘我爱你’，恐怕你要生气。”“至为你的身世，我从一位C大的朋友处得知一二，但没有你说的这样详细……承你忍痛说出，我真感激得眼泪盈眶。亲爱的，你为何竟处于这样可怜的境地？我恨我不是‘名流’，不能满你的家庭的意……‘温和的’哥嫂的爱可以不管，但是‘热烈的’母亲的爱，又怎样处呢……如今约定，以后无论谈话或写信，均不许说及旧事……我想总有一天，我们的目的达到，而又不使你母兄伤心。”

第三号信写道：素秋病了，“你的病是受了刺激而发的，而这个刺激的主因便是我……我恭恭敬敬地捧着这颗最真挚、最诚恳的心……请求你自己保养身体！”“你的境地并不是人间最痛苦的境地，如果你前信所说的话是事实，则你的身子业已自由，不过不忍拂逆你母兄的主张而略受牵掣罢了。若你真被迫与那笨伯结婚，那才是不可挽救的痛苦！”

第四号写于“二月三日下午九时”。信中写道：

> 昨夜睡不着，起来挑灯独坐，翻阅你从前写给我的信（共二十九次），我看着你的情意一封深似一封，心上快活极了。

我对你的感情可分为三期。从我初闻你的名至初认识你，这五年中我对你的态度是“敬”。我知道你的学问，知道你的才调，便异常倾慕你，异常注意你——所以前信告诉你，说你的可爱的姿态在五年前便已印在我的心上。此时敬中是否有爱的分子，我自己也不大明白，这是第一期。我认识你后的第一个月中，我读到你的悲伤的诗，看到你悲伤的信，我不期然而然对你表现无限的同情心，便想竭我的力来感化你，鼓励你，告诉你世界是快乐的，告诉你前途是光明的。Friendship is everything，我妄想可以帮助你。这时我对你的态度是“怜”，这是第二期。但是你（编著按，当作“我”）失败了，我不曾同化你，却已被你同化了。我不知道怎样会渐渐地抛弃了“甜水”，甘同素秋一起吃“苦水”。我们的通信一天勤似一天，我们的友谊一天密似一天，渐渐的“心有灵犀一点通”，渐渐的“为伊拚得人憔悴”——我自投罗网了，做了万能的“爱之网”的俘虏了。素秋，这是第三期，我对你的态度不用说是——是神圣的“爱”字。

第五号有两部分，第一部分写于“二月四日下午九时”（四日是旧历初三），内容很简单，主要写自己对素秋的病的“焦急”。第二部分写于“二月五日下午五时”，写四天没有得到素秋的信的“挂念”“烦乱”心情，望素秋“千万速回信”。

第六号有两部分，第一部分写于“二月六日下午五时半”，信中写道：今天“方接到你二日的信，欣慰奚似！……且喜你病已愈”。“承嘱写信不可‘太浓’，自当‘照办’。”第二部分写于“七日晨七时半”，信最后说：“但愿素秋不要把我当作小孩子，把神圣的爱情当作骗小孩的糖块！”

第七号写于“二月十日下午九时”，信中说：“你疑我们情谊发展之速，怕是一时‘变态心理’。在你一方面讲，或许是如此。在我一方面讲，的确不然。我‘钦慕’你，从表面上看来，只是最近数月的事，自然太快；然在我心上，却蕴蓄五六年了，那有‘变态心理’而能历五六年如一日？总之，秋虽爱我，然尚未完全信托我……你对于我，还有些不放心。”“你说此时一句话一封信，都是他日快乐或悲哀的种子。这句话使我害怕……我们要努力免除误会。请你相信我，我是永远真心爱你的……”

第八号写于“二月二十四下午六时”。信中说：“我对秋的态度，自信是极小心的，极体贴的……多情的秋，且请你把女性的骄傲收敛一些儿吧，别如此蹂躏我的精神！”“秋好疑人，所以防我也要疑她。可是剖开我的心看看，看可有丝毫疑秋的心。”“盼祷你早些进入‘第三期’。秋，我确已到了‘第三期’了。”

第九号写于“二月二十六下午六时”。信中写道：“昨天下午别后，回想临别时的甜蜜的……秋这样爱我，我此时便死去也无遗憾了。”“秋，我去年祝你‘生命的春天与一九二七的春天同至’，现在可算应验了。”

第十号写于“二月二十七日下午八时”。信中说：“我劝你别如此悲观，而你老是如此。”“我对秋，实已把在家时的‘火气’消除殆尽，偶然也许有些怨抑的话，但决无愤怒的话，秋当能鉴此微忱。”

第十一号写于“三月三日下午十一时”，信中云：“今天连接一日二日两信。我读了不禁偷偷地哭了一顿。亲爱的秋，前天晤谈时我曾说：‘你不但不信托我，并且不相信我信托你。’当时你否认，然而今日的来书却证实了。”“请相信我，我是绝对信托你的，决非疑你反复。”“如果我们真心相爱，风霜的确无所施其技……不过你的‘真’和我的‘真’比较起来终觉略逊一筹罢了。然而秋，好在你近两信充分表现你的‘痴情’，我心下真是说不出的感激。”

第十二号写于“三月六日下午六时”。信中说：因为自己“在秋面前毫无顾忌”，引起“你自己因此‘要愁要感’‘如梦如醉’，教我如何放心得下?”“一切总请你原谅。我自略识人事以来，从未轻易爱过人；这也许因为我自视为高，不轻易睬人，反赢得‘宋儒’之称。现在爱上了秋，无论她怎样冤我，骂我，对我发脾气，对我搭‘女绅士’架子，我总仍旧爱她，心永远不灰，永远不变。我的态度始终如此，无论她怎样折磨我。她自称多情，大约也有些不忍罢。”

第十三号写于“三月七日下午六时”。信说：“前天读你的六七首绝句，读到‘漫言别后相思苦，闻说人行已断肠’，心上为你的柔情所感动，对你万分怜惜，不知怎样安慰你才好。秋如此爱我，到死也不会忘掉。不料五日信上，颇有疑我薄情之意，秋呀，你如此多疑，怎样好!”“亲爱的秋，请别再误会了。我看了‘今日如此，他日可知’的话，心上一直忧愁到现在……请别再误会了，梅爱秋的心是始终如一的。”

合看《EPOCH MAKING……》《春痕》《小梅尺牍》，可以发现《小梅尺牍》中的内容除了与《EPOCH MAKING……》《春痕》有许多相近外，还有不少是独到的，如：第二号信中说：“我恨我不是‘名流’，不能满足你们家庭的意，但我又深自庆幸，幸而不是‘名流’，不然，你一定不睬我了。”第四号信说：“我对你的感情可分为三期。”第十二号信写道：“我自略识人事以来，从未轻易爱过人；这也许因为我自视为高，不轻易睬人，反赢得‘宋儒’之称。”

本月，冯沅君在《北京大学研究所国学门月刊》第1卷第2号发表《〈楚辞〉韵例》（8月17日作后记）（《陆侃如冯沅君合集》第12卷，第66～73页）、《〈楚辞〉之祖祢与后裔》（《陆侃如冯沅君合集》第12卷，第74～82页）、《读〈笔生花〉杂记》（6月18日作）（《陆侃如冯沅君合集》第12卷，第97～100页），署名漱峦。

12月

5日，鲁迅致信韦素园，谈编辑出版冯沅君小说集《卷葹》，其中写道：

> 前得静农信，说起《卷葹》，我为之叹息，他所听来的事，和我所经历的是全不对的。这稿子，是品青来说，说愿出在《乌合》中，已由小峰允印，将来托我编定，只四篇……我即心知其意，这四篇是都登在《创造》上的，现创造社不与作者商量，即翻印出售，所以要用《乌合》去抵制他们，至于未落创造社之手的以后的几篇，却不欲轻轻送入《乌合》之内。但我虽这样想，却答应了。不料不到半年，却变成了此事全由我作主，真是万想不到。我想他们那里会这样信托我呢……不过此事也无须对人说，只要几个人（丛、霁、静）心里知道就好了。

由上引鲁迅信中所说的“现创造社不与作者商量，即翻印出售”，可知在鲁迅编定《卷葹》之前，创造社曾出版过《卷葹》所包括的四篇小说集。出版时间在本年10月前。

19日，冯友兰往北京大学第二院宴会厅出席北京大学河南同乡会成立大会，当选为该会出版股委员。该股委员还有冯淑兰（冯沅君）、尚钺等。①

本月

冯沅君（署名漱峦）在《北京大学研究所国学门月刊》第1卷第3号（上海开明书店发行）发表《南宋词人小记二则：玉田先生年谱拟稿　玉田家世及其词学　张镃略传（附录）》[《陆侃如冯沅君合集》未收。1928年11月北京朴社出版冯沅君《张玉田》（《双玉丛书》之一），收“玉田先生年谱”“玉田家世与其词学”“玉田朋辈考”以及附录一“张镃略传”]，《老丑虎——关于老虎母亲的传说》，作于本年8月7日（《陆侃如冯沅君

① 参见《冯友兰年谱》上册，第87、88页。

合集》第 15 卷，第 250～254 页）。

《北京大学研究所国学门月刊》第一卷第三号，刊有冯沅君《南宋词人小记二则：玉田先生年谱拟稿 玉田家世及其词学 张镃传略（附录）》，《老丑虎——关于老虎母亲的传说》。（引自《陆侃如冯沅君合集》第十二卷正文前）

本年

冯沅君（署名漱峦）在《北京大学研究所国学门周刊》第 3 卷第 18 期发表《易韵例初稿》（《陆侃如冯沅君合集》第 12 卷，第 83～85 页）。此文包括两部分：“《爻卦》自协例”“数爻互协例”。

冯沅君（署名沅君）在《语丝》第 101 期发表《玉田朋辈考初稿》，在第 103 期发表《玉田朋辈考勘误》（以上二文《陆侃如冯沅君合集》未收）。

冯沅君在《莽原》半月刊第 12 期发表小说《林先生的信》（《陆侃如冯沅君合集》第 15 卷，第 74～78 页）。这篇小说写在高中文科教英文的林先生与情人文漪女士有七年的爱。文漪爱他，愿将“整个灵魂”献给他。后来，林先生的学生十五六岁的女学生馨如暗恋他。林先生变了，对文漪冷漠了，表示“过去的恩爱尽可勾销”，他“心已同死灰”。文漪虽然痛哭，但仍“希图他同我重续旧欢”，劝他“多读书，少乱跑”。

冯沅君（署名沅君）在《莽原》第 22 期发表小说《写于母亲走后》（《陆侃如冯沅君合集》第 15 卷，第 31～36 页），自注作于本年 10 月

26日。这篇小说写一位女教师快30岁了，已有恋人志伦。志伦的父亲为他恋爱的事死了，母亲又病得不能下床。女教师有了恋人，但她的母亲不知道，已废婚约的光虞的婚事未定，表示要履行已废婚约，母亲为女儿的婚事还在“漂流着”而“坠心”。女教师和志伦相见，两人痛哭不已。

冯沅君（署名沅君）在《金陵光》第15卷第1期发表《月夜杂感》（《陆侃如冯沅君合集》未收）。

陆侃如、游国恩、张为骐拜见胡适，“聆教甚欢”①。

二、站稳大学讲坛，多种论著问世（1927～1931年）

冯沅君北京大学研究所国学门研究生、陆侃如清华国学研究院研究生先后毕业，到高等学校任教。他们结为连理，比翼双飞，凭借自己的才华、深厚的学养、认真负责的教学态度，站稳了大学讲坛，同时寝馈于学术研究，出版了多种有影响的著述。

1927年　丁卯　中华民国十六年　冯沅君28岁　陆侃如25岁

2月，陈中凡著《中国文学批评史》，由上海中华书局印行。此书是中国人撰写的同类书中的第一部。

3月，毛泽东发表《湖南农民运动考察报告》。

4月

12日，蒋介石在上海发动政变，开始屠杀共产党人。

28日，李大钊在北京被奉军杀害。

本月，胡适著《国语文学史》，由北京文化社出版。

6月，郑振铎在《小说月报》第17卷号外发表《日本最近发见之中国小说》。此文述说在日本内阁文库中发现的中国元刻本平话《武王伐纣书》《三国志平话》等五种。

8月1日，中国共产党周恩来、朱德等发动南昌起义，开始反抗国民党的武装斗争。

10月，毛泽东在井冈山建立根据地。

11月，郑振铎在《小说月报》第11期发表《巴黎国会图书馆之中国小说与戏曲》。

---

① 参见杜春和、韩荣芳、耿来金编：《胡适论学往来书信选》下册，石家庄，河北人民出版社，1998年，第674页。

陆侃如和冯沅君在上海订婚。冯沅君去南京金陵大学任教。出版小说集《卷葹》，发表《唐河的传说》等。陆侃如清华国学研究院研究生毕业，受聘到北京中法大学任教。发表《“二南”研究》《宋玉评传》等。出版瑞典珂罗倔伦著、陆侃如译《左传真伪考》。

1月

1日，储皖峰和北京大学同学何子星、张骥伯、林召伯、黄幼勤到清华园，下午三时许，经挚友陆侃如的介绍，见王国维，问有关金石学、经小学、学术史、文学史等问题。王国维“均加推阐判定”。储皖峰研究《水经注》，提出请王国维予以“赐教”。王国维“均一一首肯”。①

6日晚，冯沅君的母亲离开北京往开封。②

本月

冯沅君创作的小说集《卷葹》，在鲁迅的关照下，署名淦女士，由北新书局出版③，印三千册。此书是鲁迅主编的《乌合丛书》之六。《卷葹》出版之后，王品青得了精神病，被送进了医院，后病故于家乡河南省。他的朋友章衣萍在《吊品青》（载《语丝》第5卷第4期）一文中写道：

> 从小峰（李小峰）处得来的消息，知道品青已于两三个月前在河南病故了。这实在很令人悲伤，但为品青自己，沉默的死或是他自己所希求的罢？……忽然听见孔德（孔德学校，王品青曾任职的单位）的一位朋友说起你已经疯了，整日一个人在外面乱跑。并且总怀疑旁人害你，连对于我们最敬爱的岂明先生也有微词。我知道你已经神经变态，但我想不出什么法子可以安慰你，因为我知道能够愈你的病的世界上也许只有一个人罢。后来又听说他们把你送进医院，你要从医院的楼上跳下，大家没有法子，只得由你的家人把你送回河南去了……人世太寂寞了。桃色的爱又常常变成灰色的虚幻。你不能寂寞以生，自然希望沉默以死……④

王品青的病和死的原因是他与冯沅君的失恋。冯沅君与王品青的恋爱由热到冷到“灰心”的缘由，未见直接的记载，推测可能与下面两点有关：一

① 参见皖峰：《问学的回忆》，《国学月报》（王静安先生专号）第2卷第8、9、10号合刊，1927年10月31日出版。

② 参见冯沅君：《春痕·今天》，《陆侃如冯沅君合集》第15卷，第108页。

③ 参见北京图书馆编：《民国时期总书目（1911～1949）文学理论·世界文学·中国文学》（下），北京，书目文献出版社，1992年，第910页。

④ 《冯沅君传》，第84、85页。

是王品青已婚，有妻室。二是冯沅君发现他“学问浅薄”，同他“志趣不合”，“处处负我的期望”。① 另外，程俊英在《忆“五四”前后的冯沅君》一文中说：

> 听北大学生说，王（品青）学问很好，为人正直朴素，只有一个毛病，好打麻将，常通宵不眠，致身体一天天坏下去。沅君知道后，就不和他来往。王经此挫折，体益不支，竟忧郁而死。②

冯沅君（署名沅君）在《北京大学研究所国学门月刊》第1卷第4期发表：《南宋词人小记：周草窗年谱、草窗朋辈考、草窗词学渊源》（《陆侃如冯沅君合集》第12卷，第142～168页）；《唐河的传说》（《陆侃如冯沅君合集》第15卷，第259～267页）：牛郎织女的来历——唐河的传说之一、灶爷的来历——唐河传说之二、老猴精——唐河传说之三、蛇吞相（象）——唐河传说之四。

冯沅君（署名沅君）在《国学月报》第2卷第1期发表《初夏游公园》《北河沿晚步》《晚作寄莔君》《薄暮自大学归》（七绝四首）（《陆侃如冯沅君合集》未收）。

陆侃如在《国学月报》第2卷第1期发表《〈古代诗史〉自序》（《陆侃如冯沅君合集》第8卷，第131～133页）。此文述说写作《古代诗史》的缘起，强调考证的重要，说：

> 我想作《中国诗史》，只是最近几年的事。最初，我鉴于国人对于西洋文学的不了解，鉴于严又陵介绍西洋思想的成绩，便想继续的从事于西洋文学的介绍……后来，至一九二二年，我在海滨的“燕翼小筑”过夏，吃饭睡觉外无所事事，便把春间至北京所搜集关于《楚辞》的材料，凑成一篇《屈原评传》……自此以后，便引起我研究中国文学的兴趣了。
>
> 我觉得，国人的不了解本国文学，不亚于不了解西洋文学。无论哪一个伟大作家，很少有人能作详细的传记的。无论哪一种伟大作品，很少有人能说他在文学史上的位置的。甚至有许多极荒谬的传说，行之千百世，而迄无人加以改正的。所以，我国文学至少有三千年的历史……然迄无一本差强人意的文学史……在这种情形之下，我

① 参见冯沅君小说集《劫灰》中的《EPOCH MAKING……》。

② 朱杰人、戴从喜编：《程俊英教授纪念文集》，第336页。

忍不住要来尝试一尝试。

然而中国文学史的材料异常丰富，像我这样一个年轻学浅的人，自然不能一蹴即成。所以我现在先作《诗史》，做成后再扩充做全部文学史……

近来常有人唱高调，说文学是应该赏鉴的。不应该考证的。其实文学批评本有三种：一是历史的；二是思想的；三是艺术的。三者相辅而行，不能有所轩轾。考证即属于历史的批评，若认为赘尤，便是偏见。至研究古代文学时，考证尤其重要……

最后让我谢谢许多师友们——尤其是王静安、梁任公、胡适之三师，朱佩弦君及冯沅君女士。他们或者拿未发表的文稿给我参看，或者对于本书稿本加以极有价值的批评。而梁先生在健康未恢复时替我细细校阅，更是我所感激的。

陆侃如在《国学论丛》第1卷第1号发表《陶公生年考——跋古层冰〈陶靖节年谱〉》，此文后收入1928年1月印行的《国学月报汇刊》第1集（《陆侃如冯沅君合集》第8卷，第257～260页）。

陆侃如在《国学月刊》第1卷第4期发表《〈词选笺〉自序》（《陆侃如冯沅君合集》未收），原注："十四年，十月，十二日；于北京。"据此"自序"，陆侃如曾笺注张惠言《词选》，作为文学研究会的《中国文学丛书》之一。陆侃如述及笺注此《词选》缘由说："一来因为自己不敢作选辑的工作，二来因为张氏的选本很合于我的主张。"此书分三卷，卷首有"引论"。未见此书出版。

2月

陆侃如在《国学月报》第2卷第2期发表《乐府的影响》（《古代诗史》第五篇第五章初稿）（《陆侃如冯沅君合集》未收）。

陆侃如在《文学月报》第2卷第2期发表《吴桂华〈寄梁任公书〉按语》（《陆侃如冯沅君合集》第8卷，第376页）。此文是陆侃如1927年编辑《文学月报》第2卷第2号吴桂华《寄梁任公书》一文的按语。

4月，陆侃如将同学储皖峰写的有关《水经注》的稿子呈交王国维。在5月1日前，陆侃如曾问过王国维，他说："还没有批好。"①

5月

苏雪林《李义山恋爱事迹考》，由上海北新书局出版。

① 皖峰：《问学的回忆》，《国学月报》（王静安先生专号）第2卷第8、9、10号合刊，1927年10月31日出版。

陆侃如和冯沅君在上海拍了订婚照，照片空白处有陆侃如的题词："红楼邂逅浑如昨，白首同心一片丹。"① 冯沅君在她创作的小说《春痕·璧弟》中写道："璧弟提议以合摄影为定情之证，我也同意，我俩的恋史就此告一段落……好梦，好梦，愿此梦直做到死！我宁愿早些死，只要死在梦里。"

1927年5月于上海，陆侃如、冯沅君订婚照。（引自《陆侃如冯沅君合集》第3卷正文前、《陆侃如和冯沅君》封面）

王国维（1877～1927年）
（引自《陆侃如和冯沅君》第31页）

6月

1日，陆侃如、谢国桢、王力、戴家祥等清华国学研究院研究生第2期毕业。王国维参加了毕业典礼。陆侃如的毕业论文是《汉魏六朝诗史》②。陆侃如毕业，随之受聘北京中法大学任教。当时冯沅君仍在中法大学兼课。

2日上午，王国维自沉颐和园昆明湖。11点多，陆侃如叫同学卫聚贤到王国维办公室去看王国维，请他给题签。下午，得知王国维自沉。

7日，在成府的一个庙里，举行公祭王国维。陆侃如从城里赶回参加。

---

① 《冯沅君传》，第113页。

② 参见刘文忠：《四大师：陆侃如、冯沅君、高亨、萧涤非》，《新文学史料》2015年第3期。

25 日，陆侃如在上海寓次写成《〈左传真伪考〉的译者引言》[①]。

本月

《歧路灯》第 1 册由朴社铅印。此书的抄本由冯友兰在家乡觅得，所出版的第 1 册共 26 回，冯友兰为之作序，又与冯沅君以抄本与 1924 年石印本对勘，分段标点。[②]

陆侃如在《国学论丛》第 1 卷第 1 号发表《“二南”研究》(《陆侃如冯沅君合集》第 5 卷，第 26～34 页)。此文包括“二南”的时代、“二南”的地点、“二南”的音节、“二南”的内容、“二南”在诗史上的位置。

郑振铎编《中国文学研究》，上海商务印书馆初版，为《小说月报》第 17 卷号外，上、下册，上册刊有陆侃如《宋玉评传》(《陆侃如冯沅君合集》未收)。

本月至 8 月，瑞典珂罗倔伦著、陆侃如口译、卫聚贤笔记《论〈左传〉真伪及其性质》，刊于北京大学《国学月刊》第 1 卷第 6 至 8 期(《陆侃如冯沅君合集》未收，内容与第 9 卷所收《〈左传真伪考〉及其他》第三章《左传真伪考》相同)。

7 月

陆侃如在《国学月报》第 2 卷第 7 期发表《〈左传真伪考〉的译者引言》(此文后收入 1936 年 4 月上海商务印书馆出版的《〈左传真伪考〉及其他》，《陆侃如冯沅君合集》第 9 卷，第 115 页)。文末注：“陆侃如记于上海寓次。十六，六，二五。”此文简述翻译瑞典汉学家高本汉著《左传真伪考》和出版的缘起：《左传真伪考》1926 年 3 月出版。“出版后，著者送了几本给赵元任先生，赵先生又转送一本给李济之先生。李先生因为卫聚贤先生专治《左传》，所以借给他看。卫先生借来后，嘱我讲给他听。我一面口译，卫先生一方面便笔录下来。全书六十余页……后来冯沅君先生知道了，要求拿去给北大研究所的《月刊》充篇幅，故我再以卫先生所记的稿子，和原书细校一遍，又请赵先生复校一遍，以期不致自误误人。现在到上海来，胡适之先生们正新办个新月书店，问我可有稿件给他们印。我即以此译稿请胡先生再校一遍，拿去印单行本。”

8 月 7 日，陆侃如在《文学周报》第 276、277 期合刊(第 5 卷第 1、2 期合刊)发表《关于王静安的死》(《陆侃如冯沅君合集》第 8 卷，第 407、408 页)一文，时在上海。据文章可知，此文作于 1927 年 6 月。记

---

① 详见本年 7 月条。

② 参见《冯友兰年谱》上册，第 92 页。

述知见王国维死亡前后的情形。最后一段云：

> 我本想做篇述他在文学上的贡献的文字，尚未做完。现在到上海，文学周报社的友人说将发行纪念号，嘱我写一点东西。匆促间，略述当时三五日的情形如上；不但不及介绍他的贡献，并且也不能达我哀感于万一。①

本月

陆侃如著《乐府古辞考》，上海商务印书馆再版。

9月

陆侃如在《国学论丛》第1卷第2号发表《楚辞的旁支》（《古代诗史》第四篇第五章）（《陆侃如冯沅君合集》第6卷，第702～714页）。

秋

冯沅君到南京金陵大学任教，当时陈中凡在此校任教。8月，胡小石任南京第四中山大学专职教授，任系主任及中文研究所主任。9月，复兼金陵大学教授。②

10月，瑞典珂罗倔伦著、陆侃如译《左传真伪考》，上海新月书店初版。此书原译稿题作《〈左传真伪考〉及其他》，胡适为它写了一篇很长的《提要与批评》，卫聚贤写了一篇跋。

12月

陆侃如、冯沅君在《国学月报》第2卷第12号发表《〈中国文学史〉序目》（《陆侃如冯沅君合集》未收）。

【剑锋补：

姚名达说，今年“十二月二十五日，我的朋友陆侃如先生从上海到北京，谈起适之先生的近况，说《章实斋年谱》又要改版了。我想，适之先生一时未必有补订这书的时间或趣味，我又曾经允诺过他的吩咐而不曾实践，就趁阳历年假，完结这场心事吧。起初是把我所补的插入原文中间，把原文偶错的径加删改。后来因侃如以为不免有灭裂卤莽的嫌疑，又把应补应改的另抄为一小本，邮寄适之先生，请他自家去动手”③。】

---

① 《陆侃如冯沅君合集》注此文发表于“一九二八年二月”，误。

② 参见《冯沅君传》，第114页；《胡小石文史论丛》，第251页。

③ 清华大学国学研究院主编：《姚名达文存》，南京，江苏人民出版社，2012年，第161页。

【剑锋补：

12月26日，陆侃如致信胡适（《陆侃如冯沅君合集》未收）：

适之先生：

我于昨日安抵北京，勿念。前承写信介绍，谢谢。下月初可回南，可再奉谒领教。我前日定的船是新康，本说九日动身，不料到十一日方开船。我因无事，故于十日即到东方各书馆看书去，不料门关着。因又想起先生所说商务标点古书之事，去找王云五先生谈谈。他拿《千种丛刊目录》给我看，并说希望我去料理国学基本丛书的事，我想藉此可读读书也好。如果商务肯出较金陵大学更大的薪水（一百六十元以上），我便可允王先生之聘，否则我便接受陈斠玄的聘书了（明春沅君也在金陵）。先生如遇王云五，烦转述鄙意，余面商。

学生，侃如

十二、十六

如有我的函电，不必转了，因我日内即南下。①】

本年

冯沅君（署名大琦）在《语丝》第113期发表《家书》（《陆侃如冯沅君合集》第15卷，第255至258页收有此文，归入“杂俎”类）。落款：“莲儿，新历元月二日。”此文是一篇小说，不知为何陆侃如编辑的冯沅君的三个小说集均未收此篇。这篇小说写在北京一学校工作的莲儿，多年不回家，就是父亲病重、殡葬、逝世三周年时，也不回家。多年以来他接到家书，不拆也不回信。后来，一天，又收到一封家书，他拆开了。其中有哥哥写的，有母亲写的。哥哥写道：“娘想你想得再也没法，要叫我写信写成她的口气。这几天娘病好一点，心说，不知是先父埋得不应了，再不是修的二门修得不应了，说他也是咱家一个人，他为何把我忘，不回来家了，速将二门取了。已经取了。你再要不回来，母亲要教我将先父起，再埋，那是万办不到的。”母亲写道：“娘病几个月，想你回来，你为何回信也不写？你把老娘全忘了……我想去探你我也走不动了……”他看完信，痛哭失声，伏案给母亲写回信，诉说他之所以长期不回家、不写信，是因为自己不能接受母亲托人给他订的婚姻，父亲也无法处置。“母亲，你若真想免去使我不能回家的障碍，那就请你设法把那些媒人们请来，解除这

① 《胡适遗稿及秘藏书信》第34册，第625～626页。王云五《千种丛刊目录》前有《印行千种丛刊缘起》，落款日期为1927年11月15日；又冯沅君于1928年初追从金陵大学陈中凡教授到暨南大学任教，此与信中“明年春沅君也在金陵”相合。故此信当写于1927年底。

个已成之约……”

陈垣讲、冯沅君记（署名沅君）《回回教进中国的源流》，刊于《北京大学研究所国学门月刊》第6期（《陆侃如冯沅君合集》未收）。

陆侃如属兔，本年是他的本命年。冯沅君在南京购得一只玉雕的兔子寄给了在北京的陆侃如。他收到后便给冯沅君发了电报，内容是：“玉兔永在你笼中。”当时南北政治形势紧张，南京和北京的译报员，误认为电报的内容有秘密，警察局便查问冯沅君，她避而不答。后来又查陆侃如，陆侃如如实回答，警察才明白了真相。[①]

陆侃如在《弘毅》第2卷第3期发表《闵著〈春深了〉序》（《陆侃如冯沅君合集》未收）。

1928年　戊辰　中华民国十七年　冯沅君29岁　陆侃如26岁

1月，顾颉刚、容肇祖在广州建立中山大学民俗学会，创办《民间文艺周刊》。

3月

中央研究院决定于广州设历史语言研究所。10月，创办《历史语言研究所集刊》。

梁实秋、徐志摩、闻一多编《新月》杂志创刊。

4月30日，胡适出任上海公学校长并兼文理学院院长。

5月，日本为阻止国民党北伐，出兵侵占济南，惨杀中国人民。

6月

4日，日本在沈阳北皇姑屯站附近炸死张作霖。

8日，北伐军进入北京。

20日，直隶省改名河北省，北京改称北平。

本月，胡适著《白话文学史》（上卷），新月书店初版。

8月17日，清华学校改为国立清华大学。

10月8日，国民党改组国民政府，采用行政、立法、司法、考试、监察五院制，蒋介石任国民政府主席。

12月29日，东北易帜，张学良表示服从南京政府，被蒋介石任命为东北边防司令。

本年，董康据《乐府考略》《传奇会考》编《曲海总目提要》，上海大东书局铅印。

---

① 参见《冯沅君传》，第114、115页。

冯沅君、陆侃如阅读了不少马列主义的文艺理论书籍，并在讲课时常常引用。冯沅君先后到暨南大学、复旦大学任教，在上海公学大学部兼课。小说集《春痕》初版、《卷葹》再版。发表《论〈左传〉与〈国语〉的异点》《庄子词释》等论文，出版专著《张玉田》。陆侃如先后到复旦大学、上海公学大学部任教，任上海公学大学部中国文学系主任。在暨南大学兼课。出版专著《屈原》，发表《陶公的千五百周忌》《论〈山海经〉的著作时代——与程憬先生的一封信》《楚辞引论》《乐府引论》《林和靖的诗》等论文，以笔名小梅发表小说《小梅尺牍》第一至第三号。

1月

5日，陈中凡应聘任暨南大学中文系主任兼教授。① 冯沅君随之到暨南大学任教。

7日，冯友兰为冯沅君、陆侃如的婚事致函胡适②，全信相关内容如下：

【剑锋补信：

陆君侃如来奉手示，敬悉一切。陆君英年高才，与舍妹婚事，学生个人甚欲玉成，但家慈于去年返河南原籍，现不在京，正将先生及孑师盛意由邮转达，俟得复信，当即可决定一切也。③】

28日，冯友兰为冯沅君、陆侃如婚事致函蔡元培。④ 冯沅君、陆侃如"确定了恋爱关系之后，曾征求长兄冯友兰的意见，由于对陆的家庭某些情况不了解，没有立即表示同意。冯、陆二人又找到蔡元培、胡适等人，给冯友兰写信，让他不必多过问，冯友兰也就没有再坚持"⑤。

本月

陆侃如在《国学月报汇刊》第1期发表《陶公的千五百周忌》(《陆侃如冯沅君合集》第8卷，第261、262页)。此文最后说："我们即使不把陶诗本身的价值分析叙出，只看他对于前人后人的关系如何，已知其在中国诗史上所占位置之重要了。现在适逢陶公卒后第一千五百周年的纪念，

---

① 参见《陈中凡年谱》，第24页。

② 参见《冯友兰年谱》上册，第94页。剑锋按：原信参耿云志主编：《胡适遗稿及秘藏书信》第36册，第594页。

③ 耿云志主编：《胡适遗稿及秘藏书信》第36册，第594页。

④ 参见《冯友兰年谱》上册，第95页。

⑤ 孙瑞珍：《和封建传统战斗的冯沅君》，《新文学史料》1981年第4期。上引冯友兰给胡适和蔡元培的信，当与上述事有关。

我们不禁生出一种热烈的肫挚的景仰之心。因此，我们发行几期专号，报告我们研究陶诗的结果。”同期还刊有陆侃如1925年11月27日《寄胡适之书》（《陆侃如冯沅君合集》未收）。

年初，陆侃如、冯沅君应聘到复旦大学任教。陆侃如回忆：

> 一九二八年初，我和冯沅君同志都在上海复旦大学中文系任教。正好郭老的杰著《中国古代社会研究》出版，从日本传到上海。我和沅君读了深为佩服。觉得关于古代史的研究，一向一塌糊涂。这部书第一次把历史研究引上了唯物主义的康庄大道，如拨云雾而见青天。我们在讲课时，便以此书为依据，讲了一些和以前完全不同的主张。这时鲁迅先生领导的左翼文艺作家联盟，正译印了不少马列主义的文艺理论书籍。我和沅君如饥似渴地阅读这些书，并在讲课时常常引用。当时复旦中文系主任陈望道同志非常支持我们这样讲法。同学们课外和我们闲谈时，也常表示赞同。①

因为陆侃如、冯沅君“很快就吸取了当时的新思想，并贯彻于他们的教学实践中去了”，“当时上海特务头子潘公展，曾唆使学生用匿名信等方式对他们进行恐吓和辱骂”。②

【剑锋补：

2月8日，陆侃如致信胡适（《陆侃如冯沅君合集》未收）：

适之先生：

“中公”国文教员的聘书昨已发下，惟骥伯尚未收到。现在安庆方面还没有说定，不知“中公”能否先给他一张聘书？

学生，侃如

二月八日③】

3月

4日（星期日）上午，冯沅君、陆侃如陪同在沪江大学任教的苏梅（苏雪林），还有南通陶君（他也是要去见胡适）到江湾路（一说极司菲尔路）胡适的寓所拜访胡适。这是她们离开女高师后第一次与老师见面。胡

---

① 陆侃如：《巨星的陨落》。

② 牟世金、龚克昌：《陆侃如传略》，《晋阳学刊》1983年第5期。

③ 《胡适遗稿及秘藏书信》第34册，第629页。陆侃如本年五月到中国公学任教。

适告诉他们，他正准备去母校中国公学当校长。胡适的夫人江东秀手做徽州传统小食面饼招待他们。“胡适那天兴致很高，从徽州面饼谈到‘徽骆驼精神’，进而谈到文学创作，他说：‘文艺创作要凭藉经验，凡于人生的滋味尝得透彻的，人生经验丰富的，能够忠实地写出来，便是好文学。不过单靠经验也不妥的，一个著作家，老是写他自己的经验，结果他的作品，将流于单调，最好于经验之外，更加以事实上可能的想象力。’”他们告辞胡适夫妇走到胡同口，谈起了胡适是个孝子，不愿违背母命，接受了与江东秀的无爱的婚事。苏梅对冯沅君说，女子受封建婚姻之害，其实男子也一样。这是写小说的新的着眼点。冯沅君说：胡先生都救不了自己，我们写小说又能产生多大社会价值！新小说写了不少，怨女们的泪，不因为有了新小说而少流；悲剧，不因为有了新小说而减少。还是安安稳稳读点书，当教书匠的好。冯沅君从此没有再写小说。[①]

【剑锋补：

19日，陆侃如赠暨南大学洪年图书馆《国学月刊》八册。[②]

21日，陆侃如赠暨南大学洪年图书馆《国学月刊汇刊》第一集第一册。】

23日，胡适给冯芝生（冯友兰）去信，“谈陆侃如与冯沅君婚事”[③]。

4月

10日，冯沅君写的小说《误点》定稿（据《误点》最后的自注。陆侃如《卷葹·再版后记》：“《误点》是作者三年前未完稿，最近方补完的。”）《误点》写的是在北京读书的女学生继之的家庭代她定了婚约，但她已经有了恋人杨渔湘。渔湘本在北京读书，因经济的压迫，辍学到天津做教员。一天，继之接到其兄俨之、凝之“母念妹病剧速归”的电报。继之打算回家与渔湘相见。渔湘决定前往榆关从军。继之回家

---

① 参见《苏雪林年谱长编》，第30页。苏雪林《与胡适之先生的谈话》写于3月11日，原署名雪林女士，以《与胡适之先生的谈话：由徽州的“国宝”谈到文学》为题，刊于本月邹韬奋主编的《生活》周刊第3卷第20期。《胡适日记全集》第5册3月31日，收录此文全文。《胡适日记全集》编者注：“原文载1928年3月《生活》第20期。”时间与《苏雪林年谱长编》所记不同，《苏雪林年谱长编》第31页系《生活》周刊第20期出版于4月1日。参见《冯沅君传》，第115～117页。

② 参见《洪年图书馆日记》（三月十八日至二十四日），《暨南周刊》1928年第6期。

③ 《胡适的日记》，手稿本。

后，其兄俨之反对她“太浪漫”，自由恋爱，劝告、警诫。母亲“不肯相迫过急”，对她“羁縻和防范”。继之念念不忘渔湘，心“日夜在泪中浸着”。

【剑锋补：

16日，冯沅君致信胡适（《陆侃如冯沅君合集》未收）：

适之先生：

芝生信已转给侃如。常烦您转信，又抱歉，又感谢。

芝生来信介绍陈寅恪给我，这种办法未免太荒谬，我决意谢绝。

芝生所得的报告，我认为不尽可信。因为：

（一）庄父已死，冒庄信亦如此言，而报告者谓庄父尚存，且任海门厘捐局事。

（二）海门小泽，向无厘捐局，且闻厘捐已废，局尚不存，何处任事?

（三）报告者谓其妻与庄认识，并知其为陆氏未过门的如妇，而报告上始则以庄为张，继则言系传说之误，前后抵牾。

（四）淮西（我的次兄）亲访陆家的报告，再三言人少是实，其家中用人数目亦调查甚悉，而未言及其家媳妇。

且报告者有袒庄及捣乱嫌疑：

（一）其妻既与庄认识，则其报告未必无感情作用，未可信如公见。

（二）侃如暑假回家，听其家人说，前数日有口操北音的曾寻到他家，自扮为我的未婚夫牛汉阳，并说我同他的婚约未解除等鬼话。侃如父问及指导他来的人，他所说者竟和报告者如此相同。我与牛氏解除婚约已三四年，河南教育界人大都知之；牛汉阳久休学家居，他家如是视出门为畏途的土财主，绝不会因我与侃如订婚而跑到海门。牛汉阳在天津南开中学尚未毕业，又未到过他处，如何认识□□通州的报告者（“者”字仅余上部“土”字）。自此我认为到海门的牛不是真牛，指使者即报告者。

其实这些辩解也不过顺便同您谈谈。如果侃如的家长持庄亲笔所写的解约合同影印登报，并在官厅存案，这般坏东西也无所用其伎俩。不过侃如父亲因为芝生说他欺瞒，曾函芝生打消婚约，现虽经侃如托人劝得回心转意，尚持非芝生先向他赔罪不愿存案登报。芝生虽说愿意赔罪，但非陆家先登报存案不可，且又介绍陈寅恪，更不知他有无赔罪诚意。我想还是侃如父亲可以情感动，不似芝生别有用心，故今天劝侃如发信，请求他别同芝生计较，先办存案登报等事。您以为如何？

生淑兰上

四、一六

侃如同叩（后二字不清）　本星期三晚偕侃如奉访□□。①

21日，陆侃如致信胡适（《陆侃如冯沅君合集》未收）：

适之先生：

拙稿写定后，承先生允许作序，并允设法出版，是我很感激的。我前次电话中所说的反证，是关于宋玉及《大招》的。宋玉的时代，不能移至屈原前了，《大招》也不能说是汉人的作品了。

这二处，我昨日已改好。因朱易先先生屡次索阅，故先送到他处。先生南归日期订定后，请打一电话给我（东局三九二—），或写一信来（第一院对过同安公寓），我当即至朱先生处索回呈上。

学生陆侃如

四、二十一

附启：我前天替朋友向教育部朱炎之索留学章程，已接到一份。第一条说部试分四种（1）国文；（2）外国文；（3）调查经济的成绩；（4）口试。口试是就“所学及志愿”发问的，却未说及动、植、理、化、史、地等科的试验，不知何故？②

24日，陆侃如致信胡适（《陆侃如冯沅君合集》未收）：

适之先生：

昨沅君接芝生信，据云又得报告，知道我确已离婚，不过是结婚后的离，不是订婚后的离。报告来源与前几次同。

谚云：“事实胜于雄辩。”芝生说我不但已结婚，并且未离婚。现在把“未离婚”的话取消了，允说将来也许会取消“已结婚”的话。

我不知芝生是无心的误信史料，抑是故意的捏造史料。我暂且缄默，等他自己花样变清楚以后，再请他实践“愿向措宜先生及足下负荆请罪”的话。

《国学基本丛书》第二集目书，现正在拟议中，请先生开示楚学

① 《胡适遗稿及秘藏书信》第36册，第606～607页。

② 《胡适遗稿及秘藏书信》第34册，第577～578页。剑锋按：1928年4月，陆侃如《宋玉评传》入选郑振铎所编《中国文学史研究》上，由上海商务印书馆出版；该信中“拙稿”当指《宋玉评传》。

类要籍二十种（在第一集十八种以后的，包括佛学）。

学生侃如

四、二四

沅君附笔请安。①

27日，陆侃如致信胡适（《陆侃如冯沅君合集》未收）：

适之先生：

前函谅达。

顷接徐嘉瑞兄来信，又提及找职业事。但我人微言轻，很难为力。不知先生可否替他设法？

沅整理《南宋词家专集》已成者为张、周二家。《玉田》付朴社印，年余未出书，《草窗》拟在上海印，先生可为介绍否？《歧路灯》二册以后，朴社来函云将续印，大约不愿移让亚东吧！前日说先生看的《吟秋词》及我乡刘君作的小说，怎样？刘君之作，不甚佳。《吟秋词》则也许在《白话文学史》上可占一地位。

学生，侃如

17、4、27

附嘉瑞原信。

沅附笔②。】

30日，胡适出任上海公学校长并兼文理学院院长，请高一涵任社会科学院院长，还罗致了不少英美留学生到校任教（《胡适年谱》第137页）。

5月

8日，张为骐致胡适信，信中认为陆侃如关于《孔雀东南飞》的考证，是一篇很好的考证文章，“很佩服他读书得间”③。

27日，陆侃如、冯沅君致胡适信：

适之先生：

每年十一月廿四日，是我们开始认识的纪念日。今年，我们想在这日前做点成绩出来。侃有《古代诗史》旧稿，沅有在中法讲文学史的讲义，合起来整理一下，做成一部《古代文学史》。（以后依此计划

① 《胡适遗稿及秘藏书信》第34册，第609～610页。

② 《胡适遗稿及秘藏书信》第34册，第611～612页。

③ 杜春和、韩荣芳、耿来金编：《胡适论学往来书信选》下册，第674、675页。

做下去，成一完全的文学史。这固然是个奢望，我们学力还不足，不过借此策励自己，使研究有个系统罢了。）预计九月中脱稿，十一月中即出。

今将详目奉上，乞细细指教……

还有一点是侃的意见，而为沅所不赞成的：侃以为西汉宜附入楚民族，中古从东汉讲起。先生于此云何？

…………

《国语》稿（卫君的）另包寄上，交何书局印？

敬祝健康。

学生侃如、叔兰仝上

十七，五，廿七[①]

本月，胡适聘陆侃如、冯沅君到上海公学大学部兼课，不久又聘陆侃如任大学部中国文学系主任。陆侃如还在暨南大学兼课。当时暨南大学中文系教师阵容较强。暨南大学《校务特刊》“民国十六年度中文系教务”记录：“陈钟（中）凡，主任兼教授，教散文、文学史。陈柱，教诗、古方言、专家文；刘赜教诗、《说文》、声韵；张凤教古文字学（以上为教授）。陆侃如教诗史、诗论；郑振铎教小说；饶孟侃教文学概论、文法（以上为兼职讲师）。冯淑兰教词、词史；张世禄教语音学；龙木勋、王家吉、马承钧教各体文；徐中舒教各体文、古文字学（以上为讲师）……黄侃亦在暨大任教。”[②] 陆侃如到上海公学之后，在胡适的支持和同意下，进行了一系列大胆的改革，“首先将国学系改名为中国文学系。对此，陆侃如说有两个目的，一是研究过去的中国文学——过去的三千年中，中国产生了不少的大诗人、小说家、戏剧家，他们的作品都值得我们毕生研究；二是创造新的中国文学——自十年前‘新文学运动’兴起后，作者很多但成绩尚不显著，有待我们继续努力。为此，他还制定了一份详尽的课程说明书”[③]。

6月

【剑锋补：

19日，陆侃如致信胡适（《陆侃如冯沅君合集》未收）：

---

① 《陆侃如冯沅君合集》第8卷，第400、401页。

② 参见《陈中凡年谱》，第24、25页。

③ 《陆侃如和冯沅君》，第37页。

适之先生：

程仰之兄现在那里？附上我给他的一信，烦转交；其中论《山海经》的意见，望看一看，指教指教。现在是个“束书高阁，闭眼瞎说”的时代，开明的一本《小说史》，《文学周报》上的神话论文，关于《山海经》的话使我们莫名其妙。先生当有以教我？卫聚贤兄的《国语》稿遍检不得，不知何故，已函告他。他说补作还容易，因为初稿在，不过初稿不在南京。

为买先生的《白话文学史》，一天便要上一次《新月》，他们说话也不可靠，今天去，他说明天有，明天去，他说后天有，甚至上午去，他说下午就有，于十五号到今天十九号，还是没有出来。大概到端午节，说该装订好了罢！

学生，侃如。

六月十九[1]】

28日，陆侃如致信胡适：

适之先生：

转下芸生信，阅竟不禁失笑，承代为辩白，极感。

郝懿行《〈山海经〉订讹》有左列一条：

…………

记得先生《西游记考证》中曾提及巫支祈。今本《山海经》无此兽，大约是脱误……

沅君问：先生《词选》说，宋亡时张玉田年二十九。依她推算是三十三。不知先生是根据什么的，可否示知？

昨在马路上遇见仰之，据云我给他的信已送《新月》。不过那是《文学史》稿中，关于《山海经》考证的极简单的提要，还要先生和仰之指正呢。

学生侃如　六月二十八日[2]

本月，冯沅君短篇小说集《卷葹》，北京北新书局再版，署名沅君。此集新增《写于母亲走后》《误点》两篇。《写于母亲走后》曾在《莽原》上发表过，署名大琦。《误点》是作者三年前未完稿，最近方补完的。同

① 《胡适遗稿及秘藏书信》第34册，第613～614页。

② 《陆侃如冯沅君合集》第8卷，第401、402页。

时对原作有所修改。陆侃如参与了修改和封面设计，并写有《再版后记》。《再版后记》作于本年 2 月 25 日（《陆侃如冯沅君合集》第 8 卷，第 377 页）。

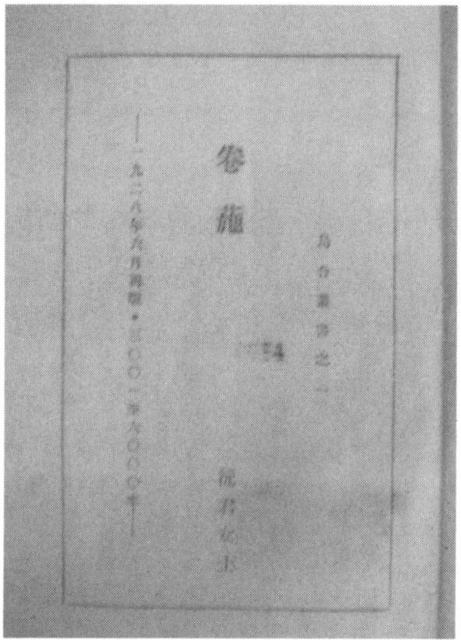

冯沅君著《卷葹》（乌合丛书之一），北京北新书局 1928 年 6 月再版。（引自《陆侃如冯沅君合集》第 15 卷正文前）

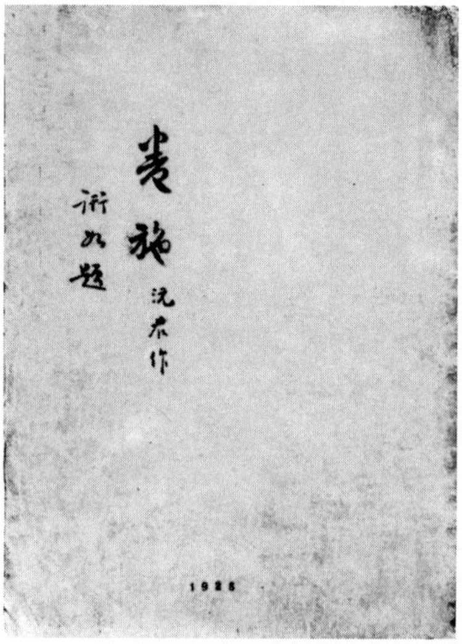

沅君作、侃如题《卷施（葹）》封面，北京北新书局 1928 年 6 月再版。（引自《陆侃如和冯沅君》第 77 页）

7 月

【剑锋补：

3 日，冯沅君致信胡适（《陆侃如冯沅君合集》未收）：

适之先生：

关于宋亡时玉田的年岁，确因我和先生计算宋亡的不同，故结果微有出入。但所谓“三十三”者□□笔误。我当时曾同侃如说，《四库提要》谓宋亡时玉田年三十三不可信，宋亡时玉田只三十二，侃如听错了，故如此说。前年暑假要作《玉田年谱》，此稿去夏交朴社印，(□今未印成!)，载在北大研究所《月刊》，先是不完备得很，许多眼见的材料都未收入。现在寄上《月刊》一册，请先生指正。

承询下半年行止，至感。暨南约我下半年讲词选、词史等课，我也不量力的答应了。

友人雷若兰女士，女师大理化部毕业，年来历在安徽省女师等校任实学、物理诸课，近其家中因继嗣问题，和亲族们发生许多纠葛，因此她很希望到上海一带作事，好避免那些无聊人的搜刮。她家中极清寒，另有祖母及母亲二人。前几天她的祖母死了，她的姑母们（假托她祖母的命令）强迫她母亲立已放逐的养子为嗣，并要将她家中□□遗产及她母女的私□全霸占去。后来虽然花了许多气力，弄的养子为嗣，家产则子女均分，然那些鸱鸮般的妇女和亲族们仍盘据在她家里取闹。这种情形，朋友们知道自不免代她着急，因此恳求先生如果遇有巧请中学算学、物理教书的，给雷女士帮帮忙。

生淑兰

七月三日

雪林女士通信处为吴淞路底海山路德康里西七八九号张寓。学生侃如附笔。①

26日，陆侃如致信胡适（《陆侃如冯沅君合集》未收）：

适之先生：

今晨接手示，立即偕沅君奉谒。因为除谈功课外，兼拟报告婚事近状。不料先生外出，遂匆匆留一条子而去，现在特写此信细说。

芝生所说登报存案等等，本亦无甚困难，不过因家严生气，所以未能即办。近来因亲友疏通，他老人家态度已渐和缓。为取信芝生起见，特请董康代办一切（正如媒人要找先生与蔡先生一样）。董代表双方所登启事，剪下附上一份，乞登阅。地方法院的批示，大约日内即好。如无好事之徒再来挑拨，婚事十九（“十九”两字从疑）不再发生问题了。婚事的举行，大约在我们的纪念日十一月二十四日，不知中公能否给我们一所小住宅？

功课方面一任先生处理（?）□□，无不同意，不过如先生允照上午所留条子上所说办理，则更好。先生原说九点钟外，又加五点钟，大约是补之金钱方面的。这一层好意，我充分的感谢。

在先生书桌上瞥见安徽大学请先生当校长的信，师母说先生不去，不知究竟去不去？

前数日连上两函，一封谈谈预科国文用书的，一封是请先生做保证人的，□□收到？

学生侃如

---

① 《胡适遗稿及秘藏书信》第36册，第615～616页。该信中提到在暨南大学任课，冯沅君、陆侃如1928年在暨南大学任教；又冯沅君《南宋词人小记二则：玉田先生年谱拟稿　玉田家世及其词学　张镃传略（附录）》发表于《北京大学研究所国学门月刊》1926年第1卷第3期，信中既云“前年”发表，则该信当作于1928年。

七月廿六

沅君附笔请安。[1]】

本月

冯沅君的母亲从开封到北平居住，住在冯友兰家。

陆侃如在《新月》第1卷第5号发表《论〈山海经〉的著作时代——与程憬先生的一封信》（《陆侃如冯沅君合集》第8卷，第163、164页），作于本年6月19日。此文认为《山海经》“各部分著作时代如下：(1)《山经》——战国时楚人作。(2)《海内外经》——西汉（淮南以后，刘歆以前）作。(3)《大荒经》及《海内经》——东汉魏晋（刘歆以后，郭璞以前）作”。

陆侃如以小梅的笔名在《文学周报》第6卷第301～325期发表《小梅尺牍》第一至三号。[2]

8月20日，陆侃如写成《宋玉》一书中的“序例”。[3]

9月8日，冯友兰为冯沅君、陆侃如婚事致函胡适[4]，信的相关内容如下：

【剑锋补信：

近接侃如来信，知与庄女士关系已断，并经律师证明。学生即据此与家慈婉商。家慈虽仍不免疑虑，但已允听舍妹自决，不加干涉，此事可谓告一结束。而先生执柯伐柯，亦终是告厥成功矣。……

侃如与舍妹现可宣布订婚，宣布方法除发帖通知友朋外，仍请董康证明，并登报宣布。此层学生已与侃如信言及矣。[5]】

本月

冯沅君在《新月》第7期发表《论〈左传〉与〈国语〉的异点》（《陆侃如冯沅君合集》第12卷，第101～131页。此文后附录卫聚贤《读〈论《左传》与《国语》的异点〉以后》。此文以及卫聚贤之文，后收入1936

① 《胡适遗稿及秘藏书信》第34册，第620～622页。陆、冯结婚在1929年1月，该信计划是“十一月二十四日”，是尚未结婚；又胡适1928年7月应邀担任安徽大学校长。故系于本年。

② 具体内容参见1926年11月部分。

③ 参见1929年8月部分。

④ 参见《冯友兰年谱》上册，第99页。

⑤ 《胡适遗稿及秘藏书信》第36册，第596～598页。

年4月上海商务印书馆出版的瑞典珂罗倔伦著、陆侃如译《左传真伪考及其他》一书），1928年8月20日作于上海。此文的结论是：

> 《左传》与《国语》是两部各不相干的书。我的理由是：（甲）记载上的歧异（例十五则）。（乙）文法上的歧异共五种：（一）和（二）关于"於""于"的；（三）关于"与""及"的；（四）关于"邪（耶）"的；（五）关于"奈"的。

陆侃如在《小说月报》第19卷第9号发表《大小雅研究——〈中国诗史〉第三篇第三章初稿》（《陆侃如冯沅君合集》未收）。

10月，冯沅君小说集《春痕》，由上海北新书局出版。①

11月2日，陆侃如组织学生成立中国文学系系会。陆侃如到上海公学大学部"任中国文学系主任后，不仅在教学上革新了课程，还组织学生成立了中国文学系系会，使师生间能联络感情、共同合作、对中国文学有相互切磋的机会。中国文学系系会成立于1928年11月2日，其宗旨是'砥砺学业，联络感情'[《中国公学大学部中国文学系系会简章》，见《中国文学季刊（创刊号）》，1929年]，由胡适（校长）、杨亮功（副校长）为名誉委员，陆侃如及一部分骨干学生任系会委员，负责管理监督工作。会员则由87名同学组成。这些同学分别来自上海、江苏、浙江、广东、福建、安徽、湖南、四川、广西等。中国文学系系会制订了自己的会章、简章，并组织了一系列的活动。这些活动包括开游艺会、月讲（即每月一次的演讲）、茶话会，出版《中国文学季刊》等。根据《中国文学季刊（创刊号）》……中国文学系系会开游艺会，到会的人数超过一千人，节目包括新剧、歌舞、国乐、西乐、杂耍等，到晚上12点，才尽兴散会。中国文学系系会还组织每月一次的演讲，例如第一次请陈中凡讲《修辞学上的对照律》，后又请徐嘉瑞讲《南北曲以前的戏剧》，陈望道也受邀做过演讲，题为《文学与社会》"②。

本月，冯沅君著《张玉田》（《双玉丛书》之一），北京朴社出版（《陆侃如冯沅君合集》第12卷，第169～251页）。此书包括玉田先生年谱、玉田家世与其词学、玉田朋辈考（改稿）、附录一张镃略传、附录二《山中白云词》校注。

---

① 参见据杨铸：《冯沅君〈春痕〉的出版时间》，《中国现代文学研究丛刊》2008年第1期。

② 杨蓉蓉：《学府内外——二十世纪二三十年代上海现代大学与中国新文学关系研究》，上海，复旦大学博士学位论文，2006年，第85页。

本年

《国立暨南大学中国语文学系期刊》创刊号印行，刊有冯沅君《庄子词释》（署名沅君）（未完）、陆侃如《楚辞引论》《乐府引论》（以上三文《陆侃如冯沅君合集》未收）。《庄子释词》云："所谓《庄子释词》，即解释庄子中特殊而习用的术语。我以为每种学问都有其特殊术语。先秦诸子已有此。我们研究某家哲学时，如将其特殊术语弄明白，则这家哲学的全部已有了头绪。"此文列举多例，释"天""人""因"三个词。

陆侃如在《东方杂志》第25卷第19号发表《新石器时代遗址发现》（《陆侃如冯沅君合集》未收）。

陆侃如在《文学周报》第344期（第7卷第19期）《林和靖九百年纪念号》发表《林和靖的诗》（《陆侃如冯沅君合集》第8卷，第274～276页）。认为：

> 和靖的态度是冷眼观世，而不加入这扰攘的人群的；和靖的生活是与樵夫渔父僧人常接近的，甚且自己也行樵坐钓；自然他的诗与那些身居庙堂之上，而歌颂山林之美的有自然和勉强的区别。

梁启超在上海，苏雪林托陆侃如送他一本"玉谜"（指苏雪林出版的第一本著作《李义山恋爱事迹考》），陆侃如按下不送，而梁启超又回北方。《苏雪林日记》1991年11月7日：

> 看梁谱，此书共四大册，资料极其丰富。余从第三册起，即略去若干无关文件，但未知民国十七年任公何以在沪？余托陆侃如送他一本"玉谜"，陆按下不送，而任公又回北方，此书未载是年行止，成为一谜。①

【剑锋补：

约在本年，冯沅君致信胡适，陆侃如另附一信（《陆侃如冯沅君合集》未收）：

适之先生：

珂罗倔伦说：他曾做一篇《论原始的中国文法》，登于一九二〇年的《亚细亚杂志》上。据说，这篇文章曾论及《论语》《孟子》《左传》

① 参见《苏雪林年谱长编》，第338页。

的“吾”“我”的用法。不知先生处有此杂志否？若有，甚望赐阅。

生沅君上

昨晚林君迫我同至先生处，幸先生不在家，不然我更不安了。他已定回北平就《汇文》了，请释念。张为骐函想已达览，他说《诗学丛书》，不知何取指。我想，为中公预科国文分班，可否留一二班给他？皖峰病渐愈，已可吃稀饭，请放心。

学生，侃如[①]】

1929年 己巳 中华民国十八年 冯沅君30岁 陆侃如27岁

1月

梁启超病逝。

陶希圣著《中国社会史之分析》出版，引起中国社会性质大讨论。

3月，郑振铎在《小说月报》第三号发表《敦煌的俗文学》，首次论述“敦煌俗文学”的范围、内涵。

4月，胡适在《新月》发表《人权与约法》，提出“制定约法以保证人权”口号。

7月

罗隆基在《新月》发表《论人权》。

吴梅辑《元杂剧现存数目》，刊于《通俗文学》第2期。

10月，蒋介石、冯玉祥中原大战爆发。

11月5日，中国共产党开除陈独秀党籍。

冯沅君、陆侃如在上海举行婚礼。冯沅君小说集《春痕》再版、小说《劫灰》出版。陆侃如任《中国文学季刊》总编辑，出版专著《宋玉》，发表《读骚楼偶识》《〈山海经〉考证——〈古代文学史〉附录之一》《读王绩的诗（〈中国诗史〉第九篇第二章第一节）》等论文。以笔名小梅发表小说《小梅尺牍》第四至十三号。

1月

1日，张若谷编《真美善》（女作家号）出版，其中述评冯沅君：她是“以淦女士的笔名出版了一本《卷葹》而突得盛名的女小说家”，与陆侃如“都是极有根底的国学者”。

---

① 《胡适遗稿及秘藏书信》第36册，第612页。冯沅君此信及陆侃如附信皆未注明年月日。据信的内容是作于在“中公”大学任职期间。

再版后的在《卷葹》中，共收创作六篇，《隔绝》一篇是描写一个被幽禁在小屋内的女性写信给伊的爱人诉说那些过去的恋情回忆，因为写那“旅馆中最神圣的一夜哟！我们俩第一次上最甜蜜的爱的功课的一夜”。很大胆，所以特地引起了一般读者们的注意与佩服。在《卷葹》中的几篇小说，差不多都是“慈母的爱，情人的爱，两种爱构成了幕互相冲突的悲剧，特聘我（作者）来扮演这幕戏的主角”。换一句说，《卷葹》里所表现的一部分，是基础于慈母的爱与情人的爱的冲突上的。其实个人的思想表现，还是在《春痕》中可以比较容易地看出。这是伊的第二本创作集，是假定一个多情女士写给伊情人的五十一封情书，“从爱苗初长到摄影定情”，我们试看下面这许多多么坦直的白，可以知道写信的是怎样的一个女性：“我虽非文人，而感伤的脾气却很重……我是个好玩的，好说话的，不计算打量的任性人……我是个神经有些过敏，多愁多感的人……我自信男性很重，绝无某种情态……天又赋我以浪漫的（也可谓多情的）性格。”在《春痕》中，还可以略见作者对文学主张的一斑：“在人情感激动之时，虽不宜作纯理性的论文，而可以作以情感为原素的文艺。纯理性的文字无论何时皆可做，只要时间精神参考书敷用。文艺是生命的象征，在生命之流不到可翻波澜的时间，决不成了可观的东西；纵然勉强成功，也是纸花或喷水池喷的水。”最近伊又出版了一本《劫灰》，是“作者的第三小说集。是合若干篇风格不同题材各异的作品而成……”除了后两篇未发表的近作《潜悼》与《EPOCH MAKING……》以外，都是用客观的笔致所叙述的故事，有悲哀的，有凄惨的，有感伤的，也有讽刺的。仅有最后一篇，好像是作者书写自己事情的主观作品，那是一封“不可示人，此中语不可告人”的一封情书。《潜悼》是《劫灰》中最好的一篇，风格与别篇绝对不同，是一个青年男子对于他所恋慕而已经死了的嫂嫂的忏悔录。把他初认识伊时的惊喜，春夜共博时的销魂，见伊病深后的怜惜，在伊死了以后的夜哀悼，真是“赤裸裸的解剖出来”。尤其是描写女性美的几段，如：“你看她沉沉熟睡着，桃色的绒毯半掩着她的躯体，粉红的衬衣，从窄瘦的地方，可隐隐约约地看出她身体上许多部分的曲线美来；鬓发蓬松着按拂在额颊间；唇间的浅浅的笑痕可证明她梦中的甜蜜。”又如描写那富丽而温柔的境地，与醉迷享乐的生活：“望望四壁如雪，充满了桔红色灯光的房间，炉中熊熊融融的火焰，几头案畔沉醉怒发的白梅的山茶；莹晶照人，数尺高的菱镜，罗帐半垂，锦被横陈的床铺……坐在轻软得不觉有东西的椅上，对着带醉含笑的、秀外慧中的人儿；谁都不免有‘人生安乐，孰知其他’的颓废、纵恣、浪漫的念头，纵以宝贵的生命来博取这刹那间的快乐亦所不惜。”这些岂是一般普通的女流作家所传写得出吗？即使在男子作家方面，也很少有人能写出这样一幅生动的绘画的。但是这种或许只是作者一科想象中的美丽的憧憬，而且是推测男性的审美眼光而抒写出的。至于作者的平日生涯，在《春痕》中或者能够看出一二，例如：“今晚因日间上课上的太多精神疲倦，不能再作用脑的工作，便看《创造月刊》消遣……不想看了其中所写的事情，又想及我自已的过去与将来！”①

16 日，**陆侃如致胡适信**（《陆侃如冯沅君合集》第 8 卷，第 399～401 页）：

适之先生：

转下沅君电，已悉。费神！

暨南的功课共三种，《诗史》和《楚辞》还可不费预备功夫，只是有一种《诗歌研究》便难死我了。我最近因编《诗史》卷中（中古期）多翻三国诗，见其中无韵诗（Blank Verse）颇多，自《周颂》至汉《乐府》至魏武自成一系统，以后便中绝（是否中绝，还待考）。因此，拟作一篇《中国无韵诗之研究》，顺便拿来做《诗歌研究》的讲演……不过我所知有限，先生如还记得有别的无韵诗，或关于无韵诗的议论（如朱子“一唱三叹”之说），千祈录示，不胜感激。这种研究是否有益？亦请赐教。

先生腹痛已愈否？念念。

学生侃如　一月十六日灯下

再：文人所作无韵诗，《史记》所载有两首，一是孙叔敖的，一是东方朔的。只不知在先生看来，这两首是否可算作 Blank Verse?

《周颂》与汉《乐府》都能谱之弦管，而辞多无韵，即有韵也很宽，许是音乐的关系？未悉“一唱三叹”之说是否合理？

大约脚韵是辅助一首诗的音节的。但这是就普通的诗而言，若是入乐的诗，自有其抑扬铿锵之调，脚韵之助力便比较的不很重要，故词曲的脚韵较五七言诗为疏（长调常常间四五句〈逗〉而一韵）《乐

---

① 编者按：文中所引冯沅君创作的小说原文有错误，已据原文校正。

府》用韵所以很宽——甚切无韵者大约如此。先生以为如何？

总之，我想这些无韵诗的作者，都不是自觉的，有意的做；有意做无韵的诗，大约是最近受西洋影响以后才有的。古代呢，或是音乐的关系，或是传写之讹（如铎舞、巾舞等）

…………

学生侃如　　十六晚十二时①

24日，冯沅君、陆侃如在上海举行婚礼，冯友兰做主婚人主持婚礼，并代表母亲表示祝贺。② 参加者有胡适及夫人江东秀、马君武、徐志摩、张元济、洪深、赵景深、陈中凡、苏雪林（当时在苏州教书）、庐隐等，一时成为轰动新闻。

1929年1月于上海，陆侃如、冯沅君结婚照。（引自《陆侃如冯沅君合集》第三卷正文前）

25日，陆侃如、冯沅君夫妇回陆之原籍江苏省海门县省亲，冯友兰同往。

陆侃如、冯沅君结婚后，共同商定了一个五年计划：从他们的工资中节省一万元自费出国留学。他们选择了费用较低、人文活跃、风光美丽的巴黎。

本月

张若谷主编，曾朴、曾虚白父子筹备的《真善美》杂志"女作家专号"在上海出版。曾虚白卷首语："中国荒凉紊乱的文坛上，几年以内已有好多位天才的女作家向我们发出异常可羡的光辉，这是我们简短新文化历史上

冯沅君、陆侃如结婚照（引自《山东大学文学院史料丛编》第一辑序言前。李剑锋增补）

① 此信，《胡适论学往来书信选》下册第704页说："应是1928年陆侃如任暨南大学中文系主任时写。"误。

② 参见《冯友兰年谱》上册，第106页。

最可自傲的一点。”专号中的作品分为诗歌、小说、小品、戏剧、传记、忆语、评论七大类，入选的作家有苏绿漪（苏雪林）、冯沅君、蒋冰之（丁玲）、谢冰心、黄庐隐、凌叔华、陈学昭、黄白薇、袁昌英、吴曙天、陈衡哲、高君箴、吕碧城、陆小曼、林宝权、王莹、关露、罗洪等 30 位。张若谷撰 3 万多字的评论《中国现代的女作家》置卷后，一一评点诸位女作家的写作内容与创作风格。

陆侃如以小梅为笔名在《文学周报》第 7 卷合订本发表《小梅尺牍》第四至十三号。①

5 月，陆侃如在《吴淞月刊》第 2 期发表《读骚楼偶识》(《陆侃如冯沅君合集》第 5 卷，第 58～60 页)。此文分三部分：一是论《甘棠》，二是《鸡鸣》新解，三是《琅耶王歌》的作期。

1929 年 5 月 23 日，中国公学大学部中国文学系会会员合影。前排右四为胡适、右五为杨亮功、右六为陆侃如。(引自《陆侃如和冯沅君》第 49 页)

1929 年在上海中国公学任校长的胡适（引自《陆侃如和冯沅君》第 36 页）

7 月，冯沅君、陆侃如帮助丁玲和丈夫胡也频。冯沅君到上海不久，经同在上海公学任教的沈从文介绍结识了丁玲，成为朋友。由于丁玲和丈夫胡也频是左翼作家，遭到当时国民党当局的监视和迫害，处境十分艰险。加上本年胡也频所在“红黑出版社”倒闭，负债。胡也频和丁玲要离开上海。沈从文和陆侃如、冯沅君商量，想找一个地方让胡也频、丁玲躲避一下。这时，正好陆侃如在济南山东省立高中的朋友托陆侃如、冯沅君寻求国文教师。他们把此事告诉了胡也频、丁玲，二人欣然同意。

① 具体内容见 1926 年 11 月部分。

1930年2月22日，胡也频先到济南，不久，丁玲也赶到济南，在省立济南高中任教。①

上海中国公学校舍（引自《陆侃如和冯沅君》第41页）

8月

《中国文学季刊》创刊号在上海出版，由述学社出版发行，新新印刷公司印刷，1930年3月出至第1卷第2号停刊。此刊是胡适与陆侃如商定，以中国公学大学部中国文学系系会的名义筹办的，陆侃如任总编辑，胡适题写了刊名。为出版创刊号捐款者：胡适捐洋十元、杨亮功（中国公学副校长）捐洋十元、陆侃如和冯沅君各捐洋五十元，其他十几位教师分别捐洋三到五元。创刊号刊有胡适的《读北史杂记》、杨亮功的《论广韵分部》、陆侃如《中国文学系课程说明书》（《陆侃如冯沅君合集》未收）。《〈山海经〉考证——〈古代文学史〉附录之一》（第2期续）1929年2月20日作于沪北衎庐（《陆侃如冯沅君合集》第8卷，第165～177页）。《〈山海经〉考证》包括：一、引论；二、论《山经》；三、论《海外经》与《海内经（四篇的）》；四、论《大荒经》与《海内经》（一篇的）；五、余论。

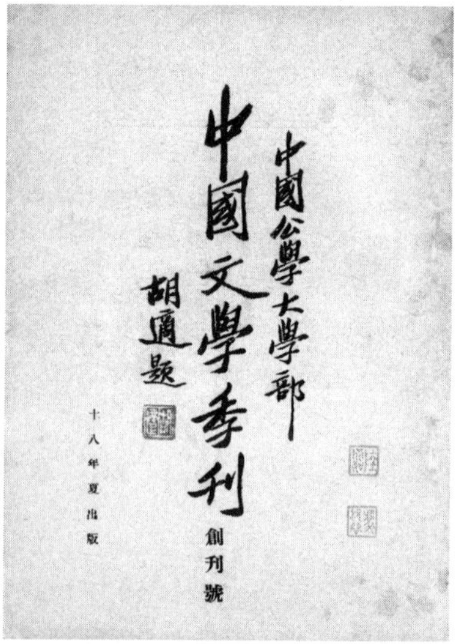

1929年夏胡适题《中国公学大学部中国文学季刊》，载《中国文学季刊》创刊号。（引自《陆侃如和冯沅君》第96页）

① 参见《陆侃如和冯沅君》，第88页；一苇：《胡也频在济南》，《济南时报》2007年7月13日。

结论："（1）《山经》五篇——战国时作。（2）《海外经》四篇及《海内经》四篇——西汉时作。（3）《大荒经》四篇及《海内经》一篇——东汉魏晋时作。"

陆侃如著《宋玉》，上海亚东图书馆出版（《陆侃如冯沅君合集》第5卷，第321～427页）。《序例》作于1928年8月20日，全文如下：

这部《宋玉》是与《屈原》并行的。然而直到《屈原》三版后，方动手编《宋玉》，其中也有一个缘故。

当我五、六前治《楚辞》、编《屈原》时，也曾连带搜集了些关于宋玉的材料。十二年七月，《屈原》出版后，我便动手做《宋玉评传》。那时我即以这个题目向北京大学研究所提出，并说要替宋玉编个新的专集。《评传》初稿于十二年十二月脱稿，曾以一部分发表于《努力周报》附刊的《读书杂志》十七期上。适商务印书馆以《小说月报》十五周年纪念向我征文，我即以此稿略加点定寄去。当时并未留副稿，想着纪念号（今名《中国文学研究》）不久就要出版的。不料这纪念号的稿子，一压就是四年。这四年中，我始终没有修改原稿的机会。直到去年夏出版时，我当年研究宋玉的兴趣早消灭了。

近来，因为替商务《百科小丛书》撰《屈原与宋玉》一书，再翻旧稿，颇思改作此《评传》。初拟刊一单行本，列入《国学小丛书》，后又翻得旧作《校勘记》《古音录》等篇，遂决定恢复当年替宋玉编专集的计划，改交亚东图书馆出版。费了一个月的工夫，结果便是这本书。

体例方面与《屈原》全同，共分三部分：（一）《宋玉评传》；（二）《宋玉集》；（三）《附录》。《评传》较前年发表者增多约五千字——第一节《引论》是初稿里所没有的，其余各节也有重要的增改。传后附的《年表》及《参考书目》也是新加的。

《宋玉集》里只有《九辩》和《招魂》两篇，因为我认为只有这两篇是真的。两篇之前有一篇《宋玉集序》，是从《北堂书钞》迻录来的。宋玉有专集，由来已久，（《隋志》有集三卷，《文选》注亦引及）然有无序文，则不可知。这篇序文与《韩诗外传》卷七及《新序·杂事》第五所记宋玉轶事相近，疑亦古代传说之一；不过《北堂书钞》既称之为序，姑且弁于卷首俟考。

《附录》亦如《屈原》例，分三种：一、《校勘记》；二、《古音录》；三、《著者可疑的作品》。一、二两种还是五年前旧稿，但未发表过。第三种所收者为伪托的赋和散文十二篇。

最后，让我谢谢冯沅君女士，因为她帮助我修改《评传》；再让我谢谢茅人骃先生，因为他替我抄写全书底稿。

《宋玉评传》包括：一、引论；二、宋玉的生平；三、宋玉的作品；四、余论；【附录一】宋玉年表；【附录二】参考书目（其中有冯沅君的《楚辞研究》稿本）。

《宋玉集》包括《宋玉集序》《九辩》《招魂》，以及【附录一】校勘记、【附录二】古音录、【附录三】著者可疑的作品。

12 月 1 日，钱杏邨在《新星》发表《关于冯沅君创作的考察》，认为："《卷葹》是潜藏着青春的生命的活力。这种活力虽只在恋爱的一面得到发展。然而，从著者的笔尖流在纸上的，终于是青春时代的青年的生命。情感是那样的奔放，意志是那样的坚决。"

本年

冯沅君（署名沅君）《董西厢的体制》刊于《青海》第 3 卷第 1 期（《陆侃如冯沅君合集》未收）。

冯沅君创作的小说集《春痕》，由上海北新书局再版，署名沅君。《春痕》再版，由陆侃如整理、设计封面、题书名，并于 1928 年 2 月 25 日写作《后记》：

> 《春痕》作者告诉我：
>
> "《春痕》是五十封信，假定为一女子寄给她的情人的，从爱苗初长到摄影定情，历时约五阅历。"
>
> 作者又说：
>
> "这五十封信并无长篇小说的结构，虽然女主人公的性格是一致的，事实也许是衔接的。"
>
> 又说：
>
> "每一信里也许讲的两件事，故标题极难定；现在避难就易，故以首二字命篇。"
>
> 因记之以告读是书者。[1]

冯沅君女高师的同学、好友苏雪林在《几位女作家的作品》一文中，

---

[1] 《春痕》及其"后记"，参见《陆侃如冯沅君合集》第 15 卷，第 107～143 页。"后记"又见《陆侃如冯沅君合集》第 8 卷，第 379 页。

在引了陆侃如写的《春痕·后记》之后接着说：

这样看来这本书当是书翰体的小说了。但细读内容，其中故事没有小说的结构，倒有事实之自然的进展，与其将它归入“假定”的小说里，不如归入表现自己的抒情小品里。

冯沅君寝馈于旧文学甚深，所以书中富有旧文学辞藻，而且常有掉书袋的味道，有些短篇竟完全似明清名人小札，如：

“冒雪视故人病归，意璧君必有信来：乃遍寻阿兄案头，仅得不识者之贺年片一张，失望殊甚！今日病几痊愈，然精神仍散漫，不能静心读书。

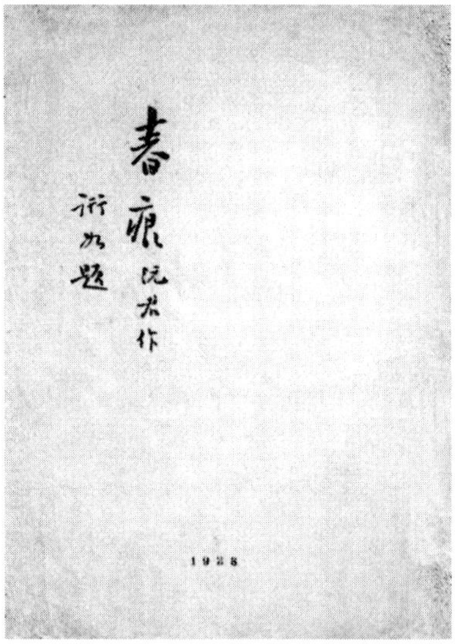

1929年由上海北新书局出版的沅君作、侃如题《春痕》封面。
（引自《陆侃如和冯沅君》第89页）

又降雪矣！西园景色何如？冥想今日骑小驴行西山道中，真神仙不啻也。

说起花来就有话说了。我以为花中之最香者当属兰与玫瑰。兰之香清远，玫瑰则甜美。兰如高士，玫瑰如好女……春日玫瑰则如美人之妙年、严妆；秋日的玫瑰如美人之迟暮、病起。树中，瑗爱松、柏、梧桐、杨柳。花中，瑗爱菊、兰、玫瑰、荷花。树与花之间者爱芭蕉。”

像这样的文字在《冰雪小品》《春痕》中颇为不乏。她的书简与曾仲鸣正可相提并论。因为两者都是从古文中来，虽然融化干净，而趣味却极其清隽。至于全部的故事，则吞吞吐吐，隐约其词，令人摸不着头脑，大类“清涩派”的作风，与她用“淦女士”为笔名发表的《卷葹》大异其趣。也许作者有不得已的苦衷所以如此，但私人尺牍既用散文名义，公之于世，又不愿读者明了内容，叫人猜闷葫芦，则殊使人不满。①

冯沅君的小说集《劫灰》，由上海北新书局出版。此书也是经由陆侃如整理，设计封面，题写书名，并于1928年2月25日写“跋”，全文云如下：

> 《劫灰》是作者的第三小说集。她的小说分集大概视风格与题材而定，而风格与题材又可察命名与题词而知。例如第一集的风格与题材可以“卷葹”二字与“捣麝成尘香不灭，拗莲作寸丝难绝”二句表之；第二集可以“春痕”二字及“满堂兮美人，忽独与余兮目成”二句表之。独这第三集是合若干篇风格不同题材各异的作品而成，想不起一个适当的命名，故即以首篇之名名全集，而题词“我瞻四方，蹙蹙靡所骋”二句也只能代表首篇。总之，这一册是“杂碎”。
>
> 各篇中有的在《语丝》《莽原》上发表（署沅君或大琦）；有的在《现代评论》上发表过（署易安）。只有《潜悼》及《EPOCH MAKING……》二篇是作者未发表的近作。

《劫灰》收《劫灰》《贞妇》《缘法》《林先生的信》《我已在爱神前犯罪了》《晚饭》《潜悼》《EPOCH MAKING……》（《陆侃如冯沅君合集》第15卷，第53～106页，“跋”又收入《陆侃如冯沅君合集》第8卷，第379页，题作《冯沅君小说集〈劫灰〉后记》）。

《EPOCH MAKING……》是一篇书信体小说，全文是主角素秋写给恋人小梅的一封信。素秋在信中说自己在六年前，是不知道“爱”的，“而且怕在异性朋友间发生‘爱’”。后来与某君相识，由爱恋到“灰心之极”。再后来从“学问”上认识了小梅。两人开始爱恋。素秋的“生命之流中又添了新水”，陷入了“喜与怕的境地中”。

《潜悼》定稿于1928年7月21日。是用第一人称写“我”对嫂子（文小姐）“缠绵而缥缈”的恋慕。文小姐嫁给族兄珪哥之后，我由“惊喜”而生爱心，爱她的端庄流丽、清雅脱俗的风韵。后来我有了情人微微，文小姐因受公婆的苛刻、气闷患病逝世。但我对文小姐始终有深情，不能自解。我爱文小姐，同时又感“翻了罪”，表示忏悔。

《晚饭》写于1926年6月5日，北京。这篇小说写一天晚上，阿逸的母亲做了一桌丰盛的晚饭，可父亲没有回来吃饭，回来得很晚。母亲怀疑

① 沈晖编：《苏雪林文集》第3卷，安徽文艺出版社1996年版，第218、219页。

他有女朋友，正在骂他。正好被他听见，他跳了起来："好！我不在家你们就骂我！我今天就同密斯胡吃的饭，我们还……最亲密的表示……这是她送的相片。看你这醋缸怎么办！"并从衣袋中取出个信封来掷在母亲面前。母亲气得浑身发冷。后来，一看那信是方俊生约他今晚吃饭的帖子，说："你这狭促鬼！方俊生谁不知道，偏说是什么密斯……你看我收拾你！"又听得他扑哧一笑。她"变嗔为喜，跳起来去拧他的嘴"。

陆侃如在《青海》第3卷第3期发表《读王绩的诗》(《中国诗史》第九篇第二章第一节)(《陆侃如冯沅君合集》未收)。

1930年　庚午　中华民国十九年　冯沅君31岁　陆侃如28岁

1月，郭沫若著《中国古代社会研究》，上海联合书店初版，提出"西周社会奴隶说"，东周以后，特别是秦以后，才真正进入封建时代。

3月2日，中国共产党领导的左翼作家联盟在上海成立。

本月

阎锡山、冯玉祥、李宗仁集团联合，共同反对蒋介石。

胡小石著《中国文学史讲稿》(上编)，由上海人文社股份有限公司印行。此书是胡小石在北京女子高等师范任教时编写的讲义。

4月，梁启超著《中国历史研究法补编》与《中国历史研究法》合本，上海商务印书馆初版。

5月

蒋介石与阎锡山、冯玉祥、李宗仁"中原大战"开始。

中国社会科学家联盟在上海成立。

郑振铎著《中国文学史》(中世卷第三篇上)，上海商务印书馆初版。

9月

9日，北平成立另一国民政府，阎锡山任主席，与南京国民政府对抗。

23日，张学良占领平津，北平国民政府结束。

11月

蒋介石战胜阎锡山、冯玉祥、李宗仁。

蒋介石对中国共产党中央革命根据地实行第一次围剿。

12月6日，蒋介石兼任教育部长，发布《告诫全国学生书》，严禁"破坏法纪之学潮"。

冯沅君、陆侃如到安徽大学任教。冯沅君发表散文《私语》《清音》，论文《一种古小说中的文学史料》、《温庭筠》(《中国词史》第二章)。陆

侃如发表《译诗一篇》、《陶潜时代》(《中国诗史》第七篇),《乐府古辞考》收入《万有文库》第一集。

2月14日,陆侃如拜访胡适。《胡适日记全集》第6册第106、107页:

> 今早丁觳音来,说中国公学教职员明日下午开会,要挽留我。此最不好的事,我极力劝阻,但会的通告已发出,无法阻止了。下午陆侃如来,我知道他是发起开会之一人,极力劝他们不要使马君武先生不安,第二不可以去争我的去就。他答应了。

3月

10日,《中国文学季刊》第1卷第2号印行。刊有陆侃如写的"卷首语":

> 我们印行季刊,这是第二次。上次全载论文,此次全载创作。这一点,可以显示我们系所走的两条并行的路。在我们看来,现在各大学的中国文学系似乎都未走它该走的路。他们所注重的,大都是经学、小学,以及古文学的研究。中国文学系的青年也许应该有一点经学、小学的常识,然而那绝不是他们全力研究的东西。他们所该致力的是这两点:一是正确地了解过去的文学,一是努力地创造将来的文学。二者之中后者尤其重要,而认清这一点的人可惜不多。

还刊有陆侃如的《中国文学系课程说明书》《译诗一篇》(以上诗文《陆侃如冯沅君合集》未收)、冯沅君的两篇散文《私语》和《清音》[①]。《私语》作于上年秋,有两部分:(1)写秋夜凉爽可爱、夫妇的亲昵;(2)写女儿对母爱的感受。开头说:"母亲每次的来信总使我的心在未拆封时已颤抖了,这不是说,她的信中常常带来什么令人难受的消息,实在是我的似强硬而实脆弱的心,经不起她的真挚的慈爱的挑动。"《清音》作于1922年,分8部分,写1922年5月15日至6月23日,赴晋、鄂、苏、越旅行,乘列车由石家庄到太原,经孝感南下,到汉口、武昌,又到了杭州登葛岭、游西湖等所见景物和感受。第二号还刊有第三号篇目预告,其中有冯沅君的小说《兔子》、陆侃如的《唯物的文学史观——现代文学十讲之

① 《私语》《清音》参见《陆侃如冯沅君合集》第15卷,第268~269、270~273页。

一》。《中国文学季刊》只印行两期，未见第三号印行。[①]

【剑锋补：

为出版该季刊第2号捐款者：胡适、丁瞉音、凌舒谟、冯沅君、储皖峰等五人各捐洋十元，沈从文捐洋二十元，陆侃如捐洋五十元，其他六位教师各捐洋一至二元。】

本月

夏承焘“与冯沅君、陆侃如通函”。内容不详。[②]

冯沅君在国立中山大学研究院文科研究所中国语言文学系编《语言文学专刊》第1期发表《一种古小说中的文学史料》。此文1942年8月修改，改题作《金瓶梅词话中的文学史料》，见《陆侃如冯沅君合集》第13卷，详见本书年谱1942年8月。

4月，夏承焘“赴沪，分别与龙榆生、朱强村、冯沅君、陆侃如初次会晤”[③]。

5月，钱南扬编、民俗学会编审《祝英台故事集》，广州中山大学历史语言研究所初版。收有关祝英台故事的考证及将这个故事演化成各种戏曲、唱本的介绍文章，共14篇，其中有冯沅君的《祝英台的歌》。有容肇祖“序”及编者“叙论”。

20世纪30年代的冯沅君

（引自《冯沅君传》第130页）

6月，《旭日》创刊号印行，刊有陆侃如《陶潜时代》（《中国诗史》第七篇）、冯沅君《温庭筠》（《中国词史》第二章）。这两篇《陆侃如冯沅君合集》未收。

【剑锋补：

13日，陆侃如、冯沅君同赴郑振铎所晚宴，坐客还有叶圣陶、储

① 关于《中国文学季刊》的筹办和印行情况，引自并请参阅《陆侃如和冯沅君》，第96～98页。《中国文学季刊》第2期出版的时间，参见刘增人、刘泉、王今晖编著：《1872～1949文学期刊信息总汇①》，第428页。

② 参见李剑亮编：《夏承焘年谱》，北京，光明日报出版社，2012年。

③ 李剑亮编：《夏承焘年谱》。

皖峰、白芷繁、傅东华、王伯祥等，十时散。

21日，陆侃如、冯沅君同赴傅东华新雅之约，坐客有叶圣陶、夏丏尊、章雪村、郑振铎、徐调孚、周予同、陈望道、谢六逸、王伯祥，九时许散。①】

夏

陆侃如撰写《中国诗史·序例》，注："记于上海寓庐。"（《陆侃如冯沅君合集》第1卷，第1页）

陆侃如、冯沅君应设在安徽安庆的安徽大学校长杨亮功和教务长兼文学院院长程憬的联合邀请到该校任教。安徽大学成立于1928年，为提升省立大学的地位，杨亮功校长诚邀许多知名人士到校任教。当时在安徽大学任教的有旧派桐城泰斗姚永朴，新派有何鲁、朱湘、饶孟侃、刘英士等名士。秋，苏雪林也应邀到此校任教。安徽大学初建，"基础未稳，学潮彭拜不绝"。②

10月

陆侃如《乐府古辞考》，收入王云五主编《万有文库》第1集，上海商务印书馆出版。

本年，冯沅君（署名沅君）《（七）祝英台的歌》（按：《祝英台的歌》前6首发表于《北大国学门周刊》第1卷第3期，这是第7首），刊于《民俗》第93～95期（《陆侃如冯沅君合集》未收）。

1931年　辛未　中华民国二十年　冯沅君32岁　陆侃如29岁

1月，罗根泽编《乐府文学史》，北平文化社出版。

2月

冯友兰著《中国哲学史》（上册），神州国光社初版。

刘毓盘著《词史》，上海群众图书公司初版。

陈垣《敦煌劫余录》，中央研究院历史语言研究所印行。

4月、7月

蒋介石接连发动对中国共产党中央根据地第二次、第三次围剿，均失败。

8月中旬，赵万里、郑振铎南下访书，到宁波住马廉家。郑振铎抄录

---

① 参见商金林：《叶圣陶年谱长编（1894～1935）》第1卷，北京，人民教育出版社，2004年，第428页。

② 参见沈晖编：《苏雪林文集》第2卷，第86、87、337页。

马廉家所藏小说戏曲史料和有关明代版画刻工等史料。从 16 日到 18 日，郑振铎、赵万里、马廉合力抄录孙祥熊藏明抄本《录鬼簿》。

9 月 18 日，日本关东军在沈阳发动事变，次日占领沈阳。东北三省很快被日本侵占。

11 月 19 日，徐志摩自南京乘飞机飞往北平，在济南因飞机坠毁遇难。

12 月

10 日，国联决定派调查团赴中国东北调查。

17 日，北平、天津、上海等地学生代表与南京学生联合示威游行，要求国民政府出兵抗日。

21 日，蒋介石因国民党内部倾轧下野，国民政府改组，林森任主席。

本年，哲学界开始新哲学与唯物辩证法问题论战。

陆侃如、冯沅君合著《中国诗史》（卷上、卷中、卷下）先后出版。冯沅君应北京大学之聘，到北京大学中文系任讲师。陆侃如担任北平师范大学研究生的指导工作，《乐府古辞考》收入《国学小丛书》出版，论文《最早的五言诗》发表。

1 月 14 日，陆侃如拜访胡适。《胡适日记全集》第 6 册第 430 页："侃如来谈。"

本月，陆侃如、冯沅君合著《中国诗史》卷上，上海大江书铺初版，9 月再版；卷中，7 月初版；卷下，12 月初版（后来有的版本卷上改作卷一，卷中改作卷二，卷下改作卷三），全书约 55 万字。书前有陆侃如 1930 年夏作于上海寓庐的"序例"：

《中国诗史》，陆侃如、冯沅君合著，1931 年上海大江书铺初版。（引自《陆侃如冯沅君合集》第一卷"前言"前一页）

此书是我和沅君合写的。起先我打算一个人写。在北平读书时，便写成《导论》及《古代诗史》。后来在上海教书，即以此稿作讲义，并续写《中代诗史》，时沅君正在上海讲词曲，故以《近代诗史》托付她。我自己又写一篇《附论》，全书就此完成了。

卷首有“导论：中国诗史的材料与分期”。卷上为“古代诗史”，自诗的起源至汉代止，包括四篇：萌芽时代、诗经时代、楚辞时代、乐府时代；卷中为“中代诗史”，自汉末起至唐代止，包括曹植时代、陶潜时代、李白时代、杜甫时代四篇，以五七言古近体诗为主；卷下为“近代诗史”，自唐末至清代止，包括李煜时代、苏轼时代、姜夔时代、散曲时代四篇，以词和散曲为主。书末有“附论：现代的中国诗”。

陆侃如著《乐府古辞考》，收入王云五主编《国学小丛书》，商务印书馆第3版。

【剑锋补：

3月15日，冯沅君致信胡适（《陆侃如冯沅君合集》未收）：

适之先生：

那天从先生那里出来后，便依先生的意思打了个电报给侃如。今天他来了封快信，使我很不高兴。他说：十一日安大全体教授开会，选了九位教授组织校务维持会。这个会是丁绪贤先生为主席，张慰慈、何奎垣诸先生为委员，侃如也是委员之一。他还说：杨亮功先生说，如果崔宗埙不愿代教务，李范之不愿代文学院，则由他代文院或教务。玩其语气，似颇得意。侃如本来是比较我喜欢活动的，但我认为这并不是他的长处。年轻人只应该本分的读书教书，不应务外。若果不守本分，则不但误事，而且担（耽）误了自己。这是我的迂腐的见解。因此，我接了他的信后，便复他一封快信，劝他少揽闲事。先生赞成他这样吗？如果也不赞成的话，请先生费神劝劝他。

还有徐旭生先生那里，因为侃如嘱咐，不接他的电报，不要去接洽，故至还未去谈过。先生看，再迟几天可以否？如果去见徐先生时，要不要再伸叙辞职之意？只将事实说明，传单电报给他看可以吗？请先生给我个回答，这真是令我不安的事，又麻烦先生了。

张骥伯自保定回来了，去见过先生了吧？敬祝

健康。

生沅君敬上

三月十五日

此信首页天头留言说明情况：“侃如的意思是留皖，辞女师大。（他不晓得先生同徐先生洽谈的结果。）但我是赞成他早点北来，如果可能的话。”①

3 月 18 日，冯沅君致信胡适（《陆侃如冯沅君合集》未收）：

适之先生：

前天因为一时不高兴，便写了封乱七八糟的信给先生，请原谅。

昨晚侃如来电，文云“行止难定，先将文件详情告徐”。（电报宣□等）因侃如未决意辞，故今晨见旭生先生时，只持“文件”给他看，并未带辞函。我先将安大近两月的情况告诉他，最后说，“虽然，侃如也许不久就来，但如此迁延下去，太对不起徐先生了。徐先生如有要人时，务请不必客气”。他的回答和上次回答先生的差不多。他说：“且空着。侃如什么时候回来，什么时候再说，好在研究所人很多。”这件事现在可笑告一结束了，知念特闻。敬祝

健康！

生沅君敬上

三月十八日②】

4 月 5 日，冯沅君拜见胡适。《胡适日记全集》第 6 册第 539 页：“会客：冯沅君、罗静轩（叔举）、孔希白、陈聘丞、杨丙辰、高乐宜、江绍原夫妇、邱大年、信町德之（关西大学法文学部教授）等。”

【剑锋补：

6 月 16 日，陆侃如致信胡适（《陆侃如冯沅君合集》未收）：

适之先生：

安大本期已结束，沅君到皖替我收拾行李。好容易等到个招商船，昨天算是到上海了。日内即同回海门，小住三五日，即返沪搭船北上，约月底可到平。亮功先生下期拟在北大任课，闻曾函恳先生设法，不知结果如何？他很盼望先生早些告诉他。骥伯的职业不知已找到否？我曾托何奎垣先生介绍他到成都大学去，尚未得复。大江书铺要办个百科文库，我也推荐过他，但大江似不大欢迎太专门的稿子。

---

① 《胡适遗稿及秘藏书信》第 36 册，第 608～609 页。

② 《胡适遗稿及秘藏书信》第 36 册，第 604～605 页。1931 年，冯沅君在北平师大任教；同年 2 月，徐旭生任国立北平师范大学校长，其间，扩充研究所为研究院。时陆侃如在安徽大学，信中涉及他正拟辞职调回北平事，此事需报告徐旭生。故本信与上信都作于 1931 年。

端节在即，听说他手头很拮据。先生提携后进，不遗余力，想必能替他找个合适的位置，以便专心治学也。专此，敬祝

健康！

学生，侃如

六、十六

师母均此。沅君附笔请安。①】

夏，冯沅君应北京大学之聘，到北京大学中文系任讲师。本年至明年，冯沅君教"中国文学史概要"，此课是四门必修课之一。另外三门及其任课教师是：沈兼士、马裕藻的"中国文字声韵概要"、俞平伯的"中国诗名著选及实习"、林损的"中国文名著选及实习"。冯沅君是第一位在北京大学中文系讲课的女教师，而且站稳了讲台。

【剑锋补：

当在本年 7 月 21 日，陆侃如、冯沅君致信胡适（《陆侃如冯沅君合集》未收）：

适之先生：

我们五日离沪，九日到津，十二日到平，现寓府右街石板房二条一号。本想早点写信给先生，后见刘叔雅先生，悉先生日内即来平，故作罢。昨日访任叔永先生，打听先生的行止，始知先生在最近期内并无来平之议，故今日始写此信。女师大研究所已去过一二次，一切尚无头绪。暮气深沉，可忧一叹。平校大都在风雨飘摇中，我们殊悔此一行，然别无嗽饭处，不得不然乎。

平地有两点差强人意，一是参政材料较多，一是各科专家较多（指中国学言）。治学自较上海为胜。

日来访几位旧师友，大都"裘马轻肥"，住着大公馆，寓所里满是古董，谁说北平是萧条的故都？

今天颉刚约游三海，满肚子的话，下次信上说罢。

---

① 《胡适遗稿及秘藏书信》第 34 册，第 635～636 页。或考云："1930 年 6 月，杨亮功邀陆侃如、冯沅君到安徽大学任教。陆侃如于 1930 年在安徽大学任教职一直到 1932 年他们赴法留学前。此信应是冯沅君去帮助收拾行李赴法前所作。"（孙之梅、郭建鹏：《陆侃如集外佚文书信辑考》，《新文学史料》2021 年第 1 期）此说误。1931 年夏，陆、冯离开安徽大学到北京工作，7 月"五日离沪，九日到津，十二日到平"（详本编 1931 年）。该信中所云乘"招商船北上"乃从水路往天津，非是留学。

敬祝

健康！

生侃如、沅君同上

七、廿一晨

师母均此。

闻君武说中公六月薪已发，我们已函请会计课汇平。恐他们不睬，烦先生便中托一托君武先生。因为我们正等钱用呢。又及。[①]】

8月

穷书生在《中国新书月报》第1卷第8期发表《读陆侃如冯沅君合著的中国诗史》。此文评论的是《中国诗史》第1卷，指出："某时代有某时代文学的主流，即某时代有某时代的代表文学。我们若昧于文学演进的原则，囿于诗歌以五七言为主的见地，那么诗歌发达的途径与变迁的痕迹，简直无从说起。作者捉住这一点，作为取材的根据。"本书"做到了考据翔实的地步"，"至于时期的划分，体裁的排比，都足以看出作者经营的苦心"。

本年

陆侃如担任北平师范大学"研究生的指导工作，得识刘汝霖先生，甚佩其治学之勤"[②]。本年夏，冯沅君到北京大学任讲师，陆侃如当亦随之到北平，兼任北平师大研究生的指导工作。

陆侃如在《塔铃半月刊》第2期发表《最早的五言诗》（续完）（《陆侃如冯沅君合集》未收）。"续完"前部分，待查。

【剑锋补：

约在本年，陆侃如致信胡适（《陆侃如冯沅君合集》未收）：

适之先生：

现有一件小事情要麻烦先生。海门王荫款（?）先生去世了，他的女孙豫生女士（现在中法大学肄业）托我转恳先生作首白话像赞，或只题几个字亦可。这无非是"借光"之意，想先生必能原谅？关于Mrs. Tow的钟点，据说M. Redus曾转递。先生之意，诏可开一班"初级演剧"，不知究竟怎样？

---

① 《胡适遗稿及秘藏书信》第34册，第623～624页。

② 参见陆侃如：《读刘汝霖〈汉晋学术编年〉（专论扬雄部分）》，《陆侃如冯沅君合集》第8卷，第328页。

专此，敬祝

健康！

学生，侃如

二月八日[①]】

王礼锡在《读书杂志》第1卷第6期发表《中国诗史》。此文评介陆侃如、冯沅君合著《中国诗史》第1册，说："《中国诗史》是一部创著，而且是一部搜诗颇富、用功甚久的创著，在中国文学史中是一部很值得注意的书。""此书的最特色的是萌芽时代的三十一页。""本书还有一个特色，是以一书（如《诗经》时代，《楚辞》时代），或一人（李白时代，杜甫时代）代表一个时代。"

三、一起留学法国，取得博士学位（1932～1935年）

冯沅君、陆侃如同时考取法国巴黎大学文学院博士班。他们边学习、边研究，努力汲取西方的优秀文化，开阔了视野。冯沅君以《周朝历史及技术》为论文题目，陆侃如以《周代社会史》为论文题目，分别顺利地取得了博士学位。他们翻译了一些重要著述，参加了"反法西斯反帝反战大同盟"，接受马克思主义理论。在国内，有多种论著出版。

1932年　壬申　中华民国二十一年　冯沅君33岁　陆侃如30岁

1月

21日，汪精卫任国民政府行政院院长。

28日，日军侵入上海，发生"一·二八"事变，十九路军奋起抵抗。

31日，国民政府迁都洛阳。

2月，孙其敏《中国学术思想史》，由世界书局出版。

3月

1日，伪满洲国成立。

14日，国际联盟调查团来华。

本月，国民政府成立军事委员会，蒋介石任委员长。

① 《胡适遗稿及秘藏书信》第34册，第627～628页。该信用的是"国立北平师范大学研究院信笺"，陆侃如本年在此指导研究生，故暂系于此。

5 月

张君劢、张东荪创办《再生》杂志，宣传国家社会主义。

刘半农、李家瑞等编《中国俗曲总目稿》，中央研究院历史语言研究所印行，著录曲目 6371 题，民间文艺资料 8000 余册，14800 余篇。

6 月 14 日，国立编译馆在南京成立。

本月，蒋介石对中国共产党中央根据地进行第四次围剿。

12 月

宋庆龄、蔡元培、杨杏佛等在上海成立民权保障同盟，以争取人民民主权利和释放政治犯为宗旨。

郑振铎著《插图本中国文学史》，北平朴社初版。

冯沅君、陆侃如到法国留学，同时考入巴黎大学文学院博士班。冯沅君、陆侃如著《中国文学史简编》出版。陆侃如发表论文《中国古代的无韵诗》《论〈卦爻辞〉的时代》以及文章《诗经情诗今译·序》（陈漱琴著）等。

【剑锋补：

6 月 9 日，陆侃如、冯沅君致信胡适（《陆侃如冯沅君合集》未收）：

适之先生：

今晨阅报，知道先生被选为德国国家学院会员，且是东亚第一人。真是件荣誉的事，故特专函道贺。又，关于北大预支薪水事，承先生设法帮助，感谢的很。我们大约月底离平，拟在十七日十二时（星期日）请师友们吃中饭，不知先生有空没有？专此，敬祝

健康。

学生侃如、沅君同上

六、九[①]】

6 月 15 日，陆侃如、冯沅君从上海乘邮船达特安号经香港、安南（越南）、新加坡、吉布提港、苏伊士港，到法国马塞乘车到巴黎，同时考入巴黎第三大学（一说第四大学）文学院的博士班。据罗尔纲写的《师门五年记·胡适琐记》记载，陆侃如、冯沅君离开上海前，曾到胡适在上海的家中辞别。胡适留他们在家中吃饭，并请张元济作陪。[②] 又，据冯沅君

---

① 《胡适遗稿及秘藏书信》第 34 册，第 633 页。按：胡适 1932 年 6 月 2 日选为德国国家学院会员，参见《教育要闻：学术界：胡适之被选为德国国家学院会员》，《江西教育行政旬刊》1932 年第 4 期。

② 参见《陆侃如和冯沅君》，第 38 页。

1941 年写的诗《香岛》自注：途经香港曾游香港山巅公园；1938 年写的诗《滇越道上》自注：1932 年夏经越南，“仅游西贡”。

1932 年的法国巴黎大学校门

（引自《陆侃如和冯沅君》第 69 页）

7 月

陆侃如、冯沅君合著《中国诗史》卷中，上海大江书铺再版。

陆侃如在北平燕京大学国文学会《文学年报》第 1 期发表《中国古代的无韵诗》，1931 年 12 月 17 日作于北平（《陆侃如冯沅君合集》第 8 卷，第 183～187 页）。此文“略述周初，东周，西汉，汉末，孙吴，东晋及刘宋等七个时期的无韵诗的情形。但自齐梁以后，这种诗便很少看见了……这是为什么呢？我想这多半为了永明诗人提倡‘四声’‘八病’的原故……直至近十年来把旧诗词的格律打破后，无韵诗方才中兴”。

陆侃如在《清华周刊》第 37 卷第 9 期发表《论〈卦爻辞〉的时代》。陆侃如注：此文“是我从前在上海讲《古代文学史》的稿子的一段。近因《周刊》编者索稿，故略加修改，写成短文……一九三二年四月二十日，记于北平”（《陆侃如冯沅君合集》第 8 卷，第 178～182 页）。此文指出：“一、《易卦爻辞》与前八世纪的诗句相袭。”“二、《易卦爻辞》在前六世纪初年尚无定本。”“三、《易卦爻辞》更含有前五世纪的语法。”“根据上述三点，我们假定《易卦爻辞》的写定约当东周中年。”

陈漱琴著《诗经情诗今译》，上海女子书店印行，“琴画室丛书”。其中有陆侃如写于北平的“序”，说：“《诗经》是中国文学史上最古的杰作，用的是三千年前的白话。我们生居三千年后，要去了解和欣赏原文，那是古文学专家的事。要使这些古诗公之大众，便非译成今语不为功。”此书本年 12 月再版。1935 年 2 月，作为《女子文库：文艺指导丛书》之一，由上海女子书店出版。

【剑锋补：

9月13日，陆侃如、冯沅君致信胡适（《陆侃如冯沅君合集》未收）：

适之先生：

前上一函，想已达览。《独立评论》迄未接到，亟念之至。别先生将三月，渴欲一读先生近著也。此间报纸少载中国消息，我们只知道华北风云日紧，不知平津治安有无影响，念念！我们在此读读法文，逛逛名胜，到〔倒〕也安闲。大学将开学，我们想见见伯希和先生，而且还有一点小事情，必须同他谈谈。敬请先生写一信，介绍一下，以免冒昧。听说现在欧亚通信由美洲转递，只须三星期，大约六个星期后，可收先生复信了。专此，致祝

健康。

学生侃如、沅君敬上

九月十三日

通信处：法国巴黎七区 babyline 大街57号中国公使团陆侃如夫妇写的。①】

10月，陆侃如、冯沅君著《中国文学史简编》，上海大江书铺初版（百科文库）。本书是著者多年来在中法大学、中国公学等高等学校讲授中国文学史的讲义，分上下两编，每编十讲，共二十讲，约十万字。大体上，上编是陆侃如写的，下编是冯沅君写的。为讲授便利，各讲分量须相等，故同一题材有分两讲或三讲的。为节省篇幅，全书举例仅举某诗某文的标题而不引其原文。对各问题，只讲比较可靠的结论。上编十讲的题目是：中国文学的起源、古民族的文学（上、中、下）、乐府古辞、三国六朝诗、唐代的诗、散文的进展（上、下）、戏剧小说的雏形。下编十讲的题目是：中国文学的新局面（上、下）、宋代的词、元明散曲、元明杂剧、明清传奇、明清平话、明清章回小说、近代的散文、文学与革命。

11月1日，浦江清在《新月月刊》第4卷第4期发表《评陆侃如冯沅君的〈中国诗史〉》。

本月，陆侃如、冯沅君合著《中国诗史》卷下，上海大江书铺再版。

---

① 《胡适遗稿及秘藏书信》第34页，第637页。该通信处后内容原为法文，特请李建刚教授找人代译。

【剑锋补：

12 月 24 日，冯沅君、陆侃如致信胡适（《陆侃如冯沅君合集》未收）：

适之先生：

承赐《独立评论》十三期，甚感。十四期以后，不知何□惠下，念念。生等入巴黎大学研究院事，已经十一月五日教务会议通过，刻已正式注册。现在文科哲学部听□（外语人名）的社会主义及社会经济学二课，□（外语人名）社会道德学及社会问题二课。拟在最近二年或三年内，专听社会学的课。我们根底浅，而又无讲义可看，必得看许多指定的参考书，听讲时方方便，故觉得非常的忙。现在是圣诞节及新年了，校中放假，趁此机会，打算练习译书。俟译完后，再寄至教正。专此，敬祝

阖第年禧。

生沅君、侃如敬上。

十二月二十四日[①]】

年底，冯沅君、陆侃如入巴黎大学学习。在入巴黎大学学习前，他们曾进巴黎语言专科学校现代法语高级班学习。“这是一所专为外国人办的学校，主要是提高法语听说写的能力。”[②] 在此学校，他们认识了许多中国留学生，其中有戴望舒、李健吾等。

李健吾（1906～1982 年），
陆侃如、冯沅君在巴黎时的同学。

戴望舒（1905～1950 年），
陆侃如、冯沅君在巴黎时的同学。

---

① 《胡适遗稿及秘藏书信》第 36 册，第 614 页。按：《独立评论》第 13 期是 1932 年 8 月 14 日版，本年 6 月留学法国，故作于本年。

② 韩石山：《李健吾传》，太原，山西人民出版社，2006 年，第 75 页。

本年

《新月》第4卷第4期“书报春秋”栏目发表《中国诗史　上中下三卷　陆侃如冯沅君合著　大江书铺印行　三卷合价五元》（署名浦江清）。此文最后说：

《中国诗史》煌煌三册，所论三千余年，计五十余万字。在这个题材上，这还是第一部创始的书。当然有许多地方，不能使人满意，我们去 Courthope Saintsbury 的时代到底还远。不过作者的努力是可以佩服的。书里面考证的部分，颇多新收获……上面所论，只是对于此书体制的商榷，不敢说是批评，只能说是一种挑剔吧。

《中国现代女作家》由北平人文书店出版。其中，草野评冯沅君：

她是一个时代的反抗者，她是一个与旧礼教搏斗的勇敢女性。我们可以断然不疑地说，她是个热血蒸腾的青年，她是个反抗力最强的女性。她有她的信仰自由，思想自由，一切自由的主张，她宁死也不屈不折。在一切刚始萌芽的中国，在数千年甘心俯首于捆缚传统以下的妇女，这真算是一位健将的突起。

《中国现代女作家》由现代书局出版。其中，贺玉波评冯沅君的小说：

她在《隔绝》《隔绝之后》两篇里所表现的求婚姻自由求解放的思想，就是很新的。还有她在《旅行》里所含蓄的思想也是很新的。像那种女子大胆和爱人旅行同居的情形，在那时的文学作品里，是难得找出的。

约在本年，冯沅君、陆侃如在巴黎访问著名汉学家伯希和。1946年，陆侃如在《悼伯希和教授》（《陆侃如冯沅君合集》未收）一文写道：

十五年前，我倒〔到〕巴黎，第一次见到他。依法国的习惯，我先写信和他约定时间，候收到回信后，再依约往访。我和沅君走到他门口，按铃后，有人衣冠整齐的来开门。我们想着是仆人，便递名片给他，并问他，主人是否在家。他回答在家，引我们走进书房。房间很大，四壁尽是高大的书橱，地板上，桌子上，椅子上，都堆着书。

我们从书隙中走到窗边的书桌旁，他指着两张椅子，让我们坐。可是椅子上堆着书，他把书移到地板上，我们方坐下。他随即在另一椅子上坐下，和我们谈起来，方知他就是伯希和先生自己。①

马伯乐（Henri Maspero，1883～1945年），法国著名汉学家，冯沅君、陆侃如在法国巴黎大学读博士学位期间曾拜访过他。（引自《马伯乐汉学论著选译》正文前）

1933年　癸酉　中华民国二十二年　冯沅君34岁　陆侃如31岁

1月初，日军进犯长城，中国守军英勇抵抗。

本月

巴金长篇小说《家》、茅盾长篇小说《子夜》，在上海出版。

朱雨尊编辑《民间谚语全集》，上海普益书局初版。

2月21日，日军进攻热河。

3月4日，承德被日本侵占。

本月

清朝吴荣光编纂《历代名人年谱》，上海商务印书馆初版。

春初，郑振铎在北京东安市场某书肆得明刊本《古今明剧合选》，共选56种元明戏曲。郑振铎认为，本年国内“所发现的戏曲，当以此书最为重要”。

孙楷第著《中国通俗小说书目》，国立北平图书馆、中国大辞典编纂处初版。

5月31日，蒋介石派熊斌与日军代表冈村宁次签订屈辱的《塘沽协

① 此文写于1946年，文中云“十五年前，我到巴黎”。自1946年前推15年，是1931年。而陆侃如、冯沅君是1932年到巴黎的，因此“十五年”当是“十六年”之误。

定》。

9月，胡适《四十自述》与《短篇小说》第2集，由亚东图书馆出版。

鲁迅推介《中国诗史》。陆侃如、冯沅君在法国留学。冯沅君入巴黎大学后做中国和法国近代诗歌的比较研究，《沅君卅前选集》出版。陆侃如著《乐府古辞考》国难后出第1版。发表译著《中国古书的真伪》（瑞典珂罗倔伦著）、《恩格斯两封未发表的信》、《法国社会经济史》（法国赛昂里著）、戏剧《金钱问题》（法国小仲马著）。

1月

瑞典珂罗倔伦著，陆侃如、冯沅君译《中国古书的真伪》，刊于《师大月刊》第1卷第2期。

冯沅君著《沅君卅前选集》，由上海女子书店出版。此书是冯沅君三十岁以前的作品选，扉页上印有“冯沅君女士自编”。印数一千册，印数不算少，但比较罕见。全书篇目如下：一、清音集　清音。二、卷葹集　隔绝　旅行。三、春痕集　昨晚　当我　我原　你不　我固。四、劫灰集　劫灰。五、私语集　私语。

3月，陆侃如著《乐府古辞考》，上海商务印书馆国难后第1版。

6月，陆侃如译《恩格斯两封未发表的信》（致哈克纳斯和特里尔的信），刊于《读书杂志》第3卷第6期（《陆侃如冯沅君合集》未收）。

8月

陆侃如、冯沅君合著《中国诗史》卷中，上海大江书铺第3版。

杨荫深著《先秦文学大纲》，上海华通书局初版。书末列42种参考书，含近人著作5种，其中有陆侃如、冯沅君著《中国诗史》卷上。

9月

陆侃如、冯沅君合著《中国诗史》卷上，上海大江书铺第4版。

新文学史家王哲甫评论冯沅君创作的小说：

> 冯沅君——在民国十三年三四月之间，在《创造周报》上，突现了一位女作家，在很短的时期内，就被大家所注意，这便是冯沅君了。她在淦女士署名之下，发表了《旅行》《慈母》《隔绝以后》等篇小说，很引起大家的骇异；因为她的作品，大胆无畏地写出一般女性不敢写的女性的毫无隐饰的恋爱心理。她挣脱一切旧礼教的束缚，揭开虚伪的面孔，很坦白地表现了女子的恋爱心理，创造了一种特殊的风格。如《旅行》里写一个女子与她的爱人旅行，晚间同处在一间旅

馆，虽有特别热烈的爱情举动，但没发生最后的关系，这种大胆的写法，在男作家中，也不多见。

从那时起首，她开始了创作生涯，中间也做些文艺的论文。她将前后小说，收集起来，出了《卷葹》《春痕》《劫灰》三个集子。在这三个集子里，能代表她的创作精神的还是《卷葹》，因为它潜藏着青春的生命的活力，具有不少的时代的意义。她对于文艺创作的态度，只是一种抒情的，为艺术而艺术的态度。她主张恋爱绝对的自由，所以在《隔绝》里女主人公正式宣言道："生命可以牺牲，意志自由不可牺牲，不得自由毋宁死。人们要不知道争恋爱自由，则所有一切，都不必提了。"又在《旅行》里说："他们的目的，是要完成名利的使命；我们的目的，却是要完成爱的使命。"《春痕》是一个女子给一个男子所写的五十封情书，从这里面可以看出作者已接近社会，受了相当的刺激，失去前次的勇敢精神，而变成沉郁的性格，对于恋爱也没有以前的热烈了。到《劫灰》的时期，她已经抛弃了两性恋爱的题材，去描写故乡的回忆去了。

至于她创作的技巧方面，没有什么特色。所用的体裁，多是随笔书信式的叙写，然而她以崭新的趣味，勇敢地呈露了女性的恋爱心理，使她获得了很大的赞扬。①

10 月

17 日，冯友兰至巴黎，访陆侃如、冯沅君夫妇。

18 日，陆侃如、冯沅君夫妇同冯友兰游览卢浮宫博物馆。

19 日，陆侃如、冯沅君夫妇，同冯友兰游览植物园。②

本月

冯友兰到巴黎，给陆侃如夫妇留下了一些钱，资助他们。

法国赛昂里著、陆侃如译《法国社会经济史》，上海大江书铺出版（《陆侃如冯沅君合集》第 9 卷，第 263～409 页）。书前有"译者序言"：截止到现在，"还找不到一部比这更好的叙述法国全部史实的书，所以还值得翻译一下"。自注："陆侃如记于巴黎拉丁区，时一九三三年 Pâques 假中。"此书目录：译者序言、著者序言、第一卷古代、第二卷封建时代、第三卷中古末年、第四卷十六世纪、参考书目。

---

① 王哲甫：《新文学运动史》，北平，杰成印书局，1933 年，第 158、159 页。

② 以上三则参见《冯友兰年谱》上册，第 190 页。

12月

9日、16日，冯沅君《电影与教育》（正、续篇）刊于《华北日报》第10版（《陆侃如冯沅君合集》未收）。

20日，鲁迅在给曹靖华的信中，谈到中国文学史时说：

> 至于史，则我以为可看（一）谢无量：《中国大文学史》，（二）郑振铎：《插图本中国文学史》（已出四本，未完），（三）陆侃如，冯沅君：《中国诗史》（共三本），（四）王国维：《宋元词曲史》，（五）鲁迅：《中国小说史略》。但这些都不过可看材料，见解却都是不正确的。

本年

陆侃如、冯沅君在《中学生》第31期发表《中国文学史简编》。

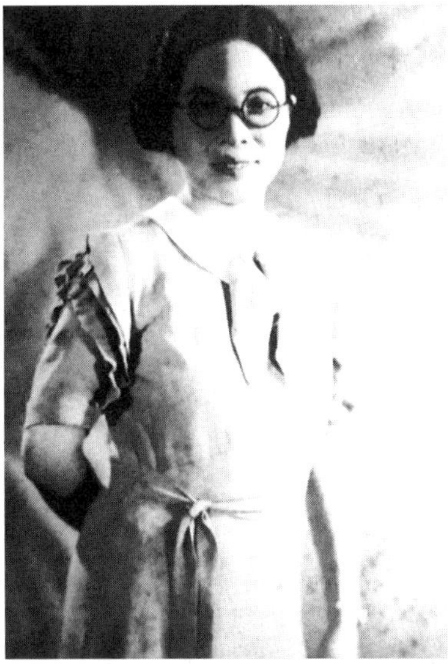

1932年到1935年，冯沅君在巴黎大学读博士学位留影。（引自《陆侃如和冯沅君》第68页、《冯沅君传》第145页）

冯沅君入巴黎大学后“做中国和法国近代诗歌的比较研究，他边学法语，边翻译法国的近代诗作，其中的一些译作，曾在刊物上刊出过”。她还接触了“西方学者关于Fou的许多论著及有关书籍，萌发了以它们为参照，对中国的古优做一番探讨的想法，并开始了搜集资料”[①]。

冯沅君在《橄榄月刊》第29期发表《冯沅君害人》（《陆侃如冯沅君合集》未收）。

毅真《当代中国作家论》，由上海乐华图书公司出版。其中评冯沅君创作的小说：“技术方面虽无高超处，然而在时代意义上，实乃新女性作家之先锋。”

陆侃如著《屈原》，上海亚东图书馆第6版。

《图书评论》第1卷第12期发表两篇关于《陆侃如冯沅君合著的中国诗史》的评论：一、《李嘉言先生的批评》。此文的批评限于卷一《古代诗

① 《冯沅君传》，第147、209页。

史》，认为此书“其最忽略处乃在绝未提及赋之一字”。二、《沈达材先生的批评》。此文指出：“《诗史》的取材，完全以时代的文学为标准，然只注意发端，忽略流派，所以赋止于楚，诗止于唐，词止于南宋，自此以后的作品，他们没有述录。此种理由，至多只有一半可靠。因为文学的演进，不仅恃其主潮。逆流别派的地位，有时亦很重要。”

法国小仲马著、陆侃如译《金钱问题》（《陆侃如冯沅君合集》第9卷，第1～107页，附录：伊可维支著、戴望舒译《小仲马戏剧之唯物史观的研究》，第108～111页），开明书店出版。书前有“译者序言”：“偶然在塞纳河边旧书摊上，买得半部小仲马的戏剧集，里边有《堕落女子》《金钱问题》等剧本，便趁圣诞节放假的时候，把《金钱问题》试译出来……我倒并不想做什么介绍名著的伟业，不过落得弄几文版税，解决解决自己的‘金钱问题’而已。”原注：“陆侃如记于巴黎拉丁区，时一九三二年圣诞节后三日。”

1934年　甲戌　中华民国二十三年　冯沅君35岁　陆侃如32岁

1月，陈序经出版《中国文化的出路》，反对文化折中主义，主张全盘西化。

2月19日，蒋介石在南昌推行“新生活运动”，提倡尊孔读经。

本月，郭绍虞著《中国文学批评史》上卷，上海商务印书馆印行。写至北宋。

3月

1日，伪满洲国执政，溥仪称帝。

10日，伍启元著《中国新文化运动概观》出版，此书概述了新文化运动以来的六次重大论战。

6月1日，郑振铎在《文学月刊》发表《三十年来中国文学新资料的发现史略》。

本月，吕振羽著《史前期中国社会研究》出版。

8月，罗根泽著《中国文学批评史》（第一分册），北平人文书店初版。

11月15日，国民党通过《尊崇孔子发扬文化案》。

12月，钱南扬著《宋元南戏百一录》，北平哈佛燕京学社初版。

本年

陈立夫著《唯生论》出版。

艾思奇著《大众哲学》出版。

冯沅君、陆侃如在法国留学。《中国文学史简编》再版。冯沅君发表《忆庐隐》。陆侃如爱好到巴黎旧书摊买书。《乐府古辞考》国难后出第2版。

2月14日，《胡适日记全集》第7册第61页：

> 偶检北归路上所记纸片，有中公学生丘良任谈的中公学生近年常作文艺的人，有甘祠森（署名永柏，或雨纹），有何家槐……此风气皆是陆侃如、冯沅君、沈从文、白薇诸人所开。
>
> 北大国文系偏重考古，我在南方见侃如夫妇皆不看重学生试作文艺，始觉此风气之偏。从文在中公最受学生爱戴，久而不衰。
>
> 大学之中国文学系当兼顾到三方面：历史的；欣赏与批评的；创作的。

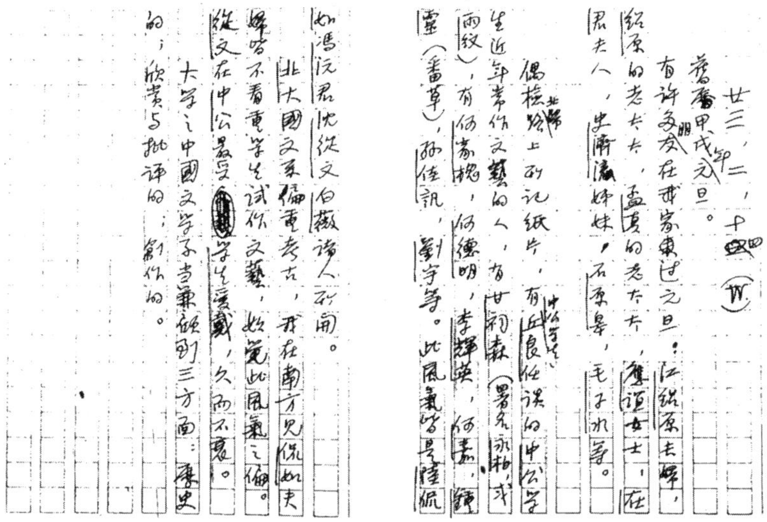
廿三，二，十四（W）
舊曆甲戌年元旦。
有許多朋友在我家裏過元旦：江紹原夫婦，紹原的老太太，孟真的老太太，[illegible]誼女士，在君夫人，史濟瀛姊妹，石原皋，毛子水等。
偶檢北歸路上所記紙片，有中公學生丘良任談的中公學生近年常作文藝的人，有甘祠森（署名永柏，或雨紋），有何家槐，何德明，李輝英，何嘉，鍾靈（番草），孫佳訊，劉宇等。此風氣皆是陸侃如、馮沅君、沈從文、白薇諸人所開。
北大國文系偏重考古，我在南方見侃如夫婦皆不看重學生試作文藝，始覺此風氣之偏。從文在中公最受學生愛戴，久而不衰。
大學之中國文學系當兼顧到三方面：歷史的；欣賞與批評的；創作的。

1934年2月14日，胡适日记手稿。（引自《胡适的日记》手稿本）

4月，陆侃如绘《楚辞地图》，收入郭楼冰编《屈原集》卷首，上海北新书局初版，1949年重印。

5月

冯友兰离开英国，游历欧洲大陆各国，先在巴黎逗留一个月，同陆侃如、冯沅君夫妇住同一旅馆。[1]

陆侃如著《乐府古辞考》，上海商务印书馆国难后第2版。

① 参见《冯友兰年谱》上册，第193页。

6月18日，冯沅君在巴黎写《忆庐隐》。在一个集会上，冯沅君得悉庐隐病故的消息后，怀着“既伤逝者，行自念也”的心情写了《忆庐隐》一文：

庐隐是我的旧同学……在那群老同学中，她是比较的最能接受新的思想的……她是有个性的，有使她不落于庸俗的个性……在新文学运动的第一期的作者中，我觉得庐隐是值得纪念的一个……自从民国十一年女高师毕业后，一群寝食与共、言笑无忌的同学便星散了。这十余年的时光不独改换了我们的容颜，并且给我们创造了不同的身世和思想；而这些精神上与物质上的变更便在我们中间隐然建筑了层无形的墙壁。当我偶然同她们相遇时，我的眼常会使我怀疑我所见的不是我的故人；同时那身世与思想上的歧异，也常令我不晓怎样说话方算得体，方能教腾达者，潦倒者，保守者，急进者都觉我仍旧是她们的朋友。故人相逢本是件极愉快的事，但对于我，愉快中每杂有悲凉的意味。

附记：

此稿尚未发，接到国内朋友的来信。信上说：“庐隐因产后患病，在前天死在上海，人真是在危机中讨生活。”①

8月20日，陆侃如在《人间世》第10期发表《巴黎的旧书摊》。此文写陆侃如喜欢逛巴黎的旧书摊：

我到旧书摊的目的，一半固然在买书，一半也是想找人谈天……

旧书摊中所卖的，大都是文学史学方面的书，科学书较少，也有带卖旧邮票或古钱者。旧书较新书自然便宜得多……

我乱买旧书的结果，不但自己手头常常弄得很拮据，而且还贻害别人。第一受累的是房东。他原来给我一架四层的书橱，后来他又给我添了一架八层的。然而还是不够。我也不好意思再破费他了，便检一部分放在床底下。因此又妨害了茶房，每天他来收拾房子时感到非常的不方便。最后还有沅君。每逢她在家里煮菜，派我上街买面包时，我一溜烟又拐到旧书摊里去了，恨得沅君直叫：Abas Las bou-

① 《忆庐隐》刊于本年《人间世》第12期，署名沅君，《陆侃如冯沅君合集》第15卷，第274、275页。

guins！[1]

本月，龙沐勋著《中国韵文史》，上海商务印书馆初版。附录列中国韵文简要书目，选“时人论著”四种，其中有陆侃如、冯沅君著《中国诗史》。

10月

陆侃如、冯沅君著《中国文学史简编》，由上海开明书店再版。

约在本月，冯友兰回到北京，写信给冯沅君，介绍自己的行踪和访问苏联的感想：

> 据自己的观察，苏联并不像有些人说的是人间地狱，也并非像宣传品上形容的是天国乐土，只不过是一个在变化中的社会。这个社会崇尚的不是“尊富”，而是生产，他们重视劳动模范、先进人物。这种“尚贤”是一种社会进步，有可能通往天国乐园……莫斯科大学和欧洲的大学差不多。依我看来，说他们隔断历史传统，不要文化遗产也不实。莫斯科的教堂仍有活动，做礼拜的人也络绎不绝，说他们没有信教自由，看来也不实。在公园里，年轻夫妇推着儿童车，谈笑玩耍，自在随意。说苏俄不要家庭，没有自由，看来也不实。[2]

本年

罗根泽在《图书评论》第2卷第10期发表《郑宾于著〈中国文学流变史〉》，说：

> “五四”以前泰半是用观念论的退化史观与载道的文学观来从事著述，例如谢无量的《中国大文学史》和曾毅的《中国文学史》；“五四”以后则泰半是用观念论的进化史观与缘情的文学观来从事著述，例如陆侃如、冯沅君合编的《中国诗史》、郑振铎的《插图本中国文学史》以及本书。最近大出风头的是辩证的唯物史观与普罗文学观，本此以写成的有贺凯的《中国文学史纲要》和谭洪的《中国文学史纲》。

1935年　乙亥　中华民国二十四年　冯沅君36岁　陆侃如33岁

1月10日，萨孟武、何炳松、陶希圣等十位教授在《文化建设》发

① 《陆侃如冯沅君合集》第8卷，第380～382页。

② 《冯沅君传》，第154、155页。

表《中国本位的文化建设宣言》。

本月，曹禺话剧《雷雨》在上海出版。

3月

17日，陈序经在《独立评论》发表《关于全盘西化答吴景超先生》。

31日，胡适在《大公报》发表《试评所谓“中国本位”的文化建设》。

本月，叶青《哲学论战》出版。

5月10日，《文化建设》印行，刊有萨孟武等《我们的总答复——关于中国文化建设宣言》、陈立夫《文化与中国文化建设》，“本位文化”与“全盘西化”论战由此展开。

本月，朱星元著《中国文学史外论》，上海东方学术社初版。论述有关中国文学史问题，当是较早的中国文学史学史著作。

6月9日，国民政府代表何应钦与日本签订《何梅协定》。

7月，谭正璧著《中国女性文学史》，上海光明书局初版。

9月，明毛子晋编、施蛰存校点《宋六十名家词》（甲集），上海杂志公司初版。

11月28日，国民政府在北平设立冀察政务委员会，以宋哲元为委员长，使华北特殊化。

本月，卢冀野编《元人杂剧全集》（1～8册），上海杂志公司自本月至1936年8月陆续出版。

12月9日，北平学生举行抗日救国集会游行，反对“华北自治”，要求“停止内战，一致抗日”。16日，举行更大规模集会游行，掀起一二·九运动。

本年，敖士英纂、金福佑校订《中国文学年表》，北平立达书局印行。

冯沅君、陆侃如获得巴黎大学博士学位，毕业。他们在留学期间，曾参加法国“反法西斯反帝反战大同盟”。冯沅君应聘到天津河北女子师范学院任教。鲁迅从冯沅君的小说集《卷葹》中选《旅行》和《慈母》两篇，编入《中国新文学大系小说二集》出版。陆侃如应聘任燕京大学教授，兼中文系主任。《屈原与宋玉》出版。

1月

苏雪林署名灵芬女士，在上海天主教办的《圣教杂志》第1期、第2期发表《现代文艺评谭》，评析冰心、冯沅君、石评梅、陆晶清、陈学昭作品的特色。

陆侃如著《屈原与宋玉》，上海商务印书馆初版，4月再版。此书分六部分及附录：一、引论，二、屈原的生平，三、屈原的作品，四、宋玉的生平，五、宋玉的作品，六、余论，附录《〈楚辞〉研究参考书目》上、下。此书认为：屈原与宋玉是“中国文学之祖”，“他们不但给予楚民族文学以永久的生命，并且奠定了中国文学的稳固的基础”。关于屈原的作品，认为只有《离骚》《涉江》《哀郢》《抽思》《怀沙》是他作的，其他的都靠不住。关于宋玉的作品，认为只有《九辩》和《招魂》是他作的，“其余都未必可信”。

刘经庵著《中国纯文学史纲》，北平著者书店初版。“编者例言”说：作者所述，“曾参考关于中国文学论著的版本数十种”，其中有陆侃如、冯沅君的《中国诗史》。

春，陆侃如、冯沅君完成了博士学位论文的写作。

4月，陆侃如、冯沅君合著《中国诗史》卷上，上海商务印书馆第1版。

5月9日，胡适推荐陆侃如到香港大学任教。《胡适日记全集》第7册第198、199页：“发一电一航空函与香港大学 Sir William Hornell，推荐许地山与陆侃如。”

6月

约在6月上旬，冯沅君、陆侃如获得博士学位，顺利毕业。冯沅君的博士学位论文题目是《周朝历史及技术》，陆侃如的博士学位论文题目是《周代社会史》。① 陆侃如在论文答辩时，有一段插曲：主考人提出了一个奇怪的问题——《孔雀东南飞》中说“孔雀东南飞”，为什么“东南飞”？陆侃如应声回答：因为“西北有高楼”。足见陆侃如的机灵和敏捷。冯沅君和陆侃如在留学期间，曾经刘文澜介绍，参加了法国著名“左派”作家巴比塞领导组织的“反战反法西斯同盟”。大同盟下设“中国留学生支部”②，陆侃如、冯沅君参加了该支部的活动。当时参加该支部活动的还有戴望舒、李健吾等。工作人员有刘长虹、文子慧等。该支部为了扩大宣传，还集资办了一张油印小报，不定期出版，陆侃如、冯沅君是编辑成员。该支部的成员，曾去听过宣传马克思学说的报告会。3月18日是巴黎公社成立的日子，陆侃如“和朋友一起纪念巴黎公社”，“到公墓去凭吊

---

① 据郝鲁民托人查阅巴黎大学档案。

② 《陆侃如和冯沅君》，第68页；陈丙莹：《戴望舒评传》，重庆，重庆出版社，1993年，第66页。编著者按：《冯沅君传》第146页说是“巴黎华侨支部”，误。

死难烈士的纪念碑”。[1] 陆侃如、冯沅君在巴黎期间，曾拜访过法国著名的汉学家伯希和[2]，陆侃如还拜访过法国著名汉学家马伯乐。陆侃如在1936年4月20日写的《马伯乐先生传》中记载：在法兰西学院的一所“庄严古旧的房子内，一间狭小而富有历史意味的教室中，我第一次见到马伯乐（H. Maspero）先生。我在巴黎的几年中，马先生正在法兰西学院里讲‘六世纪的道教’。他的颁白的头发，他的魁梧的身躯，他的锐利的目光，他的沉着而微嫌艰涩的语音，第一次便给我个很深的印象。他的脾气颇以孤僻著称，所以一般学生都不大敢找他。但是我和他相处稍久，觉得他待人非常诚恳，实在是个和易近人的笃厚长者”，他的作品“不下四十种，而近数年来出版的尚不在内，其中大部分是关于中国的历史，语言，宗教，哲学等方面的”。[3]

1935年法国巴黎大学博士班毕业合影，其中有冯沅君、陆侃如。

（引自《陆侃如和冯沅君》第70页、《冯沅君传》第157页）

陆侃如在巴黎曾写有《中国文学史简编·序例》，简述《中国文学史简编》的编写及结构，最后云：“我们所抱歉的是，书中未能依新的方法来写，材料方面也多缺陷。重违大江书铺《百科文库》之约，大胆地把它出版。种种不满意处，只好留待将来补正，虽然我现在‘改行’不治文学

---

① 参见陆侃如1959年3月20日日记。

② 关于冯沅君、陆侃如在巴黎拜见伯希和一事，参见陆侃如1946年在《文艺先锋》第8卷第1期发表的《悼念伯希和教授》（《陆侃如冯沅君合集》未收）一文。拜见的具体情况参见1932年。

③ 参见《马伯乐先生传》，收入[法]马伯乐著，冯沅君译：《书经中的神话》，国立北平研究院史学研究会出版，1939年8月商务印书馆发行。《陆侃如冯沅君合集》未收。

了。”自注：“陆侃如记于巴黎 Toullier 路八号，时一九三五年，八月，二十八日。”①

冯沅君、陆侃如在巴黎大学博士班毕业后，为了观赏苏联的风貌，决定花上比坐海轮昂贵得多的旅费，乘坐十多天的国际列车，经比利时的布鲁塞尔，德国的科隆、柏林，波兰的华沙，苏联的明斯克、莫斯科、西伯利亚回国。他们在莫斯科游历了一天。②

19 日，陆侃如、冯沅君回国到北平火车站时，胡适与在清华任教的冯友兰和在天津北洋大学任教的冯景兰专程赶来迎接。《胡适日记全集》第 7 册第 237 页：“早起呕吐，不知何故。到车站接陆侃如……晚上与陆侃如访 Professor L. Forster，同饭，谈甚久。”

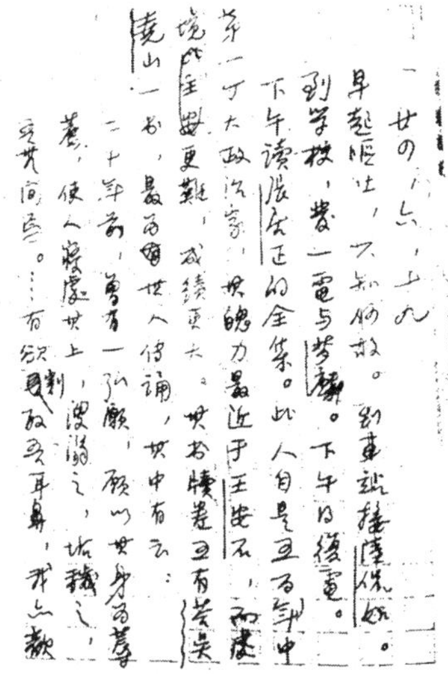
廿四，六，十九
早起呕吐，不知何故。到车站接陆侃如。
到学校，发一电与梦麟。下午的复电。

1935 年 6 月 19 日，胡适日记手稿。

（引自《胡适的日记》手稿本）

7 月

14 日，陆侃如夫妇与胡适等同游西山。《胡适日记全集》第 7 册第 260 页：“与香港大学文学院长 Robertson、Major Rupel、受颐、许地山、陆侃如夫妇、毛子水及冬秀同游西山。九点出门，七点归，作竟日游。港大决定请许地山去作中国文学系教授，将来再请陆侃如去合作。此事由我和陈受颐二人主持计划，至今一年，始有此结果。”23 日（星期二）《北洋画报》第 26 卷第 1273 期刊有此次游西山照片，心灯摄。

1935 年 7 月 14 日，胡适夫妇邀陆侃如夫妇等同游北平西山。由右向左：许地山、鲁伯森（香港大学文学院长）、英军官、陈受颐（北大史学系主任）、胡夫人、冯沅君、胡适。（引自《北洋画报》第 26 卷第 1273 期，1935 年 7 月 23 日。据《全国报刊索引》电子数据库）

① 《陆侃如冯沅君合集》第 3 卷，第 4 页注云“八月”，误。

② 参见陆侃如 1949 年 11 月 25 日写的山东大学图书馆“馆务日记”。

15日，鲁迅选编的《中国新文学大系小说二集》出版。鲁迅应赵家璧之请，为良友图书公司印行《中国新文学大系》选编《小说二集》。《小说二集》涉及的作家很多，共选了33位作家的59篇小说，其中有淦女士（冯沅君）的《旅行》《慈母》。鲁迅在《中国新文学大系小说二集·序》中，对淦女士的小说有如下的论述：

> 冯沅君有一本短篇小说集《卷葹》——是“拔心不死”的草名，也是一九二三年起，身在北京，而以“淦女士”的笔名，发表于上海创造社的刊物上的作品。其中的《旅行》是提炼了《隔绝》和《隔绝之后》（并在《卷葹》内）的精粹的名文，虽嫌过于说理，却还未伤其自然；那“我很想拉他的手，但是我不敢，我只敢在间或车上的电灯被震动而失去它的光的时候，因为我害怕那些搭客们的注意。可是我们又自己觉得很骄傲的，我们不客气的以全车中最尊贵的人自命”。这一段，实在是五四运动之后，将毅然和传统战斗，而又怕敢毅然和传统战斗，遂不得不复活其“缠绵悱恻之情”的青年们的真实的写照。和“为艺术而艺术”的作品的主角，或夸耀其颓唐，或炫鬻其才绪，是截然两样的……诚然，三年后的《春痕》，就只剩了散文的断片了，更后便是关于文学史的研究。这使我又记起匈牙利的诗人彼兑菲（Petöfi Sándor）题B. S.夫人照像的诗来——
>
> “听说你使你的男人很幸福，我希望不至于此，因为他是苦恼的夜莺，而今沉默在幸福里了。苛待他罢，使他因此常常唱出甜美的歌来。”
>
> 我并不是说：苦恼是艺术的渊源，为了艺术，应该使作家们永久陷在苦恼里。不过在彼兑菲的时候，这话是有些真实的；在十年前的中国，这话也有些真实的。①

夏，陆侃如在家乡“一面侍候病母”，一面整理译稿瑞典高本汉的《左传真伪考》《中国古书的真伪》《经书中的代名词“厥”字》等。②

10月26日，冯沅君（署名沅君）《白云，红叶》刊于《华北日报》第12版（《陆侃如冯沅君合集》未收）。

11月，陆侃如应聘任燕京大学国文系主任。陆侃如、冯沅君从法国

---

① 《中国新文学大系·小说二集序》，参见《鲁迅全集》第6卷，第238～239页。

② 参见陆侃如：《〈左传真伪考〉及其他·译序》。“译序”作于1935年11月25日北平燕京大学。“译序”中说：“今夏在家，一面侍候病母，一面便整理旧稿……”

回来，香港大学曾派人到北平聘请陆侃如任中国文学教授，胡适推荐，但没有成功。陆侃如就到了燕京大学。① 陆侃如在燕京大学讲授选修课“小说史”。②

燕京大学图书馆外景（引自《陆侃如和冯沅君》第100页）

冬，冯沅君的母亲回家乡。从此，母女再没有见面。

年底，冯沅君在冯友兰的帮助下，应聘到天津河北省立女子师范学院任教。“她在河北省立女子师范学院教书三年，直至抗日战争爆发，天津沦陷。冯沅君在学校国文系教授文学史，所用的教材是冯沅君、陆侃如夫妇合编的《中国文学史简编》。还讲授词曲研究等选修课程。她对学生亲和、客气，呼唤同学时，总在名字后面加上‘小姐’二字，以示尊重。她的谦和品格和教学创新精神也赢得同学的尊敬和拥戴。当时河北省立女子师范学院国文系在校学生周孝铨，于1985年回忆说：‘冯沅君先生（女）为中国文学史及戏剧史权威。讲课内容丰富，论点极新。如以巫祝为戏剧之起源等，又案以法国伯希和（汉学家）诸说，故甚受学生欢迎……而其治学态度之严谨，尤为后学之楷模。’”③

本年

陆侃如、冯沅君在《人间世》第36期发表《“百部佳作”征文散稿·半百佳作》（《陆侃如冯沅君合集》未收）。

约在本年，陆侃如的博士学位论文《周代社会史》（法文名：*Histoire*

---

① 参见陆侃如1958年8月29日日记。又，陆侃如1935年写有《〈左传真伪考〉及其他·译序》，自注：“一九三五年十一月二十五日，陆侃如序于北平燕京大学。”据此，陆侃如当在本年11月即任教燕京大学。

② 参见张玮英、王百强、钱辛波主编：《燕京大学史稿》，北京，人民中国出版社，1999年，第72页。

③ 邱士刚：《文坛才女冯沅君》，见李建强主编：《文化名流名脉：百年河北师范大学》，北京，生活·读书·新知三联书店，2010年，第69～71页。

sociale de l'époque Tcheou）出版，瑞典高本汉为此书作“序”。出版后，陆侃如曾寄给法国治经济史的赛昂里教授一本，请他批评。他有很长的复信，说：“如果我能和您当面谈话，我要同您讨论几点，例如对于经济生活的各种方式。您似乎主张各方式先后继承着，但是在某种情形下，几种方式不可以同时存在吗？……”①

【剑锋补：

约在本年，冯沅君致信胡适（《陆侃如冯沅君合集》未收）：

适之先生：

听说先生不大舒服，很挂念，天气骤变，大约是受了凉吧。

电话中同先生谈起的两部稿子，是关于张炎与周密的（二人的词集拟几篇关于他们的短文）。张炎的集子朴社曾代印行，周密则从未问世。因为朴社的生意不好，所以在我们赴法时，曾托先生同书店接洽，希望能用此多筹点旅费。后来因为在法还没有感到什么经济上的困难，故一直未向先生提过。现在呢，上海有个书店愿意印，所以我们想把这两部稿子取回来，整理下子寄去。我们打算礼拜天上午进城，如果先生没功夫接见的话，请将稿子交号房转下。这真太麻烦先生了。尤甚是在先生不舒服的时候。

敬祝

健康。

生沅君敬上

廿二日

生侃如同叩②

约在本年，陆侃如致信胡适（《陆侃如冯沅君合集》未收）：

适之先生：

今天本来想进城看先生，顺便取回诗史稿及“博爱堂”匾，但是自罢课以来，交通几乎断绝了，进城很不方便。只是沅君为了到天津去教书的原故，不得不坐了洋车冒寒进城，我正好托她到先生处，除取回那两样东西外，还要请写“左传真伪考”的封面。这书自《新月》停闭后，即改由商务出版。除《左传考》外，又加了高本汉（即珂罗倔伦）其他论文，改称“高本汉史学论丛第一集”，旧封面是先

① 据陆侃如1936年7月在《食货》半月刊第4卷第7期发表的《悼赛昂里教授》一文。赛昂里逝世于1936年3月10日。《周代社会史》,《陆侃如冯沅君合集》未收。

② 《胡适遗稿及秘藏书信》第34册，第630～631页。按，陆侃如、冯沅君1935年留法归国。

生写的，现在想必愿意写新封面吧？敬祝
健康。

学生，侃如
十二月十五日

附封面样：
瑞典高本汉著　陆侃如译
史学论丛第一集
左传真伪考及其他
××题
(附纸二)[①]】

四、萍漂西南，在国难中坚守（1936～1945年）

卢沟桥事变后，冯沅君、陆侃如走出书斋，离开北平，流离迁徙，漂泊大西南，艰难、忧伤、奋进，在风雨炮火中，先后坚守在安徽大学、武汉大学、中山大学、东北大学等多所高等院校教学岗位上，教书育人。他们从多方面积极参与抗日战争。他们恪守学人本色，坚持著书立说。

1936年　丙子　中华民国二十五年　冯沅君37岁　陆侃如34岁

1月，梁启超《饮冰室合集》，由中华书局出版。

3月，梁启超著《中国美文及其历史》，由中华书局印行。附门人葛天民撰《全汉诗种类篇数及其作者年代真伪表》。

5月

5日，国民政府公布《中华民国宪法草案》，宣布结束训政，开始宪政，采用孙中山“五权宪法”主张，但确认总统有处置“紧急事故”“重大变故”特权。

31日至6月1日，在上海召开全国各界救国联合会成立大会。

本月，李宪璋等搜集的《台湾民间文学集》出版，赖和作“序”。

6月，章太炎去世。

10月

《国防文学论战》由新潮出版社出版。

---

① 《胡适遗稿及秘藏书信》第34册，第632页。按，《左传真伪考及其他》1936年出版。

鲁迅病逝。

11月

7日，顾颉刚在《歌谣》第2卷第23期发表《吴歌小史》。

22日，国民政府逮捕全国救国会领袖沈钧儒、章乃器、邹韬奋、李公朴、沙千里、史良、王造时，史称“七君子”事件。

本月，日伪军进犯绥远，傅作义率部抵抗。

12月12日，张学良、杨虎城发动西安事变，迫使蒋介石接受“停止内战，一致抗日”的要求。

本年，陈衍编《辽诗纪事》《金诗纪事》《元诗纪事》，由商务印书馆出版。

冯沅君、陆侃如在《教授界对时局的意见书》上签名。发表《南戏拾遗》。冯沅君发表《古剧四考》《论杵歌》《吴声歌中的几个字》《读诗札记》《元杂剧与宋明小说中几种称谓》。陆侃如发表《〈风〉〈雅〉韵例》《读〈吴歌小史〉》《鲁迅先生月祭》，译法国马伯乐（H. Maspero）作《评郭沫若近著两种》、瑞典高本汉（珂罗倔伦）著《书经中的代名词“厥”字》等。

1月，赵景深著《中国文学史新编》，北新书局出版。本书分古代、宋元和明清三编，各编均列陆侃如、冯沅君著《中国诗史》为参考书。

约在本年3月

7日夜，冯沅君致胡适信：

适之先生：

听说先生有王氏《四印斋汇刻词》和江氏《灵鹣阁汇刻词》，如果有的话，请先生费神将潘阆《逍遥词》、黄裳《演山词》、葛郯《信斋词》、向镐《乐斋词》检出交给门房，我在下星期星期二下午往取。自然我很高兴同先生谈谈，多领些教益，但怕先生事忙，不敢常去打扰。

我同侃如想教女师研究所做这样一件工作。我们认为正史的文苑传太简陋了。这些史家只知记载文人的事功，而忽视与文学有关系的事迹，同时又因他们的眼光短浅，所记述的文人十九只限于他们所认正统派的作者。我们研究散文和诗的作家时，受这些史家的害还小点，研究到词，尤其是曲，就恨不得把这些文苑传都烧去。它们对于我们一点益用都没有。因此，我们想编个《文人传记材料汇编》，取材于正史外，兼采方志、笔记、史传的注释、各种著作的序跋等等。方法是仿《人名大辞典》的样子，就作者姓氏笔画的多少排比；每个作者下面，将自各书抄得材料，依时代的先后编次。这种书的本身，当然没什么价值；不过总可算件助人研究文人行事时的工具。先生看这事做得吗？请给我个回答。敬祝

健康。

学生沅君敬上　三月七日夜①

27日下午6时，燕京大学国文系容庚等在陆侃如家聚餐。陆侃如时任燕京大学国文系教授兼主任。②

春，陆侃如收到法国治经济史的前辈赛昂里来信，"说要送一张照片给我，可惜已四十年没到照相馆了"③。

4月26日，陆侃如作《马伯乐先生传》（收入法国马伯乐著、冯沅君译《书经中的神话》，国立北平研究院史学研究会出版，上海商务印书馆发行，1939年8月）。

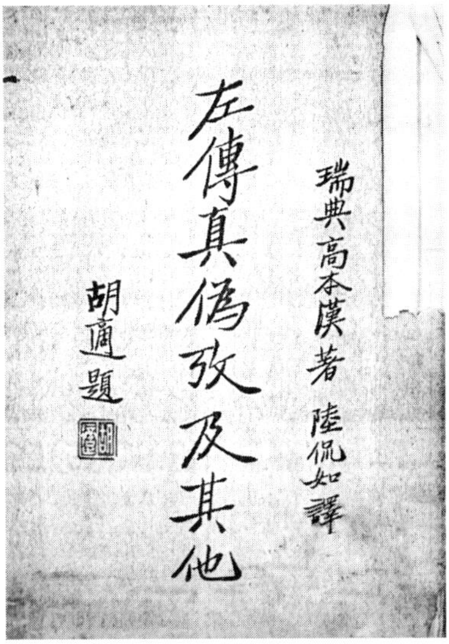

陆侃如译、胡适题《〈左传真伪考〉及其他》，上海商务印书馆1936年4月初版。
（引自《陆侃如冯沅君合集》第九卷正文前）

本月，瑞典珂罗倔伦著、陆侃如译《〈左传真伪考〉及其他》，上海商务印书馆初版。此书为《左传真伪考》的增订本，目次：《左传真伪考》的译者引言（陆侃如1927年6月25日，记于上海寓次，原载《国学月报》第2卷第7期），译序（陆侃如1935年11月25日序于北平燕京大学），第一章中国古书的真伪，第二章《书经》中的代名词"厥"字，第三章左传真伪考。附录一胡适《〈左传真伪考〉的提要与批评》（胡适1927年10月4日作于上海寓所），附录二卫聚贤《跋〈左传真伪考〉》（卫聚贤1927年6月书于清华研究院），附录三冯沅君《论〈左传〉与〈国语〉的异点》（冯沅君1928年8月20日作于上海，原载《新月》第

① 此信参见《陆侃如冯沅君合集》第8卷，第403、404页。此信编入《陆侃如冯沅君合集》第15卷"冯沅君创作译文"部分。此信无年份。信中"我同侃如想教女师研究所做这样一件工作"。"女师"指的是天津河北女子师范学院。1935年底至1937年7月卢沟桥事变，冯沅君在河北女子师范学院任教，此信当写于本年或次年的3月7日夜。姑系于此。

② 参见容庚著，夏和顺整理：《容庚北平日记》，北京，中华书局，2019年，第454页。

③ 陆侃如：《悼赛昂里教授》，《食货》（半月刊）1936年第7期。

7期），附录四卫聚贤《读〈论左传与国语的异点〉以后》（卫聚贤1928年9月28日作于南京）。①

5月22日夜，胡适致陆侃如、冯沅君信（《陆侃如冯沅君合集》第8卷，第402、403页）。主要谈从《九宫正始》辑出南戏、元剧、明剧问题："《九宫正始》中辑出南戏，大是喜事。""元剧分'院本'与'杂剧'。""明剧亦应分两个阶段，早期为'南戏'，后期为'传奇'。"信中云："皖峰昔年曾辑《胡适文存》中语为一联云：'大胆的假设，小心的求证。少说些空话，多读些好书。'我今年自辑一联云：有几分证据，说几分话。要那么收获，先那么栽。"

本月《文学年报》第2期印行，刊有法国马伯乐著、陆侃如译《评郭沫若近著两种》，瑞典高本汉著、陆侃如译《书经中的代名词"厥"字》。《评郭沫若近著两种》：评郭沫若《甲骨文字研究》《中国古代社会研究》两书（《陆侃如冯沅君合集》第9卷，第219～232页）。

6月

4日，陆侃如收到法国赛昂里教授的家属寄来的讣闻，得知赛昂里于本年3月10日去世。4日夜，陆侃如写《悼赛昂里教授》，后刊于《食货》半月刊第4卷第3期（《陆侃如冯沅君合集》第8卷，第409、410页）。此文说：

> 我到法国时，他年事已高，只在雷纳大学（Université de Rennes）里任名誉教授。我的译稿（编著者按，指《法国社会经济史》）出版后，寄了一本给他……我的《周代社会史》（*Histoire sociale de l'époque Tcheou*）出版后，也寄去请他批评。他有很长的复信……他又约我去游"美丽的不列颠 Bretagne"（不列颠是法国西部省名，雷纳大学即在其地），可惜我匆匆离开巴黎，无缘面谈了。

12日6时，国文学会在陆侃如家开会，容庚与会。②

19日，容庚等在陆侃如家欢送李镜池。③

24日，冯沅君写信给《风雨谈》。此信后来被（署名沅君）刊于《风雨谈》第11期"现代女作家书简"栏目中（《陆侃如冯沅君合集》未收），

---

① 附录三、附录四被《陆侃如冯沅君合集》编入冯沅君部分，第12卷，第101～141页。《〈左传真伪考〉及其他》其他部分，载《陆侃如冯沅君合集》第9卷，第115～217页。

② 参见容庚著、夏和顺整理：《容庚北平日记》，第463页。

③ 参见容庚著、夏和顺整理：《容庚北平日记》，第463页。

自注：写于“六月廿四日”。其中写道：

关于××九月号撰文事，沅拟将平时读书笔记整理奉上。题目是《元杂剧与宋明小说中的几种称谓》（约六七千字）。这自然是很浅薄的，聊以塞责而已。文稿在誊写中，容缓奉。侃如因母丧返里，一时恐将方命。敬祝健好。

约在本月下旬，陆侃如因母亲病故返回家乡。[1]

夏初，冯沅君在北平看到《九宫正始》，“以十日之力将其中题为‘元传奇’的曲子辑录出来。是年暑假又根据史传和说部考释各传奇的本事，成《南戏拾遗》二卷”（据《南戏拾遗补》，《陆侃如冯沅君合集》第 4 卷，第 193 页）。

夏，陆侃如在燕京大学见到校长司徒雷登，说到在南通江苏省立第七中学读书时，曾在教堂里听过司徒雷登的讲演一事，“他也为之莞尔”[2]。

《南戏拾遗》，陆侃如、冯沅君合著，《燕京学报》专号之十三，北平哈佛燕京学社 12 月初版封面。（引自《陆侃如冯沅君合集》第 4 卷正文前）

暑假，陆侃如回江苏海门探亲。冯沅君的侄女冯钟芸到冯沅君家同她作伴。冯钟芸在《四姑》一文中，回忆她当时在冯沅君家生活的情形：

---

① 据上述本月 24 日冯沅君写给《风雨谈》的信。本条及上信乃剑锋修订编年。按郭建鹏博士考此信作年云：“此信载《风雨谈》(1944 年第 11 期)《现代女作家书简》……而《冯沅君主要著述目录》(载姜丽静《历史的背影　一代女知识分子的教育记忆》，教育科学出版社 2012 年版，第 372 页)1936 年中记：杂文：冯沅君.1936 年.现代女作家书简[J].风雨谈(11)。此条若指《风雨谈》的出版时间，则是错误的。若指此信函的写作时间，题名又不符。查《元杂剧与宋明小说中的几种称谓》发表在 1936 年《宇宙风》第 27～28 期，署名沅君，《宇宙风》第 27 期出版时间是 10 月 16 日。由此可定，该信写于 1936 年 6 月 24 日。”参见郭建鹏：《冯沅君陆侃如史料辑考》，《2021 山东省古典文学学会年会暨陆侃如、冯沅君学术研讨会学术论文集》(上册)，山东省古典文学学会、山东大学文学院 2021 年 4 月内部编印。又，《陆侃如自传》云其母“抗战前一年去世”(详见本编第 345 页)。

② 陆侃如：《我第一次见到司徒先生》，《燕大周刊》1937 年第 6 期。

四姑见了我非常高兴。她先对我谈了每日活动的基本安排：早六时半起床，散步15分钟，回来吃非常简单的早饭。晚饭后，到未名湖边散步一小时左右，晚十时或稍晚睡觉。其他的时间，她在北屋书房里看书、报，写文章，我在西屋读书。午睡由自己安排……姑侄两人各有天地，彼此不干扰。我们的午饭、晚饭只做一些简单的饭菜。花时间很少……四姑是奶奶的最小的孩子，自幼好读书，不久前，在法国巴黎大学获得博士学位回国。谈话中，她常常讲一些中外作家的工作，或说一些文人的生活逸事和文坛情况，姑侄两人生活平静、愉快。当然，我常从她的谈话中，获得一些做学问、做人的启示。比如她说对人处世平时可以随和，但遇到关键的大事，就应该据理力争，绝不能后退。她说："你奶奶一辈子没争竞过什么，就是在孩子读书、为人上，可绝对不能放松。她非常重视子女的学习，只是她自己早年没有机会多读些书。当年我以第一名女生考取北大研究生时，你奶别提有多高兴，好象她也圆了梦。""你跟奶奶日久了，会体察到她的心思和志气。"

…………

我在闲谈中问过四姑，现在是否还写一些散文或小说？她说："散文有时写，小说久已不写，心情不同于年轻的时候。"

9月11日下午，陆侃如开国文系会，容庚与会。"六时至陆侃如宅聚餐。"①

10月

15日，陆侃如在天津《大公报·图书副刊》发表《〈汇纂元谱南曲九宫正始〉跋》（《陆侃如冯沅君合集》第8卷，第307～309页）。

约在23日，冯沅君、陆侃如在《教授界对时局的意见书》上签名。《意见书》由张荫麟起草，经冯友兰、钱穆、顾颉刚、徐炳昶、崔敬伯等人三次修改。签名者为发起人，共66人。《教授界对时局的意见书》全文是：

国民政府，行政院，军事委员会钧鉴，全国各报馆，各通讯社，各杂志社，各机关，各法团暨全国人民公鉴：

溯自沈阳之变，迄今五载，同人等托迹危城，含垢忍泪，不自知

① 参见容庚著，夏和顺整理：《容庚北平日记》，第472页。

其运命之所届。去秋以来，情势更急，冀东叛变，津门倡乱，察北失陷，绥东告警，丰台撤兵，祸患连骈而至，未闻我政府抗议一辞，增援一卒，大惧全国领土，无在不可断送于日人一声威吓之中。近来对华进行交涉，我政府所受之威胁虽尚未宣布，然据外电本诸东报所传，谓日本又有侵害中国主权之五项新要求对我提出：（一）华北五省独立；（二）经济合作，减低对日关税；（三）完全消灭抗日运动；（四）开除与抗日有关之领袖；（五）中日合作防共。除抗日激发之力属于彼方，非我能主动以外，其他条款，姑勿论所传之虚实如何，任承其一，即足以陷我民族于万劫不复之深渊，堕“中国之自由平等”之追求于绝路，中山先生所遗托于吾人之重任，数十年先烈所糜躯洒血以殉者亦将永绝成功之望。我全国人民，至于今日，深知非信仰政府不足以御外侮，精诚团结，正在此时，深不愿我政府轻弃其对国民“最后关头”之诺言，而自失其存在之领导地位。故为民族解放前途计，我政府固有根本拒绝此诸条款之责任；而为国家政权安定计，我政府亦当下拒绝此诸条款之决心。在昔绍兴之世，宋虽不竞，犹有顺昌之撄；端平之世，宋更陵夷，复有淮西之拒。我中华民族，数千年来，虽时或沦于不才不肖，从未有尽举祖宗所贻，国命所系，广土众民，甘作敝屣之弃者。此有史以来所未前闻之奇耻大辱，万不能创见于今日。是则同人等觇民意之趋向，本良心之促迫，所敢为我政府直言正告者也。同人等以国防前线国民之立场，在此中日交涉紧张之际，为愿政府明了华北之真正民意与树立救亡之目标起见，特提出下列数项要求，望政府体念其爱国赤诚，坚决进行，以孚民望而定国是，不胜企祷之至。

一、政府应立即集中全国力量，在不丧国土不辱主权之原则下，对日交涉；

二、中日外交绝对公开，政府应将交涉情形随时公布；

三、反对日人干涉中国内政，及在华有非法军事行动与设置特务机关等情事；

四、反对在中国领土内以任何名义成立由外力策动之特殊行政组织；

五、根本反对日本在华北有任何所谓特殊地位；

六、反对以外力开发华北，侵夺国家处理资源之主权；

七、政府应立即以武力制止走私活动；

八、政府应立即出兵绥东，协助原驻军队，剿伐藉外力以作乱之土匪。

发起人：

徐炳昶、顾颉刚、杨振声、钱玄同、陶希圣、梅贻宝、黎锦熙、冯友兰、洪业、马寿龄、林志钧、张奚若、姚从吾、孟森、陈其田、容庚、崔敬伯、钱穆、叶公超、梁士纯、唐兰、张子高、张荫麟、蔡一谔、陆侃如、郭绍虞、张佛泉、齐思和、沈从文、于永滋、朱自清、萨本铁、梁思成、林徽因、张景钺、孙云铸、谭锡畴、饶毓泰、徐辅德、汪奠基、董人骥、李季谷、沈嘉瑞、崔之兰、王日蔚、薛文波、赵斌、艾宜栽、常松椿、王梦扬、杨堃、黄子卿、金岳霖、曾远荣、李继侗、杨武之、周先庚、熊迪之、陈桢、严既澄、容肇祖、雷洁琼、侯树彤、杨秀峰、焦实斋、卢郁文、田洪都、谢玉铭、赵承信、冯沅君、谢景升、夏云、刘节、李安宅、于式玉、熊乐忱、刘敦桢、冯家升、连士升、吴世昌、黎琴南、李一非、李荣芳、薛瀛伯、聂崇岐、邓嗣禹、刘盼遂、顾廷龙、陈鸿舜、李书春、董璠、杨荫浏、朱士嘉、容媛、马锡用、侯仁之、陈梦家、沈心芜、饶毓苏、王承书、张振达、丁汝南、张凤杰等一百零四人同叩。

《教授界对时局的意见书》10 月 25 日刊于《学生与国家》第 1 卷第 2 期。

【剑锋补：

11 月 22 日，陆侃如、冯沅君参加北平作家协会成立大会，陆侃如以十二票、冯沅君以八票一起当选为第一届候补执委。① 在《北平作家协会成立宣言》上署名，署名者共 89 人发起。宣言全文如下：

现在是中国民族生死存亡的紧要关头。

生存于边疆上的中国人，更能清楚地认识“胜利不然就死”的格言。“和平”与“退让”是自甘灭亡的变相的解释，生存自由的取得要通过斗争的路程。

北方的文艺从业者们认清了这新的课题，深知在民族解放运动中的艺术，必须成为争取民族的生存和解放的武器。并且知道艺术如果以人类的感情为内容，则这时代的艺术不能不以中国民族在重压之下的苦闷而愤激的感情为内容。以往的怀疑厌世的，织缀梦幻的，而以

① 参见郭虹、辛波：《北平作家协会成立大会速写》，《时代文化》1936 年第 2 期。

清高自命的种种艺术，都是于民族解放运动有害的。

我们不能任令孤军奋斗。我们需要大团结的力量，以争取最后的胜利。

在这伟大的民族救亡运动的洪流中，我们，文艺从业者，要在“联合战线”的号召之下谋团结起来，作为这伟大运动的一环。凡是不甘心作亡国奴和汉奸的作家们，纵然文艺上的主张不同，我们也认为同是一条战线上的战友，因为救亡运动是全中国人的共同事业。

我们反对宗派主义，反对把文艺当作少数人的私产。我们希求广大的同情与合作！

我们的要求是：

一，作家们在“国防”的旗帜之下联合起来；

二，争取作家的切身利益的保障，言论出版的自由。

中国文艺家们！青年作家们！愿以至诚要求你们以共同团结的力量造成广大的联合！使“头的劳动”和“手的劳动”提携起来，通过了斗争，获得国家与民族的自由与解放！

杨丙辰、顾颉刚、陆侃如、冯沅君、曹靖华、孙席珍、高滔、彭岛、紫扬、王余杞、周柳门、蹇先艾、周金、谭丕模、管舒予、齐燕铭、苏殷、孙荪全、王西微、闻国新、金克木、王西彦、李寒谷、鲁方明、夏英喆、刘白羽、严文井、白晓光、冯文侠、刘西蒙、赵少侯、毕奂午、柳林、郭虹、张枬、郑佳谷、魏东明、金肇野、蒋弼、罗白、王昭琛、王孙、温涛、林山、冯夷、莫兰、穆君、张鲁持、冯隶曼、郑契嘉、李廿、邵森棣、今及、潘病高、何一鸿、李威深、金魁、张凝、黎嘉、汪华、王百川、李笑庵、赵荣声、牛文颖、张晋媛、高楚泽、高石笙、文海涛、李广田、李一非、王日蔚、杜南星、刘北斗、陈辉、贾丽南、王名衡、郑侃嬨、林火、魏伯、吴世昌、连士升、张秀亚、朱宝昌、江篱、黎锦明、李何林、李辉英、卞之琳、杨刚。①】

12月

陆侃如、冯沅君在《燕京学报》专号之十三（哈佛燕京学社出版）发表《南戏拾遗》（《陆侃如冯沅君合集》第4卷，第8～192页）。《南戏拾遗》是冯沅君、陆侃如合作研究古代戏曲的唯一一部著作。编写这部著作

① 载《燕大周刊》1936年12月5日第7卷第16期。

的缘起是，1935年陆侃如、冯沅君夫妇在一个书商那里发现了一部明人纽少雅编的《九宫正始》。此书在王国维、董康、郑振铎的著作中都提到过，但很少有人看过。他们想买下此书，但书价太高，一时凑不够款项。后来，经友人的帮助，才买得。① 他们买下此书后，用了半年多的时间，就编撰成《南戏拾遗》一书。此书包括“序例”、“导言”[包括：一、曲的辑佚。二、《九宫正始》。三、纽少雅（一五六四～一六六一？）。四、徐迎庆（？～一六三六）。五、骷髅格。六、元传奇。]、“南戏拾遗卷上”、“南戏拾遗卷下”四部分。“序例”最后自注：“二十五年六月二十一日陆侃如冯沅君记于燕京大学。”“序例”说：

> 《九宫正始》的发见，在南戏的研究上，有极大的帮助，因为它保存了一百多种“元传奇”，其中三分之二是近人辑佚所未及的。本书的目的，便在把这些贵重的材料整理出来，给研究戏剧史的人们作参考。
>
> 本书分上下两卷：上卷包括七十三种南戏，它们纯粹是新材料，别的书上没有引到过的。下卷包括四十三种南戏，别的书上已引过，但可以增若干曲乃至数十曲的。卷首有“导言”，对于《九宫正始》的两位著者及其他，有所探讨。
>
> 本书的目的不仅在辑佚，尤其在本事的寻索。或据古籍的记载，或据同题材而现存的剧本或小说，或据残曲本身。（其无从考查者，只好阙疑。）所引书必详注版本及页码，以备复检。
>
> 曲子的标点是极其困难的，一面要顾到文意，一面又要迁就曲谱。我们虽极审慎，但也难保没有错误。又《九宫正始》钞本误字极多，不过在未得佳本校正以前，我们也不敢臆改，即有极显明的笔误也都保存原状。

冯沅君在《燕京学报》第20期发表《古剧四考》（《陆侃如冯沅君合集》第13卷，第1～38页）。此文开头说：

> 本文所谓“古剧”，是指南宋、金、元三百年间的各种戏剧。关于这方面，虽已有王国维先生的名著《宋元戏曲史》，然而尚待补充之处还很多。在我搜集材料给它做“疏证”的时候，找到了些关于

① 参见《冯沅君传》，第162页。

“勾栏”“路岐”“才人”“做场”四点的史料，现在先整理出来，写成文本发表……一九三六年十月，冯沅君记于北京。

陆侃如在《燕京学报》第20期十周年纪念专号发表《〈风〉〈雅〉韵例》单行本（《陆侃如冯沅君合集》第5卷，第37～57页）。此文开头说：

我从前读孔广森的《诗声分例》和丁以此的《毛诗韵例》很感到兴趣，因为它们已超过音韵学的范围，而跨入诗律学的界线内了。诗律学包括诗歌规律的全部，韵例为其中的一部分，专研究诗韵的排列的。中国关于诗律学的著作本来不多，而且从前学者们所研究的，大都偏于律诗绝句方面，对于隋唐以前的诗歌常常是不理会的。但是，若要了解规律的起源与演变，则古代诗律学的研究实是很重要的工作。孔、丁二书给予文学史研究者的帮助，较其他关于“三百篇”的韵的书更大者，在此。

然而它们有个共同的缺点，就是不完备……

我早就想写一部《〈诗经〉的韵例》，以“三百篇”每章为单位，用西文字母来代表每句的韵……不过《周颂》一部分的韵，异说纷纭，尚无定论……所以我把三《颂》除去，留待将来专文讨论。现在先将《国风》（包括“二南”）及大小《雅》的韵例整理出来，做成本篇。

冯沅君、陆侃如将其《南戏拾遗》、陆侃如将其所作《〈风〉〈雅〉韵例》赠冯友兰。[①]

冯沅君将其在《燕京学报》第20期发表《古剧四考》赠胡适。

陆侃如在《歌谣》第2卷第28期发表《读〈吴歌小史〉》（《陆侃如冯沅君合集》第8卷，第310～312页），自注：“一九三六，十一月，二十六日，于燕京。”文中述及顾颉刚在《吴歌小史》中认为：“吴歌最早起源于何时，我们不甚清楚，但也不会比《诗经》更迟。”陆侃如认为：“吴地诗歌最早者，当推《西清续鉴》的《诸减钟》。”

《青年作家》第1卷第1期印行，刊有：陆侃如《鲁迅先生月祭》（《陆侃如冯沅君合集》未收），法国 P. Verlaine 作、陆侃如译《秋天的歌》（《陆侃如冯沅君合集》第9卷，第113页）。《鲁迅先生月祭》建议赶

① 参见《冯友兰年谱》上册，第248页。

快编印《鲁迅全集》，驳斥了有人认为鲁迅“褊狭”的谬说；《秋天的歌》陆侃如另有在《文艺先锋》1943 年第 3 卷第 5 期上发表的译本。

本年

陆侃如（署名侃如）、冯沅君在《宇宙风》第 8 期发表《二十四年我的爱读书》（《陆侃如冯沅君合集》未收）。

《宇宙风》第 13 期印行，刊有：冯沅君《读诗札记》（《陆侃如冯沅君合集》未收）；《吴声歌中的几个字》（《陆侃如冯沅君合集》第 14 卷，第 159～166 页），原注：“一九三六，二，二十五，于北平。”

冯沅君（署名沅君）在《宇宙风》第 27、28 期发表《元杂剧与宋明小说中几种称谓》（《陆侃如冯沅君合集》第 14 卷，第 277～288 页），原注：“二五，七，三〇，附记。”

冯沅君在《歌谣》第 2 卷第 19 期发表《论杵歌》（《陆侃如冯沅君合集》第 14 卷，第 188～199 页），原注：“九，二六，于燕京。”此文开头说：

> 在《歌谣》二卷十六期看到台静农先生的《从杵歌说到歌谣的起源》，这使我感到不少的趣味。因为“杵歌”这两个字近来常在我的脑中回旋，而且台先生是我的老朋友，读老朋友的文章每每有种分外的喜悦。对于台先生的话我并无批评之意，我只希望以下所写的对于研究“杵歌”的朋友们有点小小的帮助。

歌謠
論杵歌 馮沅君
寧波的歌謠 趙景深

冯沅君著《论杵歌》，刊于《歌谣》1936 年第 2 卷第 19 期。

（引自《陆侃如冯沅君合集》第十五卷正文前）

冯沅君（署名沅君）在《青年界》第 12 卷第 1 期发表《日记的一页》（《陆侃如冯沅君合集》第 15 卷，第 276、277 页），原注：“四月十日。”主要摘记毕业学生的题词。此文最后写道：这些题词，“辞句虽有工拙的不同，而所表示的情致则极近。‘人言愁我亦欲愁’，这些伤感的词句直把我带到惆怅的氛围中了”。

陆侃如在《食货》半月刊第 4 卷第 3 期发表《悼赛昂里教授》（《陆侃

如冯沅君合集》第8卷，第409、410页），自注："一九三六，六，四夜，于燕京。"

陆侃如在《食货》半月刊第4卷第4期发表《工正及其他——〈左传〉中的经济史料之一》（《陆侃如冯沅君合集》第8卷，第188～193页）。

陆侃如在《燕大周刊》第7卷第1期发表《介绍一部西洋通史：Peuples et Civilisations》（《陆侃如冯沅君合集》未收）。

约在本年，陆侃如为《文学年报》捐款。燕京大学国文学会创办《文学年报》，1936年5月复刊，出版第2期。陆侃如、董璠、刘盼遂、刘节、闻一多、王力、钱穆、顾随、奉宽、于式成、沈国华等都为《文学年报》捐过款。①

1937年　丁丑　中华民国二十六年　冯沅君38岁　陆侃如35岁

1月，何干之编《中国社会性质论战》文献集出版。

5月

李达著《社会学大纲》，由上海笔耕堂书店出版。

阿英著《晚清小说史》，由商务印书馆出版。

7月

7日，发生卢沟桥事变。日军在卢沟桥附近演习，进犯宛平县，当地驻军奋起反抗。全面抗战开始。

15日，中国共产党向国民党提交《中国共产党为公布国共合作宣言》。

17日，蒋介石宣布对日作战。

29日，北平沦陷。

本月

毛泽东发表《实践论》。

何干之编《中国社会史问题论战》出版。

8月13日，日军进攻上海，中国守军奋起抵抗。

本月，毛泽东发表《矛盾论》。

9月23日，蒋介石发表对中国共产党宣言的谈话，国共第二次合作。

11月

13日，上海沦陷。

---

① 参见范泉主编：《中国现代文学社团流派辞典》，上海，上海书店，1993年。

20日，国民政府宣布迁都重庆。

12月13日，日军侵占南京，实行大屠杀。

卢沟桥事变时，冯沅君因病辞去河北女子师范学院教职。作诗多首，发表《说赚词》《关于儿童读物》等。陆侃如修改《中国诗史》古代部分，开始撰写《中古文学系年》，发表《介绍几部法国史》等。辞去燕京大学职务，由冯沅君代课。

1月14日，冯沅君（署名沅君）《一个美妙的迷》（《陆侃如冯沅君合集》未收），刊于《天风报》第2版。

3月

3日，胡适写信给陆侃如。《胡适日记全集》第7册第390页："写信与孙子书、赵景深、王云五、陆侃如等。"

4日，陆侃如、储皖峰、罗根泽等发起成立中国文学史研究会，函请胡适担任会长。①

6日，储皖峰、罗根泽到胡适处，谈组织中国文学研究会事情。

夜，胡适写信给冯沅君："收到《燕京学报》廿期，就被人借去了，所以不曾写信给你。今天重读你的《古剧四考》，我想写封短信给你。"信中述及关于"大德"、《大德歌》、《庆元贞》、《元和令》等问题。冯沅君看完胡适信后，"跋"："胡适之先生在信中所述关于元剧起源之说，十分精确可从。不过，也有些小节目我不能完全同意。"如"刘要和问题""曲调来源问题""关汉卿生卒"的证据等问题。②《胡适日记全集》第7册第392页："前日作一书与冯沅君，论关汉卿。"

10日，法国H. Vacresco作、冯沅君译《他过去了》《战歌》（《陆侃如冯沅君合集》未收），刊于《大公报》第12版。

春

顾随致信陆侃如、冯沅君。

侃如先生：

上周到校上课，蒙赐尊著（编著者按：指《南戏拾遗》），连日稍忙，不曾作书致谢，不罪不罪。窃意《南戏百一录》与《戏文本事》之后，复有《南戏拾遗》，功行可谓圆满，嘉惠士林不浅也。但书中元"西厢"与明"西厢"杂糅，要是智者之一失耳。专肃，敬颂

① 参见金传胜：《从一封胡适佚简说起》，《中华读书报》2016年10月26日。

② 胡适此信及冯沅君"跋"，参见《胡适论学往来书信选》上册，第371～375页。冯沅君"跋"，《陆侃如冯沅君合集》未收。

春祺。

弟顾随顿首

沅君先生统此。

尊著一百十八页底至一百二十一页上端所录曲十三章，除“锦前拍”一章外，余俱见李日华《西厢记》中（暖红室本）。但暖红室所刊诸曲，初刻版本与后刻者不同，兄所据似是初刻者也。①

4月19日、20日、21日，《益世报》连载《陆侃如先生讲欧洲“支那学”家——本部特约记者张愍言记》（《陆侃如冯沅君合集》未收）。

5月5日，陆侃如应罗根泽、张西堂、刘盼遂之请，到新陆春赴宴。赴宴者还有萧一山、马有渔、黎劭西、谢刚主、李戏渔、高亨、顾颉刚。②

本月，《文学年报》第3期印行。刊有冯沅君《〈再谈关汉卿的年代〉跋》（《陆侃如冯沅君合集》未收）、陆侃如《〈楚辞〉补说》（《陆侃如冯沅君合集》第6卷，第665～669页）。《〈楚辞〉补说》包括：一、《招魂》补说，二、《天问》补说，三、《越人歌》补说。原注：“一九三七，二，九，于燕京。”文后有《附记》。

7月

卢沟桥事变时，冯沅君因患盲肠炎，动手术治疗。辞去河北女子师范学院教职，回到北京，在燕京大学燕园里天和厂养病。后来冯沅君写有《忆天和厂旧居》：

卜居却忆在天和，塔影湖光逸兴多。
屋后苍松窗外竹，晨昏伴我几吟哦。

半规赪玉隐遥岑，湖上相携作苦吟。
撩人最是千条柳，半摇翠缕半摇金。③

七七事变爆发后，冯沅君感于日寇的侵略和看到燕京大学一些纨绔学生沉湎于歌舞饮宴、学校当局布置欢度“圣诞”节等乱象，写作诗歌《北平事变》《平寓被劫》《书燕京大学事》等，诗后有作于1938年的注。

---

① 顾随：《顾随全集》卷九书信二，石家庄，河北教育出版社，2014年，第29页。

② 参见《顾颉刚日记》。

③ 《陆侃如冯沅君合集》第15卷，第333页。

北平事变

地室避兵朝复夕，亲朋生死两茫茫；
相逢事后无他语，骨肉平安谢上苍。

正欣失地俱收复，忽报大军去析津。
两日悲欢浑一梦，河山梦里属他人。

将军雄略识安危，忍把中原付岛夷！
最后牺牲应记取，幽燕父老望旌旗。

上引三首诗在1938年《宇宙风》(乙刊)第1期发表时有作者注。第一首注：

卢沟桥事变始于去岁七月七日。嗣后时战时和，冀察当局始终犹豫不决。廿七日，美使馆传出消息，谓日机将于次日轰炸西苑驻军。是日薄暮，送晚报者至，言城门已闭；报端亦刊登冀察政委会布告，云已拒绝日方无理要求，望居民沉着，镇静，应付国难。燕京大学与西苑东西相望，中仅隔一马路；时美籍教职员又大半离校，入使馆界，住校师生用是皆惶惑不知所措。翌晨六时许，果闻飞机轧轧，自寓所屋顶掠过西飞，继以轰隆之声，墙壁似皆震动。余急携家人赴男生体育馆，入地窖中暂避。盖此楼用钢骨水泥筑成，在全校诸楼中，素以坚固著称也。时燕京教职员及其家属已有先余等至者，未几附近居民亦麇集避难，室中几无立足地。日机炸西苑后，仍不时在燕京上空盘旋，侦察。局促地室中，听沙河一带传来炮声，犹天际殷雷。是日城郊交通断绝，即燕京与清华相去不过里许，亦无人来往，电话则时通时断。谣言因人心惶恐而益流行，或谓城内已有数处被炸，或谓日机曾开机枪扫射清华。余长兄全家因事羁留城内，仲兄与堂妹两家并在清华居住，闻此谣言，辄为心碎。廿九日晨，因我军已南撤，战事稍息，得悉三家长幼安全，不觉额手称庆。

平寓被劫

连连枪声疑爆竹，兼旬卧病意尤哀。
一轮皎皎中秋月，更照强徒排户来。

原注：

九月廿二日（中秋节后二日）夜，七时许，匪徒三五人，持手枪，短刀，逾墙入寓。因内室门已闭，乃破窗而入。时余方病盲肠炎，偃息在床，不及起避，遂为匪徒挟持，勒索巨款。余罄家中所有现金及手表等物付之，始扬去。

书燕京大学事

日落秋郊试马回，象棋六博又相催。
谁言冀北无春色，曷向勺园领略来！

连天萧鼓日喧喧，不数国仇不数恩；
华屋春深人似海，中宵犹奏窦娥冤！

塞北江南羽书驰，寇师已迫蒋山陲。
华灯高馆明如月，珠样歌喉颂圣时。

金爵翠盘纵以横，燕园何处不歌声。
可怜圣诞狂欢里，万姓椎心哭历城！①

月底，冯友兰将女儿宗璞和小儿子送到燕京大学冯沅君、陆侃如家。② 后来著名作家宗璞在《四姑——你能告诉我吗?》一文中回忆："抗战炮火初起，父母把我和小弟送到燕京大学，寄居在四姑家。我们在那儿度过一个暑假，每天在燕园游玩。……那时我吃米饭总喜欢拌上白糖，在家里母亲是不允许的，因为这会影响吃菜。四姑则随我们的意，不加管束。四姑父还把我和小弟轮流抡起来转圈，别的长辈从来没有过。我们很喜欢这个游戏，总是高兴得咯咯地笑。四姑和四姑父也笑。我想，这样的情形在他们的生活里不是很多。"

约在本年暑假，陆侃如主持燕京大学文学院中文系招生阅卷。当时参加阅卷的刘盼遂，后来对北京师大的学生周笃文说了下面一事：陆侃如"任燕京大学文学院系主任，暑期招生阅卷，招待阅卷诸先生殷勤周至，

---

① 以上引文见《陆侃如冯沅君合集》第15卷，第333～336页。
② 参见《冯友兰年谱》上册，第260页。

冰镇西瓜供应不绝，后系主任易人，西瓜则不可得矣。盼遂先生乃为小诗曰：‘去年今日此门中，铅笔西瓜相映红。铅笔至今依旧是，西瓜何处打秋风?’一时传为笑谈”①。

11 月 18 日 11 时，容庚女容琬进城，往南方，“陆侃如等请午宴”，容庚等参加。②

本月，陆侃如开始撰写《中古文学系年》。③

12 月

24 日，“沈国华攻击陆侃如”④。

25 日，郭绍虞为沈国华、陆侃如事约同容庚见燕京大学梅贻宝。⑤

26 日，容庚请冯沅君来，“劝其劝侃如辞职”⑥。

27 日，“侃如辞职”，由冯沅君代课。⑦

本年

日军侵占海门，陆侃如的父亲避居上海。

陆侃如、冯沅君在《西北风》第 15 期发表《二十五年我的爱读书》。

冯沅君在《月报》第 6 期发表《读〈宝马〉》⑧（《陆侃如冯沅君合集》未收）。

冯沅君在《燕京学报》第 21 期发表《说“赚词”》（《陆侃如冯沅君合集》未收）。

冯沅君在《逸经》第 28 期发表《果足》（《陆侃如冯沅君合集》第 14 卷，第 289、290 页），解释宋元间的俗语“果足”一词。

冯沅君在《宇宙风》第 46 期发表《关于儿童读物》（《陆侃如冯沅君合集》第 15 卷，第 278～280 页）。

陆侃如修改《中国诗史》古代部分，此修改稿因抗日战争爆发而中止印行。⑨

《中国法》由法国约翰·爱斯嘉拉著、陆侃如书评，刊于《燕京学报》第 21 期（《陆侃如冯沅君合集》未收）。

陆侃如在《燕大半月刊》第 1 卷第 2 期发表《介绍几部法国史》（《陆

---

① 陈祖美：《捧览〈陆侃如冯沅君合集〉札记》，《文汇读书周报》2012 年 8 月 31 日。

② 参见容庚著，夏和顺整理：《容庚北平日记》，第 512 页。

③ 参见《陆侃如和冯沅君》，第 229 页。

④ 参见容庚著，夏和顺整理：《容庚北平日记》，第 515 页。

⑤ 参见容庚著，夏和顺整理：《容庚北平日记》，第 515 页。

⑥ 参见容庚著，夏和顺整理：《容庚北平日记》，第 515 页。

⑦ 参见容庚著，夏和顺整理：《容庚北平日记》，第 515 页。

⑧ 《月报》录此文注：此文原载《大公报·文艺副刊》。

⑨ 参见陆侃如、冯沅君：《中国诗史·自序》，北京，作家出版社，1956 年。

侃如冯沅君合集》未收）。

陆侃如在《燕大周刊》第7卷第6期发表《我第一次见到司徒先生》（《陆侃如冯沅君合集》未收）。

陆侃如在《宇宙风》第41期发表《或问》（《陆侃如冯沅君合集》第8卷，第383、384页）。此文纠正了《宇宙风》第39期发表的两篇有关法国或法文中的错误。

刘厚滋编辑《中国文学史钞》（上）初版，由北京琉璃厂西门澄云阁代售。此书除编辑者自撰部分外，其余则从胡适、郑振铎、陆侃如、冯沅君、容肇祖所著的文学史著作中，摘录出有关章节，分别按朝代、类别编入。①

1938年　戊寅　中华民国二十七年　冯沅君39岁　陆侃如36岁

2月，《文艺月刊》主编王平陵联络在武汉的文艺界人士，成立中华全国文艺界抗敌协会筹备会，苏雪林当选筹备委员会委员。

3月27日，中华全国文艺界抗敌协会（简称文协）在汉口总商会礼堂成立。大会由舒舍予（老舍）主持，周恩来、郭沫若、邵力子等致辞。出席会议的文艺界人士共1253位，皆为文协会员。郭沫若、茅盾、朱自清、叶圣陶、郑振铎、老舍、巴金、郁达夫、丁玲、曹禺、吴组缃、沈从文、朱光潜、曹聚仁、许地山等45人当选为理事。文协是具有统一抗战目标和行动纲领的全国统一战线组织。周恩来被选为名誉理事。通过《中华全国文艺界抗敌协会宣言》。

4月

2日，由原北京大学、清华大学和南开大学组成的国立西南联合大学在昆明成立。

10日，鲁迅艺术学院在延安成立。

本月，中国军队在山东台儿庄与日军作战，取得围歼日军精锐二万余人的重大胜利。史称台儿庄大捷。

5月

19日，鲁迅纪念委员会编《鲁迅全集》20卷，开始预约发售。6月15日，由上海复社出版。

30日，郑振铎为国家抢购了一部明人赵琦美《脉望馆钞校本古今杂剧》，共64册，包括钞本、刻本元明杂剧共242种，其中一大半是湮没

① 参见付详喜：《20世纪前期中国文学史写作编年研究》，北京，北京师范大学出版社，2013年，第486页。

散失已久的。

8 月，郑振铎著《中国俗文学史》，由长沙商务印书馆出版。

秋，以老舍为中心的中华全国文艺界抗敌协会总会由武汉迁到重庆。

10 月

21 日，广州沦陷。

25 日，武汉沦陷。

12 月 18 日，汪精卫等潜离重庆到河内，准备投降日本。

本年

汤用彤著《汉魏两晋南北朝佛教史》上下册，由商务印书馆出版。

郑振铎、赵万里、马廉合力抄录孙祥熊藏明抄本《录鬼簿》，由北京大学出版组据此抄本影印出版。

冯沅君、陆侃如到安徽大学任教。后离开安徽大学，经上海、香港、河内到昆明。陆侃如应聘中山大学，和冯沅君到广州。陆侃如任中山大学师范学院教授。冯沅君赋闲。不久，他们随中山大学迁往广东罗定县。冯沅君接到武汉大学的邀请，只身前往迁到四川省乐山的武汉大学中文系任教，发表多篇有关抗日战争的诗文。陆侃如发表《关于方玉润——清代西南文人小记》《北平陷落的周年》等文。

1 月

4 日，容庚“访陆太太冯沅君”①。

6 日，“沈心芜太太、冯沅君、陈哲来交换文件。沈攻击陆侃如事作一结束。结果沈、陆二人皆离校”②。

10 日，容庚“早在陆侃如家购得书架三”③。

23 日，晚六时半燕京大学国文系同人在容庚家饯行陆侃如。④

年初，杨亮功致信陆侃如、冯沅君，希望他们到设在安庆的安徽大学任教。杨亮功曾任中国公学副校长，与陆侃如交情深厚。陆侃如得到杨亮功的信后，待冯沅君身体稍有好转，即一起离开北京，到天津乘火车南下，在济南住了两天又乘火车到南京。在南京坐船抵达安庆，在中文系共同教授中国古代诗史。当时安徽大学因其独特的地理位置，一时成为避难之地，有不少名人，如郁达夫、苏雪林、朱湘、刘大杰、周建人、陈望道

① 参见容庚著、夏和顺整理:《容庚北平日记》,第 518 页。
② 参见容庚著、夏和顺整理:《容庚北平日记》,第 518 页。
③ 参见容庚著、夏和顺整理:《容庚北平日记》,第 518 页。
④ 参见容庚著、夏和顺整理:《容庚北平日记》,第 520 页。

等在这里任教。[①]

2 月初，日军日益逼近安庆，安徽大学开始迁徙。将一部分仪器和一些老先生先期送往长沙，后又转往汉口和重庆，最后并入迁到四川乐山的武汉大学。

2 月底，陆侃如、冯沅君随安徽大学到汉口，执教武汉大学中文系。[②]冯沅君、陆侃如在武汉不久，途经上海，奔向西南，途中得知海门失守，冯沅君写《闻海门失守》一诗（《陆侃如冯沅君合集》第 15 卷，第 338 页）：

> 消息传来哪忍听，屠焚见说遍郊坰；
> 故园三月音书绝，魂断宜舫同寿亭。

原注：

> 外子陆侯籍海门。今春南来，道过沪上，因行色匆匆，未及返里。三月中，日军寇海门，据之。闻乡镇多毁于火，人民备受荼毒。宜舫与同寿亭并老人颐养之所。

他们乘船经香港到河内。经香港时，冯沅君写有一诗（《陆侃如冯沅君合集》第 15 卷，第 337 页）：

> 过香港
> 坠地列星照水明，倚山楼阁倍峥嵘。
> 谁知荒岛百年后，竟是南天不夜城。

3 月

陆侃如、冯沅君到河内。时，冯友兰一家也在河内，准备去云南昆明西南联合大学。冯沅君、陆侃如在河内勾留三日。约 20 日，他们到医院探视冯友兰。冯友兰 2 日赴河内，过凭祥县一小拱门时左臂被墙碰伤。冯沅君赋诗（《陆侃如冯沅君合集》第 15 卷，第 337 页）[③]：

---

① 参见《陆侃如和冯沅君》，第 101 页。

② 参见《陆侃如和冯沅君》，第 229 页。

③ 《冯友兰年谱》上册，第 273 页。

河内病院见大兄

闻关避贼过南越，伯氏折肱伤未痊。

一见惊呼欲下泪，家人情切在中年。

4 月

冯沅君获悉山东抗战台儿庄大捷，赋诗（《陆侃如冯沅君合集》第15 卷，第 337 页）：

台儿庄大捷

鲁南一战树奇勋，万姓欢呼处处闻。

范氏平吴前例在，范金合铸众将军。

赵景深在《红茶》第 8 期发表《嘤鸣小记　陆侃如冯沅君夫妇》。此文写道："陆侃如和冯沅君的结合，是使我羡慕的：犹之我羡慕最近结婚的姜亮夫和陶秋英一样。大约这就是陈望道说的'同志爱'吧？"陆侃如、冯沅君的"《中国诗史》以及以前陆侃如的《屈原》《宋玉》都是我所爱好的……他们俩的《南戏拾遗》《古剧六考》[①] 等都相继发表了。沅君的《宋元戏剧史疏证》大约不久也快问世了吧？""因为对于一个研究者感到兴趣，便连类及于这作者的其他作品，也想一看，就在这样的情调之下，我用去两三个清晨和黄昏，看完了沅君的三本创作——《卷葹》《劫灰》和《春痕》。《卷葹》中的《隔绝》和《隔绝之后》自是成名的处女作。《劫灰》中最给我深刻印象的是作为篇名的《劫灰》，写妇女们避土匪，躲在湿田里，这情景至今犹如目睹。此外《潜悼》叙小叔子爱嫂嫂，描写心理入微，也写得很好。《春痕》是沅君给侃如的情书，这使我想起我编《文学周报》时，与侃如的会面。侃如带着典型的江南公子的姿态，瘦瘦的个子，瘦瘦的脸庞，却又不是露出颧骨的，特别高的皮衣领，再加上华服和走路的潇洒，真有点翩翩然了。他把《小梅尺牍》，署上笔名'小梅'，给我在《文学周报》上发表，这是可以与《春痕》合看的。我在此记下一笔，以免他日后人再替喜欢考证的侃如来作考证……听说现在他们俩都到云南去了，我就以这篇小文，遥致我的思念吧。"[②]

---

① 编著者按，应是冯沅君：《古剧四考》，《燕京学报》1936 年第 20 期。

② 此文后来收入赵景深编《文人印象》一书，1946 年出版。

【剑锋补：

15日，陆侃如致信胡适（《陆侃如冯沅君合集》未收）：

适之先生：

不同先生见面，转眼已逾半载了，幸喜在报纸上时得读到先生的言论。

师母寓居上海，过沪时本想前去请安，因不知地址中止。祖池上兄，前闻在香港，日内想当抵滇。生等因不堪敌方压迫，早拟离平。这燕京内部多汉奸，同事间借伪攻击。故于寒假中起身南下，上月底安抵昆明。寓圆通街一四五号龚厅长宅内。昆明虽是个偏僻的省会，但因近来避难者甚多，生活程度日益增高。若无职业，恐难维持。云南大学下年将改为国立，各学院皆有变动，该校校长是熊迪之先生（留法，清华教授），文法学院院长林同济先生（留美，南开教授）处，不知先生能否赐书介绍？如果可以的话，更盼用航空快信见复，因为逐鹿者多，迟则恐捷之者先得。如果云大以外的文化机关，有可服务的机会，亦望先生代为留意。现在先生远涉重洋，为国宣劳，而生等还以琐事奉渎，真是说不出的不安！大德不谢，惟有祝先生健康而已。

生侃如敬上

四月十五日

沅君同叩

通信处：云南昆明圆通街一四五号龚厅长转。①】

约在4月下旬，陆侃如、冯沅君到达昆明。他们离开河内，前后历经三个月的艰难行程，到达昆明，住城北圆通街。途中，冯沅君写有《滇越道上》并注，记其行程时的所见所感（《陆侃如冯沅君合集》第15卷，第338页）：

滇越道上

蕉林榕树出烟村，夹道木棉艳以繁；

茅屋稻田萦曲水，越南毕竟似中原。

---

① 《胡适遗稿及秘藏书信》第34册，第638页。1938年11月8日决议改省立云南大学为国立云南大学，“11月24日国立云南大学举行隆重的开学典礼”。参《云南大学志》第2卷“大事记”（1925～1993），云南大学党史校史办公室，1996年12月，第81页。信中既云“云南大学下年将改为国立”，则此信作于1938年上半年。

闪烁流萤拟落星，千岩万壑夜深行。
天南驿路秋风急，一涧芭蕉作雨声。

自注：

六年来，余两过安南。一在廿一年夏，一在今春。前次仅游西贡。此次取道滇越路来滇，由海防至河口，约一日之程，又因长兄方就医河内，先后在越南勾留三日。于安南风物民俗，前次惟觉其与中国异，此次乃见其同。农村景色尤似江南。是知昔日所斥为雕题黑齿之族殆亦我华之支裔也。

到昆明，冯沅君赋诗（《陆侃如冯沅君合集》第15卷，第338页）：

抵昆明
群山万壑到昆明，故友新知倒屣迎。
解罢行囊顿怅惘，书生才短只偷生。

他们在昆明“小住若干时日”。陆侃如在《关于方玉润——清代西南文人小记之一》（《陆侃如冯沅君合集》第8卷，第283～285页）一文中说：

我早就想到西南各省来旅行，为的是搜集一点文学史的材料。因为云南贵州等省，曾产生不少对学术上有大贡献的作者，而他们的集子及事迹很不易在平津京沪等大都市里找到。

现在全面抗战运动以后，我得有机会，在西南文化中心的昆明湖畔，小住若干时日，便要想搜集材料来写几篇年谱，将来或许可以合称“清代西南文人年谱若干种”。

首先从云南伟大的学者方玉润开始……到昆明以后，我便多方打听他的集子和事迹。

他们在昆明，“住的是个‘杂院’，所以不出大门便可以认识了些‘街坊’”[①]。又，冯沅君在本年写的《昆明的秋》一文中说，他们来昆明

① 冯沅君：《烟火人语》，《陆侃如冯沅君合集》第15卷，第285页。

“已经四个多月了”。以此推测，陆侃如、冯沅君在昆明至少住了四个多月。

5月10日，厦门被日本侵占。冯沅君获悉后，赋诗并注（《陆侃如冯沅君合集》第15卷，第338、339页）：

厦门失守

生死成败不须论，誓以微躯殉厦门。
沙尾江头明月夜，几多忠烈未招魂！

注：

五月中，日人陷厦门，壮丁队殉难最烈。沙尾与江头并厦门附近地名。

6月5日，冯沅君作《从女汉奸说起》（《陆侃如冯沅君合集》第15卷，第281～284页），自注：“廿七，六，五，于昆明。”此文载《宇宙风》第72期。此文在分析了产生女汉奸的原因后，希望女子铲除“为享乐而生存的劣根性”，投身抗日战争：可以利用女子的特点做间谍；作为妻子，应有“民族气节”，管好丈夫；作为母亲“培养儿童的民族意识，对于国家的热爱”；在家庭日用方面，“不浪费，绝对排斥仇货”。

7月

17日，冯沅君作文，记冯钟豫（此文手稿见许志杰：《陆侃如和冯沅君》，第103页。《陆侃如冯沅君合集》未收），全文是：

钟豫为余仲兄长子，余母长孙。丁巳夏末，余负笈北游，时钟豫生甫数月。薄暮，率卧屋前大树下，小绳榻上，肥硕可喜。乙亥，入清华大学习工程，卓尔异常人。去夏至鲁实习，旋以倭奴内犯，平津沦陷，乃间道赴湘，读于联合大学。春初，联大南徙，钟豫随湘黔滇旅行团步行来昆明。四月末见余于城北圆通街寓所。三千里，七十日，跋涉山水，而口无怨怼之语，面无憔悴之容；于沿途山川形势，民情风物，探询记录，继以图绘，可谓能刻苦自励者矣。昔鲍明远弱冠赋《行路难》，奇文异采，照耀古今；龚定庵亦云“卓荦还凭弱冠争”。钟豫今其时也，勉之。四姑　一九三七，七，一七。①

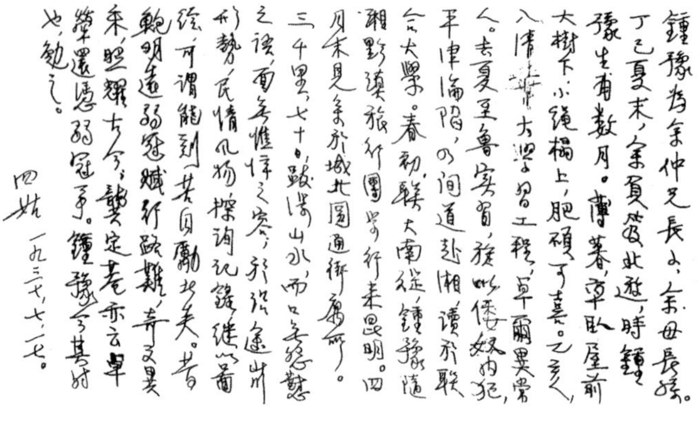

1938 年 7 月 17 日，冯沅君写的记钟豫手稿。原注时间“一九三七”当作“一九三八”。
（引自《陆侃如和冯沅君合》第 103 页）

25 日，冯友兰致信清华大学校长梅贻琦，其中写道：“舍亲陆侃如前本说到广西，近又不成，拟从事翻译工作……舍妹已直接与任叔永太太一信，并将翻译计划及以前翻译成绩寄请审核。唯值此人多钱少之时，望先生再与叔永先生一信，为之说项为感……弟　冯友兰谨启　1938 年 7 月 25 日。”②

【剑锋补：

29 日，陆侃如、冯沅君致信胡适（《陆侃如冯沅君合集》未收）：

适之先生：

四月中曾托驻美使馆转上航信，略陈离平经过，并恳介绍至云南大学任课，想蒙收阅。迄今未获复示，至深悬念。顷闻先生已由美赴英，谨祝旅途安适。在先生方为国宣劳之际，生等一再以私事相烦，惭悚而外，尚复何言。惟是异御［域］困处，生活迫人，除向先生申诉恳助外，实亦别无他途。报载政府为训练中学师资，将于湖南设立国立师范学院，并聘廖世承先生为筹备主任，朱经农、吴俊升诸先生为筹备委员。该院创办伊始，或较他处易于设法（拟恳同时介绍生等

① 此信开头无称呼，信中直称“钟豫”，当不是一封写给钟豫的信，而是一篇记赞钟豫之文，可能是写给冯沅君的侄子们的。落款时间是 1937 年 7 月 17 日，与文中所述内容多有不符。“一九三七”当是“一九三八”的笔误。

② 冯友兰：《我与西南联大》，北京，石油工业出版社，2018 年，第 111 页。

二人，由该院选聘一人）。

专此，敬祝健康。

生侃如、沅君同上

七，廿九

又：武汉大学迁至四川嘉定后，闻须添聘国文教员一人，未至（知）确否。可否赐函王抚五陈通伯两先生，推荐一下？

通信处：云南昆明圆通街一四五号龚公馆内。[①]】

本月，杨荫深著《中国文学史大纲》，商务印书馆出版。此书除《楚辞》部分吸取陆侃如的研究成果外，又“序”说：“关于乐府部分，多取资于陆侃如氏的《中国诗史》。”

8月，陆侃如在《新动向》第1卷第4期发表《关于方玉润——清代西南文人小记之一》（《陆侃如冯沅君合集》第8卷，第283～285页）。此文依据在昆明见到的资料，初步勾列了方玉润的生平，同时也指出有待进一步研究的问题和阅读的资料。

10月

3日，冯沅君（署名沅君）《闻歌》（《陆侃如冯沅君合集》未收），刊于《大公报（香港）》第8版。

约在月初，陆侃如接到了中山大学的聘请，他和冯沅君离开昆明去广州。12日，抵达广州。陆侃如任中山大学师范学院教授。冯沅君赋闲。

21日，广州被日军侵占。此前在日军的枪炮声中，10月19日至21日，陆侃如、冯沅君随中山大学溯西江迁往广东西南部山区的大县罗定县。途中，19日晚，到西江南岸郁南县都城。“二十日晨九时许，日机数架飞过都城，其中有一架曾一度作低空飞行。”25日，离都城。约在10月底，到罗定。时罗定“已进入战时状态，夜袭堪虞”[②]。途中，冯沅君赋诗（《陆侃如冯沅君合集》第15卷，第339页）：

都城山中

避寇缘江西复西，郁南地僻暂栖迟。

晓来时坐幽篁里，万叶千枝秋露垂。

① 《胡适遗稿及秘藏书信》第34册，第639～640页。

② 冯沅君：《告内地宣传者》《说广东精神》，《宇宙风》（乙刊）1939年第4期。

注：

戊寅广州十月之变，中山大学迁罗定。余随外子溯西江至郁南之都城镇。镇倚山临江。山不雄峻，而岩谷曲折，竹至蓊蔚，每日八时许辄至林中避空袭。时宿露未干，万竿苍翠，如对名画，令人意远。

到罗定后，冯沅君“有半个月的耽搁”①。

约在11月初，冯沅君接到武汉大学校长王星拱的邀请，前往已经迁到四川省乐山的武汉大学中文系任教。冯沅君11月9日离开罗定②，前往武汉大学。当时武汉大学文学院的院长是陈源（陈西滢），中文系系主任是叶圣陶。冯沅君接到聘书，由广东省罗定县前往乐山③。冯沅君由罗定至信宜途中赋诗（《陆侃如冯沅君合集》第15卷，第339页）：

夜宿白石

日落荒村驻客舟，南江导我作南游。
野人惟识山中事，夜雨寒灯问广州。

原注：

十一月由罗定赴广州湾，遵南江西南行，夜宿白石堡。堡属信宜县，在群山中。时广州已沦陷匝月，而镇人犹未知之。

过百鸡岭

天风扶我上崔嵬，路劈中峰一线开。
俯首群山无处觅，松涛云海逼人来。

原注：

百鸡岭在罗定信宜间，高出诸山以险峻称。岭多松，居人劈峰为路，古树夹道周。时值阴雨，烟雾四合，茫茫如行云海中，而松声澎湃，几如海啸。

---

① 冯沅君：《告内地宣传者》，《宇宙风》（乙刊）1939年第4期。

② 参见冯沅君：《说广东精神》，《宇宙风》（乙刊）1939年第4期。

③ 冯沅君在《说广东精神》一文说：“我在广州只住了五天，在广东境内只住了三十五天。”

中山大学迁到罗定一个月后，又拟改迁西南部的龙州。在迁往龙州时，又改迁云南的澂江①。

本年

冯沅君（署名沅君）在《文艺阵地》第6期发表诗《撤退》（《陆侃如冯沅君合集》第15卷，第401～403页）。

冯沅君（署名沅君）在《宇宙风》第73期发表《烟火人语》（《陆侃如冯沅君合集》第15卷，第285页）。其中写道："南来之后，流离的生活，见天为吃忙着。风炉成了我的好伴侣，每天同它盘桓的时间远过于阅读、书写。呜呼，我真一烟火人矣，是为烟火人语。"此文重点是记述、附议和自己同住在一个"杂院"中一位工程师，建议把所有的技术人员组织起来，参加抗战。认为"在现在这个'危急存亡'的时候，人民应将自己的力整个贡献给政府，政府更应该正当而精密地利用人民的贡献，上下合作来完成这民族复兴的伟业。对于技术人才应该如此，对于其他方面的人才也应该如此"。

冯沅君（署名沅君）在《宇宙风》第74期发表《〈踏进伤兵医院〉的回响——〈烟火人语〉之二》（《陆侃如冯沅君合集》第15卷，第289～291页）。此文的写作，是感于在武汉伤兵院里少人慰问，少人关照，"看护不够用"，进而想到"自从抗战以来，伤兵的救护本就是个严重的问题"，呼吁"安居后方的人士们"，对于这些"挂彩"的弟兄们"给予援助"。"如果再想想他们所以以血肉与敌人的炮火相搏的原因，恐怕我们会觉得我们所能为他们做的工作，如帮助扎伤口、配药、换药、代写家信、语言或物品的慰藉等，还是菲薄得令给予者脸红的报酬。"最后写道："对于中华民族，抗战是有无比的重大意义，同时也是无比的艰难……抗战已经过了一年的时光，然而谁敢说最后的胜利已在眼前了。为了把握着这伟大的胜利，我们应该努力，继续的努力，加倍的努力。对于一切工作都应该如此，不独对于伤兵救护应尔。"

冯沅君（署名沅君）在《宇宙风》第75期发表《反省吧，被侵略的人们！——〈烟火人语〉之三》（《陆侃如冯沅君合集》第15卷，第292～293页），自注："抗战周年后一日。"

冯沅君（署名沅君）在《宇宙风》第77期发表《昆明的秋》（《陆侃如冯沅君合集》第15卷，第294～295页）。

---

① 澂江，1955年改称澄江。

陆侃如的父亲避居上海时，得知共产党号召团结抗日救国，率先响应，年底乘船回海门。船未启航，日寇登船检查，诬以游击队联络员被捕，囚于上海浦东，经数月被营救出来。他回海门后，拥护民主，支持抗日，率先实行抗日根据地二五减租政策，被推举为海门、启东两县参议会议长。[①] 他和季方是朋友，季方和其他抗战的同志经常在陆措宜家里商量工作。新四军有些信件经常由陆措宜转递。[②]

陆侃如在《战时知识》第5期发表《北平陷落的周年》（《陆侃如冯沅君合集》未收）。

顾颉刚笔记《皋兰读书记》中收有致陆侃如信，题为《论甘肃西南山地》[③]。

1939年　己卯　中华民国二十八年　冯沅君40岁　陆侃如37岁

2月

国民党设立党政军一体的国防最高委员会，蒋介石任委员长。

陈安仁著《宋代的抗战文学》，由长沙商务印书馆出版。

3月27日，南昌被日本侵占。

本月，洛蚀文编《抗战文艺论集》，由译报图书部发行。

8月，周谷城著《中国通史》出版。

9月3日，英国、法国对德国宣战，第二次世界大战爆发。

本月

马一浮在四川乐山办复性书院。

裴小楚编著《中国历代民族英雄传》，上海大方书局初版。

11月

24日，南宁失守。

30日，汪精卫与日本侵略者签订“日汪密约”。

本年至1941年，王古鲁专门到日本寻访中国通俗文学文献。

冯沅君到达乐山武汉大学任教。后辞去武汉大学教职，前往中山大学任教。作诗多首，发表《丁戌纪事诗》《告内地宣传者》《说广东精神》等文，译法国马伯乐著《书经中的神话》并出版。陆侃如随中山大学由罗定迁到云南澂江。发表《五四运动的一段插话——自传之一章》《吴康著法文汉集考源》等。

---

① 据陆措宜的亲戚田维德提供的材料。

② 参见《陆晋如给牟世金的信》。

③ 参见顾潮编著:《顾颉刚年谱》(增订本),北京,中华书局,2011年,第330页。

1月

1日，冯沅君由昆明赴在嘉州（乐山）的武汉大学，经成都，瞻仰唐代女诗人薛涛故居，赋诗（《陆侃如冯沅君合集》第15卷，第340页）：

成都薛涛故居

乱里偷生强作欢，枇杷门巷一盘桓。

亭亭千个临风竹，翠袖无人倚暮寒。

原注：

己卯元日由昆明赴嘉定，道出成都。望江楼在成都东南，薛涛井在焉。枇杷巷在其旁，唐人诗所谓"万里桥边女校书，枇杷花下对门居"也。川多巨竹，望江楼左右者尤茂密，拂天蔽日，挺拔青翠。

本月月底，陆侃如随中山大学由罗定迁往云南澂江仁南镇。澂江在云南省中部，是滇中三县二州的府治所在地，府离昆明约60公里，有公路通昆明。中山大学师生大部分经过广西镇南关到达越南河内，乘滇越铁路到昆明，然后再到澂江。还有的师生从广西柳州到贵阳，再转昆明，之后到澂江。还有的师生从百色、香港方向到昆明再转澂江。学校从1月30日开始到2月28日止，共组织15批750人搬迁到澂江。

2月

阴历年刚过，冯沅君到达乐山武汉大学，讲授中国文学史。时在武汉大学任教的有冯沅君的同学苏雪林，还有凌叔华（陈源的妻子，作家）、袁昌英（兰子）、高亨。

冯沅君在武汉大学常到苏雪林家交谈。谈到生孩子，苏雪林问："你们结婚十年，形影相随，为什么不要孩子？"冯沅君说："在法国有过，夭折了。四十岁的人了，不会再有了，也不想要了。两个人还漂泊无定，难以立足，拖儿带女更何以堪！"①

冯沅君在乐山常有诗作，如（《陆侃如冯沅君合集》第15卷，第340、342页）：

① 《冯沅君传》，第176、177页。

嘉州乌龙寺

尔雅高台半就荒，坡仙洗砚事茫茫。
劳人恰似失巢燕，来向蚕丛觅画梁。

附注：

凌云寺后有东坡楼，相传东坡洗砚于此……鱼凫津在城北，盖古蜀王蚕丛、鱼凫迄于杜宇，并国于此。

西川见杜鹃花

辞家王粲久无家，盈身鼓鼙阅岁华。
照眼枝枝红似火，嘉州初见杜鹃花。

嘉陵江

见说巴江似美人，滩声疑怨复疑嗔。
青山屏列树垂幄，一笑搴帷太绝伦。

关于冯沅君在武汉大学的教学情况，后来武汉大学教授周大璞回忆说：1939 年初，“我刚留武大当助教，冯先生已是著名的教授了。她讲词曲史确实讲得好。只因当时武大派系斗争很凶，冯先生教了一两年就走了”①。

3 月

1 日，中山大学各院系到澂江安排妥当后，开学。澂江府城有一定规模，寺庙和古建筑较多。中山大学迁来后主要利用这些建筑及自盖简易房屋做校舍。“学校也是因陋就简，利用土坯或者木柱做成桌脚、凳脚、床脚，再铺上木板，解决床、凳子和桌子缺少的困难。教室设在寺内，有些殿、阁还作为宿舍，而庙中又塑有菩萨，学校就用篱笆、旧布把神殿间隔开来……晚上没有电灯照明，大家就用汽灯、蜡烛甚至油灯照明。”②当时中山大学师范学院设有教育系、公民训育系、国文系、英语系、史地

① 尚达翔：《怀念导师冯沅君先生》，山东政协文史资料委员会编：《悠悠岁月桃李情》，北京，中国文史出版社，1991 年，第 152 页。编著者按：“教了一两年就走了。”不确。实际上，冯沅君在武汉大学任教约 5 个月（一学期）。剑锋按：该文原载山东大学校史编写组编：《山东大学校史资料》1982 年第 3 期；又收入樊丽明、刘培平主编：《我心目中的山东大学》，济南，山东大学出版社，2005 年，第 319～327 页。

② 吴定宇主编：《中山大学校史（1924～2004）》，广州，中山大学出版社，2006 年，第 171 页。以下简称《中山大学校史》。

系、数学系、理化系、博物系，还有研究院，设在城内玉皇阁、建设局、极乐寺及城西北的五龙庙。陆侃如在师范学院讲授中国文学史、历代文选与文学专书等课程。还“肩负了师院指导分会的学术组的指导重任”。他在瀓江的情况，当时的学生张守能有所记述：“初入学院的手续是需要谒见导师的。那时我的导师就是陆先生。我永远忘记不了那在瀓江仁南镇的一所寓所里所获得的初谒的印象：陆先生的久享盛名似乎与他三十多岁的年纪不大相称，见起面来谁也惊讶他的活泼甚而可以说是天真。”他“不摆教授的架子”，“不吝啬时间来参加学生们的活动”，他帮助学生“组织成了一个生社”。“记得陆先生在泛论文学史时，他用坚毅的语调说：‘我国的文学史，比较有进步的撰述，不过是近二十年来的事。’‘编文学史有两大要点：第一是材料的取弃；第二是材料的组织。材料的日新月异，文学史的定论也日渐改进，治文学史的人，切勿固守结论，而且材料的真伪问题……’因此，陆先生的辨伪功夫来得详，结论的定句下得宽。”“陆先生不特是国学专家，而且是有名的‘考试专家’。即如陆先生讲《文选》，除了本文的探讨以外，像作者的生平，撰写本文的动机和影响，以及古今中外的学者底有关评述，都有许许多多的材料的讲授。这些都是必需考验的范围。而且‘考试专家’的考试，并不如此简单。他是把课外的作业看得要命似的时时催索着。要学生有良好的课外作业，于是陆先生做了系主任之后，便火速地组成了课外研习会，由学生自由认定组别，请教授们辅导研习。”“陆先生生活在大时代的暴风雨中，目睹家国的多难，他意识到战时创立师院的重要性，因此陆先生早就明显地指出师院的工作重心：‘要对得起国家，要想得起责任，第一便须把全院青年陶铸成专门人才，因此，院中读书习惯的养成，学术研究的提倡，便是我们最主要的工作。’”“陆先生很有学者的风度，常常对我们说：‘为着学院的大好前途，宁愿作一匹耕牛，去翻开了师院这学术的园地；但是呢，我爱着“教授”的自由。’”①

本月

冯沅君（署名沅君）在《宇宙风》（乙刊）第1期发表《丁戍纪事诗并注》（《陆侃如冯沅君合集》未收）。

冯沅君（署名沅君）在《宇宙风》（乙刊）第2期发表《告内地宣传者》（《陆侃如冯沅君合集》第15卷，第296～300页）。此文结合自己的亲身经历，强调“把抗战实况传播给民众是宣传者的重要工作之一，同演

---

① 张守能：《文学史家陆侃如博士——学府人物志之三》，《生活思潮》1941年第10期。

剧，贴标语等同样的重要”。

春

冯沅君作诗（《陆侃如冯沅君合集》第15卷，第341页）：

望峨眉

江城雨歇宿云开，纵壑池鱼罢讲回。
独上高嘌闲伫立，峨眉山外送青来。

附注：

高嘌山在嘉定文庙后。春雨霁时，每登山顶望峨眉。

4月，冯沅君（署名沅君）在《宇宙风》（乙刊）第4期发表《说广东精神》（《陆侃如冯沅君合集》第15卷，第301～305页）。此文最后写道：

寄语广东从政、佐戎的诸君子，珍重广东精神，努力发扬这铁般坚，火般热的精神。它是抗战建国大道上的一段坚固路基。要知道民众虽有伟大的力，但他们需要领袖。他们固然需要个深谋远虑的大领袖，更需要许多苦干，力行，能为职务，为理想牺牲的小领袖。

6月30日，袁昌英“与叶圣陶、苏雪林、刘秉麟夫人、贺昌群夫人等参加为冯沅君、方欣安（即方壮猷）举行的饯别午宴。冯沅君辞去武大教职，将往中山大学任教。下午2点半时，响警报，众人匆匆散去”①。抗战时，武汉大学迁到四川乐山。“武汉大学当时的学术思想比较守旧，刘永济先生就是学衡派……对于新文学不太看重，对于胡适一派的学问也看不上。陆侃如、冯沅君、高亨都在武大工作过一段时间，后来都离开了。”②

7月

月初，冯沅君由嘉定带着武汉大学文学院院长陈源、中文系主任叶圣

① 戚慧编：《袁昌英年谱简编》，《新文学史料》2018年第1期。

② 程千帆述，张伯伟编：《桑榆忆往》，北京，北京大学出版社，2015年，第26页。编著者按：陆侃如未到迁到乐山的武汉大学任教。

陶邀请陆侃如到武汉大学任教的信，往中山大学新址云南澂江。[1]

冯沅君途经重庆时，特地到迁到重庆的中央大学去探望老师胡小石，并在胡小石家住了两天。有诗作（《陆侃如冯沅君合集》第 15 卷，第 341 页）：

渝州谒夏庐师

待卜后期未有期，相逢乱里喜兼悲。
沧桑休问人间世，看取星星鬓上丝。

原注：

七月初由嘉定返昆明，过重庆，寓胡小石先生家。先生哀时思亲，发多白者，余亦“绿鬓几茎异”矣。

横窗老杏一枝枝，问字玄亭记昔时。
十有四年惆怅在，人生何事解相思。

原注：

岁乙丑客南京，时先生寓南城梧桐树，讲余每趋前请益。斋前有老杏，先生曾为赋《悼杏词》。

地室连宵共避兵，摩空劫火月争明。
来朝又作天涯别，忧乱伤离判此生。

原注：

留渝两夕，皆遇夜袭。六日夜，市区着弹起火，时残月在天，与火光东西映辉，景象奇惨。七日午后，余即离渝飞滇矣。

6 日午后，卫琛甫邀冯沅君游生园。冯沅君赋诗（《陆侃如冯沅君合集》第 15 卷，第 342 页）：

---

① 参见《冯沅君传》，第 178、180 页。

渝州生园

叔卿雄辩四筵惊，雨挟风来酒易醒。
待得夕阳人散后，支颐共对蜀山青。

原注：

六日午后，表叔卫琛甫先生邀游生园，遇雨。

7日午后，冯沅君乘飞机离开重庆往昆明。

本月陆侃如、冯沅君著《中国诗史》卷上，长沙商务印书馆出第6版。

8月19日，日军出动轰炸机36架轰炸嘉州，全城四分之三的街道、房屋被炸毁。武汉大学员工伤亡惨重。教师寓所全毁者20余户，部分毁者10余户，教职员家属死亡7人，学生死亡5人，校工死亡2人，伤者几十人。书籍、教材、文稿等多被炸毁。

本月

陆侃如、冯沅君著《中国诗史》卷中，长沙商务印书馆出第3版。

冯沅君在澂江，获悉嘉州被日本飞机轰炸，作诗（《陆侃如冯沅君合集》第15卷，第340、341页）：

闻嘉州被炸

滩声日夜荡离碓，采石江边知几回？
谁道年时游赏地，而今城郭半成灰。

自注：

离碓在嘉定城东南……嘉定为岷江、青衣、大渡诸水汇流处，县城南东皆临水。水滨多彩石，赤如朱，白如脂，绿如碧；石理亦奇特，如松、如柳、如猿、如鹤、如鱼、如舆图、如指纹。旅嘉者多采石自遣，友人朱君曾采以制砚，高君所获尤多，人号石博士焉。八月敌机袭嘉，全城精华，悉付一炬。

冯沅君在澂江，写诗（《陆侃如冯沅君合集》第15卷，第344页）：

澂江秋晚

荷尽犹存粳稻香，远村烟树郁苍苍。
晚来倍觉秋山媚，一抹浓青卧夕阳。

冯沅君在澂江写信给陈中凡，《读〈清晖吟稿〉》说：

> 淑从斠玄师受业，始戊午岁（1918），去今已廿年矣。先生之学，综群经，贯百氏，旁及舍人记室之业，撷华揽实，追踪汉魏。于诗不多作，近岁始肆意为之。而醇雅雄厚，风骨自高，吟坛推作手焉。昔高达夫四十始学诗，传者以为美谈。今先生作诗之年，较达夫更晚，而工力遽臻此境地，盖其学富识远，才大笔健，九天咳唾，自随风而生珠玉也。受业淑兰□月□日澂江。

《清晖吟稿》，陈中凡诗集。斠玄，陈中凡号。（此信据《陈中凡年谱》第44页，又见《清晖集》第224页附录《商兑集》。《陆侃如冯沅君合集》未收）

法国马伯乐著、冯沅君译《书经中的神话》，国立北平研究院史学研究会出版，商务印书馆发行。书前有顾颉刚的《序》（作于1936年7月12日）、陆侃如写的《马伯乐先生传》（作于1936年4月20日，北平）（《陆侃如冯沅君合集》未收）。正文目次：尚书中的神话：一、羲与和的传说。二、洪水的传说。三、重黎绝地天通。附注：原注二九则、译者注九则。顾颉刚《序》说：

> 自从中国的书籍流传到西方，外国学者运用他们的精密的头脑、科学的方法，居然把我们的几部古书也整理出一部分的头绪来。马伯乐先生就是一个以外国学者的资格来研究中国古书的人，他曾著有《中国古代史》《中国文化的起源》《中国汉代以前所受西方影响》等书。这部《书经中的神话》，就是他的著作中尤应介绍到中国来的。现在已由冯沅君女士把它精细译出，更经陆侃如先生把马伯乐先生的事迹写出了一篇简传，使得我们可以领略这位外国学者的治学精神，这是怎样值得感谢的一件事！
>
> …………
>
> 本书的见解很精到，称引很繁博，骤然看去，简直叫人不信这是

一本外国学者讨论中国学问的书。对于问题的讨论，我们即使有些不能完全同意的地方，但就大体上说，这部书究竟是值得特别称道和介绍的。

此《序》最后说：

马先生这部书很可以作我们研究的先导。他的态度是客观的，他的方法是科学的，他的成绩也是值得相当钦佩的。读了这本书，我敢寄语国内一班研究古史的人：你们再不要作“真美善合一”的历史的迷梦了！——历史是只有“真”的，那“美”的和“善”的历史的时代，现在是早已过去了！

陆侃如的《马伯乐先生传》写他在巴黎法兰西学院见到马伯乐的情景、马伯乐的简传，简述其学术成就，说：“马先生不仅在法国学术界上有固定的地位，他的著作实在有国际的声誉。”马先生的《中国文化的起源》曾译成英文，《中国汉以前所受西方影响》曾译成日文。奇怪的是，马先生的作品很少译成中文，沅君译的《书经中的神话》“恐怕是第一次的尝试呢”。

10月，陆侃如、冯沅君著《中国文学史简编》，由上海开明书店出第5版。

冬，冯沅君在澂江写成《南戏拾遗补》[①]。此文写道：《南戏拾遗》“出版后颇引起研究古剧者的注意。如顾羡季、魏建功、赵景深诸先生都曾来函商榷。这些富有意义的信札都已刊布在燕京大学中国文学系的《文学年报》。我们很相信这部书有不少错误或遗漏的地方，所以始终存着个补正的志愿。抗战以来，南北流徙，精神时间既常作无谓的消磨，书籍缺乏更是个不易克服的困难，工作停顿的主要原因。在无数人为国家牺牲生命的今日，我们这点损失本如尘芥般轻微；但也正因为我们不会为国家流血，流汗，更应该尽自己的本分，尽可能地继续自己的工作。《南戏拾遗补》十六则就是这样写成的”。

【剑锋补：

12月1日，冯沅君、陆侃如等致信胡适（《陆侃如冯沅君合集》

① 参见《南戏拾遗补》自注。

未收）：

适之先生：

再过十七天，就是北大四十一周纪念。也就是先生四十晋九的生日。在中国现代史上，先生的地位与北大同样的重要。淑等一面祝母校前途无量，一面也祝先生政躬康泰，德业日新。自从抗战以来，淑等行踪不约而同的聚于大后方来，去夏教部添设了六个师范学院，中山大学的师院也是其中之一。绪贤、子安、侃如同时受聘，任教于理化、英语、国文三系。沅君初在武汉大学，今夏亦来中大，在文学院中文系任课。淑与雪美现亦在此。川湘两省本约淑主办儿童保育院，经已辞谢。澂江距昆明约二百华里，刻正修筑公路。自中大迁来后，较前繁华已多。旧城虽渐隘，但背山面水，风景尚佳。近日南宁失守，此间人心不免稍有摇动，不过目前国内政治渐上轨道，而外交方面又有先生等主持，那么最后胜利，当已为期不远。到明冬庆祝先生五十生日时，为公为私，都要留一永久的纪念。有人建议出版一论文集，也有人建议汇刻先生的著作，成一精装的统一的版式的全集。不知先生以为如何？余容续陈。敬祝

健康！

陈时、萧雪美、冯沅君

丁绪贤、胡子安、陆侃如

二十八、十二、一

再者，通伯的小妹允敏于9月间与竺藕舫先生订婚，明年正二月间结婚。知注，附闻。又及。[①]】

本年

陆侃如、冯沅君指导研究生徐中玉。徐中玉本年中央大学毕业后，到中山大学研究院文科研究所研究古代文论，冯沅君、陆侃如是其导师。徐中玉回忆："研究生期间，我的论文是研究宋代文学理论的。我从事古代文论研究就从那里起步。学校指定陆侃如、冯沅君两位先生做我的导师，他们著的《中国诗史》，对我的研究很有益。"[②]

冯沅君"在中山大学讲元剧，于明人编著的书籍中得到三项关于王实

① 《胡适遗稿及秘藏书信》第34册，第641～642页。

② 徐中玉：《激流中的探索者》，汤涛主编：《丽娃记忆：华东师大口述实录》，上海，上海三联书店，2015年，第71～72页。

甫的材料"①。

陆侃如在《宇宙风》第79期发表《五四运动的一段插话——自传之一章》(《陆侃如冯沅君合集》第8卷，第418～423页)。

陆侃如在《云南教育通讯》第6期发表《国文科讨论会报告二则》(《陆侃如冯沅君合集》未收)。

陆侃如《记安南的旧戏》，刊于《今日评论》第1卷第2期（陆侃如冯沅君合集）未收)。

陆侃如在《青年中国季刊》第1期发表《吴康著法文汉集考源》(《陆侃如冯沅君合集》未收)。

陆侃如译《英美法苏援华的步调》，刊于《抗日旬刊》第9期，署名侃如(《陆侃如冯沅君合集》未收)。

美国 Paul Reed 著、陆侃如译《日本的亲美运动》(原文载 *China Today*)(《陆侃如冯沅君合集》未收)，刊于《抗日旬刊》第10期，署名侃如。

1940年　庚辰　中华民国二十九年　冯沅君41岁　陆侃如38岁

2月

毛泽东发表《新民主主义论》。

赵万里、王国华编《王国维遗书》印行。

3月29日，汪精卫在南京成立伪国民政府。11月30日，国民政府明令，悬赏10万元通缉头号汉奸汪精卫。

5月，唐圭璋编《全宋词》，南京国立编译局初版。本年商务印书馆出版线装本300卷，附录2卷，有吴梅等人的《序》。

7月，钱穆著《国史大纲》，由商务印书馆出版。

9月27日，德国、意大利、日本三个法西斯国家在柏林签立军事同盟。

本年前后，日本经常出动大批飞机轰炸重庆、昆明、成都等城市。

陆侃如随中山大学迁往广东北部山区坪石镇，任师范学院国文系系主任兼史地系主任、师院教务主任，发表《建安诗谱初稿（汉魏六朝诗谱之二）》。冯沅君在澂江作诗多首，后到坪石镇。

3月，陆侃如肩负爱护中山大学师范学院的使命。当时的学生张守能

① 冯沅君:《王实甫生平的探索——王实甫〈退隐〉散套跋》,《陆侃如冯沅君合集》第14卷,第43～52页。

记述：本月，崔院长离开了师院。“是创院以来最艰巨的日子的来临，一切热爱学院的师长都抛出了他真诚的同情与帮助。陆先生呢？显然地不能窗明几净，一心专治他的文学史了……那时，陆先生并不在恶劣的环境下退缩，并不怕流言的中伤。他肩负着爱护学院的一贯的使命，不断的协助我加强了团体的组织与培养研究学术的普遍作风。借教授自己的话说：‘文史研究室便是一个最好的例。’陆先生又不因自己教授中国文学，便把国学与其他科学绝缘孤立，他常常指示研究学术的工作，非多方面的努力不可。好如他训勉我们：‘研究国文的人，不能不同时懂得本国史地，不能不同时懂得世界文学……’‘师范学院的目的，不仅在造就中学师资，同时也在养成各科的专家。事实上，若不是专家，也决不能算良好的师资。’”①

春，冯沅君在澂江写诗（《陆侃如冯沅君合集》第15卷，第342页）：

澂江春感

惆怅河清未有期，梁州三见燕双栖；
杜门不觉春将老，闻道桃花半作泥。

原注：

澂郊花事甚盛，余以足疾罕出城，殊负好春。

春暮，冯沅君作诗并注（《陆侃如冯沅君合集》第15卷，第346页）：

用友人过海口诗意

平芜日落鹧鸪飞，苏氏祠前泪满衣；
却羡粼粼桥下水，东流犹得故园归。

原注：

戊寅自平来滇，过海口，未暇登岸。友人有赋过海口诗者，辞不逮意，因用此意成此绝。闻海口有苏祠，故次句云尔。庚辰春暮，录于澂江。（按：“庚辰春暮，录于澂江”二句《陆侃如冯沅君合集》未

① 张守能：《文学史家陆侃如博士——学府人物志之三》，《生活思潮》1941年第10期。

收，据《宇宙风》1940年百年纪念号增补）

4月，冯沅君作诗（以下四首诗见《陆侃如冯沅君合集》第15卷，第342、343页）：

曹溪寺

石室崄岈亦壮哉，滩声日夜走惊雷。
流泉古木曹溪路，应有幽人觅句来。

丰碑斑驳隐莓苔，佛国名花几度开？
拾得优昙叶一片，古梅树下独徘徊。

原注：

庚辰四月游曹溪寺。寺去安宁县温泉村二三里。中有优昙、元梅暨杨升庵集李北海字碑。

安宁县属云南，离昆明32公里。

攀岩披草觅招提，归自曹溪日已西。
如此江山行不得，林箐处处鹧鸪啼。

原注：

山行闻鹧鸪，声极凄厉，如哀世途之艰难者。

曹溪寺怀升庵、未谷

巫猿续曲声声怨，乐府陶情字字新。
杨氏谪居桂氏老，南天憔悴两个人。

原注：

桂馥年七十为永平县令，作《后四声猿》杂剧寄慨。杨慎散曲曰《陶情乐府》，亦谪滇时作。

冯沅君在澂江作诗（《陆侃如冯沅君合集》第15卷，第350、351页）：

南　塘

（在澂江城南。因缘路、西子湖并城南地名）
因缘迤逦接西湖，拄杖看山日已晡。
梦里南塘应好在，风裳水珮降名姝。

词（《陆侃如冯沅君合集》第15卷，第364页）：

点绛唇

（横塘，塘在澂江南门外，纵横数亩，芰荷弥望）
水珮风裳，晨稀月皎横塘路。流萤无数，烟柳迷前浦。
一袖天香，夜气清尘虑。花深处，喁喁私语，鸥鹭惊飞去。

5月

10日，《国立中山大学日报》发表校长邹鲁《邹鲁告同事同学书》：

本校迁澂后，虽得按时上课，然交通、卫生、警卫各方面仍多缺憾，于喘息甫定百事草创之际部署倍感困难……乃数月以来，米价高涨，百物腾贵，一般同事同学，依然埋头教学，日则节膳忍饿，面多菜色，夜仍焚膏继晷，目注芸编，苦斗精神，始终不懈。而生活之困窘，今且更甚，一斗粗米费逾五十元，一碗白饭贵至三四角，物价房租，飞涨至数倍、十数倍而势犹未已……①

27日，冯沅君（署名沅君）《寄姊》（《陆侃如冯沅君合集》第15卷，第403～405页），刊于《平明》第224期、《中央日报》第4版。原注："五月十日于澂江。"此诗最后写道：

五月是斗争的日子，
丰收的季节。

① 《中山大学校史》，第172页。

“像风里的灰尘一样，我们把这些侵犯我们疆土的人赶出去！”

6月

1日，冯沅君在《宇宙风》百期纪念号发表《续纪事诗》18首并注，每首无题目。其中：第1首“避寇缘江西复西”（首句，下同），已录于本书1938年10月（《陆侃如冯沅君合集》第15卷，第339页，题作《都城山中》）。第2首“日落荒村驻客舟”已录于本书1938年11月（《陆侃如冯沅君合集》第15卷，第339页，题作《夜宿白石》）。第3首“天风扶我上崔嵬”，已录于本书1938年约11月（《陆侃如冯沅君合集》第15卷，第339页，题作《过百鸡岭》）。第4首“乱里偷生强作欢”已录于本书1939年1月1日（《陆侃如冯沅君合集》第15卷，第340页，题作《成都薛涛故居》）。第5首“尔雅高台半就荒”已录于本书1939年2月（《陆侃如冯沅君合集》第15卷，第340页，题作《嘉州乌龙寺》）。第6首“滩声日夜荡离碓”已录于本书1939年8月（《陆侃如冯沅君合集》第15卷，第340、341页，题作《闻嘉州被炸》）。第7首“江城雨歇宿云开”已录于本书1939年春（《陆侃如冯沅君合集》第15卷，第341页，题作《望峨眉》）。第8首“待卜后期未有期”、第9首“横窗老杏一枝枝”、第10首“地室连宵共避兵”，这三首已录于本书1939年7月（《陆侃如冯沅君合集》第15卷，第341页录此三首，总题作《渝州谒夏庐师》）。第11首“叔卿雄辩四筵惊”已录于本书1939年7月（《陆侃如冯沅君合集》第15卷，第342页，题作《渝州生园》）。第12首“丰碑斑驳隐莓苔”已录于本书1940年4月（《陆侃如冯沅君合集》第15卷，第343页，题作《曹溪寺》，第二首）。第13首“巫猿续曲声声怨”已录于本书1940年4月（《陆侃如冯沅君合集》第15卷，第343页，题作《曹溪寺怀升庵、未谷》）。第14首“攀岩披草觅招提”已录于本书1940年4月（《陆侃如冯沅君合集》第15卷，第343页，题作《曹溪寺》，第三首）。第15首“惆怅河清未有期”，已录于本书本年3月，题作《澂江春感》（《陆侃如冯沅君合集》第15卷，第342页）。第18首“平芜日落鹧鸪飞”，已录于本书1940年春暮（《陆侃如冯沅君合集》第15卷，第396页）。第16首并注（《陆侃如冯沅君合集》第15卷，第342页，题作《闻中大学生夜舞感赋》无注）、第17首并注（《陆侃如冯沅君合集》未收），特录如下：

刻羽引商笑语和，四筵狂舞夜嵯峨。

锦衣玉貌神仙客，装点山城春色多。

原注：

闻某校学生于酒肆夜舞，感赋。

故旧风流梦里期，大都冰雪系人思。
天南我亦飘零客，忍读凄凉绝妙词。

原注：

友人周女士寄示临江仙词，伤时怀旧，哀婉欲绝，赋此以报。今北平乃元之大都。余居此最久。①

8月，陆侃如随中山大学由澂江迁到广东北部山区坪石镇。“离开澂江时，学校举行了离澂话别会，编辑了离澂诗文集《骊歌》出版。《骊歌》收录了中山大学诸多著名教授的诗文，如张云教务长的《年余来旅澂之回顾》，萧冠英秘书的《抗战与中大》，吴康教授的《留别澂江的感想》，陆侃如教授的《中师与澂江》……”② 坪石居广东与湖南的交界地方，是粤北通往湖南的门户，粤汉铁路贯穿其间，为南北交通的要冲。中山大学迁到坪石，各学院分布在围绕坪石100里的范围。中山大学在坪石，物价飞涨，大米从30元1石渐渐涨到40元、50元、60元……120元1石，师生的生活相当困难。尽管条件艰苦，但学校仍保持着较大规模，学校的各种规章制度也在调整中逐步完善，师资力量颇为雄厚，有一批著名的教授，深受学生的欢迎。《中山大学校史》第193页特别介绍了坪石时期“名师”16人：许崇清、张云、杜定友、杨成志、李笠、朱谦之、洪深、胡体乾、王亚南、黄际遇、丁颖、陈焕镛、杨邦杰、蒲蛰龙、梁伯强、陆侃如。介绍陆侃如说：“陆侃如，江苏人。北京大学毕业，后进清华研究院。留学法国。获巴黎大学博士学位。回国后，任中国公学大学部国文系主任、复旦、暨南、安徽等大学教授，以及北平燕京大学国文系主任。他是国内有名的作家，对于《楚辞》《诗经》有着专精的研究。时任中山大学师范学院国文系主任，兼任史地系主任。他和夫人冯沅君都在文学院担任功课，并合著有《中国诗史》。”师范学院的院舍设在离坪石不远的乳源县属的管埠，有教授、副教授、讲师61人，另兼任1人。陆侃如在管埠，还兼师范学院教务主任。他强调学术研究。关于这方面的情况，当时的学生张守

① 关于冯沅君在《宇宙风》百期纪念号上发表的18首《续纪事诗》，《陆侃如冯沅君合集》第15卷“续纪事诗”未收，其中第1～16首和第18首被录入《四馀诗稿　纪事诗》，第17首，未收。

② 《中山大学校史》，第177页。

能有所记述：陆先生告诫“各院学术研究以‘提高’为主，而师院则于提高外兼重‘普及’。换言之，他院目的在造就‘专家’，而师院同学则不但希望成为‘专家’，同时希望成为‘通人’”，“大学的教务，不在排功课，算分数……一个有训练的教务员，便能办此。教务的主要工作乃在：第一，良好教师的礼聘。第二，图书仪器的充实。第三，学术研究的提倡。一切著名大学之所以成功，全靠此三种重要工作的完成”。陆先生“在管埠这般困难的设备条件下，还在寓所里设成一个研究室；同时他的工作台上，正放置着一大部快完成的《中古文学系年》的稿本”。①

9 月

12 日，冯友兰托吴宓作公函，为清华大学外文系购买陆侃如、冯沅君之 *Larousse Encyclopaedie* [拉若斯（出版社出版的法文）百科全书]。凡六大册，作价千元。吴宓立即允从。②

12 月 14 日，冯沅君“自昆明流徙到粤北坪石”③。她在坪石读书写作，喜爱在山岭上种瓜菜，种的番茄“果实累累”。④

本年，陆侃如在《语言文学专刊》第 2 卷第 1 期发表《建安诗谱初稿（汉魏六朝诗谱之二）》（《陆侃如冯沅君合集》未收）。

1941 年　辛巳　中华民国三十年　冯沅君 42 岁　陆侃如 39 岁

1 月 7 日，国民党军队包围袭击新四军，制造皖南事变。

本月，刘大杰著《中国文学发展史》（上卷），上海中华书局初版。

6 月 22 日，德国进攻苏联，苏联卫国战争开始。

9 月 27 日，日军侵占长沙。

12 月

7 日，日军袭击珍珠港、新加坡，太平洋战争爆发。

8 日，香港被日本侵占。郑振铎等人为中央图书馆购置并转移到香港的 3 万余册书籍被日寇劫去，至抗战胜利后追回 107 箱。

9 日，中国、美国、英国、法国、加拿大等国联合战线形成，美国、英国对日本宣战。重庆国民政府正式宣布对日本作战，同日宣布对德国、意大利宣战。

---

① 张守能：《文学史家陆侃如博士——学府人物志之三》，《生活思潮》1941 年第 10 期。

② 参见《吴宓日记》第 7 册，第 228 页；《冯友兰年谱》上册，第 330 页。

③ 冯沅君：《舒湮的〈董小宛〉》。

④ 参见冯沅君：《种瓜不得瓜》，《陆侃如冯沅君合集》第 15 卷，第 318 页。

12月

范文澜著《中国通史简编》（上册）在延安出版。

林庚著《中国文学史》前三编《启蒙时代》《黄金时代》《白银时代》，厦门大学初版，油印本。

冯沅君在坪石用三个月撰写《古优解》，赋闲一段时间后，中山大学师范学院聘请她讲授中国文学史。写作诗词。陆侃如发表《建安文学系年（一九六至二一九）》。

夏，冯沅君在坪石管埠，前后用三个月撰写《古优解》。《古优解·附记》注："'古优解'这个论题的酝酿还是抗战以前的事。三四年来，因为生活不安定，始终不曾着笔。现在利用能看到的图籍，课余、病余的时间，竭三月之力将它写起来，在我自己总算是了桩公案，虽然工作的结果并不能令人满意。"（《陆侃如冯沅君合集》第4卷，第285页）

约在7月，冯沅君作诗（《陆侃如冯沅君合集》第15卷，第353页）：

黄垆

闻酒肆狂饮也

黄垆人未散，村鼓一更更；
年少须行乐，山居岂避兵。
欢声逼耳剧，火炬隔窗明；
涨海应回首，楼船纵以横[①]。

①"香港已被围矣。"

8月

12日，胡小石写信给冯沅君：

沅君贤弟：

警报中获惠书、诗作，忘机声之逼人也。所苦难眠，耿耿。近日川东连遭空袭，昼夜无间。此间但投一弹，无大扰。然每闻警报声作，人心辄惴惴不安，居镇者亦相率奔匿。

管埠想尚无此苦。山川阻限，未知流人相见当在何日，念念。

与白畔兄谈，甚望弟等能来南泉，韶坪管非乐土。且此间两人可来，机会似尚不恶，愿从长考虑，以为如何？决来，则意以早为妙。弟所居前尚有酒肆，甚羡之。

珍重

侃如兄问候。

光炜　十二日

并附有三付药方。①

31 日，冯沅君写信给胡小石。②

9 月

13 日，时在江津县白沙镇国立女子师范学院任教（兼中央大学的课程）的胡小石写信给冯沅君，并附词二首（《陆侃如冯沅君合集》第 15 卷，第 363 页）：

沅君贤弟：

秋霖沥淅，后土何时而得干也。烟火沉闷中，忽得三十一日书，大慰。狂寇猖獗，河山梗阻。客子陟圮之思，益令永感之人，东望泫怆耳！

门前秋稻尽刈，遗穗水中，更茁新苗，弥望青青，宛然池塘春草。光景迷迷惘惘，有不可言说之感。近来此间和平之声甚嚣，未知实相如何？惟美日谈判中作此结果，其得失不难相见也。

雪林仍在嘉州，未有他适之意。山居荒寂，如死或较死尤苦。

世间最美的图画，孰过于太空之群星者。其经营位置自然合度，其妙，真不可名言，名言，但恰如人意。

云起矣，令人不见月。云是月光之垄断者。

杜诗云："我生何以在空谷，中夜起望万感集。"我也不知其何为也。幽居绝闻见，并报纸也不常得，终日蛰处如枯僧。

秋凉

珍重不一

侃如兄问候

附词二首

光炜　九月十三日③

约在此时，冯沅君作词：

---

① 参见《冯沅君传》，第 183～185 页。

② 参见《冯沅君传》第 185 页引胡小石给冯沅君信。未见此信。

③ 《冯沅君传》，第 185～186 页。

鹧鸪天——管埠秋晚用胡光炜先生韵

欲坠秋阳黯不骄，云峰历乱水迢迢。原知身世同萧瑟，如此江山太寂寥。

怀故国，感萍飘。枫林落叶晚潇潇。胜游直似前生事，梦踏杨花过石桥。

冯沅君到坪石，赋闲了一段时间后，中山大学师范学院聘请她讲授中国文学史。[①]

年底，日军对坪石实行南北夹攻，中山大学停课。

本年

冯沅君（署名沅君）在《新妇女月刊》第1卷第3期发表《变》（《陆侃如冯沅君合集》未收）。《变》是一篇小说，写汪妈的女儿琪仙“爱打扮，做事懒，脚头散”，“有人亲眼见她在外面穿着顶漂亮的衣服如一个穿西装的小伙子，挽着臂儿，时常逛公园，上戏院，茶馆，甚至有人还见过她们上旅馆”，琪仙的父亲汪先生得知女儿的变化后，说她“败门风”，让她“快滚”！最后“琪仙提了衣箱”，“离开了家”。

20世纪40年代的冯沅君（引自《陆侃如冯沅君合集》第十三卷正文前）

张守能在《生活思潮》第10期发表《文学史家陆侃如博士——学府人物志之三》。此文从多方面，记述了陆侃如在中山大学师范学院的教学、研究和工作情况。[②] 附录《陆博士的译著摘要表》分“书名”“出版处”“出版年”“附注”四项，介绍译著十种：（一）《屈原》、（二）《乐府古辞考》、（三）《左传真伪考》、（四）《宋玉》、（五）《屈原与宋玉》、（六）《中国诗史》、（七）《中国文学史简编》、（八）《金钱问题》（剧）、（九）《法国社会史》、（十）《南戏拾遗》。（注）法文著作及在印刷中的著作未曾列入。

陆侃如在《清华学报》第13卷第1期发表《建安文学系年（一九六至二一九）》（《陆侃如冯沅君合集》未收）。

---

① 参见《冯沅君传》，第189页。

② 此文的一些重要内容，本书前文已引述。

1942 年　壬午　中华民国三十一年　冯沅君 43 岁　陆侃如 40 岁

1 月 1 日，中国、英国、美国、苏联四国领衔，有 26 国参加签署《联合国家宣言》（即《华盛顿宣言》，亦即《二十六国公约》），宣布共同对抗德国、日本、意大利法西斯侵略，不与敌国单独签订停战合约。

本月 24 日至 2 月 7 日，郭沫若创作的历史剧《屈原》在《中央日报》副刊发表。

5 月

2 日至 23 日，延安举行文艺工作者座谈会，毛泽东到会讲话，后概括为《在延安文艺座谈会上的讲话》，批判王实味、萧军、丁玲、艾青等的杂文及文艺思想，规定文艺工作者必须改造世界观，彻底破坏“非无产阶级的创作情绪”，规定文艺必须为实际政治服务，成为“整个革命机器中的‘齿轮和螺丝钉’”。

27 日，陈独秀逝世。

6 月 2 日，《中美抵抗侵略互助协定》在华盛顿签字。

8 月，美军在太平洋开始对日军进行反攻。

11 月，苏军在斯大林格勒开始对德军进行反攻。

本年，侯外庐、杜国庠、周谷城等在重庆成立史学会。

冯沅君、陆侃如应迁到四川三台县的东北大学的邀请，离开中山大学到东北大学任教。冯沅君、陆侃如联合署名发表《中国诗歌的起源》《乐府的起源与分类》。冯沅君发表《金瓶梅词话中的文学史料》《我的学生时代》等文。陆侃如发表《西园读书记》（书评），其中批评了郭沫若在《蒲剑集》中关于屈原的论述。

2 月

15 日（阴历除夕），冯沅君患疟疾，病榻赋诗（上年 12 月，香港被日军侵占）：

香岛

香岛屏南纪，豪家安乐窝。
霓裳引薤露，天界逼修罗。
粮绝黄金贱，潮喧鬼语多。
名园客更访，荆棘应成窠。

再题

南极繁华尽，巷衢万骨撑。

孤军知有死，西海援无兵。

封豕终谁剪，胡星正自明。

泪泉枯已久，一恸为苍生。

岁暮苦疟，病榻读杜诗一通，并得右诗中前八章。三十年除夕沅君记。

冯沅君病中得家书，赋诗《病中得家书感梦有作》并注（以上两首诗及注见《陆侃如冯沅君合集》第15卷，第354、357页）。

本月，陆侃如的父亲陆措宜在江苏海门、启东两县首届国民参政会上，被选为议长。

3月，闻一多著《楚辞校补》，重庆国民图书出版社初版。该书以洪兴祖《楚辞补注》为底本，参考朱熹、王夫之、王念孙、王国维、陆侃如、郭沫若等27家校勘材料，对《楚辞》校补，诠释词义。

5月29日，陆侃如在中山大学参加“驱齐运动”。《中山大学校史》第195页载：

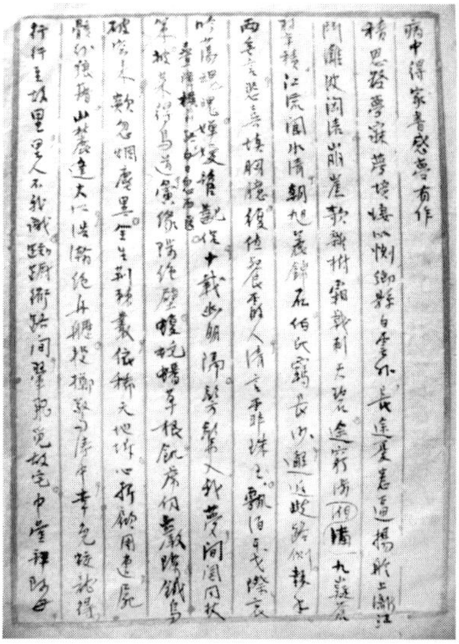

抗战时期，冯沅君《病中得家书感梦有作》诗手稿。（引自《陆侃如冯沅君合集》第十五卷正文前）

> 师范学院院长齐泮林主持院务十分松弛，引起该院师生不满。“饱和光”运动胜利结束后，全部公费的师院学生要求改善伙食，达到与其他学院同等水平。这一合理要求提出以后，齐泮林不仅拒绝，还辱骂学生，引起学生的愤慨。学生们于1942年5月29日掀起了驱齐运动。他们在师院礼堂召开驱齐大会，指责齐泮林治院无方，要求他引咎辞职。学生的行动，得到师院各系主任和许多教师的支持。他们致函齐泮林，指出他的错误。要求他引退。齐于6月1日下午指使打手30多人，手持凶器追打驱齐学生，致博物系邝慎仿等10多人被殴伤，学校一片混乱。陆侃如、穆木天等15名教授上书校长金曾澄，各年级、系代表和学生184人联合上书学校当局，要求惩办凶手和事件制造者，并保障学生的人身安全。师院全体女学生包围齐泮林的住

宅，要求惩凶。齐泮林迫于压力，悄然离开师范学院。学校当局解除了齐泮林的院长职务，并请师范学院教务主任陆侃如代理主持院务。

6月

日本军队打通浙赣全线，逼近坪石。

冯沅君在《艺文集刊》第1集（出版于广东坪石）发表《金瓶梅词话中的文学史料》（后收入《古今说汇》第五部分）。

7月，冯沅君作诗（《陆侃如冯沅君合集》第15卷，第356页）：

惆怅词　壬午年七月

今日催君去，昨日留君住。
欲识离人心，残月明高树。

欢言蕴苦辛，三日一梦寐。
灼灼当户星，弦弦经天泪。

原注：

"辉辉当户星，辉辉星近楼"，杜甫句。

俯仰思今昔，寸心百忧会。
行矣复何言，努力自宽大。

后期安可论，带甲满天地。
但得抱柱心，不辞常憔悴。

约在本月，冯沅君作诗（《陆侃如冯沅君合集》第15卷，第356页）：

听鹃　粤北作

嵯峄火云绚半天，艰难人世上泷船。
年来谙得烦冤味，日日江头听杜鹃。

8月，艺文社编《艺文集刊》第1辑，由江西赣县中华正气出版社出版，收冯沅君《金瓶梅词话中的文学史料》、陆侃如《关于应亨》（《陆侃如冯沅君合集》未收）等20篇诗文。《金瓶梅词话中的文学史料》曾以《一种古小说中的文学史料》为题于1930年3月刊于国立中山大学研究院文科研究所中国语言文学系编《语言文学专刊》第2卷第1期，此次出版，除题目改动外，内容个别地方也有所改动。认为："不应该忽视几种著名的长篇小说中的史料。"此文寻求了《金瓶梅词话》中的文学史料，分六部分：一、俗讲的推测；二、小说蜕变的遗迹；三、曲的盛行；四、笑乐院本的一个实例；五、演剧描写的启示；六、清唱的曲辞与唱法。最后指出：《金瓶梅词话》中的文学史料，"除了这些与小说、戏剧、散曲有关系者外"，"还谈到不少元、明的，甚至宋代的掌故，'园社'即是个明显的例子"。①

9 月

约在中旬，陆侃如、冯沅君应迁到四川三台县的东北大学的邀请，离开在广东坪石的中山大学师范学院，经重庆到东北大学中文系任教。

21 日，胡小石致信冯沅君，并附诗二首。本日，胡小石曾到收冯沅君的"驰函"。胡小石的这封信是本年夏秋之交，从川东白沙，挂号寄往陆侃如、冯沅君当时小住的重庆陕西街的。此信的全文如下：

沅君贤弟足下：

上午方寄一快函至三台，托高君晋声（生）收转。计程以为弟此际当正在成渝道中。顷下午一时半，忽得驰函，乃知尚滞渝市。惊出号号何蜀道之艰难至此也。

承告一切，但有凄愤。弟所云皆极中肯要。嵇生诗云："好善暗人。"西顾日景，弹琴，卒以弥忾。吾无叔夜之清，而有暗人之短，诚不知何以自处于此世也。

弟关注书言，铭感之极。此世人少见焉，何至于是耳。日内便至中秋，数百里间了，极思来渝一行，亦苦种种牵累未得如愿。东望江水，为何遭此丧乱！而吾与第更不知何时何地得以相见。

夜月极皎，照人无眠。挑灯独坐待昌，又可自号夜起庵矣！一笑。

珍重千万，不尽。

侃如兄附候

光炜　九月二十一日

冯沅君收到胡小石的信和诗二首后，立即复信。冯沅君、陆侃如还没有到达三台时，胡小石请高亨转交的第二封信（21 日寄快函）又先期到

① 此文后来收入冯沅君 1947 年由商务印书馆出版的《古剧说汇》。

达了。[①]

20世纪30年代末到40年代，胡小石给冯沅君的信件。
（引自《冯沅君传》第181页）

约在本月底，陆侃如和冯沅君到达在三台的东北大学。东北大学原在沈阳。“九一八”事变，沈阳被日本侵占，先迁到北京，北京失守前夕，又分别迁到西安、开封等地，最后迁到四川省三台。三台是山区，在四川盆地中偏西北部，在重庆和成都之间。校舍是借用当地一些废弃的公房，和临时搭建的简易房，破旧凌乱，设施十分简陋。学生中多是来自东北和北方沦陷区，抗日激情高涨，简朴，能吃苦，珍惜来之不易的学习机会。

迁到三台的国立东北大学校门。1939年2月14日摄。（见《东北大学内迁三台》，三台县国家档案馆编《三台抗战史话》，四川大学出版社2015年版，第159页）

东北大学抗日精神浓厚。每次开会都要唱“校歌”，歌词是：

白山黑水，镇国之东。

① 参见《冯沅君传》，第190、191页。

育才扬化，吾校日隆。
伟大时代，激荡中流。
转资磨砻，风雨如晦。
勤不辍薪，胆矢成功。
励志节，笃学行，勿忘使命重。
励志节，笃学行，勿忘使命重。

为了宣传激励抗日精神和活跃学术空气，学校办有黑板报、墙报、多种刊物。刊物如诗刊《黑土地》、山谷诗社出的《号角》、菩提社办的《菩提》《诗战线》《艺苑》、文科研究刊物《志林》等。陆侃如、冯沅君热心支持这些刊物。他们在《号角》《志林》等刊物上发表过文章。①

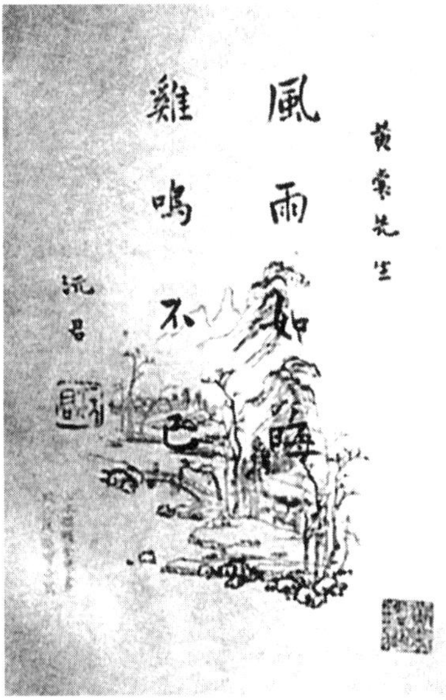

冯沅君为黄裳题字："风雨如晦，鸡鸣不已。"
（引自《陆侃如和冯沅君》第 137 页）

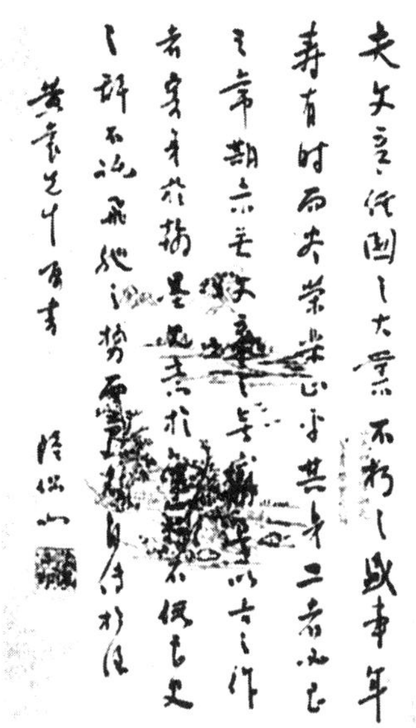

陆侃如为黄裳题字
（引自《陆侃如和冯沅君》第 150 页）

当时在东北大学中文系任教的有高亨、叶丁易、姚雪垠、金景芳、霍玉厚、余雪曼等。陆侃如兼任文学院院长和中文系主任，直到 1947 年离开此校。冯沅君任中文系教授。她除上课外，继续研究中国古代戏曲史，她曾经把她的论文寄给在昆明的侄女冯钟芸。关于当时东北大学中文系的具体情形，当时中文系学生、后任成都大学教授的谢宇衡回忆：

① 参见《冯沅君传》，第 191～193 页。

东大校舍虽然破旧，学习和政治空气却十分活跃。这种空气在中文系尤其浓厚，系里常举行学术报告会，师生学术座谈会和文艺晚会等。陆侃如先生（系主任）规定中文系学生从一年级开始，每年均须写“小论文”一篇，并鼓励有己见，畅所欲言。记得我在一年级时，少不更事，写了篇《屈原是女人》，受到陆先生的善意批评；以后赶写了一篇《论屈原的精神遗产》加以纠正。这类小论文有的就在座谈会上宣读，开展热烈的讨论。这类学术活动对中文系同学以后的治学很起作用。[①]

本年

陆侃如任东北大学《学声》报指导员。本年“12 月末，据本年统计，国立东北大学学生创办的壁报共有 60 余种。壁报形式有综合版、新闻版、文艺专刊，某一事件的特刊，还有各系的学刊，如中文系的《文学报》、历史系的《史学》。影响大的壁报有《合唱群》《黑土地》《时事萃报》《学声》等。《时事萃报》摘录了《新华日报》《华西晚报》中的有关材料进行宣传。成员有 20 人左右，负责人为高嵩朴、姜志衡。《学声》报性质与《时事萃报》性质相同，言词更为激烈，负责人为李秀剑、陈微尘、姚汉，社员约 40 人，指导员为陆侃如教授、董每戡教授”[②]。

陆侃如、冯沅君在《中国青年》第 6 卷第 6 期发表《中国诗歌的起源》(《中国诗史》改订稿第一章)(《陆侃如冯沅君合集》未收)。

陆侃如、冯沅君在《文艺先锋》第 1 卷第 4 期发表《乐府的起源和分类》(《陆侃如冯沅君合集》未收)。

陆侃如在《文化先锋》第 1 卷第 4 期发表《评卫聚贤〈巴蜀文化〉》(《陆侃如冯沅君合集》未收)。

冯沅君在《文化先锋》第 1 卷第 6 期发表《舒湮的〈董小宛〉》(书评)，评舒湮写的剧本《董小宛》。此文后又载于 1944 年 4 月成都出版的《董小宛特刊》。

冯沅君在《妇女新运》第 5 期发表《我的学生时代》(《陆侃如冯沅君合集》未收)。此文末自注：写于 1942 年春假，粤北管埠。文中回顾自己十七岁前“知识的灌输十九依仗我的母兄”，十七岁开始学校生活，“先后

---

① 《白山黑水》，东北师范大学中文系民俗学社 1984 年 12 月 9 日。转引自《冯沅君传》，第 193、194 页。

② 杨佩祯等主编：《东北大学八十年：1923～2002》，沈阳，东北大学出版社，2003 年，第 143 页。(以下简称《东北大学八十年》)

七年半。这七年半可分为两个时期：五四前，五四后”。接着具体叙述了这两个时期的学生生活。

陆侃如在《文化先锋》第1卷第5、9、12、17期发表《西园读书记》（书评）（《陆侃如冯沅君合集》第8卷，第321～323页。第5、9、17期《陆侃如冯沅君合集》未收）。第9期批评了郭沫若在《蒲剑集》中关于屈原的论述。郭沫若12月5日、6日在重庆《新华日报》发表《屈原·招魂·天问·九歌》，进一步阐述己见，表示“依然是不会为所动摇的”。第12期主要内容是评论卫聚贤主编的《巴蜀文化》专号。

1943年 癸未 中华民国三十二年 冯沅君44岁 陆侃如41岁

1月11日，《中美新约》《中英新约》分别在华盛顿、重庆签字，宣布取消美、英在华治外法权。

本月，侯外庐著《中国古代社会史论》出版。

2月，陈寅恪著《唐代政治史述论稿》出版。

3月5日，蒋介石《中国之命运》出版，强调力行哲学。

9月8日，意大利宣布无条件投降。

10月，中、美、英、苏在莫斯科发表继续作战直至敌人无条件投降之宣言，并提出建立国际组织保障世界和平与安全。

本月，翦伯赞著《中国史纲》第1卷出版。

11月23日至26日，中、美、英三国首脑举行开罗会议，发表《开罗会议宣言》，决定联合对日作战并在欧洲开辟第二战场。

12月1日，美、英、苏德黑兰会议，做出战胜希特勒的决策，达成保障战后持久和平的协议。

本月，缪钺著《中国史上的民族词人》，重庆青年出版社初版。此书是为了激励青年爱国精神而写的一本普及读物。

本年

唐君毅著《中西哲学之比较研究论文集》出版。

国立编译馆草拟《整理典籍计划草案》：“先自整理经籍入手，再及其他部类。”成立国学整理委员会负责此事。

冯沅君发表《汉赋与古优》《妇女与文学——三台妇女运动会讲词》《记女曲家黄峨、徐媛》《记女曲家吴藻》等。陆侃如发表《初平兴平文学系年》《中古诗人生年质疑》《中古诗人小记》《“三百篇”的年代》，译诗两首：一首是《秋天的歌》（法国P. Verlaine作），另一首是《誓辞》（法国P. Louÿs作）等。

1月

5日、19日，冯沅君《妇女与文学——三台妇女运动会讲词》（正、续篇）（《陆侃如冯沅君合集》第15卷，第306～315页），刊于《中央日报》1月5日第5版、1月19日第5版。此文是应三台“妇女运动会”邀请而做的演讲。全文“集中于两点：一、过去妇女在文学上的成就，二、妇女的才能是否只限于文学”。关于第一点，主要介绍了许穆夫人、蔡琰、李清照、黄峨。关于第二点，主要介绍了卫夫人、管道升、苏惠、韦逞母、班超、武则天、秦良玉。此文最后说：

> 听到这些女先辈的卓越的成就，我们不该兴奋吗？她们造成了光荣的过去，我们不该造成光荣的现在和未来吗？我们的才能不见得个个都不如古人，我们的环境却较她们好得多。男女平权的呼声她们何曾听见过，我们呢，实际上虽然不免还有不少障碍，理论上，我们同男性已有同样发展天赋才能的机会。我希望，甚至是预告，在将来，或许是不远的将来，文化的各部门都有女专家。我们并不放弃旧有的文学地盘，但决不以此自限！不然的话，那是自暴自弃，女性的败类。

2月

【剑锋补：

14日，时任东北大学国文系主任的陆侃如与该校校长臧启芳联名来信邀请叶圣陶到东北大学，叶圣陶未允。

18日，叶圣陶写信复陆侃如。①】

6月，陆侃如在《中原》创刊号发表《初平兴平文学系年》（《陆侃如冯沅君合集》未收）。

20世纪40年代的陆侃如（引自《陆侃如冯沅君合集》第五卷正文前）

① 参见商金林撰著:《叶圣陶年谱长编(1936～1949)》第2卷,第235～236页。

【剑锋补：

7 月

10 日，叶圣陶作书复陆侃如，答其所问鲁迅印书事。

20 日，叶圣陶作书复陆侃如。[①]】

9 月

赵纪彬到东北大学任教[②]，同陆侃如、冯沅君等组成进步团体。本月“赵纪彬教授（1926 年入党）从中国文化服务社到三台东北大学任教。不久，介绍杨荣国（共产党员）到东大任教。他们与在校的陆侃如、冯沅君、叶丁易、董每戡、杨向奎等民主教授组成进步团体，讨论政治，抨击时弊”[③]。此前，董每戡应陆侃如之招，“暂时放下抗战戏剧工作，由贵阳到川北的三台县，在国立东北大学中国文学系教课”[④]。

冯沅君在《中原》第 1 卷第 2 期发表《汉赋与古优》（《陆侃如冯沅君合集》第 4 卷，第 289～304 页）。此文开头云：

> 两年前在武水边上避寇的时候，曾利用业余、病余的时间，写了篇《古优解》，专论先秦倡优。文成后觉得还有些许余意，因之写了段附记，供异日参证。现在这篇短文《汉赋与古优》不过将当时余意的一部分提出加以充实整理而已。

此文“就汉赋的体制与内容观察，它和古优的关系可得四点”：一是汉赋何以多散文化？二是汉赋何以多问答体？三是汉赋何以尚讽喻？四是汉赋何以涉嫚戏？

陆侃如在《中原》第 1 卷第 2 期发表《中古诗人生年质疑》（《陆侃如冯沅君合集》第 8 卷，第 224～226 页）。原注：“卅年国庆日，于广东，坪石。”

陆侃如《〈中国文学欣赏举隅〉序》（《陆侃如冯沅君合集》第 8 卷，第 324～327 页），载傅庚生著《中国文学欣赏举隅》，重庆开明书店初版。《序》：

---

① 参见商金林撰著：《叶圣陶年谱长编（1936～1949）》第 2 卷，第 251、291 页。

② 一说，赵纪彬于 1943 年 7 月中旬经顾颉刚介绍到东北大学任教。参见《东北大学八十年》。

③ 中共三台县委党史研究室编：《中国共产党三台县历史大事记（1919～2000 年）》，2010 年印行，第 22 页。

④ 董每戡：《西洋诗歌简史・自序》。

> 中国之有近代式的文学批评，始于王国维先生。王先生以天纵之姿，不但在诗歌的创作上弱冠便有伟大的成就，尤其在古文学的研究上留下了不朽的杰作，如《宋元戏曲史》《人间词话》《红楼梦评论》等。他所以能有超人的成绩，一方面因为他对于西洋文学和哲学有湛深的研究，一方面也因为他懂得分析的（analytique）和综合的（synthétique）方法之运用……
>
> 五四运动时代提倡以科学方法整理国故，并且认为清代朴学方法含有科学精神，故二十年来文史研究都注重于史料的考订，渐渐成为风气。后来变本加厉，竟认史学即史料学，那当然是错误的偏见……
>
> 文学批评上分析的和综合的两种工作应该并重。不过比较起来，综合的工作是更重要，也更困难。傅先生这部书正可指导我们如何从事于这种艰巨的综合工作，傅先生的见解和工力也最适宜于指导我们。

秋初，冯沅君在三台写成《古优解补正》，后收入1944年1月出版的《古优解》①。

陆侃如在《文艺先锋》第3卷第5期发表《译诗两首》（《陆侃如冯沅君合集》第9卷，第113、114页）：一首是《秋天的歌》(法国 P. Verlaine 作、陆侃如重译)，另一首是《誓辞》（法国 P. Louÿs 作）。

本年

陆侃如、冯沅君任“黑土地”社导师。本年“10月初，东北大学‘黑土地’社成立，负责人徐放，主要成员刘黑枷等。中文系主任陆侃如及冯沅君、董每戡、赵纪彬等教授担任该社导师。‘黑土地’社每半月出一次大型壁报。该社曾参加了全国抗敌文协三台分会、川北分会的组建工作。‘黑土地’社的活动，重庆《大公报》曾作报导”②。

冯沅君、陆侃如为三台草堂国学专科学校授课。本年“8月下旬，东北大学教授丁山、高亨、孔德，在三台创建草堂书院，11月奉教育部令改为三台草堂国学专科学校，李宏锟为校董事会董事长，杨向奎为代理校长，教务长赵纪彬，训导长杨荣国。陆侃如、冯沅君、姚雪垠、董每戡、叶丁易、陈述、孙道升等教授先后授课教学”③。

---

① 《陆侃如冯沅君合集》第4卷收《古优解》，最后注此文“一九四四年秋初于三台”。“四四年”当作“四三年”。

② 《东北大学八十年》，第144页。

③ 《东北大学八十年》，第144页。

冯沅君在《妇女新运》第4卷第6期发表《记女曲家黄峨、徐媛》[后收入冯沅君《古剧说汇》十三附录（一）。《陆侃如冯沅君合集》第13卷，第322～326页]，原注："一九四二年四月末记于广东坪石。"

冯沅君在《妇女新运》第4卷第9期发表《记女曲家吴藻》[后收入冯沅君《古剧说汇》十三附录（二）。《陆侃如冯沅君合集》第13卷，第326～334页]，原注："一九四二年春于四川三台。"

冯沅君在国立东北大学《志林》第4、5期发表《金院本补说》（正、续）（后收入《古剧说汇》）。

冯沅君在《说文月刊》第3卷第9期发表《元剧中二郎斩蛟的故事》（后收入《古剧说汇》十二。《陆侃如冯沅君合集》第13卷，第312～321页），原注："一九四二年冬于四川三台。"

冯沅君在《说文月刊》第4卷合刊发表《元剧题目正名的唱念者》（《陆侃如冯沅君合集》未收）。

冯沅君《天宝遗事辑本跋（附表）》（《陆侃如冯沅君合集》未收），刊于《文科研究所集刊》第1期。

《艺苑丛刊》第2期印行，刊有冯沅君诗《昔昔》《病起》《苏幕遮》、陆侃如诗《和杨子英》（这四首诗《陆侃如冯沅君合集》第15卷收录，前二首见第353页；第三首见第391页；末首见第347页，作冯沅君诗）。

陆侃如在国立东北大学《志林》第4期发表《中古诗人小记》（《陆侃如冯沅君合集》第8卷，第211～219页），此文包括应亨、徐幹、曹叡、嵇康。

陆侃如在《文艺先锋》第3卷第2期发表《评钱基博〈中国现代文学史〉》（《陆侃如冯沅君合集》第8卷，第313～317页）。此文认为钱先生的《中国现代文学史》"对于新文学不能下公平的判断，对于旧文学不能有深入的认识，这是钱先生的书两点最大的遗憾"，"但是钱先生的书自有它存在的意义，它可以供给我们不少的智识"。

约在本年，冯沅君兼东北大学文科研究所副所长，陆侃如任指导教师。"民国29年（1940年）秋天，由东北大学史学系教授金毓黻主持筹备，成立了'东北史地经济研究室'。由金毓黻任主任。研究室有指导教授、研究生若干人。研究生兼任助教以解决部分生活来源。研究室设有石印所，印刷师生作品。由于当时敌机轰炸城市，地址设在三台县城西马家桥附近，后期才迁回城内龙王庙，改名为文科研究所，主任仍由金担任，文学系教授冯沅君兼副职。其指导教授有陆侃如、董每戡、姚雪垠等。”①

1944年 甲申 中华民国三十三年 冯沅君45岁 陆侃如42岁

1月9日，毛泽东看评剧《逼上梁山》后，致信该剧的编导杨绍萱、齐燕铭，说“在旧戏舞台上……人民都成了渣滓，由老爷太太少爷小姐们统治着舞台。这种历史的颠倒，现在由你们再颠倒过来，恢复了历史的真面目。从此旧剧开了新生面”。

本月，朱东润著《中国文学批评史大纲》，由桂林开明书店出版。

2月1日，隶属于教育部的国立敦煌艺术研究所正式成立，常书鸿被任命为所长。

5月

国共两党代表开始关于建立民主联合政府的谈判。

郭沫若在重庆召开座谈会，传达毛泽东《在延安文艺座谈会上的讲话》。

6月

美、英两国军队在法国诺曼底登陆，开辟第二战场。

侯外庐著《中国古代思想学说史》出版。

中央研究院历史语言研究所创办《史料与史学》。

10月7日，中、美、英、苏在美国敦巴顿橡树园开会。9日，发表联合宣言，决定战后成立联合国。

冯沅君母亲病逝。《古优解》出版，发表《骰子考》《词的句法》《〈孤本元明杂剧〉钞本题记》《诸宫调的引辞和分章》《南戏拾遗补》《几封有名的抒情信》等，作诗《不寐闻雁，长谣述哀 三十韵》。陆侃如母亲病故。发表《〈采薇〉〈出车〉〈六月〉三诗的年代》《怎样研究诗经——答某生问》等。

1月

冯沅君著《古优解》，由商务印书馆收入“文史杂志丛书”之三出版（《陆侃如冯沅君合集》第4卷，第216～331页）。原注：“一九四四年秋初于三台。”按：“四四年”当作“四三年”。《古优解》包括引论、古优的起源、古优的技艺、古优的特征、古优的影响以及附记：汉赋与古优、古优解补正。其中的“汉赋与古优”曾于1943年9月刊于《中原》第1卷第2期。《古优解》参考西方学者有关Fou的论著，试用社会学方法论述了古优的起源、技艺、特征、影响等重要问题。《古优解》出版后，冯沅

① 杨子林主编:《绵阳市社会科学志》,第26、27页,1997年印行。

君寄赠胡小石。胡小石收到，马上回信：

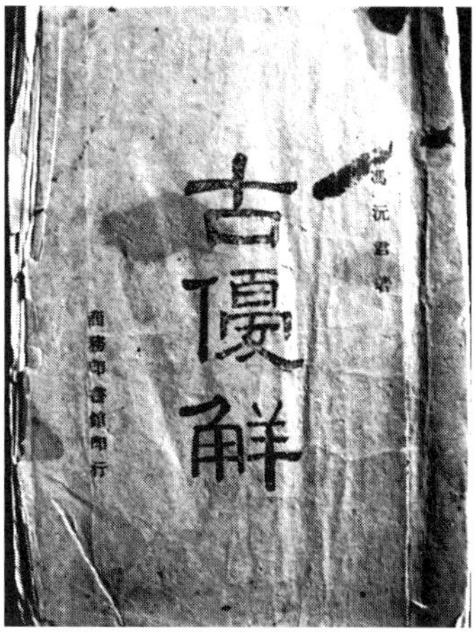

《古优解》，冯沅君著，商务印书馆1944年1月出版。
（引自《陆侃如冯沅君合集》第四卷正文前）

日前，收到《古优解》，并附书，甚慰。

古优事以平时于此未深致意，不敢妄有论列。通读一过，以中西方对照相勘，颇有精辟之论。欧洲的Fou，其名虽出自中世纪，然其特征实出古优也。末言，汉赋即优语，此论至确。汉武之世，诸词客皆略如后来之内廷供奉，故与天子至近而地位至卑。此扬雄以为发慨于雕虫，曹子建也以为小道者也。

自建安以来，辞赋本身价值始确定，故范蔚宗修史，乃以文苑、儒林对立。然地位高而遭遇转酷，故汉后文生多有不终其命矣。江淹诗多慷慨之音，齐梁为仅见，非沈、何所及。源出词宗，故集中有效阮公之作。永明后，声律既行，文通独尚左调，乃以杂拟见其夙学，才尽云云，殆所以自晦欤。①

此信之所以论及建安文学至江淹诗作，当与冯沅君致胡小石信内容有关。

2月，贾兆明（徐调孚）在《万象》第3年第7期发表《闲话作家书法》，认为：

女作家中冰心和凌叔华所写也差不多，不过冰心的最秀丽。且慢，我说得不对，岂止冰心和凌叔华，就是冯沅君，谢冰莹，陈学

① 《冯沅君传》，第208～211页。

昭，沈樱，苏雪林，袁昌英……似乎所有的女作家，她们的手笔，都落在一个类型里，都脱不掉女子的纤细的特征！

3月，李慕白著《莎士比亚评传》，由中国文化服务社印行。其中有陆侃如作的《序》（“陆序”）（《陆侃如冯沅君合集》未收）。《序》文末注：“三十三年之春，陆侃如序于东北大学。”《序》说：李先生“这篇评传，既能深入，又能浅出，实在是一部难能可贵的著作”，“确是目前所急需的”。《序》中列举中外互译戏剧的事实，说明“文学是不分国界的”，“早期剧作的技巧，无间中外，总是大同小异的”。

春

冯沅君从长兄冯友兰处得知，母亲的身体已大不如前，行走困难，但她决意要修一座“冯氏宗祠”，家人劝说也无济于事。“宗祠”已经动土，她坚持拄着棍到工地察看。冯沅君得知家里的情况，夜不能寐，作诗《不寐闻雁，长谣述哀　三十韵》[①]。此诗是五言诗、60句，叙写日本侵略给家乡造成的灾难，抒发乱离思念和忧患之情（诗见《陆侃如冯沅君合集》第15卷，第388、389页）。

陆侃如在国立东北大学《志林》第5期发表《〈采薇〉〈出车〉〈六月〉三诗的年代》（《陆侃如冯沅君合集》第5卷，第61～64页）。

4月

【剑锋补：

16日，致信朱光潜（《陆侃如冯沅君合集》未收）：

孟实先生：

嘉州别后，忽已五载。近读大著《诗论》，获益良多，一如接清尘也。拙稿《古优解》顷由商务印就，特寄呈，如蒙赐书正谬，感幸何似！敬颂

撰安

冯沅君敬上

四月十六日

侃如附候[②]】

---

① 《冯沅君传》，第218页。

② 此信载潘仁山《读冯沅君老师致朱光潜先生的信有感》一文，据山东大学校刊编辑室编：《山东大学建校五十五周年特刊1926～1981》，1981年，第123页。参《冯沅君陆侃如史料辑考》。冯沅君1939年赴嘉州（四川乐山）东北大学，信中言“忽已五载”，故应写于1944年。

本月，冯沅君（署名沅君）《舒湮的〈董小宛〉》（书评），成都《董小宛特刊》转载。

5月20日，陆侃如、冯沅君致信董作宾，拟聘董同龢，全文如下：

彦堂学长兄：

久未奉候，殊深系念。顷读《图书季刊》介绍尊作，欣悉著述日富，敬佩敬佩。弟等前秋离粤来川，任教东大，碌碌无足述。此间语言学一科久无人担任，拟聘贵所董同龢先生来校讲授。幸希示知董先生现在名义待遇，以便正式礼聘。立候赐复，并乞勿为外人道。

专此，敬颂

阁第清吉①

五月二十日

6月10日，冯沅君、陆侃如参加东北大学举行的第十六届毕业典礼，并与中国文学系毕业生合影。"应届毕业者133人。有文学院中国文学系8人，历史学系13人……另有文科研究所毕业学生3人。"②

本月，冯沅君在《说文月刊》第4卷发表《元剧题目正名的唱念者》（《陆侃如冯沅君合集》未收）。同卷还刊有陆侃如《"三百篇"的年代》（《陆侃如冯沅君合集》第5卷，第3～25页。《合集》系于1943年，今据《贺昌群文集》第三卷第585页系于本月），此文包：括一、合刊引言；二、《颂》的年代；三、《雅》的年代；四、《风》和《南》的年代。

夏，冯沅君在三台写成《南戏拾遗补跋》（据《南戏拾遗补跋》自注）。

7月15日，胡小石致信冯沅君。当时，胡小石在国立云南大学任教。上年8月，胡小石在中央大学休假一年，应云南大学校长熊迪之之聘到该校任教。此信是7月16日用航空寄出的。信的全文是：

沅君贤弟：

前所问中央报妇女儿童周刊征稿事，主持者为东大同事徐养秋君之小姐。崔太太金女大毕业。渠方接任时，来请人帮稿忙，故率举所

---

① 董作宾收到此信后旁批："六月七日复。"据山东大学知新楼A座八层文学院院史墙悬挂复印件。

② 《东北大学八十年》，第145页。

知以对，成否无大关系也。

衡阳苦守，令人作奋。今日太平洋战事皆利，独我中土如此，天乎！人乎！武器后人不足怪，战士不饱谁之咎！

渝市已大热，梓地或不尔？此地已雨季，雨多闷人，其苦难言。此时又着绵也。昨天稍热，亦可衣夹。

有客相遇，谓曰天热如此，盍谋出避暑乎！闻之，不禁大笑，吾辈其命定为夏虫耶！

日前钟云（钟芸）来，钟云诚笃，有学人之风。携来的小妹极聪颖，云时念四姑也。钟潮也常见。

梓地近来如何？豪杰云集，想更热闹，生活或较舒适。入夏体气可好？暑中何以自适？有新作否？

保重自宽，千万

侃如兄均候

光炜　十五日

此信内有一小纸包，折叠整齐，内有一朵完整的带叶的小野花。[1]

秋，陆侃如与董每戡、金静庵及艺苑社诸子饮于东山寺。董每戡作《久雨喜晴，与金静庵、陆侃如两兄暨艺苑社诸子饮于东山寺，归途得二绝》："酒酣日落起秋风，山外微霞抹碧空。古寺新来添艳色，临江霜叶染轻红。山寺归来日已斜，远巢鸦背带秋霞……"原载 1944 年东北大学《艺苑丛刊》。

11 月

中旬，陆侃如受老舍的委托[2]，在四川省三台成立了"中华全国文艺界抗敌协会川北分会"筹备会，1945 年元旦正式成立。三台县档案馆藏国民党《密报陆侃如等积极筹备成立三台文协分会》，"致情字第 60 号"（1944 年 12 月 15 日发）记载："三台文协分会为东大文学研究会（中文系全体师生）、三台实验剧团、合唱团三单位组成，由陆侃如、董每戡等发起，先得文协分会许可，于十一月中旬在陆侃如家开筹备会，三团体之人员为基本人员。另外由四个以上之会员介绍的为新会员，由三团体各推出理事、监事各三人，共理事九人，监事九人组织理监事会，另推编辑委员五人。理事多为教师，有陆侃如、冯沅君、董每戡、迟念方、霍玉厚；监事有姚崇懋、罗麟、胡文举、刘志鸿等，编辑委员有刘志鸿、徐放等。

---

① 参见《冯沅君传》，第 194、195 页。

② 一说：老舍委托东北大学中文系的同仁们。参见《冯沅君传》，第 204 页。

定于元旦正式成立，出版月刊一种，不久即可印出。该会除出版刊物外，并援助贫困作家等语。民国三十三年十二月十五日（三台特分会卷5）。”成立大会，有500多人参加。陆侃如当选为分会主席，冯沅君和赵纪彬当选为副主席①，李尧东任秘书，会址设在三台东门内陈家巷陆侃如、冯沅君居住的两间平房里。参加分会活动的有杨荣国、董每戡、叶丁易等。分会开展了座谈会、演讲、演艺、讲故事、募捐、制作慰问品、帮助支持学生抗日等多方面的工作。分会还主办、出版了一期十六开本的《文学期刊》（月刊），冯沅君、陆侃如等自己出钱、自己写稿，三新书局、五十年代出版社发行。陆侃如任主编。第1期刊有陆侃如《中古文学系年》（部分）、冯沅君《元杂剧和咏史诗》（《陆侃如冯沅君合集》未收），还有赵纪彬、董每戡、叶丁易等人的文章，陆侃如还写了《编后记》。第2期的要目登了广告，但因环境和条件的限制而未能印行。陆侃如、冯沅君积极支持、参加学校组织的各种抗日活动，不满国民党的反动统治。杨向奎回忆："在三台东北大学时，每逢星期六晚，我们经常在冯陆家喝茶谈天。参加者有赵纪彬夫妇，杨荣国夫妇，董每戡夫妇，叶丁易夫妇等，无话不谈。谈到政治，总是对国民党政府不满。当时人民的生活太苦了，而四大家族太阔，这是根本原因。"② 陆侃如后来回忆：赵纪彬"和我在抗战期间同过事，当时曾不断介绍延安方面的文件给我看，并同我一起搞后方某些文化活动，因而引起特务注目的"③。"陆、冯的爱国活动，竟受到国民党反动派的仇视。解放后从敌档中发现，国民党特务已把陆、冯二位列入监视控制对象，立下黑户头。"④ 又冯沅君在三台，除研究和教学外，还操持家务，洗衣服、提水、打杂……有学生文问陆侃如："冯先生为什么做那么多吃力的事情？他照例笑着，轻轻地说：'她当它是运动。'"⑤

17日左右，冯友兰在昆明接到母亲来信，命设法返回故里。又得唐河"母病速归"电报。冯友兰在母亲逝世后写的《先妣吴太夫人行状》中说："计自友兰等十余岁出外游学，迄今数十年间，不在先妣膝下之日，远过于能奉晨昏之时，从未接一招归之谕，或言家事困难之书。直至去秋宗祠兴工时，始来谕命设法返里，于宗祠落成时请神主入祠。此谕甫到昆

① 一说："12月，东北大学成立全国抗敌文协三台分会，赵纪彬、冯沅君领导文协分会工作，并担任《文学月刊》正副编辑主任。"（中共三台县委党史研究室编：《中国共产党三台县历史大事记》，第24页）。

② 《山东大学校友通讯》试刊1985年第1期。参见《冯沅君传》，第204、205、207页。

③ 陆侃如1959年3月24日日记。

④ 《陆侃如传略》。龚克昌告诉笔者，"敌档"是他在重庆查阅到的。

⑤ 《两个教授　记陆侃如冯沅君二先生》。

明，而‘母病盼归’之电亦至。此电尚系伯姊阴发者。”①

21 日，胡小石在白沙向阳庄致信冯沅君。信中写道：

沅君贤弟：

天寥岁暮，又返荒村，不知此身蓬转何时得止矣……

前日坝上转来三日书，具悉一切。前此寄诸书，均到（十日书亦到）无误也。

论文诸条，甚有达见。大抵唐前唐后文士胜过大殊，同一近倡优，仅唐人比之宋人，大有文野之异，前者野而后者文。今世所谓雅流，自宋以来，此事始多。惟愈雅乃无生气，则反令人有求野之思也。愚尝谓从来武人皆奴，文人皆倡。自有世都如此，以为太息，皆与书见相证。

正始、太康二系之变更替，愚见如下：

建安—正始—太康

（曹家）（八家）

太康—过江之初—过江以后—陶，晋宋之交—（潘陆为冠）（刘郭为殿）（正始系复兴）（太康系复兴）

大谢，鲍为例外—齐梁宫闱—隋—初唐：王杨沈宋（正始复兴起）

陈子昂（复古者）—开、天—元和—晚唐（太康系）（李贺又为宫体之荫）温李—五代花间词人—北宋初—北宋庆历（正始　西昆文人）｜—系—南渡—南宋晚年—苏、梅、欧诸家，次欧门、次苏门（杨陆）（太康系）《沧浪词话》出—宋词—｜—元—明—前后七子

以上暂定如此，乞一一榷论之。

山居十日，发疟四次。已就医服药，无妨也。十六日起，寒热渐轻。

珍护

侃如兄均候

光炜　十二月二十一日②

① 《冯友兰年谱》上册，第 393、394 页。

② 《冯沅君传》，第 195～197 页。

22日，冯沅君母亲吴清芝在故里河南省唐河县祁仪镇病逝，享年83岁。[1]

本年

冯沅君获教育部著作奖。第四届教育部学术审议委员会“补助学术研究及奖励著作发明”奖评出。获得人文社会科学类著作奖的有文学类：一等奖空缺；二等奖两名，分别是罗根泽《周秦两汉文学批评史》、李嘉言《贾岛年谱》；三等奖八名，包括冯沅君《古优解》、李辰东《红楼梦研究》等。

冯沅君在《紫罗兰》第12期发表《骰子考》，署名沅君（《陆侃如冯沅君合集》未收）。

冯沅君在《读书通讯》第85期发表《词的句法》（《陆侃如冯沅君合集》未收）。

冯沅君在北京图书馆专刊丛书发表《〈孤本元明杂剧〉钞本题记》，重庆商务印书馆印行（《陆侃如冯沅君合集》未收）。

冯沅君《古优解补正》手稿刊于《志林》第8期（《陆侃如冯沅君合集》未收）。

冯沅君在《文史杂志》第4卷第11、12期合刊发表《诸宫调的引辞与分章》（《陆侃如冯沅君合集》未收）。

冯沅君在港《俗文学》第21、22合期发表《南戏拾遗补》（自注：“二十八年冬于云南澂江。”）、《南戏拾遗补跋》（自注：“三十四年夏于四川三台。”）。（以上两文后来收入商务印书馆1947年出版的《古剧说汇》。《陆侃如冯沅君合集》第4卷，第193～212页）

冯沅君在《紫罗兰》第10期发表《几封有名的抒情信》，署名沅君（《陆侃如冯沅君合集》未收）。

杨之华编《文坛史料》，由上海中华日报社出版。其中收有孔尊的《冯淑兰与陆侃如》一文（第330～332页）。此文写道：冯沅君创作的短篇小说“《旅行》《隔绝》等篇，大胆地暴露了一般女性所不敢写的女性的毫无隐饰的恋爱，很引起当时卫道先生的反感。《旅行》中写她同她的恋人出去旅行，而那次同居时的情形和她自己心理的转移，真可称得上妙入细微，但令人读了却丝毫不致引起猥亵的感念”。“她的《隔绝》和《隔绝之后》，则写她被家庭禁锢时的苦闷以及不屈服的心情，终于从隔绝中逃脱出来，重走入她的恋人的怀抱中。这大概都是她自己亲身经历的写照。”

---

① 参见《冯友兰年谱》上册，第399页。

陆侃如在《读书通讯》第85期发表《怎样研究诗经——答某生问》(《陆侃如冯沅君合集》未收)。此文说:"但就本身说,《诗经》只是一部歌的选集,并无政治的或道德的原理寄托在内的。""今后唯一正确的路线,就是用研究古乐府的态度来研究《诗经》。有两点是应该先弄清楚的:第一是《诗经》各篇的年代……第二是各篇的分类。"最后附带介绍几种参考书,其中清代以前的10种、清人著作14种。

【剑锋补:疑在本年后,冯沅君以母亲"唐河冯太夫人奖学金"名义给某学校捐款二百万。其毛笔书法捐款信云:

从吾先生勋鉴:

先母平生特重女子教育,兹承其遗志,以鬻文所得二百万元,在贵校文学院设置"唐河冯太夫人奖学金",藉资纪念。该款每年所得利息,由院中成绩最佳之豫籍女生二人分领,详细办法悉由贵校负责决定,敬希惠允为荷。

专此,敬颂

勋祺

冯沅君敬启

八月五日[①]】

1945年　乙酉　中华民国三十四年　冯沅君46岁　陆侃如43岁

1月

胡风发表《置身在民主的斗争里》,舒芜发表《论主观》,认为"艺术创作的源泉是作家的主观力量在现实人生中的自我扩张"。中共中央宣传部发出指示,开始对胡风进行批判。

光未然(张光年)整理云南阿细民族长诗《阿细的先鸡》,由昆明北门出版社出版。

2月,美、英、苏在苏联雅尔塔开会并签订协定,规定苏联在对德战争结束后一个月参加对日作战,条件为保证苏联在中国东北的权益,又决定4月25日在旧金山召开联合国大会。

3月,郭沫若著《青铜时代》出版。

---

① 此札本为山东省济南市外环路三号"聚宝堂"网上书店收藏,售价三百九十元,已被人买走。李剑锋2010年4月29日据该信札的网络影像抄录,参李剑锋《邂逅冯沅君》一文,在《山东大学报》2010年6月30日F版发表。

4月

23日，中国共产党第七次代表会在延安召开。

25日至6月26日，联合国大会在旧金山召开，中国与其他会员国共同签订《联合国宪章》。

5月

5日，中国国民党第六次全国代表大会在重庆召开。

8日，德国无条件投降。

8月

6日，美国向日本广岛投一颗原子弹。

8日，苏联对日宣战。

9日，美国向日本长崎投一颗原子弹。

15日，日本宣布无条件投降。

28日，毛泽东、周恩来、王若飞代表中共到重庆同国民党进行谈判。

9月2日，日本正式投降。

本月，郭沫若著《十批判书》，由重庆群益出版社初版。

11月25日至12月1日，国民党军警镇压昆明反内战学生，造成“一二·一”惨案。

本年

国民政府成立中国战地文物保护委员会。

法国杰出的汉学家马伯乐死于德国法西斯的集中营中。

陆侃如等在三台成立了“中华全国文艺界抗敌协会川北分会”，冯沅君积极参与。他们热心支持、参加各种爱国抗日活动，受到国民党反动派的仇视。冯沅君整理好《古剧说汇》，发表《古优××的×定》等。陆侃如的父亲陆措宜病逝。

1月

8日，冯友兰、冯景兰收到唐河“母故速归”的电报。[①]

中旬，冯友兰、冯景兰一起离昆明返唐河奔丧。冯友兰在后来写的《三松堂自序》中说：“因为路上不好走，交通很困难，我们没有让沅君同我们一起回老家，她那时也在云南，不过不在昆明[②]。我们从昆明坐飞机到重庆，从重庆坐轮船到宜昌。那时宜昌已被日本占领，我们只好在宜昌上游的三斗坪的对岸上岸。一上岸就翻越荆山山脉，向北走。在山里走了

---

① 《冯友兰年谱》上册，第399页。

② 编著者按：冯友兰此处所记当误，冯沅君当时在四川三台。

两三天，才顺着一个山谷走出山区。那个谷口好像一个大门……就在那里上渡船过了汉水，到了一个大市镇……原来那就是老河口。第二天换坐公共汽车，走了一天到了南阳。从南阳又坐公共汽车，走了一天到了唐河……从唐河坐牛车，又走一天，到了祁仪镇老家。只见一柩在堂，一灯荧然，母亲再也不能见了。"①

2月

月初，冯友兰写成《先妣吴太夫人行状》《祭母文》。在《行状》中写道："先妣励志于宗祠之修建，全功未竟，而身先陨落，八十三年之人生如此终结。其庄严悲壮，又非仅以团圆终者所可比拟。闻亲族言，先妣入殓时容颜悦愉，尤胜平时，盖死生之道先妣尽之矣。"时李宗仁在襄阳闻讯，代表国民政府派人送来挽幛一幅。当时已经迁至河南西峡县丹水镇的河南省政府也派代表到祁仪吊唁。南阳行署专员褚怀理和唐河县长符明信亲自吊唁，并帮助料理丧事②。

6日，冯友兰祭母，《祭母文》写道：

> 维中华民国三十四年二月初六日，儿友兰谨以豕一羊一香楮庶羞之奠致祭于吾母吴太夫人之灵曰："维人杰之挺生，皆造化之钟灵，但多伤于偏至，鲜能合乎中行：或仁爱而优柔，或刚断而寡情，或方正而迂阔，或干练而无诚，或豁达而疏略，或谨慎而不宏，或豪施而奢汰，或俭约而吝砭。惟吾母之懿质，集诸德之大成。使晚生以百祀，当女权之已明，作领袖于社会，宜冠冕于群英。值时代之不偶，屈长才于家庭，譬鲲鹏之巨翼，乃水击于池中，谢经国之远略，而造福于诸冯。闻吾母之来归，事重闱于高堂，作新妇之匝月，已见惊于族党，称才调为第一，父咏叹于篇章。父得助而高骞，乃游宦于武昌。受高贤（梁鼎芬——作者自注）之知遇，始为宰于崇阳。虽牛刀之小试，亦驹隙之不长，忽遘疾而奄化，坠鹏程于初翔。无一言之遗命，留群雏于孟光。扶一柩而北驾，备廉吏之凄凉。既相夫之已毕，惟事亲与抚孤。凛劲节于冬雪，存冰心于玉壶，终慈日之余辉，游儿曹于上都。虽节衣而缩食，惟馈给之无虚。不相累以庶务，令专志于远图。县女学之初创，尊吾母为大家。集婉娈之庶姬，开一时之规模。以闺门之肃雍，加学校之诗书。惜为时之过暂，虽有志而未舒。及儿曹之名立，始开颜而息肩，欣诸孙之入抱，若玉树之竞鲜。睹皇

① 《冯友兰年谱》上册，第399、400页。

② 《冯友兰年谱》上册，第400页。

居之壮丽，观长城之蜿蜒，乘遄飞之逸兴，吟孟姜之诗篇（母居北平，一日游八达岭，甚欢，口吟孟姜女民歌——作者自注）。维天道之消息，盖无平而不陂，值东师之渝盟，忽袭我之东陲。知来日之大难，母闻信而兴悲。忧子孙之萍飘，虑国家之黍离。既频惊于风鹤，乃遄返于园田。修松竹之三径，备儿曹之南旋。谓战争之有止，斯聚会之有年。乃一时之离别，竟永诀于人天。呜呼哀哉！母晚年之家居，惟专志于宗祠。凡堂庑之创建，思一人而任之。日聚资而蓄材，盖数年之于斯。迄客秋而始营，亲监督于始基，日夙兴而夜寐，工未竣而身危。岂劳苦之太过，形疲敝而不支，抑责任之已毕，神逍遥而永辞。自况譬于阵殁，虽形苦而神怡。乃人道之完尽，非澌灭而无余。不曰死而曰终，宜正名以称誉。（《礼记·檀弓》：“君子曰终，小人曰死。”宋人注：“终者所以成其始之辞，而死则澌尽无余之义。”——作者自注）。母既返于故里，寇旋入于北平。儿初守于学校，继间关而南征。经武昌之旧居，望崇阳之旧封。吊屈贾于长沙，怀朱张于祝融。当百代之巨变，对千古之遗踪，昔所怀而未达，今受感而始通。如有鲠之在喉，乃述作以为工，据所见而立说，岂好辩以为雄？维抗战之七载，媳备著于辛劳，日斤斤于盐米，夜频频于尺刀，胼双手于浣浣，疲一身于厨庖，致爱护于夫子，尽养育于儿曹，幸痼疾之已去，勉支持于作操。琏（女钟琏——作者自注）幼依于祖母，备受母之恩勤，今远嫁于星岛，久不通于音闻，即吾母之永逝，亦欲告而无因，惟确知其无恙，母无用于忧心。应盟军之东至，辽（子钟辽——作者自注）从军而远征，渡怒江而西进，旋奏绩于龙陵，继歼敌于遮放，今次师于畹町。斯吾母之遗体，为国家之干城，虽名位之微卑，亦告慰于尊灵。尚幼稚之璞越（次女钟璞，次子钟越，为母篆书‘福体安康’四字——作者自注），祝福体之安康，书鸟篆于鸾笺，欲进贴于母床，藉献岁之发春，博欢笑于一觞。奈慈舆之不留，空涕泪之淋浪，离昆明而巴渝，经夔府而东航。忆昔日之传言，父为神于此乡，想慈舆之已临，或并坐于堂皇。冀深宵之入梦，奈竟夕而渺茫，忆吾母之夙论，叹有生之无常，况人死如灯灭，随形化而神亡。然噩耗之将至，媳梦柩自北方，似母神之不灭，远寻儿于昆明。信斯道之茫昧，心再思而惝恍。母永逝之匝月，儿始返于故枝，空抚棺而长恸，悔九年之归迟！惟抗战之七载，日仓皇于乱离，虽春秋之代序，忘岁月之已驰，冀金萱之长茂，忽承欢之及时，恨已往之不再，痛逝者之难追。叹吾父之至论，怨庄叟之妄辞（祖父殁时，父挽联上联云："再休说八千岁灵椿，庄叟妄谈，误尽古今承欢者。"——作者自注)。母未完之志事，惟宗祠之续修，现已成之二屋，信坚固而寡俦，俟大事之已毕，即召工而与谋，必继志而述事，如吾母之所筹。八十年之人生，信始终之全完，备洪范之五福，宜无憾于人间。维明日之良辰，请起柩而奉安，留神灵于宗祏，藏形骸于田园，启吾父之旧茔，入吾母之新棺，葬父母于同穴，其永宁于九原。呜呼哀哉！尚飨。①

冯友兰《三松堂自序》说："母亲是我一生中最敬佩的人，也是给我影响最大的人。祭文如果有'溢美'之处，那就是她是封建社会的完人，而我没有说出这个限制……朱自清的《犹贤博弈斋诗钞》中有一首诗题为《读冯友兰、景兰、淑兰昆季所述尊妣吴太夫人行状及祭母文，系之以诗》，诗曰：'饮水知源木有根，瓣香贤母此思存。本支百世新家庙，昆弟三涂耀德门。趋拜曾瞻慈荫暖，论交深信义方惇。长君理学尤沾溉，锡类无惭古立言。'……致函沅君，告以行将葬母，并附以沅君 1918 年就学北平时禀吴太夫人书。"②

冯沅君得信后，作诗（《陆侃如冯沅君合集》第 15 卷，第 389、390、399 页）：

岁除篇

甲申除日得兄书，知母行葬矣。函附旧笺，则戊午肄业北雍时上母者。往事如昨，幽明永隔，长夜不寐。听四邻欢笑声，五内为崩摧也。

戊申哭父时，母哭儿亦哭，
甲申儿哭母，天地同黪黩。
父寿四十三，母年益四十；
三十六年事，历历心目集。
父生为廉吏，家世本寒素；
秋冬母夜绩，霜雪压庭树。①
缩母口中食，充儿囊中钱。
遣儿从师去，长安远于天。
勖儿勤讲习，勖儿励品性；

① 《冯友兰年谱》上册，第 400～403 页。
② 《冯友兰年谱》上册，第 403 页。

母心最慈惠，母教则严正。
学废母心伤，学进母心喜；
困学锲不舍，念母劳家里。
儿学初就将，母年已衰老。
欲报三春晖，相彼原上草。
烽青人骨白，氛祲昏禹甸，
儿辈窜梁益，母也滞乡县。
南北两相望，三千六百日，②
生离成死别，因缘更谁诘。
天路云幂幂，墓门柏森林，
泪湿泉下土，识儿此夜心。

原笺：①“盖女等在外所用之钱，皆大人在家勤劳艰难所得者，虽一角钱之微，不知大人积宵夜绩，历几何日始得之。”②“母以北都逼寇，乙亥南归，此后不再出。”

又，下面一首词，也当作于得知母亲逝世后（《陆侃如冯沅君合集》第15卷，第390、391页）：

如梦令

黄叶无风自落，极目阴云漠漠。旦暮听啼鸦，争怪情怀常恶。萧索，萧索，泪下沾衣方觉。

7日，冯沅君母亲安葬。

3月28日，陆侃如聘姚雪垠到东北大学任教，到校。关于姚雪垠到校的情况，今存国民党三台档案中有记载，全文如下：

特务机关密报文协三台分会欢迎姚雪垠来东大任教

三台特分会报：查东大中国文学系主任陆侃如，在此领导文协分会活动异常激烈，颇有代表奸伪活动之疑，兹又聘其同党姚雪垠任该系教授，已于三月二十八日到校。该文协分会于三月三十一日于东大礼堂开欢迎会，会名虽为文艺晚会，然亦寓有奸伪活动作用在内。于其表演之节目中，有朗诵《火把》全本一节，系郭秉箴领导，佟枢慧、臧慕莲（校长女儿）等五人，以对话形式进行，于火把照耀之下故作慷慨激昂之状，其内容有赞美火把世界，引入火把队伍之词无异

以奸伪之主张宣布于人众，吸引千余青年学生之注意，颇为猖獗不羁，理合将经过情形具文呈报。(民国34年到职)①

4月

陆侃如、冯沅君等组织成立东北大学学生壁联。四川三台县档案馆藏国民党“密告　东大文化团体的活动　致情字第二十五号　三十四年四月十七日发”记载：“……四月八日下午六时召集东大壁报团体负责人商讨壁联之进行，决议于四月十四日开成立大会，并办理文艺晚会，以资庆祝。筹备团体为学声社（杜黎均）、菩提（郭秉箴）、黑土地（徐德绵）、锋声（汤履铭）等几团体。四月十四日下午在东大二一七教室开成立大会，通过简章，负责团体的主席由当选团体中互推之，当选为学声、菩提、新声、生活、黑土地、时事萃报、锋声、学习园地、夜光、正风社、老北风等十一团体，并选菩提为壁联主席，其中除锋声、学习园地外均系奸伪组织之团体。又于四月十四日下午七时在大礼堂举行文艺晚会，到会指导者有陆、冯、董、姚、赵等五人，节目有‘为民主领袖罗总致意’，朗诵新诗‘城市人’‘国乐’及独幕剧《同病相怜》等……”（摘自“三台特分会”卷12）关于“壁联”的成立，中共三台县党史研究室编《中国共产党三台县历史大事记》第24页记载：“4月8日，东北大学陆侃如、冯沅君、董每戡、姚雪垠等教授召集各壁报团体负责人，商讨成立‘壁联’组织。14日，壁报联合会成立大会召开，‘壁联’正式成立。”

【剑锋补：

15日，陆侃如、冯沅君致信胡适（《陆侃如冯沅君合集》未收）：

适之先生：

九年的抗战期间，先生在美，我们转徙西南各地。自二十八年冬，与丁庶为诸先生联名函贺诞辰后，至今已六年半了。这几年来心中老想起全祖望给方苞的诗：“廿年荷陶铸，十年惜别离。六年遭荼苦，余年患阻饥。以此成惭负，著书杳无期。犹喜素丝在，未为淄所移。”我们离平八载，前四年在中山大学，后四年在东北大学。流亡中，书不易得，精神时间又多浪费，沅君只写了些关于戏剧史的文章（《古优解》及《元明杂剧题记》两小册已出版，《古剧说汇》在印制中)，侃如在作《中古文学系年》，以年为纲，以人与作品为目，是西

① 绵阳市文化局编:《绵阳市国统区革命文化史料》,1992年印行,第336、337页。

元一至六〇〇年间的文人综合年谱，只成了东汉三国一段的初稿（曾整理一部分发表于《清华学报》《中大研究所集刊》《文学期刊》《中原》《志林》等杂志），今检手迹所存者，另包呈政。东大于夏初改二年聘约，我们也许随校到沈阳，不过那里军政空气过浓，不是个读书的地方，将来环境较好的地方如有机会，即舍而他去。

近来交通困难，东大教职员尚多留三台，一个月后若能动身，那么双十节左右便可拜见先生了。

敬祝

健康！

学生侃如、沅君同上

八月十五日

通信处：四川三台东北大学[①]】

5 月 5 日，中华全国文艺界抗敌协会三台分会举办“五五诗人节”纪念晚会，陆侃如讲述了屈原的生平及其作品。

6 月，“文协三台分会，改为川北文协分会，组织发展到绵阳、射洪等地”[②]。关于文协三台分会改为川北分会及其发展情况，现存下引国民党档案有所记载，可资参考：

密报东大文协分会进步活动

情寒字第 26 号

三十四年七月十二日发

山情指字四六一号辰有电奉悉三台文协会改为川北文协会，其原因乃陆侃如代理文学院长，名义不能负责，所以改为姚雪垠、董每戡二奸伪负责。因川北学校关系，文协可以扩展至太镇及绵阳。太镇由杨序负责，并办有《文学青年》一杂志，绵阳由李束绮（国立二中教务主任）负责。文协会所以扩大，一方面在扩展其组织至各地中学，笼络一部分中学生作干部；一方面可以伸其活动半径，奸伪等可以公开自由活动，更可因其人多而造威胁，如东大当局要检查壁报，结果因奸伪反对而取消为证明。奸伪活动方案乃利用三台实验剧团及合唱团，收罗大部学生。《文学期刊》为文协向外发表文字之代表刊物，

① 《胡适遗稿及秘藏书信》第 34 册，第 643～645 页。信中既云“九年的抗战期间”，又说在四川的东北大学，则作于 1946 年随迁沈阳东北大学任教之前。

② 中共三台县委党史研究室编：《中国共产党三台县历史大事记》，第 24 页。

陆侃如、姚雪垠等乃利用学生组织，许办壁报，扩充力量，其活动情形大致为斯，特此呈复。

……该陆侃如、董每戡、赵纪彬、杨季野、姚雪垠等前于六月廿四、五日间在青年旅行社茶馆开一次会，其任务拟将川北文协分会组织扩大，并控制东大各文化团体，以作文协基础，向射洪、盐亭、蓬溪、川北各县发展，现董每戡、姚雪垠已于七月六日、七日乘车赴成都文协会洽谈……

致情字第33号

八、十二发[①]

24日，陆侃如主持“中华全国文艺界抗敌协会川北分会”，庆祝作家茅盾50寿辰和创作生活25周年活动，冯沅君发表演讲。

【剑锋补：

7月5日，叶圣陶日记写道：“姚雪垠、董每戡二君来访。二君皆任教于东北大学，据言东北中文系教师十余人意见皆相近，不取抱残守阙，重在继往开来，殆为各大学所少有。为文学院长者，则陆侃如也。”[②]

8月16日，叶圣陶晨起写信复侃如。[③]】

初秋，冯沅君在躲避水灾的一天夜间大体翻阅完《法国近代歌曲选》。当时的情况，写于1946年6月30日的《法国歌曲的价值及其发展——〈法国近代歌曲选〉导言》“跋”（《陆侃如冯沅君合集》第15卷，第426页）中有下面的具体叙述：

抗战期内，书的获得是极度的困难，外国书尤属不易。这《法国近代歌曲选》是一位朋友去夏临别时留作纪念的。他当时负担着时代的痛苦走向远方，而这部书又载着他在兵戈中长途旅行的回忆——它是他二十七年春随着长沙临时大学由湘迁滇道经安南时买的。

我初次读这本书的时地也不太寻常。去年秋初，接踵着胜利的狂欢，四川沿江各地大都受到水的迫害。三台所遭遇的据说是六十年来所未有。八月三十日黄昏时，这座两面临江的小城已三面进水，街上

① 绵阳市文化局编:《绵阳市国统区革命文化史料》,第334页。

② 商金林撰著:《叶圣陶年谱长编(1936～1949)》第2卷,第337页。

③ 商金林撰著:《叶圣陶年谱长编(1936～1949)》第2卷,第345页。

乱纷纷的尽是扶老携幼、抱被褥、挑箱笼、向高地奔逃的人。入夜风雨又作，风欲拔树，雨似倾盆，我避居到东大教授宿舍楼上，对着盏秋萤般的菜油灯，守这充满了灾难气氛的长夜，耳边风雨声，波浪声，人们的惊呼声混成一片。"危城复危楼，身危觉命贱。"这两句断句不假补缀成篇已可画出我当时的处境与心情。是《法国近代歌曲选》它陪伴了我。偶然的机缘使它刚好出现在搬到楼上避水的书簏上面，而我在仓皇中便拈了它。将它大体翻阅完，夜已过半，水势方稍杀。

9 月

5 日，冯沅君《为佘雪曼教□（按：此字所据影像缺，当为"授"）画梅作》，刊于《中央日报（重庆）》第 6 版（《陆侃如冯沅君合集》未收）。

5 日至 7 日，东北大学决定举行抗日战争胜利盛大庆祝活动，校门口用柏树枝扎起牌坊，上面挂有陆侃如撰写的大幅对联，上联是："万里流亡，尝胆卧薪，缅怀黑水白山，此时真个还乡去。"下联是："八年抗战，收京降敌，珍重禹时舜壤，来日无望守土难。"①

【剑锋补：

12 日，叶圣陶写信复侃如。②】

秋，陆侃如的父亲陆措宜病逝。他病逝前，遗嘱"葬礼极简"。新四军在江苏崇明县举行追悼大会。陆措宜生前"尝慨然语人曰：我能目接抗日胜利，驱除日酋，金瓯无缺，并得与儿、媳一面，虽死无憾矣!"③ 陆侃如的父亲病逝，家里给陆侃如的信，在四川三台并没有收到。

12 月，冯沅君在三台写定《古剧说汇·自序》，其中写道：

把读书的兴趣由词与散曲移到戏剧史上在我是最近十年的事。"十年"每被人用以代表个相当悠久的时间。人生本没有多少个十年呵！但为了抗战时期生活的不安定，图书的缺乏，以及自己的疏慵、愚钝，这十年内我并未如愿地耕耘过这块园地，它之不能丰收原也早

① 《陆侃如和冯沅君》，第 105、106 页。

② 参见商金林撰著：《叶圣陶年谱长编（1936～1949）》第 2 卷，第 350 页。

③ 陆措宜的亲戚田维德提供的材料。

在意中。除去一两篇业已单行或留作他书附录者外，我这个低能农夫的收获大都倾注到这个小囤里。

在一个不相信文章是自己的好的人，旧稿是不耐重读的。历时越久，它的缺误越显得严重，繁多，往往使作者惭愧到不安的地步。我就是这样的人。就现在的环境与学力论，我还不能将集中各篇的缺误一一补正。只能在篇末所附的短跋里陈述近来对于某种问题的意见，以述吾过。

当我开始整理稿件（编著者按：指《古剧说汇》）时，我的母亲已在故乡病倒了，不久她便与世长辞。生不能养，殁不与葬，从前清光绪三十四年丧父后，这是我遭遇的最悲痛的事。我同她分别在民国二十四年，到现在恰是十年。《古剧四考》等文的写作，都是在这次最后离别时间，而各篇跋语的墨迹中更和有哭母的酸泪。好吧，就用这本小册子来纪念“圣善”母氏教养我的劬劳。

冯沅君将整理好的《古剧说汇》交给了商务印书馆。

本年

冯沅君在《学原》创刊号发表《古优××的×定》(《陆侃如冯沅君合集》未收)。

冯沅君在《文学期刊》创刊号发表《元杂剧与咏史诗》(《陆侃如冯沅君合集》未收)。

五、在黑暗中抗争，向往光明（1946～1949 年）

陆侃如、冯沅君先在迁回沈阳的东北大学任教，1947 年 8 月应聘到青岛山东大学任教。他们支持革命，亲近共产党，热心帮助进步学生，遭到国民党特务的恐吓，渴望光明。

1946 年　丙戌　中华民国三十五年　冯沅君 47 岁　陆侃如 44 岁

1 月 10 日，中国国民党、共产党及美国三方面代表签订《停战协定》。全国政治协商会议在重庆开幕。

5 月 5 日，国民政府由重庆还都南京。

6 月，国共内战全面开始。

7 月

11 日，李公朴在昆明被国民党特务暗杀。

15 日，闻一多在昆明被国民党特务暗杀。

9 月，胡适就任北京大学校长。

10 月，唐弢辑《鲁迅全集补遗》，上海出版公司初版。辑《鲁迅全集》未收的论著、译文 43 篇。

11 月 15 日，国民党在南京召开国民大会，中国共产党及民主同盟拒绝参加。

12 月 24 日，美国兵强暴北京大学女生沈崇，各地学生纷纷抗议。

陆侃如、冯沅君随东北大学迁回沈阳。陆侃如继续任文学院院长兼中文系主任，冯沅君任教授。冯沅君任《文潮月刊·文潮》编委。发表《“科”与“科泛”》《〈杨白花〉及其作者》《关汉卿及其所创造的女性》《再论诸宫调的引辞与分章》《〈双渐小卿诸宫调〉的作者与改者》，译法国雨果作《播种的季节·薄暮》《法国歌曲的价值及其发展——〈法国近代歌曲选〉导言》及《跋》，Dumont Wilden 作《新法国的文学》《法国的高贵人，风流人》。陆侃如发表《悼伯希和教授》。

年初，陆侃如支持、讨论成立东北大学教授会。关于此事，当时的学生高桂林后来在《回东北开展工作》一文中有具体叙述：

> 1946 年初，东大教师在陆侃如教授的支持下，开会讨论成立教授会的问题。东大训导长叶淑良在会上要求教授会对时局表态，发表反苏反共宣言，当即遭到进步教授的反对。会场上唇枪舌剑斗争激烈。会场外“祖国社”的学生大声叫喊，扰乱进步教授的发言，使会议无结果而散。东大“民青”核心组当即开会决定反击，一夜之间，所有受“民青”影响的社团纷纷发表宣言，进行抗议。抗议书从后院的校长室一直贴到大门外。“民青”核心组还派我和李葆家为代表，逐户慰问被谩骂的教授。①

1 月 25 日，胡小石从川东沙坪致信冯沅君，其中写道：

> 连得二信，快慰。
>
> 今晨，中大学生为向协商会议及外交有所表示入市游行，合沙坪

① 高桂林：《回东北开展工作》，齐红深编著：《流亡抗战时期东北流亡学生口述》，郑州，大象出版社，2015 年，第 299 页。

诸校行列万余人。正气凛然，令人回想五四之盛，在此校尤为难得也。至此时尚未完全回校矣，无他事发生。明日入城返沙，再作详覆。

沅君弟无恙

侃如兄均候

光炜　二十五日八时[1]

5月

1日，《文潮月刊·文潮》在上海创刊，编辑委员会为冯沅君、赵景深、顾仲彝、李长之、赵清阁、罗洪等。此刊1949年1月25日出至第六卷第3期停刊，冯沅君一直任编辑委员。[2]《文潮月刊》第1卷第1期刊有冯沅君《"科"与"科泛"》（《陆侃如冯沅君合集》未收）及法国雨果作、冯沅君译《播种的季节·薄暮》（《陆侃如冯沅君合集》第15卷，第427页）。

16日，胡小石在南京中央大学致信冯沅君。时南京中央大学已经迁回南京原址。信的全文是：

沅君贤弟：

八日晨自渝起飞，午后抵此。家人乘船，尚在途中也。

到此正一周，无家可归，无路可走。万感伤神，万忧攒心。

诸多好友，留滞巴蜀多住一二年。此者，贺者赠言不止一字千金矣。

此处石米三万元以上，生活奇昂，还乡实不能活。东大稍迟走未为失计，日后正为此踌躇。奈何！

梓地苦鹰少。此地则但有人声、车声，日夜喧闹，虫鸟唬亦无矣。

白沙为我最可回忆之地，晓星晚照，无日不在吾梦寐中。

来此终日会客，应接不暇。奈何！

珍护珍护

侃如兄均候

光炜　五月十六日下午

通信处　南京中央大学[3]

---

① 《冯沅君传》，第225页。

② 据《1872～1949文学期刊总汇》2第1583页。

③ 《冯沅君传》，第226页。

18日，冯沅君致信胡小石。信中述及“词分伶工文士二派”等问题。①

26日，胡小石致信冯沅君，用航空寄往四川三台东北大学文学院。信中写道：

沅君弟无恙：

盼书多日。今晨得十八日函，知伤寒已愈，甚慰。连日无书，方疑问又病也。

论词分伶工文士二派，此体系极是。诗派也如此对立着。平日论诗，以为建安以下，正始（嵇阮）与太康（潘陆）二派互为消长。前者质而后者文，即刘舍人《文心》所分“风骨”与“情采”二途。陶谢并备，陶属正始，而谢属太康也。此义可与词论相发。惟云魏武近倡优，及汉赋托始与五言诗同，尚未喻其旨，幸有以启之。

昨晚看戏至深夜，归舍已近一时。朝来醒时已七时，在近日称美睡。幼时随大人入戏场，每闻弦索声动，便泪下不自禁。至今乃尔，闻歌而唤，奈何！此不关处境之屯泰，天性多感，亦真无可奈何耳！

巴人近日可好？论复问？一日作诗几首否？

珍护珍护

侃如兄均候

光炜　二十六日上午②

本月，“东北大学宣布向沈阳旧址复员迁校。东北大学借复员之机，一举解聘了六位进步教授，即叶丁易、赵纪彬、杨荣国、陆懋德、姚雪垠、董每戡”③。

6月

12日，蒋星煜在《和平日报·和平副刊》发表《作家的书法》，认为“冯沅君先生的书法百分之百是汉代书家的风味，前些时见到国立西北图书馆所藏之居延汉简三十片，其中有‘三年九月……’等字样的一片，就是和冯先生采取同一方法，但汉代所用材料是漆，冯先生是用含有较多水分而易于浸渍的墨，能写得和用漆一样凝固而冻结，这是何等功力”。

---

① 参见下引26日胡小石致冯沅君信。

② 《冯沅君传》，第227页。

③ 高桂林：《回东北开展工作》，齐红深编著：《流亡抗战时期东北流亡学生口述》，第299页。

30日，冯沅君在三台译《法国近代歌曲选导言》（“初读时感到兴趣的部分”）成“导言”及“跋”，刊于《文潮月刊》第1卷第4期，题作《法国歌曲的价值及其发展——〈法国近代歌曲选〉导言》及《跋》（《陆侃如冯沅君合集》第15卷，第420～426页）。“跋”：“而今，兵事乃急，归家不得，羁囚在这小城里，将这本书的导言（我初读时感到趣味的部分）译出来排遣长夜。赠书人及水给我的恐怖我还时时想到。”

夏，东北大学即将迁回东北。国民党加紧了对进步师生的清剿。据当时在三台东北大学文学院就读的谢宇衡回忆：

他和几个同学都接到过“恐吓信”；他的一位学长李先生，当时已在三台女中任教，就因为在《华西晚报》上发表了一首题为《夜三台》的诗，为当政者所不容，被“驱逐出境”了。他也记得，当时文学院长陆侃如先生曾告诉过他，有几位教授已被教育部指名解聘，有好些同学被列入黑名单，要他多加注意。①

这方面的情况，陆侃如1950年6月2日在《三个“六二”》一文（《山大生活》新16号）中回忆：

东大在抗战期间流亡到川北文学院的教授同学们很起劲地成立了实验剧团，组织了文协的分会，出版了文学期刊。这就引起了国民党反动派的注意，特务们多方迫害，终于在1946年迁回沈阳的时候，解聘了七八位教授，如现在湖南大学文艺学院院长杨荣国、北京师范大学军代表叶丁易，和山大的赵纪彬先生等，都在其内。这是后方大学为思想问题而解聘教授的第一次，重庆的《新华日报》有详细的记载。我那时是文学院长，校方不好意思解聘我，却对人说已“孤掌难鸣”了。

8月，东北大学开始分批迁回沈阳北陵。关于东北大学内迁三台期间对三台的影响和开展抗日救亡工作，2015年印行的三台县国家档案馆编的《三台抗战史话》第159～161页有下面的概述：

1938年至1946年，在抗日战争最艰苦的岁月里，东北大学辗转

① 《冯沅君传》，第228页。

从西安迁来三台，与三台人民风雨同舟、患难与共至八年之久，当时一批名师齐集东北大学，陆侃如、冯沅君、金毓黻、高亨、杨荣国、姚雪垠等先后来校任教。东北大学的到来，为古老的三台注入了新鲜的血液，播下了新思想、新文明的种子，戏剧、壁报、社团、足球等都是第一次在三台大地出现，为丰富和传承三台的文化做出了不可磨灭的功绩。1946 年抗战胜利后，东北大学迁回沈阳，川北大学在这里诞生……至今，东北大学所传递的文明民主薪火在梓州传递。东北大学来三台，掀起了声势浩大抗日救亡宣传活动。东北大学的学生时常五六人或数十人一道，到茶馆、民众教育馆、街头巷院等群众集聚的地方进行抗日救亡演讲，宣传抗战路线，用亲身经历和所见所闻讲述沦陷区人民的悲惨生活，控诉日本帝国主义烧杀淫掠的滔天罪行，激发人民的爱国热情。他们还成立了实验剧团，以戏剧为载体，在城内广东馆、华光庙等地上演《凤凰城》等抗日戏剧。由学校教授陆侃如、冯沅君、姚雪垠及进步学生邹勇策、刘黑枷等组成的“全国文艺界抗敌协会三台分会”，先后在三台公演曹禺的大型话剧《日出》和《雷雨》，鼓舞人民抗敌的斗志。他们还组织了抗日歌咏团到处传唱抗战歌曲。当时的东北大学学生组织了很多社团，其中比较活跃的有“火把社”“文艺线”“黑土地”“诗战线”“奔流”“合唱团”“夜光社”“新生代”等，其他组织如“读书会”“三台抗敌文协会”“东北问题研究社”等进步社团，都积极宣传抗日救国思想，传播革命思想，使一大批有觉悟的青年成为抗日救亡的积极分子。东大师生的抗战宣传，促进了三台的抗日运动的迅速高涨，有力地支援了前方抗战。

9 月 21 日，冯沅君（署名沅君）《天真的一群》（《陆侃如冯沅君合集》未收），刊于《中央日报》第 5 版。

12 月，陆侃如、冯沅君护送东北大学最后一批师生到沈阳。《松辽文化》1947 年 1 月 1 日第 2 期报道：“名作家陆侃如冯沅君夫妇护送东北大学最后一批复员师生北来，已于周前抵沈，仍继任该校文学院院长暨教授。文学院同学无不欢腾，松辽文化界，又增两颗慧星云。”陆侃如到沈阳后继续任文学院院长兼中文系主任，冯沅君任教授。陆侃如到沈阳后，连续收到家里关于父亲病逝的几封信。东北大学迁回沈阳后，一些教授遭到迫害。

本年

陆侃如、冯沅君随东北大学迁回沈阳后，常常受到国民党特务的威吓、监视。“一个傍晚，有个女学生来还借阅的书籍。临走，悄悄对陆先生说，里边有张字条，是人家夹在里面的，让你看后烧掉。”字条写的是：“注意说话分寸，注意交往友人。晚上少外出，出门要结伴。学生　华。”面对当时的艰难处境，陆侃如曾同冯沅君商量，辞去文学院院长的职务。辞呈还没有来得及上交，学校抢先一步给他派了个姓郭的国民党员的副院长。陆侃如感到处处受监视，难以承受。于是交上辞职报告。交上两天，新任的郭副院长来家拜访，表示：陆先生是名人，也是东大的栋梁，院长职务非阁下莫属，我郭某只是给你当助手，不合作就太不给面子了。陆侃如无可奈何，只好继续当院长了。[①] 陆侃如、冯沅君随东北大学返回沈阳后，帮助困难学生，继续支持进步学生。有个学生的母亲有病，他们给他一笔钱。后来这个学生说母亲亡故了，又把剩余的钱还了。他们用这笔钱支持学生去解放区。[②]

《大光明》第3期“文艺作家的书法”栏目中，载有蒋星煜撰写的八位文艺作家的书法，文章很短，其中有冯沅君、陆侃如。说：冯沅君的书法“为百分之百是汉代人风格”；陆侃如的书法“优点可以用圆润来形容……显得从容不迫，游刃有余”。另外六位是孙伏园、陈望道、老舍、朱光潜、梁实秋、姚雪垠。

冯沅君在《妇女文化》第1卷第6期发表《〈杨白花〉及其作者》（《陆侃如冯沅君合集》第14卷，第150～158页）。此文简略地论述了后魏时期作的《杨白花》的本事、作期、修辞技巧及作者的性情、文学修养。认为“《杨白花》这首失恋哀歌正是南方文潮向北方袭击所起的一点反应”。

冯沅君在《妇女文化》第1卷第2期发表《关汉卿及其所创造的女性》（《陆侃如冯沅君合集》第14卷，第67～75页）。

冯沅君在《东方杂志》第42卷第13号发表《再论诸宫调的引辞与分章》（《陆侃如冯沅君合集》未收）。

冯沅君在《文讯》第6卷第5号发表《〈双渐小卿诸宫调〉的作者与改者》（《陆侃如冯沅君合集》第14卷，第1～8页），原注：“一九四六年三月于三台。”

Dumont Wilden作、冯沅君译《新法国的文学》（《陆侃如冯沅君合集》第15卷，第415～419页），刊于《妇女文化》第2卷第1期。

冯沅君在《文艺先锋》第9卷第1期发表《法国的高贵，风流人》

① 参见《冯沅君传》，第229、230页。

② 参见《冯沅君传》，第235页。

（《陆侃如冯沅君合集》第15卷，第428页），自注：“译自《法国乐府诗选》。”

陆侃如在《文艺先锋》第8卷第1期发表《悼伯希和教授》（《陆侃如冯沅君合集》未收）。此文是陆侃如得知法国著名汉学家伯希和逝世后写的一篇悼念文章。说：伯希和逝世的消息“使我心中充满了哀悼，充满了回忆”。文中简述了“汉学”的含义和起源。认为：“所谓‘汉学’是SNINOLOGIE的翻译，也有译作‘支那学’或‘中国学’的。那这个字合拉丁文SINA和希腊文LGOS两字而成，包括对中国文学、语言、历史、哲学、宗教、风俗等等的研究工作。当一五三四年八月十五日罗耀剌（LOYOLA）创耶稣会（COMPAGNIE DE JESUS）后，其信徒遍布中国及美洲。为了传教的方便，他们开始研究中国的学术。首先在一六八七年出版一部《儒家哲学》（*CONFUCIUS SINORUM PHILOSOPHUS*），是译《论语》等书而成的……这些便是汉学的起源。”指出：伯希和“对学术界最伟大的贡献是敦煌文献的搜讨”，“此外，如隋唐古音的研究，中央细亚古语言的研究，都有伟大的成就，为世人所称道”。文中回忆说：“二十年前，我在北大读书的时候，第一次读到他的著作，十五年前，我到巴黎，第一次见到他……”此文最后写道：“在这次大战中，葛兰言、马伯乐两先生相继去世。现在战争方结束，而硕果仅存的伯希和先生又逝世了。法国人常以‘汉学’中心在巴黎自豪，以后恐怕要盛极而衰。我们一方面哀悼一位伟大学者的逝世，一方面希望‘汉学’中心要建立在中国。”

1947年　丁亥　中华民国三十六年　冯沅君48岁　陆侃如45岁

1月29日，美国宣布退出中国国民党、共产党、美国三方军事调处执行部。

2月

21日，军事调处中国共产党代表撤回延安。

28日，台湾人民举行“二·二八”起义，遭到国民党镇压。

本月，郭绍虞著《中国文学批评史》下卷，由上海商务印书馆出版。自南宋至清代。

3月13日，国民党胡宗南部进攻延安。

本月，侯外庐、杜国庠、赵纪彬著《中国思想通史》第1卷出版。

5月，林庚著《中国文学史》，由厦门大学出版。

6月2日，全国各大学为反内战反饥饿而举行罢课运动。

10 月 10 日，朱德、彭德怀发布《中国人民解放军宣言》，提出“打倒蒋介石，解放全中国”的口号。

陆侃如到沈阳后，由于思想进步，常常遭到国民党反动派的恐吓。冯沅君、陆侃如到青岛山东大学中文系任教。冯沅君《古剧说汇》出版。发表《杨夫人散曲与〈云梦窗〉》《元剧中的〈东墙记〉》《从李煜词论“个”字》《倒下了这个家族的巨人——纪念我平生最敬爱者》，译 Aristide Bruant 作《人民颂》、法国民歌《我曾漫步》。陆侃如完成《中古文学系年》初稿，发表《班彪生于广平说》《扬雄与王音王根王商的关系》《读刘汝霖〈汉晋学术编年〉（专论扬雄部分）》《军事国文选序》等。

1 月

17 日，陆侃如给国立山东大学校长赵太侔写信，全文如下：

太侔校长勋鉴：

顷自医院返校，获读庚皓代电，雅意殷殷，感何可言，一俟内子康复，当即赴青，面聆教益。余托拱辰慕白两兄转陈。敬希

垂察，并颂

勋祺

弟陆侃如敬上

一月十七日

内子沅君附笔

赵太侔（1889～1968 年）

（引自《陆侃如和冯沅君》第 108 页）

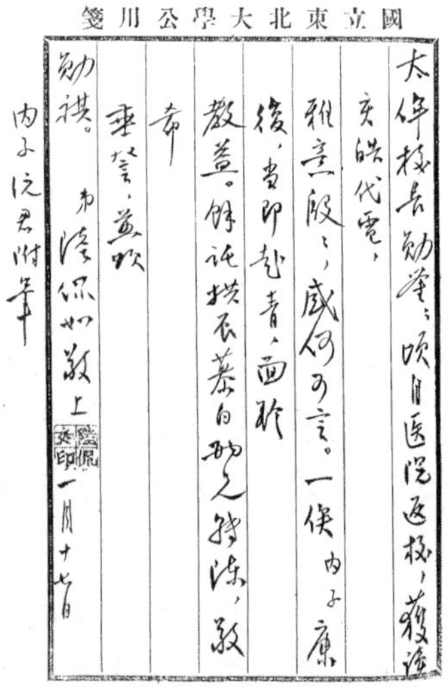

國立東北大學公用箋

太侔校長勛鑒：頃自醫院返校，獲讀庚晧代電，雅意殷殷，感何可言。一俟內子康復，當即赴青，面聆教益。餘託拱辰慕白兩兄轉陳，敬希垂察，並頌勛祺。

弟陸侃如敬上

一月十七日

內子沅君附筆

1947 年 1 月 17 日，陆侃如给山东大学校长赵太侔的信。（引自《陆侃如和冯沅君》第 113 页、《冯沅君传》第 233 页）

此信的影印件见《冯沅君传》第233页。信中所说的拱辰，指的是杨向奎，时任山东大学中文系主任。他与陆侃如、冯沅君有同事之谊，都曾在四川三台东北大学任教。信中所说的慕白，时任山东大学文学院外国文学系教授，也曾在三台东北大学任教，与陆侃如、冯沅君亦有同事之谊。早在陆侃如致赵太侔信前，陆侃如曾给在中山大学他和冯沅君指导过的研究生、时在山东大学中文系任教的副教授徐中玉写信，问有无可能到山东大学任教。徐中玉回忆：

> 抗战胜利后，山东大学在青岛复校。此间，冯沅君、陆侃如在东北大学教书，那里比青岛还不安，曾写信给我，询问山大有无机会，愿意来青岛。他们同赵太侔不熟。他们名气很大，赵校长非常欢迎他们来。以后他们来山大，我则已回上海了。
>
> …………
>
> 赵太侔久闻冯、陆之名，但无缘识荆，了解此事后当即表示欢迎，让徐中玉去信相邀。①

冯沅君《古剧说汇》由商务印书馆出版。此书除《自序》外，包括关于古代戏曲的十五篇论文：

一、古剧四考。（包括：一、勾阑考，二、路歧考，三、才人考，四、做场考。）

二、古剧四考跋。（包括一、勾阑考：棚，看席，乐床；二、路歧考：末尼与乐官；三、路歧考：则剧；四、路歧考：优人间的亲属关系与男女合演；五、路歧考：剧团的人数；六、路歧考：酒楼茶肆中营业；七、路歧考：乡村做场。八、路歧考：老优做教师，操乐器；九、才人考：才人，书会。十、才人考：掌记；十一、才人考：杂剧的分类；十

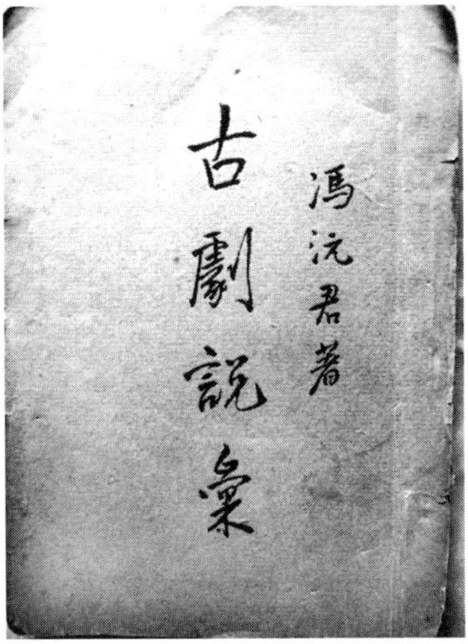

冯沅君著《古剧说汇》，商务印书馆1947年1月第1版。（引自《陆侃如冯沅君合集》第十三卷正文前）

① 孙长俊主编：《山大逸事》，沈阳，辽海出版社，1999年，第89、90页。

二、才人考：脱膊杂剧；十三、才人考：关汉卿的年代；十四、才人考：院本名称；十五、做场考：招子；十六、做场考：戏衣；十七、做场考：假面；十八、做场考：科泛；十九、做场考：效果。）

三、说赚词。（包括：一、赚词溯源，二、赚词的成立，三、南宋的赚词。）

四、说赚词跋。（包括：一、四片太平令与赚鼓板，二、哈哈令与哈哈令，三、双渐小卿诸宫调的作者与改者，四、水浒中白秀英所演奏的是诸宫调，五、赚词曲调的体制，六、《事林广记》所载赚词的内容，七、赚词的唱法。）

五、金瓶梅词话中的文学史料。（包括：一、俗讲的推测，二、小说蜕变的遗迹，三、曲的盛行，四、笑乐院本的一个实例，五、演剧描写的启示，六、清唱的曲辞与唱法。）

六、金瓶梅词话中的文学史料跋。（包括：一、关于俗讲，二、关于院本。）

七、南戏拾遗补。（包括：一、浣纱女，二、崔怀宝，三、蒋兰英，四、薛苞，五、赛金莲，六、王魁，七、许盼盼，八、貂蝉女，九、铜雀妓，十、崔君瑞，十一、董秀英，十二、复落娼，十三、赵普，十四、十孝记，十五、王子高，十六、崔护。）

八、南戏拾遗补跋。（包括：一、浣纱女，二、貂蝉女，三、董秀英。）

九、天宝遗事辑本题记。（包括：一、引言，二、宫调，三、曲调，四、联套，五、体制，六、结论。）

十、天宝遗事辑本题记跋。（包括：一、引辞，二、分章。）

十一、金院本补说。（包括：一、柳青娘，二、白牡丹，三、货郎孤，四、说狄青，五、范蠡。）

十二、金院本补说跋。

十三、元剧中二郎斩蛟的故事。（包括：一、引言，二、二郎斩蛟故事的分析，三、灌口二郎斩健蛟杂剧。）

十四、古优解补正。

十五、附录。（包括：一、记女曲家黄峨徐媛，二、记女曲家吴藻。）①

本月，顾颉刚著《当代中国史》，由南京胜利出版社出版。书中评述了当代各门类有代表性的学者及其成果。如中国文学史，认为“较重要

① 编著者按：《陆侃如冯沅君合集》第13卷所收的《古剧说汇》是经冯沅君改编的版本，详见1956年12月部分。

的”有胡适的《白话文学史》，陆侃如、冯沅君合著的《中国文学史简编》《中国诗史》，郑振铎的《中国文学史》，郭绍虞、罗根泽各自撰写的《中国文学批评史》。戏曲史的研究，特别标举了王国维、郑振铎、吴梅、卢前、冯沅君、钱南扬的贡献。

2月

【剑锋补：

4日，陆侃如、冯沅君致信胡适（《陆侃如冯沅君合集》未收）：

适之先生：

前过京得承教，极欣幸。因临行时过于匆促，故未能往拜辞。十二月初到沈，一路平安。东大于一月初开学，不过各方面还没有上轨道。寒假不放了，到暑假一定去北平拜见。到沈住定后，即持先生给的介绍信，往访徐诵明先生。徐先生以先生故，特令妇科主任柚木教授为沅君治病。在医院内住了二十多天，现已出院，一切很好，请释念。

最近《东方杂志》上登了沅君一篇文章，附呈请政。

敬祝

健康！

学生侃如、沅君同上

二月四日①】

20日，山东大学秘书主任刘本钊以校长室的名义复信陆侃如：

一月十七日

尊函，已由李慕白先生转到，校长因公赴京，已有信，将随景兴轮，周内可返校。旅费日内即行垫奉，特先奉闻。此致

陆侃如

冯沅君先生

（校长室戳）　二月廿日

信前附记：陆先生来信谓其夫人冯沅君女士因患瘤症入医院割治，须至三月底始能出院，到校之期约在四月初，来时请校汇寄

① 《胡适遗稿及秘藏书信》第34册，第648～649页。据信内容“十二月初到沈”，知作于东北大学回迁沈阳之后，调山东大学之前。

旅费。①

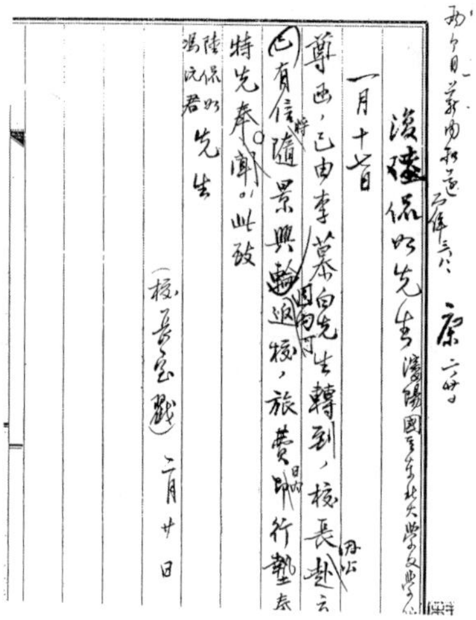
侃如先生：
一月十七日
尊函，已由李慕白先生转到，校长赴京云
已有信随景兴返校，旅费即行垫
特先奉闻，此致
陆侃如
冯沅君 先生
（校长室戳） 二月廿日

1947年2月20日，国立山东大学给陆侃如的信。
（引自《陆侃如和冯沅君》第113页、《冯沅君传》第233页）

月底，东北大学复课。陆侃如到沈阳后，由于思想进步，上了国民党反动派的黑名单，常常遭遇恐吓。②

3月

1日，冯沅君致信胡小石，告“心悸已愈”，并寄文请教。③

6日，胡小石致信冯沅君：

沅君贤弟：

昨得一日书，知心悸已愈，大慰。仍望多休养为宜；多操作，多教书，多读书，皆宜力戒也。

报载东北军事似甚急，沈居能安否？悬揣千万。此间学潮，日前似可告一段落。和谈则大抵无望。生民涂炭，何时能已耶！

研究部事，昨上午已向校方交出，因三月七日为上学期终了之期。责任卸肩可清净，徜徉冷摊敝肆中，发觉破铜烂铁亦一乐事。今日弄政治需有裙带关系作背景，教书亦需有裙带关系作背景。真从来

① 此信的影印件参见《冯沅君传》，第233页。

② 陆侃如《三个“六二”》，1950年6月2日《山大生活》新16号；《冯沅君传》，第229、230页。

③ 据下面所引胡小石信。

未有的趣剧，吾辈则幸而得作此看客哉！

春气日苏，楼前一柳，已作金黄，梅闻尚未放，桃李更无论矣。

数日前去市，于古董肆买一明代漆书橱，甚精妙。高度尺余，描金色，尚新。又一钿箱，是乾隆时物，作玉兰及双飞燕。当为古时闺中人所用，对之令人遐思。昔人以玩物丧志为戒，好在我并无志可丧也。

寄文需再看一遍，专家论著，外行何能妄加述评。

题樊山书轴小诗录寄，俟天明付邮。

珍重千万

侃如兄均候

光炜　三月六日

此信于3月6日用航快从南京中央大学寄往沈阳东北大学文学院。附寄樊山诗轴小诗，并加说明。①

8日，赵太侔复信陆侃如：

侃如先生赐鉴：

弟前月因公晋京，（返□□踏）程归来，接读一月十七日惠书，敬念前电已达，辱荷兄偕沅君女士联袂来青，盛意殷殷，曷胜感幸。兹已由中央银行电汇旅费二百元，……查收。惟旅费报销有困难，拟俟自到校时提前奉（尘）两个月薪津，藉资挹注。希惠然命驾，早日莅校，是所仰盼。弟滞（沪）（候）船，昨日始归，稽覆并示去行程，不胜翘企。盼见谅为荷。专覆

敬颂

俪祺

弟赵〇〇

三、八

信前批：

电汇二百元由提前两个月薪内扣（走）

李慕白附识

9日，冯沅君（署名沅君）在《中央日报》第5版发表《妇女与民

① 参见《冯沅君传》，第231页。

主：纪念三八节》（《陆侃如冯沅君合集》未收）。致信赵清阁（《陆侃如冯沅君合集》未收）。

【剑锋补信：

清阁先生：

久耳盛誉，得大札幸甚。承索拙稿尤感念①。惟数年来未写文艺，闻命殊惶惑。如贵刊亦收文学史性之研究论文，将来必勉力为之，以答盛意也。（望赐回示）敬颂

撰祺

冯沅君敬上

一九四七年三月九日

侃如附候②】

本月，陆侃如、冯沅君著《中国文学史简编》，上海开明书店出第7版。

4月

3日，赵太侔拟电报稿，催郑成坤、陆侃如速到山东大学任教。此拟电报稿，今存档案。档案中有关陆侃如的内容如下：

太侔（1947年）四、三

通讯处：

陆侃如　沈阳北陵东北大学。

送达机关：陆侃如

是由：为请速到校

内容：

沈阳北陵东北大学陆侃如先生

请速命驾来校

赵

（四月三日二时拟稿，四月四日下午译）。

① 冯沅君本年致赵清阁的四封信，据赵清阁编：《沧海往事　中国现代著名作家书信集锦》，上海，上海文艺出版社，2006年，第156～158页。赵清阁自注：我为展光图书公司编《无题集》（现代女作家小说散文专辑），特约冯沅君写成短篇小说《倒下了这个巨人》，此乃沅君辍笔小说创作后之第一篇小说，亦最后一篇。又参考了《冯沅君陆侃如史料辑考》。

② 以下五通信全来自赵清阁编：《沧海往事　中国现代著名作家书信集锦》，第156～158页。

22日，冯沅君在东北大学写成《元剧中的〈东墙记〉》①。

上半年，冯沅君曾因病住医院治疗。

【剑锋补：

5月20日，致信赵清阁（《陆侃如冯沅君合集》未收）：

清阁先生：

前月二十九日大札敬悉。凭心讲，我实在不敢当“作家”这个头衔。因为第一，二十年未写文艺；第二，以前的作品实见不得人。所以实心实意不愿，也不敢参加这个集子。但因为您一再催索，颇觉情不可却，姑且送一篇四不像（不晓得它是诗或是文）。这本是纪念一个亲人的旧稿（从未示人），现修改送上。如能不用最好，免我出丑。

此颂

撰祺

沅君

一九四七年五月二十日②】

6月

2日，东北大学爆发反内战、反饥饿运动。陆侃如受到国民党特务的陷害。陆侃如1949年6月2日在《三个“六二”》一文说：1947年6月2日，东北大学为反内战、反饥饿而罢课。“那时沈阳站在解放战争的最前线，挤满了反动派的刽子手们。东北大学里的特务们横冲直撞，远在川北之上。伪警察局的科长也挂名做了学生，威风凛凛地带着枪上课。有个文艺壁报《三人行》讽刺了一下当时的伪国大，马上被撕掉。因为报头是我写的，我便受到严厉的警告。在‘六二’的前夜，全国的青年都为反内战反饥饿而罢课，东大也起来响应，特务便凶暴起来，半夜里开着卡车，开进宿舍，逮捕了几十个学生。有些学生把几本有嫌疑的书偷偷地藏在我家里，我又偷偷地埋在住宅附近的地下。那时每天夜里都听到枪声，文学院的大楼里连放了两次火。特务们到处造谣，说开枪放火都是共产党搞的。他们还捏造了些‘左倾’的标语，到处张贴。中间还夹杂了一张‘拥护陆院长’的标语来陷害我。特务们借此威迫学生们复课，更多方阻止外出游行。学校四周，军营密布。那样穷凶极恶的样子，不是亲身经历

① 据《元剧中的〈东墙记〉》自注。

② 《沧海往事》，第156～157页。

的人，是很难想象的。”6月2日，山东大学学生也为反对国民党反动派发动的内战及因内战而造成的广大人民的饥饿，举行罢课和游行示威。“领导这次运动的同学们都被用各种借口开除学籍，王统照先生等也被迫离开山大。”

13日，冯沅君致信胡小石，并附所写北陵诗。

22日，胡小石致冯沅君信[①]。

23日，胡小石致信冯沅君：

沅君贤弟：

昨晨寄一信，顷忽获十三日书，极慰悬盼。

北陵已春，令人遐想不置。此间则昨今皆雨，殊惨淡矣！

因卧穷山，踪迹不出。不意人乃奉尊号之为虎，真有受宠若惊之感。然虎已素食，则狐狸辈可以放心跳踉矣！呵，呵。

比日，读孟子，方知此公是天下第一牢骚悲愤人，其处境殆与我辈同。

今上午开教授会，可谓千呼万唤始出来矣！平居不问校事，今当一主席，诚有不长于言者。

北陵诗凄婉不尽，瓶花再生是一祥瑞。

市上日籍颇贵，每册至少近万元，厚册更贵。将来若见考古、文字学、史语类书籍，若可购，请代为购数册，何如？

闻沈北有军事。确否？安否？

珍护千万

侃如兄均候

光炜　　六月二十三日

此信是24日用航空寄往东北大学文学院的。信中另有二纸，写道：

司马谈说：六家之学皆务为治，此正中国学者不治之病根。汉之大学班固以为禄利之途，则灵魂开市久矣。我今乃知何为大学教育，政治资本而已，灵魂市场而已。

冯沅君对胡先生嘱托买日籍一事，十分上心。不久，便把买得的三册

① 以上二事，据下引23日胡小石致冯沅君信。

寄出。[①]

本月，山东大学给陆侃如冯沅君聘书，聘书原文如下：

国立山东大学聘书

兹聘

陆侃如先生为本大学

文学院中国文学系教授

此订

附聘约

校长　赵○○

月薪：陆百元

聘期：自卅六年八月一日起至卅七年七月卅一日止

中华民国卅六年六月[②]

国立山东大学聘书

兹聘

冯沅君先生为本大学

文学院中国文学系教授

此订

附聘约

校长　赵○○

月薪：陆百元

聘期：自卅六年八月一日起至卅七年七月卅一止

中华民国卅六年六月

冯沅君在《自传》中回忆到山大任教的缘由："四六年随校（东北大学）返沈阳。我因腹瘤割后身体甚弱，东北酷寒不能支持，同时四七年反饥饿、反内战运动爆发，特务横行，学校陷入恐怖状态，我遂与陆侃如同来山大。介绍人是杨振声先生（他是冯友兰的朋友……）。"

暑假，陆侃如、冯沅君到北平，"曾返北大、清华，且时至琉璃厂等处访书"[③]。在北平，曾在三台东北大学中文系读书的学生臧慕莲去拜访

① 参见《冯沅君传》，第 232、233 页。

② 此聘书的影印件参见《冯沅君传》，第 233 页。

③ 引自冯沅君、陆侃如 1947 年 9 月 30 日写给陈中凡的信。

过冯沅君和陆侃如。拜访的情况，臧慕莲在《两个教授：记陆侃如冯沅君二先生》一文中有记述：冯沅君“告诉我她念书时的情形，领着我走进她工作的地方，读书的地方，和她们的女生休息室，这是那个时代里北大男同学向往的地方。她满带着兴奋和从未见过的光彩告诉我当时她们要求北大开女禁——在女师读书时。当时作文科学长的胡校长，曾很带点幽默感地表示：‘北大开女禁你们能进来吗？’说到这里，她微微地仰起头，笑着，笑得那么年青，非常清晰地说：‘当我在北大兼课的时候，我想问问胡先生，他的话还成立吗？’”她还说：北平八年，一切如故。“给她印象最深的是琉璃厂的古老书铺”，“伙计们同样耐心地背着他们的藏书，向她数着他们的老主顾。使她格外惊异的是，当她重新迈进北平图书馆时，没有一点陌生……她在北平找到了她的旧居，她的旧相识……又告诉我什么是她最留恋的，那就是‘北平图书馆和北大图书馆’”。①

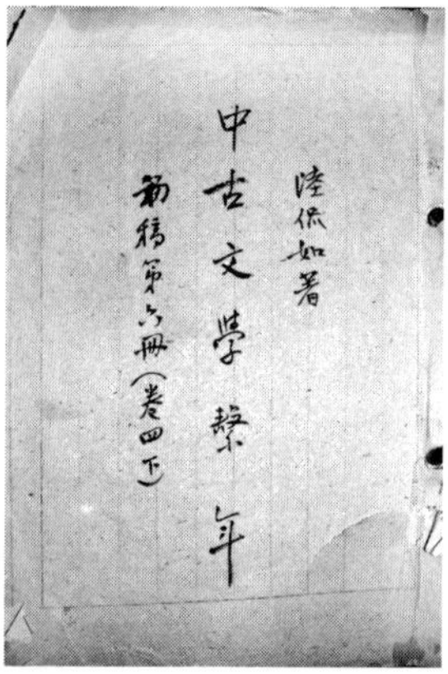

陆侃如著《中古文学系年》手稿封面（引自《陆侃如冯沅君合集》第十卷正文前）

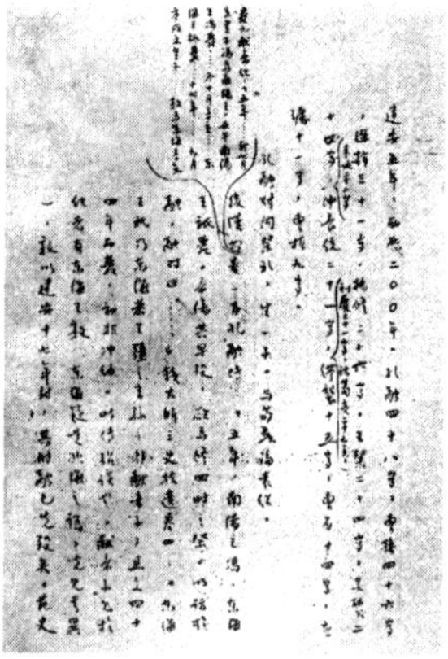

陆侃如著《中古文学系年》手稿（引自《陆侃如和冯沅君》第143页）

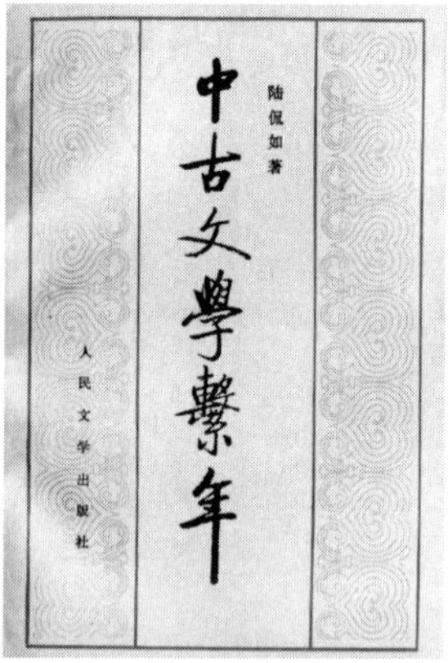

陆侃如著《中古文学系年》，人民文学出版社1985年6月第1版。（引自《陆侃如冯沅君合集》第十卷正文前、《陆侃如和冯沅君》第107页）

7月

约于本月初，陆侃如完成《中古文学系年》初稿。他于本年7月7日在沈阳东北大学西新村109号写有《中古文学系年·序例》。据此《序例》推测，初稿当完成于本月初（今存用毛笔写的手稿）。此初稿是他在1937年至1947年写成的，其间不断修改、补充，直到1978年12月1日病逝为止。1985年6月由人民文学出版社据手稿出版。《序例》说：

① 该文载《论语》第146期，1948年2月1日出版。

文学史的目的，在鉴古以知今。要达到这目的，我们不仅要明白文学史上的“然”，更要知道“所以然”……所以我认为文学史工作应包含三个步骤：

第一是朴学的工作——对于作者的生平，作品年月的考订，字句的校勘训诂等。这是初步的准备。

第二是史学的工作——对于作者的环境，作品的背景，尤其是当时社会经济的情况，必须完全弄清楚。这是进一步的工作。

第三是美学的工作——对于作品的内容和形式加以分析，并说明作者的写作技巧及其影响。这是最后一步。三者具备，方能写成一部完美的文学史。

我自己很早就想研究文学史，可是经过若干年的摸索之后，深深感到过去走过的路都不十分对。朴学的工作既不精确，史学的工作完全没做。因此对于“然”既仅一知半解，对于“所以然”更茫然无知。于是我立下志愿，打算对中古一段好好地探索一下。中古本是个含糊的名词，我是指公元一至五、六世纪……我打算写这三部书：

第一是《中古文学系年》——把当时文人的事迹和作品，按年考定排列，这是属于朴学方面的准备。

第二是《中古文学论丛》——就当时文学的社会经济背景加以探讨，分若干专题写成论文。

第三是《中古文学史》——经过上两部工作后，把我当时对文学的整个意见写成一部断代的文学史。

我打算每一部书花十年的工夫，希望三十年后对于封建初期的文学也许可以明了一些了。

这是抗战以前的计划。抗战期间，在西南各省流徙，生活既不安定，书籍又极缺乏，所以系年只有一些初稿。除了偶然在若干杂志（如《清华学报》《中原》等）上发表一部分外，到胜利时全稿尚未写定。复员后，参考书渐渐多起来，才开始改写。因为字数过多，故暂写至三〇〇年止。每五十年为一卷，共分六卷。凡文人生平行事年代可考定的，或可约略推定的，都按年记载，以年为纲，以人为目。其人事迹在公元一年以前的，列于卷首，在公元三〇〇年以后的，列入卷末。

怎样才算文人，很难确定。我现在假定下列四种条件：

第一，《汉书艺文志·诗赋略》或《隋书·经籍志》集部著录他的作品的。

第二，正史列入《文苑传》，或本传提到他的文学作品的。

第三，《文心雕龙》或《诗品》论及他的作品的。

第四，《文选》或《玉台新咏》选录他的作品的。

…………

三〇一年以后的《系年》初稿，现在还没有改写。我打算提前写《论丛》，因为那是更重要的工作。至于第三步何时完成，便非目前所能预必了。

此书约七十万字。上自公元前53年扬雄生，下至公元340年卢谌死，共著录汉晋间152位作家，详细地考证了他们的生平事迹、著作篇目及著作的年代。书中征引文献资料数百种，资料丰富，对以前记载和旧说不确者，时有订正。

15日，冯沅君在北平补充《元剧中的〈东墙记〉》一文①。

【剑锋补：

31日，国立山东大学聘任陆侃如为文学院中国文学系教授。】

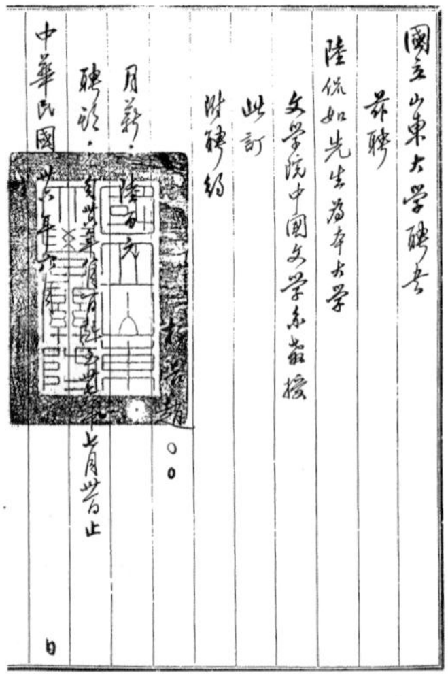
國立山東大學聘書
茲聘
陸侃如先生為本大學
文學院中國文學系教授
此訂
附聘約
中華民國

1947年7月31日，国立山东大学给陆侃如的聘书。（引自《陆侃如和冯沅君》第112页、《冯沅君传》第233页）

8月

1日，冯沅君在《中央日报·俗文学》第37期发表《杨夫人散曲与〈云梦窗〉》（《陆侃如冯沅君合集》第14卷，第56～61页）。

15日，山东大学教务长杨肇燫致信康甫②，让他致函陆侃如、冯沅君选下学年任教课程，并催早日到校。杨肇燫给康甫的信，原文如下：

请致函陆侃如、冯沅君等先生，所需书请在乐购置，款另汇。

① 据冯沅君《元剧中的〈东墙记〉》第二自注。

② 刘本钊，字康甫，时任山东大学秘书主任。

下学年中文系课程如下，请在任选：

一年级　国文

二年级　中国文学史　文字学　诗选　小说戏剧史

并催早至校为荷，此致康甫先生。

弟嫌

八、十五

【剑锋补：

23日，致信赵清阁（《陆侃如冯沅君合集》未收）：

清阁先生：

久无音问，得十五日书极快慰。我们本定于本月内到山大，但最近据旅行社说本月内无船到青，须等到下月初。如果您能多住三五日，我们便可见面了。秋虽已至，上海想仍热，您何必忙着走呢？

敬问

安好

沅君敬上

一九四七年八月廿三日

侃如附候

自注：此信寄自北京，时我住青岛写作，失之交臂，遗憾终生。①】

本月

冯沅君、陆侃如到山东大学中文系任教。他们的住处被安排在前海沿的一座有花园的德式三层楼房的第二层。打开窗户，就能看到蔚蓝色的大海，遗憾的是一楼、三楼的住户，都有多个孩子。陆侃如、冯沅君没有孩子，清静惯了，很不适应这里的吵闹。不久，学校把它们移居到鱼山路26号（一说36号）（甲）山东大学教授宿舍楼。宿舍楼位于半山腰，距大海约百米，离学校约200米，四周一片竹林，隔开了与外界的喧嚣。楼房是些联体木结构的日本式两层楼房，楼上楼下各两间的单元住宅，院中花木葱茏，美丽清静。②

陆侃如到山东大学的当天晚上，赵纪彬在家里请他们吃饭。抗战胜利

① 《沧海往事》，第158页。

② 参见《冯沅君传》，第236页；黄元：《绵绵思念无尽头——在冯沅君陆侃如先生塑像揭幕仪式上的讲话》，《山东大学报》2010年10月27日。

不久，赵纪彬便上了国民党的黑名单，被解聘，离开了东北大学。他到山东大学已经一年多了。赵纪彬告诉他们：反饥饿、反内战的风潮在青岛也同样强烈。游行规模不小，当局出动了军警，逮捕了不少学生。赵纪彬送客时，塞给了陆侃如一张字条。回家，展开了字条："在三台，你们已经被盯上了；回东北后，你们又上了黑名单。郭是监视你们的（编著者按：郭任东北大学文学院副院长，国民党员），因为你们资助过学生去解放区。来青岛后，仍要支持进步，但要小心谨慎。"[①] 后来赵纪彬又介绍一些地下党员和他来往。[②] 关于冯沅君、陆侃如到山东大学后与地下党员的密切联系，宋子成在《关于山东大学学运工作》一文中记载：1947 年 2 月，按照中共青岛市委的指示，"赵劭坚发展山大学生孙思燮（宋鲁）、郑荃，成立了地下工作小组……在统战工作中，地下党员毕中杰、黄绍湘等与山大教授赵纪彬、杨拱辰（向奎）、陆侃如、冯沅君等密切联系，既支持了他们的工作，又掩护了学运工作"[③]。当时山东大学中文系教师阵容比较强大，有研究目录学，并兼擅诗、词、书画的黄孝纾，戏剧家赵太侔，文字语言学家殷焕先，考古学与美术史专家丁山，历史与音韵学专家刘迺和，经学与思想史专家杨向奎，哲学史专家赵纪彬，还有李笠、严效复、孟云桥、王仲荦等。当时文学史方面还绝缺少专家。陆侃如、冯沅君和差不多同时到山东大学的萧涤非正好填补了这一缺欠。[④]

陆侃如《三个"六二"》一文（《山大生活》新 16 号）载：

> 开学后不久，训导处的特务们召开了个座谈会，讨论"中国到哪里去?"要每个同学说出自己的心里话，并且一定邀我出席发言。我不能不出席，却也不能说什么，只说了一句："中国前途一定是光明的。"不料这又引起许多烦恼。我方明白：在反动派统治下，只要你不肯和人家同流合污，你便无处安身。所以在青岛解放的前夜，"黑名单"的威胁便笼罩在山大一部分教授和同学的头上了。

陆侃如到山东大学后在中文系教授文学史，冯沅君教授文学史、中国戏曲研究、文艺创作和大一国文。当时中文系学生有 64 名，其中 1946 级 36 名，1947 级 28 名。1947 级学生路遥后来回忆：当时"中文系所开的

---

① 《冯沅君传》，第 234、235 页。

② 解放后赵纪彬恢复了党籍。参见陆侃如 1959 年 3 月 24 日日记。

③ 常连霆主编、中共山东省委党史研究室：《山东党史资料文库》第 30 卷，2015 年印行。

④ 参见《冯沅君传》，第 235、236 页。

主要课程如下：一是‘中国文学史’，由陆侃如、萧涤非、冯沅君分段讲授；二是‘中国通史’，由丁山讲授；三是‘群经概论’，由杨向奎讲授；四是‘哲学概论’，由赵纪彬讲授；五是‘文字学’，由殷焕先讲授；六是‘音韵学’，由刘念和讲授；七是‘目录学’，由黄孝纾讲授；还有‘中国地理通论’与‘大学语文’课，分别由赵殿诰、刘本炎讲授。”“中文系讲课最受欢迎的是陆侃如先生，他思维敏捷，内容丰富生动，我们都非常愿意听他的‘中国文学史’……冯先生讲课先在黑板上写提纲，然后便拿起卡片一句一句慢慢地讲解，从量上来看并不多，也没有多余的话。每次上课我都能把冯先生所讲的内容认真记下来。冯先生很关心对后学的培养，据我了解，她很看好 1946 级的颜振遥，可是毕业时，颜振遥被分配到东北一所中学当老师了。”① 冯沅君教授大一国文，“不仅资料充实，而且善于在亲切、融洽的自然气氛中进行教学，使学生在情感上引起共鸣，产生追求真理的同频共振”。冯沅君讲授“中国小说戏剧”，除讲授外，课后还要开出参考书，让学生阅读后写读书笔记。她定期抽查学生的读书笔记，并在课堂上评论，促使学生多读书，认真读书。山东大学中文系教学要求重在培养学生严谨的治学态度和治学方法。在这方面，冯沅君的经验是：“在指导学生查阅工具书时，应把查阅的不同例证告诉学生，让学生讨论，找出有理有据的结论，或大胆否定权威的意见，或毅然放弃自己的意见，以此培养学生远见卓识、豁达大度的气质。她认为，培养学生的自学能力，应抓好几个环节，即选定目标、使用工具书、积累资料、做读书笔记以及捕捉具有战略意义的难题。在教学中，她不仅鼓励学生多读书，而且极耐心地传授读书方法，如泛读、精读、圈点评注、质疑探索等。她还极重视培养学生艺术分析的能力。她认为，成功的文学作品，其思想内容总是通过一定的艺术形式表现出来的。因此，对艺术作品进行分析，首先必须从作品本身出发，认真地分析其结构肌理和表现手法，要用心考证作者采用了哪些重要技巧，这些技巧对表现主题思想起了何种作用。但除了对作品本身仔细鉴赏外，还要把握住许多与作品相关的因素。如对艺术媒介物的外在了解（文学作品的语言文字功能，戏剧的曲调、体制等特点），对作者生活史和创作意图的研究，比较同一作者的其他作品，研究各种形式的艺术史等亦可获得除作品以外更多的美感经验。冯沅君先生认为，这种从作品本身出发，兼顾其他因素的分析方法不但能帮助同学鉴赏文学和提高写作水平，而且可以通过对某作品的研究，推定某种文学艺术的起

① 路遥口述，张洪刚整理：《熠熠生辉的文史学家——路遥追述他在山东大学求学时的先生们》，《山东大学报》2019 年 6 月 26 日。

源、演变及其发展现状，从而写出有分量的具有真知灼见的论著。”①

9月

5日，冯沅君在《天津国民日报·图书》第59期发表《元剧中的〈东墙记〉》（《陆侃如冯沅君合集》第14卷，第62～66页）。原注：“三六，四，二二于沈阳北陵。”又注：“三六，七，十五，又记于北平。”

【剑锋补：

6日夜，冯沅君致信赵清阁（《陆侃如冯沅君合集》未收）：

清阁先生：

前月自成都返青，得大札，当即奉复，此时想早达也。承惠稿费，谢谢。收据烦转。因战事关系，东大复员又生波折，至快恐将在下月末矣。张先生索稿，盛意可感。唯目前书已装箱焉，旧稿无多。写作殊不便，容缓图之，何如？侃如同此，嘱致歉意。中秋至，上海月饼何如？一笑。敬颂

撰祺

沅君

一九四七年九月六日夜②

侃如附候】

30日夜，冯沅君、陆侃如在青岛写寄陈中凡信（此信《陆侃如冯沅君合集》未收）：

斠玄吾师：

廿七日示敬悉。暑中在平，曾返北大、清华，且时至琉璃厂等处访书。文化人生活艰苦，书肆便不景气，多改他业。诸家中以修绠堂为首，书多，价亦公平。示开诸书已函其代觅，先开价目寄京，如当尊意，可即令其

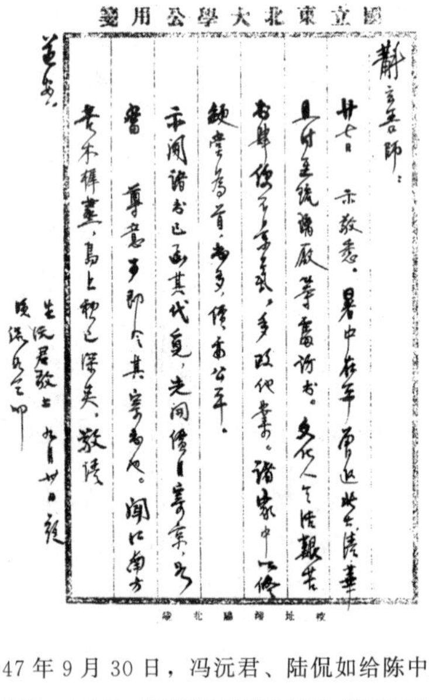

1947年9月30日，冯沅君、陆侃如给陈中凡的信。(引自《陆侃如和冯沅君》第87页)

① 以上参见《山东大学校史》，第166、167、171页。

② 《沧海往事》，第158页。

寄书也。闻江南方苦木樨蒸，岛上秋已深矣。敬请道安！

生沅君敬上　晚侃如同叩

九月卅日夜[①]

本月

Aristide Bruant作、冯沅君译《人民颂》（《陆侃如冯沅君合集》第15卷，第429～431页），刊于《文潮》九月号。

【剑锋补：

陆侃如、冯沅君致胡适信（《陆侃如冯沅君合集》未收）：

适之先生：

离平时，适值先生赴京开会，未获面辞，怅怅。生等最后决定来青岛，因为沈阳太不安定，而开封则交通太不便。刻住教授第一公舍，与丁巽甫先生为邻。闻李仲揆先生明日亦将抵此。

敬祝

健康。

学生侃如、沅君敬上[②]】

10月

12日，冯沅君致信胡小石。

15日，冯沅君致信胡小石。[③]

24日，胡小石致冯沅君信：

沅君贤弟：

久未见书信。今日自金大讲题回来，连得十二、十五日二信，甚快甚慰。

生活之孤独，谓一室惟汝与台钟对坐。汝闻钟摆滴滴之声，钟则闻汝之叹息声。有机缘能日日见潮汐听涛声，亦可羡也。

每想象海波黛色，为之神驰。想岛上夜月极清，高城日晓，遥念海上生明月之美。我太福薄，天遣居此粪城。

---

① 《陈中凡年谱》，第62页。

② 《胡适遗稿及秘藏书信》第34册，第650页。落款日期不清楚，第一个字似乎是"九"。按胡适"赴京（南京）开会"是1947年8月26日。

③ 以上二信参见下引胡小石致冯沅君信。

秋来鸡鸣寺仅一游，乌臼已由人采尽矣。闻栖霞红叶，乡人采之卖钱，如卖花者，树上面光秃，前所未有也。六朝松则苍翠无恙。

此间诸生为选举自治大闹报社。

有一事相告，请莫惊异。上周末，有人关心来告，谓有人在□□部告密，其报告符号为“司”字。其案由略云：有□□□（即吾之名，而误炜为辉），系民盟监委，现任某大学某职，居某街某宿舍，第几号楼上。现每晚十二时后在楼上召开秘密会议，吸引左倾学生、职业青年，欲于冬天寒季鼓动抢米风潮。应趁夜深时轻往逮捕，否则，行迹诡秘难以测之云云。不仅令人仰天大笑。吾笑谓人，我惟有静候逮捕而已。

中校可谓复杂之极，听听而已，不必挂念。

拉杂书此。

珍重千万

侃如兄均候

光炜　二十四日

此信是25日从南京中央大学寄往青岛山东大学文学院的。信内附有三首小诗，其一为：

题六朝松

弥天黄叶战西风，独立斜阳意万重；

海水清清何处去，登楼来问六朝松。

信中还有用厚纸折叠的小包，内有两片枫叶。冯沅君在南京任教时，曾去栖霞山游赏。①

本月

冯沅君译《我曾漫步》（《陆侃如冯沅君合集》第15卷，第432、433页），刊于《诗创造》第4期。原“按：这是首法国十五世纪的民歌，载在法文名著丛书的《法国歌曲选》里，作者姓名不详。它的情调颇似古乐府中的吴声歌；而每章都以‘在这新季节’诸句作结，这种反复咏叹的格式在中国诗歌中，自《诗经》中的《北风》《桑中》等篇以下，也极习见”。

① 参见《冯沅君传》，第238～240页。

赵家璧在上海创办晨光出版公司，发行由女作家赵清阁主编的《无题集——现代中国女作家小说专集》，收录现代著名女作家作品，其中有冰心的《无题》、袁昌英的《牛》、冯沅君的《倒下了这个家族的巨人》（《陆侃如冯沅君合集》第 15 卷，第 316～317 页）、苏雪林的《黄山斋在金陵狱》等 12 篇小说。赵清阁此书《序》中写道：“冯沅君女士二十载未曾写小说，今破例写了《倒下了这个家族的巨人》，虽短而精，虽简而工。”此文用散文诗形式，悼念赞颂母亲的一生，全文是：

倒下了这个家族的巨人！为了我们这个家族，她贡献出超越半世纪的身心劳力。侍奉了婆婆的婆婆，恩养了子女的子女，掌握着一家盛衰的转力机。她像画家对她的画幅，像农人对她的庄稼，严肃，热情。不肯放松一个笔触，不曾经轻忽一棵禾苗。

倒下了这个家族的巨人！抛撇开文字的媒介，从生活经验这宝典上，她读出人生的意义，道德的范畴，建立起她自己的思想体系。拆穿了巫人、堪舆家、日者，一切神秘，迷信违反科学的谎言。用她的智慧理解宇宙的一切；宇宙间的一切疏瀹，丰富了她的智慧。

倒下了这个家族的巨人！谨慎蕴藏着她的勇敢，严正陪伴着她的意志，理智指导着她的感情。正视着不易克服的困难。她不忙乱，不畏缩，用稳定的脚步，直走到尽头。成功、失败，她都泰然接受。在一切工作的完成上，她获得他处寻不到的愉快。在古今人善良的行列里，她看到天地间无比的美丽。

倒下了这个家族的巨人！像照明黑夜的火把，她教育了她四周围的人群。因她的示范，人们知道如何对前一代，后一代尽自己的职分，如何战胜精神的、物质的袭击；因她的启发，人们知道爱工作，爱正义，用忠恕消除彼此间的猜忌、怨怒；更因她的倡导，不少妇女，在学问对女人还是禁果时，却尝到它的异味，得到它的滋养。完成自力又完成别个。这是旧园地的花朵，却又肥沃了新苗的根土。

倒下了这个家族的巨人！如果人生真像演剧，她就像个优秀的演员。忠实的、出众的演罢她担任的角色后，她庄严地、安详地退出了剧场。在我们家人摧心的哀痛里，在乡党邻里识者与不识者的赞美叹息里。①

① 《苏雪林年谱长编》，第 89 页，系于本年 11 月，书名作《现代中国女作家小说专集——无题集》，今据《民国时期总书目》系于 10 月，书名作《无题集——现代中国女作家小说专集》。

【剑锋补：

11 月

5 日，陆侃如致信胡适（《陆侃如冯沅君合集》未收）：

适之先生：

另包寄上《中古文学系年》的例言及目次。我在抗战八年中，写了“系年”的稿子约一百万字，复虽后整理了西历一至三〇〇年中的稿子，约五六十万字，拟先设法出版。本想在暑假中到平时把稿子面请先生指政，后来没去成，邮寄又嫌太多，故只把例言及目次寄上，希望先生能在百忙中给我些指示。在此物力艰难的时候，恐怕只有大书店如商务者方能接收这部稿子，很盼望先生写一封向朱经农先生介绍的信，否则连商务也怕不能要。介绍信写好后，请先生寄给我，以便与全稿同时寄沪。屡次为琐碎的事麻烦先生，不安之至。如果这部书的出版，能对母校五十周年和先生还□纪念略有贡献，便是很大的安慰了。

专此，敬祝

健康。

学生侃如敬上

十一月五日

沅君附笔请安。①】

20 日上午，冯沅君致信胡小石，告“一切如常”，并寄胡小石羊绒毛衫。②

27 日，胡小石致信冯沅君：

沅君贤弟：

昨晚冒雨归，得二十日上午书，知一切如常。甚慰。又得羊绒毛衫，倍感温暖。市售三四千万矣，岛上当又贵。吾辈今日所忧，非生活问题，而是生存问题。胃病已告平，饮食照旧，但不能食稻饭耳。岛上虑无稻米，我若居彼，环境正合也。

严寒不解已有裘皮者，燃煤取暖，此间惟朱门豪族可以有之。我辈判挨冻耳。闻煤源因某种影响或至断绝。果尔，则所有动力恐一概

① 《胡适遗稿及秘藏书信》第 34 册，第 646～647 页。北京大学建校五十周年是 1948 年 12 月 17 日，又言及“抗战八年中”。故该信最有可能作于 1946～1947 年。

② 据下引胡小石致冯沅君信，乃 1945 年 8 月 15 日以后。

停顿，亦一奇观也。煤油炉可用，南中几乎家家用之，轻便清洁皆其所长，惟昂贵。昔日词人煮茶，今日学做饭。此乃历史上一新阶段。一笑。

大选，连日热闹极矣！竞选拉票者，频来敲门，满街奇状百出，岛亦尔否？日前，接苏雪林快信，急拆函一看，则托我在此代拉票，不仅哑然。

臂痛，乃风寒也。医生于此，一向束手，然有一单方可治风湿痛，极奇效。今书于下。

以生姜的大片（愈大愈好），用白菜叶包之（否则烤干无用）。于炭火中烤热，趁热贴患处，一二片即可。外用干毛巾包紧过夜。姜气辣热，透入肌理，极快极效。

吾去岁末，每晚此术，不过三次，几乎痊愈。转告他人，亦然收效。盍取一试，至盼至盼，可以保险也。

中学学潮，谅有所闻。公教待遇基数八万五千倍。岛上属华北，当不止此。然亦杯水车薪。物价又飞涨矣！回念昔日漂泊西南，犹是天上耳。战祸不息如何得了。哀民生之艰难，亦书生杞忧而已。我辈只得且过得过而已。

天气忽奇寒，晨已见冰。街头难民已有冻死者。惨极，惨极！谁为之耶？

珍护千万

侃如兄均候

光炜　二十七日

此信是 28 日用快信寄出的。[①]

本年

冯沅君在《民言报·艺文》第 29 期发表《从李煜词论“个”字》（《陆侃如冯沅君合集》第 14 卷，第 185～187 页），附记。自注：“三六，十，十五，文成后又记。”冯沅君发表《萨特存在主义》，此文写于在巴黎留学时。[②]

冯沅君（署名沅君）译《我漫步》刊于《正论（北平）》第 6 期（《陆侃如冯沅君合集》未收）。

冯沅君《敬与爱》刊于《松辽文化》第 2 期（《陆侃如冯沅君合集》

① 参见《冯沅君传》，第 240、241 页。

② 参见《陆侃如和冯沅君》，第 71 页。

未收)。

陆侃如《军事国文选序》(此文作于1945年5月1日,《陆侃如冯沅君合集》未收),载田一鸣选著《军事国文选》,南京印刷厂印刷。

陆侃如在《中央日报·文史周刊》第36期发表《班彪生于广平说》[①](《陆侃如冯沅君合集》第8卷,第197、198页)。又载《新疆日报》12月10日第4版,题作《班彪生于广平说:中古文学系年的一段》。

陆侃如在天津《大公报·文史周刊》第39期发表《扬雄与王音王根王商的关系》(《陆侃如冯沅君合集》第8卷,第194~196页)。原注:"三十六年九月二十四日,于青岛鱼山别墅。"

陆侃如在《大公报·读书周刊》第32期发表《读刘汝霖〈汉晋学术编年〉(专论扬雄部分)》(《陆侃如冯沅君合集》第8卷,第328~330页)。原注:"三十六年九月二十五日,于青岛鱼山别墅。"

1948年　戊子　中华民国三十七年　冯沅君49岁　陆侃如46岁

3月29日,国民政府在南京召开"行宪国大",选举蒋介石为总统,李宗仁为副总统。

4月3日,清华大学、北京大学、燕京大学、中法大学、北京师院、北洋大学、南开大学举行反饥饿、反压迫罢课。

6月

清华大学张奚若、朱自清、金岳霖、吴晗、李广田、余冠英、季镇淮等110位教师签名,反对美国扶持日本的政策。朱自清等断然拒绝领取"美援"。

钱锺书著《谈艺录》,由上海开明书店初版。

8月12日,朱自清在北平病逝。

本月,朱自清、郭沫若、吴晗、叶圣陶等编辑的《闻一多全集》,由上海开明书店出版。

9月23日,中央研究院第一届院士会议在南京开幕。

11月2日,辽沈战役结束。

12月25日,中国共产党宣布蒋介石等43人为头等战犯。

陆侃如、冯沅君支持革命,援助进步学生。冯沅君发表《暖红室本〈董西厢〉摘误》《记侯正卿》《唐传奇作者身份的估计》《史弘肇》《元曲家杂考三则》等论文。发表翻译法国诗歌《一天早晨我起来》《工人歌》

① 原注:"一九四六年九月二十四日,于青岛鱼山别墅。""四六年"误,当作"四七年"。

《双牛吟》《他曾从这里走过》。陆侃如发表《左思练都考》《一千八百年前的中国文学》《记王逸及其子延寿》等论文。

2 月 6 日，陆侃如在《大公报·图书周刊》第 36 期发表《读郑鹤声〈班固年谱〉》（《陆侃如冯沅君合集》第 8 卷，第 331～333 页）。自注："三十七年一月二十一日，作于青岛鱼山别墅。"

春，鲍文杰著《中国文学史略》，杭州中流出版社初版。本书原是著者在杭州市第 19 中学任教时编写的讲义，因为是在战争时期编写的，资料十分缺乏，仅参考了陆侃如、冯沅君合写的《中国文学史简编》、朱东润著的《中国文学史批评大纲》和郑振铎著的《中国文学论集》等书。

5 月 14 日，陆侃如写成《〈正始石经〉书者辨》（《陆侃如冯沅君合集》第 8 卷，第 227～229 页）。原注："一九四七年五月十四日，于青岛鱼山别墅。"①

【剑锋补：

7 月 21 日，陆侃如、冯沅君致胡适信（《陆侃如冯沅君合集》未收）：

适之先生：

好久没有写信给先生了，想着暑假中可以到平面聆教益，不料沅君病了，物价又高，北平之行只好暂作罢论，俟将来有机会再说。张骧伯兄的夫人曾女士于抗战期间被敌机炸死，后来续娶王女士，王女士之父是个佛教徒，今秋做生日，拟请先生写匾。骧伯写好信寄给我，托我到平时当面恳求。现在我们暂不北行，故将他的信附上。诚知先生很忙，不该拿这些琐事奉渎。不过骧伯盼望极切，如果先生偶然高兴的话，请写好寄给他（四川宣汉县桃花乡新场）。

敬祝

健康。

学生侃如敬上

七月二十一日

沅君附笔请安。②】

---

① 原注误。陆侃如于一九四七年八月到青岛山东大学任教。一九四七年当作"一九四八年"。

② 《胡适遗稿及秘藏书信》第 34 册，第 651～652 页。此信使用"国立山东大学用笺"，按：陆、冯 1947 年 8 月初到山东大学，一般不会说"想着暑假中可以到平"，胡适 1948 年 12 月 15 日离开北平。故该信当是 1948 年所写。

8 月

13 日，冯沅君在《中央日报·俗文学》发表《暖红室本〈董西厢〉摘误》（《陆侃如冯沅君合集》第 14 卷，第 9～18 页）。文后自注："三十七年，七月，于青岛。"

15 日，山东大学 10 多名学生被国民党逮捕入狱。当时的进步学生大都很贫困。地下党为了慰问、营救被逮捕的学生，派学生到陆侃如、冯沅君家请予帮助。他们把刚领到的月薪全部给了学生。陆侃如送学生出门时说，如果需要，还可以到银行支取，救人最要紧。他们两人的捐款几乎占了全部捐款数的一半，学生十分感动。他们用捐款买了些慰问品，看望了被捕的同学，用捐款疏通关系。后来经多方面的营救，被捕的学生都先后被保释出狱。

当时的中共青岛市委在解放区的即墨县马家村，市委书记宋于成通过秘密交通和市区联系。宋于成得知陆侃如、冯沅君等为营救学生慷慨资助，深表感谢。①

《陆侃如传略》记载：青岛解放前，"有的学生为反动派所迫，不得不离开青岛投奔解放区，陆先生也从经济上予以资助。在青岛地下党的组织下，陆、冯与其他进步教授经常在一起听解放区广播，阅读革命报刊。那时，陆先生常在吃饭时和家人谈道：'国民党反动派不会横行多久了！''国民党的官吏是三只手，他们比别人多长一只手，专搞贪污腐化，欺压百姓，怎能不失败！'"由于陆先生思想进步，支持革命，"青岛解放前夕，溃逃中的蒋匪帮，竟有对他下毒手的打算。直到解放三十年后，陆先生还以激动的心情谈道：'我在当时还根本谈不到有什么革命思想和行动，却为蒋介石所不容！他们要谋害我，幸得共产党的救护。我自己当时还一无所知，是解放后才听孙书记讲的。'忆及这些情况时，陆先生正在病重之中，所以又说：'没有共产党我哪能活到今天！'"

9 月

10 日，冯沅君在《文艺复兴·中国文学研究号》上发表《记侯正卿》（《陆侃如冯沅君合集》第 14 卷，第 19～35 页）。原注："一九四七年十一月十九日文成后附记。"此文记元曲家侯正卿及从侯正卿的《艮斋诗集》提出的几位与作者交往而以曲名的人物史天泽、徐琰、阚彦举、张孔孙、李寿卿、胡祗遹、白朴。此文最后说："《艮斋诗集》是今夏在北平时看到的，现在在青岛遍觅不得。文中疏漏，错误处只好他日得书时再

① 参见《冯沅君传》，第 242 页。

补上。”

13日，冯沅君译（署名吴仪）法国民歌《一天早上我起来》（《陆侃如冯沅君合集》第15卷，第440～443页），刊于《民言报》。原“按：十五世纪在西方歌曲史上是个重要的时代，民歌极盛；不独法国如此，其他几个欧洲国家皆然。《一天早上我起来》这首民歌便是这个时候的作品。作者姓名已不可考，兹据法文名著丛书中《法国歌曲选》所载的试译。古民歌最善保存古习俗的风貌，这首民歌自然也可作如是观。当时妇女们在两性关系上受的委屈，六至十一等节为她们亲切地申诉出来。至于它的形式则颇似所谓‘顶针体’（与它同时代的另一首民歌《这样的寻找她》也如此）。在中国的诗歌中，有不少名篇也采用这种形式，如《诗经》里的《文王》与《既醉》，乐府里的《饮马长城窟行》与《西洲曲》，五言古诗里的曹植《赠白马王彪》与谢灵运《酬从弟惠连》皆是”。①

12月，陆侃如《左思练都考》（《陆侃如冯沅君合集》第8卷，第237～253页），刊于《国立北京大学五十周年纪念论文集》文学院第十三种。自注：“三十七年，中秋节，写于青岛鱼山别墅。”

本年

臧慕莲在《论语》第146期发表《两个教授　记陆侃如冯沅君先生》。此文作者曾在四川三台东北大学中文系读书两年。文中主要记载了作者对陆侃如、冯沅君在三台东北大学的印象和1948年夏天在北京与他们相遇的情况。文中认为：冯沅君“是一个热情内蕴沉毅而又深刻的女人，生命总在燃烧，却被抑制着，不让它从笑语应对中迸发出”。

冯沅君在《文讯》第9卷第4期发表《唐传奇作者身份的估计》（《陆侃如冯沅君合集》第14卷，第266～276页），文后自注：“一九四八年七月末，于青岛。”此文说：“这个估计将从三点说明：唐传奇与唐科举，唐科举造成的新社会阶层，新阶层与唐传奇。”最后说：“我们在本文中所要陈述的意见是：从唐传奇与唐科举的关系和唐科举以进士科为首要这两点上，我们设想唐传奇作者应隶属于这个由晋士集团所形成的新统治阶层（至少和这个阶层有密切的联系）。”此文较早地论及了唐传奇和唐科举制度的关系。

冯沅君在《文史杂志》第6卷第1期发表《史弘肇：金院本补说之一》（《陆侃如冯沅君合集》未收）。

① 《陆侃如冯沅君合集》“惠连”作“惠运”，误。

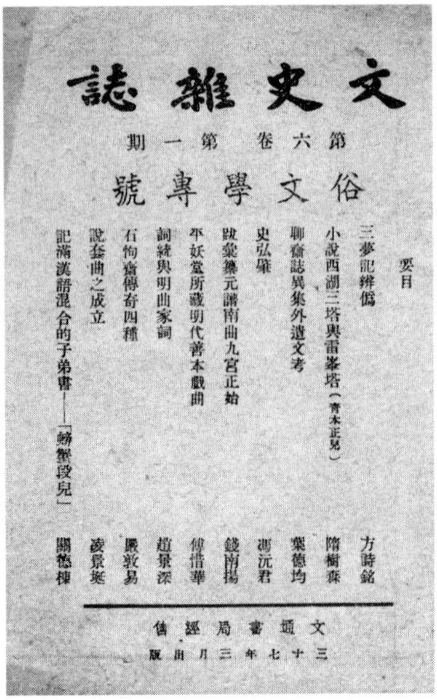
文史雜誌

第六卷第一期

俗文學專號

要目

三夢記辨僞 方詩銘

小說西湖三塔與雷峯塔(青木正兒) 隋樹森

聊齋誌異集外遺文考 葉德均

史弘肇 馮沅君

跋彙纂元譜南曲九宮正始 錢南揚

平妖堂所藏明代善本戲曲 傅惜華

詞緒與明曲家詞 趙景深

石恂齋傳奇四種 嚴敦易

說套曲之成立 凌景埏

記滿漢語混合的子弟書——「螃蟹段兒」 關德棟

文通書局經售

三十七年三月出版

《文史杂志》第六卷第一号，其中刊有冯沅君的《史弘肇》。

（引自《陆侃如和冯沅君》第 46 页）

冯沅君在《文艺复兴·中国文学研究号》（下）发表《元曲家杂考三则》（《陆侃如冯沅君合集》第 14 卷，第 36～42 页）：一、史樟（史九散仙）的生卒；二、马彦良的官职；三、侯正卿的《离恨》。

法国杜朋作、冯沅君译《工人歌》（《陆侃如冯沅君合集》第 15 卷，第 437～439 页），刊于《文讯》第 8 卷第 2 期《文艺专号》。原按：“《工人歌》是杜朋一八四六作的，载在《法国歌曲选》中，它的谱子现在还保留着。”

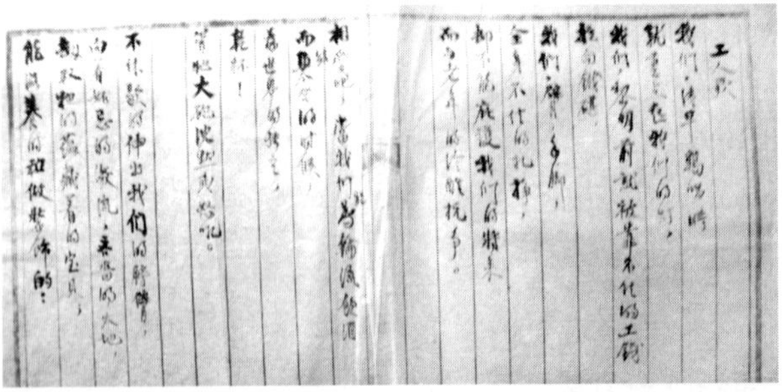

冯沅君译法国杜朋作《工人歌》手稿（引自《陆侃如冯沅君合集》第十五卷正文前）

法国杜朋作、冯沅君译《双牛吟》（《陆侃如冯沅君合集》第 15 卷，第 434～436 页），刊于《文潮》。原“按：杜朋（Pierre Dupont）是法国十九世纪的诗人与曲家。他的田园诗颇负盛名。《双牛吟》作于一八四五年，是他这方面的杰作之一，兹据《法国歌曲选》所载者试译”。

Vacaresco作、冯沅君译（署名吴仪）《他曾从这里走过》（《陆侃如冯沅君合集》第15卷，第444页），刊于《民言报》。原“按：《纯洁的灵魂》（*Lame Sereine*）是作者一八九六年刊行的集子，这首诗便是其中的一篇”。

陆侃如在《文潮月刊》第4卷第3期发表《一千八百年前的中国文学》（《陆侃如冯沅君合集》第8卷，第206～210页）。附记：“本文所载年份，如徐幹生于一七〇年，王延寿生于一四三年，卒于一六三年，马融于一四〇年为武都太守，一四六年做从事中郎，一四九年做南郡太守等等，均与旧说不同，另在《系年》全稿中详细考订，此处不便赘说。”自注：“一九四七十二月，作于青岛鱼山别墅。”

陆侃如在《文讯》第8卷第3期发表《记王逸及其子延寿》（《陆侃如冯沅君合集》第8卷，第199～202页）。自注：“一九四七年除夕，于青岛鱼山别墅。”

陆侃如在《大公报·图书周刊》第62期发表《〈晋潘岳生卒年考〉书后》（《陆侃如冯沅君合集》第8卷，第334～第336页）。自注：“三十七年六月十六日，于青岛鱼山别墅。”

1949年　己丑　冯沅君50岁　陆侃如47岁

1月

10日，淮海战役结束。

31日，平津战役结束，北平和平解放。

本月，刘大杰著《中国文学发展史》（下卷），上海中华书局初版。

2月，国民党政府由南京迁到广州，10月，又迁到重庆。

3月5日，中国共产党七届二中全会在西柏坡召开，规定了全国解放以后，在政治、经济、外交等方面的基本政策。

4月23日，中国人民解放军占领南京。

5月27日，中国人民解放军占领上海。

6月

2日，青岛解放。

30日，毛泽东发表《论人民民主专政》。

7月

1日，中国新史学研究会成立筹备会，推举郭沫若任主席，宗旨是："学习并运用历史唯物主义的观点和方法，批判各种旧历史观，并养成史学工作者实事求是的作风，以从事新史学的建设工作。"

2日至19日，中华全国文学艺术工作者代表大会在北京召开，中华全国文学艺术界联合会正式成立。推举郭沫若任主席。

8日，中国哲学研究会在北京召开发起人会议，确定其宗旨是"传播马列主义哲学及毛泽东思想，以期正确认识中国新民主主义社会发展的规律，并批判吸收旧哲学遗产，在文化思想战线上开展对各种错误思想意识的批判"。

23日，中华全国文学工作者协会在北平成立，茅盾任主席。

秋、冬，中国哲学研究会组织两周一次讨论会，学习马克思主义哲学。

10月1日，中华人民共和国成立。

11月

1日，中国科学院成立。

27日，文化部文物局局长郑振铎召开古典文学作品整理出版座谈会，俞平伯、林庚、钟敬文、黄药眠、魏建功、宋云彬、浦江请、赵万里等出席。

12月，蒋介石及国民党统治机构逃到台湾。

青岛解放前，陆侃如积极护校、反对南迁。青岛解放后，任校务委员会副主任委员、校图书馆馆长。发表《王延寿的生卒》《关于〈文赋〉——逯钦立先生〈文赋撰出年代考〉书》。冯沅君给学生作关于"一二·九"运动的讲演。

1月，陆侃如、冯沅君著《中国文学史简编》(开明文史丛刊)，上海开明书店出第8版。

3月27日，Heiet Kiief原作、沅君译《我的三日观》(《陆侃如冯沅君合集》未收)，刊于《中央日报》第3版。

本月，陆侃如积极参加护校、反对南迁。青岛解放前夕，山东大学校内的顽固势力和特务分子执行国民党反动当局将山大南迁，进而迁往台湾的图谋。本月底，已有少数学生被煽动离校乘船去上海。这时，校内进步力量团结一致，与敌对势力进行斗争。陆侃如和赵纪彬、杨向奎等一批进步教授，"在校委会上慷慨陈词，历数南迁将给山大带来绝境，坚决反对南迁"，"持续了数月的反南迁斗争取得了胜利"。①

① 孙长俊主编:《山大逸事》,第9～11页。

约在4月，人民解放军渡江前夕，山东大学进步师生冒着风险，共同策划演讲会。通过演讲会把当前的真实形势告诉群众。演讲会的演讲者主要是进步学生，也请了几位教授，其中有陆侃如。一次，陆侃如作了以《中国向何处去》为题的演讲。他说：中国的何去何从，这是个讨论了几十年，又是个难以有相同看法的老问题。时至今日，答案应当可以肯定了。中国只有一条光明之路，那就是解放之路。历史已再三证明，别无他道。①

约在5月，冯沅君接济进步哲学家家属。青岛“解放前夕，一位进步的哲学家被反动派追捕，在地下党的掩护下，他隐匿在胶东，其家属面临着断炊的危险，冯沅君得知后亲自送去四十块银元，接济他们”②。

青岛解放前夕，李希凡旁听冯沅君的课，“中间遇到了经济困难，冯先生亲自给希凡姐弟送去银圆四十”③。

6月

2日，青岛市解放。青岛市军管会派王哲、罗竹风、高剑秋、张惠组成军管小组进驻山东大学。晚上，山东大学在大礼堂召开师生员工大会，解放军军代表王哲宣布接管山东大学。青岛市委文教部开始在山东大学办公。为了牢记青岛解放的日子，山东大学办公大楼改名为“六二大楼”，后侧的小礼堂改名为“六二礼堂”。陆侃如在《三个“六二”》④一文记载：人民解放军“六月二日下午进入市区。美军远去，特务敛迹。我们真是喜欢得热泪直流，好像遇见了亲人似的。话虽如此说，但我起初对新政权还保持相当的距离。文教部在山大办了几天的公了，朋友劝我和他们谈谈，我说：‘我不爱奔走权门！’这是我在反动派长期统治下养成的孤高的脾气，误把人民政府的干部看得和旧官僚一样了。但是他们诚恳的话语，亲切的态度，艰苦的生活，踏实的作风，说服了我，使我渐渐地相信他们不是骑在我们颈上的统治者，而是替我们谋幸福的勤务员。使我渐渐地乐于和他们亲近”。

6日，解放后的山东大学全体师生员工首次大集会，全校1000余人冒雨参加。军管小组王哲讲话时指出，由于全校师生英勇护校，使山东大学很好地保存下来，完整地交给了人民。这是一个很大的功绩。

7月7日，陆侃如被邀到汇泉去阅兵。陆侃如说：

---

① 参见《冯沅君传》，第244、245页。

② 《冯沅君》，《山东大学报》2006年3月7日。

③ 马瑞芳：《唯愿化身光明烛》，《学海见闻录》，北京，中国文联出版公司，1988年，第28页。

④ 刊于《山大生活》新16号。

> 最使我感动的是“七七”纪念那天。我和几位朋友被邀到汇泉去阅兵，阅兵却是我从来做梦也没想到的事，和我同车的一位同志说：“这些都是人民的军队，我们是人民，当然有权利检阅自己的军队！”这句话多么简单而有力，每一个字都深深地浸入我的肺腑，使我真实地感到现在是国家的主人了。①

本月，由吕品、郭梦家发起筹备私立青岛美术专科学校，成立了董事会。董事有王哲、王统照、陆侃如、吕品、范澄川、郭梦家等人。②

8 月下旬，山东大学进行组织整顿，陆侃如任校务委员会委员副主任，兼图书馆馆长。青岛解放后，原校长赵太侔去职，组建由各方面代表参加的校务委员会：丁西林任主任，杨肇燫、赵纪彬、陆侃如任副主任，罗竹风任秘书长；其他成员有魏一斋、童第周、刘椽、王统照、陆侃如、曾呈奎、郭宣霖、潘作新、杨向奎、郭贻诚、许继曾、李善勤、陈瑞泰、侯家泽、王应素、王方、魏金陵等。陆侃如兼任图书馆馆长，王天佑任馆务组组长，赵秀峰任编纂组组长，全馆工作人员 21 人。③ 1937 年抗日战争全面爆发后，11 月，山东大学迁往安徽安庆，不久再迁四川万县。迁徙时，图书资料分两批运出。第一批在南京散失。1938 年 2 月 18 日山东大学奉令“停办”，运往四川的第二批图书资料转交中央大学图书馆。复校后图书馆藏书很少，“青岛解放时，图书馆共有藏书 8.375 万册”。“1949 年，全校图书仪器经费为人民币 1.74 万元，约占全校总经费的 17%，其中图书经费占其 1/3，约 5700 元。”④ 陆侃如任图书馆馆长时，经费有限，他便把自己的薪金赠给图书馆去购买新书。他的捐赠持续了一年左右。学校党组织知道后，怕引起连锁反应，影响教师的生活，便劝阻他继续捐赠。停止捐款后，陆侃如又把自己的部分藏书捐赠给图书馆。⑤

9 月 28 日至 10 月 5 日，冯沅君参加青岛市第一届各界人民代表会议，任主席团成员、常务主席。⑥

---

① 陆侃如：《三个“六二”》，《山大生活》新 16 号。

② 参见鲁海、鲁勇：《青岛老校故事》，青岛，青岛出版社，2016 年。

③ 参见刘相金、黄晓静主编：《山东大学图书馆馆史》上卷，济南，山东大学出版社，2019 年，第36 页。

④ 刘相金、黄晓静主编：《山东大学图书馆馆史》上卷，第 44、45 页。

⑤ 参见《冯沅君传》，第 257 页。

⑥ 参见青岛市史志办公室编：《青岛市各界人民代表会议》，2002 年印行。下引冯沅君、陆侃如参加青岛市各界人民代表会议，均据此，不再重复标注。

10 月

约在月初，山东大学图书馆“建立了集体日记制度。采取从馆长到每位馆员轮流记集体日记的方法，即将当天的思想、工作等情况以及读者的详细资料记录在案……同时，各个业务工作组还有各自的业务记录”①。山东大学图书馆今存山东大学图书馆《集体日记》装订七册。《集体日记》由图书馆几位负责同志轮流撰写。所记时间自 1949 年 10 月 7 日至1950 年12 月 26 日，前后一年零两个月多。时任馆长陆侃如写的“日记共 17 篇，6000 余字，前 10 篇用蓝色钢笔水，后七篇用毛笔黑墨”②。

7 日，陆侃如写山东大学图书馆《集体日记》：

> 刚开完了代表会议，回到馆内，就听到同人们说，决定写集体日记，要我写第一页。青岛解放了四个月，我负责馆务也四个月了。这四个月中，我天天都和同人们一起工作，只有最近为了开会才离开了一个多星期。可是在这八九天中，馆务的进展不但照常，而且比以前还活跃。从前蔡元培先生做北大校长时，主张教授治校，所以他可以整年在外国，而校务不受影响。我也一向主张馆员治馆，一切馆务均由同人开会决定。从最近的情形看来，蔡先生的遗训是很能适用在本馆的，我真感到莫大的快慰。③

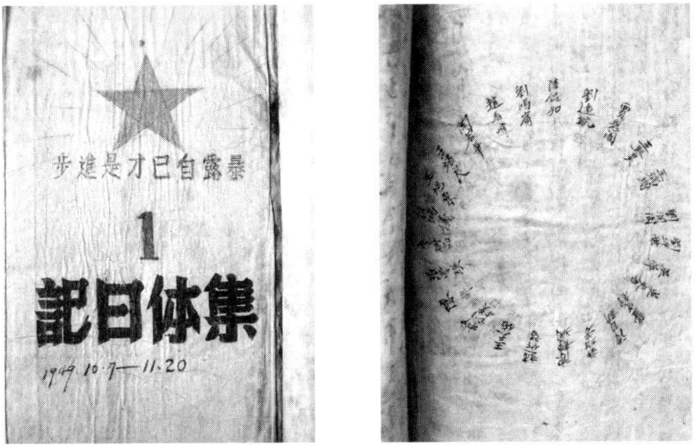

陆侃如任山东大学图书馆馆长期间所记《集体日记》

（原件藏山东大学图书馆特藏部。李剑锋拍摄、增补）

① 参见刘相金、黄晓静主编:《山东大学图书馆馆史》上卷,第 36、37、54～56 页。

② 此 17 则,经李剑锋辑录,以《陆侃如馆务日记十七则》为题,刊于《新文学史料》2009 年第 4 期。

③ 《陆侃如冯沅君合集》第 8 卷,第 427 页。

11 月

1 日，陆侃如写山东大学图书馆《集体日记》：

今天第一天到文学院授课……现在农民的确太苦了。我前天读了一篇女工的诗，呼吁救救“妈妈”——她认为农民是大家的妈妈。我感动极了。在这“妈妈”苦难的时候，我们应该励行精简。——一俟年成好转，我们当然要把这“教员的教员”充实起来。在人民政府正确的领导下，图书馆的经费一定会扩大，少数人的中伤是不会有效的。在中苏友好协会的展览会里，有列宁图书馆的照片数十张。我们应该向苏联看齐，为中国的图书事业而奋斗！[①]

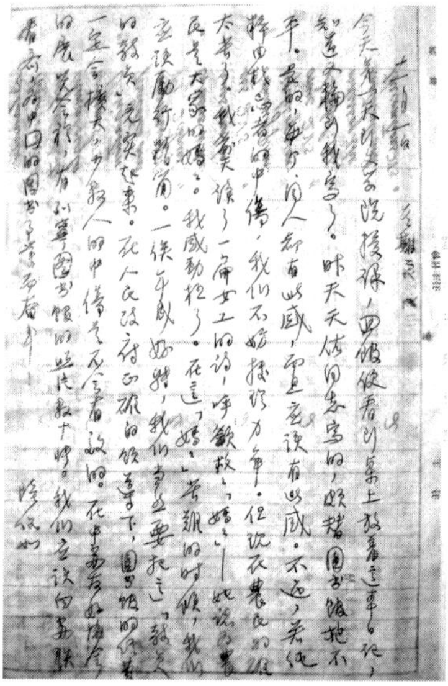
陆侃如任山东大学图书馆馆长期间所记《集体日记》（原件藏山东大学图书馆特藏部。李剑锋拍摄、增补）

3 日，开学后[②]，陆侃如讲授“中国文学史”。当年中文系的学生（当时是刚入学的一年级）、后任山东师范大学教授的吕家乡回忆：

开课后有“中国文学史”这门课，主讲者是陆侃如先生。他说：这门课上两个学期，第一学期由我讲到唐代以前，其余内容在第二学期由冯先生讲完。不久全系师生开联欢会，高年级同学王建自编自演快板，有两句是：“陆侃如，冯沅君，一江苏，一河南，千里姻缘一线牵。”同学们都笑着站起来看陆、冯两位教授的反应。我在联欢会上唱了一首《沂蒙山小调》。散会后，陆、冯两先生还走到我身边，用慈祥的目光看着我这个身穿土布衣的小乡巴佬，夸了我两句，问我是不是沂蒙山人。我说：不是，家在微山湖旁的沛县。冯先生说：那么你是刘邦的同乡呀；《三国演义》里说刘备屯兵于小沛，大概就是你的故乡了，你们那里还有什么遗迹吗？我说：不知道，我没到县城

① 《陆侃如冯沅君合集》第 8 卷，第 427～428 页。

② 11 月 3 日，“学校举行解放后第一次开学典礼”。参见《青岛海洋大学大事记》，第 53 页。

去过。他们笑了笑。[①]

25日，陆侃如写山东大学图书馆《集体日记》：

昨夜参加了中纺公司的友协支会成立典礼，今午又到崇德中学学生会讲中苏问题，好像我对中苏友好真有什么了解似的。但是抚心自问，在莫斯科只游历了一天，关于苏联的书也只读了几本。每次轮到我登台讲话，深感到腹内空空……我打算从现在起，多抽出时间来研究苏联，否则很难完成友协所交给我的工作。[②]

约在本月

一天，山东大学军代表、前北京大学学生罗竹风让陆侃如捎来一张便条，转交冯沅君：

冯先生：

十七年前的学生向先生请安。

竹风奉命来到山大，还望冯先生、陆先生多关照，对我们的工作多提出批评。

近日工作纷乱繁杂，常有顾头难以顾脚之困。待稍有闲暇，定登门拜访先生。

学生　罗竹风

即日

12月

“一二·九”前夕，山东大学军代表罗竹风，看望老师冯沅君，并邀请她在“一二·九”运动纪念报告会上给学生作关于“一二·九”运动的讲演。报告会晚上在校内大众礼堂举行，由领导过“一二·九”运动的罗竹风主持，冯沅君作主题报告，讲了一个多小时。[③] 当年中文系的学生吕家乡在《冯沅君先生》一文中回忆：“那是在晚上，天气较冷，她穿着一件皮毛外翻的黑色短大衣；因为麦克风失灵，她拿着讲稿，高声大嗓地讲了一个来小时。”

---

① 吕家乡：《冯沅君先生》，收入吕家乡著《风雨人间情》，第235、236页。

② 《陆侃如冯沅君合集》第8卷，第428页。

③ 参见《冯沅君传》，第257～259页。

12日，陆侃如与黄孝纾、郑爰居、王景宋、丁山参加在山东大学图书馆召开的青岛市历史古物管理委员会第一次常委会。[①]

18日，陆侃如写山东大学图书馆《集体日记》：

> 昨夜在中文系开师生座谈会，对课程，教材，教学方法，师生团结等问题，作详细的讨论。会上，学生们讲话比较直率，有些先生雅不大惯。批评自我批评的武器，本来不容易掌握。本馆同人尝试过几次，不能说没有偏差。我要勉励自己，万一受批评时，定要虚心接受。
>
> 今晨到馆开进修会，又是第一次试用民主评议的方式来定旧同人的职位和薪额。过去，这是主管人的特权，流弊极多。今天改用员工公议的办法，的确是合理得多了。但是初次试用，当然不能完全令人满意。希望同人们不要因噎废食，不要因小的缺点而抹煞大的好处。[②]

19日，陆侃如与黄孝纾、郑爰居、王景宋、丁山、张公制、杨向奎参加在山东大学图书馆召开的青岛市历史古物管理委员会第二会议[③]。

24日，山东大学图书馆全体员工举行会议，总结工作，写有《1949年12月工作总结报告》：

> 本馆全体员工于1949年12月24日举行第15次馆务会议，总结解放以来的工作，集中检查工作上的缺点及政治学习与业务学习的进度，并对校委会所提示的总结大纲做了详细地讨论。兹将此总结六项报告于后。
>
> 一、重大缺点
>
> 本馆工作缺乏具体方针，没有基本计划，工作变成被动的。为各系提书，各院系所图书室的管理及全校图书经费的开支，皆无一定办法，因而谈不到有计划的发展。在组织上，时轻时重，不能集中人力。在工作上多墨守成规，亦未能发挥机动精神，在工作纪律方面，有时发生民主偏差，集中不够，工作也就不能逐步地提高。
>
> 政治学习与业务学习没有做到理论与实践一致，批评制度始终没

---

① 参见《青岛市历史文物管理委员会第一次常委会记录》。

② 《陆侃如冯沅君合集》第8卷，第429页。

③ 《青岛市历史文物管理委员会第二次会议记录》。

有好好地建立起来。自动学习精神还不够高。

二、工作的改进

图书馆开放时间在解放以前是每周45小时，解放后增加夜班，每周是92小时，添设了马列主义研究室及参考室，并把旧存期刊整理装订出借，还整理出112册善本书。借书证的数量比以前增加了两倍，教职工、学生、工友及附属医院与护士学校的员工都发了借书证，借书人数确实是增加了很多。除了这些固定性的工作外，我们有了每周格言，并添置了意见箱，经常联系群众，听取意见。近来又与教职员、学生团体举行座谈会，广泛地接受他们的批评。

在内部工作方面，首先改变了组织系统，馆务组与编纂组及两组所属各股都划定工作范围，拟定新的工作细则，把工作的重点放在整理编目上，因为旧山大的图书多未登记编目，必须尽先完成这个清扫的工作。

三、人事配备及待遇

由精简的观点出发，本馆员工人数明显增加，在工作的需要上说，人手实在不够。所以我们计划设立短期编目学习班，利用工读办法，吸收同学来馆协助工作，以清扫旧山大积压的图书。可能时，并准备改正大部分编目的错误。

关于待遇问题，我们都是满意的。同时也觉得对不起在苦难中支持我们的农民，所以一致决议，尽量购买胜利折实公债，也许可以减少一点农民的负担。因此我们经过多次讨论，决定马上发动减薪。

四、工作纪律与工作态度

一般说来，都能够负责任，守纪律，工友同志表现得特别好。劳动精神也渐渐发动起来，即便是馆长也常常运书柜、抬桌子、搬凳子，实现了职工在人格上的平等，废除了工友倒茶的惯例，工友与职工一起参加各种会议，民主风气就慢慢养成了。

五、内部团结问题

我们在大体上是团结的，但各股间仍存在着本位主义，常有带斗争的团结现象，例如，当面团结背后批评，关心自己或本股，不关心他人或他股，甚至还要拖着别人一同缓进。这些都是需要大力改进的。

六、今后意见

建议校委会：（1）加紧和加强工作，向京、沪各大学的校委会看齐；（2）明确划定全校的图书经费，不要和仪器费、实验费及设备费混淆；(3) 建立检查和报告制度、表扬及批评制度，并倡导工作竞赛的作风，开展批评，厉行有原则的斗争团结，打破一团和气和同床异梦的虚伪团结；(4) 有计划、有步骤地学习，以马列主义为经，配合学习文件政策，并建议首先学习社会发展史；(5) 学委会应与小组会经常联系，以便指导并推进学习；(6) 在政治学习小组里，用批评与学习交流经验的方式，主动地计划改进自己担任的业务。①

本年

青岛解放后，冯沅君"担任省市妇联负责人"②。

陆侃如之弟陆晋如回忆：大哥在解放以后，"在家里厨房餐桌旁的墙上贴了朱总司令的题词：多做工作，少取报酬。吃苦在前，享受在后。作为全家的座右铭。他向我们说明人活着就是为了实现朱总司令的这几句话"。"大哥还经常寄钱给家乡的贫下中农……四九年家乡受强台风灾害，沈宝明托人写信向大哥求助，从此开始，不断给家乡困难户寄钱。"③

冯沅君（署名沅君）在《家》第37期发表《不可遏止的急流》（《陆侃如冯沅君合集》未收）。

陆侃如在《民言报·艺文》第41期发表《王延寿的生卒》（《陆侃如冯沅君合集》第8卷，第203～205页）。

陆侃如在《春秋》第6卷第4期发表《关于〈文赋〉——逯钦立先生〈文赋撰出年代考〉书》（《陆侃如冯沅君合集》第7卷，第107～109页）。

六、努力改造思想，踌躇满志地奉献（1950～1956年）

新中国成立后，陆侃如、冯沅君一直在山东大学任教直至病逝。新中国成立是冯沅君、陆侃如一生的一个重要分界线。他们热爱新中国，拥护共产党，努力学习毛泽东思想，修订出版《中国诗史》《中国文学史简编》等多种著述。他们的地位在提高，荣誉接踵而至，头上有"桂冠"，有耀眼的"光环"，多欢畅，多建树，也伴随着盲从和迷茫。在学术上，诸多"批判性"的否定，脱离了学术性的认识。

陆侃如被评为一级教授，先后兼任山东大学副校长、全国政协委员、

① 刘相金、黄晓静主编:《山东大学图书馆馆史》上卷,第42、43页。

② 吕家乡:《冯沅君先生》,第236页。

③ 《陆晋如给牟世金的信》。

全国文联委员等多种职务，当选为九三学社中央常委。冯沅君被选为全国人民代表大会代表，兼任山东省人民政府委员、山东省妇联副主席等多种职务。

1950年　庚寅　冯沅君51岁　陆侃如48岁

2月14日，中苏签订《中苏友好同盟互助条约》。

3月

21日，郭沫若发表《读〈记殷殉人之史实〉》，认为殷代是奴隶社会，奴隶制社会下限在春秋与战国之交，引发中国奴隶社会与封建社会分期之争。

29日，中国民间文艺研究会在北京成立，主办《民间文艺集刊》《民间文学丛书》。

6月25日，朝鲜内战爆发。27日，美国总统杜鲁门发表干涉朝鲜及中国台湾的声明。

8月25日，杨放整理《圭山撒尼族的叙事诗〈阿诗玛〉——献给撒尼族的兄弟姐妹们》刊于《诗歌与散文》9月号。

9月起，美国军队在朝鲜登陆，直进鸭绿江边。

10月

10日，中共中央发出《关于镇压反革命活动的指示》，开始大规模的镇反运动。

24日，中央教育部同意山东大学与华东大学合并。

25日，中国人民志愿军赴朝参战。

30日，中央人民政府颁布了《中华人民共和国土地改革法》。

本年，王重民辑《敦煌曲子词集》，由商务印书馆初版。

冯沅君、陆侃如捐献大部分积蓄，支援抗美援朝。冯沅君出席山东省人民代表会议，并被选为主席团成员。任山东大学学术审议委员会主任。发表《看了〈血泪仇〉的几点意见》《看〈小二黑结婚〉后的感想》等。陆侃如任山东大学校务委员会副主任，继续兼任图书馆馆长。任华东大学、山东大学迁并办理委员会副主任委员。发表《给研究文学史的同志们的一封公开信》《鲁迅先生和中国文学遗产》《学会过穷日子》等文章。

1月

1日，陆侃如在《山大生活》新1号发表《迎接一九五〇年》（《陆侃如冯沅君合集》未收）。此文说：青岛解放，山东大学“从此以后便变为人民的大学了”。“所谓人民的大学，不仅在于经费由人民政府拨付，校长或校委会由人民政府任用，主要的是：一切教学工作都能适合于人民的需要，造就出来的人才都能够切切实实地为人民服务，从政治、经济、文化各方面展开新民主主义的建设工作。”强调师生应当加强团结，加强政治学习，为建设新山大而努力。

11 日，陆侃如写山东大学图书馆《集体日记》：

> 晚间参加中苏友好协会的干部评奖会议……同时也漫谈批评与自我批评的问题。所谈的话，有几点值得我们借鉴：一、先对工作批评，其次才批评个人方面；二、不仅指摘缺点，特别要指出优点，要每人自己谈出自己的优点；三、各人的缺点一一说出后，要追求出思想的根源来；四、要定期检查，依工作单位来轮流受检查；五、检查时根据整风文献来分别检查自己的学习态度，思想情况等。本馆徒负进步虚名，我们得努力充实自己。①

16 日，中国共产党山东大学总支部宣布公开。其任务是发扬优良传统，保证《共同纲领》中的文教政策能够在学校贯彻，使学校能从一个旧大学变成一个新民主主义的新大学。

2 月

1 日，山东大学校刊《山大生活》发表《向图书馆学习》。

5 日，陆侃如写山东大学图书馆《集体日记》(六晨补记)：

> 今天是星期日，本拟到馆看看加班情形，因中苏友好协会临时通知我去开会，便没有到馆，所以把日记误了。友协连日开评奖会，我已参加了三夜。自第四次起，因有其他集会，便没有参加。今日评到宣传部的主任干事，我非去不可。去了以后，颇有所得……他们的评奖情况可做本馆进修会的模范……②

8～12 日，冯沅君、陆侃如参加青岛市第二届各界人民代表会议。冯沅君任主席团成员。陆侃如任提案审查委员会委员。

28 日，陆侃如写山东大学图书馆《集体日记》：

> 我们的检讨会，昨天轮到检讨我。今天把各人所说的，整理一

---

① 《陆侃如冯沅君合集》第 8 卷，第 429～430 页。

② 《陆侃如冯沅君合集》第 8 卷，第 430～431 页。

下，预备在明天的进修会上，通过一篇总结。我觉得在优点方面未免夸大，在缺点方面却嫌说的不够。其实我自己也犯这毛病，对别人的优点说得夸大些，对别人的缺点说得轻淡些。我一面起草总结，一面就想，如果有一个人，真有像人家说我的那么多优点，那真是一个很难得的全才了，可惜我还差得很远。而且一方面有人说我民主，一方面又有人说我只听几个人的话，一方面有人说我办事精明，一方面又有人说我不深入了解馆务；这两方面是矛盾的，可证所谓优点是与事实不符的。我希望在下次检讨时，能避免夸大优点与减轻缺点的毛病——这毛病我自己犯得很重的。[①]

3月

8日，陆侃如在《山大生活》新8号发表《学会过穷日子》（《陆侃如冯沅君合集》未收），其中写道：

一位同事到原籍过春节，回校后向我说："看看农村，再看看山大，我们真是胡闹极了！"是的。山东有七八百万人缺少两个月的粮食……而我们山大人呢，一个教授一年薪金要九十七八个农民来供给，一个学生四年毕业要三百六七十农民来供给，这不是胡闹是什么？……全校员工人数与学生人数是一比一点五，这不是胡闹是什么？……记得抗战期间，我们在流亡的大学里教书，没有教室便在树下露天上课，没有桌子便把破箱子叠起来写字，没有床板便铺些稻草睡在地上，那种穷日子过得多么兴奋呵……我非常赞成组织全校性的节约委员会，好好的学会过穷日子。

27日，山东大学校务会常委批准中文系与历史系合并成立文史系，分设文史两组；杨向奎、萧涤非两位教授任正副系主任。

陆侃如写山东大学图书馆《集体日记》：

本馆同人记集体日记已有半年之久，现在是第四册开始了。由于这日记的训练，使我们批评与自我批评的工作，进行得比较顺利，几个月来，进修会上的批评，的确有许多进步……近来编纂组竞赛工作，馆务组也严订计划，尤其是因为新同人的加多，馆内工作的确紧

① 《陆侃如冯沅君合集》第8卷，第431页。

张得多。可是，我们不要自满，我们缺点还多，我们距离人民大学图书馆的理想还相当的远……大家都说图书馆是全校学习最进步的一个单位，这种名不副实的虚誉，我们听后实不胜惶恐。□□充实自己，是当前最紧要的一着。①

本月，冯沅君出席在济南召开的山东省人民代表会议，并被选为主席团成员。

4 月

20～30 日，山东大学召开首届师生代表会议，出席会议的代表共 98 人。大会通过了改造山东大学的具体方针和加强校委会领导的方案；通过了给毛泽东主席和中央人民政府及教育部的致敬电文；选举产生了新的校务委员会——主任委员：华岗；副主任委员：陆侃如、赵纪彬、杨肇嫌；常务委员：罗竹风、魏一斋、刘椽、童第周、陈瑞泰、丁履德、李先正。陆侃如继续兼任图书馆馆长。

25 日，陆侃如写山东大学图书馆《集体日记》：

为了筹备师生代表会，忙了一个礼拜。接着又开预备会及正式会三天半。闭幕日的下午，本市协商委员会开了半天会，昨天又开各界代表临时会议。现在师生会的善后工作，还未告一段落。这十多天我都未过问馆务，但馆务却在两组主任及同人的努力下，一切都井井有条地前进着。将来新校委会批准后，我还得每天分大部的时间到鱼山路办公，留馆的时间不会太多。但是我很放心，馆务不但不受影响，而且一定会更活跃起来。这是为什么？这是因为在十多个月的学习中，员工们有很大的进步，过去的雇佣观念已扫除将尽了。

不过话又说回来，我们同人中间并不是没有缺点的……这些小缺点都是旧社会遗留给我们的，只要我们有改造的决心的话，不难逐渐革除。但若没有决心，那就很危险，小缺点会积成大罪恶。我自己也有这些缺点，愿与全体同人共同勉励。②

5 月

11 日，陆侃如在《山大生活》新 14 号发表《“五四”的教训》一文（《陆侃如冯沅君合集》未收）。文中回忆了自己在五四运动时在中学参

① 《陆侃如冯沅君合集》第 8 卷，第 432 页。

② 《陆侃如冯沅君合集》第 8 卷，第 432、433 页。

加了罢课和抵制日货等事，简述了自己对五四运动的认识，谈到了当年自己崇拜的胡适和周作人等“后来都做了人民的叛徒”。

24 日，陆侃如写山大图书馆《集体日记》：

> …………
>
> 一向大家批评图书馆关门学习，今天可是开了门，和文史系、外文系的三个小组联合讨论。希望以后经常做这类的活动，使“前进堡垒”的绰号换成“野战军”。
>
> 我们一组分派到外文系……不过还是漫谈的形式，不能抓住问题的中心，更不容易做到联系实际。以后应该朝这个方向去努力。①

26 日，陆侃如在《光明日报》发表《给研究文学史的同志们的一封公开信》（《陆侃如冯沅君合集》第 8 卷，第 110～112 页），又载《新华月报》第 2 卷第 3 期。此文说：“过去研究文学史的人，包括我自己在内，都不免有超阶级的‘为研究而研究’的糊涂思想。”强调应当“站在人民的立场来看过去的文学作品”。

6 月

2 日，为纪念“六二”青岛解放一周年，山东大学和青岛市都举行了庆祝活动，陆侃如在《山大生活》新 16 号发表《三个“六二”》（《陆侃如冯沅君合集》未收）。此文写道：

> 一年以来，我在各方面受着共产党的教育。例子太多，我且举最近的一件事。在毛主席“不饿死一个人”的号召下，全国各地都积极开展生产救灾的运动。当我在各界人民代表会议听到政府方针是以生产自救为主，政府救济为辅的时候，心里想：政府财政有困难，力不从心，无可奈何，只好以自救为主了。后来在突击周里，我被邀参加市南区的工作。那几天正是山大校委会新旧交替之际，我又轮到讲“文艺思潮”课，忙得不可开交，心里实在不想去。可是向明同志比我忙得多，而且还带着病，他却热心地从早到晚参加琐屑的工作，我便深深地感动，不再推托。到总结时，吴若岩同志指出：在新社会里，半个劳动力也不该弃置不用，所以我们应当组织灾民去做生产工作，这样不但他们生活可以维持，而且社会的生产量可以提高，同时

① 《陆侃如冯沅君合集》，第 433 页。

还可纠正过去纯粹依赖别人救济的错误观念。到此我豁然大悟，“生产自救”的口号原来并不仅从财政开支上打算，救灾工作也不是消极的慈善事业，还含有积极的改造旧社会的意义在内。

在这一年中，山大每个人都或多或少的会有些进步，我自己也感到有不少的进步，虽然缺点还多得很。这些进步，都是在党的教育下获得的……在青岛解放一周年的时候，我从千头万绪的感想中得到一个结论：我永远不离开我们的党！

11日，陆侃如在《山大生活》新17号发表《论先锋主义》（《陆侃如冯沅君合集》未收）。

23日，陆侃如写山东大学图书馆《集体日记》：

近两周内，在进修会上又恢复了批评与自我批评的工作……我近来深深感觉到，像我们这些五十岁左右的人，历史的包袱压得我们喘不过气来，不要谈不能大步前进，即使慢慢爬行也还万分艰难。虽然我并不灰心，然而眼看着年轻的突飞猛进，实在不胜艳羡。

今晨在报上又读到一封关于山大医院的信。自从中共中央提倡在报上展开批评工作以后，青岛日报社接到无数批评医院的信，而华岗同志在校委会上也一再强调检查工作。事实上，解放前的医院固然黑幕重重，解放后也很少改进。去年为了刘主任受伤事，我曾把医院批评一顿，引起许多人的不满，认为“文学院的教授不该管文学院以外的闲事”。今年为了检查工作，我大胆谈了几句话，又引起不少人的痛恨。近来党员整风，罗竹风、张惠两同志都很恳切要我提意见，我就坦白地说：在校本部工作的党员们大体都很好，但是在医院工作的党员们却缺点太多；为了改进医院，为了提高党的威信，医院的党支部必须加强。①

本月

冯沅君任山东大学学术审议委员会主任。此审议委员会是在校务委员会的领导下建立的，对教学和科学研究涌现出来的成果进行评议。何作霖任副主任。

本学期，冯沅君给中文系一年级学生讲授“中国文学史”唐以后部

① 《陆侃如冯沅君合集》第8卷，第434页。

分。吕家乡在《冯沅君先生》一文中回忆：

> 冯先生讲课的风格跟陆先生不同，陆先生只拿几张小小的卡片，冯先生却有详细的讲稿。我翻看过，是用毛笔写的，竖行，有不少勾勾画画的地方。陆先生讲课从容潇洒，冯先生讲课则富有感情。有一次讲到王维的诗“渭城朝雨浥轻尘……”她按照“三叠”的方式朗诵了一遍，语流很快，像绕口令一样，引得同学们大笑。还有一次讲到明代散曲家王磐的《咏喇叭》，冯先生又朗诵又表演又赏析，我至今还记得她眉飞色舞的神态。①

此后，她年年给本科生上大课，讲授宋元明清部分。为了拓展和加深本科生的水平，她又陆续地开了“历代散文选”“陆游研究”“中国戏曲研究”等专题课。

7月

19日，陆侃如写山东大学图书馆《集体日记》：

> 昨天听了两位同学一位同事的思想总结典型报告，很惊服于他们坦白的态度和深入的分析，尤其刘禹轩同志对于小资产阶级所犯个人主义毛病的分析，特别使我心服。因为我们都是“同病”，无奈医术浅薄，不能诊出病源；看了人家的脉案便加深对自己病况的了解。不过仅仅了解是不够的，还要决心服药才好；药总是苦的，病重而需动手术更是痛苦。我很担心自己要蹈“坦白承认，坚决不改”的覆辙，这不能不求助于爱护我的朋友们；没有你们的帮助，我恐怕很难“痊愈”……②

21日，山东大学校刊《山大生活》发表《太阳下的红楼图书馆剪影》，报道了图书馆的工作情况。

8月

1日，陆侃如在《山大生活》新22号发表《庆祝八一建军节　加强反侵略斗争》（《陆侃如冯沅君合集》未收）。

---

① 吕家乡：《风雨人间情》，第236、237页。

② 《陆侃如冯沅君合集》第8卷，第434～435页。

10日，陆侃如写山大图书馆《集体日记》：

今夏的学习，我参加了第二种。因为第一种需要时间较多，我恐怕不能坚持。不料杂务太多，常常耽误了听报告或小组讨论，连集体自学也不能回回都到……

暑期中，中学教员们也在努力学习，昨天我还参加了图文科的讨论。年岁大都比较大，而且大都不是专门研究国文的，这些中学国文教员在业务改进过程中所遇见的困难，恐怕不在我们以下。图书馆中有不少关于教学的期刊，今天还送还了二十七册，因为他们学习就要结束了。把这些书点交吴同志时，连我也好像感到完成了个任务似的轻松愉快。“做到老，学不了”，这俗话已含着真理。①

19日，陆侃如、冯沅君被选为青岛市人代会代表。山东大学校委会遵照青岛市政治协商会议通知，推选出席市人代会的代表。罗竹风、郭贻诚、陆侃如、冯沅君、刘智白被选为教工代表。

9月

4日～12日，陆侃如参加青岛市第三届第一次会议，任主席团成员、宣传委员会主任。

24日，陆侃如写山东大学图书馆《集体日记》：

今天听到中原省调赵纪彬先生去工作，已经有关方面同意了。我们虽要设法挽留，恐亦心有余而力不足。因此，我就发起愁来。新校委员会成立后，本有主任委员一人，副主任委员三人。可是还没到半年，主任委员因病重需长期休养而不到校办公了，副主任委员又陆续调走了两位。“独木难支大厦”，我一个人怎么负担四人的工作？现在我唯一的希望便是新校长早日来青，好让我回到本馆专管馆务。②

秋，华东军政委员会致电政务院转中央教育部，请示山东大学与华东大学合校问题。电文是：

兹因山东大学领导人选久悬未决，华东大学因限于人力物力办理亦有困难。为求集中力量办好山东大学起见，经详加考虑后，决定将

① 《陆侃如冯沅君合集》第8卷，第435～436页。

② 《陆侃如冯沅君合集》第8卷，第436页。

华大与山大合并办理，而保留山大校名，已电令山东省府考虑校长人选，并令鲁教育厅负责即行会同该两校当局进行合并事宜，请准予备案。

10 月

1 日，陆侃如在《山大生活》新 28 号发表《第一个国庆》（《陆侃如冯沅君合集》未收）。

14 日，陆侃如写山东大学图书馆《集体日记》：

…………

据了解，医院之所以糟，并不是没有人才，而主要因为政治水平低，缺乏为人民服务的决心，缺乏对人民负责的态度。这种毛病在旧社会遗留下来的学校或机关里是很普遍的，所以必须加强政治学习来改造旧知识分子的思想，来逐渐消除旧社会遗留下来的毒素。不过，学习必须抱老老实实的态度，不应该口是心非，口号喊得满天响，而经不起事实的考验。解放一年半中，口头上的进步多得很，事实上的进步却太少了……

我们对此现象，不可犯“左”的性急病，应该耐心地慢慢地说服人家，不要用“命令”来强迫人家。耐心的说服最有效，“命令”却只能起反作用。这是我们应该随时随地牢记在心的。①

19 日，陆侃如在《青岛日报》发表《鲁迅先生和中国文学遗产》（《陆侃如冯沅君合集》第 8 卷，第 107～109 页）。此文主要从鲁迅的专著和杂文两方面，概括论述了鲁迅在古代文学研究方面的“伟大功绩”。强调了鲁迅对文学遗产应当“批判地接受”的主张，“批判地接受”是为了“向人民指出一条前进的道路”。鲁迅的杂文内容丰富，其中有不少关于中国古代文学的精辟论述，如“推崇民间文艺”“证明文学的阶级性”“说明文学不能超阶级”“反对复古”“重视文艺作品的社会背景”等。此文又载《山大生活》新 30 号，10 月 21 日。

24 日，中央教育部复电华东军政委员会：“山东大学与华东大学合并事，我部同意。”并指出：“惟须经充分酝酿与准备，校长人选亦须恰当。”

① 《陆侃如冯沅君合集》第 8 卷，第 436～437 页。

11月

13日，山东大学举行反对美帝国主义大会，陆侃如发表讲话。

15日，陆侃如任华东大学、山东大学迁并处理委员会副主任委员。本日，山东省政府给华东大学和山东大学同时发电文：

> 华东军政委员会戌电示如下：经中央教育部批准，华东大学迁青岛与山东大学合并办理，仍用山东大学名称。并决定以彭康、陆侃如、张勃川、童第周、余修、罗竹风、刘椽、刘宿贤为迁并办理委员会委员，并以彭康为主任委员，陆侃如、张勃川为副主任委员，负责办理迁并事宜，希即日进行工作为要。

20日，陆侃如在《山大生活》新32号发表《教授发表书面谈话表示抗美援朝决心》（《陆侃如冯沅君合集》未收）。

22日，《山大生活》新三十三号发表《陆（侃如）副主任在反美侵略大会上的讲话》（《陆侃如冯沅君合集》未收）。

27日，陆侃如写山东大学图书馆《集体日记》：

> ……自从青岛解放，山大接管以来，图书馆被认为是个进步的单位，所以同人被调走的也特别多。远至中央教育部，近至本校合作社，都有我们的旧友……他们走了图书馆的损失真太大了。但是……我们不能犯本位主义的错误……如果能在留馆同人中，培养出继起的人才，那么馆务一定还可以发扬光大。①

12月

8日，冯沅君参加中文系师生座谈会，为同学们表示积极参加军干校的热情而感动②。

9日，陆侃如在《山大生活》新35号发表《响应祖国的呼唤》（《陆侃如冯沅君合集》未收）。

15日，山东分局宣传部部长兼山东省文教委员会主任彭康来青岛，听取陆侃如等汇报华东大学、山东大学迁并情况。

---

① 《陆侃如冯沅君合集》第8卷，第437页。

② 据冯沅君《个人的踪迹》，见1951年1月1日。《陆侃如冯沅君合集》未收。

17 日，陆侃如写山东大学图书馆《集体日记》：

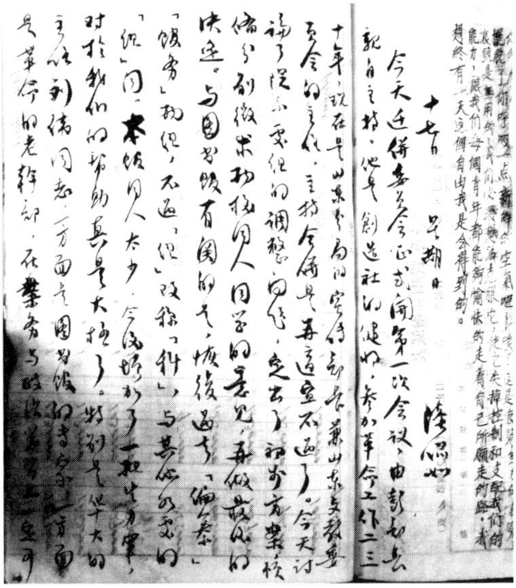

1950 年 12 月 17 日，陆侃如所记山东大学图书馆《集体日记》。（原件藏山东大学图书馆特藏部。李剑锋拍摄、增补）

> 今天迁并委员会正式开第一次会议，由彭部长亲自主持。他是创造社的健将，参加革命二三十年，现在是山东分局的宣传部长兼山东文教委员会的主任……与图书馆有关的是，恢复过去“编纂”“管务”两组，不过“组”改称“科”，与其他各处的“组”同，本馆同人太少，今后增加了一批生力军，对于我们的帮助真是大极了。特别是华大的主任刘伟同志，一方面是图书馆的专家，一方面是革命的老干部，在业务与政治学习上一定可以在同人中间起模范作用。希望全馆同仁好好向他们学习。①

18 日，彭康主持，陆侃如参加第一次华东大学和山东大学迁并处理委员会正式会议。彭康在会上宣布迁并处理委员会正式成立，即日起开展工作。会上讨论并确定了“事理兼顾、舍异求同”的方针，对于院系的合并、机构设置、师生员工待遇、合并的时间及步骤等主要问题，详细讨论，提出了初步方案，分别征求两校同仁同学的意见，再做最后决定。会后，两校委员分别向本校传达会议精神，重点解决认识问题。

20 日，陆侃如参加华东大学和山东大学第二次迁并处理委员会会议，主要讨论组织机构、人事安排、华大学生并入有关系科等问题。会后，迁并处理委员会委员拍摄了合影。

① 《陆侃如冯沅君合集》第 8 卷，第 438 页。“馆务”原误作“管务”，此据日记原稿订正。

1950 年 12 月 20 日，山东大学与华东大学迁并处理委员会合影。左起依次为：迁并处理委员会副主任委员张勃川、陆侃如，委员童第周、罗竹风，主任委员彭康，委员余修、刘宿贤、刘椽。（引自《山东大学图书馆馆史》上卷第 38 页）

1950 年 12 月，山东大学与华东大学迁并处理委员会合影，左三是陆侃如。（引自《陆侃如和冯沅君》第 118 页、《陆侃如冯沅君合集》第九卷正文前）

22 日，陆侃如参加华东大学和山东大学第三次迁并处理委员会会议。会议对合校后的院系设置、组织机构、人员安排、学生待遇、合并时间等做出决议。院系合并问题：山东大学文史系的文组与华东大学文学系并为中国文学系，史组与华东大学历史系并为历史系。合并后的中国文学系、外国文学系与华东大学的艺术系组成文艺学院。“行政机构设置”规定：合并后的山东大学为校长制。教务长下设教务处、图书馆、体育室、教学研究委员会与仪器管理委员会。图书馆下分馆务科与编纂科。“教职员的安排”规定：“两校管理现有工作人员，不因合校而变动，但工作岗位和职务可能另作合理安排。”“教职员工待遇均暂时按原薪、原供给制标准不动，华大一部分薪金制工作人员的工分制改为按青岛物价计算。”学生待遇问题：为照顾华东大学历史条件，尚不能立即将供给制转成助学金制，只可逐步走向同一制度。合并时间问题：一切准备工作争取寒假中完全做好，新学期开学时便在组织机构上完全成为一个整体。以上合并方案，经迁并处理委员会第四次会议通过后，呈报华东军政委员会批示。

23 日，召开两校师生大会。彭康主任委员报告迁并处理委员会工作概况和合校初步方案。张勃川、陆侃如、童第周等委员和学生代表发言，一致表示赞同。

本年

土地改革运动在全国展开。山东大学为了配合土地改革运动，组织大家观看歌剧《血泪仇》。冯沅君看完后，写了《看了〈血泪仇〉的几点意见》（《陆侃如冯沅君合集》未收），刊于《青岛日报》。她在文章中表示，

《血泪仇》给了自己终生难忘的教育，真正明白了农村中的剥削关系。青岛郊区的土地改革开始，冯沅君、陆侃如参加了访问团，在访问中深受教育。冯沅君还在报纸上发表文章，拥护赞成土地改革，为贫雇农翻身叫好。①

抗美援朝开始后，为了支援前线，山东大学校内发起了向前线捐献“飞机大炮”的活动。冯沅君、陆侃如捐献了他们的大部分积蓄人民币一万万元（旧币，相当于后来的一万元），是全校捐献最多的。他们的爱国事迹刊登在山东大学校报和《青岛日报》上。②

冯沅君应学生之约写稿，同陆侃如联名发表文章。当时中文系的学生吕家乡在《冯沅君先生》一文中回忆：

> （第二学年）在新到的系主任吕荧的推动下，中文系学生成立了“新文学研究会”，在校刊办了个副刊《新文学》，袁林、赵丹和我是编委，经常分头或一块找老师们约稿。有一次到冯先生家去约稿，她很爽快地答应了。次日我们如约去取稿，对她表示感谢。她说：“我整天忙忙乎乎，没有写文章的时间；你们一催，倒写出来了，应当感谢你们。”冯先生还诚恳地对我们说：“我自己没有孩子，很喜欢跟年轻人接触，欢迎你们常到我家来谈谈。”
>
> 又过了几天，在报纸上看到她和陆先生联名发表的文章，大意是：自己年纪大了，不能上前线参加抗美援朝，只能在后方支援，除了做好工作，还要节约每一粒米、每一滴水。洗脸水留下洗衣服，洗衣服以后刷地板、冲厕所。这篇文章在校内外反响很大。有一天我们去她家，果然看到有一个大水桶盛着用过的“乏水”。这次我们看到一个八九岁的小男孩，从内屋里走出来，穿过客厅到外面去玩了。冯先生说，这是亲戚家的孩子，打算过继给她做养子。她无可奈何地苦笑着说：“养子就是养子，跟自己生的孩子就是不一样的味！”老师连这样的体己话也说给我们，我们感到像面对慈母一样亲切。③

陆侃如之弟陆晋如回忆：“五十年代在青岛市，逢年过节，大哥常叫我到大学宿舍附近几家军属送钱，慰问他们，每户十元左右。也曾叫我到

---

① 参见《冯沅君传》，第261页。

② 参见《冯沅君传》，第260页。

③ 吕家乡《风雨人间情》第237页。

青岛市市南区政府送过钱，请政府用以慰问烈军属。”①

冯沅君在《山东文艺》第6期发表《看〈小二黑结婚〉后的感想》（《陆侃如冯沅君合集》未收）。

冯沅君（署名沅君）在《翻译杂志》第6期发表《不列颠的帝国危机》（《陆侃如冯沅君合集》未收）。

约在本年，陆侃如同意重印《中国诗史》。1959年1月23日陆侃如日记：“本来一解放就有书店来联系要重印《诗史》，我一直没有答应。后来人民文学出版社再三要求重印，并托华岗来劝说，我才同意。”

20世纪50年代的陆侃如

（引自《陆侃如和冯沅君》第158页）

1951年　辛卯　冯沅君52岁　陆侃如49岁

1月

16日，《人生》杂志在香港创刊，张君劢、钱穆、唐君毅、牟宗三、徐复观为基本撰稿人。

29日，《人民日报》发表社论《学习毛泽东同志的〈实践论〉》。

2月21日，《中华人民共和国惩治反革命条例》公布。

3月

刘少奇在中共第一次全国组织工作会议上，强调“巩固新民主主义秩序”。

唐弢编《鲁迅全集补遗续编》，由上海出版公司出版。

5月20日，毛泽东《应当重视电影〈武训传〉的讨论》一文，以《人民日报》社论形式发表，全国掀起批判武训与《武训传》运动。

6月，严辰编《信天游选》（民间文学丛书），由上海海燕书店出版。

7月，丁易编《大众文艺论集》，由北京师范大学出版部出版，汇集1930～1932年讨论资料。

8月，王瑶著《中古文学思想》，上海棠棣出版社初版。

9月9日，中共中央通过《关于农业生产互助合作的决议》，决定在全国农村进行互助合作运动。

---

① 《陆侃如传略》。

9月29日，周恩来在北京、天津高等院校教师学习会上作《关于知识分子的改造问题》报告，要知识分子站到工人阶级立场上来，在政治上有明确态度，分清敌我友。

11月30日，中共中央发出《关于在学校中进行思想改造和组织清理工作的指示》，要求在所有大中小学教职员及高校学生中进行组织清理工作，查清反革命分子。

12月1日，中共中央作出《关于实行精兵简政，增产节约，反对贪污、反对浪费和反对官僚主义的决定》，8日又发出《关于反贪污斗争必须大张旗鼓地进行的指示》，在全国掀起"三反"运动。

冯沅君当选为山东省妇联副主席。参编《中国文学史大纲》。发表《前七世纪的爱国女诗人——许穆夫人》。陆侃如先后任山东大学学术委员会副主任委员、《文史哲》杂志副社长、山东大学副校长。发表《思想改造与课程改革》等文章。

1月

1日，冯沅君在《山大生活》第37号发表《个人的踪迹》（《陆侃如冯沅君合集》未收）。此文总结了1950年自己的生活和工作情况，其中写道：

20世纪50年代的冯沅君
（引自《陆侃如和冯沅君》第156页）

> 一年来，我参加过不少会议，就中山东省各界人民代表会议给我的启示最大。在这个会议上，我遇到不少战斗英雄、劳动模范，听了许多内容丰富生动的报告，特别是和些杰出的妇女，姊妹们生活了一个月。从这里，我由理智到感情，深切地领会到中国革命的成功是应该的，不是幸运，这是历史发展的必然。我像用手抚摩过一样，觉到人民力量的伟大；这种力量在潜伏的时候，大多数人将要忽视他，但一与革命真理接触，他可以令天翻身地打滚，整个世界换个样。
>
> 一年来，我参加不少座谈会，就中本月八日本系师生的座谈会最令我感动，听到同学们表示参加军校的态度时的谈话——这洋溢着激动的热情，经过思想斗争而发出的慷慨声音——已有资格被称为老人

的我，也觉着血在沸腾，心在狂跳，眼在潮润饱胀，似乎如果有人喊出“冲上去，杀!”我也不退缩……

一年来我读了不多几本书，就中我深爱季莫菲耶夫的苏联文学史。因为他介绍各作家的行事作品外，又给读者原则性的指示；他从首至尾每章每节都由一个基本的观点贯穿着。

一年来我浏览过些政治性的论文，就中我特别欣赏伍修权代表在安理会控诉美帝的发言。因为他明朗、壮健、锋利，幽默与讽刺却增加了他的庄严……

陆侃如在《山大生活》新 37 号发表《在胜利中前进》(《陆侃如冯沅君合集》未收)。

8 日～10 日，冯沅君参加青岛市第三届第二次会议，任主席团成员。

18 日，中央人民政府教育部收到华东大学、山东大学迁并处理委员会的报告后，多次研究并提出了修正与补充意见。

2 月 27 日，中央人民政府教育部下文，决定由华岗任合并后的山东大学校长。

3 月

2 日至 27 日，冯沅君出席在济南召开的山东省第三届妇女代表大会，当选为山东省妇联副主席，致闭幕词。

华岗 (1903～1972 年)，1951～1955 年任山东大学校长。(引自《陆侃如和冯沅君》第 127 页、《冯沅君传》第 266 页)

1951 年 3 月 2 日至 27 日，冯沅君出席在济南召开的山东省第三届妇女代表大会，当选为山东省妇联副主席，致闭幕词。(引自《陆侃如和冯沅君》第 115 页、《冯沅君传》第 258 页)

13 日，陆侃如任山东大学副校长。本日，华东大学、山东大学迁并处理委员会召开第 20 次（最后一次）会议，总结迁并工作。教育部高等教育司副司长张宗麟专程到会，并代表教育部宣布经过修正并批准的合校方案和合校后的领导人员名单：撤销华东大学建制，国立山东大学去掉“国立二字”。合校后的山东大学设文、理、工、农、医五个学院和政治、艺术两个直属系，共 18 个系和两个研究所。共有学生 2366 人，教师 486 人，职工 524 人。合校后，校长华岗，副校长童第周、陆侃如，教务长何作霖，副教务长余修、罗竹风，秘书长刘椽，副秘书长刘宿贤，文学院院长吴富恒，历史系主任杨向奎，中文系主任吕荧，历史语言研究所所长杨向奎（兼）。

陆侃如任副校长后，分管行政工作。当时在校长办公室工作、后来任教授的孙思白回忆：“陆侃如头脑灵活，思维敏捷，给他一摞文件，他简直能一目十行，几分钟就批阅完毕。”同时，陆侃如继续兼任图书馆馆长，“刘伟任分馆主任。各院系设置分馆（后改为图书室）。图书馆位于大众礼堂西侧三层红楼内，楼下是阅报室、马列主义阅览室，二楼是借书处和书库，三楼是馆长室、主任室、普通阅览室、参考室等。合校后工作人员增加至 35 人，其中山东大学 21 人，华东大学 14 人。图书馆又重新修订了《馆务科办事细则》《编纂科办事细则》《分馆办事细则》等规章制度和工作细则”①。

童第周（1902～1979 年），
1951 年任山东大学副校长。
（引自《陆侃如和冯沅君》第 207 页）

合校后，共产党建立以华岗为书记，余修、罗竹风、刘宿贤、崔戎、武杰为委员的党组，作为学校的领导和决策机构。

18 日，华东大学和山东大学合并后称山东大学，合校的第一次校委会，讨论了科学研究工作，重新组建学术委员会，童第周副校长任主任委员，陆侃如副校长和何作霖教务长任副主任委员，规划全校的科学研究工作。②

19 日，2500 名合校后的山东大学师生在校园里隆重举行大会，热烈庆祝合校

① 刘相金、黄晓静主编：《山东大学图书馆馆史》上卷，第 38 页。
② 参见《山东大学校史》（1901～1966），第 218 页。

成功和开学典礼。山东省、青岛市的党、政、军各方面负责人与会祝贺。校长华岗作了《合校方案和山大前途》的长篇报告，号召全校师生发愤图强，建设新山大。

5月1日，陆侃如任《文史哲》杂志副社长。山东大学为了活跃学术空气，开展学术争鸣，在华岗的支持下，中文、历史两系和历史语文研究所的部分教师，共同创办了综合性的学术刊物《文史哲》杂志。《文史哲》刚创办时，是作为同人刊物，大家推举华岗为社长、陆侃如和文学院院长吴富恒为副社长，历史语文研究所主任杨向奎为主编。《文史哲》1951年5月创刊，初为双月刊，后改为月刊，1953年起，正式定为《山东大学文科学报》。①

6月16日至22日，陆侃如、冯沅君参加青岛市第三届第三次会议，任主席团成员。陆侃如还任宣传委员会主任。

本月，由山东大学教务处校刊编辑室编印的《山东大学介绍》，其中有一篇田牛写的《图书馆速写》，全文是：

山大图书馆，始设于一九二九年，抗战期间完全停顿，一九四六年山大复员，始行恢复。不过原来的图书几乎全部荡失，一切等于新建；同时在国民党反动政府黑暗势力的重压下，馆内图书也只限于大部古旧典籍和一些唯心的以至反动的东西，没有一点真理的光芒。因此，当时同学们曾经集体地自力创办过小型的图书室，热情而渴望地传播了一些进步的思想。

一九四九年六月二日一声炮响，给青岛带来了解放，给山大带来了新生，图书馆也在灿烂的太阳下活跃地发展起来。陆侃如先生任馆长，首先成立了马克思列宁主义研究室和苏联研究室；继在抗美援朝运动开展中开辟了时事资料阅览室，都发挥了很大的作用。经过两年来不断地发展，尤其自一九五一年三月十五日华大山大合校后，两校图书，汇合一起，数目已逾二十万册，而其中进步的新书，将近四万册，关于马克思、恩格斯、列宁、斯大林和毛主席的经典著作，收藏甚丰；一切新出版的进步读物，也相当完备。关于各系业务学习专门用书，除在总馆书库藏有一部分外，绝大部分是放在各院分馆和各系中。参考室更陈列有满架盈橱的辞典索引等各种工具用书，内中一九四七年版的《大英百科全书》和本年开始出版的《苏联大百科全书》

① 参见《青岛海洋大学大事记》，第62页，《山东大学校史》(1901～1966)，第219、220页。

值得特别介绍。此外，书库中藏有七百余册的中西善本；报纸杂志阅览室里置购了大量的中外报刊，并存有抗战和解放战争期间解放区出版的报纸杂志百余种。

最后，谈一下本馆组织与工作情形：现在在陆兼馆长领导下，设有编纂、馆务两科和四个分馆，各阅览室和借书处每天自晨七时半至晚九时半整十四小时不停地开放，尤其通过“建议箱”的设置，得以随时听取群众意见，及时了解群众要求，对于本馆的发展与进步，更具有莫大的推动作用。

7月

【剑锋补：

1日，陆侃如在《新山大》发表《七一献词》。】

11日，陆侃如在《新山大》第12期发表《题辞：革命知识青年应该积极参加国防建设事业》（《陆侃如冯沅君合集》未收）。

8月

“（华岗）去上海开会，市长陈毅在招待便宴上对华岗说：‘大学就是要通过教学与研究为国家培养合格而又对路的人才，而学报正是检验这一成就的标尺。山大创办《文史哲》是开风气之先，继续办下去，一定可以引起全国各大学的重视，群起仿效。’”① 陆侃如后来回忆：华岗主编《文史哲》时“销三万册，我主编时销两万册”②。

本年夏天，陆侃如被批判。当时中文系二年级学生吕家乡后来在《冯沅君先生》一文中回忆：“三反”“五反”运动相继展开。“有一天在校园里召开全校揭发批判大会，各院系代表登台发言，想不到陆侃如先生竟成了被揭批的对象之一。有的发言人指名道姓地说他和图书馆一位女同志‘关系不正常’。当时陆先生就坐在主席台上，冯先生就坐在主席台下的前排。我们学生听了，既感到有些意外，又觉得这种发言很正常，因为我们都竭诚拥护‘知无不言，言无不尽，有则改之，无则加勉’的原则。过了两天，我们几个同学去看望冯先生。她又遗憾地说到自己不能生孩子，接着说：‘我早就提出来让陆先生另找一个，他就是不肯。陆先生这个人，

① 徐畅：《战士品行　学者风范——山东大学校长华岗》，济南，山东教育出版社，2012年，第424、425页。

② 陆侃如1959年10月24日在“省政协会议上发言稿”。

真是……’我们不好说什么。我扭头看屋里的书架，似乎外文书比中文书还多，于是问起冯先生和陆先生到法国留学的事来。冯先生说：‘人啊，一时有一时的想法。那时候就想去留学，如果有现在的觉悟就不会去留学，就会闹革命去了。’”①

约在8月底或9月初，冯沅君参加中文系举办的欢迎新同学晚会。刚入学的陆文采后来回忆：

> 记得我在中学即将毕业的时候，我从语文老师王西野先生那里，读到了冯先生的小说集《卷葹》，冯先生小说中的人物大胆、热情地寻求纯真爱情的精神，质朴清新的语言，新颖的艺术特色深深地吸引了我。我多么想见一见这位优秀的女作家，亲临她的教诲啊！于是，在报考大学志愿的时候，我因仰慕冯先生之名，而投考了山东大学中文系。……（入学的）一路上，我的心情异常激动，渴望马上就能见到冯先生。冯先生小说中那些新女性形象一个个在我的脑海里反复叠影，我揣想着、琢磨着：冯先生的风采容貌会像哪一位呢？在中文系举办的迎新晚会上，我终于见到了久仰的冯先生。当时，她已过中年，短短的头发，戴一付〔副〕黑边近视眼镜，穿蓝色士林布上衣，红润的脸上时常流露出沉重而端庄的微笑。我们这些幼稚而渴求知识的青年感到，她是一位慈祥、和蔼可亲的长辈。从冯先生身上，我几乎看不到她小说中女主人公那洒脱、热烈、浪漫的诗情。我眼前的，与我想象中的冯先生有很大的差别。②

【剑锋补：

9月25日，陆侃如撰《陆侃如自传》：

> **一、家庭情况**
>
> 我在一九〇三年生在苏北海门县卷边桥的一个地主家庭中。家中有瓦房约三十间，地约四百亩；大都出租，一小部雇工耕种。全部收入约二千元（银元）。我的父亲（名可群，字措宜）于清末加入国民党，“民国”初年受袁世凯的迫害后，即在家乡隐居，不问政治。他专心读医书，成为家乡有名的中医，虽然没有正式开业。抗战期间，

---

① 吕家乡：《风雨人间情》，第237～238页。

② 陆文采：《忆我敬爱的老师——冯沅君》，张杰：《春风桃李忆吾师》，青岛，海洋大学出版社，1990年。

以资助游击队，为日寇所捕，因年老多病获释。在新四军政权下，他赞成减租减息，以开明地主的身份当选为参议会议长。一九四五年，日寇投降后不久，他病逝家中，新政权曾下令褒扬。我的母亲也出身地主家庭，抗战前一年去世。我父续娶倪菊人，出身贫农，现在青岛。我母生我和妹翔如，妹与母同年去世，遗子一女二。（妹夫倪方炎，地主兼经商，现在上海地政局工作。子倪建生，为上海交通大学地下团员，均参加军干校。女倪素生为华东医院护士，倪觉生在衡阳车站工作，现为团员。）继母生弟晋如，在青岛太平路小学五年级肄业，为少年儿童队大队长。妻冯沅君，任教本校，兼山东省府委员及省市妇联副主席，详情见她的自传。一九二九年结婚，没有子女。

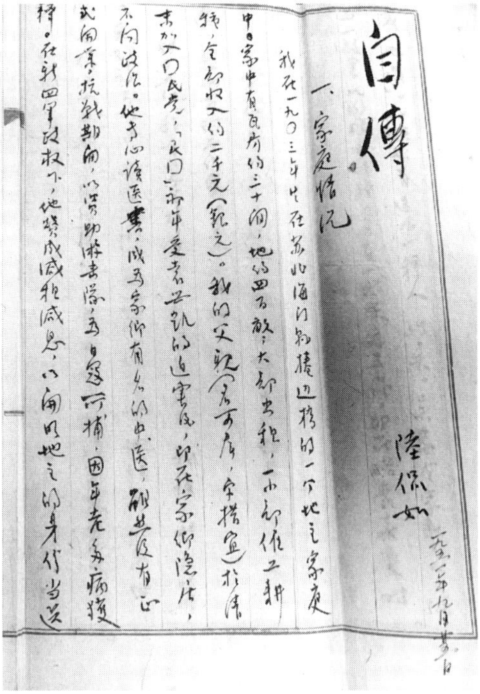
自傳

一、家庭情況

陸侃如

1951年9月25日，陆侃如所作《自传》。

（山东大学人事部档案室藏。李剑锋增补）

我家雇工，普通是男工一人，女仆一人，有时二人。（临时短期雇工不在内。）另外还有一种半奴隶式的家人，我乡称之为“靠人”或“地啰”。我族也有这么一种人，姓吴。吴家全家数十口，除与一般农民同样生活外，另有一特殊的工作，即在婚丧喜庆时吹鼓手或抬轿子。他的这种工作是对任何人家都做的，不过对陆家责任较重，而且必须称我家人为“老爷太太”，必须磕头。在辛亥革命后，我父曾建议全族，改称“先生师母”，行之未久，遭伯叔的反对而作罢，直到土改后方取消。

对于土改，我是完全赞成的。一九〇三年左右，我读了些左翼文艺理论书以后，我常常和父亲谈起这一点。他后来与新四军合作，一半受了我的影响，一半也受了他的老友季方先生的影响。（季先生当时领导苏北政权，现在交通部做副部长。）不过继母是反对土改的，所以我父亲去世后，她以藏黑财而被管制。逃到青岛后，我们对她不断的进行教育，至今还没有改造好。

二、学校教育

我在一九〇九年入小学（我家自办的恒基初等小学及附近的三益高等小学），一九一六年入中学（南通省立第七中学，四年制）。父亲希望我学医，我却喜欢文学，在中学学做旧诗和英诗，也爱看《新青年》杂志。五四运动时，我正在三年级。当时四年级以毕业在即，反对罢课，而三年级则领导全校罢课。我们在校内和校当局及四年级斗争，在校外则到商店调查日货，宣传反日。当时我纯粹为了爱国而参加这运动，其他则茫然。

一九二〇年入北大预科。我马上做了胡适的信徒，走上"整理国故"的路。一九二一年入本科中国文学系，在胡适办的《努力周报》上积极投稿（都是国故方面的），写的书也由他介绍至亚东图书馆、商务印书馆及新月书店出版。

一九二六年北大毕业，入清华研究院，在王国维、梁启超指导下继续做整理国故的工作。

一九三二年，我已做了几年事，积了一笔款子，和妻沅君一起到巴黎大学读书。那时已在国内读了些左翼理论书，所以想从社会发展史来了解文学哲学。不过我那时对中国社会的看法，主要还是采用郭沫若先生的主张。一九三五年回国。

三、任职经过

一九二七年毕业研究院后，便到上海几个大学里教书。由于胡适的关系，我在中国公学大学部做中国文学系主任，月薪二百四十元，同事有罗隆基、白薇等。同时也在暨南大学（陈锺凡先生介绍，同事有叶圣陶先生等。）、复旦大学（陈望道先生介绍，同事有洪深先生等。）这时上海文艺界里"普罗文学"运动正是轰轰烈烈的时候，我受了很大的影响。

一九三〇年胡适辞中国公学校长，副校长杨亮功调任安徽大学校长，我就离上海到安庆去做教授，月薪三百元，同事有何鲁、丁绪贤等。（杨亮功后在国民党反动政府做监察少使，今不知何往）（何鲁现在重庆大学，丁绪贤好像在浙江大学。）

一九三二年赴法，三五年返国，由胡适、顾颉刚介绍至燕京大学，做中文系主任，月薪三百六十元。（同事很多，今都仍在燕大。）

三七年抗日战起，因沅君割盲肠未愈，迟至三八年始离北平，至广州中山大学师范学院任教，先后兼教务主任、国文系主任、代理史地系主任、代理院长，月薪四百五十元。介绍人吴康和冯友兰（是沅君的哥哥）。随着抗战形势的变化，学校由广州迁粤西罗定，又迁云南澂江，又迁粤北坪石。闹了三次学潮，换了三个校长。（同事很多，今都仍在中山。）

四二年后，中山大学又闹风潮，我便应了东北大学的聘。介绍人高晋生，是我在研究院的同学，他那时主持系务。我去后，就继任系主任，又兼文学院长，月薪六百元。（高先生原在重庆相辉学院任教，解放后不知在彼否。）那时校址在四川三台，四六年随校返沈阳。四七年六二反饥饿反内战运动爆发，特务多方干扰，我便离沈来青，在山大任教，介绍人杨振声先生（现在北大）。

解放后，除在本校工作外，先后兼任本市一二三届人代会代表、协商委员、文化古物整理委员会常务委员、中苏友协宣传部长、文协筹备主任、市人民政府委员、市文教委员会主任、山东省文教委员会委员、华东抗美援朝总分会委员、中央文化部古典文艺丛书编辑委员等职。

四、政治活动

我从小对政治是很模糊的，不过由于家庭环境的关系，也粗浅的知道北洋军阀不如国民党，袁世凯不如孙中山。自日本提出二十一条件后，我也很起劲的做抵制日货的工作。后来参加五四运动，也是出于抗日的情绪。

到北大后，我很少参加活动。孙中山死时，我很沉痛的参加了追悼会，初次听到“打倒帝国主义”的口号。关税会议时，我参加了示威游行。五卅惨案时，我参加了北大同学所组织的“对英日经济绝交大同盟”。在北京七年中，仅此而已。对于共产党，根本没注意。

在第一次国内革命战争时期，我对国民党抱很大的期望，但不久便看出：蒋介石和北洋军阀差不多。由于“普罗文学”的运动，我接触了马列主义。但我受胡适的“整理国故”的影响太深了，只把革命的理论当做书房里的教条，丝毫没想到实际行动上去，对于中共正在进行的伟大的革命斗争是漠不关心的。因为在上课时偶然讲了一些左倾的话，与陈望道、叶圣陶、郑振铎同时被迫离开复旦。

在巴黎参加了反帝反法西斯大同盟，是法国作家巴比塞所领导的。在华侨分会里一起工作的有高长虹、胡兰畦、文子慧等，介绍我入盟的是我在复旦教书时的一个学生刘庆澜，这四人现在的情况不很清楚。当时斗争的对象是国民党特务们所组织的“巴黎书报社”。我们还出版了一个中文的小型刊物。回国后便没有和这组织联系。

我一心想搞清楚社会史，来写新观点的文学史。因为没有领会到马列主义的实质，只在书房里做考证，对实际斗争毫无接触，所以自己的思想原封未动，新观点的文学史当然写不成。

抗战期间，后方一切都显示出蒋介石匪帮卖国的本质，所以稍稍参加了一些民主运动。在东北大学时，我和赵纪彬、叶丁易、杨荣国、董每戡等组织了“川北文协”“实验剧团”等，出版了一个“文学期刊”。不过我那时的思想还是很混乱的，偶然在《新华日报》上读了毛主席的著作，也没有十分重视。但这已引起特务们的注意，到青岛后，还被刘次箫写在黑名单上。

直到解放后，参加了不少的社会活动，才逐渐认识到过去的错误，逐渐设法改正。

五、社会关系

老师中对我影响最深的是胡适。从一九二〇年起，我爱读他的文章，爱听他的讲演，爱到他家里去谈话。我一切都佩服他，一切都模仿他。第一次使我失望的是他竟参加段祺瑞所召集的善后会议，第二次使我失望的是他竟反对一二·九学生爱国运动。到他参加伪国大，我对他才完全绝望了。在青岛解放前，山大学生会办的刊物上，我曾写过一篇《时光的考验》批判过他。事实上，他在思想上给我的影响，至今尚未根除——特别是一点一滴的改良主义思想，使我对一切事情都不能做得彻底。

朋友中对我影响最深的是赵纪彬。我和他在东北大学同事三年，在本校同事三年。在这六年中，使我渐渐走出书房，接近青年，多少参加了一点实际工作的，就是他的影响。

我同族弟兄们中，有各式各样的人物。最进步的是堂弟恂如，参加革命已二十年，现任苏南松江地委统战部副部长。最反动的是堂兄闾如，在上海做纺织厂的工程师，今春以反革命被镇压。

六、结语

党史好比一面镜子，学习以后，可以更清楚地认识自己的缺点。我觉得我最大的毛病是太为自己打算。三十年来，我做的是古纸堆里的考据工作，我满心想写些专门的著作，藏之名山，传之其人。我不爱管行政，不喜欢群众，只愿做自己愿做的事，没想到人民的利益、国家的利益。所以二十年前接触了马列主义，仍然视为考据的帮助。

解放后，这个旧根子也没有铲除多少。我并没想向社会多要求报酬，但我的确想替社会少做些事情。替社会少做事，为的是替自己多做些。这种处处替自己打算的毛病，是从地主出身的人的剥削思想上产生出来的。

因此，我的教学工作和行政工作上，就有各种的缺点不能避免。在教学上，虽然也知道应该联系实际，深入群众，通过课代表去了解学习情况，来改进教材教法。但是两年来，这方面的努力太不够。在行政上，也是沿用旧的领导方式，只在办公室里批答公事，只在会议桌上讨论计划，对于各方面的实际情况是茫无所知，布置了工作也不检查，是非不明，赏罚不分。我不爱花时间精力去考虑学校的大问题，只想偷空缩回我的书房里仍做些于人于己两无用处的考据工作。积稿盈尺，而不能发表，因为事实上没人要看的。

旧意识如此浓厚，所以就不能掌握批评与自我批评的武器。在批评别人时，我总不愿尽量帮助别人，总是轻描淡写地略略谈一谈，唯恐对方生我的气。在批评自己时，也不能击中要害，而且自觉的或不自觉的替自己开脱。人家对我提意见时，我也犯了“虚心接受，坚决不改”的毛病，改过还需要决心和勇气，我恰恰缺乏这种决心和勇气。

人民交给我一个领导人民大学的重责，我真是“战战兢兢，如履薄冰，如临深渊”，只想找机会卸下这些担子，只想回我的古纸堆里去。学习了党史，使我明白了这种想法是绝对错误的。这不是清高，这是自私，而自私是新社会里最可耻的缺点。如果我不下决心改造自己的话，如果我仍然处处为自己打算的话，我将成为新中国里最可鄙的一个人。希望在自己的努力下，在朋友的帮助下，逐步提高自己。

七、附录

我曾向各科室的同人征求意见，指出我的错误，帮助我进步。截至现在，已收到秘书科、会计科、庶务科的书面意见，今附于后。校刊室曾提出几项意见，希望我多替他们写稿。其他科室尚未送来。

一九五一，九，二五。[①]

① 本原件在山东大学人事部档案室藏陆侃如档案内。整理稿收入杜泽逊主编，张洪刚、李振聚编《山东大学文学院史料丛编》第一辑，山东大学出版社2021年版，第1～8页。整理稿有失误，已据原件核订。

约本月，冯沅君撰《冯沅君自传》：

（一）家庭情况

我是一九〇〇年生的，今年五十一岁，河南省唐河县人。在学校读书时，名字是淑兰，字德馥。发表文章时，用过素秋、淦女士、沅君、易安、大琦、吴仪等笔名。

我的家庭是个中等地主，靠收租维持。我的父亲可以分得六顷（百亩）地。他有一兄、一弟，直到一九一七年，我出外上学校时止，三房始终同居。因此，当时家中有十八顷地，每年收入约七八千元（银元）。三房老少男女共二十余人，男女雇工十余人。三房分居后，我从未回去过，家中雇工似乎只有两三个。

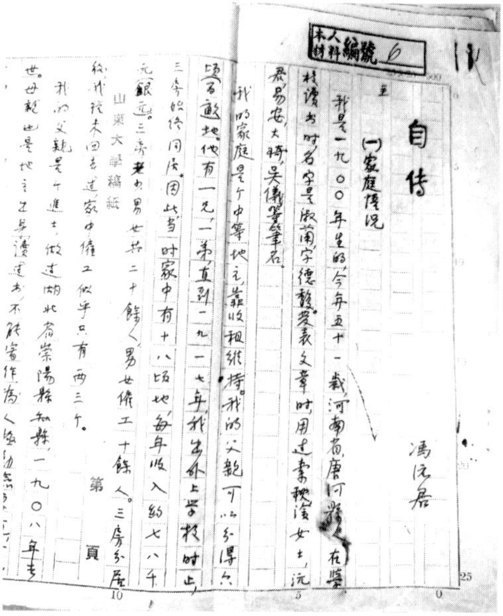

《冯沅君自传》手稿（引自《山东大学文学院史料丛编》第一辑序言前。李剑锋增补）

我的父亲是个进士，做过湖北省崇阳县知县，一九〇八年去世。母亲也是地主出身，读过书，不能写作，为人极勤俭厚道，一九四四年去世。我有一姊、两兄。姊丈是地主，已去世十余年。姊是家庭妇女，能读报、写信，现在东北依靠她的儿子（赵守忠，西南解放前在重庆私立乡村建设学院教书，现在佳木斯农场工作）过活。长兄冯友兰学哲学，次兄冯景兰学地质学，皆以教书为业，现均在北京清华大学工作。两个嫂嫂都是家庭妇女，都是中等学校毕业生。伯、叔皆是秀才，均久故。叔“民国”初年曾为省议员。

在封建势力仍然存在的社会里，女子不能承继母家财产，因此，我对于家里的田地从来不重视；同时，我离家已卅余年，教书为生已二十余年，土地关系已摆脱。两兄一姊的情况和我也差不多。所以我对于土地改革是绝对拥护的，这样对于广大人民、国家前途有利益的政策谁也没有理由不拥护，何况对于自己毫无损害。

我是一九二九年和陆侃如结婚的，从未生育。他的家庭、职业等另见他的自传。

我的职业始终是教书。我吃的是教书饭。现在我每月的薪金约百万元，除去友谊的帮助亲友外，无固定的经济负担。

（二）学校教育

由于我的家庭是有文化的，更由于我的母亲热爱文化，所以在四十多年前，我就幸运地读了书。六岁开始上学，十二岁后，便半日读书，半日学刺绣、缝纫。跟先生读书的日子很少；主要靠自修，母亲与哥哥有时给我些指导。学习的多是文学、史学方面的。十七岁后我方进学校。

我到北京进学校在一九一七年秋。这时候，北京女子师范学校的国文专修科正招生，凡具中学毕业生同等学力的皆可报考，而且考的科目都是文史方面的。我考取了，小学、中学两个阶段就被我这样跳过。两年后（一九一九年），这个学校改为国立北京女子高等师范，国文专修科改为国文系，我也就成为高师的学生。从革命先烈李守常先生受业就在此时，开始知道社会主义。

一九二二年夏，我在北京女子高等师范毕业，接着就进北京大学研究所，作研究生，并在大学部选习自己爱好的功课。从鲁迅先生受业就在此时。我的新文艺作品也多是这三年内写的。

因为教了几年书，手头有了积蓄，一九三二年夏，便同我的丈夫陆侃如同到法国巴黎大学读书。在巴黎住了三年，研究的方向是文学史。

（三）工作简历

我的教书生活开始于一九二五年。第一个学校是金陵大学。该校教授陈锺凡先生（详后）因要到广州讲学，回学校请了个较长的假期，并介绍我接替他的功课。讲师名义，月薪一百五十元。同事有胡光炜（详后）、束世徵（抗战期内曾任四川大学教授，现不知仍在彼否）诸先生。

次年，陈先生返校，沈兼士先生（时为北大研究所主任，一九四七年去世）介绍我到中法大学教书，月薪一百八十元，并为北大研究所编刊物，月薪一百元。同事有魏建功（现在北京，北大）、台静农（日本投降后在台大教书，近无消息）诸先生。

一九二八年，暨南大学国文系主任陈锺凡先生约我任教，同时我的未婚夫陆侃如在上海工作，我便离北京到上海。同年中国公学校长胡适之也约我去教书，次年，又兼复旦大学课。（陈望道先生约的，他那时是复旦国文系主任)。三处合计,月薪约三百元。三校同事有洪深、叶圣陶、罗隆基诸先生。

一九三〇年,胡适之辞去中国公学校长,北平师范大学校长徐炳昶先生(与我同乡,并是亲戚,现在科学院工作)却约我到师大研究所担任指导研究工作,我便离上海回北京。到京后,又在北大(中文系主任马裕藻先生约)、师大(中文系主任钱玄同先生约,钱马二先生均久故)教课。三处合计,收入与在上海时略等。两校同事有俞平伯(现在北大)、黎锦熙(现在师大)诸先生。一九三二年赴法留学,教书工作暂时结束。

一九三五年,从法国回来,杨亮功(曾任安徽大学校长,国民党反动政府监察使,今不知何往,和我是中国公学的同事)介绍我到天津河北省立女子师范学院教书。月薪二百四十元。同事有曹禺、李霁野诸先生。

抗日战起,平津沦陷,我因患有肠炎,需要动手术,休养,次年方南下。刚到西南后方时,在武汉大学教书我的哥哥冯友兰是介绍人。月薪三百元。同事有叶圣陶、杨端六、袁昌英(杨、袁现并在武大)诸先生。

在武汉大学一年,因为该校的惯例不聘夫妇教授(只有杨端六与袁昌英,是武大开办时去的,是例外)。我的丈夫陆侃如在中山大学教书,我便到中大了。月薪三百二十元。同事有钟敬文、洪深诸先生。

四二年,中山大学闹易长风潮,师范学院院长买通流氓,痛打学生,大批教授愤而辞职,我与我的丈夫陆侃如也因此走了。适东北大学中文系主任高晋生先生(与侃如是清华研究院同学)来约,我们就到东大任教。月薪六百元。四五年,日寇投降,四六随校返沈阳。我因腹瘤割后身体甚弱,东北酷寒不能支持;同时,四七年,六二反饥饿反内战运动爆发,特务横行,学校陷于恐怖状态,我遂与陆侃如同来山大,介绍人是杨振声先生(他是冯友兰的朋友,现在北大)。在东大的同事有赵纪彬(详后)、杨向奎、杨荣国(现在湖南大学)、叶丁易(现在师大)诸先生。

解放后,除在本校教书外,兼任市妇联副主席、市各界人民代表会议代表、协商委员会委员、市文联筹备委员会副主任、抗美援朝青岛分会妇女支会主席、山东省人民政府委员、山东省妇联副主席等职。

（四）政治活动与思想情况

由于我的父亲做过官，我又跟他在都会住过，所以我很小就模模糊糊的接触到政治。一九〇七年徐锡麟、秋瑾死难事给我的印象很深。从此，我知道有革命党；革命党同政府（当时说是“皇上”）作对，政府是满人的，国家在他们手里搞坏了，所以革命党反对牠。

辛亥革命时，我的认识较前明确些。我恨满清政府腐败，又“非我族类”，因而对于牠的垮台异常高兴。这主要的还是因为我的家庭只是社会的中间阶层，同当时的统治阶级关系不深。“民国”成立后的政治上一些大事，如国民党反袁战争（二次革命），日本的“廿一条”，袁世凯称帝，蔡锷诸人讨袁……都曾引起我的关心。对袁我极憎恨，他太反动，帝制是要不得的；对于日本“廿一条”觉得这是并吞中国的政策，万万接受不得。由此可见，我当时除了点民族意识外，是盲目的醉心于英、法式的民主革命。一九一七年，我虽然由家跳到学校，但因为当时的学校教育太保守，所以在开始的二年，我的思想情况、政治认识并无明显的变化。

把我推向群众性的政治运动，改变我的封建思想的是五四运动。

五四运动来到时，我十九岁，专科二年级生。这个运动对于青年的影响异常深钜，特别是北京各校的学生。我也如此。

经过了牠，我不加考虑的接受了资本主义文化，我动了向英美求学的念头。这固然由于资本主义思想在当时，表面上很像有力量，主要的怕还是由于我是个社会中间阶层分子。

经过了牠，我学到反抗。同干涉学生参加群众运动的北京女子师范校长作斗争，我团结些同学把他轰了；为婚姻问题同家庭作斗争，经过些曲折，得到些亲友的支援，终于将幼年时父母代订的婚约解除了。

经过了牠，我要求男女平等，决定靠自己的工作，独立生活，认为家庭以外另有天地。

经过了牠，我热情的参加当时的一些政治性的社会活动，如宣传抵制日货，为被捕学生请愿，声援“二七惨案”的铁路工人，声援反抗河南军阀的开封教育界，声援“五卅”运动的上海工人等。

经过了牠，我学写新文艺、小说、剧本、散文；这些作品都直接或间接的与当时反封建的一个内容——婚姻问题有关。

但是，现在检查起来，我在那个时候，虽然思想上有剧烈的转变，可是一切行动都是从个人的要求出发，群众在我心目中没有地位。我刚从封建主义泥淖爬出半个身子，谁料又落在资本主义文化的坑里了。

在上海的两年，我的思想也有些变化。因为这两年正是中国共产党在农村开始建立革命根据地的时候，同时，普罗文学运动也在上海如火如荼的展开。由于后者的影响，我看了点新的社会科学论理的书籍，粗略的知道马克思学说是怎样回事，共产主义是怎样回事。由于前者，我相信共产党的力量是不可抗拒的，地主与资产阶级必被打倒。

但是，这个时候，我仍然很糊涂。我妄想将革命理论与革命实践分开，我认为辩证法与历史唯物主义可以关在书房内，作为自己研究古典文学的工具。而且，误听反动派的污蔑宣传，不了解共产党在农村的措施，因而对它的政策不免怀疑。

巴黎的三年，在我的政治教育上也是有意义的。这时候，中国留学生分左右两派。左派在巴比塞所引导的反帝大同盟的指挥下工作，右派的核心是国民党的走狗。通过刘庆澜（陕西人，我在复旦大学教书时的学生，与我同船赴法，抗日战争时期曾在成都见过一次面，后不知何往）的介绍，我参加了左派的活动。不过，除开会，替刊物写稿（主要的是打击国民党的反动行为）外，也未做别的了。法政府对左派人的活动取监视态度，右派的学生又惯于告密，所以工作的进行是秘密的。常往来的人有文子慧、高长虹等。这种活动对于我当然是空前的，但我并不曾通过牠而将革命理论与革命实践结合起来。对于马克思、恩格斯的学说，还是教条地信仰着。

从法国回来后，虽然白色恐怖日益残酷，可是我在思想上却向共产党靠近。从燕京大学的进步学生那里（我的丈夫在燕京教书，我每周前几天在天津女师院，后几天在燕京），我知道些延安的情况，二万五千里长征的经过，因而对解放区很向往。但是这种靠近还只是在思想、感情上露个芽儿，根本谈不上行动，所以抗日战起，我还是向南去，跟了国民党。

政治性的斗争，在东北大学，显得比其他我所经历过的学校都尖锐些，特务异常蛮横。这种现实也教育了我。同时，国民党的倒行逆施更不能不教人对牠失望、憎恨。我同些进步的学生、教授站在一起。当时赵纪彬、叶丁易、董每戡诸先生组织了川北文协，我是其中的一个，大家共同出版了《文学期刊》。这个团体与刊物都是当时大小特务所仇视的。由此可见，在革命斗争日趋尖锐的局面下，谁都要决定自己的立场。我有浓厚的个人主义，一向醉心于所谓研究工作，为人又拘谨，少勇气，可是，这个时候，我也渐渐的接近斗争的边缘。

（五）社会关系

我的性格很孤僻，因而同人多是泛泛之交。在现存的师友中，值得提及的不过以下数人。

1. 陈锺凡（金陵大学教授，全国文代会代表）

我在北京女子高等师范读书时，陈先生是该校的国文系主任。在整理古文献的工作上，我受过他的初步指导，后来就业时也得过他些帮助（详前）。

2. 胡光炜（南京大学文学院院长，南京文教委员会委员）

胡先生也是北京女子高等师范国文系主任。一九二五年，我在金陵大学教书时，他又是该校的国文系主任。虽是同事，仍属师生，我在这时候得到他的指导反较在北京读书时多。他博学多通，在教学研究、创作（旧文艺）各方面都常常给我些富有启发性的指示。不过他的旧文人气味很重，易感伤，多空想，通过文艺的往还，我不免多少为他所感染（主要在抗战时期），青岛解放后，我便努力纠正我的这些错误。

3. 胡适之

胡适之也是我的老师，但直到我在上海教书时方和他比较接近点。我也像五四运动中某一部分青年崇拜过他，在“整理国故”方面，我也受过他的影响。他对我也照顾。但从他与国民党反动派勾结以后我同他的关系就日益疏远了。

4. 赵纪彬（前本校教授，现任平原省师范学院院长）

赵先生是在东北大学遇到的，同我同事过六年。解放前，我的朋友中，只有他入过共产党。他启发我与反动派进行斗争，并深一步了解共产党。抗战末期我的思想的转变主要的是受他的影响。

（六）结语

从一九〇七年，我刚刚读了一点书，模模糊糊接触到政治时起，到现在已四十多年。在这四十多年中，“五四”以前，我可说是属于封建社会的。经过了五四运动，我接受了资本主义文化，染上浓厚的个人主义。这样的小资产阶级的知识分子，她自然而然具有这些缺点：她软弱，斗争性不强，既会憎恨反动势力，却觉得革命可怕，因而不敢参加，苟安下去。她有优越感，心目中没有劳动人民，不与群众联系。她接受理论而不去实践，赞成共产主义而站在无产阶级所领导的革命的圈外。除了这些长期停留在旧社会的知识分子所易犯的错误外，还有封建性的家庭教育及父母性格的遗传残存在我身上的缺点：拘泥和孤僻。这一些对我四十多年来的思想行动，起着决定性的作用。

青岛解放后，我参加不少校外活动，接触的面较以前任何时期都广。去年春天出席在济南召开的山东省各界人民代表会议，与工农代表革命干部姐妹般共同生活了将近一月。我的思想因之颇有改变，主要的是对劳动人民产生了感情，从心里爱他们，敬他们，虽然我不敢说这感情如何热烈。此外，两年来新中国各方面建设的突飞猛进又令我感到新生的喜悦。全中国人民都新生了，我应该努力使自己也新生。这也就是说，我应该逐步消除自己从旧社会沾染上的污秽，并发展培养在新社会的教育下所茁出的新思想、新感情的芽儿。最后令这种思想感情都体现为具体行动，以好好地为人民服务。

对于教书这个工作，过去就未想过"改行"，现在更是安心。因为我是个拘谨的人，所以作起工作来还不至于油滑。但在过去，我是为我个人的声誉而努力、负责的，而且从不顾及学生对于所教的能否接受。个人英雄主义，脱离实际，脱离群众，这些错误我都犯了。现在，我当然不敢说，就配作个人民教师，可是我在思想上或许也在行动上，正向这个方向奔赴。

我觉得孤僻确是我个包袱。这里发展出来就是：处事则清高，事不关己，一概不问。待人总是微温的，不能给人以热情之感，不善团结人，别人错误了，也不惯于明白而中肯的提意见。作起工作来，特别是群众性的工作，总是自己干去，孤军作战，不善于发动群众，也常常不能争取主动。这个包袱必须放下。

党史学习过了，心得如何敢说，只能提出自己的几点体会。

第一，中国共产党确是中国的最光荣、伟大的政党。没有它的领导，中国人民如何能推倒压在头上的三座大山，而站了起来！同时，中国革命的胜利是与苏联的鼓励与帮助分不开的。单看伟大的斯大林，一九二六年十一月《论中国革命的前途》那篇警告性的文件是如何切中要害，也就够了。后来解放区的土地改革和红军的建立不就是这些英明的指示的正确体现吗？至于美帝国主义，牠一贯的要通过中国的反动势力来奴役中国人民，谁是敌人，谁是朋友，在党史里，也就是在中国人民斗争史里，是再分明不过的。从这里，只要是个善良的人，谁都知道如何分清敌友。

第二，共产党确是忠诚坦白，勇于自我批评。在拿出它的三十年斗争史与全中国人民相见时，它明白而正确的说出某时期由于某种错误令革命蒙受了损失，以及这错误后来如何得到纠正，又推进了革命。这说明共产党不但在当时工作中能实行自我批评（其实在党内还不说是批评呢），即在今日追述时也如此。共产党之所以不断进步，这是其中的一个主因。这种作风值得我们钦佩。这种作风我们必须学习。

第三，在三十年革命过程中，毛主席的意见永远是正确的。因为他自始至终不曾脱离过现实，如《中国社会各阶级的分析》与《湖南农民运动考察报告》等，都是他的以马克思列宁主义与中国现实高度结合而成的革命经典文件。再看第一次国内革命战争时期，陈独秀、张国焘诸人的错误主要的都由于脱离现实，从这里，我们知道教条主义是何等危险，理论不与实践结合是起不了什么好作用的。

第四，在三十年党史中，联系群众的重要性是极突出的。本来不脱离现实与不脱离群众是相互关联的，群众的要求、利益就是现实的重要部分。共产党对群众是发动它、组织它、保护它的利益，提高它的觉悟。党像群众的良师，又像群众的慈母。所以群众一接近了党，就紧密的团结在它的周围，发挥出巨大的力量。单看抗日战争，共产党把各个社会阶层的抗日群众都团结在它的周围，成为广大的人民抗日统一战，因而对内则孤立，削弱反动派的势力，对外则给日本侵略者以致命的打击，而获得光荣的胜利。不论作任何工作，我们的周围都是有群众的。不能联系群众，工作是不能作好的。

“分辨真正的敌友是革命的首要问题”，理论与实践结合，自我批评，联系群众，是共产党的主要作风，对于小资产阶级出身的知识分子的改造，这更是必不可少的药石，我愿意随时随地身体力行。①】

10月1日，陆侃如在《新山大》第19期发表《继续深入贯彻“健康第一”的指示》。（《陆侃如冯沅君合集》未收）。

10月28日至11月4日，陆侃如、冯沅君参加青岛市第四届第一次会议，任主席团成员。陆侃如还任宣传委员会主任，冯沅君任委员。

11月

---

① 本文原件在山东大学人事档案室藏冯沅君档案内。整理稿收入《山东大学文学院史料丛编》第一辑，第25～33页。整理稿有失误，已据原件核订。

17日，山东大学校长华岗为全校师生作题为《目前形势、思想改造和学制改革》的政治学习动员报告。

中旬开始，山东大学思想改造运动进入检查工作、检查思想、开展批评与自我批评阶段。为了配合思想改造，山东大学学习委员会充分利用当时山东大学影响最大的舆论阵地——《新山大》。《新山大》开辟“努力改造思想，做一个新中国的人民教师”专栏。

本月，陆侃如兼任青岛教工业余学院（现青岛职业技术学院）校长。[①]

12月

1日，陆侃如在《新山大》第25期发表《思想改造与课程改革》（《陆侃如冯沅君合集》未收）。此文写于11月25日。文中写道：

> 我们都是旧中国里出来的旧知识分子，绝大部分出身于封建地主家庭，受着封建主义或资本主义的教育；而在解放后呢，却又都负担起新民主主义的教育工作。因此，要胜利地完成人民所交给我们的培养高级建设人才的光荣任务，做一个新中国的人民教师，首先必须彻底改造我们本身的思想。
>
> 就拿我自己做个例子。由于家庭成分的限制和反动教育的影响，我二十几年来当大学教授的基本思想便是唯心的改良主义派的教育思想……记得我刚开始教书时，尽量把我自己喜欢的考据教给学生，严格的考试；全班的学生大半不及格，给我起了个“鬼门关”的绰号，还自鸣得意，以为这可证明我负责。事实上，这不但证明我对学生完全不负责任，而且证明我替反动政府的愚民政策尽了最大的力。如果青年们都成了考据家的话，反动派的血腥统治不成问题便可延长寿命了。
>
> ……我从前在唯心的教育思想支配下，理论与实际脱节，根本没有考虑到能动地改造文学，创造文学，我讲授文学史的目的，仅在于说明过去，但因为没有真正懂得文学发展的规律，所以连解释说明也是错误的。
>
> 我们一切建设必须为祖国建设服务，古典文学的课程必须为当前的人民文艺工作服务。我们都知道文学遗产应该批判地接受，但是怎样批判地接受呢？我认为：毛主席的“为工农兵服务”的正确指示，

---

① 参见青岛职业技术学院校史。此材料由李剑锋据该校网站“学院简介”之“历史沿革”提供。

不仅限于写作与批评，也应贯彻到古典文学的教学中去。凡是工农兵所不需要的，也就是当前建设所不需要的，我们就不去教，不去学。毛主席所指示的政治标准与艺术标准相结合的批评方法，也就是我们鉴定古代文学作品的唯一方法，而政治标准必然地占更大的比重……

18日，山东大学校长华岗为全校师生作《思想改造问题答问》报告。

1951年12月，山东大学与华东大学合并时合影，左五为陆侃如、左六为华岗。
（引自《陆侃如和冯沅君》第130页）

本年

冯沅君受教育部委托，与北京大学游国恩等教授共同主编《中国文学史大纲》。此书为全国高校文科的中国文学史课程提供了依据。

冯沅君在《文艺报》第3卷第3期发表《前七世纪的爱国女诗人——许穆夫人》（《陆侃如冯沅君合集》未收）。

约在本年，冯沅君任青岛市文联筹备委员会主任。[①]

1952年　壬辰　冯沅君53岁　陆侃如50岁

1月

1日，毛泽东要求全国大张旗鼓地、雷厉风行地开展大规模的“三反”斗争。

① 参见1974年6月下旬，山东省革命委员会文教组组长丁方明在冯沅君追悼会上的悼词。

4日，中共中央发出《关于立即掀起发动群众开展“三反”斗争的指示》。

4月1日，《人民日报》重新发表毛泽东《矛盾论》。

6月中旬至9月下旬，根据苏联经验，全国高校进行院系调整。

10月

7日，教育部规定全国高校开设马克思列宁主义、毛泽东思想课程。

28日，教育部规定高校试行政治工作制度，设立政治辅导处。

11月1日，中国大陆最大的古旧书店中国书店在北京成立。

12月10日，国民党在台湾宣布自1953年起执行四年经济发展计划，要求台湾经济独立，增加农业生产，提高国民收入。

陆侃如、冯沅君加入九三学社。他们响应号召，积极改造旧思想。冯沅君发表《〈季布骂阵词文〉补校》等文。陆侃如任山东大学院系调整委员会副主任委员，发表《关于大学中文系问题》《把毛泽东文艺思想贯彻到古典文学的教学中去》等文。

1月

1日，陆侃如在《新山大》第28期发表《要改造工作，必须改造思想——陆侃如副校长在一九五一年十二月二十二日本校政治讲座上的报告》(《陆侃如冯沅君合集》未收)。

23日至25日，陆侃如、冯沅君参加青岛市第四届第二次会议，任主席团成员。陆侃如还任宣传委员会主任，冯沅君任委员。

2月，陆侃如在《人民教育》第2期发表《关于大学中文系问题》(《陆侃如冯沅君合集》第8卷，第152～159页)。此文检讨了中文系教学中存在的问题，建议：“把中文系的教师们尽量地吸收到当地的文联或文协的组织里来，引导他们参加人民文艺的各项实际工作。”“对于一向讲授古典文学的教师，可以鼓励他们参加新文学课程的教学小组。”

3月15日，山东大学举行第一次校庆科学讨论会。全校共提交论文62篇。华岗校长在开幕式上作《毛泽东思想的本质》的学术报告。陆侃如在《新山大》第35期发表《一年——为第一届校庆作》(《陆侃如冯沅君合集》未收)。

4月19日，陆侃如任“山东大学人民法庭”副审判长。山东大学根据国务院颁布的关于“三反”运动中成立人民法庭的规定，经青岛市人民政府批准，成立法庭，华岗任审判长，童第周、陆侃如、余修任副审判长。

5 月

3 日，陆侃如在《新山大》第 4 期发表《纪念“五四”，批判胡适》（《陆侃如冯沅君合集》未收）。此文全文后来载《文史哲》1952 年第 3 期。

5 日，华东军政委员会教育部下文，任命华岗为山东大学校长，童第周、陆侃如为副校长。

6 月 25 日至 27 日，陆侃如、冯沅君参加青岛市第四届第三次会议，任主席团成员。陆侃如还任宣传委员会主任，冯沅君任委员。

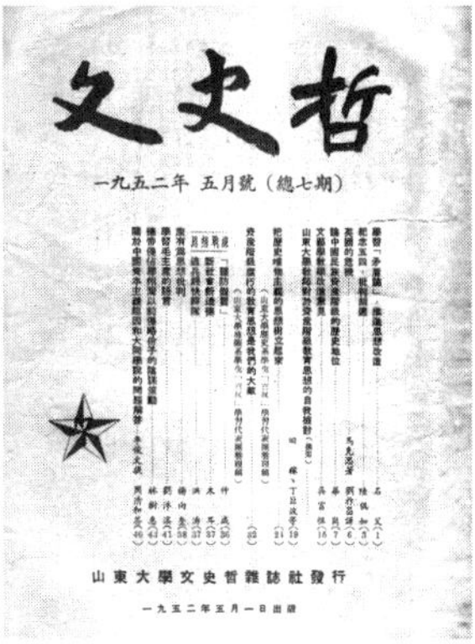

《文史哲》1952 年 5 月号封面
（引自《陆侃如和冯沅君》第 195 页）

1952 年春，《文史哲》杂志社全体工作人员合影。第二排左三为陆侃如。
（引自《陆侃如和冯沅君》第 121 页）

本月，冯沅君、陆侃如加入九三学社。

7 月 12 日，冯沅君在《新山大》第 52 期发表《批判我的封建的、资产阶级思想——一九五一年思想工作总结》（《陆侃如冯沅君合集》未收）。此文又载《文史哲》1952 年第 5 期。此文分四部分：一是“三反”运动的收获，二是我在思想上、工作上存在的缺点，三是缺点的根源，四是今后努力的方向。“努力的方向”提出了三点，其中第三点是“改进教学工作：教材力求符合学生的要求与水平。注意教学效果，考虑如何讲授方能让他们更好地接受。留心报纸、杂志上优秀教师的工作方法。纠正批评文艺时过重形式的偏向”。

本月，中文系吕家乡等几位毕业的同学在毕业前夕，去看望冯沅君。吕家乡在《冯沅君先生》一文中回忆：

> 她向我们谈经历，谈治学，谈写作。她告诉我们，她小时候缠过足，后来才放开，因此现在穿皮鞋还要塞一些棉絮，走路很不得劲儿。我这才想到，平时冯先生走路的确有点“扭搭扭搭”的样子。冯先生很有感慨地说：“一个人要违抗社会风气，违抗潮流，是很难很难的，只有极少数杰出者才能做到。”谈到写作，我们问她是不是还打算写小说，她叹了一口气，说：“淦女士写小说简直是三代以前的事了，早就提不起笔来了。辜负了鲁迅先生的期望，没有办法!”
>
> 大概就是这一次（记不确切），她说她给她自己拟了一副对联：是非是处求其道，才不才间度此生。我还记得她对下联的解释：“自认为是个平平常常的人。说我有多大才能，那是瞎吹；说我一点才能也没有，那也不是实事求是，就处在有才无才之间吧。”至于上一联，我不记得她的解释了。按我自己的理解，是说要在“是”与“非是”之间分清界限，探求真理。①

8月19日，教育部决定对多科性的大学进行院系调整。根据上级指示精神，山东大学成立院系调整委员会，华岗任主任委员，李芸生、童第周、陆侃如、吴富恒任副主任委员，负责全校的院系调整工作。

本月，陆侃如作《加紧改造思想，迎接新的战斗任务》（《陆侃如冯沅君合集》未收）收入《教师们的思想改造》一书，华东人民出版社出版。此文原注：“一九五二年一月二十八日作于青岛。”

9月

【剑锋补：

5日，冯沅君填写《高等学校教师登记表》一份，涉及“业务情况”“家庭情况”“简历”“主要社会关系”“政治思想状况”等，其中“担任课程”有“中国文学史（乙）”“历代韵文选”“写作实习”等各二小时。②】

---

① 吕家乡：《风雨人间情》，第238、239页。

② 该表藏山东大学人事部档案室。

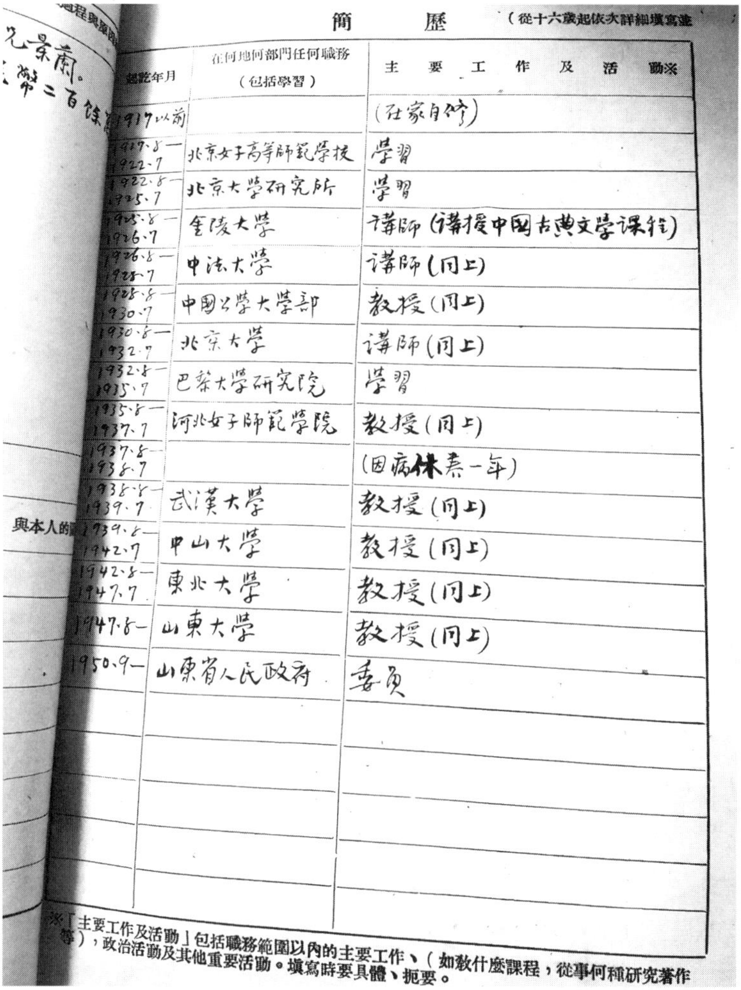

簡　　歷　（從十六歲起依次詳細填寫並

起訖年月	在何地何部門任何職務（包括學習）	主要工作及活動※
1917以前		（在家自修）
1917.8—1922.7	北京女子高等師範學校	學習
1922.8—1925.7	北京大學研究所	學習
1925.8—1926.7	金陵大學	講師（講授中國古典文學課程）
1926.8—1928.7	中法大學	講師（同上）
1928.8—1930.7	中國公學大學部	教授（同上）
1930.8—1932.7	北京大學	講師（同上）
1932.8—1935.7	巴黎大學研究院	學習
1935.8—1937.7	河北女子師範學院	教授（同上）
1937.8—1938.7		（因病休養一年）
1938.8—1939.7	武漢大學	教授（同上）
1939.8—1942.7	中山大學	教授（同上）
1942.8—1947.7	東北大學	教授（同上）
1947.8—	山東大學	教授（同上）
1950.9—	山東省人民政府	委員

※「主要工作及活動」包括職務範圍以內的主要工作、（如教什麼課程，從事何種研究著作等），政治活動及其他重要活動。填寫時要具體、扼要。

1952 年 9 月 5 日，冯沅君所填《高等学校教师登记表》
“简历”部分。（山东大学人事部档案室藏。李剑锋增补）

11 日上午 8 时，山东大学在大众礼堂举行隆重的毕业典礼，毕业生 315 人、各院系教师代表和校领导参加典礼，青岛市副市长张公制到会祝贺。大会由教务长吴富恒主持，陆侃如副校长宣布分配方案。张公制副市长、华岗校长先后讲话，勉励毕业生不畏艰苦，积极投身到国家的大规模经济建设中去，为建设社会主义的新中国贡献力量。

10 月 1 日，陆侃如在《新山大》第 61 期发表《为爱国卫生运动的普遍、深入和持久而斗争——迎接建国三周年》（《陆侃如冯沅君合集》未收）。

11 月 23 日至 12 月 1 日，陆侃如、冯沅君参加青岛市第五届第一次会议，任主席团成员。陆侃如还任宣传委员会主任，冯沅君任委员。

11月24日，陆侃如参与讨论山东大学重点系科的发展问题。1952年院系调整后的山东大学成为以文理为主的综合大学。校长华岗已经对学校的重点系科和发展前途有所考虑。本日，他与两位副校长童第周和陆侃如共同对学校的重点和发展做出了大体的计划。华岗提出要把山东大学办成有自己重点、有自己个性的学校，要形成自己的特色。童第周、陆侃如也主张建立自己的学科，扬长避短，发挥自己的优势。他们一致认为，中文、历史两系师资阵容齐整，水平较高，教学和科研都已经打开了局面，并取得了重大成就，可以作为学校的重点学科，进一步发展提高。经过三位领导的商讨，确立了山东大学的办学的特点。①

本月

根据上级指示，山东大学附设工农速成中学成立，陆侃如兼任校长，赵凌任专职副校长，邵平任临时党支部书记兼教导主任。30日，工农速成中学在大礼堂隆重举行开学典礼。首批140多名学生和学校党政领导，各单位代表，青岛市文教局、总工会、团委及各中学代表与会。华岗校长在讲话中说，工农速成中学的创立是培养工农人才、教育改革的重大措施。全国工业劳动模范郝建秀在讲话中代表全体同学表示，保证完成党交给的学习任务，提高科学文化水平，为建设国家做出重大贡献。工农速成中学学制四年，共招收四届学生计957人。

本年

当时在北京大学中文系任教的冯钟芸随学校组织的旅行团到青岛，顺访姑母冯沅君，在她家住了几天。历经沧桑，姑侄相见，百感交集。冯沅君说："山东大学百废待兴，姑父被派任副校长，在家的时间较少，读书的时间更少。我乐得清闲，课程负担不重，躲进书房，思考将编写的文学史教材的框架。编教材很不容易，教材也能显示编者的思想认识的高下，不能人云亦云。编教材也需要研究作为基础，不然，岂不误人子弟。"

冯沅君胞姊冯温兰因其子赵守忠被捕，生活无依。由黑龙江省佳木斯到北京居住。冯友兰与冯景兰、冯沅君商议，每人每月补助冯温兰15元。②

约在本年，山东大学中文系赵淮青几个同学到冯沅君家看望老师。后来赵淮青回忆：

① 参见《山东大学校史》(1910～1966)，第231页。

② 参见《冯友兰年谱》上册，第531页。

书斋幽雅清静，处处氤氲着书香气。大家谈话无拘无束，亲切惬意。她简单问了我们入学前的经历，然后就兴之所至地谈起来，谈文学，谈人生，谈山大的历史，妙语迭出。记得先生说过："你们入大学文科，文、史、哲都要打好基础，古典文学更是基础。古文学不好，白话文也是作不好的。"她主张大学几年起码要背诵上百篇精选出来的古文，古诗词更要多背，越多越好。

…………

因为先生也研究古代戏剧，话题又转到了戏剧方面。在当时，冯先生很放得开，几乎无所讳避，想到便说："山大有个赵太侔先生，解放前曾任山大校长，在美国研究过戏剧，与洪深、田汉、曹禺等许多戏剧名家都是好朋友，熟知他们的剧本都是怎样写出来的。此人不爱讲话，难见笑容，但讲课非常好，他将来会给你们开戏剧课的。……理学院物理系还有位丁西林教授，也是个大戏剧家，能讲也能写，擅长写喜剧。他写的独幕剧《一只马蜂》《压迫》……曾轰动全国，你们可请丁先生给你们作报告……"可惜不久丁西林先生被周恩来总理和茅盾先生请到北京去了，担任了文化部的副部长，请他作报告的愿望终于落空。

从教授的阵容又讲到山东大学的历史。这些话也是我们闻所未闻的。记得她说：山大前身是青岛大学，1930年改为国立山东大学时，由蔡元培先生负责筹备，蔡先生推荐"五四"时著名作家杨振声先生担任校长。杨先生按照蔡先生的方针办学，成绩卓著。他邀请国内名流来校授课，单就文科来讲，当时就有闻一多、洪深、老舍、沈从文、方令孺、梁实秋、游国恩、台静农、陈翔鹤、孙大雨……他们都曾在山大中文系教过课，都是一时之彦……先生一口气说出许多名字，真是星汉粲然，满眼芳菲。对当前，她认为山大文史方面的教授阵容也是相当可观的，但她没有一一列举名字，只是让我们不要辜负了青岛这个好地方，不要辜负了山大这样好的学习条件和环境。

沅君先生讲得兴趣盎然。说话间，一大盘黄澄澄的花生糖已被我们"风卷残云"。先生脸上浮漾着慈祥，颤巍巍地，又从立柜里端出一盘。还没来得及落坐，一位性格有点鲁莽的同学发话道："冯先生，您在法国留学时，您的脚会招来不少麻烦吧？"这种容易犯上又不相干的提问，很使我为他着急，不料冯先生却不以为忤，笑容粲然，朗声答道："这也不难，学习孟丽君嘛，外面套双靴子就行了……"①

关于冯沅君的课堂教学的情感投入，赵淮青也铭记不忘，他回忆：

有一次，她讲苏东坡的词《念奴娇》，一字不落地背诵："大江东去，浪淘尽、千古风流人物……"她在讲解的时候，完全沉浸在作品的魅力中，洋溢着对千古名篇的挚爱。我还记得她在讲台上踱着步子，目光凝视前方的风度神态。这首词写得大气磅礴，她讲得也铿锵有力。先生虽外表纤弱，却传达出词中神魄飞扬的气势，把苏词的感情发挥到极致。自然也难忘，冯先生讲李清照的词《声声慢》（"寻寻觅觅，冷冷清清……"）时，又完全是另一种气氛。又是一次一字不落地朗诵，声音低回，如泣如诉，充满似水柔情，字字送进听者的耳膜，令人肃然动容。无意间，人们发现她的眼角闪烁着晶莹的泪光。……

沅君先生很推崇元代杂剧大家关汉卿，高度评价关汉卿不屈不挠的斗争精神和《窦娥冤》这部作品。当她朗诵关汉卿的《不服老》这首散曲，"我是个蒸不烂煮不熟捶不扁炒不爆响珰珰一粒铜豌豆"时，声音高亢壮烈，富于感染力，也透露出她自己爱憎分明的性格。②

冯沅君在《文史哲》第1卷第3期发表《〈季布骂阵词文〉补校》（《陆侃如冯沅君合集》第14卷，第167～184页），附《答黄云眉、郑静远两先生》（《文史哲》第1卷第4期）。

陆侃如在《山东大学学报》总第2期发表《把毛泽东文艺思想贯彻到古典文学的教学中去》（《陆侃如冯沅君合集》第8卷，第113～120页）。自注："一九五二年六月，于青岛。"此文认为："首先我们应该明确指出古典文学课程的目的与要求。""就是为我们伟大的、可爱的祖国服务，为新民主主义的建设服务，为勤劳勇敢的工农大众服务，而不是为我们自己个人的利益或兴趣服务。""对过去没有了解，也就不能了解现在。因此，讲授古典文学的教师的责任便非常重大。我们把过去的杰作介绍给青年，为的是宣传我们祖先在文学中所创造的重要的和美好的东西。正确的古典文学研究者不能不是热情的爱国主义者，不能不欣喜于每一篇表现历史上中国人民的伟大形象的作品。""毛主席也一再教导我们：对于遗产'既不

① 赵淮青：《当代著名女学者冯沅君》，《炎黄春秋》2001年第4期。

② 赵淮青：《当代著名女学者冯沅君》，《炎黄春秋》2001年第4期。

是一概排斥，也不是盲目服从，而是批判地接受它’。新中国的人民文艺的创造，必须要直接继承古典文学的优秀传统，而教师则应负正确批判之责。”“我对所有和我同行的朋友们提出一个严肃的要求：认真地学习毛主席的《在延安文艺座谈会上的讲话》，认真地把毛泽东文艺思想贯彻到古典文学的教学中去。”此文《人民日报》曾转载，有删节。

【剑锋补：

夏承焘本年8月21日日记：“接黄公渚青岛来信，寄示文学史教学大纲三纸。公渚与陆侃如、冯沅君、萧涤非四人在山大合开此课。”① 】

1953年　癸巳　冯沅君54岁　陆侃如51岁

2月15日，中共中央正式通过《关于农业生产互助合作的决议》，全国开始普遍试办初级农业合作社。

3月5日，斯大林去世。

6月15日，毛泽东在中共中央政治局会议上提出以十至十五年完成社会主义改造的“总路线”，批判刘少奇“巩固新民主主义秩序”的“离开总路线的右倾观点”。

7月27日，《关于朝鲜军事停战协定》签订。

9月16日至18日，毛泽东在中央人民政府委员会第二十七次会议上，号召批判梁漱溟。

本月，全国综合大学会议上，指出综合大学的培养目标是：具备广博的科学知识和专门的技术，具备坚定的革命人生观和优良的道德品质，还要有健康的体魄的高级建设人才。

秋，中央音乐学院民族音乐研究室派人深入山西省河曲县搜集民歌，至1956年编辑出版《河曲民歌采访专集》。

10月21日，郑振铎在《人民日报》发表《为做好古典文学的普及工作而努力》。

12月16日，中共中央做出《关于发展农业生产合作社的决议》，农业生产合作社运动由试办转入发展期。

本月，中共中央批准并转发其宣传部《为动员一切力量把我国建设成为一个伟大的社会主义国家而斗争——关于党在过渡时期总路线的学习和

---

① 夏承焘：《夏承焘集》第7册，杭州，浙江教育出版社、浙江古籍出版社，1998年，第281页。

宣传提纲》。

冯沅君发表《满怀信心改革教学——学习辩证唯物论第三个特征的体会》《苏联经验同样提高了我们的教学》等文。陆侃如任全国政协委员，被评为一级教授，被选为全国文联委员。发表《论古典作家宇宙观和创作方法的矛盾》《我们为什么纪念屈原》《屈原的伟大》《厉行节约，搞好教学，为国家总路线服务》等文。

1月1日，陆侃如在《新山大》第73期发表《迎接新年，学好俄文》（《陆侃如冯沅君合集》未收）。

年初，陆侃如任山东大学学习委员会副主任。当时学校恢复因院系调整暂停的上政治大课的制度，重新组织学习委员会，校长华岗任主任，副校长童第周、陆侃如任副主任。决定在全校教师干部中（实际上学生也参加），进行为期一年的马克思主义哲学——辩证唯物论的学习，由华岗担任主讲，每两周报告一次，分组讨论一次。当时的校刊《新山大》，除了报道学习情况和交流学习经验外，还发表教师、干部学习的体会60多篇。

3月

9日，山东大学举行第二次校庆科学讨论会。共提交论文94篇。陆侃如在科学讨论会上作题为《论古典作家宇宙观和创作方法的矛盾》的学术报告。本年8月写成论文，刊于《山东大学学报》本年第3期（《陆侃如冯沅君合集》第8卷，第121～130页）。文中试举吴敬梓、关汉卿、陶潜、司马迁为例，论述了“古典作家宇宙观和创作方法的矛盾”问题。

14日，陆侃如在《新山大》第80期发表《加紧学习，加强工作，来纪念我们的导师》（《陆侃如冯沅君合集》未收）。

【剑锋补：

21日，陆侃如与华岗、童第周联名在《新山大》发表《关于加强校刊工作的决定》（作于本年3月2日）。】

本月，陆侃如在《文史哲》第3期发表《我们为什么纪念屈原》（《陆侃如冯沅君合集》第5卷，第265～271页）。此文认为：“屈原代表中华民族爱祖国、爱人民的崇高品质，他的作品代表中国古典文学的高度成就。”指出：“当我们纪念屈原的时候，应该也认识到他有他的局限性。”

5月23日，陆侃如在《新山大》第90期发表《把爱国卫生工作提高一步》（《陆侃如冯沅君合集》未收）。

约在 1953 年前后，山东大学校长华岗（左三）、副校长童第周（左二）、
副校长陆侃如（左一）在运动会上为运动员发奖。（引自《陆侃如和冯沅君》第 204 页）

6 月

【剑锋补：

6 日，陆侃如、冯沅君致信关德栋，告知关德栋将来从东北大学调入山东大学中文系后拟开课情况（《陆侃如冯沅君合集》未收）。全信如下：

德栋先生：

沈阳握别，倏逾六载，时以行止为念。今春来青，匆促未获晤教，至以为憾。昨闻淑珍同志言，贵校已允先生移席山大，喜出望外。数月以来，时与高兰主任谈及中文系课程问题。如“人民口头创作”及“中国文学史”中小说史部分，非先生莫属。昔日报端，时读大著，深为钦佩。年来述作日富，愿快先睹。即盼早日命驾，俾获时聆教益。

专此，敬颂

撰祺。

陆侃如　冯沅君　叩上

六月六日①】

---

① 关家铮：《陆侃如、冯沅君致关德栋两通书信浅疏》，《2021 山东省古典文学学会年会暨陆侃如、冯沅君学术研讨会学术论文集》上册，济南，山东省古典文学学会、山东大学文学院，2021 年 4 月，内部编印。据考：“1953 年暑期，受陆侃如、冯沅君邀请，关德栋调任山东大学中文系教授。此信是关德栋调入山东大学之前，再次收到的陆、冯信件。在基本确定关德栋调入山东大学中文系后，身为山东大学副校长的陆侃如与中文系副主任高兰很快商讨为关德栋即将开始的新工作做出了安排。”

14日，陆侃如在《青岛日报》发表《屈原的伟大》（《陆侃如冯沅君合集》第5卷，第275、276页）。此文第一段写道：“世界和平大会建议各国进步人类在今年共同纪念几位伟大的文化人，中国的屈原也是其中的一个。屈原代表中国古典文学的高度成就，可以和世界上第一流的作家并列而无愧，的确是值得我们纪念，值得我们学习的。”指出：“在中国历史上，不曾有第二个人能获得这么悠久而普遍的怀念。”

15日，陆侃如在《解放日报》发表《屈原——爱祖国爱人民的伟大诗人》（《陆侃如冯沅君合集》第5卷，第277～282页）。此文认为：“屈原虽然出身于封建领主的家庭，虽然在思想上和儒家一样的拥护领主统治权，然而由于他热爱人民、热爱祖国，所以他能够坚持原则，能够和坏人做不妥协的斗争，能够拿生命来殉真理。”“屈原在当时的政治上失败了，楚国也终于灭亡了，但是他的爱祖国、爱人民的高贵品质，他的光明万丈的伟大诗篇，却永远留在我们的心上。”

28日，九三学社成立青岛直属小组，陆侃如任组长。

7月

陆侃如、冯沅君为光明同学题字，全文是：“对自己‘学而不厌’，对人家‘诲人不倦’，我们应取这种态度。录毛主席《中国共产党在民族战争中的地位》里的话，送给光明同学。”题字为陆侃如手书。①

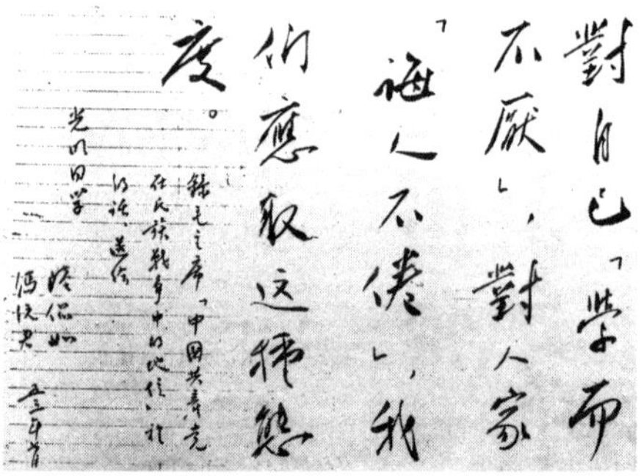

1953年7月，陆侃如、冯沅君为光明同学的题字。

（引自《陆侃如和冯沅君》第147页）

冯沅君推荐中文系毕业生袁世硕留校任助教，并获得批准。袁世硕回忆说：

> 陆侃如、冯沅君先生教授中国古代文学史，我任中国文学史课的课代表，前后两年。1953年临近毕业时，有一次冯沅君先生在课上突然做测试，让我起立将讲义上的古文大声朗读一遍，我因为基础较好，抑扬慷慨地读了一遍，印象中冯先生让我坐下时，嘴角流露出一丝微笑，想来应该是比较满意。再结合平时的成绩和表现，冯先生向

① 影印件参见《陆侃如和冯沅君》，第147页。

学校提出让我留校担任助教。据说当时校委会在讨论留校名单时，冯先生一直在办公室门口等结果，直到会议结束确定我留校时才离开。①

关于袁世硕留校一事，吕家乡在《冯沅君先生》一文也有记载：

1953年在毕业分配时，冯先生领衔的古典文学教研室要留一个助教，在留甲还是留乙的问题上，冯先生和某一位头头儿发生了争执。这次她出人意料地坚持己见，表现了出奇的倔强和执拗，一趟又一趟地找有关部门和领导申述理由。为了听到领导层开会研究的最后决议，她焦灼而耐心地守候在会议室旁，直到听到了令她满意的结果才离开。此事一时传为佳话。②

约在1954年，冯沅君（左一）、关德栋（左二）检查青年教师袁世硕（右一）进修情况。（引自《陆侃如和冯沅君》第187页、《冯沅君传》第270页）

袁世硕在1980年8月山东人民出版社出版的《冯沅君古典文学论文集·编后赘语》中说：我“留校后，冯先生亲自担任我的导师。为了使我能获得更多的帮助，她还请关德栋教授也做我的导师。她为我制定的进修计划，非常细致具体，山东大学校刊上曾登载了出来，作为典范，供其他教研室制定青年教师培养计划做参考。她虽然兼着许多社会职务，全面负责教研室的工作，而且每周还要上五六个学时的课，工作非常繁忙，但对我的进修仍然管得严，抓得紧，定期对我进行辅导，解答学习中遇到的疑难问题，及时审阅、批改我交的读书札记。有时，我的一篇札记，她从观点、材料、逻辑和标点诸方面提出的意见，竟多达数十条、上百条”。冯沅君培养青年教师的工作受到学校的表彰，《光明日报》还作过报道。

① 袁世硕讲述，樊庆彦、孙琳采访整理：《理论根基与文学魅力下的治学人生——袁世硕先生访谈录》，《山东大学中文学报》2019年2月第1辑，济南，山东人民出版社，2019年。

② 吕家乡《风雨人间情》，第239页。

8月10日至13日，陆侃如、冯沅君参加青岛市第五届第二次会议，任主席团成员。陆侃如还任宣传委员会主任，冯沅君任委员。

9月10日至23日，山东大学副校长陆侃如和副校长童第周、历史系主任杨向奎、物理系主任郭贻诚、教务处主任秘书张学铭五人，参加高教部在北京召开的综合大学会议。他们回校后传达了会议精神：综合大学是国家文化科学发展的主要标志，基本任务是培养科学研究人员和高等及中等学校的师资。当前的首要任务是学习苏联的经验。学校建立教学和科研组织，中文系成立了中国文学史教研组，冯沅君、萧涤非任组长。学校强调教授上教学第一线。“冯沅君教授在讲授宋元词曲时，以材料充实、分析中肯、立论准确，抓住了学生的求知欲望，她的勤奋、严谨、纯真的治学态度，强烈地感染着学生。”①

9月23日至10月6日，陆侃如参加在北京召开的中华全国文学艺术工作者第二次代表大会，会议决定将中华全国文学艺术工作者联合会更名为中国文学艺术界联合会。陆侃如任主席团成员，被选为委员。这一届委员共103人。其中大学方面只有冯至、陆侃如、黄药眠、钟敬文四位教授。

本月，山东大学经校长办公会决定，恢复教职员的政治大课堂学习制度，重新组成学习委员会，华岗任主任，童第周、陆侃如任副主任，各系主任为委员；全校师生进行为期一年的马克思哲学特别是辩证唯物论的学习，由华岗任主讲。

10月

【剑锋补：

10日，《新山大》发表署名新一的文章《遵守纪律的冯沅君先生》。】

24日，陆侃如在《新山大》总106号发表《厉行节约，搞好教学，为国家总路线服务》（《陆侃如冯沅君合集》未收）。

11月

1日，青岛市各界人民代表会议召开第五届第三次（扩大）会议。

7日，冯沅君在《新山大》总108号发表《满怀信心改革教学——学习辩证唯物论第三个特征的体会》（《陆侃如冯沅君合集》未收）。

① 《山东大学校史》(1901～1966)，第212、213、217页。

本月，华东作家协会成立大会在上海召开，会议选举巴金为华东作协主席，陆侃如、冯沅君被选为理事。

12月

12日，高教部、教育部发布《关于工农速成中学领导关系的规定》，陆侃如不再兼任山东大学工农速成中学校长。

25日，冯沅君任山东大学科学研究委员会委员。本日，校长办公会议决定成立山东大学科学研究委员会，成员共有13人。主任委员童第周，副主任委员郭贻诚、徐佐夏、杨向奎；委员有方宗熙、吴大琨、李先正、沈汉祥、冯沅君、梁希彦、赫崇本、刘遵宪、穆瑞五。

26日，冯沅君在《新山大》总115号发表《苏联经验同样提高了我们的教学》（《陆侃如冯沅君合集》未收）。

冬，冯沅君为了使刚留校的袁世硕在教研室学习暖和，背着袁世硕，交给系里公务员老胡十元钱，托他代买几百斤煤供袁世硕晚上学习取暖。①

本年

陆侃如任全国政协委员。

全国高校评级，陆侃如被评为一级教授，冯沅君被评为二级教授。

国家发行公债，陆侃如、冯沅君积极带头，用工资的大部分购买。每次的认购数在山东大学都是名列前茅。②

1954年　甲午　冯沅君55岁　陆侃如52岁

3月，《光明日报》副刊《文学遗产》创刊。

6月

14日，毛泽东作《关于中华人民共和国宪法草案》讲话，规定“这个宪法，是社会主义类型的宪法”。

26日，中共中央决定在高校开展“忠诚老实学习运动”。

7月，胡风向中共中央递交关于文艺问题之三十万言意见书。

9月15日至28日，全国人民代表大会第一届第一次会议在北京召开，通过《中华人民共和国宪法》，选举毛泽东为中华人民共和国主席。

本月，《文史哲》杂志发表山东大学中文系1953届毕业生李希凡、蓝翎的《关于“红楼梦简论”及其他》一文，引起国内外学术界的强烈反响。

---

① 参见袁世硕：《缅怀冯沅君师——写于汇编先生的论文集之后》。

② 参见《冯沅君传》，第26页。

10 月

10 日至 31 日，中共中央农村工作部召开第四次会议，决定 1957 年前基本完成初级合作化，然后陆续转入高级合作化，二十年内实现大规模的农业机械化。

16 日，毛泽东就《红楼梦》研究问题，写信给中共中央政治局委员及有关同志，指出对“俞平伯这一类资产阶级知识分子……应当批判他们的毒害青年的错误思想，不应当对他们投降”。要全国开展“反对在古典文学领域毒害青年三十余年的胡适派资产阶级唯心论的斗争”。

10 月 31 日至 12 月 8 日，全国文联、全国作协召开八次连续扩大会议，批判“《红楼梦》研究中的资产阶级唯心论”，并进一步开展“对胡适反动思想的全面批判”。

11 月 8 日，《光明日报》发表中国科学院院长、中国文学艺术界联合会主席郭沫若就《红楼梦》研究问题开展批判胡适资产阶级唯心论的谈话。批判胡适运动开始。

12 月 21 日至 25 日，政协二届一次会议在北京召开，周恩来在政治报告中宣布政协已由政权机关变为统战机构。

本年

周绍良编《敦煌变文汇录》，由上海出版公司出版。

本年至 1958 年由郑振铎、吴晓玲、赵万里、傅惜华组成的编委会所编戏曲善本大型丛书《古本戏曲丛刊》，先后由商务印书馆和文学古籍刊行社、中华书局上海编辑所出版初集（元明传奇，间有杂剧，共百种）、二集（明代传奇百种）、三集（明末清初传奇百种）、四集（元代和元明之交的全部现存杂剧）。1964 年又由中华书局出版第九集，1985～1986 年出版第五集。

陆侃如、冯沅君发表《中国文学史简编》的修订稿《中国文学史稿》（一至六）。冯沅君被选为全国人民代表大会代表、山东省人民政府委员，出席第一届全国人民代表大会。发表《教学与研究的关系是辩证的》《胡适反动思想给予古典文学研究的毒害——在十一月七日〈红楼梦〉第一次讨论会上的发言》《俞平伯先生在研究方法上的错误——在〈红楼梦〉第一次讨论会上的发言》《谈刘姥姥》等文。陆侃如参加在北京召开的全国政协第二届第一次会议、九三学社会议，任九三学社青岛分社筹备委员会主任。发表《什么是中国文学史的主流》《略论吴敬梓和他的〈儒林外史〉——在山东大学中文系中国文学史教研组吴敬梓逝世二百周年纪念会上的讲话》《为全国人民代表大会的伟大成就而欢呼！》《严厉地肃清胡适

反动思想在中国学术界残存的毒害》等文。

1月25日，是冯沅君、陆侃如结婚25周年纪念日。他们先拍了纪念照，又在青岛咖啡馆举行了小型庆典。

20世纪50年代，冯沅君与陆侃如在青岛寓所同桌写作。
（引自《陆侃如冯沅君合集》第四卷正文前、《陆侃如和冯沅君》第213页、《冯沅君传》第268页）

本月，陆侃如在《文史哲》第1期发表《什么是中国文学史的主流》（《陆侃如冯沅君合集》第8卷，第134～141页），自注："一九五三年十一月，于青岛。"此文云："我们深信：自原始的口头创作以来，几千年的文学史主流不可能不是现实主义。"

2月19日，陆侃如、冯沅君参加青岛市各界人民代表会议召开的第五届第四次会议，任主席团成员。

4月1日，陆侃如参加山东省文委扩大会议（今存陆侃如参加此次会议的记录）。

5月1日，冯沅君在《新山大》总131号发表《教学与研究的关系是辩证的》（《陆侃如冯沅君合集》未收）。此文说："我以为教学与研究的关系应该辩证的看，就是：我们既要看出其中的差异，'差异就是矛盾'；我们还要看出其中的联系，有联系就可以使之统一起来。""教学是种普及性工作，研究是种提高性的工作。教学与研究的关系也就是普及与提高的关系。提高是在普及的基础上提高，普及是在提高的指导下普及。这就是教学与研究的辩证关系。"

本月，陆侃如在《文史哲》第5期发表《略论吴敬梓和他的〈儒林外史〉——在山东大学中文系中国文学史教研组吴敬梓逝世二百周年纪念会上的讲话》（《陆侃如冯沅君合集》第8卷，第277～288页）。

7月10日至15日，陆侃如参加青岛市第一届人民代表会议，任主席团成员。

8月17日，山东省第一届人民代表大会在济南召开，选举冯沅君为全国人民代表大会代表。山东省共77位代表。同时冯沅君还当选为山东省人民政府委员。

本月，冯沅君在《新山大》发表《更上一层楼》(《陆侃如冯沅君合集》未收)。此文说："经过初步的辩证唯物论学习，使丰富多彩的中国文学遗产尽收眼底，从迹象不清中得到明晰，从庞杂纷纭中理出线索，辩证唯物论的观点和方法乃是治学研究中必须掌握的武器。"

20世纪50、60年代，冯沅君作为全国人民代表大会代表参加大会时的着装。

(引自《冯沅君传》第276页)

9月

2日，山东大学召开1954～1955学年第一学期开学典礼，副校长陆侃如主持，校长华岗报告学年工作重点。

山东大学副校长童第周（左一）、陆侃如（左三）等在一起讨论新中国第一部《宪法》。

(引自《陆侃如和冯沅君》第128页)

15日至28日，冯沅君作为全国人民代表大会代表出席在北京怀仁堂召开的第一届全国人民代表大会。会议通过《中华人民共和国宪法》等。冯沅君的侄女北京大学中文系教授冯钟芸（冯景兰之女）回忆："四姑极珍惜时间，来京除开会外，就是去北京图书馆看书查材料，和我们见面很少。”[①] 她的另一位侄女著名作家宗璞（冯友兰之女）在《四姑——你能告诉我吗?》一文中回忆：“四姑有时开人代会，到北京来。因为总是有事，好像很少在家里住。有一次四姑来，正好报上有我一篇散文，她对我说：‘你的文章看来很平淡，却有余味。这是不容易的。’又有一次，说起做衣服的事，母亲建议她在北京做一件棉袄，做好了我们可以给她寄去。四姑坚决不同意，她总是怕麻烦别人，哪怕是亲近的人。”冯沅君开完全国人代会后，立即回到学校，在露天广场上向全校师生传达会议精神。

本月

冯沅君开始给中文系 1951 级同学讲授中国古代文学。她当时讲课的情景，该级学生陆文采还记忆犹新：

> 冯先生一走进教室的门，就向已经站起来的同学鞠躬，然后走到讲桌前，开始她的讲课。她的课讲得非常严谨，在课堂上她从未提到自己，也从未离开教学内容讲其他无关的东西。同学们特别喜欢听她的课。她给我们介绍古代的作家作品，就如同一位优秀的导游，把我们带到广阔的文学天地中带到天涯的美的世界里尽情地遨游。同学们都认为听冯先生的课是一种艺术享受。冯先生特别注意同学们基本技能的训练，她常常让几个同学同时到黑板上将古代诗词译为白话，从基础训练入手，提高同学们的读写能力。记得冯先生讲到张志和的《渔歌子》时，她先让同学们根据词意改写为白话诗，然后再给我们分析词的意境——江南的春天，山明水秀、桃红柳绿。西塞山前，碧绿的流水倒映着岸边火红的桃花。自由自在的白鹭上下翩跹，游来游去的鳜鱼更显示了水的清澈。一顶竹笠、一件绿蓑衣，斜风细雨、烟波弥漫，那一位打鱼的人儿沉醉了……直到今天，我一读到这首词时，冯先生在课堂上有声有色讲解的情景，又映入我的眼帘。在两年的时间里，先生以渊博的知识，丰富的教学经验，生动的语言，正确严谨的治学精神，将我一步一个足印地引进了学习和研究的大门。
>
> 每当冯先生给我们上完上午最后一堂课，先生一手抱着讲稿，慢慢地走出教室时，我们就看到在文学馆外面的走廊上，陆侃如先生已经在那儿等候她。接着两位先生犹如年轻的情侣有说有笑地向操场走去，通过第二校门，款步在回家的路上。[②]

---

① 《冯沅君传》,第 274 页。

② 陆文采:《忆我敬爱的老师——冯沅君》。

10月

1日，陆侃如在《新山大》总147号发表《为全国人民代表大会的伟大成就而欢呼!》(《陆侃如冯沅君合集》未收)。

16日，冯沅君在《新山大》总149号发表《难忘的日子》(《陆侃如冯沅君合集》未收)，记述自己参加第一届全国人民代表大会的感受。其中写道：

> 今年的九月十五日，是我终身难忘的日子。下午三时，第一届全国人民代表大会第一次会议在北京中南海的怀仁堂开幕了。我坐在第九排上，倾听毛主席的开幕词……我一面听，一面想，我沉醉在这个伟大的声音里——这是代表六亿人民的声音呵！我想到四十年前，那时我是封建家庭里的一个女孩子，没有和男子同样受教育的权利。也没有婚姻自由的权利，当然更没有政治的权利。霹雳一声，五四运动的号角鼓舞了我，使我开始挣脱了封建的枷锁。但是，资本主义的教育却又使我陷入另一个坭坑里，使我成为一个关门研究古典文学的个人主义的书呆子。后来，左翼的文艺书籍唤醒了我，祖国和人民的灾难触动了我，我开始注视到书斋以外去。但从此又成为特务注意的目标，而把我的名字列入黑名单里去。直到五年前，人民解放军开进青岛市区，随着青岛的解放，我也从特务的干扰里解放出来，从资本主义和封建主义的顽固的思想里解放出来。五年来，在党的教育下，在新的幸福的鼓舞下，开始批判了过去的错误，开始学习着用革命的立场、观点、方法来教育青年。从一个封建家庭的女孩子，变成为毛泽东时代的人民教师，这确实是四十年前所梦想不到的。但必须指出，在中国妇女和文教工作者中间，我并不能算是一个个别的例子。像我这样变化中的妇女，变化中的文教工作者，真不知道有多少呢。我为自己庆幸，我为她们庆幸，她们也正在互相庆幸。更梦想不到的是，我这个对人民还没有做出什么贡献来的人，居然和战斗英雄与劳动模范们一起当选为全国人民代表大会的代表了。我感到无上的光荣，同时又的确使我很惭愧。我一定加倍努力工作，来报答党和人民。从这难忘的日子起，经过了这半个月的大会，我对建设社会主义社会的信心增加了。

31日，陆侃如在《光明日报》发表《严厉地肃清胡适反动思想在中国学术界残存的毒害》(《陆侃如冯沅君合集》未收)。

11月

20日，冯沅君在《新山大》总154号发表《胡适反动思想给予古典文学研究的毒害——在十一月七日〈红楼梦〉第一次讨论会上的发言》（《陆侃如冯沅君合集》未收）。

27日，冯沅君在《新山大》总155号发表《俞平伯先生在研究方法上的错误——在〈红楼梦〉第一次讨论会上的发言》（《陆侃如冯沅君合集》未收），又载《文史哲》1955年第1期。

12月

16日至26日，陆侃如作为教育界委员，参加在北京召开的全国政协第二届第一次会议（今存陆侃如参加此次会议的记录），当选为全国政协委员。

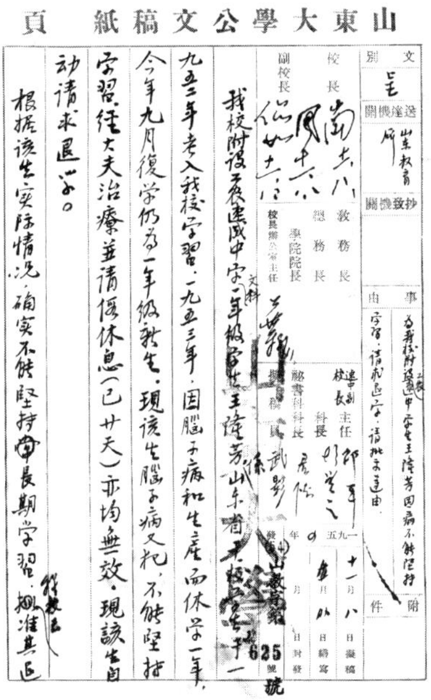
山東大學公文稿紙　頁

文別：呈
送達機關：山東教育厅
校長：岗　十一、八
副校長：周　十一、八
侃如　十一、八

事由：为我校附设工农速成中学学生王陸芳因病不能坚持学习，请求退学，请批示遵由。

我校附设工农速成中学一年级学生王陸芳，山东省人，于一九五二年考入我校学习，一九五三年，因脑子病和生产而休学一年，今年九月复学仍为一年级新生，现该生脑子病又犯，不能坚持学习，经大夫治疗并请假休息（已廿天）亦均无效，现该生自动请求退学。

根据该生实际情况，确实不能坚持长期学习，拟准其退

一九五四年十一月八日擬稿

山东大学校长华岗、副校长童第周、副校长陆侃如在一份文件上的签字。（引自《陆侃如和冯沅君》第206页）

16日，冯沅君在《光明日报》发表《谈刘姥姥》（《陆侃如冯沅君合集》未收）。

27日至28日，陆侃如在北京参加九三学社会议（今存陆侃如参加此次会议的记录）。

本年

陆侃如任九三学社青岛分社筹备委员会主任。

陆侃如、冯沅君在《文史哲》第7至12期发表《中国文学史稿》（一至六）（《陆侃如冯沅君合集》未收）。《中国文学史稿》是《中国文学史简编》的修订稿。

陆侃如在《文艺报》第14期发表《我们的喜悦》（此文为大标题《拥护中华人民共和国宪法草案》下的一组文章之一）（《陆侃如冯沅君合集》未收）。

1955年　乙未　冯沅君56岁　陆侃如53岁

1月

9日，邓拓发表《论〈红楼梦〉的社会背景和历史意义》，引起关

于中国资本主义萌芽问题的讨论。

20日，中共中央宣传部向中央提出关于开展批判胡风思想的报告，要求在批判俞平伯、胡适的同时，对胡风的文艺思想进行公开批判，得到中共中央批准。报刊开始接连发表批判胡风的文章。

26日，中国总理兼外交部部长周恩来针对美国干涉中国的国情咨文，发表严正声明，指出台湾是中国不可分割的领土，中国人民一定要“解放台湾”。

2月，中国作协主席团扩大会议决定开展对胡风文艺思想的批判。

3月

1日，中共中央发出《关于宣传唯物主义思想批判资产阶级唯心主义思想的指示》。

21日至31日，中共全国代表大会召开，毛泽东提出以三个五年计划（1967年前）时间建成社会主义，以五十年（20世纪内）赶上或超过发达的资本主义国家。

4月，高等教育部召开全国高等工业学校和综合大学校院长会议，主要议题是研究如何进一步在高等院校贯彻全面发展的方针。

5月、6月，毛泽东为《关于胡风反革命集团的材料》写了序言与按语。“肃清胡风反革命集团运动”在全国展开。

6月1日，中国科学院召开学部成立大会。

本月，僮族作家韦其麟整理僮族民间传说《百鸟衣》在《长江日报》发表，《人民文学》第7期转载。

7月31日，毛泽东在省、市、自治区党委座谈会上作《关于农业合作化问题》报告，断言“新的社会主义群众运动的高潮就要到来”，“现在的情况”是“领导赶不上运动”，“犯右的错误”。

本月，全国学术界批判梁漱溟思想，北京举行三次梁漱溟思想批判大会。

9月、12月，毛泽东发表《中国农村的社会主义高潮·序言》两篇，断言1955年下半年情况“起了一个根本的变化”，到1960年“就可以基本上完成合作社由半社会主义到全社会主义的转变”，“手工业和资本主义工商业的社会主义改造，也应当争取提早一些时候去完成”，并批判右倾，说“现在的问题是经过努力本来可以做到的事情，却有很多人认为做不到”。

本年

袁飞编《江苏歌谣散辑》，由上海文化出版社出版。

徐调孚编著《现存元人杂剧书录》，由上海文艺联合出版社出版。

傅惜华编《宋元话本集》，由四联出版社出版。

任二北校《敦煌曲校录》，由上海文艺联合出版社出版。

陆侃如、冯沅君发表《宋诗简论——〈中国文学史稿〉补》、《中国文学史稿》（七至八）。冯沅君发表《批判胡适的〈西游记考证〉》。陆侃如任九三学社青岛分社主委。发表《胡适反动思想给予古典文学研究的毒害》《五年计划是全国人民幸福的源泉——庆祝一九五五年国庆节》等文。

1月

8日，陆侃如在《新山大》总161号发表《出席中国人民政治协商会议的体会》一文（《陆侃如冯沅君合集》未收），记述自己参加第二届全国政治协商会议的感想。文中写道：周总理在政治报告中，“特别指出李希凡被推选为全国委员会委员的实例，要我们重视新生力量。在第二届委员中，有三位是我的学生，这给我一个很大的鞭策。会议10天虽然匆匆地过去了，但我受到的教育却是极其深刻的：一方面明确了人民政协的任务，一方面也加强了建设祖国、解放台湾、保卫亚洲与世界和平的决心和信心。尤其让我终生难忘的是毛主席的和蔼的笑容，洪亮的声音，亲切的握手。我一定加倍努力，提高工作，来更好地完成祖国和人民交给我的任务”。

18日至20日，陆侃如参加青岛市第一届人民代表会议第二次会议，任主席团成员。

本月

冯沅君在《文史哲》第1期发表《试论〈红楼梦〉的人物塑造——以刘姥姥为例》（《陆侃如冯沅君合集》第14卷，第291～294页）。此文认为刘姥姥“本不是真正的劳动人民，所以在她身上找不出劳动人民的正直、耿介的高贵品质”。此文简单地、机械的阶级分析方法，引起了当时中共中央宣传部副部长胡乔木的注意，他指定冯沅君的学生——两个“小人物”写文章加以批评。此事，后来蓝翎回忆：

> 批判运动持续到一九五六年初，胡乔木突然提出文学研究中有庸俗社会学的倾向，简单地给作品中的人物贴阶级标签。他举出冯沅君的《谈刘姥姥》作重点例子。并指定让我们写文章，要有服从真理的精神，打破情面，不要有思想顾虑。①

① 蓝翎：《龙卷风·四十年间半部书》，上海，上海远东出版社，1995年，第43页。

"上命难违"，他们写了《关于文学研究中的庸俗社会学倾向》一文，发表在《人民日报》上。①

2月，陆侃如在《文史哲》第2期发表《胡适反动思想给予古典文学研究的毒害》(《陆侃如冯沅君合集》第8卷，第352～356页)。

3月

14日，陆侃如在《青岛日报》发表《批判胡适的〈白话文学史〉》(《陆侃如冯沅君合集》第8卷，第337～351页)。此文又载《光明日报》3月15日。此文"提要"又载《新山大》总169号，3月19日。

15日，山东大学召开以《红楼梦》研究为主题的1955年校庆科学讨论会，童第周副校长致开幕词，华岗校长作题为《现阶段唯物论与唯心论斗争》的报告。

19日，冯沅君在《新山大》总169号发表《了解实际情况，掌握事物规律——学习辩证唯物论的体会》(《陆侃如冯沅君合集》未收)。

25日，山东大学经校长办公会决定，外文系教授黄嘉德兼任图书馆馆长。

春

冯沅君讲授岑参的诗歌。

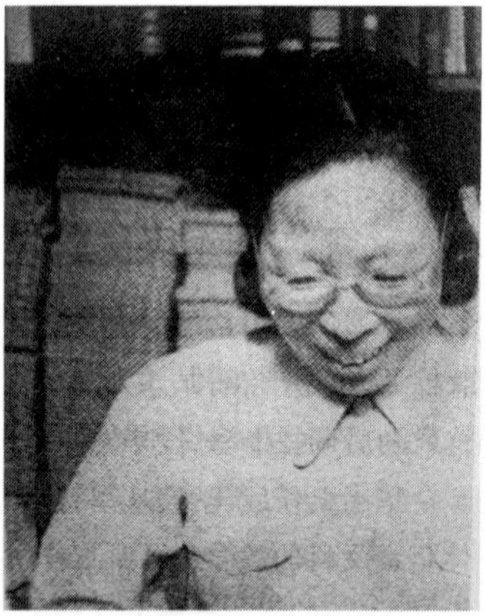

20世纪50年代的冯沅君
(引自《冯沅君传》第265页)

此时，她虽然大病初愈，但讲起课来却精神焕发、口若悬河、声音铿锵有力。她绘声绘色地分析了岑参写边塞风光的《天山雪歌》和《白雪歌》(编著者按：此诗全题是《白雪歌送武判官归京》)。当她讲到"忽如一夜春风来，千树万树梨花开"时，她望了望窗外：校园里梨花盛开，洁白如雪，阵阵春风扬起片片梨花飞舞。她满含深情地讲道："诗人用春风比北风，用梨花比雪花。何等深切，何等独特！同时也表明了：寒冷的日子里也蕴含着明媚的春意来临，显示了诗人在严寒中乐观的情怀！自古以来，写春风的诗歌甚多，而用春风比北风的诗，这却是

① 参见《冯沅君传》，第311页。

首创。”[1]

4月

13日上午至30日上午，陆侃如参加在北京召开的高教部校院长座谈会。会上，有高教部部长杨秀峰、中宣部副部长等领导的报告，小组讨论，专家报告等。16日上午，陆侃如在小组讨论会上发言，主要检查自己过去在教育方面存在的问题及根源（今存发言提纲）。杨秀峰在30日举行的大会上，主要强调了三点。一是贯彻党的全面发展的教育方针，解决学生负担过重问题。学习苏联要与中国实际相结合。二是宣传唯物主义，批判唯心主义。这是长期的复杂的工作。三是关于高校的布局与干部的培养问题。（今存陆侃如参加此次会议的记录）

5月

19日，冯沅君在《青岛日报》发表《批判胡适的〈西游记考证〉》（《陆侃如冯沅君合集》第14卷，第295～307页）。此文后来又刊于《文史哲》第7期。自注：写于“一九五四年三月”。此文共有五部分。在第一部分“上纲”“上线”中，全面地否定、批判了胡适；另外四部分主要批判了胡适关于孙悟空形象是“进口货”的观点，将其归结为“洋奴思想”。

21日，陆侃如在《新山大》总178号发表《进一步贯彻全面发展的教育方针》（《陆侃如冯沅君合集》未收）。

7月，陆侃如在《文史哲》第7期发表《依法严惩胡风反革命集团》（《陆侃如冯沅君合集》未收）。

8月

11日，教育部下达有关山东大学迁往河南省郑州市建立新校的各项问题的通知。

25日，根据中共山东省委指示，对华岗校长进行隔离反省。

9月23日，山东大学校务委员会召开第24次扩大会议，副校长陆侃如作了关于山东大学迁址河南郑州，成立河南大学的报告。根据中央指示，最晚不过1957年暑假全部迁往郑州。

本月

校长华岗去职之后，由副校长童第周主持学校工作，副书记崔戎主持党委工作。

---

[1] 郭同文：《永远难忘的三次讲课——纪念冯沅君先生》，《山东大学（青岛）人物志》，第49页。

开学后，冯沅君有病，明清文学缺教师。她的助教袁世硕第一次讲明清文学。袁世硕要上课，冯沅君“把他的讲稿逐字看过，用红笔把标题和需要板书的字画上圈；把难读的字注上音；把讲述欠细处用小楷补齐。看了讲稿，又听试讲”①。袁世硕说：

> 我进修了一年多的时间，冯先生就让我担任几周的课程，以便在教学实践中进行锻炼。为了我上这几周的课，她亲自帮助我备课，并组织教研室的全体教师讨论我的讲稿，听我进行试讲，议论教学方法。可以说，她是手把着手带我走上讲台的。在最初几年里，我能够在业务上有较为显著的提高，较快地承担了教学工作，冯先生是费了许多心血的，岂只是“诲人不倦”四个字所能够概括得了的！②

陆侃如在《文史哲》第9期发表《拥护逮捕审判潘汉年胡风》（《陆侃如冯沅君合集》未收）。

约在本月，冯沅君开始指导研究生朱德才。本年7月朱德才本科毕业于山东大学中文系。

10月

1日，陆侃如在《新山大》总190号发表《五年计划是全国人民幸福的源泉——庆祝一九五五年国庆节》（《陆侃如冯沅君合集》未收）。

6日，山东大学成立迁校河南省郑州市委员会，童第周任主任委员，陆侃如任副主任委员。

19日，陆侃如向山东大学全体学生作人民助学金改制问题的报告。

11月20日，九三学社青岛分社在中山路1号中苏友好协会楼上举行成立大会，陆侃如任主委。

12月

18日，高教部致函山东大学，同意山东大学赠送《文史哲》《山东大学学报》给苏联科学院图书馆。

本月，陆侃如、冯沅君在《文史哲》第12期发表《宋诗简论——〈中国文学史稿〉补》（《陆侃如冯沅君合集》未收）。

本年，陆侃如、冯沅君在《文史哲》第1～12期发表《中国文学史稿》（七至八）（《陆侃如冯沅君合集》未收）。

---

① 孙长俊主编：《山大逸事》，第91页。

② 袁世硕：《冯沅君古典文学论文集·编后赘语》，第477～478页。

【剑锋补：

约在本年，冯沅君致信关德栋，讨论草拟《中国文学史教学大纲》之事（《陆侃如冯沅君合集》未收）。如下：

关先生：

大纲稿我又看了一遍，未作修改。

为让审查讨论者更好地了解某些章节的内容，我想加上附注也许好点。附注见另纸，列在大纲末尾。在注中作家人数略有更动：宋注四取消张元干，换上陈与义，元注一加了个李潜夫（《灰阑记》作者）请您斟酌去取。

民间文学史中有关部分，翻了一翻，对清代第四章的去取仍然拿不定主意，还是如昨晚讨论的，姑且留下。

侃如传来关于大纲字数的意见，我们商定的字偏低了。看来宋应是4000～5000，元应是3000～4000，明清合计也要八千来字，近代两三千字。

敬礼。

闫先生均此。

冯沅君　廿七日①】

1956年　丙申　冯沅君57岁　陆侃如54岁

1月

14日至20日，中共中央召开知识分子问题会议，周恩来要求发挥知识分子的力量，为社会主义建设服务，号召团结知识分子，提出“向科学进军”的口号，迅速赶上世界科学先进水平。

15日，北京举行庆祝社会主义改造胜利大会。

2月14日至25日，苏共二十大在莫斯科举行，会议结束时，赫鲁晓夫作否定斯大林的秘密报告。

4月

2日，毛泽东在中共中央政治局扩大会议上提出，艺术问题上百花齐放、学术问题上百家争鸣应成为发展科学、繁荣文艺的方针。

---

① 关家铮：《陆侃如、冯沅君致关德栋两通书信浅疏》，《2021山东省古典文学学会年会暨陆侃如、冯沅君学术研讨会学术论文集》上册，济南，山东省古典文学学会、山东大学文学院，2021年4月，内部编印。据考：“根据信函讨论‘大纲稿’，可知该信的写作时间是编写《中国文学史教学大纲》期间，约为1955年。”

5日，《人民日报》发表《关于无产阶级专政的历史经验》。

5月，毛泽东在最高国务会议上，提出在文艺和学术领域实行“百花齐放、百家争鸣”的方针。

6月13日，《光明日报》发表社论《重视整理重印古书的工作》。

7月，高等教育部邀请各综合大学的中文系教授讨论游国恩、冯沅君等编写的《中国文学史教学大纲》，科学院和师范大学也有同志参加。

9月，中共第八次全国代表大会在北京召开，宣布社会主义制度已基本建立，国内主要矛盾已不是无产阶级与资产阶级的矛盾，主要任务是发展生产力，满足人民的经济文化需求。

10月，新编《鲁迅全集》(10卷本)，由人民文学出版社出版。

11月15日，毛泽东在中共八届二次会议上讲话，认为波兰、匈牙利事件说明东欧的基本问题是阶级斗争没有搞好，反革命没有搞掉，又强调保护斯大林，列宁、斯大林是资本，不能丢。

12月29日，《人民日报》发表《再论无产阶级专政的历史经验》，强调维护“无产阶级专政”，同时提出两类社会矛盾问题。

本年

钱南扬辑《宋元戏文辑佚》，由上海古典文学出版社出版。

谭正璧撰《话本与古剧》，由上海古典文学出版社出版。

蒲泉、群明合编《明清民歌选》（甲、乙集），分别由上海出版公司、上海古典文学出版社出版。

陆侃如、冯沅君著《中国诗史》（修订本）出版。发表《关于编写中国文学史的一些问题》。冯沅君《古剧说汇》（修订本）出版，发表《王实甫生平探索》。陆侃如访问印度。当选为九三学社中央常委。参加中国作家协会理事第二次会议。《楚辞选》（与高亨、黄孝纾合著）、《精简国学基本问答》出版。发表《在学术机构里开展“百家争鸣”的关键》等文。

1月

23日，山东大学全校师生员工3000多人，参加了青岛市举行的“庆祝社会主义改造胜利大会”，并进行了游行。

本月，陆侃如作为中国文化代表团成员访问印度。团长是历史学家吴晗，陆侃如任副团长，成员有法律学家陈守一、作家严文井、木刻家古元、歌唱家王崐等。此次访问以友好活动为主，交流文化艺术音乐舞蹈等，交几个朋友，以便长期交往。访问前，成员1月3日至9日，在北京学习做准备工作，10日出访。在印度停留40多天，访问了40多个大中小城市。陆侃如在访问期间，经常给冯沅君写信，回来时还给她带了条漂亮的印度绸方巾。

2月

3日，根据高教部会议精神，山东大学不迁往河南省郑州市。

7日，全国政治协商委员会第二届委员会第二次会议在北京召开。陆侃如因事请假，未能参加会议。

9日至16日，九三学社在北京召开第一次全国代表大会，陆侃如当选为九三学社中央常委。

9日，冯沅君在《新山大》总208号发表《我们要跟上去，我要跟上去》一文。文中写道：

> 1月31日的报上，报道了《中共中央召开关于知识分子问题的会议》的情况，并发表了周恩来总理在这个会议上所做的报告的全文。我怀着高度的热情读了这些……我读时也一直策励自己：你的任务是帮助年轻的同志学习，让他们迅速地成长为国家有用的干部，你不好好地改造自己，如何能完成任务。你今后一定要在党的领导下，同志们的帮助中，努力提高自己的政治水平、业务水平，在教学与研究的实践中，逐步肃清学术思想上的错误；在工作中，要细心、大胆，有克服困难的信心。在这样伟大的时代，你如果不全心全意地接受改造，让自己成个落后分子，那你不独对不起党，对不起人民，也对不起自己。看呀，胜利的旗帜在招展，“伟大祖国人民正在奔向社会主义”，我们要跟上去！我要跟上去！

27日，高教部同意山东大学与英国伦敦大学东方、非洲学院交换《文史哲》杂志；要求山东大学以图书馆名义赠送日本名古屋大学文学部谷川道雄等《文史哲》及《山东大学学报》。

本月，中国作家协会理事第二次会议在北京召开，陆侃如作为理事与会。会前，毛泽东、刘少奇、周恩来等中央领导接见了全体理事。

3月24日，陆侃如在《新山大》总212号发表《印度之行》（《陆侃如冯沅君合集》未收）。

4月，陆侃如、高亨、黄孝纾《楚辞选》（《陆侃如冯沅君合集》第6卷，第429～531页），由古典文学出版社出版。此书的《前言》，由陆侃如执笔，写于1955年10月。书中选了较早的《九歌》十一篇、屈原的《离骚》一篇、《九章》九篇与《天问》的一部分、宋玉的《九辩》的一部分及《招魂》全篇。有些真伪有问题的，如《远游》之类没有选。注解，尽量采用各家的长处。有争论、没有结论的问题，不做烦琐的考证。为了阅读的方面，注解前后不避重复。此书的《前言》以《什么是〈楚辞〉》为题，刊于本年《语文学习》第12号。

5月，陆侃如在《文史哲》第5期发表《迦梨陀娑——印度古代最伟大的诗人》(《陆侃如冯沅君合集》第8卷，第295～303页)。自注："四月二日于青岛。"

6月

1日，山东大学历史系主任杨向奎暂调中国科学院工作。《文史哲》编委会由陆侃如、吴富恒负责。

22日，山东大学校长办公会决定：科学研究委员会由陆侃如任主任委员，增聘吴富恒、崔戎为副主任委员。

7月9日，国务院任命山东省副省长晁哲甫为山东大学校长，杨希文为副校长，列陆侃如之后。

9月

月初，山东大学新生入校，陆侃如"在校园的大众礼堂给新生做报告。一开始，他风趣地说：'有些同学年纪小，千里迢迢到青岛上学，可能还有点想妈妈（下面笑声），让老同学带你们玩玩青岛名胜……'之后，他对各专业的特点做了说明：'中文系不是培养作家的，它是大学教师和语言、文学研究工作者的摇篮。'"[①] 他勉励同学们"在文学研究的摇篮里'焚膏油以继晷，恒兀兀以穷年''筚路蓝缕，以启山林'，创造出一番事业来"[②]。

22日，陆侃如在《新山大》总232期发表《人民的喜讯》(《陆侃如冯沅君合集》未收)。

本月

中国共产党第八次代表大会闭幕后，陆侃如、冯沅君在家里学习党的八大文件。

陆侃如、冯沅君著《中国诗史》(上、中、下)，由作家出版社出版。《自序》(写于一九五五年四月)云：

① 石家麟：《润物细无声》，《山东大学报》2008年4月2日。

② 黄元：《恩师墓前三鞠躬》，《山东大学报》2011年11月30日。

1956 年 9 月，中共第八次全国代表大会召开。冯沅君、陆侃如学习党的八大文件。（引自《陆侃如和冯沅君》第 116 页、《冯沅君传》第 274 页）

陆侃如、冯沅君合著《中国诗史》（修订本），作家出版社 1956 年 9 月出版。（引自《陆侃如冯沅君合集》第一卷“前言”前 1 页）

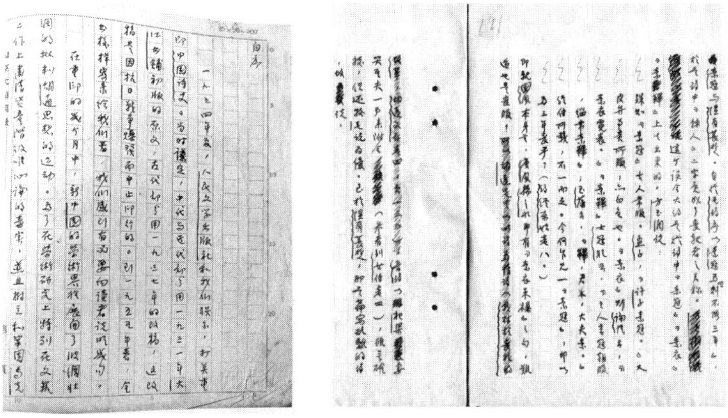

《中国诗史》手稿

一九五四年夏，人民文学出版社和我们联系，打算重印《中国诗史》。当时议定，中代与近代部分用一九三一年大江书铺初版的原文，古代部分用一九三七年的改稿，这改稿是因抗日战争爆发而中止印行的。到一九五五年春，全书校样寄来给我们看，我们感到有必要向读者说明几句。

在重印的几个月中，新中国的学术界里展开了波澜壮阔的批判胡适思想的运动……在这运动中，像我们这样曾经被胡适反动思想所侵蚀过的人，的确受到一次不亚于三反运动的极其深刻的教育。现在运动尚未结束，但我们已经感到在认识上获得了初步的提高。在重读《诗史》校样的时候，这就更感到应该作些必要的修改……不过目前进行修改，也有许多事实上的困难。主要由于我们自己水平的限制，而且教学之余也挤不出足够的写作时间，所以还不能在短期内用正确的立场、观点、方法把全书从头彻底改写。同时为了校样的关系，也不能随心所欲地爱怎么改就怎么改。在现在的情况下，比较容易做到的只是大量删削，把现在我们能发现的比较严重的错误地方尽量去掉。去掉之后，要马上把比较正确的话补进去，可就不那么简单了……我们所担心的是，恐怕还有不少该删而未删干净的，这就希望读者多提意见了。

《文史哲》第9期印行，刊有高亨《〈中国文学史稿〉讨论会上的发言》。

约在本月中下旬的一个星期天，刚入学不久的中文系1956年学生黄元（陆侃如的“小老乡”），带上曹沛仁老师给陆侃如的信到鱼山路36号教授宿舍楼拜访陆侃如。陆侃如热情地接待了他，亲切地交谈了约一小时，用糖果招待，临别时嘱咐他以后常来。后来，黄元有几次到过陆侃如家，有时进入他和冯沅君的藏书室。陆侃如烟酒不沾。他和冯沅君生活简朴，注重购书。藏书室有20多平方米，拥挤地树立着十几个高高的书架，摆满了书籍，其中有许多线装书。黄元发现他们用过的许多书，如《唐语林》《大唐新语》《醉翁谈录》《云麓漫钞》等的扉页上，都有陆侃如用蝇头小字写下的索引，密密麻麻。如《唐语林》共40条：其中武后18条，李白4条，刘禹锡9条，韩愈4条，白居易5条，并在后面逐一标明所在页码，便于以后迅速查寻。他们的藏书中有一套《丛书集成》约500册。黄元几乎翻遍了这部书，看到每本书的扉页上都公公正正地盖着两方藏书章，色泽鲜艳、文脉清晰：上方为“陆侃如”（魏碑体），下方为“沅君”（小篆体）；印章高低位置大致相同。看得出他们盖章时的认真、虔诚和对书的珍爱。①

秋冬之交，冯沅君在山东大学科学报告会上作题为《王实甫生平探索》的报告。中文系的学生黄炽回忆：山东大学举行的“一年一度的科学报告会上，冯（沅君）先生向中文系部分师生作《王实甫生平探索》的报告。论文早已刊发，其论点不必介绍。重要的是先生的严谨学风。抗战期间的1939年，先生在中山大学讲授元杂剧时发现了几项王实甫生平有关的资料，未敢贸然作断；近几年，从孙楷第、王季思先生论著中又看到新的材料，并且函请王先生询问陈寅恪先生有关见解的依据，这才产生了自己的一些推断，现在提出讨论”②。

---

① 黄元：《绵绵思念无尽头——在冯沅君陆侃如先生塑像揭幕仪式上的讲话》。

② 黄炽：《母校青春常在》，张乐岭等主编：《峥嵘岁月》，济南，山东大学出版社，1991年。

10月

高教部批准山东大学中文系、化学系招收副博士研究生。当时教育部借鉴苏联招收副博士学位研究生的做法，开始在一些高等院校招收副博士学位研究生。本年，山东大学招收副博士研究生只有中文系的冯沅君（招收尚达翔）、高亨（招收颜学孔）和化学系的刘遵宪三位先生。①

11月

25日，陆侃如、冯沅君在《光明日报·文学遗产》第132期发表《关于编写中国文学史的一些问题》（《陆侃如冯沅君合集》第3卷，第403～416页）。此文又刊于1957年《文史哲》第1期。自注："一九五六年九月，于青岛。"此文认为，文学史分期，应该分成六个阶段：（1）周以前，（2）周代，（3）秦至南北朝，（4）隋至元，（5）明清，（6）鸦片战争至五四运动。关于编写文学史的体例问题，认为按照年代先后来排列是好的，但不必绝对排斥体裁的区分。对于作家、作品的评价问题，认为应该力避庸俗社会学的弊病，也要纠正评价过高或过低的偏向，适当处理"重点突出"问题。

本月，陆侃如编（署名侃如）《精简国学基本问答》（《陆侃如冯沅君合集》第8卷，第1～103页），香港现代文教社出版。关于本书的编写，书前有说明：

> （一）本编内容，分经，史，子，文学史，及文字学五大类。每类借用问答体。计经学凡六十五问；史学凡五十三问；子学凡四十二问；文学史凡二百七十三问；文字学凡三十九问。全书共四百七十二问，其中文学史问数最多；因近来各地大学国文入学试题及初高中会考国文科试题多侧重于文学史常识，故编者特别多编关于该科问题。其他经，史，子，文字学四类，亦摘要问答，以适应学子之之需要。
>
> （二）本编所列问题，悉以适用为原则；其涉于偏僻或支离琐碎者尽量避免。
>
> …………
>
> （四）本编问题之答案，皆以简明为主；其有须特别解释者，亦不厌其详。学子既免东翻西阅之劳，自得无师自通之益。
>
> （五）每类问答题，多以年代先后为次序。学子每查一问题，依

① 《青岛海洋大学大事记》第80页载："高教部批准山大的中文系、历史系招收副士研究生，当年录取四人。"不确。

年代检阅，即可得之。①

12 月

冯沅君《古剧说汇》（修订本）（《陆侃如冯沅君合集》第 13 卷。冯沅君原已抽去的《元剧中二郎斩蛟的故事》仍保留在内），作家出版社出版。书前有冯沅君 1955 年 11 月于青岛写的《再版自序》：

> 《古剧说汇》是一九四七年印行的。其中包括一九三五年以后十年内，我写的关于戏曲的十余篇论文，现在由作家出版社重印。
>
> 在这些论文中，有不少是前文的跋语。这样写作的原因是：抗战期间，各方面的条件都不允许我彻底修改旧稿，因而将补正的意见附各篇后。
>
> 新版与旧版的不同处是：抽去《南戏拾遗补》《南戏拾遗补跋》《元剧中二郎斩蛟的故事》与《古优解补正》，加上《〈孤本元明杂剧〉钞本题记》。

冯沅君著《古剧说汇》（修订版），
作家出版社 1956 年 12 月出版。
（引自《陆侃如冯沅君合集》第十三卷正文前）

本年，陆侃如在《光明日报·文学遗产》第 115 期发表《在学术机构里开展“百家争鸣”的关键》（《陆侃如冯沅君合集》未收）。

七、落难、挫折，改造、奉献（1957～1965 年）

陆侃如、冯沅君合著《中国古典文学简史》、《中国文学史简编》（修订本）出版。冯沅君改造旧思想，努力研究，认真教学，被评为一级教授，兼任山东大学副校长等职务。陆侃如因赞成教授治校被划为右派分子，免职降级，接受改造。摘帽以后，坚持治学，重返教学岗位。

① 参见严灵峰编:《书目类编》九十四，台北，成文出版社有限公司，1978 年。

1957 年　丁酉　冯沅君 58 岁　陆侃如 55 岁

1 月 27 日，毛泽东在省、市、自治区党委书记会议上讲话，谈党内外思想动向。

2 月 27 日，毛泽东在最高国务会议上作《关于正确处理人民内部矛盾的问题》讲话，提出今后主要任务是团结全国人民向自然宣战，发展经济和文化。

3 月 12 日，毛泽东在全国宣传工作会议上讲话，认为“我们现在的大多数的知识分子的世界观基本上还是资产阶级的，他们还是属于资产阶级的知识分子”，又强调实行“放”的方针，进行整风，整顿共产党的主观主义、官僚主义、宗派主义。

4 月 27 日，中共中央发出《关于整风运动的指示》，决定在全党普遍地、深入地开展反官僚主义、宗派主义、主观主义的整风运动，号召人民向各级党组织与党员干部提意见。

5 月

2 日，《人民日报》发表社论《为什么要整风》，强调通过整风“在全国扩大民主生活……使全体人民……有充分的自由、平等和主人翁的感觉”。

15 日，毛泽东写《事情正在起变化》并发给党内。

20 日，中共中央发出《中共中央关于加强对当前运动的领导的指示》。

6 月 8 日，毛泽东为中共中央起草党内指示《组织力量反击右派分子的猖狂进攻》。同日，《人民日报》发表社论《这是为什么》。全国开始了一场大规模的反右派斗争。

7 月

1 日，《人民日报》发表毛泽东写的社论《文汇报的资产阶级方向应当批判》，说《文汇报》代表“资产阶级方向”，即“反共反人民反社会主义的方向”。

9 日，毛泽东在上海干部会议上，作《打退资产阶级右派的进攻》的讲话，说“社会科学方面唯心论多”，“知识分子最无知识”。

8 月

毛泽东否定马寅初上月 15 日发表的呼吁节制生育、控制人口盲目增长的《新人口论》，全国开始批判马寅初的新人口论与其他学术观点。

王重民等编《敦煌变文集》，由人民文学出版社出版。

10 月

9 日，毛泽东在中共八届三次全会上作《做革命的促进派》的讲话，明确否定中共“八大”决议，说“无产阶级和资产阶级的矛盾，社会主义道路和资本主义道路的矛盾，毫无疑问，这是当前我国社会的主要矛盾”。

15 日，中共中央发布《中共中央关于划分右派分子的通知》。

11 月 13 日，《人民日报》发表社论，号召批判右倾保守思想，“在生产战线上来一个大的跃进”。

本年

汤用彤著《魏晋玄学论稿》，由人民出版社出版。

蒋瑞藻编《小说考证》（附续编、拾遗），由上海古典文学出版社出版。

明朝洪楩编刻《清平山堂话本》，由古籍刊行社影印出版。

胡士莹编《弹词宝卷书目》，由上海古典文学出版社出版。

中国戏曲研究院主编《中国古典戏曲总录》，本年起由作家出版社陆续出版。

陆侃如、冯沅君著《中国古典文学简史》、《中国文学史简编》（修订本）出版，发表《关于中国文学史分期问题的商榷》。冯沅君参加全国人大第一届第四次会议。参编的《中国文学史大纲》出版。陆侃如参加全国政协会议。听毛泽东作题为《关于正确处理人民内部矛盾的问题》的讲话。参加毛泽东召集的部分大学负责人座谈会。毛泽东说陆侃如对宋玉的评价未免太高。因赞成取消高等学校党委制被划为右派分子，不断受到批判。

1 月

陆侃如、冯沅君在《文学研究》创刊号（第 1 期）发表《关于中国文学史分期问题的商榷》（《陆侃如冯沅君合集》第 3 卷，第 417～432 页）。自注：“一九五六年十二月，于青岛。”此文认为：

> 中国文学史的分期问题，是与编写文学史有密切关系的问题之一。因为分期可以体现文学发展的阶段，分期愈接近正确就愈能够使我们认识清楚文学发展的真实过程，也愈容易使我们从发展情况中逐渐明确发展的规律……
>
> 为了使分期分得比较接近于事实，应该有个公认的合理的标准，所以讨论一下分期的标准是有益的……我们认为有两个标准应该相辅

而行，就是文学标准和历史标准；分期时应该以前者为主，后者为副……

所谓分期的文学标准，就是文学本身演进变化的情况。我们讨论的既然是文学史的分期问题，那么文学本身的盛衰演变自然应该是主要的分期标准……文学发展到了某一时期，就要转变；这转变就逐步结束旧阶段，开创新阶段。这些转变在文坛上是可以看出的：或者是某种体裁的形成与兴盛，或者是某种写作方法的倡导与改革，或者是作品中体现了不同的思想与情感，或者是作家们开始了新的风气与风格，等等……迟则数百年，速则数十年，才人们的笔端写出了不同的风与骚，那就是文学史上到了一个新的时期了……

为了使分期分得尽量地正确，我们必须同时考虑到经济、政治、社会、文化等各方面的发展情况。因为历史是物质资料生产者本身的历史，而文学又是物质资料生产者的历史所间接形成的现象。任何国家的文学的发展都是与自己的人民生活紧密联系着的。认为文学史的现象仅仅受制于文学发展本身的规律，企图把文学的发展看成为孤立的东西，那是反科学的。文学自己的特殊规律不是要我们把文学与历史隔离开，而是要联系在一起；而文学与历史相联系这一点，也就是文学发展规律的一个组成部分……历史标准不成问题应该是文学标准的不可缺少的补充……

以上简单说明文学史分期的两个标准：文学标准与历史标准。这两个标准是互相结合，不应分割的；在应用的时候，应该以文学标准为主，历史标准为副。我们可以根据这样的看法，尝试着把几千年的古典文学发展历史具体划分一下。我们认为分为十四期是比较适合的……第一期是公元前十一世纪以前（上古至殷周之际止）……第二期从公元前十一世纪到前六世纪（西周及春秋）……第三期从公元前五世纪到前三世纪（春秋末年及战国）……第四期从公元前三世纪末期到后二世纪世纪末期（秦汉）……第五期从二世纪末期到六世纪末期（建安到隋统一）……第六期从六世纪末期到八世纪中后期（隋及初盛唐）……第七期从八世纪到十世纪中期（中晚唐及五代）……第八期从十世纪中期到十二世纪初期（北宋）……第九期从十二世纪初期到十三世纪中期（南宋及金）……第十期从十三世纪中期到十四世纪中期（元代）……第十一期从十四世纪中期到十六世纪中期（明前期）……第十二期从十六世纪中期到十七世纪中期（明后期）……第十三期从十七世纪中期到一八四〇年（清初至鸦片战争）……第十四期从一八四〇年到一九一九年（鸦片战争到五四运动）……

还应该指出：这十四个时期之间的相互的关系，不是彼此相同的。甲期与乙期的关系，可能相当密切；乙期与丙期的关系，可能比较疏远。换句话说，这十四期还可能归并成若干个大段落。

我们的初步意见，可以有六段。

第一期是起源时期，第十四期是新旧过渡时期，这两期应该独立，各成一段落……

其他十二期是古典文学的主要部分，我们认为可以归纳为四个段落，而以汉、唐、明三个王朝为界……

我们假定以汉、唐、明为界，而且假定汉、唐、明本身都属后……

文学史分期问题是国家十二年科学规划中的重要问题之一，它需要集合各方面的力量来共同探讨，才能希望获得正确的答案。

2 月

23 日，山东大学制定 1957 年科学研究计划，并报高教部审批。共列研究项目 228 个，参加研究的教师有 196 人。

26 日，陆侃如从青岛乘火车到北京，参加 3 月初举行的全国政协第二届第三次会议。

27 日至 3 月 1 日，最高国务会议第 11 次（扩大）会议在中南海怀仁堂举行，各方面人士 1800 多人出席，正在北京准备参加全国政治协商会议第二届第三次会议的陆侃如出席此会。27 日下午，毛泽东作题为《关于正确处理人民内部矛盾的问题》的讲话。28 日整天和 3 月 1 日上午，出席最高国务（扩大）会议的全体人员分组讨论毛泽东的讲话。下午，大会发言，大会结束时，毛泽东作总结讲话。

3 月

5 日下午，陆侃如出席全国政协第二届第三次会议。

6 日至 13 日，中国共产党全国宣传工作会议在北京召开，与会者中有科学、教育、文学艺术、新闻、出版界等党外文化人士约 160 人。陆侃如作为教育界人士应邀参加。会议期间，毛泽东分别同宣传、普通教育、文艺、新闻、出版、高等教育、科学等方面的几十位党内外代表人士举行了六次座谈，并在大会上作了讲话。

11 日晚上 8 点，毛泽东在中南海颐年堂邀集部分大学负责人座谈。参加者有杨秀峰、陈望道、彭康、匡亚明、彭迪先、冯乃超、杨献珍、冯友兰、陆侃如、胡锡奎等。毛泽东对陆侃如说："关于宋玉的评价，你未免太高，郭老又太低了。比较起来，鲁迅先生的意见还是公允的。"座谈会后，陆侃如到郭沫若处，把毛泽东关于评价宋玉问题告诉了郭沫若。

20日，全国政协会议刚结束，陆侃如便立即乘火车返回学校，传达贯彻北京会议精神。

24日，《人民日报》发表陆侃如和陈鹤琴、陆秀、曹书田在政协第二届第三次会议上的联合发言《国民义务教育的年限应该如何规定》(《陆侃如冯沅君合集》未收)，又载《新华半月刊》第9期。

4月27日，中共中央发出《关于整风运动的指示》。随后，山东大学党委在全校传达动员。陆侃如作为副校长和党外人士，听了传达和动员。

【剑锋补：

冯沅君与张公制等几位全国人大代表，还有兼任全国政协委员的陆侃如一行8人去即墨小寨子农业社视察工作，并提出了建议和意见。①】

冯沅君在《新山大》总260号发表《回忆五四——给青年同志的一封信》(《陆侃如冯沅君合集》未收)。此信开头写道："我以老大姐的身份，希望你们努力，继承并发扬五四运动的爱国精神，争取成为新时代中最进步的青年。"文中的主要内容，一是简述自己"怎样投入这个运动"，二是简述五四运动对自己的影响，三是希望青年继承发扬精神。

本月

陆侃如在北京开了一系列会议回来后，想扩大九三学社的组织，还计划成立九三学社的省级组织，由他负责。②

陆侃如、冯沅君著《中国古典文学简史》(《陆侃如冯沅君合集》第3卷，第433～522页)，由中国青年出版社出版。书前有"内容提要"和1956年4月写于青岛的《自序》。《自序》：

> 抗战前，我们曾合写过一部《中国文学史简编》。解放后，动手修改，写成二十万字的"修订本"，由作家出版社出版。现在又压缩

---

① 参见牧庐：《新发现冯沅君先生一篇佚文》，《2021山东省古典文学学会年会暨陆侃如、冯沅君学术研讨会学术论文集》上册，济南，山东省古典文学学会、山东大学文学院，2021年4月，内部编印。

② 《人民日报》发表署名文章，批判陆侃如。参见《道貌岸然的"学者"原来是野心勃勃的阴谋家　陆侃如想把"九三"分社变成反共司令部　山东大学师生和分社成员群起反击　右派的美梦破灭了》，《人民日报》1957年7月21日。

一下，写成这部六万多字的《中国古典文学简史》。除叙述更简单外，在见解上《简史》和《简编修订本》是没有什么差别的……这部《简史》是为中学水平的读者写的，所以我们在编写时曾征求过一些中学教师和中学水平的青年朋友的意见。

1957年4月，中国青年出版社出版的《中国古典文学简史》封面。

内容提要：

本书从我国文学的起源讲起，讲到五四运动为止，系统、扼要、有重点地叙述中国古典文学史的发展。全书分做六个阶段，在有些阶段中，再按照文学史的演变分做若干时期。全书通过古典作品丰富多彩的文学样式，着重地叙述我国古典文学史中的现实主义与积极浪漫主义传统、人道主义精神以及热情的爱国主义。在每一时期中，叙述时代特征，说明文学的流派，叙述重要作家在文学史上的地位和成就，以及他所处时代的文学风貌和他在文学史上的影响。对重要作品给予具体扼要的分析。所引作品并加简明注释，每章后还附有习题。

《文学研究》第2期印行，“书评”栏目发表署名谷典的文章《〈中国诗史〉　陆侃如、冯沅君著　作家出版社出版》。此文认为，《中国诗史》是一部“有系统的诗歌史”，“二十多年来，这部著作在我国古典文学研究方面是起到一定推动作用的。直到今天为止，《中国诗史》还是一部唯一的诗歌史著作”。“这部著作的优点”，“除了选择材料的审慎以外，本书在论述一些作家作品时，常常能打破传统的偏见，提出比较合乎事实的新见解来”。“《中国诗史》也存在着一些缺点”，如“罗列现象，缺乏分析”“缺乏重点”等。同期，还刊有冯沅君《王实甫生平的探索——王实甫〈退隐〉散套跋》（《陆侃如冯沅君合集》第14卷，第43～52页）。自注：“一九五六年三月，青岛。”附《退隐》。

5月

18日，山东大学在全校开始大鸣大放，张贴大字报。当时，冯沅君在家里养病，没有参加“鸣放”会议。校刊记者到她家里，请她发表意见。她写了《从拆墙说起》，对党群关系提了些温和的意见。文章发表后，没有什么反响。所以反右开始后，党组织认为她提的意见是“善意”的批评，不是反党。①

22 日，冯沅君在《新山大》总 263 号第 4 版发表《从拆墙说起》（《陆侃如冯沅君合集》未收）。此文开头写道：

> 为响应毛主席百花齐放百家争鸣的号召，帮助党内进行整风，我提出以下粗浅意见。（一）有人说党员与群众间有一堵墙，有人说是一条阑干。我觉得还是后者比较接近事实。不管是墙是阑干，总是需要拆掉，但这还要党员与群众共同努力方能达到目的。

28 日，陆侃如在九三学社山东大学支社自办的油印刊物《民主报》第 1 期发表《我赞成取消高等学校党委制》（《陆侃如冯沅君合集》未收）。

6 月

4 日，陆侃如主张不停课。本日，山东大学中文、历史、海洋等系的学生代表集会，要求学生停课“鸣放”，而广大学生则反对停课，双方争论激烈。当时校长晁哲甫在省里开会，陆侃如主持校务委员会讨论，决定不停课。

8 日，陆侃如《我对学校党委制的看法》（《陆侃如冯沅君合集》未收）一文，刊于《青岛日报》。此文又载本月 14 日《新山大》总 268 号，认为实行党委制“有有利的一面”，“但就目前情形看，弊端可能更多”。“学校党委制应否撤销的问题，是一个新问题，需要大家来讨论，才能逐渐得出比较好的答案来。”

九三学社山大支社自办的《民主报》停刊。

13 日，九三学社青岛分社召开扩大会议，批判右派。会上，陆侃如为储安平的“党天下”辩护，说“党天下”可以解释为“天下为党”，也可以解释为“党为天下”。此次会后，陆侃如“就干脆偃旗息鼓，保持缄默达半个月之久。期间曾有人建议开会批判右派，陆侃如竟然置之不理”②。

---

① 参见《冯沅君传》，第 286 页。

② 《人民日报》发表署名文章，批判陆侃如。参见《道貌岸然的“学者”原来是野心勃勃的阴谋家　陆侃如想把“九三”分社变成反共司令部　山东大学师生和分社成员群起反击　右派的美梦破灭了》，《人民日报》1957 年 7 月 21 日。

15日至30日，冯沅君参加全国人大第一届第四次会议。会议期间，她接受了《文艺报》记者的采访，对右派的言论进行批判。7月7日，《文艺报》在第1版发表《彻底粉碎资产阶级右派分子的阴谋——访人民代表柯仲平、方令孺、冯沅君、谢冰心同志》。文中记有冯沅君说："右派分子的反社会主义谬论，是别有用心的。""这次对右派分子的斗争，是对知识分子的考验，大家要在斗争中改造自己；同时，还要加强马克思列宁主义理论的学习。"全国人民代表大会结束后，冯沅君返回青岛，立即去找中文系党总支书记、校长兼党委书记晁哲甫和副校长杨希文，表示自己对陆侃如的反党反社会主义的言论决不姑息，同时还检查了自己的错误。后来，她在一次批判陆侃如的会议上又说："我大半辈子与'老虎'同衾共枕，竟无觉察，是得了神经麻痹症吧！"①

17日，陆侃如被点名批判。中共山东省委和整风领导小组根据中共中央关于组织力量反击右派的部署，在《大众日报》上发表文章，点名批判陆侃如等18人。

【剑锋补：

6月26日至7月15日，第一届全国人民代表大会第四次会议在北京举行期间，冯沅君与张公制合署的人大提案《为促进地方志工作早日确定实施办法案》（第一届全国人大第四次会议第79号）、《建议在青岛开办综合性师范学院案》（第一届全国人大第四次会议第80号）、《青岛市自来水设备与水源地均须立即扩充，以解决目前缺水的问题，拟请中央迅予采取紧急措施案》（第一届全国人大第四次会议第93号）等。②】

约在上半年，冯沅君辅导中文系高年级学年论文。中文系1955级学生吴长华回忆：

> 五十年代中期我在山东大学中文系读书时，曾有幸接受冯先生的教诲。那时我们高年级要准备写学年论文，我选的题目是《论〈牡丹亭〉》，出乎意料的是冯沅君先生竟是我的指导老师，这样我们的接触就多起来，每一周总有一个晚上要到她那里去。每次到她家里时，

---

① 《冯沅君传》，第286～288页。

② 牧庐：《新发现冯沅君先生一篇佚文》，《2021山东省古典文学学会年会暨陆侃如、冯沅君学术研讨会学术论文集》上册，济南，山东省古典文学学会、山东大学文学院，2021年4月，内部编印。

她总是早已等在会客室里了。那时她身体不好，没讲几句话，就常常要咳嗽，可是她还是不厌其烦地给我们辅导、讲解，在讲解前先朗读一遍，使我惊奇的是她身体那么弱，朗读却是铿锵有力，节奏性很强，至今仿佛仍在我的耳边回响。她对我们很亲切，没有一点教授的架子，对我们提出的那怕是幼稚的问题，也都认真解答。①

暑假开始，山东大学党委突然宣布：本校教职工放假后一律不准离校，准备参加学习。反击右派运动随即展开。

7月

1日，九三学社青岛分社整风委员会召开首次扩大会议，继续追查、批判陆侃如，要他继续深入交代问题。

2日，中文系召开反右派斗争会。黄孝纾在会上说："陆先生是我最尊崇，最钦佩的人。"陆的学术地位是中文系的光荣。认为陆的反党活动是上了别人的当，而不是有意识进行的。他还建议冯沅君去帮助陆侃如，因为他认为冯是"政治觉悟最高的"②。

九三学社山东大学支社开会，批判揭发陆侃如反党反社会主义。

3日，九三学社青岛分社开会，批判揭发陆侃如。

5日，九三学社山东大学支社开会，批判揭发陆侃如。

8日，九三学社青岛分社开会，继续批判揭发陆侃如。

9日，山东大学文科师生召开大会，批判揭发陆侃如反党言行。

10日，冯沅君用笔名天吴，在《人民日报》发表题为《管家婆谈生活》（《陆侃如冯沅君合集》未收）一文③。此文针对葛佩琪（后定性为极右分子）关于"解放后生活未改善"的言论，以现身说法予以批驳。文中写道：

我凭十年来亲身体验到的生活来说话。

解放前的生活怎样呢？我的回答是时时刻刻在闯关：

闯"大头"的关。"金元券"像废纸，物价像野马，人民像水将干涸的鱼。领到金元券立时换大头是靠薪水维持生活的人在死前的挣扎。换大头要挤、要抢，不这样弄不到手；要学会"揣骨听声"④。

---

① 吴长华:《鲁迅与冯沅君》,《文史哲》1981年第4期。

② 中共青岛市委统战部:《黄孝纾的鉴定材料》,1957年10月19日。

③ 参见《冯沅君传》,第287页,此文是冯沅君写的。

④ 原注:内行的人可以从手的触觉与两块银元相触击的声音上认出大头的真假来。

不这样，纵然抢到手也常是假的。

闯商店的关。商人欢喜大头，不欢喜“小角子”，拿小角子买东西要打折扣。为了少吃亏，管家婆们常常是先放块大头在店里，然后今天半斤油，明天一斤菜地取货。账记错啦，秤头低啦，米中有沙啦，面中有白土啦……本是公平交易，竟仿佛冤家对头。

闯天气的关。天热了，粮食要生虫，发霉；不多买点，怕涨价，买多了斗不过天气。少煤无柴，烧饭用火油，冷到屋里滴水成冰，还得硬挺着，谁烤得起火！

闯失业的关。黑名单满天飞，坐牢、砍头不稀奇，砸饭碗更是家常便饭。“当家的”失业一个月，饿死鬼就会来敲门找替身。

大关套小关，“关关”相卫，一关闯不过，生活有问题。想着吃的，念着穿的，看看老的，望望小的，我这个管家婆的根根神经连在睡梦里也是紧张的。

解放后的生活怎样呢？和从前倒个个：大关、小关一齐垮了。物价稳定了；商人变得讲理了，后来竟公私合营了；薪水按时发，而且一再调整提高。我家最近几年来，吃有吃的，穿有穿的，银行里有存的；从前两斤鱼吃四天，现在四斤鱼吃两天；从前一到冬天，屋里是冰雪在地，现在虽到冬天，屋里还温暖如春。

管家婆的见识是浅的，但她认识生活。人要有良心，有良心就说真话。我听不下去右派分子歪曲事实的胡说八道，我是用亲身的经历来粉碎这种恶毒的呓语。

11 日，九三学社青岛分社开会，批判陆侃如。

12 日，九三学社山东大学支社召开小组会，批判陆侃如。

14 日，山东大学九三学社支社全社开会，批判揭发陆侃如。

15 日，山东大学工会开会，批判揭发陆侃如。

18 日，山东大学召开全校师生员工大会，批判揭发陆侃如。

19 日全天，九三学社青岛分社开会，批判揭发陆侃如。

20 日下午，山东大学工会开会，批判揭发陆侃如。

上旬，山东大学反右派告一段落。经中共青岛市委请示山东省委，确定陆侃如、束星北等 204 人为右派分子。随后，党委决定及时转入整风和改进工作阶段。

21 日，《人民日报》发表署名文章，批判陆侃如。肩题为“道貌岸然的学者原来是野心勃勃的阴谋家”，主题为“陆侃如想把‘九三’分社变成反共司令部”，副题为“山东大学师生和分社成员群起反击，右派的美梦破灭了”。

23 日全天、25 日下午、26 日上午，山东大学工会开会，批判揭发陆侃如。

31 日至 8 月 4 日上午，九三学社青岛分社开会，批判揭发陆侃如。（以上各次批判揭发陆侃如的会议，今存陆侃如简单的记录。）

本月

陆侃如、冯沅君著《中国文学史简编》（修订本），作家出版社出版。修订本后原附《关于编写中国文学史的一些问题》《关于中国文学史分期问题的商榷》（《陆侃如冯沅君合集》第 3 卷，第 143～432 页）。《修订本自序》（1955 年 12 月写于青岛）云：

《中国文学史简编》（修订本），陆侃如、冯沅君合著，作家出版社 1957 年 7 月出版。（引自《陆侃如冯沅君合集》第三卷正文前）

> 在抗战前，我们曾写过一部《中国文学史简编》，解放后就开始改写。这个改稿曾用“中国文学史稿”的名称，在《文史哲》月刊上连载了十八期。现在再加修改，由作家出版社印成单行本。在写作的过程中，我们不断地和山东大学中文系与历史系的朋友们交换意见，得到他们极大的帮助。在杂志上刊载后，又承许多认识的和不认识的同志们写信来或发表文章，提供宝贵的意见。有些单位也曾座谈过几次，纠正了我们初稿上不少的毛病。这些都是我们衷心感谢的。写一部文学史（特别是改写二十万字的简编）是一件艰难的工作。以我们现在的水平，虽然满心想在这工作中彻底清除资产阶级唯心主义的严重错误，完全用马克思列宁主义的立场、观点、方法来处理文学遗产上的问题，可是自己的能力还是太差。同时，在一定的篇幅内既要全面叙述，又要重点突出，在安排上也不免会发生一些问题。幸而有各方面所给予的建设性的意见，可以供我们尽量参考；所以不仅连载的史稿与以前的简编不同，而且这次付印的改稿也和连载的不大一样。

冯沅君在《文史哲》第 7 期发表《关于元曲家的两个问题——答复一位朋友的来信》（《陆侃如冯沅君合集》第 14 卷，第 53～55 页）。此文所谓的两个问题：一是王实甫可能是王德信，二是元曲家前期、后期的分界问题。

作家出版社编辑部编《楚辞研究论文集》，由作家出版社出版，收有陆侃如《屈原——热爱祖国的诗人》《什么是“楚辞”》两篇论文。

【剑锋补：

本月，冯沅君和黄公渚一起指导和研究助教郭同文的进修计划。郭同文回忆说：

> 1957 年夏，我由山东大学（当时校址在青岛）中文系毕业留校做了古典文学教师，成为著名文学史家、版本目录学家黄公渚教授的助教，协助他开魏晋南北朝文学史课。当时冯沅君先生是古典文学教研室主任，是我国当时绝无仅有的女一级教授……黄冯两位先生对我无微不至地关怀和精心培养。这年 8 月中旬，黄先生就帮助我写出了进修计划。冯先生审阅之后，把黄先生和我叫在一起对计划一条条都进行了研究，并提出了一系列攀登古典文学高峰的措施和保证。她语重心长地对我说：“要实现计划，成为一名合格的大学教师，除了向导师和前辈学习业务知识外，更要学习他们的治学精神。大学期间，你是年级学习委员，与任课老师接触多，感情深。老师们讲课和研究古典文学的风采，你耳濡目染。”我点点头道：“我心中镌刻着老师们用生命铸成的治学精神，这将使我终身受益。”冯先生说：“做合格的老师，就要把治学的心血化为清泉，去浇灌满园桃李。”冯先生的话使我震撼，并牢记在心。在她具体领导下，在导师黄先生直接培养下，我打下了更为坚实的古典文学基础。①】

约在本月，冯沅君指导的研究生朱德才研究生毕业，留中文系任教。

8 月

5 日，《大众日报》发表《陆侃如——披着学者外衣的右派分子》的长篇综述。

6 日上午，冯沅君、陆侃如作为山东省第一届人民代表大会代表，参加预备会议。

---

① 郭同文:《师心如灯～忆冯沅君先生的几次谈话》,《春秋》2017 年第 2 期。

7日下午至8日下午，预备会议第一小组开会，批判陆侃如（今存陆侃如记录）。

9日全天，预备会议第一、二组合组开会，批判陆侃如（今存陆侃如记录）。

12日，冯沅君、陆侃如作为山东省第一届人民代表大会代表，参加会议，陆侃如被推举为主席团成员。会议的中心任务是反右。他没有想到，这次会议，几乎成了右派陆侃如批判大会，代表们对陆侃如的反共反社会主义言行进行了严正的批判。陆侃如表示向人民低头认罪。会上，冯沅君作了《批判陆侃如的反党谬论》的发言，从七方面批驳了陆侃如的言论，并提出了严重的警告，最后表示：

> 各位代表：我怀着惭愧而沉痛的心情告诉您们，我是陆侃如的妻子。我没有能够及早看出他的阴险企图，向党揭发，而让他越来越猖狂，终于张牙舞爪地向党进攻，我的错误是严重的。何况我又不是个一般家庭妇女，而是受党和人民信任的人，是省人民代表和全国人民代表，真应该罪加一等。

24日

陆侃如在《大众日报》发表《向全省人民低头认罪》（《陆侃如冯沅君合集》未收）。

《人民日报》发表新华社记者写的述评，题目是《储安平、高觉敷反动集团的阴谋在山东破产　陆侃如缴械投降低头认罪》。

28日，冯沅君在《大众日报》发表《批判陆侃如的反党谬论》（《陆侃如冯沅君合集》未收）。

本月

冯沅君参编的《中国文学史教学大纲》（综合大学中国语言文学系汉语言专业四、五年制用），经高等教育部审定，由高等教育出版社出版。此大纲由高等教育部委托北京大学游国恩、复旦大学刘大杰、山东大学冯沅君、北京大学王瑶、武汉大学刘绶松等教授起草。曾几次将草稿寄各校征求意见，根据各校意见进行修改，并于1956年7月经高等教育部召开的文史教学大纲审定会讨论后，又进行修改，最后经中国文学史教科书编辑委员会第一次扩大委员会讨论通过。此大纲为全国高校文科的中国文学史课程提供了依据。冯沅君负责宋元部分。关于此大纲的编写，游国恩在《对于编写中国文学史的几点意见》一文中说："在历次的讨论会中，我是始终参加的，大家虽然意见分歧，最后仍然取得协议。多数同志一面坚持自己的看法，同时也虚心考虑别人的意见。”“对于这个大纲，我虽然也有一些保留的意见，但基本上是同意的。”他认为无论在参与的高校或者是在参与者个人之间，能够达到这样高度的协作，“是和党的英明领导分不开的，也和知识分子接受思想改造，努力自我教育分不开的”。[①] 程千帆后来回忆：

> 1956 年的时候，教育部想组织一个班子，写一部文学史的教科书，我也参加了这项工作。当时我和冯沅君是一个组，她是组长，我们负责的是宋元部分……我最初就是根据刘先生这个书（编著者按：指刘大杰写的《中国文学发展史》）作为基础，想把它再扩大一点。我就把这个想法同冯先生谈了，她是个在女学者中很有气派的人，就认为很好。她作为主编之一，也很赞成。[②]

【剑锋补：

陆侃如参加山东大学第三次科学研讨会，在会上介绍了山东大学文科建设的经验。】

1957 年校庆，陆侃如在山东大学第三次科学讨论会上讲话。

（引自网络“有聊有淘老济南”。李剑锋增补）

① 《对于编写中国文学史的几点意见》，《光明日报》1957 年 1 月 6 日。

② 程千帆述，张伯伟编：《桑榆忆往》，北京，北京大学出版社，2015 年，第 67、68 页。

9月

1日上午，陆侃如参加青岛市人代会预备会议。下午至6日上午，市南区第五组开会，批判陆侃如。（今存陆侃如记录）

16日，陆侃如在《青岛日报》发表《向全市人民低头认罪》（《陆侃如冯沅君合集》未收）。

【剑锋补：

19日，冯沅君在便签上用蓝色钢笔留言交代张秘书办两件事：

> 有两件事托您：①请向研究生尚达翔取回他借我的《宋元杂技考》（星期日会上带给我）。②请将我借图书馆的书还了。此致　敬礼。冯沅君。九月十九日。[①]

20日，冯沅君在便签上用蓝色钢笔留言交代张秘书关注其研究生黄祖良选课之事：

> 张先生：请告诉黄祖良同志，教他看看历史系的中国通史（宋元明清阶段）排在什么时间，并把他自己希望的指导时间，在今晚或明晚用电告诉我。敬礼。冯沅君。廿日。[②]

当是本月20日，张秘书整理冯沅君19日、20日所安排工作，用毛笔行书备忘，内容如下：

> ①了解尚达翔英文、马列课开课情况。索还《宋元杂技考》。②了解黄祖良中国通史开课情况，及指导时间。以上今夜回电话。③《湖海集》于星期日会上带去。④星期六晚务去一电话。[③]】

本月

冯沅君开始给中文系1956级同学开“元曲”课。1956年学生石家麟回忆：

> 1956年我来到山东大学中文系学习。二年级时，终于盼到冯先生给我们开“元曲”课，同学们都十分兴奋，不仅因为冯先生是中文系深孚众望的教授，而且因为她早年的文学作品同学们大都拜读过，

---

① 杜泽逊：《〈冯沅君先生手札等五件〉书后》，《2021山东省古典文学学会年会暨陆侃如、冯沅君学术研讨会学术论文集》上册，济南，山东省古典文学学会、山东大学文学院，2021年4月，内部编印。

② 《〈冯沅君先生手札等五件〉书后》。

③ 《〈冯沅君先生手札等五件〉书后》。

仰慕已久。冯先生当时年近六旬，穿戴朴素，步履稳健，和蔼可亲。讲起课来吐字清晰，声调舒缓，徐疾有致。她在讲到元杂剧的“楔子”时，先谈了“楔子”的作用，然后略略提高嗓门，强调“楔”字的读音。并指出：“不少同学的作业中还有错别字，对于中文系的同学是不应有的，希望大家勤查字典，我读了大半辈子的书，字典还常备案头。勤查字典是消灭错别字的不二法门，舍此别无捷径。”①

暑假后开学第一周，陆侃如给中文系1957级同学讲述了“中文系学生如何学习祖国文学遗产课”。“他从三方面做了阐述：第一，弘扬优秀传统文化，发扬爱国主义精神……第二，我们学习传统文化，不是‘复古’，而是本着批判继承的原则……第三，我们学习文学遗产，要求扎实、严谨、融汇贯通。”②

秋，山东大学开学不久，在大操场上召开全校师生大会。山东省委副书记夏征农作报告，滔滔不绝，突然话锋一转，手指在主席台上就座的陆侃如，声色俱厉地斥责：“看，你们的副校长，右派分子陆侃如!”陆侃如脸色煞白，低下了头。陆侃如从此失去了教书育人的资格，在教学大楼伛偻着身躯清扫厕所、走廊；黄元有时与他正面相遇，立正鞠躬，恭敬问候：“陆先生好。”他则笑笑：“你好，小老乡。”③

10月

6日，陆侃如和部分同事同学一起步行到青岛郊区参加抗旱。

12日下午，陆侃如在九三学社青岛分社大会上作检查。检查共分十二部分，后又有“补充材料”(今存检查提纲、“补充材料”手稿)。

13日，九三学社青岛分社举行大会，批判陆侃如(今存批判发言记录)。

31日，九三学社青岛分社科技综合支社开会，批判陆侃如(今存陆侃如记录)。

本月，陆侃如被撤销一切职务，免去所有社会兼职。随着在政治上对陆侃如的批判，他在“生活作风上”的问题也被揭露。

11月

2日全天，九三学社山东大学支社开会，批判陆侃如(今存陆侃如记录)。

---

① 《陆侃如和冯沅君》，第221页。

② 郭同文：《一代古典文学宗师陆侃如》，青岛市政协文史资料委员会编，2005年印行。

③ 黄元：《绵绵思念无尽头——在冯沅君陆侃如先生塑像揭幕仪式上的讲话》。

5日，九三学社青岛分社科技支社开会，批判陆侃如（今存陆侃如记录）。

自冬天开始，群众对陆侃如进行学术思想批判（陆侃如1958年9月1日日记）。

本年

陆侃如、冯沅君编《中国文学史简编》，台北开明书店据1932年版印刷。

约在本年，冯沅君辅导中文系1956年学生项怀诚的学年论文。冯沅君为他选定了《试论白仁甫〈墙头马上〉的思想与艺术》这一题目，“并手把手替他一字一句精雕细刻修改成了一篇受人称道的论文”①。

1958年 戊戌 冯沅君59岁 陆侃如56岁

1月11日至22日，毛泽东在南宁中共中央工作会议上，批评“反冒进”，强调要“不断革命”。

本月，中华书局据曼陀罗华阁丛书本，校点排印清杜文澜辑《古谣谚》100卷。

2月，国务院成立古籍整理出版规划小组，齐燕铭任组长。制订了文史哲古籍整理出版十年规划。

3月

3日，中共中央发布《关于开展反浪费反保守运动的指示》，说这是一个“生产大跃进和文化大跃进的运动”。

8日至26日，毛泽东在成都中共中央工作会议上，继续批判反冒进，说冒进是“马克思主义的”，反冒进是“非马克思主义的”，说我国当前存在两个剥削阶级（一个是帝国主义、封建主义、官僚资本主义的残余和资产阶级右派，另一个是民族资产阶级及其知识分子）、两个劳动阶级（工人、农民），认为个人崇拜有两种：有错误的个人崇拜，也有“正确的个人崇拜”。

本月，全国高校结合“反浪费反保守运动”掀起“搞臭资产阶级个人主义，自觉革命”、向党交心、“拔白旗”、批判资产阶级学术思想运动。

4月，《人民日报》发表社论《大规模地收集民歌》，后在全国范围内出现了“新民歌运动”。

5月5日，中共八大二次会议在北京召开。毛泽东在会上强调“破除

① 黄元：《恩师墓前三鞠躬》，《山东大学报》2011年11月30日。

迷信”。会议正式通过毛泽东提出的“鼓足干劲，力争上游，多快好省地建设社会主义”的总路线。会后全国掀起“大跃进”高潮。

本月，全国反右派斗争基本结束。

8月17日至30日，中共中央政治局北戴河会议通过《关于在农村建立人民公社问题的决议》，说人民公社是“向共产主义过渡的最好的组织形式”，“共产主义在我国的实现，已经不是将来遥远的事情了”。会后全国形成大炼钢铁和公社化运动高潮。

9月

月初，毛泽东召集第十五次最高国务会议，提出“除造船、汽车、电力这几项外，明年都要超过英国”。

16日，山东省委决定山东大学由青岛迁往济南。10月24日，搬迁完成。

本月，北京大学中文系文学专门化1955级集体编著《中国文学史》，上、下两册，由人民文学出版社出版。

12月，北京师范大学中文系1955级学生集体编写《中国民间文学史》(初稿)，由人民文学出版社出版。

本年

全国民间文学工作者代表大会，提出民间文学工作的“全面搜集，重点整理，加强研究，大力推广”十六字方针。

北京师范大学中文系编选《中国古代民间歌谣选》，由高等教育出版社出版。

贾芝、孙剑冰编辑《中国民间故事选》第1集出版。

纪念世界文化名人，关汉卿为其中之一。

中国戏剧出版社《戏剧论丛》编辑部编《关汉卿研究》1、2辑出版。

中华书局断句影印清严可均辑、清光绪刻本《全上古三代秦汉三国六朝文》。

王晓传（王利器）辑录《元明清三代禁毁小说戏曲史料》，由作家出版社出版。

冯沅君任山东大学校务委员会委员，发表《个人规划（1958～1960）》《交出我的白旗，拔去它!》，写成《我所认识的伟大剧作家关汉卿》。冯沅君著，杨宪益、戴乃迭译《中国古典文学简史》（英文版）出版。陆侃如九三学社中央常委和九三学社青岛分社主任的职务被撤销，开始记“时事学习”笔记，写检查，劳动改造。

1月

15日至18日，九三学社第四届三中全会预备会议在北京召开，陆侃如与会（今存陆侃如记录）。

19日至25日晚，九三学社第四届三中全会在北京召开，陆侃如与会。会上，撤销了陆侃如九三学社中央常委和九三学社青岛分社主任的职务。陆侃如后来回忆：

> 我到京前，想着自己罪行严重，非开除社籍不可。到京后，听到了关于处理办法的报告，想着也许不开除，但至少也应留社察看。没想到正式宣布时，只是撤销中委而已。处分之轻，完全出我意料之外。①

本月

从本月起，陆侃如用两个本子记“时事学习”笔记，一本记国内重要时事，一本记国际重要时事。每月内，简要选记重要时事，注明日期（原注：9～12月略）。（今存本月至8月手稿）

胡适为台湾出版《中国文学史》辩护。

> 台湾启明书局出版了陆侃如、冯沅君著的《中国文学史》，其中最末三页提到“无产阶级的文学”，启明书局因此受到台湾当局的追究，老板沈志明夫妇被逮捕，也波及《中国文学史》，该书被禁止发行。胡适为陆侃如、冯沅君的书在台湾出版非常高兴，为此他专门写信给时任“行政院”正副院长的陈诚和王云五，对此做出解释。胡适在信中说，陆侃如和冯沅君的著作中涉及“无产阶级的文学”，此不过是“二十年前的文人学当时的时髦风气，何必在今日认为‘叛乱’罪的证据?”“起诉书中有‘渲染自由主义文学’一语，试问‘渲染自由主义文学’何以构成‘叛乱’罪名？此系根据哪一条?”胡适认为，“书籍之事，文艺之事，都不应由军法机关管理”。胡适的一再抗议惊动了蒋介石和宋美龄，他们都推说自己不知道，“是下面人办的”。不久，启明书局老板沈志明夫妇交保获释。《中国文学史》也幸运免遭封杀。②

---

① 陆侃如1959年1月25日日记。

② 《陆侃如和冯沅君》，第56页。这里所说的《中国文学史》，指的是30年代出版的《中国文学史简编》。

3月

20日，冯沅君在《新山大》总第346期发表《个人规划（1958～1960）》（《陆侃如冯沅君合集》未收）。

31日，陆侃如抄送学习“社会主义教育课程读书笔记”（一）给中文系党总支书记，题目是“关于两类不同性质的矛盾的笔记”（今存手稿）。

【剑锋补：

春，陆侃如译完《俄国古典文学概论　苏联汉学论著选译》（今存手稿48页），其卷首写给梁书记的《代序》说：

五三年春，斯大林逝世；为了纪念他，我就开始读俄文的“联共党史”。……到今年春斯大林逝世五周年的时候才读完这部书。……为了巩固和提高俄语水平起见，现在试译“俄国古典文学概论”。……我打算把一九五五年出版的八年级及九年级的教科书中的文学史部分译出，自基辅罗斯文学起，至契诃夫止，称之为“古典文学概论”。从所译《目次》来看，《俄国古典文学概论》共三篇，手稿仅译了《序言》、《导论》第一篇的第一章。至于《苏联汉学论著选译》仅译了费德林的《阿达里斯〈诗经〉俄译序〈摘录〉》。】

4月

9日，陆侃如抄送学习“社会主义教育课程读书笔记”（二）给中文系党总支书记，题目是“关于肃反问题、农业合作化问题及工商业者问题的笔记”（今存手稿）。

17日，陆侃如抄送学习“社会主义教育课程读书笔记”（三）给中文系党总支书记，题目是“阅读‘搞臭资产阶级的个人主义’的笔记”（今存手稿）。

24日，陆侃如抄送学习“社会主义教育课程读书笔记”给中文系党总支书记，题目是“关于知识分子问题的笔记”（今存手稿）。

5月

5日，为了贯彻“总路线”，山东大学举行了誓师大会。冯沅君作为教师代表之一发言，主要内容：一是争取在二至五年达到党员水平，二是争取在几年内买足四万元公债，三是指导好苏联留学生陶宁娜。[①]

12 日，陆侃如抄送学习“社会主义教育课程读书笔记”给中文系党总支书记，题目是“下乡劳动和交心学习的笔记”（今存手稿）。

本月

陆侃如写有《“厚古薄今”的反动性——反动学术思想自我批判之一》（今存手稿）。

【剑锋补：

《文史哲》第 4 期发表映白《剥落陆侃如的假面——批驳他的两篇文章：“把毛泽东文艺思想贯彻到古典文学的教学中去”“论古典作家宇宙观和创作方法的矛盾”》。】

6 月 21 日

冯沅君在《新山大》总第 373 期发表《交出我的白旗，拔去它!》（《陆侃如冯沅君合集》未收）。

陆侃如抄送学习“社会主义教育课程读书笔记”给中文系党总支书记，题目是“阅读‘现代修正主义必须批判’笔记——批判自己思想上的修正主义毒素”（今存手稿）。

陆侃如写有《学习“建设社会主义总路线”的笔记》（今存手稿），表示：

> 在总路线光辉照耀下，我决心在第二个五年计划期间，大战五年，彻底改变自己的政治面貌，坚决地把自己改造成为一个红透专深的工人阶级知识分子。

月底，陆侃如下乡抢种，天天早上四点钟起床下地劳动。

约在本月，陆侃如写有《一年来思想改造的初步总结》，其中有“检查一下我成为右派的原因”“检查一下我对党的领导的态度”“我决心要求入党”等内容。（今存手稿）

本月

冯沅君在《文史哲》第 6 期发表《座谈周扬〈文艺战线上的一场大辩论〉》（《陆侃如冯沅君合集》未收）。

---

① 参见《冯沅君传》，第 291 页。

冯沅君写成《我所认识的伟大剧作家关汉卿》(《陆侃如冯沅君合集》第14卷，第76～94页)，自注："一九五八年六月，于青岛。"此文总括了现存关汉卿戏剧的特点：

首先，对被迫害者或遭遇困难的善良人，作者一贯地同情、支持，希望他们有好结果，实际也给了他们好结果，让他们胜利。

其次，由于题材的广泛，关剧的人物类型特别丰富。

最后，关剧的语言成就是极辉煌的。语言个性化与人民语言的运用都达到很高水平。

这些特点都应从作者与群众的关系来认识。

上半年

全国各研究院所和高等院校掀起"拔白旗"运动。冯沅君成为"大白旗"，受到批判。冯沅君用毛笔、旧报纸写了一份"自我批判"的大字报，张贴在文学馆二楼的走廊上，批判自己曾很赞同费孝通的"一间房，两本书"的观点，觉得能有那样做学问的环境就好了。她的"自我批判"，很快引来了一阵讨伐。许多大字报说她表面上自我批判，实际上宣扬"埋头做学问，不问政治"。对此批评，她表示虚心接受，并一条条做了记录。她做检查，表示要认真改造自己的世界观。①

陆侃如写有《修正主义在学术上的危害性——反动学术思想自我批判之二》(今存手稿)。

7月

3日，陆侃如抄送学习"社会主义教育课程读书笔记"（四、五、六）给中文系党总支书记，题目分别是"关于少数民族问题及统筹兼顾、适当安排的笔记""关于百花齐放、百家争鸣、长期共存、互相监督的笔记""关于少数人闹事问题、坏事能否变成好事、节约及中国工业化的道路的笔记"(今存手稿)。

14日，冯沅君与萧涤非等参加山东大学中文系毕业生毕业研究生师生合影。毕业生中有五名朝鲜留学生。

---

① 参见《陆侃如和冯沅君》，第22页；《冯沅君传》，第289页。

1958 年 7 月 14 日，山东大学中文系欢送毕业生、毕业研究生师生合影。前二排左三为高亨、左七为冯沅君、左八为萧涤非、左十为蒋维崧、左十一为孙昌熙、左十二为刘泮溪。在冯沅君、萧涤非后站立的是五名朝鲜留学生。（引自《冯沅君传》第 291 页）

19 日，陆侃如日记：

> 上午，党委叶副书记召集全校教职员中的右派，勉励改造。党对我们这样关切，真出意外，实在使人感动。
>
> 下午，系总支梁书记召集本系右派教职员座谈，梁书记希望我们天天反省，写日记。我决定从今天起，每日反省一次，每月向党汇报一次。内容二：一反省过去罪行，二反省目前继续存在的反动思想观点。

当天晚间起，他开始写日记。每半个月汇交党总支审阅一次。上半月的日记，都在当月 16 日送去；下半月的都在下月 1 日送去。[1]

【剑锋补：据陆侃如当天上午会议记录，叶副书记的讲话是听了市委第一书记滕书记报告之后的发言。会后陆侃如写了《学习滕书记的报告，检查自己的思想》的汇报一份，称自己属于“口服心不大服”的一类右派，检讨自己“不正视自己的罪行，缺乏改造的决心”。（记录 2 页、汇报 3 页，今存手稿）】

---

① 参见陆侃如 1959 年 6 月 9 日写给九三学社济南分社的第三封信，今存草稿。

20 日，陆侃如日记：

看到本月的《文史哲》销路跌了三千份，我不禁想：华岗主持时销三万册，我主持时销二万册，现在销一万册，真是一代不如一代。这显然是留恋过去，敌视现在，是个坏思想。它证明立场没转变。警钟！

21 日，陆侃如日记：

上午在小组会上座谈梁书记前天的谈话，对于我们争取一年内摘帽子的话，大家极感兴奋，一定努力争取。我原来以为至少二年。

29 日，教育部致电山东省委、教育厅和山东大学，同意山东大学下放由山东省委领导。

本月，国务院任命成仿吾任山东大学校长兼党委书记。

8 月

5 日，陆侃如根据中文系党总支的指示，修改誊写《自我改造计划》（1958～1959 年）（陆侃如笔记，今存手稿）、《一年改造措施》（今存手稿）。

成仿吾（1897～1984 年），1958～1966 年任山东大学校长。（引自《陆侃如和冯沅君》第 160 页、《冯沅君传》第 293 页）

7 日，陆侃如日记：

今天讨论文学史的原则，大家对“以民间文学为纲”一句的意见有分歧。有人对于“为纲”两字表示怀疑，认为“民间”作品流传太少了。我认为，为避免误会起见，不妨改为“以人民的文学为主”。习惯上把“民间文学”当作“民间口头创作”，因而有人误以为范围太仄了。“人民的文学”包含口头创作，也包含一切有高度人民性的作品，正是毛主席“民主性精华”的意思，似乎更妥当些。虽然袁先生也说我们也可以发言，但我始终没有勇气把这意思说出来。为什么没有勇气？主要还是因为，一切仍是从个人的得失出发，所以畏首畏尾。

8 日，陆侃如日记：

今天继续讨论昨天的问题……看到青年们的才能，心里不禁引以自豪，觉得祖国学术界有这样的接班人，前途的确是无限光明的。另一方面，也感到惭愧：自己搞文学史已经三十多年了，始终没有搞清楚什么是古典文学的"纲"。例如《诗经》，我把"国风"和"雅""颂"并列起来；又如乐府，我也把"郊庙歌"和"相和歌"并列起来。一个是人民的文学，一个是反人民的文学，我都一视同仁，不分高下。唉！资产阶级的反动学术思想，真是害了我半辈子！

9 日，陆侃如日记：

上午听张副书记报告，对当前局势讲得很透彻……不过他报告中有一句话却引起我的怀疑。他说，济南师院的历史教师研究过去农民战争，是没有什么意义的。发扬我们祖先的战斗精神，用祖先斗争的英雄事迹来教育青年，不也有一定的现实意义吗？

10 日，陆侃如日记：

今晨到学校拔草，起初还好，渐渐腰酸腿软，全身汗下如雨，心里就希望早些拔完，回家休息。但是，学生们还提出"过共产主义暑假"的豪迈口号。我也曾要求参加勤工俭学的劳动，怎么两三小时的拔草就泄气了呢？八日，《光明日报》载，天津大学民主党派检查会上说，"干劲不足是立场问题"，真是一点不错。既然说愿意走社会主义道路，为什么对爱国卫生工作不起劲呢？

11 日，陆侃如日记：

今天好不容易鼓足勇气，在小组会里作了第一次发言，但也只是谨谨慎慎、简简单单地说了几分钟，并没有敢畅所欲言……会上分工起草大纲，决定自由结合，三个右派分子联合起草隋以前的一段。三人商量，由我先起草分篇分章的骨架。

12日，陆侃如日记：

我起草时，深感打破陈规的困难，越是“内行”，越受旧框的束缚。在起草大纲中，更体会到破除迷信的必要。

13日，陆侃如日记：

今天在家里继续起草大纲。全部共四十节，如每节的说明需要半小时的起草时间，那全部就要二十小时，在一天半的时间内写作二十小时，的确很紧张，很累……不过，我应该坚持下去，起草的不一定好，但至少应该把自己的力量全部用上去，供教研组参考……今天无论怎样累，我一定赶着把大纲起草完成，并尽力贯彻教研组的正确指导。

14日，陆侃如参加教研室讨论文学史大纲。

15日，陆侃如日记：

大纲草稿应明天交袁先生。今天虽然搞了一天卫生工作，可是我们也赶着誊写完毕了。这次起草使我十分明确自己的无知。例子很多，现在谈一件事：昨天讨论时，大家感到原稿中对于北朝民歌给予诗人的影响没举例是不好的，决定今天誊写时补上。我在做卫生休息的时候，翻了当时几个诗人的诗集，竟找不到恰当的例子。后来勉强举了两个人的两首诗，但并不太适合。为了弄清楚其中一首的写作背景，又翻了几种参考书，但也没有得到十分肯定的结论。学习运用新观点新方法，争取体现“以民间文学为纲”的原则，真不是一件容易做到的事。

16日，陆侃如日记：

我目前应该先对自己进行彻底的破，千万不要再像过去那么用些革命的辞句来装门面了。所以我初步打算，继续做破的工作，在“十一”以前写出一篇批判自己反动学术思想的文章来。

17 日，陆侃如日记：

今天开始写“清算我在学术工作中所受胡适反动思想的毒素”。

19 日，陆侃如日记：

今天在教研组里讨论教学大纲，听了他们的说明，第一个念头是失望。正如有的同志发言中指出的，大都是改良气味重，革命气味轻，还为旧框子所拘束住，没能做到敢想敢说敢做。有的把许多可讲可不讲的次要作家，都还保留在大纲里，有的还按照诗歌、散文、小说、戏剧的体裁来讲，陷在“分体合编”的旧套子里。甚至我在二十七年前的《诗史》里所用的初唐分齐梁派与反齐梁派的旧说，解放后被批判，《诗史》新版里已删去了，可是有两种大纲里都又用这名称了。但是仔细一想，这个念头是完全错误的。我还是自高自大，只爱挑别人家的个别小缺点，而不愿看到人家主要的优点。例如对于民间文学的特别重视，对于繁琐考证的完全排斥，对于作家评价的不偏不倚，提出他们的成就，也不掩饰他们的局限性，等等，决不是我过去的作品所能比得上的。

20 日，陆侃如日记：

十五日《光明日报》《文学遗产》副刊上载何其芳同志的文章，指出：“解放后不久出现的那种简单粗暴的反历史主义的倾向不应该重复。现在已经开始有了一些苗头，是值得注意的。”……因此，我就想起我起草大纲时，关于《诗经》部分本来有“史诗的萌芽（如《生民》《公刘》等）一句”；但因看到报上有人批判《公刘》那篇的歌功颂德，于是马上把那句改为“歌功颂德的作品（如《公刘》等）的批判”。这说明自己心中无数，只跟着风向转；而且有怕犯错误的顾虑，宁严毋宽，所以不免就犯了何其芳同志所说“简单粗暴”的毛病。

24 日，陆侃如日记：

我联想起二十一日《人民日报》一篇关于七十五岁维吾尔族老农

民库尔班·吐鲁木的特写。他解放后翻了身，日夜想念毛主席……我想：我也见过几次毛主席，握过几次手，为什么没有这样迫切的愿望，这样大的劲头呢？

26日，陆侃如日记：

昨夜和中文系部分同事一起看了中央戏剧学院表演系毕业生演出的话剧《党的女儿》……在劳动人民的光辉形象对照下，我实在为自己的卑鄙感到羞愧难当。特别是座位旁边有不少山大师生，我一直不敢抬起头来。

31日，陆侃如日记：

今天把"清算我在学术工作中所受胡适反动思想的毒素"的稿子写完，下星期修改一下，就可以誊写送请党总支审阅了。

二十九日《光明日报》转载《河北日报》关于周扬同志在河北省文艺理论工作会议上的报告的报道。周扬同志指出：目前文学遗产的工作，应该"全面地批判地整理和研究我国文艺遗产，着重整理和研究本地区民间文艺遗产"。这话给我以很大启发，今后应该首先注意挖掘山东民间文艺遗产，尝试着进行整理和研究。

9月

1日，陆侃如日记：

《人民日报》三十日社论《学术批判是深刻的自我革命》和《光明日报》三十一日社论《学术思想战线上的新军》给我内心的震动很大。虽然去年冬天起，群众已对我进行了学术思想的批判，但是由于我对自己的迷信没有打破，所以心里并没有重视人家的文章和发言。今年春天中文系批判厚古薄今，同学和青年教师的发言虽然针对别人，但当我听到的时候却就像针对自己一样，因为别人的毛病我都有，而且还更严重。这时我对自己的迷信开始有点动摇，所以也就开始写第一篇自我批判的文章，到起草改造规划时，也把学术思想的批判列入作为一个主要项目。就表面上看，好像我也比较重视这一工作了。但一读社论，马上就感到自己过去认识的确不够……立场没有彻底转变，学术批判工作是不会做好的。今后须彻底地破，才能有认真的立。

2日，陆侃如日记：

今天听了关于勤工俭学的几个传达，使我过去对于勤工俭学的一些零星认识得到系统化。

3日，陆侃如日记：

今天小组讨论中，徐文斗同志建议停课下乡下厂，这样比在校内搞勤工俭学更能和工农结合。这话确有道理。我过去下乡四次中，两次住在农民家，两次和学生住集体宿舍。比较下来，住农民家就容易和农民发生感情；如果学生一起住，只在田里偶然遇到几位农民，就不易接近。如果下乡下厂时间较长，同吃同住同劳动，感情一定会起大变化。感情变化了，立场也就巩固了。

4日，陆侃如日记：

今天的大组讨论，使我明确了一个新问题：勤工俭学是为了改造思想，但改造思想又是为了什么？我们不仅要改变立场，具有工人阶级的立场，并且要把自己也变成工人农民。

6日，陆侃如日记：

晚间第一次参加“工业抗旱”工作，很兴奋……当挖到一小段铁管时，高兴得直跳起来。

8日，陆侃如日记：

今天讨论到勤工俭学的具体措施，大家意见不一致，我认为最好争取普遍实行半工半读制度。

9日，陆侃如日记：

我很高兴明天就可到大港去劳动，这和钢铁厂的建立又接近一步了，而且过去只和农民一起劳动，明天第一次和工人一起劳动，这多么好！

10日，陆侃如日记：

今天到大港劳动，工作是比较轻的。四个人拉一车，所费的力还没有过去两个人抬两桶水所费的多，所以手和肩都不感觉怎么累。只是接连几小时不停的来往，脚有点痛。这是平日缺乏锻炼的原故。

12日，陆侃如日记：

接连三天拉车劳动之后，脚上起了好几个泡。若在从前，一定要找医生抹药，又要在家里好好休息，这种娇气现在是被迫改掉了。所以我认为，这次被划为右派，固然不是件好事，但对我改造上说，也未尝不可以把坏事变好事。因为我若不是右派，就没有亲自参加劳动的机会。

13日，陆侃如日记：

昨天下午，根据系里的安排，在家里学习时事，主要是学习毛主席的讲话，赫鲁晓夫给艾森豪威尔的信，以及《人民日报》最近几篇社论。

14日，陆侃如日记：

劳动了两天，渐渐有点习惯了……前两天都是拉小车，一天可拉十二次。今天改拉大车，只拉了十次。

【剑锋补：

15日，陆侃如抄毕《清算我在学术工作中所受胡适反动思想的毒

素——反动学术思想自我批判之三》（今存手稿）。】

16日，陆侃如日记：

> 下午，成校长动员全校组织公社……我一定争取能够做一个社员。

23日，山东大学召开全校师生员工大会，传达山东省委关于山东大学由青岛迁往济南的决定和学校研究的意见。决定水产、海洋、筹建中的地质地貌系和附属中学留在青岛，将中文、历史、数学、物理、化学、生物六个系迁往济南，校址用原在济南东郊洪家楼山东农学院的校舍。

陆侃如日记：

> 今天党委传达省委指示，决定大部分迁济南。自五五年以来，山大迁校之说，常常提起的。我一向赞成迁校，但当时赞成的动机并不正确。五五年在北京开会，决定迁郑州；我赞成的动机，是担心青岛有战争。五六年夏天，舒同同志征求我对迁济南的意见，我表示赞成；当时我是因为省立图书馆里边古书多，觉得济南在研究工作上比青岛方便。第一次的动机实际上是恐美心里。第二次的动机是厚古薄今。现在是第三次了，我也赞成，因为各方面都在大跃进，而山大在青岛难以发展的实际情况，我是深知道的。

自9月26日开始，山东大学迁往济南的部分陆续分批进行。28日，中文、历史两系学生先去济南，接受农学院的炼铁生产。至10月24日，除个别人员外，最后一批人员和物资运抵济南，搬迁任务完成。

本月，冯沅君任山东大学校务委员会委员。校务委员会由51人组成，校长成仿吾任主任委员。

10月

1日，陆侃如日记：

> （中文系）章主任向全系教职员说：个人主义不清除，在共产主义社会就是渣滓；迁校是一个考验，将来由群众评分。

9日，陆侃如日记：

在师大学报上读到师大学生集体写作的古典文学史教学大纲，洋洋十余万字，真令我又惊讶又佩服。我读了一遍，觉得这大纲的确能贯彻以民间文学为纲的原则。里边有三分之一的材料是我过去所不知道的，有三分之一是过去知道但没有放在文学史里讲的，有三分之一是过去也讲了但讲得远远不够的。除了突出民间文学外，这大纲又突出了两条道路的斗争，现实主义与反现实主义的斗争。在评价作品时，它强调了无产阶级政治标准，使精华与糟粕分得很清楚，突出了进步作家的地位，也适当指出了他们的局限性。如果不是我亲眼读到，我真不相信学生能在一星期内写出这样的大纲来。过去资产阶级教授领了高薪，拖了几年，搞出来的大纲却远不如这个。在党的英明领导下，什么奇迹都能出现！

15日，陆侃如日记：

人事处通知我，今天起工资改为四级。

26日，陆侃如日记：

今天上午，我到中山路参加卖花。我们几个人多方招徕主顾，又酌量减价，才卖到二元几毛，其中花盆就值一半以上，所以真正的赢余只有几毛。由此可见，创造物质财富真不易。

27日至11月2日，冯沅君出席在济南召开的山东省第二届人民代表大会第一次会议，再次当选为出席第二届全国人民代表大会代表、山东省人民政府委员。

27日夜，陆侃如乘火车迁济南，28日到达。住原山东农学院第一宿舍403号。

31日，陆侃如日记：

今天第一次参加打石子的劳动，心里非常兴奋。这虽不是直接炼铁，但总是炼铁的一部分；我渴望已久的参加炼铁劳动，现在终于如愿以偿了。

本月

冯沅君开始指导攻读唐宋传奇文学的苏联研究生陶宁娜。

冯沅君在《文史哲》第11期发表《〈中国诗史〉的初步批判》（《陆侃如冯沅君合集》未收）。

12月8日，陆侃如写有《学习教育方针的笔记》，分三部分："（一）教育为什么必须为无产阶级政治服务？（二）教育为什么必须与生产劳动相结合？（三）对我校我系最近的措施怎样看法？"同时表示："我也想谈谈怎样通过这次学习，更进一步认清自己过去的罪行的不可饶恕，来加强自我革命的决心与勇气。"（今存手稿）

本年

陆侃如、冯沅君著《中国文学史》，台北启明书局出版。①

冯沅君著，杨宪益、戴乃迭译《中国古典文学简史》（英文版），外文出版社出版。因陆侃如被划为右派，故只署名冯沅君。

陆侃如定有"五年改造规划"。主要内容："继续反省自己的罪行""坚决接受党的领导，靠拢党的基层组织""积极参加劳动锻炼""认真学习马克思列宁主义经典著作，特别是毛主席的著作""认真学习马克思列宁主义文艺理论，多读当代文艺作品""继续自修俄语，以阅读苏联中学文学教科书及苏联汉学专家著作为主，争取翻译没有重大错误""认真学习时事政策""经常做广播操和高血压体操，提高健康水平""认真做好教学工作，在备课、写讲义、批改作业、辅导、考试等方面，都要用全付〔副〕力量来做"等。（今存"五年改造规划"手稿）

【剑锋补：

陆侃如抄毕《批判庸俗社会学及其他反马克思主义的倾向——反动学术思想自我批判之四》（今存手稿）。】

【剑锋补：

约在本年，冯沅君撰写《自我批判提纲》（今存手稿16页），以《中国文学史简编》为主对自我进行检查批判，涉及五项："（一）对民间文学的排斥与歪曲""（二）抹杀两条道路（编著者按，指现实主义与反现实主义）的斗争""（三）美化古人，厚古薄今，崇古非今""（四）阶级观念模

① 参见龚鹏程主编：《五十年来的中国文学研究（1950～2000）》，台北，学生书局，2001年，第24页。《中国文学史》当是《中国文学史简编》。

糊”“（五）歪曲文学发展规律”；最后总结说，“错误根源主要是阶级立场的错误。站在资产阶级立场，轻视劳动人民”。】

1959年　己亥　冯沅君60岁　陆侃如57岁

2月27日至3月5日，中共中央政治局郑州扩大会议决定清理“共产风”，人民公社实行三级管理、三级核算。毛泽东在会议上讲话仍强调“人民公社运动”“有伟大的成绩”，“我们的成绩和缺点的关系……是十个指头中九个指头和一个指头的关系”。

3月，达赖等西藏上层分子发动武装叛乱，旋被平息。

4月

2日至5日，毛泽东在上海中共八届七中全会上，强调权力集中在政治局常委、书记处，由他挂帅，又提倡学习“海瑞精神”。

18日至28日，第二届全国人民代表大会在北京召开，选举刘少奇为中华人民共和国主席。

6月，作家出版社开始出版《中国歌谣资料》。

7月2日至8月16日，中共中央政治局扩大会议、八届八中全会在庐山先后举行。7月14日，彭德怀给毛泽东一封信，对1958年以来的“左倾”错误及其经验教训提出意见。毛泽东指责这是“资产阶级的动摇性”，是“右倾性质”。会议开始对彭德怀进行批判，并发展为对“彭德怀、黄克诚、张闻天、周小舟反党集团”的斗争。会议还提出右倾已成为主要危险，通过《关于反对右倾思想的指示》，作出《为保卫党的总路线、反对右倾机会主义而斗争》的决议。会议还要求立即掀起“新的生产大高潮”。

9月16日，中共中央、国务院发出了《关于确实表现改造好的右派分子的处理问题的决定》。

本月

北京大学中文系文学专门化1955级集体编著《中国文学史》（1～4册），由人民文学出版社出版第2版。此版对初版做了大量修改。

舒芜、陈迩东、周绍良、王利器编选《中国近代文论选》，由人民文学出版社出版。此书为郭绍虞、罗根泽主编的《中国历代文论选》之一。

12月8日，中共中央宣传部召开全国文化工作会议，认为资产阶级思想影响仍是文学艺术上的主要危险，提出开展彻底批判资产阶级文学艺术的运动，批判修正主义，批判十九世纪欧洲文学。

冬季开始，全国经济生活出现困难局面。

本年

郭沫若、周扬编新民歌选集《红旗歌谣》，由红旗杂志社出版。

全国古籍整理规划小组与高教部、北京大学协商，决定在北京大学中文系设置古典文献专业。

中华书局从本年开始陆续出版《古典文学研究资料汇编》。

冯沅君、陆侃如与山东大学中文系三年级学生和部分教师共同编写《中国大文学史》（又名《中国人民文学史》）。冯沅君出席第二届全国人民代表第一次会议。发表《我在学术思想上的严重错误》《〈三国志演义〉刍论》等文。陆侃如继续写改造日记。当选为政协山东省第二届委员会常委。省委批准摘掉其右派分子帽子。

1月

1日，陆侃如日记：

> 昨天下午在系里学习，讨论党的领导问题，给我帮助很大……我希望我在今年首先能实践这一点，实践做党的驯服工具，特别要做党的基层组织的驯服工具，这是这一年奋斗的总目标。

2日，陆侃如日记：

> 除夕及元旦在校内有不少文娱活动，我都没有参加。这一方面由于自己是罪人，没有脸到处参加；一方面也因为领导上分配给我的魏晋南北朝文学史教学大纲的起草任务，要抓紧时间完成，因此，我就利用休假的时间，钻研一下作品，希望在起草中减少一些错误。过去一直站在资产阶级立场上搞厚古薄今，现在应该反其道而行之，贯彻厚今薄古、古为今用的原则。

6日，陆侃如日记：

> 日来赶写大纲，初稿将成，再加修改，便可交教研组讨论了。关于陶渊明等人的不同看法，我决定暂且把自己的看法写上去，待讨论后再改正……师大大纲认为曹操反映汉末现实的诗《蒿里行》是“骗取人民信任的虚伪诗篇”，北大文学史说嵇康“没有什么成就”。我总觉得不符合实际。也许我这些想法都是错误的，我愿意在讨论后向真理投降。

8日，陆侃如日记：

昨天吕慧娟同志找我们四个人谈话，嘱我们定本年改造规划……我初步考虑，应该根据新的形势与新的要求来改订改造计划。

11日，陆侃如日记：

对于民间文学，以前没有注意。最近，才开始钻研，感到对许多问题没有把握。例如《三国志》载民歌“相门有相，将门有将”，曹植引用的时候，本意是要说明只有将相之门才能出将相。我认为民歌原意不可能与曹植的看法相同。曹植一定是断章取义，歪曲了原意。在世族地主掌握政权的时代，这种民歌应该是讥讽权门世袭的罪恶制度的。……这些意见是否正确，实在需要同学们和先生们大家讨论。通过这次起草，我更感到自己的无知、群众帮助的重要。

15日，陆侃如日记：

我虽然已经五十六岁了，但我想我的健康还好，至少还可以替人民做二三十年的工作。方向对头了，二三十年是可以做许多事情的。

16日，陆侃如日记：

系里发动三年级学生写一部规模较大的文学史，向国庆献礼。最近决定由教师起草，同学参加讨论。在总支领导下，师生合作，这是符合“三结合”的原则的。在教研组讨论这工作计划时，因字数有一二百万，交稿时期是六月。有一位老教师对此信心不足。当时一位助教一位研究生表示态度，愿意贡献出自己的力量，来协助那位老教师。我当时虽未发言，但我心里也下了决心，不管领导上分配什么工作给我，我一定如期完成。

18日，陆侃如日记：

日来心中一直思考改订改造规划的事，今天才有空写成初稿。我根据上次小组会谈的，提出争取五月摘帽的指标，把规划分成两部分：第一部分是上半年的规划，在去年所订的规划的基础上，继续努力……争取如期摘帽。第二部分是下半年规划。……如能在上半年摘帽，则下半年就进一步，创造条件，争取入党。

陆侃如改订《改造规划》（1959年1～12月），内容包括七方面。最后说："争取在暑假前做到在政治上站稳革命立场，巩固对党的领导的信服，认真靠拢党，做党的驯服工具，摘掉右派帽子，向红透专深的工人阶级知识分子的目标迈进。"（今存手稿）

19日，陆侃如日记：

今天参加系里批判高先生学术思想的会，有些意见对我也适用。例如关于"风雅颂"的产生先后，我和高先生一样认为"颂"最早，"风"最晚……我在去年九月所写的第三篇学术思想自我批判的文章里虽提出这一点，但只是认为把"国风"的时代移后是民族虚无主义思想的一种表现，还没有检查到蔑视民间文学，认为民间文学起于贵族文学之后的反动之极的荒谬主张。

23日，陆侃如日记：

昨夜参加批判《诗史》的会，各种意见都能使我心服，就是一条意见不服。四年级一位同学说，国家给我的待遇很优厚，为什么拿这种坏书去骗稿费？本来一解放就有书店来联系要重印《诗史》，我一直没有答应。后来，人民文学出版社再三要求重印，并托华岗来劝说，我才同意。怎么说我贪图钱才乱印书？后来细想一下，当时出版社负责人冯雪峰是右派，华岗也是反党分子，那么我接受这两个人的意见，显然是错的。

29日，陆侃如日记：

到昨天为止，古典文学组的学术思想批判会，初步结束。其中关于我和沅君合写的《文学史》和《诗史》，共开了四次会。

本月

冯沅君在《山东大学学报》第1期发表《我在学术思想上的严重错误》(《陆侃如冯沅君合集》未收)。此文长达一万五千字，是综合师生对她的批判的内容写成的。文中全面地否定、批判了自己的学术思想，给自己扣了许多“大帽子”，乱“上纲”，如：她在三十年代同陆侃如合写的《中国诗史》中，已经关注到民间诗歌，这是一种进步的尝试，但她在此文中对此却严加自责：

我比其他搞文学史的人更坏，因为我歪曲了民间歌谣。第一，这段论“近代歌谣”的章节是放在附论中，这显然是认为歌谣不能与文人的诗篇平起平坐。这种主次颠倒的安排，正暴露我对民间文学的歧视。第二，所论述的歌谣只限于近代，那显然是将近代以前的歌谣都一笔抹煞。实际上，我也就是这样做的，除去附论中这些谬说，对任何时代的歌谣我都只字不提。第三，就是对近代歌谣，我也是重糟粕而轻精华。我选取为例的第一首歌谣是《乡下女客进城拜菩萨》，这首歌谣尖刻地讽刺着贫苦妇女，除表示对劳动人民的轻蔑外，它什么意义也没有。

陆侃如继续用两个本子记“时事学习”笔记，一本记国内重要时事，一本记国际重要时事。每月内，简要选记重要时事，注明日期（今存本月至12月手稿)。

2月

8日，陆侃如日记：

新买到师大学生集体写的民间文学史，今年春节才有空细读了一下。可以说，过去所有的文学史，在这方面都是空白。

16日，陆侃如日记：

到昨天止，教学大纲工作组把大纲的稿子讨论完了，今天起就开始修改。……修改工作是很复杂的。不过我对这修改工作，倒是很乐意做。因为我感觉到这对我改造学术思想有极大的帮助。

21日，陆侃如日记：

> 今天在教研组里订规划时，讨论到大文学史的编写工作。全书分七篇，一百五十万字，定六月下旬交稿。组里把第二篇秦汉与第三篇魏晋南北朝分配给我主编……人民对我的信任，我真衷心感激。

约在本月，一个星期天的下午，山东大学党委书记、校长成仿吾到冯沅君家看望冯沅君。看到冯沅君家家具陈旧，过得过于简朴，建议她买几个沙发，注意劳逸结合。交谈时，谈了学校的工作、中文系的教学和文学史编写方面的问题。成仿吾特别肯定和赞扬了冯沅君拥护三面红旗、听从党的指示、努力工作。冯沅君说："我在学术思想上犯有严重错误，我要做深刻检查，特别是胡适反动思想对我的影响非常深远。"成仿吾说："你在校报上的检查文章，我看了。态度诚恳，但也不必过于求全责备。胡适是你的老师，你听过他的课，能不接受他的观点、思想！研究古典文学，能不占有材料！能不考证！要从根本上看问题，改变自己的立足点。这个立足点的转变，毛主席说是个长期过程，性急不得。解放这十几年来，冯先生政治上要求进步，学术思想上提高也不少。"冯沅君说："我的错误很多，同志们提的意见很好。"成仿吾说："群众运动总有言之过甚的地方。我看有些意见就不合适。你对民间文学的认识，就比一般学者早。认识早，就比认识晚进步；认识不全面，也比不认识进步。你何必要全盘否定自己呢！""对群众的批评抱虚心的态度是对的，但不能照单全收，要用毛泽东文艺思想来鉴别哪些是正确的，哪些是应当改正的。有则改之，无则加勉。前阶段拔'白旗'，把你冯先生当'白旗'，这个做法就不妥当，它把政治问题和学术问题混淆了。"冯沅君说："成老，我是有错误的，批判是应该的，我没有意见。"成仿吾说："你没有意见，不等于我们的做法没有错误！党的政策历来有错必纠……过去冯先生拥护党，拥护毛主席，争取政治思想进步，希望今后继续努力。"①

本月，陆侃如根据中文系党总支的指示，根据《改造规划》第一学期的执行经过与第二学期的具体情况，另作了个《补充规划》。②

---

① 《冯沅君传》，第293～295页。

② 参见陆侃如1959年6月9日写给九三学社济南分社的第三封信。

3 月

1 日，陆侃如日记：

昨天到中文系学生宿舍旁听了小组讨论，听到同学们谈回家时的见闻，使我对人民公社有更具体的了解。

2 日，陆侃如日记：

在家里开始写大文学史的稿子。先从陶渊明那一节写起，为了下周可以先在教研组里讨论。

3 日，陆侃如日记：

今天教研组开会，传达系里讨论文学史编写工作的意见，对上次教研组的初步决定有所改变：首先是字数由一百五十万增为二百七十五万，其次是把五段归并为四段，成立四个编写小组。……我决定愉快服从领导的分配，无论什么工作都乐于接受，并保（证）全力以赴。

4 日，陆侃如日记：

昨夜文学史编写人员开会。先是一起开……接着四个编写小组分别开会。我们这一组除萧先生和我外，还有十一位同学参加。大家交换了一下意见以后，又分成两部分：一部分围绕在组长萧先生周围，谈隋唐五代部分的编写问题，一部分围绕在副组长牟世金同学周围，谈魏晋南北朝部分的编写问题。我和潘仁山、邹作桂两同学都是属于魏晋南北朝部分的，连牟同学共四人，作了初步分工。同学们有学习任务，没有时间担任太多的字数，我应该多担任一点。

5 日，陆侃如日记：

昨天集体学习人民公社有关的文件。

7日，陆侃如日记：

昨夜参加了文学史编写小组的会。

10日，陆侃如日记：

今天在教研组里讨论了我起草的陶渊明一稿。这一方面是组里业务学习的一个单元，一方面为大文学史中陶渊明一节的编写打下基础。……我深信经过这样的讨论之后，我起草文学史上陶渊明一节的时候，一定可以减少一些错误。

13日，陆侃如日记：

连日在报上读到有关高级知识分子入党的报道，特别是几个熟人，如梁思成、陈垣、周培源等人的入党，给我很大的启发。报上还载了他们的文章，极有教育意义。……陈老先生快八十了，终能入党；我还不到六十岁，只要一贯努力，永不灰心后退，那么总有一天会实现我这个愿望的。

19日，陆侃如日记：

今天教研组里讨论庸俗社会学问题，这是继陶渊明讨论之后的，又一业务学习单元。为了准备发言，我学习了一些文件……在文件中，我看到有一位苏联的学者说，把文学史归结为现实主义与反现实主义的斗争，是庸俗社会学的观点。这个我还想不通。自去年批判厚古薄今以来，在古典文学的研究中开始强调两条道路的斗争。最近我们系里编写的大纲也是这样，为什么说这也是庸俗社会学呢？

22日，陆侃如日记：

昨天继续学习了有关公社的问题。

23日，陆侃如日记：

我好久没有参加体力劳动了。昨天第一次参加。

24日，陆侃如日记：

今天在科学讨论会上听到李希凡同志的发言，颇有感触。他是十二年前和我同一天到青岛的，当天晚上一起在赵纪彬先生家吃饭。赵先生是他的姐夫……解放后赵先生恢复了党籍，李希凡也飞跃进步，成为向资产阶级学术思想发射第一枪的人。而我呢，却堕落而为人民的敌人。

27日，陆侃如日记：

今天到千佛山植树。……以后无论什么样的劳动，我都要毫无顾虑地参加，以争取更多的锻炼的机会。

31日，陆侃如日记：

今天是三月的最后一天，我检查了一下文学史的编写进度。……从二月下旬到今日约五周的时间，总算完成了四万二千字左右的稿子。质量虽没有把握，但每周写八九千字的计划在数量上是达到了。

4月

3日，陆侃如日记：

今天在科学讨论会上讨论文学史教学大纲，连日教研组里也天天召集师生讨论，这对大纲质量的提高很有帮助。但是我有一个疑问：从近来的发言里听来，好像有人对文学史以民间文学为纲的原则，对文学史上突出两条道路斗争的原则，却有点怀疑似的。本来各地报刊上也有类似的讨论，好像北大的文学史搞得不恰当了似的。我认为，如果说某些地方论述得不太完善，是很可能的……但如果因某些结论欠妥而怀疑到根本原则上去，那就不对头了。

10日至18日，陆侃如下乡参加春耕播种劳动。[①]

18日至28日，冯沅君出席在北京中南海怀仁堂召开的第二届全国人民代表第一次会议。

21日，陆侃如日记：

今天萧（涤非）先生传达了周扬同志的报告……说：周扬同志不赞成以民间文学为文学史的主流，曾和北师大谈过这个意见，而北师大没有接受……周扬同志也不赞成在文学史上突出现实主义与反现实主义的斗争，因为有些作品既非现实主义的，又非反现实主义的。自去年开展学术批判以来，我一直深信文学史应以民间文学为纲，也深信文学史上主要是现实主义与反现实主义的斗争。最近有人怀疑，我还不以为然。现在萧先生说周扬同志也不赞成，这就使我在思想上陷入迷惑的地步，不知道究竟怎样看法才对。

27日，陆侃如日记：

今天工会召集会议，传达党委关于节约粮食支援农村的号召。在我本来没有什么问题，因为我的粮食也够吃的，而且在青岛的时候，我家里早晚都是习惯吃稀的。

5月

1日，陆侃如日记：

昨天是四月的最后一天，不能不买五月的饭票，而下午又须到图书室劳动，所以必须在上午买。

3日，陆侃如日记：

今天在系里讨论每个人的粮食定量，自报公议。我原为二十九斤，现在自报二十五斤，大家没什么意见。沅君没有回校，我因她平日饭量和我差不多，所以就代报了二十五斤。有人认为她身体较弱，恐怕吃不了这么多，建议减至二十三斤。……这是响应党的号召，支

① 据陆侃如日记。

援农村，如果沅君在这里，一定也乐于接受的，所以我就表示同意。

4日，陆侃如日记：

今后如何在古典文学研究工作上正确运用马克思列宁主义的原则，将是我终身奋斗的目标。但是不破不立，要立必须先破，所以系统地检查一下四十年来的错误历程，是很必要的。目前忙于赶写文学史，等到编写工作告一段落，我就进行做这个检查。

5日，陆侃如日记：

今天与系中同事一起到一号楼参观了各系的评比展览会，真是“八仙过海，各显神通”，每一系都有自己的特长。

【剑锋补：

9日，冯沅君在《新山大》发表《揭开尼赫鲁的三个因素的盖子》（《陆侃如冯沅君合集》未收）。】

10日，陆侃如日记：

今天上午参加了教学方法讨论会，听到了几系的汇报，又听到了成校长的总结，深感这种会的必要。特别是我，已有几年没有讲课了，在备课、课堂讲授、讨论、辅导上都需要好好学习，否则教学效果一定不会好。

11日，陆侃如日记：

九日上午才知道，爱国卫生委员会要求每人在十日以前打苍蝇至少一百二十个，我就很焦急，因为时间太迫促了。昨天又下雨，又开会，我更担心不能完成任务。……但是事实与我预想的相反，在九、十两日下午及今日上午就打到一百多个。

12 日，陆侃如日记：

今天姜可瑜同志告诉我，说我和沅君的粮食定量，党总支决定各加两斤。……沅君从二十三斤增加到二十五斤，还不算太多；至于我从二十五斤增加到二十七斤，就太优待了。

16 日，陆侃如日记：

今天上午到系里参加政治学习，突然宣布时事测验。……本来我每天读报都做摘要，但摘要做得不好，所以这次有些问题，如西藏叛匪的头子、乒乓球赛的选手等，我都不记得名字。

15 日，陆侃如作为教育界人士，在山东省政协一届二次常委会上，当选为政协山东省第二届委员会委员。

17 日，陆侃如日记：

昨晚省政协秘书长召集几个右派分子谈话，并招待吃晚饭。……省政协的负责人在百忙中花了这么多的时间来鼓励我们，并且备有丰盛的晚餐，这却完全出乎意外，我心里真感到万分不安。

18 日，陆侃如接到省政协通知，让他参加省政协一届二次会议，下午到珍珠泉报道。

19 日

陆侃如写信给中文系党总支，报告接到参加省一届二次政协会议的通知和自己的态度（今存此信底稿）。其中写道：

让我参加这一届的政协，这是意想不到的光荣，我真是受宠若惊呵。对我这个犯有严重罪行的人，给以自新之路，让我在群众监督下工作，在工作中进行改造，这是党挽救我的一片好心，我是深知道的……我一定认真听取首长们的报告，认真钻研文件，使自己改造得更快更好些，来报答党对我的热烈关怀。

陆侃如写信给济南九三学社分社，内容大体上与给中文系党总支的信相同（今存此信底稿）。

20日，陆侃如日记：

> 读到《光明日报》上报道各地对于中国文学史上的一些理论问题的讨论……我的初步意见是：某些参加讨论的人似乎有点过于拘泥。例如关于现实主义与反现实主义的斗争是不是文学史的基本规律的问题，既然在“规律”上加以“基本”两字，那就说明这不是“唯一”的规律，在“基本”规律以外还有其他“非基本”的规律。为什么承认这个规律就会抹煞浪漫主义呢？我认为在“非基本”的即次要的规律中，就包含有积极浪漫主义与消极浪漫主义的斗争。又如关于民间文学是不是文学史的主流问题，也是这样。“主流”不过是在重要性上占第一位的“流”而已，并不是“唯一”的流，除主流外，还有占第二、第三位的流，并不是说主流以外全是逆流。为什么承认了民间文学是主流就会抹煞文人的进步作品呢？

21日，陆侃如参加省政协一届二次会议开幕式。会上，陆侃如发言，开头说：“我是一个曾经犯了严重的反共反人民反社会主义罪行的人，现在党和人民对我特别宽大，让我参加政协，使我多一个学习机会，真使我又感激又惭愧。”接着谈自己两年来的改造情况和体会。如认可党能够领导一切，说“自己就亲身经历到这么一件事：从前高教部曾邀请各大学中文系的老教授二十多位，集体编写中国文学史，我自己就是这个编委会的召集人之一……几年过去了，这部文学史始终没写成。但是，去年在党的领导下，北大、师大、复旦大学的学生都很快就集体写成了书，山大的学生也在去年年底短短的时间内写成了文学史讲话，向省党代会献礼。这不显然是资产阶级专家领导与党领导的区别吗？我深深体会到：教学与科学研究工作是一分钟也离不开党的领导的”。讲自己参加体力劳动的感受，说：“两年前第一次下乡抗旱的时候，内心的顾虑很多……两年来，又参加了修水库、运煤、炼铁、春耕等劳动，渐渐使我认识到劳动人民的无比的智慧与高贵的品德，远非知识分子所能比。就拿最近下乡参加春耕来说，从翻地、耪地到做三级埂止，农民兄弟们有一系列的优良经验。”讲自己的改造，说：“两年来，进步得太慢，改造得太慢……我愿意继续努力，在党的教育下、群众的监督下，加紧改造自己，来报答党和人民的关怀。”（今存《省政协发言稿》手稿）

27日，陆侃如当选为政协山东省第二届常委。

28日，陆侃如日记：

过去一周内，参加了省政协的会议，又列席了省人大的会议……有几点感想写在这里：首先是祖国和本省社会主义建设的宏伟规划和广大人民的劳动热情给我极大的启发。……其次是党对我的无微不至的关怀。……最后是孤立的刺激。同房间的和同小组里的委员们，都不愿和我打招呼，在酝酿常务委员名单时，有不少人不赞成把犯错误的人列入常委之中。选举时，我得的票数比别人少得多。这些都使我更深刻地认识到"右派当不得"的事实，也就更督促我加紧改造，争取早日归队。

陆侃如写信给中文系党总支（第二信）（今存此信底稿），写道：

我参加了省政协七天的会……我受到的教育很多，而劳模们的冲天干劲给我的启发尤其难忘。……大会又把我选在政协的常委会里。党这些关怀，使我心里无限感动。我必须把感激的心情转变为行动的力量才行。

陆侃如给九三学社济南分社写信（第二信）（今存此信草稿），内容大致与给中文系党总支的信相同。

31日，陆侃如日记：

我根据规划检查一下全月的工作情况。在劳动方面做得太少，只是文学史编写工作的进度比上月好些。虽然这月开会时间不少，但还能完成两万字以上。

本月

冯沅君经常在家中辅导学生。1956级中文系学生田士琪回忆说：1959年"复课后，我几次去她家接受辅导。她事先都根据我提出的问题找到相关材料，然后仔细给我讲解……一次，她问我毕业后想做什么？我说：'想当教师……'她很高兴，说：'好啊，当教师，教学相长，教书育人，跟青年学生在一起，自己也年轻了，所以我一辈子都在教书。'"

约在本月，冯沅君教授中国古代文学史，期中进行考试。她提出开卷考试。一天，她组织选择宋元戏剧组的同学跟她去山东剧院观看京剧《孙安动本》。观看前，她要求每人观后都要准备对该剧的评论发言稿，在座谈会上发言，会后教师评分。座谈会上，学生从不同的角度评论，生动、活跃，很受学生欢迎。[①]

6月

1日至3日，陆侃如到近郊参加麦收劳动。

4日，陆侃如在系里搞卫生，到图书室擦书架。

5日，陆侃如日记：

> 今天教研组讨论曹操，大家踊跃发言，不觉已到下班……我虽准备了发言，但终于没有发。我原来打算谈两点：第一是翻案问题，我感到近来的一些文章太夸大了曹操的成就方面……这是很不妥当的。第二是历史小说的艺术形象问题，我不同意高先生认为艺术形象必须与历史人物本身完全符合的主张。

9日

陆侃如给九三学社济南分社写信（第三信）（今存此信底稿），写道：

> 去年七月十九日下午，山东大学中文系总支书记曾指示我每天做反省的日记……直到现在，快满一年了，一直在继续着。在这些日记里，我都尽可能把每天的思想活动记下来，同时也把自己对于过去罪行的新认识写出来。……一年来，结合对自己罪过的反省，我还写了"社会主义教育课程阅读文件汇编"第一编上下两册的学习笔记六篇，资产阶级学术思想自我批判四篇，以及其他政治学习笔记五篇，都送请党总支审阅。……请随时给我以严格的批判，随时督促我进行彻底的改造。

陆侃如日记：

> 读到郭老和刘大杰先生辩论《胡笳十八拍》的文章，很感兴趣，特别是我下年将担任这一段文学史的讲授，不能不牵涉到蔡文姬的问题。诚如郭老指出的，刘先生把史料看得过于"死"了，但同时我也

① 以上两则参见田士琪：《与冯沅君先生相处的日子》，载《我亲爱的新山大》。

感到郭老对史料又过于灵活了。如刘商序文说："后董生以琴写胡笳声为十八拍。"刘先生认为是十八拍为董庭兰作的证据；但郭老在"后"字下加一"嫁"字，说这是文姬嫁董祀以后作十八拍的证据。又如苏轼《醉笔》说："史载文姬两诗特为俊伟。"刘先生认为，这是苏轼称赏蔡文姬《悲愤诗》的证据；郭老又加上"胡笳视"三字，便变成苏轼称赏十八拍的证据了。这样改变史料原文来辩论，怎么能得到科学的结论呢？我并不反对把"十八拍"当作文姬所作，因为这个可能性很大；但我不赞成郭老这种"灵活"的做法。

11日，陆侃如日记：

今天继续讨论曹操，我根据教研组的决定，准备了发言稿。虽然我尽可能对所有的问题提出自己的看法，有和别人不同的意见也尽量说出来，但我仍觉得自己有点缩手缩脚，说什么话总要留点余地，希望稳妥一点，担心不要出什么大毛病。

14日，陆侃如到2号楼后边菜园劳动。晚上，到系里对参加编写文学史工作的同学进行辅导。

19日、20日，陆侃如出席山东省政协常委会议，听到山东省委书记舒同的报告和委员们的发言。

21日，陆侃如写信给九三学社济南分社（第四信）（今存此信底稿），报告参加省政协常委会的情况及感受，说：

会场上的热烈的气氛感染着我，一方面使我更悔恨自己过去反党反社会主义的丑恶罪行，一方面也使我更坚定了改造自己、争取早日回到人民队伍来的决心。

25日，陆侃如日记：

今天教研组里讨论李清照。在讨论中，我感到对抒情诗处理的困难。小说和戏剧比诗歌容易分析，而诗歌中叙事诗又比抒情诗容易些。在陶渊明、王维、李煜、李清照等作家的评价上，毛病比较多，就因为他们的作品主要是抒情诗。

30日，陆侃如日记：

今天是六月的最后一天，我检查了一下改造规划补编里规定的3～6月的工作。就编写工作方面，大文学史分工给我的部分，我已完成了全部草稿，山东古典作家评传中分给我的左思评传也完成了，作为七一向党献礼的材料。学术讨论会上的发言稿，除了写了有关陶渊明的两篇外，还临时增加了有关曹操的一篇。……劳动方面，只做了十五天左右，这比预计的少。

本月

冯沅君与丁履德、夏鼐、童第周等二十五人合作《希望印度政治家对当前局势采取明智行动》（《陆侃如冯沅君合集》未收）。

7月

3日，陆侃如日记：

昨天教研组讨论教学问题，决定恢复讲稿的讨论，并从我的魏晋南北朝文学史开始。我真是喜出望外。……我对自己的讲稿本来没有自信力，现在有集体来支援，这就增加了我许多勇气。

8日，陆侃如日记：

今天章主任宣布上级对处理的批示：有人是留用察看，而我仅仅是降职、降级、降薪。

15日至22日，陆侃如出席山东省第三届文代会，听了省委书记刘季平作的报告，提出“鼓足干劲，力争上游，百花齐放，推陈出新”十六字为本省今后文艺工作的总方针。会议选举陆侃如任省文联执行委员。

23日，陆侃如写信给九三学社济南分社（第五信）（今存此信底稿），报告出席省文联会议情况及自己的态度，其中写道：

我下决心，要在古典文学领域内，尽力贯彻马克思列宁主义的原则，做出一点成绩来，来报答党和人民的恩情。……

我过去立场反动，因而犯了严重的错误；今后必须在任何工作中首先辨明方向，时时以毛主席的六项政治标准来检查自己，在文艺工作中当然也必须如此。

29日，山东大学中文系同志们举行小组会，对本系陆侃如等四个右派分子进行鉴定。陆侃如发言，谈两年来自己改造的情况，继续检查自己“罪恶的言行”。与会同志对他的检查和表现进行评论，指出了存在的问题。冯沅君参加了会议，发言说：陆侃如“劳动观点未树立”“生活不刻苦”，编文学史大纲“缺乏协作精神”。“批评后承认改，还得实践证明。”①

30日，陆侃如写信给九三学社济南分社（第六信）（今存此信底稿），说：

> 昨夜山东大学中文系同志们举行小组会，对系里四个右派分子进行鉴定。在群众鉴定前，先由自己作个自我检查的发言。今将我的发言稿寄上，请指正。

8月

1日，陆侃如定“改造规划续编”（1959年8月到1960年1月）（今存手稿）。“续编”说：“根据群众的鉴定和自己的检查，在原有规划的基础上，拟订规划的‘续编’。”通过努力，“希望在学期终了时能摘去右派帽子，回到人民队伍里来。如不能摘帽，应再接再厉，加紧改造自己。如能摘帽，就更进一步争取入党”。

5日，陆侃如日记：

> 昨天到省政协参加文教工作组的会议，讨论了工作计划，座谈了国庆献礼的打算。

8日，陆侃如日记：

> 与系中留校同事们一起在菜园里劳动。

11日，陆侃如参加九三学社山大支社的组织生活会。

陆侃如写信给九三学社济南分社（第七信）（今存此信底稿），报告

① 今存陆侃如发言稿及陆侃如记的“小组发言摘录”。

参加九三学社山大支社的组织生活会时的兴奋心情，表示“应该抓紧八九两个月，在思想改造上痛下决心，向前飞跃一步”。还说：

> 目前党交给我两件工作，一是和中文系四位同学一起编写中国文学史的魏晋南北朝部分，二是担任中文系三年级的魏晋南北朝文学史课程。其中我最没有把握的是三年级的辅导工作。全级有九十多人，工农同学占二分之一。我曾请教过别的教师，他们在这方面也没有成熟的经验。我决心在这工作上摸索出一点门径来。我初步打算是，把辅导工作送上门，每周三次，一次是全体的，一次专为工农同学，一次是个别辅导。

21日，陆侃如写信给九三学社济南分社（第八信）（今存此信底稿），说：

> 最近省政协组织了五天的参观，我参加了三天，参观了济南钢铁厂、机床二厂、前进化工厂。这给了我不少启发。……
>
> 进一步认识到彻底改造自己的刻不容缓，而且不仅在口头上说改造，而要贯彻到实践中去。

22日，陆侃如参加九三学社济南分社座谈会并发言，发言的内容基本上是根据7月29日在山东大学中文系鉴定会上的发言稿，但也有补充。

23日，陆侃如写信给九三学社济南分社（第九信）（今存此信底稿），主要内容是补充22日在座谈会上发言。

28日，陆侃如日记：

> 今天给中三上了两小时课。从五二年到现在，我已有七年没教过课了，因此很没有把握。后来又经过学术思想的批判，认识到自己的错误，对讲课更感到心中无数。幸而教研组决定讨论讲稿，这给我很大的鼓舞。今天是第一次上课，我事先根据这个讨论过的讲稿又准备了两天。在准备时，我尽量做到把要讲的内容都融会贯通，并尽量抓住重点与难点，希望能提高教学效果。讲义已印好发给同学了，我也事先嘱咐他们预习。在上课前十分钟，我到了教室，看见大部分同学都在预习。这样在讲义上已有的东西中，有些可以不必再复述。但

是，虽然经过事先的布置，临上课时，我心里还是不能安然，所以一面讲一面还在提心吊胆，以致有些准备好的话临时又忘掉说了。我已托牟先生和课代表收集同学反映，以便改进。

30 日，陆侃如日记：

昨天在九三小组里学习了周总理的报告，对于八中全会公报与决议有了进一步的体会。

9 月

1 日，陆侃如日记：

昨天教研组会上，大家响应党中央的号召，鼓足干劲，增加科学研究项目。我因为自己学术思想应好好的改造，所以原来只打算提一项“四十年来反动学术思想的自我检查”……现在决定再提出两项：一项是汉魏作家年谱五种以上，作为六一年的科学研究项目……还有一项是两晋作家年谱五种以上，作为六二年的科学研究项目。

2 日，陆侃如日记：

昨夜我第一次对三年级同学进行辅导。因为是第一次，我就先花了一个多小时的时间讲了一下对学习文学史的一些意见，供同学们参考。讲完后，有些同学有问题和我谈的就留下，这样有十多个同学又谈了一个多钟头。

3 日，陆侃如日记：

昨天工会号召节约，做好储蓄工作，要求每个人定出计划来。我和沅君原来打算每月储蓄 150 元以上，9 至 10 月可有 600 元以上。今天考虑一下，可以提高到每月 200 元。

5 日，陆侃如日记：

昨天上午是我第二次上课，上课的心情比上次安静一点……昨晚我又进行辅导，同学热烈发问题，谈的很起劲，不知不觉两小时过去了。

6日至8日，陆侃如参加了省政协召开的座谈会和常委会。6日下午，陆侃如在小组会上发言；8日上午在大会上发言。他说："发言内容一方面是暴露自己的错误思想，一方面回报自己的献礼打算。""第一，是积极参加集体的献礼。为了向国庆十周年献礼，山东大学中文系部分师生集体编写了一部大型的中国文学史，我和三位同学协作，写魏晋南北朝阶段的二十多万字，预定九月十五日完成初稿。我除自己动笔的七八万字提前完成外，还要全力帮助三位同学如期完成其他部分，并保证一定的质量。第二，是认真做好教学工作。本学年我担任了古代文学史的讲授工作……为了使我教的学生的学习能有更好的成绩，我决心加强辅导。特别是这一班学生中，有一半是工农同学，我更应该多做这方面的工作。""第三，是科学研究工作，在国庆前，把十六七万字的讲义提前编完，交教研组讨论，以便早日发给同学。在明年五一节前，把大型文学史的初稿修改完毕，争取达到出版的水平。在六一年六月以前，写汉魏作家年谱，向党的四十岁生日献礼，以后接着写两晋作家年谱。""第四，是储蓄。我过去也经常储蓄，但计划性不够，潜力也挖的不够。为了响应党的号召，我和我家中全体成员精打细算，争取每月在工资中储蓄百分之四十以上。此外，凡是过去的定期存款，现在到期的，全部继续存定期……更好地支援祖国的社会主义建设。"（今存陆侃如9月7日写的"省政协座谈会发言稿"）

9日，陆侃如写信给九三学社济南分社（第十信）（今存此信底稿），报告参加省政协座谈会、常委会情况和自己发言内容，还说："昨天晚上回校虽晚，但我仍照常到教室去对工农同学进行辅导，直到学校快熄灯了才回家。"

12日，陆侃如日记：

昨天早上，我给三年级同学上了课。晚上，又给他们进行了辅导。……现在辅导的时候，差不多常常是讲解作品。

14日，陆侃如日记：

今天上午参加了省人委的扩大会议，听到了白副省长的关于调整山东省国民经济计划主要指标和开展增产节约运动的报告。

17日上午，陆侃如参加省文艺界誓师大会。

22日，陆侃如日记：

在这一期的《红旗》上，读到郭老和周扬同志合写的《红旗歌谣编者的话》一文，里边指出文学史上的创作高潮都和民间文学有渊源关系，接着举出了五个例子："楚辞同国风，建安文学同两汉乐府，唐代诗歌同六朝歌谣，元代杂剧同五代以来的词曲，明清小说同两宋以来的说唱。"我认为，这五个例子中，至多只有建安和明清两个例子可用，其余三个都有问题。楚辞和唐诗的繁荣同国风和六朝歌谣有什么"深刻的渊源关系"呢？至于元代杂剧，与其说和五代以来的词曲有关，不如说与唐宋以来的技艺有关。

23日，陆侃如日记：

今天到农场劳动了半天。

24日，陆侃如日记：

三年级学生有三十多人组织了科学小组，专搞古典文学的研究工作，准备元旦献礼，要我们向他们讲讲话。我近几天来，都抽出晚上的时间来和他们谈话，一次是专对研究唐以前文学的人说的，一次是专对研究唐以后的文学的人说的。他们主要是希望我在研究方法上给予帮助，但我想在讲研究方法之前，应该对研究的目的先讲几句。根据我自己的认识，进行科学研究而抱一个为个人名利服务的念头，那么结果必然会走入歧途。

本月

冯沅君作为导师，开始指导研究生庄克华。研究方向是宋元明清文学。庄克华本年7月从山东大学中文系毕业，被分配做研究生。这是我国首届收三年制研究生，全国只有几所知名大学试招。

陆侃如作为导师，开始指导研究生龚克昌。研究方向是汉魏六朝文学。龚克昌本年7月从山东大学中文系毕业，被分配做研究生。

秋

全国掀起大兴水利高潮，冯沅君随山东省文联组织一批文艺工作者去临沂参观访问，到沂蒙山区的沂水县，参观了沂水县境内的跋山水库，在招待所连夜写下了《歌唱跋山水库——词四首》（《蝶恋花》一首、《点绛唇》三首）并附注（《陆侃如冯沅君合集》第15卷，第405页）。抄录三首如下：

蝶恋花

沂水青徐称害水，古往今来，何限伤心泪！多少田园波浪里，几人失却妻和子！

填海移山怀壮志，党意殷殷，面命还提耳。一担土沙千斛米，逆风战雪忘劳瘁。

点绛唇

其一

月色微茫，众山似虎沉沉睡。万星连缀，指点施工地。箫管悠扬，杭育声如沸。千年计，雄奇瑰丽，如此人间世。

其三

领导英明，从来党是人民党；东风和畅，大地花齐放。公社云兴，群众天才创。沂河上，红旗飘扬，锁住蛟龙项。

（原注："水库由沂水县二十五个人民公社合力兴建，公社的优越性于此可见。"）

10月

1日

冯沅君在《山东大学报》总第437号发表《不平凡的十年》（《陆侃如冯沅君合集》未收）。

陆侃如根据省政协的通知，到大明湖参加游园会。

2日晚，陆侃如参加九三学社支社会，听大家谈今昔对比。

3日，陆侃如参加中文系座谈会，谈的主要是今昔对比。

5日，陆侃如参观山东大学展览会。

7日，陆侃如日记：

昨天教研组里对文学史上两条道路斗争的问题举行了第一次讨论会。对这个问题，我本来也有点初步的认识；经过讨论，同志们的发言给我许多启发，使我对文学史上的现象的复杂性有了进一步的理解。可是后来发生了争执。

8 日，陆侃如日记：

我的讲义稿，昨天算是讨论完了。……讨论的帮助主要有下列三方面：第一是对作家的评价，可以修改得更恰当些……第二是对于作品的分析，我原来是思想性分析较详，艺术性较略，讨论后尽量作了补充。第三是对于作品本身的分析较多，而对于承前启后的关系、作品与社会现实的关系等方面说明较少，这也需要补充。

9 日，陆侃如日记：

昨天起到新校舍附近参加翻地工作。起初我刚听到布置，说要白天劳动，晚上学习，觉得很紧张，心里有顾虑，但实际上并没有想象的那么累。

11 日下午，陆侃如参加小组会，并发言，主要检查“自己在总路线、‘大跃进’、人民公社等重大问题上的错误思想及具体表现”。（今存发言稿）

19 日下午，山东大学党委副书记房金堂找陆侃如谈话，并通知他省委已批准摘掉其右派分子帽子。房副书记教导他：今后要忠实地听党的话，要虚心接受群众的意见，要严格要求自己。[①]

陆侃如写信给九三学社济南分社（第十一信）（今存此信底稿），主要回报自己被摘掉右派分子帽子的激动心情，表示牢记党的教导，“为了继续改造自己，以便更好为人民服务，我决心创造条件，争取入党”。

24 日，陆侃如参加省政协会议，并发言（今存此发言稿草稿）。表示：摘掉右派分子帽子以后，“下决心进行脱胎换骨、革面洗心的自我改造”。“首先，争取参加体力劳动。”“其次是党教导我认真学习，联系实际……做学习笔记，送请党总支审阅。”“再其次是全力投入工作中去……一年来，我认真参加了集体的编写教学大纲、大文学史和山东作家评传的工作，共十多万字，认真担任了文学史的教学工作，编写了讲义十多万

① 参见本日陆侃如给九三学社济南分社写的第十一封信；陆侃如日记。

字。为了提高教学效果，我认真备课，认真辅导，特别加强对工农同学的辅导；辅导方式多样化，除答疑外，有时讲解工具书怎样使用及参考书怎样阅读，有时综合介绍国内学术界正在讨论的与课程有关的一些问题……在辅导中，我一面解答同学的问题，一面也从同学的问题中得到启发，使我深切体会到教学相长的愉快。”“最后是听党的话，经常进行自我检查与自我批判。”最后说：“我的最大的心愿，就是要创造条件，争取入党！把自己的一切都贡献给共产主义的伟大事业。”

25日，陆侃如日记：

今天我写了入党申请书，还起草了红专规划。

27日，陆侃如日记：

前天高亨先生告诉我，要我参加大文学史先秦部分的修改工作。今晚在高先生家里开会，董先生和颜（疑应为“袁”）先生也出席，共同商讨，结果把楚辞部分八九万字交给我修改。从现在到交稿时不过七八个星期……加油干吧！

1959年于山东大学中文系中国古代文学教研室。右起依次是：陆侃如、高亨、冯沅君、董治安、袁世硕。（引自《陆侃如冯沅君合集》第五卷正文前、《陆侃如和冯沅君》第210页、《冯沅君传》第300页）

29日，陆侃如日记：

今日在省政协开了一天会，无论已摘帽或未摘帽的右派都参加。我根据党总支的指示，也发了言。我觉得别人改造都比我好……这次侥幸摘帽，今后非迎头赶上不可。

31 日，陆侃如日记：

今天是十月最后一天，也是我写反省日记的最后一天。自从去年七月到今天，我已写了四百多天的反省日记了。这个办法真好，使我有机会每天检查一次自己的思想。……这个月在我一生中是个转折点，摘去了右派帽子，同时又正式申请入党。今后应继续不断地前进，希望能逐步站稳无产阶级立场，逐步达到党员的水平。

【剑锋补：
11 月 19 日，冯沅君复信外文出版社（《陆侃如冯沅君合集》未收）：
外文出版社图编部：

十月三十日来信及《聊斋志异选》都已收到了，这个选目大体都很好，但其中如“石清虚”“粉蝶”“牛瘟”“戏术二则”等篇，意义似乎不大，可否删去，请予□□。此致。
敬礼

冯沅君

十一·十九①】

本月

山东大学党委给陆侃如摘掉右派分子的“帽子”，不予平反，称为“摘帽右派”。他是第一批摘帽的右派分子。山东大学党委召开由党政领导、教授及学生代表参加的座谈会。冯沅君与会。中文系 1956 级学生田士琪作为学生代表参加了此会。会上，冯沅君低声对田士琪说：“今天我要在会上发言，你帮我看看发言稿，提提意见。”田士琪看了，内容大部分是对陆侃如右派言论的批判和赞扬党的知识分子政策。田士琪让她

20 世纪 50 年代末陆侃如在济南（引自《陆侃如和冯沅君》第 199 页、第 61 页）

① 此函据拍卖行标注为 1959 年。参见《冯沅君陆侃如史料辑考》。

最好说几句鼓励的话。她接受了。①

本年

南京大学中文系一级教授、创造社元老方光焘在回忆 30 年代文艺论争时，对刘文忠等同学说："文学研究会抬出女作家丁玲，我们创造社便抬出淦女士与丁玲对抗。"②

冯沅君在《山东大学学报》第 4 期发表《〈三国志演义〉刍论》(《陆侃如冯沅君合集》第 14 卷，第 308～333 页)。此文分四部分：一是作者罗贯中的生平，二是《三国志演义》的题材与主题思想，三是主要人物形象，四是成就与影响。

约在本年

冯沅君在教学中，还创造了一种"集体答疑"的教学方式。"在个别辅导、个人阅读告一段落后，她让学生交上阅读札记，同时要把疑难问题一起交上。冯先生在检查札记时，把学生提的问题梳理归纳后，给学生'集体答疑'。在她答疑完毕后，学生还可充分提问，然后师生展开讨论。教师答疑结束，她就反过来'考'学生：让你阅读一段她布置过的古文；让你串讲一段文字，谈出你的评论意见；或向你提出一两个问题让你解答。答得不完善，她会请别人补充。"后来，"她的学生缅怀老师时，几乎异口同声地说：是冯先生的'严'和'逼'，打掉了大家的惰性，引导着我们前行"。③

本年至明年，冯沅君参加山东大学中文系师生编写《中国大文学史》，今存冯沅君、朱德才、赵呈元编写的《从思想与艺术上衡量元杂剧》(上、下)整理稿，初稿由胡晨等执笔。

陆侃如辅导在中文系学习的越南留学生。开始用汉语讲，他们有时听不清楚，后来改用法语，他们就听清楚了。④

1960 年　庚子　冯沅君 61 岁　陆侃如 58 岁

1 月 7 日至 10 日，中共中央政治局上海扩大会议提出八年完成人民公社从队有制向社有制过渡的设想。会后各省响应号召，继续"大跃进"，继续大刮共产风。

---

① 参见田士琪：《与冯沅君先生相处的日子》，项怀诚、张毓熙主编：《我亲爱的新山大：中文系 56 级毕业五十周年纪念册》，济南，山东大学出版社，2010 年。

② 刘文忠：《四大师：陆侃如、冯沅君、高亨、萧涤非》，《新文学史料》2015 年第 3 期。

③ 参见《冯沅君传》，第 305 页。

④ 刘文忠：《人争一口气》，北京，人民文学出版社，2008 年，第 277 页。

3月

6日至12月2日，中共中央通过批转报告强调把办好公社食堂“提高到阶级斗争的地位上来”，“食堂也是我们必须固守的社会主义阵地”。

9日，中共中央发出《关于城市人民公社问题的批示》，要求全国城市办公社，上半年试点，下半年推广。

本月至1962年9月，阿英编近代文学作品、文学史资料汇编《晚晴文学丛钞》，由中华书局出版，计划出12卷，实出9卷。

4月22日，《红旗》《人民日报》发表编辑部文章，提出高举列宁主义旗帜，批判“现代修正主义”问题。

本月，侯外庐、赵纪彬、杜国庠、邱汉生著五卷本《中国思想通史》出齐。

7月，苏联政府单方面决定撕毁中苏双方已签的合同和协定，一个月内撤走全部苏联专家。中苏关系恶化。

9月

14日至10月24日，中共中央军事委员会提出毛泽东的思想“就是阶级斗争的思想”，毛泽东的思想“在世界上站在最高峰，站在时代的思想顶峰”，作出“加强军队政治思想工作的决议”。12月21日，中共中央批准这一建议，强调其精神对各党政机关、学校、企业都适用。

30日，中共中央批转《关于一九六一年国民经济计划控制数字的报告》，提出“调整、巩固、充实、提高”的八字方针。

11月3日，中共中央发出《关于农村人民公社当前政策问题的紧急指示信》，规定公社实行三级所有，以队为基础，纠正“一平二调”，进行整社整风。

本年

中华书局出版新校点本《全唐诗》，附日本上毛河世宁（子静）纂辑《全唐诗逸》3卷。

罗锦堂著《现存元人杂剧本事考》，由台湾文化股份有限公司出版。

江苏文学研究所编《太平天国歌谣传说集》，由江苏文艺出版社出版。

冯沅君、陆侃如参加全国第三次文代会。《中国古典文学简史》（罗马尼亚文版）出版。冯沅君定“个人红专跃进规划”。发表《学习毛主席的诗词的初步体会》《关于中国文学史上两条道路的斗争》等文。陆侃如多次参加省人大委员会召开的会议。发表《陶渊明的田园诗》。

1月元旦，中文系的几位同学拜谒冯沅君，交谈中，冯沅君强调：

“做学问，功夫要死，心眼要活。”那是来不得半点马虎的。“在研究和教学上，切忌无知却胆大，学问尚未做到一知半解，自己还懵懵懂懂的，就张口夸夸其谈，下笔汪洋恣肆，贻笑于大方之家。这害人，也害己。特别是为人师的，误人子弟，遗患民族国家，过莫大焉。”

本月

冯沅君定“个人红专跃进规划”（今存手稿）。

冯沅君在《山东大学学报》第1期发表《学习毛主席的诗词的初步体会》（《陆侃如冯沅君合集》未收）。

今存冯沅君手稿《关于诗词的格律》原标注共67页，今存42页，共4000多字。当作于此时。此文开头说：

> 毛主席的诗词三十七首，计诗十二首，词二十五首，都是依旧诗词的传统格律写作的。对于这些旧形式的规格，现在有不少人不大熟悉，这就或多或少地造成他们学习上的困难。为此，在注释、分析作品本身之后，附上诗词格律的简单说明。

陆侃如继续用两个本子记“时事学习”笔记，一本记国内重要时事，一本记国际重要时事。每月内，简要选记重要时事，注明日期（今存本月至12月手稿）。

冯沅君在《文学评论》第1期发表《关于中国文学史上两条道路的斗争》（《陆侃如冯沅君合集》第14卷，第334～343页）。本文是在山东大学、山东师范学院中国文学史座谈会上的发言。认为：文学史上“所谓两条道路就是进步的道路与落后的（甚或反动的）道路，而进步与落后的标准则看它是为人民的，或是反人民的”。

3月

《山东文学》第3期印行，刊有冯沅君《歌唱夏蔚公社》、陆侃如《蝶恋花——为夏蔚公社作》（《陆侃如冯沅君合集》未收）。

【剑锋补：

冯沅君发表《临江仙·为三八节五十周年作》二首，载《新山大》3月12日（《陆侃如冯沅君合集》未收）。】

春，冯沅君写有“戏剧研究讲稿”（今存手稿），内容有“元剧的主题思想与主要内容”。

【剑锋补：
5月，冯沅君发表《难忘的省群英会》，载《新山大》5月28日。】

6月

20日，冯沅君听中文系主任传达成仿吾校长意见："将来只有劳动者，无所谓知识分子。""教师的主导作用应强调。""实践不能时间太长久。""古代文艺理论放在文学史中讲。"①

21日，冯沅君参加教研组会议，讨论教革。

22日，冯沅君参加政治学习，学习有关反美问题。听中文系党总支书记关于国际形势报告、系主任传达校党委常委关于教学改革问题的意见。

25日，中文系开会，由党总支书记传达全国群英会精神，冯沅君与会。

28日、29日，冯沅君参加教研组会议，讨论中文系教学改革。

本月

冯沅君在《新华半月刊》第11期发表《学习毛主席著作和科学研究的"三结合"》（《陆侃如冯沅君合集》未收）。

冯沅君在《山东文学》第6期发表《祝旗手的红旗更红——献给省群英大会》（《陆侃如冯沅君合集》未收）。

20世纪60年代山东大学中文系教师、领导送别苏联留学生陶宁娜合影。前排右起：冯沅君、陶宁娜、吕欣、沈孟璎。后排右起：章茂桐、袁世硕、刘泮溪、蒋维崧。（引自《冯沅君传》第271页）

① 据冯沅君杂记手稿。

7 月

1 日，冯沅君参加编写大文学史宋元小组会议。

2 日，冯沅君参加山东大学校党委召开的座谈会。会上，教务长吴富恒强调：教学革命是政治斗争，教学改革与改造世界观结合。破除思想上对西方文化的崇拜。资产阶级影响很大，中国文学、外国文学皆然。帝国主义影响深，修正主义影响也深。知识要为政治服务，特别是文科。党委副书记说：政治挂帅为主。跟形势要紧，愿跟就好，但要跟紧跟好。批巴人、李何林，联系自己。①

3 日，冯沅君参加教研组会，听教研室主任萧涤非传达省委指示，文科和反帝、反修正主义、反西方文明结合。萧涤非传达校长成仿吾指示：中文系的大文学史与“文艺学新论”，要达到全国最高水平。冯沅君与尚达翔谈考试事。②

6 日，冯沅君听中文系党总支书记报告：开展对现代修正主义批判。批判李何林、巴人“为一边倒的情况，这是好现象，但也说明不太深透”。大会批判在十三日到十五日进行，老教师也参加、发言。

8 日，古典文学教研组召开会议，批判巴人的人道主义、人情味等。冯沅君发言，举出巴人人性论的具体内容，结合古代文学作品进行批判。会议确定：冯沅君指导的副博士研究生尚达翔 8 月 1 日交论文定稿。8 月 10 日专业考试，考试成绩由教研组决定。8 月 20 日，进行论文答辩。③

22 日至 8 月 13 日，冯沅君、陆侃如作为中国作家协会理事参加在北京召开的全国第三次文代会。在冯沅君接到通知时，陆侃如没有接到。他是后来接到电报通知，才连夜赶到北京的。刘少奇、周恩来、宋庆龄等参加了开幕仪式。23 日，毛泽东、刘少奇、周恩来等中央领导接见了全体代表。会上，周恩来总理作当前国内外形势的报告，陈毅副总理作关于国际形势的报告，李富春副总理作关于国家经济建设的报告。陆定一代表党中央、国务院祝词。周扬作了题为《我国社会主义文学艺术的道路》的报告。此报告经过毛泽东的审阅和修改，共五部分：为工农兵服务、为社会主义建设事业服务；百花齐放、百家争鸣和推陈出新；革命现实主义和革命浪漫主义的结合；驳资产阶级人性论；遗产的批判和继承。会议期间，8 月 11 日，周扬主持召开文学教学座谈会，冯沅君、陆侃如与会。

---

① 据冯沅君杂记手稿。

② 据冯沅君杂记手稿。

③ 据冯沅君杂记手稿。

周扬讲话，吉林大学代表、北京师大代表、刘大杰、南京大学陈瘦竹、北京大学代表、冯至等发言。（今存冯沅君参加此次会议的笔记“文代会文件学习”手稿，陆侃如记录）

1960年7月，毛泽东、刘少奇接见出席全国第三次文代会的全体代表，冯沅君、陆侃如参加。（引自《陆侃如和冯沅君》第159页）

8月

23日，冯沅君听成仿吾校长报告。与越南留学生座谈。

24日，冯沅君参加中文系政治学习，并发言。

26日，冯沅君听校党委房副书记报告。报告说：“省委指示：节约抗灾，减粮决定：脑力劳动者每月不超过29斤，平均减2斤多。”

9月

4日，冯沅君参加教研组会议，教研室主任萧涤非传达学校教务会议精神。系主任提出，大文学史修改工作，各段成立小组。

10日，冯沅君、陆侃如决定：到期公债全存定期一年，到期存款全部续存，每月争取节约百分之六十。

28日上午，陆侃如参加在省人大委员会会议室召开的座谈会。座谈会前，由陈部长讲形势。他要求大家座谈时畅所欲言，统一认识。“神仙会”不能由一人先作报告，由各人在讨论中提出问题，最后可能由省委负责同志谈谈形势和本省的问题。不必顾虑划右派。要讲真话。①

本月

冯沅君定“个人红专跃进规划补充项目”（今存手稿）。

冯沅君为导师，开始指导研究生陈其相、冯能保。陈其相、冯能保，1960年7月从山东大学中文系毕业，被分配做研究生。陈其相在1959年与中文系1956级同学和部分教师共同编写《中国人民文学史》时，与冯

① 参见陆侃如日记。

沅君有较多的接触，且冯沅君指导他和另外两位同学撰写了一篇论文《〈西厢记〉三题》，发表在《山东大学学报》上。关于冯沅君指导研究生的情况，陈其相回忆：

> 与冯师为人谨慎相联系，冯师作学问尤讲究严谨。在学业上，她对我的要求很严，并且率先示范，给我们讲课，(其实只有两三个人)也事先写好详细的讲稿，一丝不苟。她谆谆教导我要多做学术园地的垦荒工作，通过不断实践，自己去摸索出一条做学问的路子来。她给我毕业论文的选题定为梁辰鱼及其《浣纱记》，也是从这一意图出发的。冯先生还经常以“淡泊以明志，宁静以致远”来点拨我。我也以此作为我的座右铭，并不断地传授给自己的学生。①

约在本月，陆侃如指导研究生龚克昌写毕业论文。龚克昌确定《汉四大赋家初探》作为毕业论文题目后，陆侃如要求龚克昌：

> 第一步对司马相如等四大赋家的赋作逐篇注释一遍，并写出阅读心得，送他审阅。第二步，阅读四大赋家其他作品，写出笔记。阅读与四大赋家相关的文学、历史、政治等等背景资料。第三步才进入写作四大赋家专论。②

秋

冯沅君冒雨步行上课。冯沅君带的副博士研究生尚达翔后来回忆：

> 60年秋，济南久雨成灾。星期二下午是冯先生给研究生上课的时间，哗哗的大雨就是停不下来。冯沅君住老校，上课却在新校，两地相距有四五里路，都是泥泞的庄稼地。花甲之年的老人，又是双解放脚，如何走得过这么长的田间小道！学生们万分焦急，他们家里又没有电话。商量结果，派了个男生骑自行车去老校，让冯先生改日再来上课。哪料，骑车的学生刚刚上路，她却撑着伞，背上挎了个书包蹒跚着过来了。女同学们赶紧把先生扶进屋，让她换上干燥鞋子，埋怨她这样大的雨不该蹚水过来。她却若无其事地说：看天下着雨，我

① 以上以及下面有关冯沅君指导陈其相的事迹，均引自陈其相：《忆冯沅君师》，《青年思想家》1994年第1期。

② 《我心目中的陆侃如先生》，《文史知识》2003年第8期。

就提早上了路。还好，书包没淋湿。说完，她掀开备课本，拿出了一叠卡片，开始上课了。①

冯沅君、陆侃如与山东大学中文系新闻教研室青年教师沈智“结对子，建立师生关系”。沈智在《冯沅君、陆侃如伉俪的半张便笺》一文中回忆：1960 年秋，自己刚从中国人民大学新闻系毕业，到山东大学任教。由组织安排，与冯沅君、陆侃如“结对子，建立师生关系，举行隆重的拜师仪式”。当时，成仿吾任山东大学校长，“他十分重视青年教师的培养，不仅提倡老一辈资深教授制订‘十年学习计划’，更要求青年教师必须交出‘十年红专规划’”。

10 月

6 日上午，陆侃如参加在省人大委员会会议室召开的座谈会。听省委刘书记讲话，主要谈目前的困难问题，要大家团结一致，积极努力，埋头苦干。②

19 日下午，陆侃如参加在省人大委员会会议室召开的座谈会，主要谈怎样对待困难。③

20 日下午，陆侃如参加在省人大委员会会议室召开的座谈会，听李省长传达陈毅副总理 9 月 16 日的报告，谈国际形势和国内形势问题。④

21 日下午，陆侃如参加在省人大委员会会议室召开的座谈会，听新任山东省委第一书记曾希圣谈话，主要谈了两个问题：一是山东情况，二是当前任务。⑤

25 日下午，陆侃如在省人大委员会主席团会议室参加会议，领导讲听了曾希圣的报告后的感想。⑥

30 日上午，陆侃如参加在省人大委员会第一会议室召开的会议。领导主要讲了三个问题：一是曾希圣报告后，会议上的看法；二是目前困难在哪里；三是我们的态度。⑦

11 月

12 日，陆侃如参加在学校操场上召开的全校师生员工大会。会上，

---

① 《冯沅君传》，第 305、306 页。又参尚达翔：《怀念导师冯沅君先生》。
② 参见陆侃如日记。
③ 参见陆侃如日记。
④ 参见陆侃如日记。
⑤ 参见陆侃如日记。
⑥ 据陆侃如日记。
⑦ 据陆侃如日记。

副校长杨希文传达了11月3日的中央规定，副书记房金堂讲本校节约救灾生产度荒的计划。①

本月

陆侃如在《文学评论》第6期发表《陶渊明的田园诗》(《陆侃如冯沅君合集》第8卷，第263～273页)。此文认为：陶渊明的田园诗，在当时的历史条件下积极作用是主要的，超过了它们的消极作用，"但在今天的历史条件下却恰恰相反，它们的消极作用超过了积极作用"。

约在下半年，冯沅君编有《宋元作品质疑》。主要内容："论杂剧曲的部分""关于关汉卿的年代等问题""元剧质疑"[包括《西厢记》、《窦娥冤》、《救风尘》、《陈州粜米》、《竹坞听琴》、《范张鸡黍》、《倩女离魂》、《生金阁》、《汉宫秋》、《昊天塔》、《灰阑记》、关于《酷寒亭》、《酷寒亭》、《潇湘雨》、《秋胡戏妻》、《墙头马上》、《梧桐雨》、《倩女离魂》、《元剧质疑》、《散曲质疑》、《南戏质疑》(《张协状元》《宦门子弟错立身》)、《张协状元》、《论周邦彦与大晟词人》(提纲)、《辛弃疾质疑》(辛传质疑)、《辛词质疑》、《辛弃疾的问题》、《前人对陆游的批评》、《辛文质疑》、《杨苍诗质疑》、《诚斋影响》、《刘戴诗质疑》、《文谢诸人诗质疑》、《元好问诗》、《明清诗文质疑》(其中有关于陈子龙诗)、《诗话答疑》、《宣和遗事质疑》、《宋元作品质疑》] 今存装订手稿，其中包括明清部分诗文。有些是讲稿，有些是对研究生提出的问题的解答。封面题《宋元作品质疑(60～61)研究生用》。(今存手稿)

约在本年

冯沅君对中文系1959级崇敬她的学问、挚爱她的小说的杨慧文等同学说："自从到大学教书后，就洗手不写小说了。""大学中文系的教师和学生，都应该能写小说、散文、杂文、随笔之类，如同都应该能著书立说写论文一样，因为这是基本功，不会，就是不合格。但是，论文、学术著作一定要写，小说、散文、杂文、随笔之类，却不一定去写，因为生命有限，时间是个常数。"②"教师面对着的是学生，工作是神圣的……容不得一心二用，一旦误人子弟，则过莫大焉。"③

---

① 据陆侃如日记。

② 杨慧文:《如同"卷葹"的冯沅君先生》,山东大学"新世纪古典文学研究暨纪念冯、陆、高、萧国际研讨会"论文,2001年。

③ 杨慧文:《那时的母校和我们》,山东大学文学院网站,收入《记忆卷》。

【剑锋补：

冯沅君认真指教杨慧文同学的“学年论文”。杨慧文回忆说：

“大一”下学期，系里要求我们在学期结束前写出一篇“学年论文”，我写的是元末明初戏剧家高明（则诚）《琵琶记》中女主人公《赵五娘的性格浅论》上交。也许是因为当时的《中国古代文学史》只进行到“魏晋南北朝”时代，所以除了任课老师还有狄其骢老师给这篇习作写了评语，而让我，或者说让我们意想不到的是冯、陆二位先生都有对这篇习作的、写于另纸的、令人振奋的点点指教。①

冯沅君先生因身体较弱，不给本科生讲课，但给1960年毕业的研究生与助教（陈其相、赵呈元）讲“宋元文学史”，时为文学理论教研室助教的刘光裕获准旁听了1960年与1961年两年的课，后来回忆说：

冯先生所讲主要是作品，一篇一篇地讲，每一篇都先讲字句与典故，再讲如何理解作品中思想内容。讲课中先生常说的一句话是：“功夫要死，脑子要活。”这句话，我一生牢记，终生受益。②

冯先生允许我不做作业，可以提问。讲课时，先生自己的意见与别人意见，大都分开讲；别人的意见自己同意与否，都说清楚。先生不轻易赞许别人著作，然而向我们郑重推荐钱锺书的新著《宋诗选》。……当年，冯先生讲课都有讲稿，即便讲解诗词作品，我看见书上有用蝇头小楷写的批注，也是准备过的。给研究生答疑，一般随问随答，偶尔有文字提纲。……先生说话略带河南口音，轻声细语，不苟言笑；字斟句酌，讲究词语的准确；言简意赅，没有一句多余的话。每次听课我都不敢懈怠。在老师面前，我有点拘束。听冯先生的课，拘束更多一些；为我答疑也不敢多问什么，事情一完就出来。相比而言，听陆侃如先生的课要轻松一些。③】

冯沅君首次为中文系1958级开设选修课“陆游研究”，“同学们比上必修课还要踊跃”。

---

① 杨慧文：《怀念冯沅君陆侃如先生》，《2021山东省古典文学学会年会暨陆侃如、冯沅君学术研讨会学术论文集》上册，济南，山东省古典文学学会、山东大学文学院，2021年4月，内部编印。

② 刘光裕：《回忆陆先生、冯先生》，《2021山东省古典文学学会年会暨陆侃如、冯沅君学术研讨会学术论文集》上册，济南，山东省古典文学学会、山东大学文学院，2021年4月，内部编印。

③ 刘光裕：《人生如梦非为梦，岁月无情似有情》，《先秦两汉出版史论》附录二，济南，齐鲁书社，2016年，第557～558页。

陆侃如为中文系1958级第一次开设《文心雕龙》选修课。第一次上课时，他首先做了简单的自我介绍，然后说：

> 同学们大都初次接触古文，难免感到有些困难，我尽量讲得详细。有些古字古词，不但意思要弄明白，而且读音也要准确，开始学，就要打下扎实的基础，不能马虎。课堂上听不明白的，课下还可以问我，我家住得不远，你们随时可以来找我；我年纪大了，睡觉少，夜里十一二点也不睡，找我也不晚。①

陆侃如讲授《文心雕龙》，在期末布置了以“酌奇而不失其真，玩华而不坠其实”为题的课外作业。学生陈祖美是从现实主义和浪漫主义相结合的角度加以发挥，写了一篇小文。在课程总结时，她的作业受到了表扬。课间，陆先生颇为风趣地对陈祖美说：“看文章像是老头写的，想不到是个小辫子！”②

【剑锋补：

助教刘光裕旁听陆侃如关于《文心雕龙》和中国古代文论的课，后来回忆说：

> 陆先生给本科生讲《文心雕龙》，讲中国古代文论，一百多人的大教室里，总是人满为患。听课之人，有本校的，也有外校的，像赶集般热闹。③
>
> 听课者除本科生，还有像我这样本系青年教师，还有山东师范学院中文系的青年教师。我们去晚了，往往找不到座位，只能站着。④

本年

约在本年，陆侃如制订十年学习计划并补充计划（今存《十年学习补充计划》手稿2页），又制订《本学期学习及工作计划》（今存手稿1页），其中教学、科研两方面的计划如下：

> 教好“《文心雕龙》选读”，做好各重要环节，特别是辅导工作与自学指导工作，使同学真能获益。经常征求同学及听课的青年教师们

---

① 杜书瀛：《陆侃如冯沅君——回忆老师》。此文说陆侃如为1958级讲授“中国古代文论”，是误记，实际上是选讲《文心雕龙》。

② 陈祖美：《捧读〈陆侃如冯沅君合集〉札记》。

③ 刘光裕：《人生如梦非为梦，岁月无情似有情》，《先秦两汉出版史论》附录二，第558页。

④ 刘光裕：《回忆陆先生、冯先生》，《2021山东省古典文学学会年会暨陆侃如、冯沅君学术研讨会学术论文集》（上册），山东省古典文学学会、山东大学文学院2021年4月内部编印。

的意见，随时改进教学工作。……完成《文心雕龙译注》的一部分，并开始起草《汉魏六朝诗选读》。①

约在本年 5 月 7 日，陆侃如、冯沅君致信卞孝萱（《陆侃如冯沅君合集》未收）：

孝萱先生：

手示致意。承询王昌龄生年，拙著也根据闻一多《唐诗大系》的，《大系》中并未作说明。闻先生生前，我们咨询过他。他说有一个地方曾记载昌龄三十岁登进士第，因而生于 698 年。及隔二十年，现已记不清这个记载见于何书了。您如探索有效，便望见告。此致

敬礼

陆侃如

冯沅君

五月七日②

约在本年，陆侃如、冯沅君为卞孝萱作"娱亲"诗（《陆侃如冯沅君合集》未收）：

柳母丸，欧母荻，卞氏有母继芳躅。儿读书，母为师，儿果腹，母忍饥，含辛茹苦甘如饴，贤而有立儿是期，子纯孝，天锡母，索书辞，为亲寿，仰母令德忘厥丑。孝萱先生索书娱亲，以此应命，并希两政。

陆侃如，冯沅君③】

陆侃如、高亨、黄孝纾《楚辞选》，香港大光出版社出版。

冯沅君著《中国古典文学简史》（罗马尼亚文版），外文出版社出版（因陆侃如被划为右派分子，故只署名冯沅君）。

《中国古典文学简史》（罗马尼亚文版），
冯沅君著，外文出版社 1960 年 11 月版。
（引自《陆侃如冯沅君合集》第三卷正文前）

① 今存《汉魏六朝诗歌选读》手稿五册。

② 参见《冯沅君陆侃如史料辑考》。

③ 据山东大学中心校区知新楼八楼文学院文化墙复制件，2021 年。

1961年　辛丑　冯沅君62岁　陆侃如59岁

1月

1日，中共中央批转河南省信阳地委关于“信阳事件”的报告，肯定信阳地委的做法，把粮食严重减产及大量饿、病、死人的现象一概归于坏人当权、地主封建势力破坏，助长了整社整风中“左”的倾向。

14日至18日，中共八届九中全会正式通过对国民经济进行“调整、巩固、充实、提高”的八字方针。

19日，周恩来在文艺工作座谈会、故事片创作会议上讲话，批判当时文艺工作中“左”的倾向。

2月1日，《哲学研究》编辑部邀请北京哲学界人士讨论哲学史上唯心主义与唯物主义的斗争问题。

7月19日，中共中央发出《关于自然科学工作中若干政策的批示报告》，要求纠正知识分子问题上的片面认识、简单粗暴作风，对批判错了的人进行甄别平反，并认为文件精神适用于一切有知识分子工作的部门。

8月，北京大学中文系文学专门化1957级编委会编著《中国文学发展简史》，由中国青年出版社出版。

9月15日，中共中央批准试行《高教六十条》，规定高校实行党委领导下的以校长为首的校务委员会负责制，必须以教学为主，参加社会活动与生产劳动不宜过多。教学必须发挥教师的主导作用，科研必须坚持“双百”方针。

12月，毛泽东改变本年3月、4月、7月同意的农村试行“定产到田，责任到人”田间管理责任制，认为有了生产队为基本核算单位，就不要再搞“责任田”了。此后便批判“责任田”——“单干风”。

冯沅君发表《古典戏剧中浪漫主义初探》《评价辛弃疾的几点零星意见》《陆游的生活道路与创作道路》等文。陆侃如发表《陆机〈文赋〉二例》《陆机的创作理论和创作实践》《文学理论遗产的批判继承》《〈文心雕龙〉中有关浪漫主义的一些论点》《〈文心雕龙〉论“道”》等文。

1月

冯沅君在《文史哲》第1期发表《古典戏剧中浪漫主义初探》（《陆侃如冯沅君合集》第14卷，第141～149页）。认为：“古剧使用浪漫主义创作方法的类型约有六种。第一种类型是以浪漫主义为主导，基本上是浪漫主义的，或完全是浪漫主义的。属于这一类型的剧作如元杂剧的《柳毅传书》《张生煮海》《倩女离魂》《两世姻缘》，明清传奇的《牡丹亭》《雷峰塔》等。”“第二种类型是浪漫主义色彩极其浓厚的。属于这一类型的剧作如元杂剧的《望江亭》《墙头马上》，明清传奇、杂剧的《渔家乐》《雌木兰》《龙舟会》等。”“第三种类型是剧作以现实主义开始，以浪漫主义终结，《窦娥冤》可为代表。”“第四种类型是全剧都是现实主义的，而某个人物是浪漫主义的，《西厢记》可为代表。”“第五种类型是全剧是现实主义的，而有浪漫主义的插曲，《红梅记》可为代表。”“第六种类型是全剧是现实主义的，而有某些情节是浪漫主义的，《焚香记》（王玉峰作）可为代表。”此文还认为：古典戏剧使用浪漫主义创作方法的类型与这种创作方法和民间文学有密切关系。

陆侃如继续用两个本子记“时事学习”笔记，一本记国内重要时事，一本记国际重要时事。每月内，简要选记重要时事，注明日期（今存本月至12月手稿）。

陆侃如在《文学评论》第1期发表《陆机〈文赋〉二例》（《陆侃如冯沅君合集》第7卷，第110～114页）。此文认为：一、陆机《文赋》中的“谢朝华于已披，启夕秀于未振”中的“华”“秀”，“是指作品的艺术技巧，特别是语言辞藻方面”。“因此，我们不能笼统地说陆机‘提倡创新，反对抄袭’，而应该指出他主张在语言上创新，但并不反对内容上的抄袭。”二、陆机在《文赋》中“常常用‘意’‘义’‘思’等字代表作品的思想内容，用‘文’‘辞’‘言’等字代表作品的艺术形式。两者常常并列……值得我们注意的是，他每在二者并举之外，还要发挥几句，而这些发挥的话却总偏重于艺术形式方面”。“《文赋》的总的倾向是把作品的艺术形式放在主要的地位，而把思想内容放在次要的地位。”

陆侃如在《山东大学学报》第1期发表《〈文心雕龙〉中有关浪漫主义的一些论点》（《陆侃如冯沅君合集》第7卷，第559～564页），认为：“刘勰对于浪漫主义的创作方法虽然还没有明确的理解，但在他总结过去创作的成就时，已经多少接触到这个问题了。他用‘华’和‘奇’等字样时，常常指某些基本上是浪漫主义的作品的风格。”

2月8日上午，陆侃如在市政协参加学习毛主席的《目前形势和我们的任务》。①

3月

冯沅君《京剧〈卧薪尝胆〉座谈会上的发言》（《陆侃如冯沅君合集》未收），刊于《山东文学》第3期。

---

① 据陆侃如日记。

陆侃如在《文史哲》第3期发表《〈文心雕龙〉论“道”》(《陆侃如冯沅君合集》第7卷，第565～572页)。认为：《文心雕龙》中所谓的“道”就是“自然之道”。“在刘勰心目中，自然之道、儒家之道和佛教之道是三位一体的。”“刘勰的思想基本上是唯物主义的，但也有唯心主义因素。”“刘勰认为儒家之道和佛教之道都符合于自然之道。”“自然是客观事物，道是原则或规律，文学应该符合于自然之道，也就是符合于客观事物的原则或规律。”

春初

冯沅君讲古代有关“咏柳”和写“春风”的诗歌。山东大学中文系青年教师、写作教研室主任郭同文为了给学生讲授诗歌的写作，想向冯沅君请教关于中国古典诗歌的发展和民族传统。他到已经从山东大学老校搬到新校教授宿舍3号楼103的冯沅君家时，她正在宿舍楼前的小院里，刨地种南瓜和丝瓜。忽然，一阵春风吹来，她扯着一根柳丝吟诵《读曲歌》中的两句：“杨柳得春风，一低复一昂。”她对郭同文说：这首诗的作者无从考据，“但这是咏柳的名句，为我们画出了一幅枝垂叶碧、迎着春风的低昂图”。“不过后人再咏柳，不能老调重弹。”贺知章的《咏柳》，“又拓出了新境界：首先把从寒冬中返回到暖春来的柳树青翠的美姿展现在我们面前，这像碧玉雕饰的柳树，这万条垂挂的细枝，如同绿色丝带般的嫩叶，正是似剪刀的‘二月春风’‘裁出’来的啊！这‘春风’的形象多么优美动人。祖国诗歌苑地绚丽多姿，单就描绘春风的诗歌，就成百上千”。郭同文知道老师是借春风畅谈祖国诗歌的民族特色，于是拿出笔记本要记录。果然，她一连背诵了百余首描写春风的古典诗歌。她说：“不要记了，重要的是从中找出规律。”“那些落俗套的诗，我没向你介绍。要学习古典诗歌，首先要学那种‘文不按古’、独辟蹊径的创作诗才。这样才能继承发扬诗歌的民族传统。”①

冯沅君种瓜。此事，冯沅君在《山东文学》1961年第11期发表的《种瓜不得瓜》一文中有具体的叙写：

> 在与荒年斗争中，党号召大种瓜菜，以补食粮之不足……形势督促我行动起来，更引起我的幻想。在我的心目中，涌现出粗壮长大的玉米棒子、肥嫩的菠菜和油菜等，十多斤重的南瓜竟是“宿昔梦见之”。在我家里寄居的一位亲属，大约是因为地主思想仍很顽强，对

① 郭同文:《永远难忘的三次讲课——纪念冯沅君先生》,《山东大学(青岛)人物志》,第50、51页。

种瓜菜颇无兴趣。她认为我们全家都在食堂吃饭，又有特别照顾，肚里饱饱的，现在也搞起瓜菜来岂不是狗拿耗子。她这种想法也未尝没有一点似是而非的实际依据。更主要的是她完全不了解我在追求一个我以为极有意义（实际上不免浮夸）的目标——将收获分给粮食不足的同志……合计起来，我先后种了十几棵南瓜，八棵丝瓜，可是落得两手空空。我用前所未有的热情爱护它们，浇水、施肥、除草，在瓜秧刚下地的时候，怕太阳毒，它们受不了，用纸罩着。风风雨雨，只怕伤着它们。无可奈何地看着它们死去，我尝到生而不育的妈妈的痛苦滋味。走到内行人的地边，望着他们的瓜菜，枝叶那样旺盛，果实那样肥大，我不禁眼、手、鼻、口俱馋——看了不够，还想摸摸，闻闻，用舌头舐舐。

4月25日，冯沅君、陆侃如致信中文系青年教师沈智：

沈智同志：

谢谢你借给我们的报纸，给我们很大帮助，其中大部分是我们没有看到的。

讲稿日内就看完，把我们意见告诉你。二日晚七时半，一定去听课。不知在什么教室？

我们定的十年学习计划，最近在教研组检查了一次，民主党派的小组会上也讨论过，打算再修改一下。现在把原稿送给你看，请多提意见。

祝努力！

冯沅君
陆侃如
四，廿五①

本月，冯沅君、陆侃如参加中共山东省委宣传部、文教部、统战部联合邀请省和济南市学术界、文艺界部分人士座谈会并发言，讨论如何进一步在学术研究中贯彻“双百”方针问题。②

5月，陆侃如在《山东文学》第5、6期发表《古典抒情诗中作者形

① 沈智：《性别·社会·人生》，上海，上海三联书店，2010年，第279页。

② 参见常连霆主编，中共山东省委党史研究室编：《中共山东编年史》，济南，山东人民出版社，2015年。

象的自我塑造》(《陆侃如冯沅君合集》未收)。

6月20日，冯沅君写信给济南邮局报刊门市部，汇去人民币七元，"购买《山东大学学报》(中文版) 61年第1期10册，因为内有《西厢记三论》一文，因教学上急需参考的"。(今存此信草稿，钢笔行书，为李剑锋从山东大学资料室所藏《天启崇祯两朝遗诗》上册中发现，参见李剑锋《邂逅冯沅君二则》。)

7月，冯沅君在《山东文学》第7期发表《评价辛弃疾的几点零星意见》(《陆侃如冯沅君合集》第14卷，第190～193页)。

8月

1日，陆侃如在《文汇报》第3版发表《陆机的创作理论和创作实践》。此文引言后分三部分：一是陆机的时代，二是陆机的创作理论，三是陆机的创作实践。最后指出：陆机在创作理论方面，谈的"主要是些技巧问题"，"这些理论，在他自己的创作实践中是忠实地贯彻了"。

6日，冯沅君在《大众日报》发表《蒲松龄》(《陆侃如冯沅君合集》未收)。

9月月初

冯沅君为导师，开始指导研究生黄秉泽、韩伟。研究方向是宋元明清文学。黄秉泽、韩伟本年7月从山东大学中文系毕业，学校分配做研究生。

陆侃如为导师，开始指导研究生林志扬。研究方向是汉魏六朝文学。林志扬本年7月从山东大学中文系毕业，学校分配做研究生。

4日，冯沅君61周岁生日，教师袁世硕和夫人严蓉仙、进修教师和她指导的研究生庄克华、陈其相、黄秉泽、韩伟等到她家为她祝贺。研究生还用凑集起来的点心票买了蛋糕，送给老师。冯沅君兴致很高，讲了许多她小时候的故事。①

本月

冯沅君在《山东文学》第9期发表《对古典文学体裁的一些看法》(《陆侃如冯沅君合集》第14卷，第344～349页)。

约在本月，陆侃如同研究生龚克昌商定毕业论文题目。龚克昌后来回忆："他说，你可选择的题目很多，《诗经》、《楚辞》、汉乐府、《史记》、陶渊明……都可以做，这是第一流的作品，搞的人很多，文字上困难不大，做起来也可能比较顺当；汉赋没有人认真搞过，文字上有许多障碍，

① 《冯沅君传》，第296～298页。

也容易出偏差……当我表示要选汉赋这个题目时，他当即表示支持……为解决汉赋的文字问题，陆先生与赵省之先生分头给我讲解一些重点文章。两位先生讲授都极认真，所以吸引了不少教师来旁听。”①

10月，陆侃如在《山东文学》第10期发表《文学理论遗产的批判继承》（《陆侃如冯沅君合集》第7卷，第1～5页）。认为，继承古代文学理论遗产，应注意：第一，“分清精华和糟粕”；第二，“明确古为今用的原则”；第三，“做好普及的工作”。

11月

8日，陆侃如在《大众日报》发表《刘勰》（《陆侃如冯沅君合集》未收）。

26日，陆侃如在《光明日报》发表《如何评价〈丁都护歌〉》（《陆侃如冯沅君合集》未收）。

本月，冯沅君在《山东文学》第11期发表《种瓜不得瓜》（《陆侃如冯沅君合集》第15卷，第318～320页）。

12月17日，陆侃如在《光明日报·文学遗产》第393期发表《关于文艺理论遗产学习的三点意见》（《陆侃如冯沅君合集》第7卷，第6、7页）。文中提出值得注意的三点：“第一是对遗产的评价应该是既不偏高，也不偏低。”“第二是对过去理论家的研究应该力求全面。”“第三是做好理论著作的整理和注释工作。”“重视这种整理和普及工作。”

本年

冯沅君在《文学遗产》增刊第8辑发表《陆游的生活道路与创作道路》（《陆侃如冯沅君合集》第14卷，第202～214页）。此文分四个阶段，给陆游的生活道路与创作道路画了个“简明的轮廓”。

约在本年，冯沅君指导的研究生陈其相等在她家闲聊，偶尔谈及她当年以“淦女士”为笔名写的一些小说时，她含笑说：“那个时候，我可浪漫了，一股劲儿想赶新潮，现在可不能再浪漫了，再浪漫，不就变成老妖婆了！”说完，她自己忍不住大笑。

1962年 壬寅 冯沅君63岁 陆侃如60岁

1月11日至2月7日，中共中央扩大工作会议在北京举行，刘少奇作书面报告并讲话，指出工作中的缺点错误是经济困难的一个原因，强调坚决贯彻“调整、巩固、充实、提高”八字方针。

---

① 龚克昌：《我研究汉赋的前前后后》，写于1983年8月，载《汉赋研究》，济南，山东文艺出版社，1990年。

2月24日，胡适在台湾病逝。

3月27日至4月26日，全国人大二届三次会议在北京召开，周恩来在《政府工作报告》中指出，知识分子绝大多数已属于劳动人民，不应把他们当作资产阶级知识分子，不能认为“阶级斗争不是向缓和的方向发展，而是不断尖锐化”。

4月

高教部发出通知，在全国高等学校应届毕业生中招收一千名研究生，其中高等学校招八百名，中国科学院招二百名。全国统一考试。

魏绍昌编《孽海花资料》，由中华书局上海编辑所出版。

魏绍昌编《老残游记资料》，由中华书局出版。

6月16日，彭德怀写八万言书给毛泽东、中共中央，要求全面审查其历史，申明他从未组织过“反党小集团”，也无“里通外国”问题。

7月

中国科学院文学研究所中国文学史编写组编写《中国文学史》（共3册），由人民文学出版社出版。此书编写的总负责人是余冠英。上古至隋代由余冠英主持；唐宋段由钱锺书主持；元明清段由范宁主持。

朱光潜著《西方美学史》上册，由人民文学出版社出版。

8月

22日，彭德怀又写一短信，重申要求全面审查其历史。

26日，唐君毅、牟宗三等联合海外华人学者，在香港成立东方人文学会，谋求实践儒家“内圣外王”之道，将中国传统文化推向世界。

本月，游国恩、王起、萧涤非、季镇淮、费振刚主编《中国文学史大纲》，由人民文学出版社出版。本大纲是编写《中国文学史》（1～4册）教科书的依据。

9月24日至27日，中共中央八届十中全会在北京召开，毛泽东作关于阶级、形势、矛盾和党内团结问题讲话，断言整个社会主义历史阶段都存在资产阶级，都存在资本主义复辟的危险，强调阶级斗争必须年年讲、月月讲、天天讲，并批判“单干风”（指包产到户）、“翻案风”、“黑暗风”（指当时对困难形势作充分估计的观点）。全会将彭德怀的两封信作为“翻案风”进行批判。

本月，王力《古代汉语》第1册，由中华书局出版。

10月、11月，中印边界发生武装冲突。

本年

北京大学、北京师范大学中文系师生编《陶渊明研究资料》，由中华书局出版。

陈友琴编《古典文学研究资料汇编·白居易卷》，由中华书局出版。

孔凡礼、齐治平编《古典文学研究资料汇编·陆游卷》，由中华书局出版。

傅惜华编《北方传统曲艺总录》，由中华书局出版。

商务印书馆（北京）编辑出版《敦煌遗书总目索引》。

本年至1963年，郭绍虞主编《中国历代论文选》，由上海中华书局编辑所出版。

冯沅君发表《在继承文学遗产的道路上——学习〈在延安文艺座谈会上的讲话〉的札记》《李清照的〈渔家傲〉与〈永遇乐〉》《培养研究生的体会》等文。发表诗歌九首。陆侃如创办山东大学中文系古代文艺理论讨论班。《文心雕龙选译》（上册）（与牟世金合著）出版。发表《文学史工作中的三个问题——从文学研究所〈中国文学史〉想起》《做好继承文学遗产的工作，争取做毛主席的好学生》《〈文心雕龙〉术语用法举例——书〈释“风骨”〉后》等有关评介《文心雕龙》文章多篇。

1月1日，中文系1961级张金龙等同学“一块去给冯沅君、陆侃如先生拜年，两位先生向我们介绍了他们‘五四’时代的学习、生活和斗争情况，歌颂党和毛主席。他们给我们介绍治学的道路和方法，冯先生说：读书要钻进去还要爬出来，站在巨人肩膀上努力攀登。她还讲，现在正是国家困难时期，你们要发扬延安时代的艰苦奋斗精神，我有一件棉衣，已经穿了二十年，还要补补穿”①。

本月

陆侃如继续用两个本子记“时事学习”笔记，一本记国内重要时事，一本记国际重要时事。每月内，简要选记重要时事，注明日期（今存：国内重要时事笔记，本月至5月、9月10日至10月25日手稿；国际重要时事笔记，本月至10月25日手稿）。

陆侃如、牟世金在《文史哲》第1期发表《〈文心雕龙·序志〉译注——〈文心雕龙〉译注之一》（《陆侃如冯沅君合集》未收）。

陆侃如、牟世金在《山东文学》第1期发表《刘勰的生平和思想——〈文心雕龙〉简介之一》（《陆侃如冯沅君合集》第7卷，第510～514页）。

年初，冯沅君指导的研究生陈其相的祖母病逝，父亲又病重，家里经济拮据。冯沅君得知此事，拿出100元钱，让陈其相寄回家。

① 张金龙：《三十功名》，郑春、孔令顺编选：《山东大学文学与新闻传播学院校庆110周年纪念文集》（记忆卷），济南，山东文艺出版社，2011年。

2月

冯沅君在《文史哲》第2期发表《做好继承文学遗产的工作，争取做毛主席的好学生》（《陆侃如冯沅君合集》未收）。

陆侃如、牟世金在《山东文学》第2期发表《刘勰的文体论〈文心雕龙〉简介之二》（《陆侃如冯沅君合集》第7卷，第515～518页）。

3月28日、4月1日，冯沅君在《大众日报》发表《李清照的〈渔家傲〉与〈永遇乐〉》（《陆侃如冯沅君合集》第14卷，第194～198页）。此文对李清照的《渔家傲》《永遇乐》两词予以注释，并从思想和艺术表现等方面进行了分析。

本月

陆侃如在《文学评论》第2期发表《〈文心雕龙〉术语用法举例——书〈释“风骨”〉后》（《陆侃如冯沅君合集》第7卷，第573～582页）。此文认为：“《文心雕龙》中用字有普通意义与专门意义的区别，而专门意义中又有基本意义与引申意义的区别。‘骨’‘骨髓’‘骨鲠’等字的普通意义是骨骼或气骨，其专门意义中的基本意义是‘辞之端直者’，也就是刘勰对于文辞的最高要求（不是指一切文辞），其引申意义是泛指作品的主要因素或特征。”

春初

冯沅君“参加山东省知识分子座谈会，衷心感奋，以小诗纪文”，作诗九首（载《山东文学》1962年第3期，《陆侃如冯沅君合集》第15卷，第406、407页）。

袁世硕回忆：约在本年春，“学校举行春季运动会，冯先生也同一般师生一样来参加开幕式，并坐在师生队伍里观看。从学校的运动场，到文科教师宿舍足有四五里路。中午散会时，成仿吾校长在人群中发现了冯先生，马上让秘书把汽车要来送她回宿舍，可是，冯先生怎么也不肯坐，依然随着人群往前走。最后还是大家把冯先生拦截住，硬是把她推上送运动员的卡车的驾驶室，才算了事”①。

4月

陆侃如、牟世金在《山东文学》第4期发表《刘勰论文学与现实的关系——〈文心雕龙〉简介之三》（《陆侃如冯沅君合集》第7卷，第519～524页）。

① 《陆侃如和冯沅君》，第188页。

5月

30日至31日，全国研究生招生考试。冯沅君作为导师，招收一名研究生，研究方向是宋元明清文学。陆侃如作为导师，招收三名研究生，研究方向是汉魏六朝文学。考试三门科目：外语、文学理论、中国文学史。冯沅君最后录取了山东大学应届毕业生李志宏。陆侃如录取了张可礼、陈祖美、刘文忠。张可礼、陈祖美是山东大学应届毕业生，刘文忠是南京大学中文系应届毕业生。开学后，陆侃如每周星期二、星期五的晚上给三名研究生讲两小时专业课。

本月

冯沅君在《山东文学》第5期发表《在继承文学遗产的道路上——学习〈在延安文艺座谈会上的讲话〉的札记》（《陆侃如冯沅君合集》第14卷，第350～357页）。此文回顾了自己在评价古代作家、作品方面走过的弯路。认为，批判地吸收文学遗产中有益的东西，有两个方面："思想教育方面与艺术借鉴方面。"指出，为了正确地继承古代文学遗产，应当学习毛主席的著作，提高思想水平。

陆侃如、牟世金在《山东文学》第5期发表《刘勰论内容和形式的关系——〈文心雕龙〉简介之四》（《陆侃如冯沅君合集》第7卷，第525～530页）。

6月

陆侃如、牟世金在《山东文学》第6期发表《刘勰的创作论——〈文心雕龙〉简介之五》（《陆侃如冯沅君合集》第7卷，第531～537页）。

7月

月初，冯沅君指导的研究生庄克华毕业，被分配到厦门大学中文系任教。后来，庄克华回忆："研究生毕业做了大学教师后，遇到学术上的疑难问题，仍然写信请教千里之隔的导师。冯沅君先生接信后总是马上作复，一写就是几页、十几页稿纸……"①

4日，陆侃如在《大众日报》发表《左思和左棻》（《陆侃如冯沅君合集》第8卷，第254～256页）。

22日，冯沅君在《大众日报》发表《范仲淹的〈渔家傲〉》（《陆侃如冯沅君合集》第14卷，第199～201页）。此文主要分析了这首词突出的艺术成就，并有注释。

① 孙长俊主编:《山大逸事》,第93页。

本月

陆侃如指导的研究生龚克昌毕业。他的毕业论文《汉四家赋初探》被选定在校一级答辩。答辩委员会由山东大学的吴富恒、陆侃如、冯沅君、高亨、殷孟伦、蒋维崧和山东师范学院的严薇青组成，副校长吴富恒任主任委员。答辩结果："一致认为优良并以无记名投票通过。"《大众日报》7月24日第1版还做了专门报道。[①]

陆侃如、牟世金在《山东文学》第7期发表《刘勰有关现实主义的论点——〈文心雕龙〉简介之六》(《陆侃如冯沅君合集》第7卷，第538～543页)。

【剑锋补：

约在本月，郭同文向冯沅君请教关于朱自清《荷塘月色》的相关问题。郭同文回忆，1962年暑假，为了在秋季学期讲授《荷塘月色》，到冯先生家请教朱自清写此文时北京和清华园的风貌，冯先生说："朱自清写《荷塘月色》时，已是清华大学教授，那年他只有27岁。他对清华感情深厚，深情地写道：水木清华，相与徜徉。清雅、开阔而又美丽的清华园，既有幢幢大楼，更有众多的大师，像文科的王国维、梁启超、陈寅恪、赵元任、吴宓、闻一多……培养了许许多多著名学者、文化名人，我们学校的高亨、萧涤非、陆侃如三位先生，都由清华研究生院毕业。该院首届毕业的高亨先生得到了王国维、梁启超的亲授。在他离校时，梁启超先生还亲笔写了一联相赠：'读书最要识家法，行事不须同路人。'理工科更是清华最有优势的学科，名师如林，大师辈出，像当年的物理系主任叶企孙教授就是我国近代物理学奠基人之一，对我国物理学乃至世界的科学发展、对我国的教育事业都做出了巨大贡献，像钱三强、钱伟长、王淦昌等物理学大师都是他的学生。因此叶企孙被誉为'大师的大师'(按：后来，我国被誉为'两弹一星'的功勋科学家有半数以上是他的学生)。朱自清与这样卓越的教授们一起，培养了大批社会栋梁之材(像萧涤非先生与朱自清先生则是亦师亦友)，是十分温馨的。他徜徉在清华园，饱览着各院系高大壮丽的馆、楼；饱览着蔚然成林的杨树、梧桐和挺拔凡非的龙柏、雪松；饱览着与棵棵大树映托的绿色草坪和争奇斗艳的花朵。他尤其喜欢清华园的'荒岛'极其野趣，喜欢'日日走过的荷塘'，常常在夜色凄迷、灯影朦胧中从西门沿荷塘北行。于是，这个清华园的普通荷塘，经朱自清

① 龚克昌：《我研究汉赋的前前后后》。

描写、抒情、着色创作出传世名篇《荷塘月色》……”然后，冯先生结合清华园的人文景观，对《荷塘月色》从艺术上做了精辟分析。她说：“我国最早描述荷花的作品见于《诗经·泽彼（应为‘坡’）》，诗在开头写道‘彼泽之坡，有蒲有荷’，意思是：在湖水边生长着蒲草和荷花。南宋著名诗人杨万里在《晓出净慈寺送林子方》一诗中写道：‘接天莲叶无穷碧，映日荷花别样红。’这里渲染了西湖中夏日的荷花，在朝阳映照下如何‘别样红’，别样艳丽。而朱自清写的却是我且受用这无边的荷香月色好了，着力写月色和月色下的荷花，令人悦目忘劳……这也给清华园留下了浓浓的人文情怀。”①

郭同文又向冯沅君了解与《荷塘月色》同年问世的《卷葹》的写作和出版经过。当他们谈到《卷葹》时，下起了雨。冯先生说：“鲁迅对《卷葹》的出版呕心沥血，最懂作者的创作意图。我在《卷葹》扉页上，还摘抄了晚唐诗人温庭筠的《达摩支曲》中两句诗，也是‘拔心不死’的意思。”说着，她从书架上取出一本薄薄的、纸都发黄的书递给郭同文，只见扉页上写道：“捣麝成尘香不灭，拗莲作寸丝难绝。”郭同文说：“记得陆侃如先生说过，这两句诗和‘卷葹’二字，最能代表《卷葹》一书的题材风格和主题。他还曾引用过李白的《寄远》一诗所写‘卷葹心独苦，抽却死还生’进一步说明。”冯先生点点头道：“用‘卷葹’二字和这两句诗说明《卷葹》中四篇小说共同主题：为了争取自由、婚姻自主，不怕封建礼教的拔心、捣尘和截折。”郭同文说：“作品跳动着五四的时代脉搏，鲁迅指为‘青年真实的写照’。”冯先生说：“对于这四篇小说的面世，创造社是功不可没的。”郭同文说：“作为创造社发起人之一的成仿吾今天已任我们山大的校长，他特别善于识别人才，发现人才。当您的《隔绝》等小说在创造社刊物发表之后，他在《一年回顾》中说：‘这一年，我们有幸得到了几个同心的朋友。他们给了我们不少的气力，他们是维系我们希望的星斗。’他以伯乐的眼光指出：‘淦女士等这四位朋友的作品以一日千里之势在向完全之域猛进。’”冯先生笑道：“这是成仿吾先生对我们的鼓励，我对他的期望有所辜负。如今，我们有这样卓越的文学家、教育家任校长是十分荣幸的。他来到山大已有四年，为山大的发展作出了巨大贡献，使我校文理科各系的学科建设像插上了腾飞的翅膀，开拓了新局面，呈现出一派欣欣向荣的大好景象，更令人可喜的是许许多多青年教师脱颖而出。”郭同文说：“当年他作为创造社发起人之一，新文化运动重要代

① 郭同文：《师心如灯——忆冯沅君先生的几次谈话》，《春秋》2017年第2期。

表，发现和培养了许多青年作家；今天，作为著名教育家他又发现和培养了许多青年学者和学术带头人。”说到这里，出现了几阵闪电，几声雷鸣，风刮得更猛了，雨下得更大了。冯先生看看窗外说：“这正是‘东风忽起垂杨舞，更作荷心万点声’！我特别喜欢‘荷花’的风骨，你看见过吗？在荷塘遭到暴风雨袭击的时候，那碧绿滚圆的荷叶肩并肩地紧紧依偎着，朵朵荷花挺然屹立，任凭风吹雨打毫无惧色。”郭同文插言道：“相反，经过大雨的洗礼，显得更加艳丽、洁美。”冯先生说：“教师，作为人类的灵魂工程师就应该具备这种精神，为人师表，教书育人。”当郭同文离开冯先生家时下起了雨，郭同文连忙撑起了雨伞，雨地里她又嘱咐道：“要不负祖先育后人！”① 】

8 月

12 日，陆侃如、牟世金在《大众日报》发表《刘勰和他的创作论》（《陆侃如冯沅君合集》未收）。

14 日，冯沅君在《光明日报》第 2 版发表《培养研究生的体会》一文（《陆侃如冯沅君合集》未收）。此文分 12 部分介绍了她培养研究生的方法和经验，其中写道：

> 指导两个钟点或三节课的时间，备课的时间大约是一天。
>
> 研究生必须好好做札记，必须按时交导师审阅。导师必须仔细看札记，不能草草了事……札记能够可靠地反映研究生的实际水平与学习态度。导师据此可以有的放矢的备课、讲解，以至于检查研究生学习的勤惰。
>
> 写指导提纲是我指导研究生的重要项目。提纲的好处是：一，保证指导时既重点突出，又无遗漏，碰到应解答的问题多，而指导时间不够时，导师可以只讲重要的，次要的可将提纲交研究生带下去自己看……为此，我虽然觉得写提纲很费时间，可是总坚持下去。
>
> 除毕业论文外，一般地说，每个学期研究生都要写一篇小型论文。论文是研究生刻苦钻研的成果……就目前研究生水平看，有一部分的文字关还是双重的：阅读时有文字关，看不懂；写论文时也有文字关，写得不通顺。

① 郭同文：《师心如灯——忆冯沅君先生的几次谈话》，《春秋》2017 年第 2 期。

此文发表后，受到教育界的重视。山东大学中文系组织教师学习、座谈。有的老师认为她管得太多，是“抱着孩子走路”。她听了后说：“该抱着走的时候就得抱着走，难道‘放鸭子’就好吗！”①

本月

陆侃如、牟世金在《山东文学》第8期发表《刘勰有关浪漫主义的论点——〈文心雕龙〉简介之七》（《陆侃如冯沅君合集》未收）。

9月

12日，陆侃如、牟世金在《大众日报》发表《物色》（《陆侃如冯沅君合集》未收）。

下旬，张可礼陪同刚入校的研究生刘文忠拜访导师陆侃如。刘文忠后来回忆当时拜访的情况：“六十岁的陆侃如先生看上去像四十多岁的人，满面红光，脸上看不出一点皱纹，双目炯炯有神，浓密的头发不见一根白发。”看到他书房里挂了一副对联：“平居岁月宁无感，收拾山河应有人。”告别时，他得知刘文忠没有郭绍虞主编的《中国历代论文选》，说：“郭绍虞先生送给我几本，我这里还有。”说着，从书架上拿出一本给了刘文忠。②

本月

陆侃如、牟世金译注《文心雕龙选译》（上册），由山东人民出版社出版。下册由山东人民出版社1963年7月出版。刘勰著《文心雕龙》共五十篇。本书选译了其中重要的二十五篇，上册译注十篇，下册译注十五篇。卷首有译注者的“引言”，介绍论述了刘勰的生平、思想、文艺观点等。译注部分，先有“解题”，说明全篇主旨，然后分段列出原文和译文，译文尽可能采取直译。篇后加以必要的注释。难字并加以注音。本书可供中等文化水平的读者自学。

陆侃如在《文学评论》第5期发表《文学史工作中的三个问题——从文学研究所〈中国文学史〉想起》（《陆侃如冯沅君合集》第8卷，第142～151页）。此文所谓的三个问题，一是编写体例问题，肯定文学研究所《中国文学史》“更严格地以时代为序，以作家为纲，来叙述文学发展过程”的。也指出了“嫌贯彻得不够”之处，如“把《孔雀东南飞》分割在秦汉文学部分里”。其次是作家作品如何评价问题。认为：“就这一点说，文学研究所的文学史可说是截至目前的最令人满意的一部了。”如对陶渊明和苏轼的评价。同时也指出了“个别地方也还有待商榷，如关于蔡琰《悲愤诗》、晋宋山水诗、贺铸词等处”。“最后是古典文艺理论问题。”

---

① 参见《冯沅君传》，第302～305页。

② 参见刘文忠：《人争一口气》，第270、271页。

认为："文学史和文艺理论史是有联系而又有区别的两种工作，可分可合。就我个人说，我是偏向于把它们分开的。""我对于文学研究所的文学史里从周代到清代都不断地介绍各时期的文艺理论，并专章分析《文心雕龙》《诗品》和宋诗话，还是十分欢迎的。""一般来说，书中理论部分的评价是比较妥帖的。"同时也提出了自己"不十分同意的看法"如：关于《文心雕龙》的分析，把《辨骚》列入总纲部分；关于"骨"字的意义，反对黄侃"骨即文辞"之说，而认为指"事理的认识"。

10 月

1 日，冯沅君与其指导的研究生陈其相在其宿舍门口，由校刊摄影记者摄影留念。后来记者把合照送给冯沅君，问她："像不像母子俩？"她说："你说像就像呗！"她乐滋滋地看着照片。

【剑锋补：

10 日前，冯沅君致信中华书局（《陆侃如冯沅君合集》未收）：

中华书局北京编辑所

九月三十日（62）编字第 2471 号来信及约稿合同六种十二份收到了。其中三种合同上所写编著人姓名及排列次序和我原来建议的不同。想系抄写人员的笔误。今退回，请另写寄来为荷。

书名	原来建议的编著者	合同上误写的编著者
文心雕龙和诗品	陆侃如　牟世金	冯沅君　牟世金
古剧说汇	冯沅君	冯沅君　袁世硕
中国古典文学论丛	陆侃如　冯沅君	冯沅君　陆侃如

此致

敬礼

冯沅君[①]】

17 日，冯沅君辅导研究生，主要内容是"苏轼以前作家小结"。

24 日，陆侃如、牟世金在《大众日报》发表《神思》（《陆侃如冯沅君合集》未收）。

---

① 郭建鹏博士考云："此函因水印遮盖，落款日期无法辨识，据上面标识，收信日期为 1962 年 10 月 10 日。从信的内容及收信日期看，此信大致写于 10 月 3～7 日间。"郭建鹏：《冯沅君陆侃如史料辑考》，《2021 山东省古典文学学会年会暨陆侃如、冯沅君学术研讨会学术论文集》上册，济南，山东省古典文学学会，山东大学文学院，2021 年 4 月，内部编印。

27 日，冯沅君辅导研究生，主要内容是“苏轼指导小结”。

本月

陆侃如、牟世金在《山东文学》第 10 期发表《刘勰的批评论——〈文心雕龙〉简介之八》（《陆侃如冯沅君合集》未收）。

11 月

6 日至 12 日，冯友兰到济南参加山东历史学会历史研究所主办的第二次孔子学术讨论会，到山东大学看望冯沅君、陆侃如。他们相见，谈兴甚浓。后来冯友兰回忆：1962 年，他曾到沅君家一次，室内的陈设非常简陋，她喜欢买书，但书架几乎是用几根棍子支起来的，给人的感觉是住宾馆，好像明天就要搬家的样子。

本月

【剑锋补：

冯沅君抄写《指导研究生的体会》，并补写《再谈研究生的体会》附后。陆侃如撰写《关于研究生的辅导工作》。①】

陆侃如、牟世金在《山东文学》第 11 期发表《刘勰的作家论——〈文心雕龙〉简介之九》（《陆侃如冯沅君合集》第 7 卷，第 555～558 页）。

冬，陆侃如创办山东大学中文系古代文艺理论讨论班。参加的成员前后有本校中文系青年教师刘光裕、蒋茂礼、于维璋、龚克昌、牟世金、虞振国、凌南申、刘波；研究生林志扬、张可礼、刘文忠、陈祖美；进修教师安徽大学朱一清、吕美生，郑州大学郎焕文，泰安师专汤贵仁、新疆大学马宏山等，共二十多人。讨论班地点在陆侃如家书房，每周星期三晚上进行一次。每次讨论时，家中都特别备有贵重的糖果和名牌香烟。参加讨论班的成员中，有六七位烟民。陆侃如为了照顾烟民，特地准备了大前门等高级香烟。当时的糖果、香烟都是凭票供应的，一般的教师和研究生即使有钱也买不到的。每次讨论，首先按郭绍虞主编的《中国历代文论选》，由陆侃如讲解其附录部分的文字，然后提出讨论题目，大家分头准备，再集中讨论，有一位中心发言人，最后由陆侃如做总结。在讨论班进行过程中，陆侃如写有三本“辅导札记”，他对讨论班有总体规划和具体规划，具体规划到近代，分四个专题讨论：唐代以前现实主义理论的发展、浪漫主义理论的发展，唐代以后现实主义理论的发展、浪漫主义理论的发展。

① 冯、陆以上三篇手稿，皆藏山东大学人事部档案室。

他认为：中国古代的文论大体上有两根线：一是现实主义，一是浪漫主义。现实主义这根线比较清楚，也比较实在，浪漫主义这根线不很明显，比较虚，需要我们很好地发掘，理出它的头绪和发展脉络来。讨论班讨论的内容从先秦到唐末，到“文化大革命”开始时结束了。[①]

【剑锋补：

刘光裕接受剑锋访谈时说，陆侃如对唐前典故极为熟悉，讲解方式是一篇篇读解原文，讲完一部分后有针对学生的答疑。刘光裕回忆说：“陆先生又为青年教师办了一个‘古代文论讨论班’，我自始至终是这讨论班最积极的成员。……‘文革’前数年，与陆先生来往较多。在陆先生面前，胆敢讲自己不同看法，他偶尔也给我讲些学业以外的事。”[②] 又说：“最后，写一篇文章作为讨论班的集体成果，题目是《中国古代文论中的现实主义与浪漫主义》。这篇文章，先由我与凌南申两人各写一部分；然后，由我将这两部分合成一篇；最后，由陆先生修改定稿。我记得好像是1966年春夏间，陆先生将这文章亲自寄给《文学评论》编辑部。可是到六七月间，‘文化大革命’爆发，全国大乱，所有刊物都停办，我们那篇文章就如石沉大海，杳无音讯。我们这个‘讨论班’，‘文化大革命’开始后曾作为所谓‘裴多非俱乐’那样的反动组织进行审查，其中原因主要因为陆先生是右派。”[③] 】

12月，陆侃如与高亨、黄孝纾合著《楚辞选》，由中华书局再版。

寒假，冯沅君让回上海探亲的研究生陈其相把编就的《中国人民文学史》稿（宋元部分，近百万字）带到上海，请赵景深先生审阅。途中不幸遗失。陈其相将此事告知冯沅君，她“神情严肃，严肃到令人寒栗的程度，但一句责备的话也没说”。后来书稿找到了，她“才面露微笑，手扶书稿，说了句略带责备的话：‘以后遇见这样的事要小心些，这是多少人的心血啊！’”

---

① 牟世金、龚克昌：《陆侃如传略》，《晋阳学刊》1983年第5期；牟世金：《嘉惠士林的陆侃如教授》，《山东大学校史资料》1988年第8期；刘文忠：《人争一口气》，北京，人民文学出版社，2008年，第275～276页。今存未刊《唐以前现实主义理论的发展》一文，执笔者：陆侃如、蒋茂礼、汤贵仁、牟世金、刘光裕。

② 刘光裕：《人生如梦非为梦，岁月无情似有情》，《先秦两汉出版史论》附录二，济南，齐鲁出版社，2016年，第558页。

③ 刘光裕：《回忆陆先生、冯先生》，《2021山东省古典文学学会年会暨陆侃如、冯沅君学术研讨会学术论文集》上册，济南，山东省古典文学学会、山东大学文学院，2021年4月，内部编印。

本年

山东大学中文系1953年毕业生吕家乡“到趵突泉公园去游览，在李清照祠堂里看到冯先生写的一副对联，像见到冯先生本人一样涌起恭敬之心，随即抄了下来”①。

约在本年，中国共产党中文系总支准备发展冯沅君入党。沈智在《冯沅君、陆侃如伉俪的半张便笺》一文中写道：

> 我可以坦白地说，当年山东大学中文系的党总支是准备发展冯沅君先生参加共产党的。我按组织上的安排，通过师徒关系接近他们，一面向他们学经取宝；一面从政治上关心启示他们，帮助冯沅君先生积极创造入党条件，大家互学互帮，共同提高。可是，到1963年10月，我奉调回上海，离开山东大学，未能完成组织交办的任务。

本年至1963年，冯沅君编有《宋诗文质疑》，辅导研究生用。篇幅长短不一，形式多样，有讲解、答疑（如研究生韩伟、李志宏等提出的问题的答疑）等。除个别内容注明了写作时间外，其他均未注明。主要内容：“王诗质疑”“杨亿诗质疑（西崑举例）”“梅尧臣诗质疑”“欧诗质疑”“晏殊词质疑”“柳词质疑”“王安石诗质疑”“苏轼以前作家指导小结（1962，10，17）”（以上为第一部分），“苏轼（附苏洵苏辙）·苏诗质疑、苏文质疑、苏洵文、苏辙散文”“苏轼指导小结（1962，12，27）”“苏轼以后的作家”“秦观词质疑”“张耒诗质疑”“黄诗质疑”“陈师道诗质疑”“周邦彦词质疑”“贺铸词质疑”“张元干词质疑”“叶词质疑”“王庭珪诗质疑”“李清照诗词质疑”“陈与义诗质疑”“苏轼后作家小结”“关于南宋诗文的学习”“陆游总介绍”“陆游诗质疑”“陆游词质疑”“陆游学习小结”“其他南宋作家”“杨万里诗质疑”“范成大诗质疑”“张孝祥词质疑”“陈亮词与散文质疑”“姜夔诗词质疑”“戴复古诗质疑”“刘克庄诗词质疑”“文天祥诗质疑”“谢枋得诗质疑”“汪元量诗质疑”“王沂孙词质疑”“元好问与金诗歌”“元好问诗词质疑”“结束语”（以上为第二部分）《宋诗文质疑》，今存手稿，装订成册。从封面题字看，当是冯沅君逝世后陆侃如整理装订的。封面题字“宋诗文质疑（62～63）研究生用”。内容页码分两部分——第一部分：1～29页；第二部分：1～128页。（个别页码有误）

---

① 吕家乡：《冯沅君先生》，《风雨人间情》，济南，山东人民出版社，2016年，第239页。

陆侃如给中文系高年级开《文心雕龙》选讲课。

陆侃如开始培养青年教师牟世金。1960 年，山东大学开始制订培养师资的计划，重点培养青年教师。根据中文系的安排，陆侃如负责培养牟世金。陆侃如经过多次修订，为牟世金制订了一个 15 年达到教授水平的计划。同时采用合作研究的方式，加以培养。从 1962 年到 1964 年，不到三年的时间，他们共同完成了《文心雕龙选译》《刘勰论创作》《刘勰和文心雕龙》三种著作和一些论文。

陆侃如、高亨、黄孝纾《楚辞选》，香港中华书局出版。

陆侃如、牟世金著《刘勰论创作》（《陆侃如冯沅君合集》未收），香港文昌书局印行。

陆侃如、牟世金在《山东大学学报》第 2 期发表《〈文心雕龙·诠赋〉今译》（《陆侃如冯沅君合集》未收）。

陆侃如、牟世金在《山东大学学报》第 4 期发表《〈文心雕龙·镕裁〉今译》（《陆侃如冯沅君合集》未收）。

陆侃如在《文艺报》第 8 期发表《刘勰论诗的幻想和夸饰——〈文心雕龙〉札记之一》（《陆侃如冯沅君合集》第 7 卷，第 583～588 页）。

【剑锋补：

刘光裕回忆说："（陆）先生研究《文心雕龙》时，为了弄清'道''风骨''情志'等概念的含义，从全书摘录语句，编了一个字典与索引。"①

冯钟芸由山东大学中文系 1961 级本科生张文建陪同前去看望冯沅君，进门便给姑姑跪下了。②】

约在本年，陆侃如给中文系 1960 级同学讲课。该级学生马瑞芳在《唯愿身化光明烛》一文中回忆：

> 陆侃如先生的讲课，磁石般吸引着我们。他年已花甲，头上没有一丝白发，神采奕奕，双目炯炯。他给我们讲魏晋文学，讲古代文艺理论，讲《文心雕龙》。一级教授一丝不苟地给低年级讲基础课，串讲字句，分析流派，课堂提问，课后辅导，一笔一画地批作业。同学们说，陆先生有一副电脑，古今中外，诗词文赋，问一答十，问十答百，

---

① 刘光裕：《人生如梦非为梦，岁月无情似有情》，《先秦两汉出版史论》附录二，第 559 页。

② 张文建先生电话告知剑锋。

永远清清楚楚，明明白白。一次课间，我问陆先生："怎样理解乐府诗写罗敷的技巧？"他告诉我：主要是侧面描写和把抽象感情物化的方法。他从庄子《齐物论》沉鱼落雁的典故，讲到《西厢记》莺莺赴水陆道场，举了许多烘云托月的例子，又随口吟出江湜的诗来："柳叶西出叶向东，此非画柳实画风。风本无质不上纸，巧借柳枝以形容。"

1963年　癸卯　冯沅君64岁　陆侃如61岁

2月中、下旬，毛泽东在中共中央北京工作会议上讲话，介绍湖南开展"社会主义教育"及保定地区清理账目、清理仓库、清理财务、清理工分（即所谓"四清"）的经验，提出"阶级斗争，一抓就灵"的口号，督促各地"注意阶级斗争和社会主义教育问题"。

本月，文艺界举行纪念曹雪芹逝世二百周年活动。

3月28日，中共中央批转文化部党组《关于停演"鬼戏"的请示报告》。

5月

2日至12日，毛泽东在杭州召集会议，制定《关于目前农村工作中若干问题的决定》（草案）（即"前十条"），认为"当前中国社会中出现了严重的尖锐的阶级斗争情况"，资本主义势力、封建主义势力"正在对我们猖狂进攻"，要求"重新组织革命的阶级队伍"，以大规模的群众运动打退这一进攻。

6日、7日，《文汇报》发表《"有鬼无害"论》，点名批判孟超的剧本《李慧娘》、繁星（廖沫沙）的《有鬼无害论》。从此开始在报刊上对一些文艺界的人物批判。

7月25日，中共中央批转陕西省委宣传部《关于陕西地区思想战线上阶级斗争形势和我们的意见的报告》，强调"当前国内严重的尖锐的阶级斗争，在思想战线上，在教育、理论、科学、艺术、报纸、刊物、广播、出版、卫生、体育等方面，都有很值得注意的表现"。

本月，游国恩、王起、萧涤非、季镇淮、费振刚主编《中国文学史》第一、二册由人民文学出版社出版。第三册1964年1月出版，第四册1964年3月出版。本书是为高等院校中文系编写的教科书。

9月6日至1964年7月14日，中共中央以《人民日报》和《红旗》编辑部的名义，相继发表9篇评苏共中央公开信文章，批判赫鲁晓夫修正主义。

本月，毛泽东在中共中央北京工作会议上讲话，说"戏剧要推陈出新，不应推陈出陈，光唱帝王将相、才子佳人和他们的丫头保镖之类”。

10 月，中国科学院哲学社会科学部委员会在北京举行第四次扩大会议，周扬作题为《哲学社会科学工作者的战斗任务》的报告，号召“批判现代修正主义”。

12 月 12 日，毛泽东《对柯庆施同志报告的批示》，说文艺界“许多部门至今还是‘死人’统治着”，“许多共产党人热心提倡封建主义和资本主义的艺术，却不热心提倡社会主义的艺术，岂非咄咄怪事”。随后文联及所属各协会便开始整风。

本年

一粟（朱南铣、周绍良）编《古典文学研究资料汇编·红楼梦卷》，由中华书局上海编辑所出版。

张舜徽著《清人文集别录》，由中华书局出版。

冯沅君任山东大学副校长。出席全国人大第二届第四次会议。被评为一级教授。[1] **发表《认清阶级关系，加强自我改造》等文。陆侃如当选为山东省政协第三届常委。经常写学习《毛选》笔记。《刘勰论创作》出版。发表《葛洪的文学观》《左思评传》《汉人论〈楚辞〉》等文。撰有《刘勰年表》。**

1 月

冯沅君在《文史哲》第 1 期发表《认清阶级关系，加强自我改造》（《陆侃如冯沅君合集》未收）。

陆侃如、牟世金在《山东大学学报》第 1 期发表《葛洪的文学观》（《陆侃如冯沅君合集》未收）。

2 月

陆侃如在《山东文学》第 2 期发表《左思评传》（《陆侃如冯沅君合集》第 8 卷，第 230～235 页）。

陆侃如得知研究生张可礼寒假结婚后，赠张可礼《嵇康集》一部。

约在本月

寒假刚刚过去，研究生刘文忠向导师陆侃如交了一份专业课考察报告，题目是《钟嵘对六朝诗风的批判》。他阅后写了评语：“此文将钟嵘对六朝诗风的批判归纳得比较全面，而且有一定深度，又与刘勰对六朝诗风的批判进行了对比，得出钟嵘对六朝诗风的批判比刘勰深刻而全面的结

① 剑锋按：据张洪刚提供的《高教部 1956 年 9 月下发的各高校一、二、三级教授名单》，山东大学只有冯沅君一人在该年被评为一级教授。据山东大学人事部档案所藏、1964 年 3 月的《干部工资级别登记表》，冯沅君是一级工资待遇，月薪 327 元。

论，对科学院文学史的观点提出不同看法，有自己的见地。同时指出钟嵘有受六朝诗风影响的方面，对六朝文学的新变他并不是一概加以反对，认为钟嵘默认了陆机‘诗缘情而绮靡’，他对诗歌的词采华美是重视的，这一点也有小的突破。”并将此文向系主任推荐到五四青年节举行的青年论文报告会上作报告。①

4 月

冯沅君被国务院任命为山东大学副校长。她任副校长，严格要求自己。按学校规定，副校长外出可以坐学校的汽车，但她从来不用。

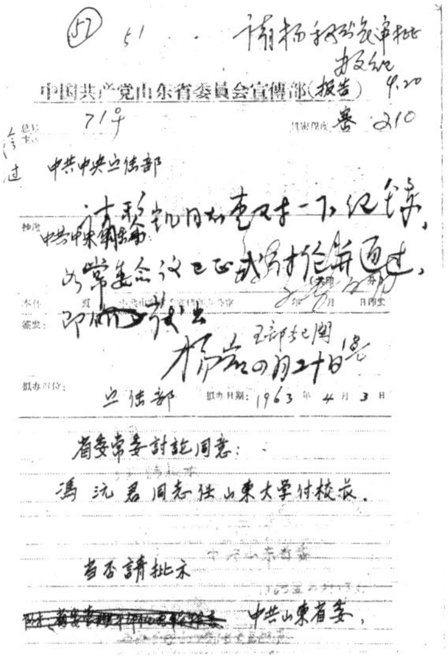

1963 年 4 月 3 日，中共山东省委宣传部、省委常委同意冯沅君任山东大学副校长的报告。（引自《陆侃如和冯沅君》第 135 页、《冯沅君传》第 299 页）

【剑锋补：

4 日，陆侃如致信中华书局（《陆侃如冯沅君合集》未收）：

中华书局北京编辑所文学组：

三月二十九日（63）编字第 219 号来信及约稿合同二纸，收到了。

前年你组约写《古典诗歌概论》时，我已同意了，但去年你局寄来许多约稿合同时，都没有这一种。我当时认为你组已改变计划，因而排列我的写作计划时，就减去了这一项。除你局外，别的出版社也有来约稿的。目前我的写作计划，已排到 68 年，现在如果我加入《古典诗歌概论》一项，势必排到 69 年，这样，恐怕太晚了，会妨害到你组的总计划。因此，我不得不退还约稿合同，请另约别的同志写。

这是非常抱歉的事，请原谅。此致

敬礼！

陆侃如

四月四日②】

① 参见刘文忠：《人争一口气》，北京，人民文学出版社，2008 年，第 279 页。

② 参见郭建鹏：《冯沅君陆侃如史料辑考》，《2021 山东省古典文学学会年会暨陆侃如、冯沅君学术研讨会学术论文集》上册，济南，山东省古典文学学会、山大大学文学院，2021 年 4 月，内部编印。

5月

5日，陆侃如学习周记：

从上月下旬订立学习雷锋同志的计划以后，决定写“学习周记”。每周学习毛主席的一篇著作，联系自己的思想，写学习心得体会。这一周学习的是《选集》第四卷第一篇《抗日战争胜利后的时局和我们的方针》……这一周我继续出席九三分社委员会的扩大会议，最后听了市委李书记的报告，昨天下午闭幕。

12日，陆侃如学习周记：

这一周学习了毛主席的《蒋介石在挑动内战》……这一周还听了政治系臧同志关于世界矛盾的辅导报告，及省政协鲁同志传达全国政协关于南斯拉夫问题的报告。

19日，陆侃如学习周记：

这一周学习了毛主席的《第十八集团军总司令给蒋介石的两个电报》……这一周还听了政治系徐副主任关于战争与和平的辅导报告，又参加了党委召集的两个座谈会，会上刘副书记都作了指示。他勉励我们好好学习，加强改造。

26日，陆侃如日记：

这一周学习了毛主席的《评蒋介石发言人谈话》，作于一九四五年八月十六日……回想十八年前，在我脑子里，却还没有把蒋介石当作“人民公敌”呢。这是值得自己警惕的……我想起上周党委召集的座谈会上，刘副书记说起中文系函授讲义中，接连选了五篇反战的诗，是太多了。如何遵循毛主席的教导，正确地对待文学遗产，做好批判继承工作，的确是一件严肃的政治任务。我们天天说要反对现代修正主义，却在课本里宣传和平主义，那就不是培养共产主义接班人，而是培养资本主义接班人了。千万注意！千万注意！

本月，陆侃如、牟世金著《刘勰论创作》，由安徽人民出版社出版。此书《序例》（作于1962年7月）后，分“引言”“译注”“附录”三部分。“引言”包括：一、刘勰以前文学理论的发展简况；二、刘勰的生平和著作；三、刘勰的文学观；四、刘勰的创作理论；五、刘勰的批评理论与实践。“译注”包括：一、物色；二、通变；三、情采；四、风骨；五、体性；六、神思；七、夸饰；八、镕裁。“附录”包括：一、《文心雕龙》中有关现实主义的论点；二、《文心雕龙》中有关浪漫主义的论点；三、刘勰论诗的幻想和夸饰；四、《文心雕龙》术语初探。

6月

2日，陆侃如学习周记：

这一周学习了毛主席的《中共中央关于同国民党进行和平谈判的通知》。

这一周还检查了学术思想，党委刘副书记又作了开展增产节约运动的报告。……

这几年来，学术界对于批判继承问题总是在摇摆，有时肯定太多，有时否定太多。虽然一直没有掌握好，但从五八年到现在，每次摇摆的幅度都在减少。就我自己说，也有些感觉。例如我给青年出版社写的诗选稿，他们起初强调艺术分析，要我多写些这方面的说明，但实际上我在说明中还是同时注意了思想内容。现在他们来信要我增加些思想批判的话。我把原稿从头再检查一遍，觉得原来也有这方面的话。当然还很不够，现在应再修改提高。但要警惕，不要偏于粗暴、简单化。总之，任何时候都该牢记毛主席“剔除其封建性的糟粕，吸取其民主性的精华”的教导，老老实实地坚持真理，修正错误，而不要随风转舵，哗众取宠。

中文系总支刘副书记到我家里来……他勉励我好好体会党的方针政策，使自己的思想和党的意图一致起来。

9日，陆侃如学习周记：

这一周学习了毛主席的《关于重庆谈判》。……

按理说，现在我们做和平时期的文教工作，比一九四五的革命工作是容易得多了，生活安定，更无生命危险。不过，为了提高教学和科学研究的质量，困难的确也不少。且不说别的，只问：在分配工作时，能否愉快地拣重担子挑？目前我还做不到这一点。

16日，陆侃如学习周记：

这一周学习了毛主席的《国民党进攻的真相》……还听了省委白书记关于五反运动的报告，在民主党派内进行了讨论……白书记的报告更引起我对资产阶级反动思想的警惕……在民主党派内部讨论时，大家表示，要认真投入这运动中，互相擦澡，把认识提高一步。我也下决心好好检查自已的个人主义，不辜负这次运动的好机会。

23日，陆侃如学习周记：

这一周学习了毛主席的《减租和生产是保卫解放区的两件大事》……还听了省政协传达乔冠华同志关于刘主席访问四个国家的报告。

30日，陆侃如学习周记：

这一周学习了毛主席的《一九四六年解放区工作的方针》……还在系里听了几位同志回忆对比的发言。……

回忆对比确有教育作用……就像我这个人，在旧社会没有受什么苦；可是回想一下解放前的教书生活，也使我感到有身在福中不知福的错误。例如解放前我教了二十二年书，经历了九个大学，平均两年半就换一个学校。可是解放后十四年我却一直在山大，没有动。又如解放前通货膨胀，物价飞腾。四七年十月，我刚刚到青岛时，月支325万元；到四八年八月改金园券前月支十亿多元！改金园券后，月支256元；可是到四九年一月就月支近二万元，到解放前夜就月支三亿多元！……想到这些，对近年来生活上的不满情绪，不觉冰消了……我一定继续努力，争取有朝一日能达到党员的标准。

7月

7日，陆侃如学习周记：

这一周学习了毛主席的《建立巩固的东北根据地》……还听了省政协传达的艾思奇同志关于反对现代修正主义的报告。

14日，陆侃如学习周记：

这一周学习了毛主席《关于目前国际形势的几点估计》。

21日，陆侃如学习周记：

这一周学习了毛主席《以自卫战争粉碎蒋介石的进攻》。

28日，陆侃如学习周记：

这一周学习了毛主席《和美国记者安娜·路易斯·斯特朗的谈话》。

8月

4日，陆侃如学习周记：

这一周我学习了毛主席《集中优势兵力，各个歼灭敌人》。……

我曾读过好几本《星火燎原》，解放军所以百战百胜，主要依靠毛主席的军事思想。

11日，陆侃如学习周记：

这一周学习了毛主席《美国调解真相和中国内战前途》。

18日，陆侃如学习周记：

这一周学习了毛主席《三个月总结》……参观了阶级教育展览会。

25日，陆侃如学习周记：

这一周学习了毛主席《迎接中国革命的新高潮》……又参加了九三分社委员会，听取了派到华东社会主义学院学习的同志的汇报。

9月

1日，陆侃如学习周记：

这周学习了毛主席《中共中央关于暂时放弃延安和保卫陕甘宁边区的两个文件》。

8日，陆侃如学习周记：

这一周学习了毛主席《关于西北战场的作战方针》……又参加了省委统战部召集的学习会和省政协的常委会议。

【剑锋补：

11日，冯沅君致信青年教师刘光裕等解答宋元戏曲史方面的疑问。致信内容和问题回答原文如下：

刘光裕同志：

近来因在外开会时间多，所以您提的问题未及早解答，对不起。现将答案另纸录出。我对这些问题了解得也不深刻，因而所说也只能供参考。您对我解答的如有疑问，咱们可找时间谈谈。

我给同志们解答问题，常用书面，为的是可以留下的底子供将来参考。因此，希望您将来能把这几页纸还我。

敬礼

冯沅君九月十一日

冯沅君回答了刘光裕等同学十一个问题，此照录如下：

牡丹亭题词

(一)“必因荐……形骸之论也”

这里指的不是才子佳人的恋爱，而是肉体接近的男女关系。“荐枕”是“荐枕席”之省，指同枕席言。“挂冠”，似指男方的冠缨挂在女方的簪钗上（宋贺铸《浣溪沙》“缨挂宝钗初促席”即写此种情景，或为汤所本），言彼此身体靠近。汤的意思大约是：必定同枕席或彼此身体紧紧地偎依着方算是亲密，这是只重形体而不重精神的论调。由此可知汤对这种恋爱观是不以为然的。丽娘即未荐枕未挂冠而为情生死。

（二）“自非……情之所必有耶”

通人是明达事理的人，不是道学家。

“理”“性”的解释，我觉得戴还有些道理。汤曾以情、理对言。我觉得好像他的“理”的含义可能不只一种。有时如道学家的封建教义，有时如常理，这里似是后者。情呢，不见得是作品中人物的思想感情等，可能是指作者的幻想（对爱情巨大威力的幻想）。以情为情欲似应考虑。

答孙俟居

（一）“兄以……向南祝之”

这几句不好讲，因为未见孙原书。我的看法与徐笺有出入。二梦是否《南柯》《邯郸》，大是问题，徐说似武断。二梦如非汤剧，则“破梦”之梦，恐亦非《还魂》。可能孙所读者乃一般的梦。孙用他的两个梦来证梦不可凭。汤不以此为然故言“梦得破耶”。“儿女之梦难除”可能是因生儿育女的梦人所常有。故下边举二例为证。“大人”句见《诗经·小雅·斯干》，原文是“夫梦维何，维熊维罴，维虺维蛇”“大人占之，维熊维罴，男子之祥；维虺维蛇，女子之祥”。诗的大意是：在新屋中梦见熊罴虺蛇，占梦的人说梦见熊罴将生男孩子，梦见虺蛇将生女孩子。“尼父”句不甚了解。尼父是孔子，《家语》上说，孔子的儿子伯鱼生的时候，正碰上鲁昭公以鲤赐孔子。孔子以君赐为荣，故名子为“鲤”，字伯鱼。这一故事与“拜嘉鱼”很符合，但是《家语》未提到梦，也许汤另有所据。这两件事都与生育子女有关。“更为”句，可能是孙正盼望儿女，汤说，我替老兄祝告海神让你得子。以上我所理解的，与你所想的和徐笺都不同。因为我觉得就“尼父”“大人”二句看，儿女不能作青年男女解。

（二）“且所引……又一体”

这几句是为曲谱而发。曲谱的一般格式是每个曲牌后都举曲辞为例。每个曲牌的曲辞都有一定的句数，句法，韵式。如有牌名相同而曲辞的句数、句法、韵式略有出入，则称又一体也，列举曲辞。汤认为这样作法不妥，说这是曲谱作者不知某些曲牌的来历便称为又一体。

（三）“笔懒韵落”

大意是笔下懒散（不谨严）致音节又欠妥处。

答吕姜山

（一）吴中曲论

指沈的著作，至少以沈为主。

（二）意趣神色

四者中二与一近，三与四近。意趣可解为意思、情趣。“神色”与“神情声色”也是相通的。四者中前二者似指存乎内的，后二者似指现于外的。这至多只能说是风格构成的因素，很难说是风格本身。

答凌初成

（一）“其中……外耳”

艺术品（曲、画）中的缓急急徐，动人心魂的东西，只能在笔墨以外体会。

其它

（一）沈璟曲谱，有北京大学印本（抗战前）。钦定曲谱中南曲部分即沈谱。钦定曲谱易得。

（二）暖红室刻本《西厢记》，我这里有，但所载批语不仅王批。

（三）王批《琵琶记》、茅批《牡丹亭》的本子不详。[①]】

15日，陆侃如学习周记：

这一周学习了毛主席《蒋介石政府已处在全民的包围中》……还学习了《人民日报》和《红旗》编辑部写的《苏共领导同我们分歧的由来和发展——评苏共中央的公开信》及《关于斯大林问题——二评苏共中央的公开信》，我还参加了九三分社召集的座谈会，座谈前一篇文章。

22日，陆侃如学习周记：

这一周学习了毛主席《解放战争第二年的战略方针》……还讨论了房书记关于调整工资的报告。

26日，冯沅君学习《人民日报》《红旗》编辑部撰写的《南斯拉夫是社会主义国家吗？——三评苏共中央的公开信》并写有笔记（今存笔记手稿4页）。

---

① 冯沅君回信及答疑据刘光裕所藏复印件。

29日，陆侃如学习周记：

> 这一周学习了毛主席《中国人民解放军宣言》……还学习了《南斯拉夫是社会主义国家吗？——三评苏共中央的公开信》，又讨论了成校长在教学研究会上的报告。

本月

冯沅君指导的研究生陈其相毕业，拿到毕业证书。陈其相毕业的论文题目是《梁辰鱼及其〈浣纱记〉》。毕业时，正值学习苏联高校研究生要举行公开答辩的做法，他们这批研究生被选作公开答辩的试点。基于冯沅君的地位和影响，陈其相被选为第一个。这是山东大学研究生第一次举行公开答辩，学校领导非常重视，教务长吴富恒任答辩委员会主任，委员会由包括冯沅君等7人组成。答辩场所设在当时山东大学老校大会议室，会议室人员爆满。事后，《大众日报》在头版第2条作了专题报道。在答辩的前一天，冯沅君把陈其相叫到家里，对答辩事宜作了具体分析，对答与不必答的问题作了一一交代，还提出她认为是重要的问题，让陈其相试答。答辩结束，成绩定为"良好"。冯沅君走到陈其相身边悄声地说："我在上面如坐针毡，我看你有点紧张，其实我比你还要紧张。现在总算松口气了。"陈其相研究生毕业，直到1964年12月，才被分配到湖南省教育厅。陈其相后来回忆：

> 冯师的一生以谨慎著称，尤其是陆侃如先生1957年遭遇到众所周知的不公正待遇之后，在政治问题上，她更是小心翼翼，不敢越雷池一步，甚至在小组会上的发言，也都是预先在小本本上写好的。我在大学时代，是"拔白旗"的对象；当了研究生，又成了走"白专道路"的典型。"罪名"之一，是说我太听冯师的话，以致成了资产阶级学者的俘虏。我闻听此言，泰然一笑，而冯师则常为此戚戚于心。她多次提醒我在政治上要力求上进，千万不要为外界言中，成了她所谓的"俘虏"。

10月

6日，陆侃如学习周记：

> 这一周学习了毛主席《中国人民解放军总部关于重行颁布三大纪

律八项注意的训令》……又参加了国庆观礼，参加了中文系总支召集的反修座谈会。

13日，陆侃如学习周记：

这一周学习了毛主席《目前形势和我们的任务》。

20日，陆侃如学习周记：

这一周学习了毛主席《关于建立报告制度》……还学习了刘书记关于国际共产主义总路线的学习报告。

27日，陆侃如学习周记：

这一周学习了毛主席《关于目前党的政策中的几个重要问题》……还学习了《新殖民主义的辩护人——四评苏共中央的公开信》，又参加了九三分社召集的座谈会。

11月

3日，陆侃如学习周记：

以前几篇都是按照第四卷的次序学的。现在提前先学几篇与反对现代修正主义的斗争有密切关系的几篇。这一周学习了毛主席的《全世界革命力量团结起来，反对帝国主义的侵略》。

10日，陆侃如学习周记：

这一周学习了毛主席的《将革命进行到底》……还参加了省文联的扩大会，听取了周总理、周扬同志的报告的传达，又听取了省委宣传部王部长、张副部长的报告……周总理和周扬同志都要求文艺工作者成为彻底的革命者……这就引起我的警惕，加紧世界观的改造。

17 日，陆侃如学习周记：

这一周学习了毛主席的《在中国共产党第七届中央委员会第二次全体会议上的报告》……还听取了科学院哲学、社会科学部委员会扩大会议的报告的传达……在哲学、社会科学部委员会扩大会议上，周扬同志号召我们重新学习马克思列宁主义和毛主席的著作，这是非常及时的。

17 日至 12 月 3 日，冯沅君出席在北京召开的全国人大第二届第四次会议。

24 日，陆侃如学习周记：

这一周学习了毛主席的《论人民民主专政》……又学习了《在战争与和平问题上的两条道路——五评苏共中央的公开信》。

本月，陆侃如自己付钱，到济南市中心的明湖照相馆为参加古代文艺理论讨论班的 15 人合影留念。赠送每人一张。

1963 年 11 月，陆侃如举办的山东大学中文系古代文艺理论讨论班合影于济南明湖照相馆。第一排左起依次是：郎焕文、汤贵仁、陆侃如、朱一清、吕美生、陈祖美，第二排左起依次是：牟世金、蒋茂礼、张可礼、凌南申、刘波，第三排左起依次是：虞振国、林志扬、刘文忠、刘光裕。

12 月

1 日，陆侃如学习周记：

这一周学习了毛主席的《丢掉幻想，准备斗争》……又参加了中文系教师的反修学习测验……总支说老教师可以不参加测验，但我觉得还是参加了好，因为这是督促自己认真学习的好办法。昨天小组评阅的结果，第一、二题关于总路线、苏共纲领的答案是“好”，第三题关于个人崇拜的答案是“中”。

8日，陆侃如学习周记：

这一周学习了毛主席的《唯心历史观的破产》。

15日，陆侃如学习周记：

这一周学习了毛主席的《军队内部的民主运动》……因为有关反修学习的十六篇已初步学习完毕，所以现在又从前学习其他各篇。这一周还学习了《两种根本对立的和平共处政策——六评苏共中央的公开信》。

18日至28日，冯沅君出席在济南召开的山东省第三届人民代表大会，第三次当选为山东省人民政府委员。

22日，陆侃如学习周记：

这一周学习了毛主席的《在不同地区实施土地法的不同策略》……这一周出席了省政协全体会，又列席了省人民代表大会，听取了白副省长、刘副主席的报告。

29日，陆侃如学习周记：

这一周学习了毛主席的《纠正土地改革宣传中的“左倾”错误》……这一周连续出席了省政协全体会，听取了谭书记的报告……在大会发言时，我也发了言。我提出三项今后努力的意见：一是在十年内学完《毛泽东选集》四卷、《列宁选集》四卷、《马克思恩格斯文选》二卷；二是争取到工厂、农村，多参加实际斗争，多向劳动人民学习；三是在教学与科学研究中，更好地贯彻批判继承的原则。

陆侃如当选为山东省政协第三届常委。

本年

冯沅君由二级教授评定为一级教授。①

马宏山有志于研究《文心雕龙》，到山东大学跟随陆侃如学习。马宏山是在新疆工作的老干部，任新疆师范学院副院长。学习结束后，临别之前，奉赠端砚一方谢师。②

陆侃如重视、坚持学习中共中央有关反对苏联赫鲁晓夫修正主义的文件和文章，并写有“反修学习笔记”，题目有“关于国际共产主义运动总路线的建议”“苏共领导同我们的分歧的由来和发展”“关于斯大林问题”“南斯拉夫是社会主义国家吗”“新殖民主义的辩护士”“铁托集团对私人资本主义经济的对策及其后果”等。（今存笔记 36 页）

陆侃如、虞振国《汉人论〈楚辞〉》（《陆侃如冯沅君合集》未收），刊于《山东大学学报》第 2 期。

陆侃如应山东省莒县刘勰纪念堂之请而撰《刘勰年表》（《陆侃如冯沅君合集》第 7 卷，第 505～509 页），蒋维崧书写，陈于莒县定林寺。

约在本年，一天，冯沅君和陆侃如到中文系 1960 级女同学楼上宿舍走访。该级同学马瑞芳在《唯愿身化光明烛》一文中回忆：

> 一个傍晚，没有担任我们课程的副校长冯沅君先生，和陆侃如先生一起，到我们宿舍来了。真是喜从天降！两位一级教授的到来，使女学生手足无措，连我这个话匣子也卡了壳。冯先生文文静静地坐到了书桌前，陆先生却站在我住的双层床边，眼光落在床头上。我的汗珠立时滚了下来！为了挖苦一位孙姓同学，我在上边抹画了一句玩笑话：“孙悟空在此，诸神回避！”
>
> “冯先生和我，都不是神，也就不必回避了吧？”陆先生风趣地说。一句话，立时使空气活跃起来。大家七嘴八舌地拿一些幼稚可笑的问题问二位教授，他们不厌其烦一一回答，又娓娓谈起：不动笔墨不读书；有的可以精读，直至背诵；有的只需略览；可以写几种笔记：论点摘要、原文摘录、索引集纳、心得体会……冯先生随手翻着我的一堆红学卡片，温和安详的目光停留在那些“鳖爬字”上，她笑道：“应该把卡片分门别类，用你们扎小辫儿的皮筋勒住，或者用卡片盒装好。这就是一桩科研准备工作。”
>
> 大家围住冯先生，叽叽喳喳，刺刺不休，陆先生慈祥地笑了：

① 参见陆侃如：《忆沅君——沉痛悼念冯沅君同志逝世四周年》。

② 参见牟世金：《嘉惠士林的陆侃如教授》。

“你们好好读，使劲儿钻研，将来的目标，是超过你们的冯先生。”

姑娘们被最后一句话唬懵了。大眼瞪小眼，全傻了眼。半晌，才有个伶俐人借一句名言表白大家的心思：“让最渺小的人，向最高超的人学习吧。”

“青出于蓝，而胜于蓝；冰水为之，而寒于水。”陆先生说。冯先生颔首：“假如让九斤老太说对了，还要教师做甚么呢？”

两位教授起身下楼，我尾随身后诉苦：“我们哪，每天天不亮就上小树林背俄语，背得眼睛都发蓝啦。”

20世纪60年代（“文化大革命”前），
陆侃如、冯沅君在济南。
（引自《陆侃如和冯沅君》第155页）

陆先生说：“我给你一本俄文版文学概论，你把它译出来，那比硬背单词收效要快。”

我到先生家取来了俄文书，陆先生又递给我一本黄海章《中国文学批评简史》。我曾向先生提及：图书馆借不到此书。自己已经忘却，先生却记着。冯先生在宽大的书桌旁，手握毛笔，伏案疾书，柔和的浅绿色灯光照着她花白的两鬓。我怕打扰了她，蹑手蹑脚向门口走，她却抬起头叫住我，说：“黄先生的书，我们有两本，这册送你吧！”

【剑锋补：

约在本年，冯沅君应张公制之邀为其《奇觚诗选》[油印线装本，青瓷色封面，癸卯年印，黄公渚（孝纾）题耑]付梓前撰写序言（《陆侃如冯沅君合集》未收）：

1949年6月，青岛解放了，从那个时候起，我开始参加社会活动，因而有机会认识了张公制先生。十多年来，我深深感觉到，他是一位具有进步思想的前辈。偶然在报上读到他的诗，在展览会里看到他的书法，才知道他同时也是有才华的诗人和艺术家。现在谈到他的《奇觚集》，并承嘱我作序，感到很荣幸。下边就是我读后的一些感想。

《奇觚集》包含的作品，始于1937年的抗日战争，直到解放前夕，前后约十多年。在这些诗里，首先突出的，是作者的爱国热情。

他一再说：

举目山河是耶非，秋来景物最堪悲！（《秋日晚眺》）

北望大河惊地尽，东瞻妖彗竟天长！（《丁丑腊日避寇西乡》）

他的爱国思想是充满乐观精神的。敌人正在嚣张的时候，他已比之“幕上燕”（《偶成》），并且深信有后羿一样的“神弓”，可以射日（《寄李甥》）。所以到日寇投降时，他便高唱“新诗喜极不成吟”了。

爱国的诗人，必然关怀人民。例如他在《与乡人谈灾况》里说：

见说地瓜叶，年荒可疗饥。更将瓜蔓茎，杂以豆糜炊。

又如在《思浚弟来夜谈乡事》里也说：

丰歉皆鲜食，诛求无已时。何方能幸免？来岁不堪思！

因此，他不但痛恨日本军阀，更痛恨蒋匪帮。他曾作《鸾车引》来揭露这个反动头子的荒淫和残暴。

这些作品不但有进步的思想内容和积极的社会意义，也有表现手法上的成就。他吸收古典作家在艺术技巧上的优点，提炼而成自己独特的风格。在当代作家所写的旧体诗中，这是一部富有光彩的集子。①】

【剑锋补：

约从本年开始，青年教师刘光裕向冯沅君请教戏曲史问题。刘光裕被教研室分配研究古代文论中戏曲理论部分，因对戏曲史与戏曲理论所知甚少，不得不请教冯先生。刘光裕回忆说：

这时候，冯先生六十多岁，身体不算好。她作为中文系教授，是山大全校唯一的一级教授，肩负繁重教学任务，如给研究生讲课，如辅导外校慕名而来的众多进修教师等。此外，她还是山大副校长，全国人大代表，必须参加相关政治活动。这两项加在一起，经常非常繁忙是可想而知的。我与先生不在同一个教研室，更不是先生名下助教，她在百忙中多次为我解答戏曲史问题，是无偿的义务，是额外的负担，故而对我来说，可谓恩重如山，令我终生难忘。……“有一

---

① 转引自牧庐：《新发现冯沅君先生一篇佚文》，《2021山东省古典文学学会年会暨陆侃如、冯沅君学术研讨会学术论文集》上册，济南，山东省古典文学学会、山东大学文学院，2021年4月，内部编印。张公制（1876～1966），原名张介礼。山东安丘人。在青岛解放后，张公制先后当选为青岛市副市长并担任青岛市爱国卫生运动委员会主任委员、青岛市第二届各界人民代表会议协商委员会副主席、青岛市第一至六届人大代表，政协青岛市第一至四届委员会常委、山东省第一、二届人大代表，全国第一至三届人大代表等，冯沅君、陆侃如当因此与之相识交往。又参见《安丘文史资料》第11辑《张公制专辑》，中国人民政治协商会议山东省安丘市委员会文史资料委员会，1995年12月编印。

次，为我答疑戏曲史时，先生让我先列出问题交给她，而后根据约定时间，我准时到她家里，她按手里一份提纲，一一为我解答。”我这次所提问题，大概因为专业性较强，生僻典故较多，涉及汤显祖《牡丹亭记题词》、王骥德《曲律》、沈璟《曲谱》等著作。先生怕我这个门外汉一下子弄不明白，故而将答疑写成文字提纲先交给我阅读，然后再去她家里面授，“解惑”。①】

1964年　甲辰　冯沅君65岁　陆侃如62岁

1月25日，《人民日报》以一版头条通栏刊出毛泽东号召“工业学大庆”。此后，学大庆在全国展开。

2月9日、29日，毛泽东对外国共产党领导人说，中共中央联络部有人主张“三和一少”，中央统战部有人不讲阶级斗争，中央农村工作部有人主张“三自一包”，这是搞修正主义，目的是解散社会主义农业集体经济，搞垮社会主义制度。

本月，隋树森编《全元散曲》，由中华书局出版。

5月15日至6月17日，中共中央北京工作会议认为，全国基层有三分之一的领导权“不在我们手里”。

本月，根据林彪的指示，《毛主席语录》由中国人民解放军总政治部编辑出版。

6月27日，毛泽东在全国文联及其所属协会整风报告上批示：“这些协会和他们所掌握的刊物的大多数（据说有少数几个是好的），十五年来，基本上（不是一切人）不执行党的政策，做官当老爷，不去接见工农兵，不去反映社会主义的革命和建设。最近几年，竟然跌到了修正主义的边缘。如不认真改造，势必在将来的某一天，要变成匈牙利裴多菲俱乐部那样的团体。”

7月17日，《人民日报》发表文章，点名批判杨献珍的“合二而一”论。接着，《红旗》杂志发表《哲学战线上的新论战》，说杨献珍是在国内外阶级斗争尖锐化的时候，有意识地适应国际现代修正主义和国内资产阶级、封建残余势力的需要，宣传矛盾调和论。

11月，《中国哲学史资料选辑》，由中华书局出版。

---

① 刘光裕：《回忆陆先生、冯先生》，《2021山东省古典文学学会年会暨陆侃如、冯沅君学术研讨会学术论文集》上册，济南，山东省古典文学学会、山东大学文学院，2021年4月，内部编印。

12月

12日，毛泽东在关于洛阳拖拉机厂蹲点报告的批示中，说“官僚主义者阶级与工人阶级和贫下中农是两个尖锐对立的阶级”，“这些走资本主义道路的领导人，是已经变成或者正在变成吸工人血的资产阶级分子”。

15日至28日，中共中央政治局全国工作会议通过《农村社会主义教育运动中目前提出的一些问题》，提出：“这次运动的重点是整党内那些走资本主义道路的当权派。”

本年，华文轩编《古典文学研究资料汇编·杜甫卷》（上编　唐宋之部）3册、吴文治编《柳宗元卷》、湛之编《杨万里、范成大卷》，由中华书局出版。

冯沅君当选为第三届全国人民代表大会代表。林庚、冯沅君主编的《中国历代诗歌选》（上编一、二）出版。冯沅君发表《怎样看待〈一捧雪〉》、《从思想内容与艺术成就衡量元杂剧》（上）等文。陆侃如制订“五好计划”。发表《如何批判继承文学理论遗产》。

1月

【剑锋补：

5日，陆侃如学习周记：

这一周学习了毛主席的《新解放区土地改革要点》……又学习了毛主席的《关于工商业政策》。】

12日，陆侃如学习周记：

这一周学习了毛主席的《关于民族资产阶级和开明绅士问题》……又学习了毛主席的《评西北大捷兼论解放军的新式整军运动》……这一周又参加省社联组织的报告会，听取了科学院哲学社会科学部扩大会议上一系列的报告的传达。

19日，陆侃如学习周记：

这一周学习了毛主席的《关于情况的通报》……又学习了毛主席的《在晋绥干部会议上的讲话》。

【剑锋补：

25日，陆侃如填写《山东大学教师工作学习计划考核表》，“教学工作”栏填写他为三、四、五年级在1963～1964学年度上“历代文论选”课，每周二学时；“科学研究”栏填写修改《大文学史》中的“汉魏六朝文学理论史”，在校庆科学研讨会上提交论文《唐以前现实主义理论的发展》，主办古代文论讨论班，每月活动一次；在“党政、社会工作”栏填写任“全国作家协会理事、山东省文联执行委员、山东省政协常务委员兼教育工作组副组长、九三学社济南分社委员”。①】

26日，陆侃如学习周记：

> 这一周学习了毛主席的《对晋绥日报编辑人员的谈话》……又学习了毛主席的《再克洛阳后给洛阳前线指挥部的电报》。

本月，冯沅君和北京大学中文系教授林庚共同主编的《中国历代诗歌选》（上编一、二），由人民文学出版社出版。这本书是为高等学校文科编写的教材，共选诗（包括词、曲）一千首，选目曾征求过三次意见，包括简略的作家小传、诗歌本文和注释，分上、下两编。上编自周代至唐五代，由林庚主编。下编自宋代至“五四”前，由冯沅君主编，参加编写的有山东大学中文系的关德栋、袁世硕、朱德才、郭延礼、赵呈元。在编写过程中，两位主编除曾先后三次充分面商一切外，还经常交换情况和意见。选目是由上、下编主编分头拟定后，征求意见，不断修订的。并在工作开始时，曾选出不同作家的诗歌若干篇，双方均就此做出小传和注解，交流观摩，以便在要求和规格上尽可能取得一致。下编，冯沅君除负责起草选目、审改初稿、组织讨论，并最后定稿外，还注解北宋全部、南宋大部分及金元全部作品的初稿。在编写此书时，冯沅君的“一个助手，对吴伟业的两首诗的创作时期，根据常见的材料做了个大约的推断，还在稿子上的一端贴了一张字条，说明了依据的材料”，“但冯先生在定稿时，却重新做了考证，并得出了确切的答案。她在向助手说明改动的依据时，语重心长地说：做学问是不能粗枝大叶，敷衍了事，也不能人云亦云，应当力求把问题彻底搞清楚，搞正确”。② 此书下编，“文化大革命”前已排好清样，因“文化大革命”爆发，未能出版。至1979年6月，上、下两编同

① 今藏山东大学人事部档案室。

② 《冯沅君传》，第308页。

时由人民文学出版社出版。下编就原清样作了些修订。此书曾被许多大学中文系选为教材，获国家教委统编教材一等奖。陆侃如在《忆沅君——沉痛悼念冯沅君同志逝世四周年》一文中写道：

沅君最后几年的精力全滋注在这部教材里，精益求精，一丝不苟。可惜刚打好清样，因“文化大革命”勃发了，未能及时出版。沅君弥留之际，还在挂念这件事。

2月

2日，陆侃如学习周记：

这一周学习了毛主席的《新解放区农村工作的策略问题》……又学习了毛主席的《一九四八年的土地改革工作和整党工作》。

9日，陆侃如学习周记：

这一周学习了毛主席的《关于辽沈战役的作战方针》……又学习了毛主席的《关于健全党委制》……还学习了《苏共领导是当代最大的分裂主义者——七评苏共中央的公开信》。

16日，陆侃如学习周记：

这一周学习了毛主席的《中共中央关于九月会议的通知》……又学习了毛主席的《关于淮海战役的作战方针》。……连日参加省、市及学校的春节联欢会。

【剑锋补：

21日，冯沅君本年度招收的研究生张忠纲参加专业课“宋元文学史”入学考试，所考共四题：一、论苏轼和苏门的创作和理论；二、元代公案剧是怎样反映当时的社会矛盾的？三、通过两首具体的词、曲，说明词与曲在体制上的异点，并标出例中每个字的平仄；四、解释若干名词，

其中有很多偏僻的名词，文学史上没有，诸如《乐昌分镜》《裴度还带》之类。[1]】

23 日，陆侃如学习周记：

这一周学习了毛主席的《中国军事形势的重大变化》……又学习了毛主席的《关于平津战役的作战方针》。

3 月 1 日，陆侃如学习周记：

这一周学习了毛主席的《敦促杜聿明等投降书》……又学习了毛主席的《评战犯求和》。

本月，陆侃如、吕美生在《文史哲》第 3 期发表《如何批判继承文学理论遗产》(《陆侃如冯沅君合集》第 7 卷，第 8～17 页)。认为："要做好批判继承工作，必须掌握马克思主义的历史主义和阶级观点，而且应该把二者统一起来。"

5 月 6 日下午，在台湾的苏雪林"一口气抄完陆侃如、游国恩二家《离骚》分析"[2]。苏雪林"晚年读顾颉刚、陆侃如著作，倍感自己浅薄、可笑，'诚可羞哉'"[3]。

夏，一天夜晚，冯沅君与其指导的研究生陈其相长谈。此次长谈成为他们师生的诀别。

7 月

陆侃如写完《楚辞选译》"前言"初稿。[4]

约在本月，冯沅君指导的研究生黄秉泽、韩伟毕业。黄秉泽的论文是《元曲研究》。韩伟的论文是《冯惟敏散曲研究》。

---

① 参见张忠纲:《缅怀冯沅君师》,《2021 山东省古典文学学会年会暨陆侃如、冯沅君学术研讨会学术论文集》上册,济南,山东省古典文学学会、山东大学文学院,2021 年 4 月,内部编印。

② 苏雪林著,张昌华选编:《苏雪林日记选》(1948～1996),上海,商务印书馆,1917 年,第 116 页。

③ 苏雪林著,张昌华选编:《苏雪林日记选 · 编后记》引,《苏雪林日记选》(1948～1996),第 507 页。

④ 《楚辞选译》于 1981 年 2 月由上海古籍出版社出版,与龚克昌联合署名。

9月

【剑锋补：

3日，张忠纲报到后拜访导师冯沅君。张忠纲当天日记写道：

晚七点半，韩伟同学（冯先生研究生，今年暑假毕业，潍坊市人）领我去拜访冯沅君先生。冯先生住在家属宿舍三号楼103，路上韩伟向我介绍了冯先生的情况，冯先生培养研究生的特点是认真、严肃、细致，在全校是以"一丝不苟"著称的，对研究生要求很严格，每周检查一次笔记，详细批改，一个字、一个标点都不放过，根据发现的问题进行总结和解答。他们都认为像冯先生这样的导师是很少见的。

到冯先生家，她热情地招待我们……短短半小时的谈话，使我感到冯先生是一个和蔼可亲的人，是一个热心培养青年的长者。我知道她身体不好，又要辅导韩伟论文，我就告辞出来，冯先生送我到门口，嘱咐好好走，天黑，看不见路，要小心！一切都表现出她的细心和对青年无微不至的关怀。冯先生约我后天上午去她那里辅导。①

5日，上午，冯沅君辅导研究生张忠纲与王悦（辽宁师院新来的进修教师）。

冯先生详细地介绍了培养计划，特别就培养目标和指导方法做了详细说明，并布置了毛选重点阅读书目和工具书参考书目。冯先生特别谈到自己学习主席著作的体会，并教导我们要好好学习，不要辜负党和国家的培养。因为党和国家付出相当大的代价来培养一个研究生，对他的要求是很高的，他的责任也是很重的。②

18日，冯沅君辅导张忠纲等，讲了宋代文学的概述和分述。认真制订了进度计划，要研究生每周交一次札记。③

25日，冯沅君辅导张忠纲等文学史，就其所指导研究生的札记所存在的问题作了解答，提出修正意见，并讨论了《黑裘》等作品。④】

20日至26日，冯沅君出席在济南召开的山东省第三届人民代表大

---

① 张忠纲当天日记，参其《缅怀冯沅君师》，载《2021山东省古典文学学会年会暨陆侃如、冯沅君学术研讨会学术论文集》（上册），山东省古典文学学会、山东大学文学院2021年4月内部编印。

② 张忠纲当天日记，参其《缅怀冯沅君师》。

③ 张忠纲当天日记，参其《缅怀冯沅君师》。

④ 张忠纲当天日记，参其《缅怀冯沅君师》。

会第二次会议，被选为山东省出席第三届全国人民代表大会的代表。

本月

张忠纲本年7月北京大学中文系毕业，考取了冯沅君的研究生，研究宋元文学。张忠纲后来在一篇回忆冯沅君辅导自己的情况的文章中写道：

> 我第一次见到先生，但觉得很面熟，因为她和冯钟芸教授长得很像。冯钟芸教授是先生的侄女，也是我的老师……我们坐下后，冯先生亲切地和我们交谈起来。先生虽然已是六十四岁高龄，而且身体有病，但精神却很好，谈笑风生，幽默有趣，不时地引起我们大笑。我问她身体比以前好些吗？她说，至少是不比以前坏，而且还有好的趋势。现在每天坚持散步，做气功，争取把身体健康状况保持在“原来水平”。她说她打的是“持久战”，并一再嘱咐我们要注意锻炼身体，不要睡得太晚，不要把身体搞垮了。她说生在新社会真是幸福，使人越活越年轻，因为不论在生活上还是精神上都很好，整天又和青年人在一起，心情舒畅，就不感到自己年老，更很少想到“死”……谈到研究生的培养和学习……希望先生严格地要求我……先生听了笑起来，很有风趣地说：“……我要求你严格，你要求我也应该严格。这是互相的，教学永远是相长的。‘教学相长’在有些老师听来，觉得是一句口头禅，其实是千真万确的，将来你们当了老师，就会体会到了。”……先生特意为我制定了详细的培养计划，规定了必读书和参考书书目，每周星期五上午定期辅导。辅导时，每段文学史开始，先生先简要介绍概况，然后对重要作家作品详细讲授。并要我准备两本读书札记，按照先生指定的篇目作札记，做完后交给先生审阅批改，下次辅导时，她对札记中的问题一一解答，再还给我进行整理，我就把另一本札记交给先生审阅。这样两本札记交替使用，非常方便。对每个作家、先生都要求我写出简要而精当的概述，对指定篇目都要抄出原文（需加校勘），然后加以注释，写出主要思想、内容分析、艺术特色，提出疑难问题。先生对札记的批改极为仔细，一个字、一个标点都不放过，都为之认真改正。小的改动，先生就用极工整的铅笔小字标在旁边空白处；大的改动，纠谬辨误，先生则为之详细解说，由我记录下来。①

① 《冯沅君传》，第303～304页。

冯沅君在《文学评论》第 4 期发表《怎样看待〈一捧雪〉》(《陆侃如冯沅君合集》第 14 卷，第 109～134 页)。此文引言后，分三部分。第一部分，认为《一捧雪》的“主题思想是：从夺人财物、害人性命上抨击权贵及其鹰犬的倚势作恶的残暴罪行”。第二部分，重点分析了莫成这一形象的意义及其产生的影响。第三部分评述《一捧雪传奇》后的改编本。认为《一捧雪》“原本是精华与糟粕俱有的戏，改编本去其精华，取其糟粕”。

陆侃如写有《为什么“使情成体”说是错误的（学习札记之一）》(此文未发表，今存手稿 10 页)。此文开头说：“五十年前，鲍山葵（Bosanguet）说过‘使情成体’的话……这本是资产阶级文学理论家的旧话，可是正当目前国际、国内阶级斗争空前激烈的时候，周谷城把这旧话借来作为向马克思列宁主义文艺理论、毛泽东文艺思想进攻的武器。不仅如此，同时还有哲学上的‘合二为一’论、电影上的《北国江南》等，一唱一和，互相呼应。这是我们所不能容忍的。”此文开头部分后，分三部分批判周谷城的“使情成体”论。

秋，冯沅君写有“批判周谷城的学习”笔记（今存笔记手稿 7 页）。

11 月 3 日，冯沅君指导的研究生李志宏，陆侃如指导的研究生张可礼、刘文忠、陈祖美到曲阜县诚关公社参加“四清运动”。1965 年 4 月中旬返校，赶写毕业论文。

本年

本年至 1966 年，冯沅君写有《两宋诗文讲稿》(今存手稿编订本，当是冯沅君逝世后陆侃如编订的，不系统，题作《两宋诗文讲稿　附话本诸宫调　一九六四～一九六六年》)。此讲稿是辅导研究生用的，未具体注明写讲授作时间。篇幅长短不一，形式多样，有讲授提纲、提问、答疑、读书方法、研究方法等，涉及多方面的内容，主要有“宋代文学在文学史上的承前启后的关系”“宋代文学的某些特点”“宋诗文发展情况”“宋代文学专题”“王禹偁”“杨钱诗质疑”“梅诗质疑”“苏诗质疑”“欧阳修诗文”“诗文革新运动结语”“苏轼的总介绍”“范文质疑”“范词质疑”“晏殊词质疑”“王安石诗质疑”“苏文质疑”“苏洵苏辙散文”“黄诗质疑”“秦词质疑”“张诗质疑”“陈诗质疑”“贺词质疑”“周邦彦词质疑”“宋散文诗歌”“张元干词”“王庭珪诗”“朱敦儒词”“吕本中诗”“张元干词质疑”“李清照词质疑”“陈与义诗质疑”“陆词质疑”“杨万里诗质疑”“辛弃疾讲稿补充”“辛文质疑”“范诗质疑”“美芹十论”“上孝宗皇帝第一书（陈亮）”“姜词质疑”“戴诗质疑”“刘词质疑”“刘诗质疑”“四灵与江湖派问题”“吴文英词质疑”“文天祥”“谢翱诗质疑”“元好问诗质疑”“略伦诸宫调”“董西厢”“宋四公大闹禁魂张”。

《两宋诗文讲稿》中，还有《札记的写法》：

> 一、行事不多写。根据史传或其他材料作概括的论述，一般半页到一页。二、作品分析：（1）先提出主题，文字概括简要……（2）次提出思想内容，加以评述。（3）再次提出艺术成就加以评述。（4）如有问题，不论大小皆可提出。每问题下空一行或二行以便解答。（5）字句注释，如果是别人作的不必抄入（可以抄在另一本子上），自己作的可以写上。对别人作的注，认为有疑问的，可作问题提出。（6）注意文字锻炼。

冯沅君在《山东大学学报》第2期发表《从思想内容与艺术成就衡量元杂剧》（上）（《陆侃如冯沅君合集》未收）。

陆侃如制订“五好计划”（草稿）（今存手稿3页）。全文是：

> 为了热烈响应党的号召，认真向解放军学习，向大庆油田学习，做到人的革命化与工作革命化，争取达到五好教师的水平，特制订下列计划：
>
> ①思想方面　这方面我的缺点很多，目前拟集中力量，首先改正立场不稳的毛病，坚决去掉对党“靠中有离”“信中有疑”的错误态度，争取尽快地脱离中间状态，实现人的革命化。具体做法是：认真学习马克思列宁主义经典著作，先学指定的七种和《毛泽东选集》，联系思想做好札记，活学活用，学用一致，争取把毛泽东思想学到手。对于反修斗争和五反运动，更要积极投入，接受锻炼。认真经常向党汇报思想，争取组织的教育，同时也争取同志们的帮助，提高阶级觉悟，站稳阶级立场。
>
> ②工作方面　这方面距离国内先进水平还很远，目前首先从加强思想性，加强责任感下手，实现工作革命化。具体做法是：在教学上首先做好调查研究工作，进一步贯彻少而精的原则。在教学与科学研究工作上，都要加强理论指导，贯彻批判继承的原则，力求古为今用。在培养研究生和青年教师的工作上，首先要以身作则，严格要求，破除情面，共同提高。中心关键在向郭兴福同志学习，并争取做到“三老四严四个一样”。

③进修方面　为了提高教学与科学研究的质量，必须首先提高自己的理论水平。具体做法是：除认真学习马克思列宁主义经典著作外，特别要学习马克思列宁主义文艺理论、毛泽东文艺思想。先学习《毛泽东论文学与艺术》，其次学习列宁《论文学与艺术》，最后学习马克思、恩格斯《论艺术》。

④劳动方面　这方面主要是培养工农感情，确立劳动观点。具体做法是：为了弥补不能实际参加生产劳动的缺陷，决定争取一切机会到农村工厂参观访问，争取参加农村社会主义教育运动中的诉苦和斗争大会，来接受教育。

⑤作风方面　这方面的缺点很多，目前拟先锻炼掌握批评与自我批评的武器。具体做法是：在同志间或在小组会上，努力做到坚持原则，敢于提意见，也乐于听取别人的意见，来加强团结，共同提高。为了切实保证这些打算的实现，决定每月自我检查一次，看哪几点做到了，哪几点没有做到，要分析原因，并下决心改正。

【剑锋补：

冯沅君拟有《冯沅君五好教师计划草稿》（今存手稿 3 页）。

约在本年，陆侃如撰写《阶级斗争和阶级立场问题（学习七种经典著作和参加五反运动的初步体会）》，说：

> 半年来，我依次学习了马克思的《法兰西阶级斗争》、《法兰西内战》、《哥达纲领批判》、列宁的《国家与革命》、《无产阶级革命和叛徒考茨基》、毛主席的《论人民民主专政》、《关于正确处理人民内部矛盾的问题》等七部经典著作，也参加了学习解放军、大庆油田的活动和“五反”运动。现在联系自己的思想，谈谈一些粗浅的体会。（今存手稿 10 页）

约在本年，陆侃如撰《在理论遗产中继承什么?》（改稿）（今存手稿 11 页）认为理论遗产的“精华有两方面：有的是古人在创作和批评上的良好经验，有的是我们从过去理论史中总结出来的规律性的东西”。

黄孝纾去世，冯沅君执笔撰写哀辞一篇，写成后由 1961 级中文系本科生张文建取走，让董治安抄写了二十份。

陆侃如与张文建等本科生聊天，谈及一生介绍成功的婚姻三十六对，他给学生、唐河的亲戚、北京故旧相识等都介绍过。[①]】

---

① 以上两部分内容由张文建先生电话告知李剑锋。

1965年　乙巳　冯沅君66岁　陆侃如63岁

春，毛泽东与陈伯达、康生谈话，说："有阶级斗争，才有哲学。哲学家应当下乡去，参加阶级斗争，身体不好的死不了，多穿点衣服就行了。"

6月26日，毛泽东《对卫生工作的指示》说："卫生部不是人民的卫生部，改成……城市老爷卫生部好了。医学教育要改革，根本用不着读那么多书……高小毕业生学三年就够了……书读得越多越蠢。"

10月10日，毛泽东与大区第一书记谈话，说："如果中央出了修正主义，你们就造反。"

11月10日，江青、张春桥等组织，姚文元署名在上海《文汇报》发表《评新编历史剧〈海瑞罢官〉》，说剧中写"'退回''平冤狱'，就是当时资产阶级反对无产阶级专政和社会主义革命的斗争"。毛泽东示意全国报刊转载此文，成为发动"文化大革命"的信号。

12月21日，毛泽东在杭州作关于哲学问题的讲话，说："文科不改造不得了，不改造能出哲学家吗？能出文学家吗？能出历史学家吗？……要改造文科大学，要学生下去搞工业、农业、商业。"

本月，陈万鼐辑《述永乐大典著录元剧六大家二十三种杂剧》，刊于台湾《大陆杂志》第31卷第11期。

本年，中华书局出版《古典文学研究资料汇编·陶渊明卷》（上、下编），是《陶渊明研究资料汇编》《陶渊明诗文汇评》的合辑。

冯沅君发表《怎样看待〈窦娥冤〉及其改编本》《从〈三家巷〉〈苦斗〉中的人物分析看文学遗产的借鉴问题——区桃、胡杏、胡柳的形象的初步分析》《吴伟业〈圆圆曲〉与〈楚两生行〉的作期——读诗质疑之一》等文。陆侃如写完讲义《中国文学理论简史》。

1月

冯沅君作"小结稿"（今存手稿9页），说：

> 这个检查的小结是这次社教学习的总结，也是64年政治、业务的总结，因而内容共三部分：一、社教学习的收获。二、一年内的政治思想情况。三、一年内的业务情况。……
>
> 去年的科学研究工作有三项。（甲）完成教材《中国诗选》下编的修改。修改共两次。前一次是依照教育部的审查意见修改。后一次是参照当前批判厚古薄今的要求，在校样上加强了批判。总起来看，

我对待编写教材还算虚心尽力，但水平所限，缺点确是不少，特别是评价古作品的标准掌握不准。（乙）编写《元杂剧新论》（修改大文学史的元杂剧部分）。63年已写成全书的总论部分的稿子（有的是以大文学史稿为基础，有的是另写），因其他工作牵掣未修改。去年开始修改，到年底基本改完，并在学报上发表了一部分。修改集中在加强批判上……（丙）其他论文。去年校庆科学讨论会，我提的论文是《怎样看待〈一捧雪〉》。这篇论文是为响应党的“进一步贯彻执行戏曲的百花齐放推陈出新的方针”的号召而作。内容重点是评论地方戏《一捧雪》宣扬奴隶道德。缺点是理论深度不够，资料也不充分。

冯沅君作“65年（上半年）工作学习计划草稿”（今存手稿2页）。其中有：“争取扭转厚古薄今，提高阶级分析与马克思主义历史主义的运用。”“为校庆科学讨论写论文一篇（古典戏剧批判方面）。”“争取完成《元剧新论》上篇稿子。”“参加‘练兵’，写学术批判论一或二篇。”

1965年的冯沅君（引自《陆侃如冯沅君合集》第十五卷正文前）

【剑锋补：

4月10日，陆侃如填写中共中央组织部所制《科学技术干部简历表》一份。内容涉及：简况，称工资等级“教师4级”，与冯沅君二人“工资523元”；“工作简历”，罗列“技术业务上的主要成就”十项，即《屈原》（1923年上海东亚图书馆出版）、《乐府古辞考》（1923年商务印书馆出版）、《宋玉》（1927年上海东亚图书馆出版）、《中国诗史》（与冯沅君合著）（1931年上海大江书店出版，1955年作家出版社新版）①、《中国文学史简编》（与冯沅君合著）（1933年上海大江书店出版，1957年作家出版社修订版）、《南戏拾遗》（与冯沅君合著）（1935年北平哈佛燕京学社出版）、《楚辞选》（与高亨合著）（1956年中华书局出版）、《中国古典文学简史》（与冯沅君合著）（1957年中国青年出版社出版、1958年外文出版社英文版）、《文心雕龙选译》（与牟世金合著）（1962年山东人民出版社）、《刘勰

① “大江书店”应为“大江书铺”。

论创作》(与牟世金合著)(1963年安徽人民出版社)。①】

5月,冯沅君在《文学评论》第3期发表《关于〈一捧雪〉的题材(通信)》(《陆侃如冯沅君合集》第14卷,第134~140页)。此文是冯沅君与刘致中论述有关《一捧雪》的题材问题。

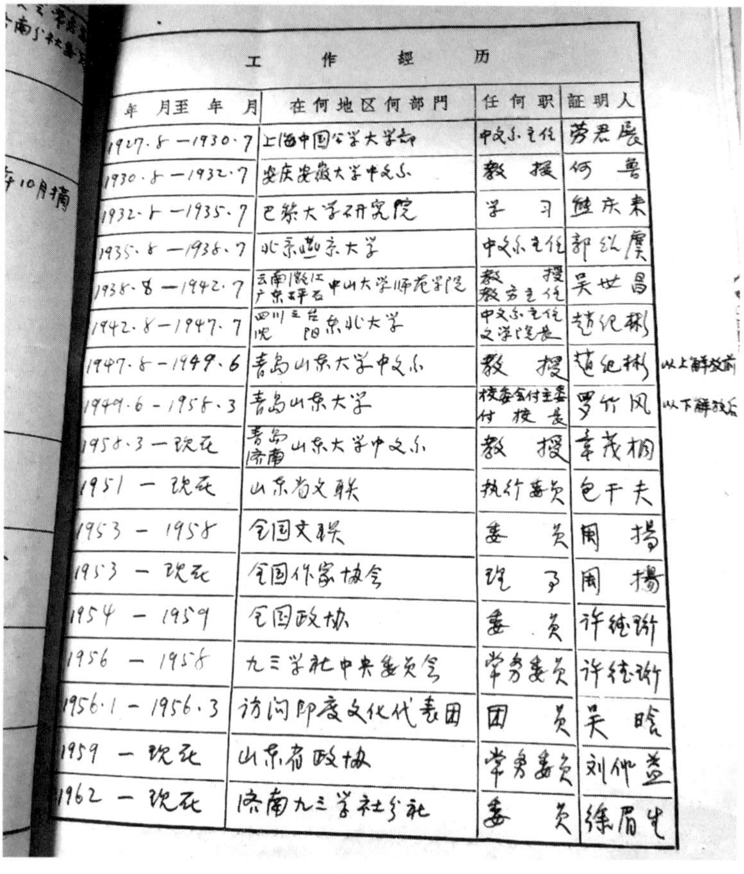

工作經歷

年 月至 年 月	在何地区何部門	任何职	証明人	
1927.8—1930.7	上海中国公学大学部	中文系主任	劳君展	
1930.8—1932.7	安庆安徽大学中文系	教授	何鲁	
1932.8—1935.7	巴黎大学研究院	学习	熊庆来	
1935.8—1938.7	北京燕京大学	中文系主任	郭绍虞	
1938.8—1942.7	云南澂江 广东坪石 中山大学师范学院	教授 教务主任	吴世昌	
1942.8—1947.7	四川三台 沈阳 东北大学	中文系主任 文学院长	赵纪彬	
1947.8—1949.6	青岛山东大学中文系	教授	赵纪彬	以上解放前
1949.6—1958.3	青岛山东大学	校委会付主委 付校长	罗竹风	以下解放后
1958.3—现在	青岛 济南 山东大学中文系	教授	章茂桐	
1951—现在	山东省文联	执行委员	包干夫	
1953—1958	全国文联	委员	周扬	
1953—现在	全国作家协会	理事	周扬	
1954—1959	全国政协	委员	许德珩	
1956—1958	九三学社中央委员会	常务委员	许德珩	
1956.1—1956.3	访问印度文化代表团	团员	吴晗	
1959—现在	山东省政协	常务委员	刘仲益	
1962—现在	济南九三学社分社	委员	徐眉生	

1965年4月10日,陆侃如所填《科学技术干部简历表》中的"工作简历"。
(山东大学人事部档案室藏。李剑锋增补)

约在本月,冯沅君指导的研究生李志宏,陆侃如指导的研究生刘文忠、张可礼、陈祖美通过了论文答辩。刘文忠的论文题目是《批判〈诗品〉研究中的超阶级观点》,张可礼的论文题目是《如何评价庾信的"故国之思"?》。四人评分的结果是张可礼得了四分,其他三人都是三分。刘文忠的论文题目,开始自定为《批判〈诗品〉研究中的资产阶级观点》,

① 该表今藏山东大学人事部档案室。

后来导师建议改为《批判〈诗品〉研究中的超阶级观点》。论文写好打印之后，陆侃如请复旦大学的刘大杰、文学研究所的余冠英、武汉大学的胡国瑞评审。刘大杰因为下乡观光“四清”，他的夫人写了一封信说明情况退回来了。其他二人都写了评审意见寄回。①

7 月，冯沅君在《文学评论》第 4 期发表《怎样看待〈窦娥冤〉及其改编本》（《陆侃如冯沅君合集》第 14 卷，第 95～108 页）。此文引言后，分四部分。“承认《窦娥冤》是古典戏剧中不可多见的优秀作品。”对改编本，分解放前与解放后两个时期作了讨论。认为“解放后的改编本在人物点染、情节穿插、语言运用等艺术技巧上，对关剧不无发展，但有关思想内容的却常是继承糟粕，而无所批判。”对几部较为通行的文学史与古剧研究者的某些论文的一些观点，如认为窦娥“舍己为人”团结对敌、“否定了封建秩序”“鬼魂出厂”等问题，提出了不同见解。此文最后说：

> 从《窦娥冤》所达到的水平也可对不少元杂剧作出推论：它们里面可能有些积极因素，而消极因素也同时存在；它们的某些错误、缺点往往具有普遍性，不是某剧所特有。从改编本对原作的取舍增减言，改编者对关剧的精华糟粕尚欠深刻认识。美化古人一直是不少研究古典文学者的通病，如何准确地评价古剧，必须进一步学习毛主席的文艺思想。

9 月，冯沅君在《文学评论》第 5 期发表《从〈三家巷〉〈苦斗〉中的人物分析看文学遗产的借鉴问题——区桃、胡杏、胡柳的形象的初步分析》（《陆侃如冯沅君合集》第 14 卷，第 358～368 页）。

年终，冯沅君写有“1965 年年终检查”（今存草稿手稿 6 页），包括：（一）政治思想情况；（二）业务情况。

本年

冯沅君在《文史》第 4 辑发表《吴伟业〈圆圆曲〉与〈楚两生行〉的作期——读诗质疑之一》（《陆侃如冯沅君合集》第 14 卷，第 258～265 页）。关于《圆圆曲》，本文“假定在顺治七年（一六五〇）前后”。关于《楚生行》，本文认定“作于清康熙初年”。

陆侃如为中文系五年级写完讲义《中国文学理论简史》（今存手稿 134 页。此手稿后收入《陆侃如冯沅君合集》第 7 卷，第 19～92 页），包

① 参见刘文忠：《人争一口气》，第 291、292 页。

括：一、绪论；二、文学理论的起源；三、汉魏六朝的文学理论；四、唐代的文学理论；五、宋金元的文学理论；六、明代的文学理论；七、清代的文学理论；八、近代的文学理论；九、结语；参考书目。

【剑锋补：

约在本年，冯沅君撰写《戏剧研究中的错误》（今存手稿 4 页），说：

由于世界观基本上还是资产阶级的，资产阶级的学术思想还很浓厚，论文中错误颇多。扼要地说，约有五点：①看不见人民的力量，②美化古人与古作品，③肯定鬼戏，④爱情至上，⑤歪曲作家世界观的改造。】

八、冤狱、晚晴（1966～1978 年）

“文化大革命”前夕，冯沅君被免去山东大学副校长职务。“文化大革命”期间被批斗，进行劳动改造，不断写检查，孤苦伶仃，壮志犹存，参加教改、教学，逝世时魂系教学。陆侃如被监禁近四年，无罪释放后，被撤销教授职务，后来参加集体著述项目，发表重要论文《与刘大杰论杜甫信》。“文化大革命”期间，陆侃如、冯沅君被抄家、被定为“牛鬼蛇神”。这一时期，突如其来的变故，使他们的身心都受到严重的摧残，但他们没有被厄运扼喉，没有退隐，没有消沉。坚强的意志使他们无愧无悔地走完了人生最后的荆棘之路。令人痛惜的是，他们没有赶上改革开放的新时代，没有来得及把晚期扭曲的自我修复成正常的自我。

1966 年　丙午　冯沅君 67 岁　陆侃如 64 岁

2 月

2 日至 20 日，江青在上海邀集部队四人就部队文艺工作进行座谈，写成《林彪同志委托江青同志召开的部队文艺工作座谈会纪要》。3 月 19 日，毛泽东修改并同意此《纪要》。4 月 10 日，中共中央批准此《纪要》。《纪要》断言 1949 年以来文艺界“被一条与毛泽东思想对立的反党反社会主义的黑线专了我们的政”，要求“坚决进行一场文化战线上的社会主义大革命，彻底搞掉这条黑线”。

5月

7日，毛泽东给林彪写信（即《五七指示》），说："教育要革命，资产阶级知识分子统治我们学校的现象再也不能继续下去了。"

16日，中共中央政治局扩大会议通过由毛泽东主持制定的中共中央通知（即《五一六通知》），要求"彻底批判学术界、教育界、新闻界、文艺界、出版界的资产阶级反动思想，夺取在这些文化领域中的领导权……同时批判混进党里、政府里、军队里和文化领域的各界里的资产阶级代表人物，清洗这些人"。

28日，中央文化革命小组成立，组长陈伯达，顾问康生，副组长江青、张春桥。后来该小组逐步取代中共中央政治局与书记处，成为"文化大革命"的实际指挥机构。8月底，江青代理该组组长。

本月

中华书局影印出版宋刊配明本《文苑英华》1000卷。

从1958年到1966年5月，8年多，整理出版文史哲古籍680种，其中文学古籍近280种，占百分之四十一。

6月

1日，《人民日报》发表社论，号召《横扫一切牛鬼蛇神》。

5日，中共山东省委派工作组进驻山东大学。

16日，《人民日报》发表社论，号召"采取彻底革命的办法"，"把一切牛鬼蛇神统统揪出来，把他们斗臭、斗垮、斗倒"。

8月

1日，毛泽东写信支持清华附中红卫兵"说明对反动派造反有理"的大字报。

8日，中共中央八届一中全会通过《关于无产阶级文化大革命的决定》，规定"我们的目的是斗垮走资本主义道路的当权派，批判资产阶级的反动学术'权威'，批判资产阶级和一切剥削阶级的意识形态……运动的重点是整党内那些走资本主义道路的当权派"。

18日至11月下旬，毛泽东在北京八次接见红卫兵。

12月16日，林彪发表《〈毛主席语录〉再版前言》，说"毛泽东思想是在帝国主义走向全面崩溃、社会主义走向全世界胜利的时代的马克思列宁主义"。

本年，陈万鼐著《元明清戏剧史》，由台湾中国学术奖助委员会出版。

冯沅君被免去山东大学副校长职务。"文化大革命"开始后，冯沅君、陆侃如被抄家，被批斗，进行劳动改造，写检查，写汇报。

1月，冯沅君订“1966年上半年计划”，业务方面有：“至少写一篇批判继承方面（的）校庆论文，继续与赵呈元同志写元剧新论。”（今存草稿手稿2页）

4月下旬，陆侃如指导的研究生刘文忠被分配到中国舞蹈家协会，24日报到。刘文忠本来想做点学问，现在专业不对口，有些想不通。住了一段时间，他想到导师陆侃如曾对他指导的研究生说过：“我要对你们负责一辈子，你们毕业后不管分配到哪里，在工作和科研中遇到不能解决的问题，还可以写信问我，我会用最快的方式回答你们提出的问题，给你们寄航空挂号包裹。”想到这里，他给导师陆侃如写了封信。陆侃如收到信，不几天回信，信中的第一句话就是“一切工作都是革命的需要”，最后的一句话是“京中有何重要消息，盼告”。①

6月

8日，山东大学召开全校师生员工大会，要求将“无产阶级文化大革命”进行到底。

16日，经山东省委批准，山东大学领导班子调整，决定停止学校部分领导干部的职务，冯沅君不再担任副校长。

约在上半年

冯沅君著有《元代文学讲稿》（此讲稿是以前讲稿的补正，用于辅导研究生。今存上述内容的手稿。装订封面有红色标记“一九六六年”），内容有：《生金阁》质疑，《老生儿》质疑，《救孝子》质疑，《魔合罗》质疑，《勘头巾》质疑，《水浒戏》质疑，《梧桐雨》与《墙头马上》《鲁斋郎》《蝴蝶梦》，马剧质疑，《单刀会》《调风月》《西厢》质疑，《救风尘》《拜月亭》《元杂剧总介》的补正，共包括甲、乙两大部分内容。甲、元杂剧的形成与兴盛，包括一、政治方面二事：（一）如何看当时的阶级矛盾和民族矛盾，（二）知识分子分化问题；二、参看旧指导稿；三、人民创作方面；四、宋金技艺方面。乙、元杂剧的思想内容与题材，包括一、阶级矛盾与阶层矛盾，二、爱情婚姻与家庭问题，三、历史事件与历史人物，四、读书人的遭遇，五、佛道的迷信思想。

陆侃如写有《艾伊特玛托夫小说批判（反修札记之一）》（此文未发表，今存手稿15页）。此文开头说：“最近读到一些作家出版社供内部参考而出版的苏联小说，其中陈韶廉等同志翻译的《艾伊特玛托夫小说集》引起我的注意。作者背离了列宁、斯大林的文艺路线，明目张胆地为赫鲁

① 参见刘文忠：《人争一口气》，第302～306页，《四大师：陆侃如、冯沅君、高亨、萧涤非》，《新文学史料》2015年第3期。

晓夫修正主义服务。我勉强把它读完，实在抑制不住内心的愤怒与鄙视。”此文开头部分后，分四部分，批判了艾伊玛托夫小说中宣扬“和平主义”“爱情至上”的“错误观点”。

8月14日，山东大学的大鸣大放、大字报、大辩论达到高峰，并开始出现了破“四旧”（旧思想、旧文化、旧风俗、旧习惯），出现了打、砸、抢，部分教师、干部被揪斗、游街、抄家。

本月

山东大学纷纷成立各种“红卫兵”组织：学生中有“山东大学毛泽东主义红卫兵”“山东大学红卫兵”“山东大学八三一红卫兵”等，教职工中有“赤卫队”“七一红卫兵”等，还有名目繁多的群众组织。造反群众组织把矛头指向“反党反社会主义的右派分子”“反动的资产阶级学术权威”等牛鬼蛇神，指向“党内走资本主义道路的当权派”。

“破四旧”开始之后，冯沅君、陆侃如交出了贵重物品、存单、公债等。这方面，冯沅君有零星记录：“破四旧时，交出金链1，金戒指2，金手表一只，碎玉数十枚。”“六六年八月下旬。大字报指出：‘资产阶级教授的稿费，应该交出。’我同陆侃如合计了下，交出四千元给毛泽东主义红卫兵（那时叫革命造反队）。后来，毛泽东主义红卫兵成立，他们要求捐款，我们拿出了八千元（共一万二千元）。同年九月上旬，山大红卫兵宣布我们这些有问题的应交出存款和公债，我们交出存单二万四千元，公债四千多元。”此外，他还记有以组织或个人名义要求捐款或借款的人姓名和数字，少的几十元，多的几百元，共有十多人，合计3230元。冯沅君在一份思想小结中还写道：“自己的工资327元，陆的工资196元。开支有：两人的伙食费30元，寄海门（陆侃如小妈和弟弟）30元，书报杂志10～100元。共约100多元。多余的可上缴，数目由革命师生决定。”①

冯沅君、陆家侃如被抄家，抄走了贵重文物、书籍和金条等。

许多大字报揭发批判陆侃如。揭发他主持的古代文艺理论讨论班是“裴多菲俱乐部”，他培养青年教师是“同党争夺青年”等。

陆侃如的小妈挂着“反动地主”的牌子，在家属院被揪斗。批斗后，造反派勒令她回老家接受贫下中农的改造。她多年在冯沅君、陆侃如家，帮助料理家务。②

9月

13日，山东大学毛泽东主义红卫兵中文系分队发布：

① 以上内容参见严蓉仙：《冯沅君传》，北京，人民文学出版社，2008年，第320～321页。

② 《冯沅君传》，第319页。

命令

牛鬼蛇神冯沅君、陆侃如、萧涤非、高兰、孙昌熙、高亨、刘泮溪、蒋维崧、袁世硕、殷孟伦、赵省之、关德栋、马松亭等听令：

一、勒令反党反社会主义的右派分子，反动的右派分子，反动的资产阶级学术权威，立即向人民低头认罪，老老实实的交代反党反社会主义反毛泽东思想的罪行。

二、互相揭发反党反社会主义反毛泽东思想的罪行，如果发现有相互包庇者，格斗勿论！

三、揭发走资本主义道路当权派、校党委和其他牛鬼蛇神的问题，知而不言者格斗勿论！

四、勒令你们不许到银行取存款，违令者，严办！

五、每天上午老老实实参加劳动，互相监督，如有捣蛋或偷懒者，格斗勿论。下午写检讨，交代问题揭发问题。每星期二、五晚上第二节，把你们交代揭发的问题的材料封好，派刘泮溪送交四号楼314宿舍。如果发现谁交付揭发的材料要滑头，就找谁算账。若到时不送，那我们就不客气啦。

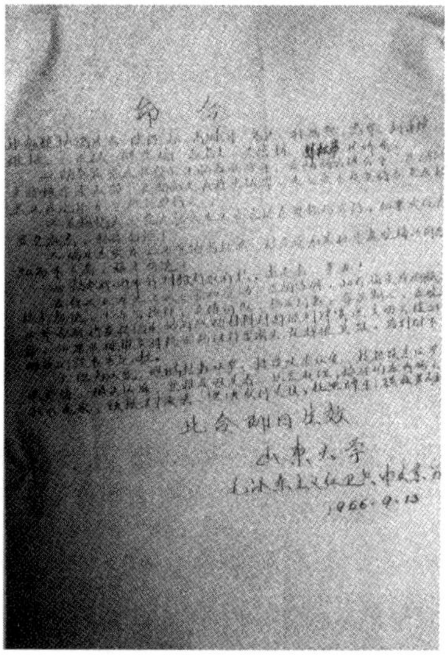
命令

此令即日生效

山东大学

1966.9.13

1966年9月13日，山东大学毛泽东主义红卫兵中文分队命令。(引自《冯沅君传》第315页)

六、坦白从宽，哄骗抗拒从严；接受改造从宽，抗拒改造从严。老实交代，低头认罪，并接受改造者，从宽处理，给你们应有的出路。如不老实，顽抗到底者，坚决实行专政，挂黑牌子，强迫劳动。

此令即日生效

山东大学毛泽东主义红卫兵中文系分队

1966.9.13[1]

红卫兵命令发布后，冯沅君、陆侃如经常被批斗，打扫厕所，扫路。

① 《冯沅君传》，第315～316页。

还搞现场批判会，让冯沅君站在挂满大字报的教室的空隙处当“活靶子”。命令她随时接受看大字报的“革命师生”的批判和提问。还令她不断地揭发批判自己：“我是牛鬼蛇神，我有罪……”还让站在她旁边的“牛鬼蛇神”对着她唱：“你，你，你，你这个老狐狸……”

冯沅君除了自己被批斗外，还要被迫陪斗。一次，她参加完对副校长吴富恒的批斗会后，记载：

> 星期五上午参加斗争吴富恒大会，我们这些牛鬼蛇神都低头站在台前。开始时，我情绪有抵触，细想后觉得这样做有道理。一、把我们示众，让群众认清谁是革命对象；二、使我们进一步认清自己是人民的罪人，努力悔改，交代问题，接受教育。三、对吴富恒是文斗，将我们示众，也是文斗方法之一。

按照红卫兵的命令，冯沅君等除了被经常被批斗、劳动外，还要定期向他们写汇报，下面摘录的是冯沅君汇报的部分内容：

> 这几天的劳动任务是清理大字报和拔葵花干。拔葵花干是个新工作，而且需要很大的体力，能连根拔下最好。我当然说不上拔，就是用镢头刨也勉强得很。结果只能做轻活，把别人刨下来的运走，堆起来。看到别人劳累，深恨自己不能分担。为什么我这样无用？这都是剥削阶级养尊处优的生活把我惯坏了。

> 收拾女厕所时，便池中污物太多，用凉水冲不下去，用热水倒是冲下去了，气味太大。我冲了几次，病后身体虚弱，有点受不了。存有侥幸心理，便离开了。这充分暴露了我的资产阶级怕脏思想和畏难情绪。这种可耻思想的产生土壤是剥削阶级厌恶劳动养尊处优的生活。

> 我感到近来确实有忙不过来之势，上午的劳动是固定的，下午晚上本来可以写揭发稿，可是，好几个方面都要这方面的材料，我的时间和精力就照顾不过来。此外，还常有学生来访，例如，昨天晚上就有两起学生来访，长的一伙一个多钟头；今天中午也有学生来访。当然，我知道这些是应该做的，但总觉得疲于奔命。因为最近几天一直在感冒、发热，不想吃东西；本来不是大病，但成了我的负担。我很

担心，万一病情加重，不能参加劳动、学习，又怕被别人怀疑是躲避改造，怎么得了！其实，这是娇气，这是剥削阶级饭来伸手的生活方式，是“四旧”的方式，必须清除。①

10月

国庆节过后，大批红卫兵外出串联。对冯沅君、陆侃如等人的管制有所放松。冯沅君保存的一份记录写道：

> 红卫兵（赤卫队）的一次训话　10月4日
>
> 现在政府已将工资完全发给你们，劳动也改为“建议”的。你们应该感谢毛主席，更自觉地在劳动中锻炼改造自己。你们应该懂得解放十七年来，你们一直在向学生放毒，这是对党对人民的犯罪。你们必须低头认罪，努力改造自己。

“文化大革命”期间，冯沅君交代的部分材料。

（引自《冯沅君传》第327页）

此后，冯沅君每天到规定的地点集合点名，“早请示”后，或劳动，或写检查，或接受批判。即使开批斗会，被批斗，这些都习惯了，也不再

① 《冯沅君传》，第314～319页。

像以前那样心惊胆战了。[①]

11月9日，山东大学“毛泽东主义红卫兵”开始接管学校“文化大革命”办公室。

【剑锋补：

本年底某天下午，山东大学中文系古典文学教研室学习，谈到阶级斗争，休息时，陆侃如说：“我们党抓阶级斗争，是因为苏联出了赫鲁晓夫修正主义，如果苏联不出赫鲁晓夫修正主义，我们也就没有什么阶级斗争要抓了。”时殷焕先、蒋维崧和赵省之等在场。】

1967年　丁未　冯沅君68岁　陆侃如65岁

1月

1日，《人民日报》《红旗》杂志发表经毛泽东审定的社论《把无产阶级文化大革命进行到底》，宣布“一九六七年，将是全国全面展开阶级斗争的一年”，号召“向党内一小撮走资本主义道路的当权派和社会上的牛鬼蛇神，展开总攻击”。

6日，王洪文等篡夺上海市党政大权，毛泽东赞扬“这是一个阶级推翻一个阶级，这是一场大革命”。《人民日报》《红旗》杂志发表社论，号召“无产阶级革命派联合起来，向党内一小撮走资本主义道路的当权派夺权”。

13日，中共中央、国务院颁布《关于在无产阶级文化大革命中加强公安工作的若干规定》，规定“攻击污蔑伟大领袖毛主席和他的亲密战友林彪同志的，都是现行反革命行为，应当依法惩办”。

4月1日，《人民日报》发表戚本禹《爱国主义还是卖国主义？——评反动影片〈清宫秘史〉》。

5月

8日，《人民日报》《红旗》杂志发表编辑部文章《〈（论共产党员的）修养〉的要害是背叛无产阶级专政》。

11日，中共中央发出通知，要各单位“进一步深入开展对党内最大的一小撮走资本主义道路当权派的大批判运动”。

23日，《智取威虎山》《红灯记》等八个现代京剧和现代芭蕾舞剧

① 参见《冯沅君传》，第321、322页。

作为“样板戏”于北京舞台上演。6月18日，《人民日报》号召把“样板戏推向全国去”。

11月6日，《人民日报》《红旗》杂志、《解放军报》发表编辑部文章《沿着十月社会主义革命开辟的道路前进》，第一次把毛泽东发动的“文化大革命”的论点概括为包括六个方面的“无产阶级专政下继续革命的理论”，说这一理论在马克思主义发展史上树立了“第三个伟大的里程碑”。

冯沅君、陆侃如继续被批斗，写检查，写揭发材料，进行劳动改造。

2月3日，在上海“一月风暴”的影响下，山东省造反派夺权，成立了以王效禹为首的省革命委员会。山东大学“红二三”红卫兵开始执掌山东大学。

4月，山东大学更名为“鲁迅大学”，成立“鲁迅大学革命委员会”。

【剑锋补：

7月底到8月上旬期间，陆侃如、殷焕先、高兰、赵省之等曾从山东大学文史楼中文系参考室旁边的小屋取铁锨、扫帚、抬筐等工具，一起从事清理大字报等劳动。】

本年，冯沅君、陆侃如继续被批斗，写检查，写揭发材料，进行劳动改造。

1968年　戊申　冯沅君69岁　陆侃如66岁

5月25日，中共中央转发《北京新华印刷厂军管会发动群众开展对敌斗争的经验》，要求各地区各单位“有步骤地有领导地把清理阶级队伍这项工作做好”。

7月21日，毛泽东批示：“大学还是要办的，我这里主要说的是理工科大学还要办，但学制要缩短，教育要革命，要无产阶级政治挂帅，走上海机床厂从工人中培养技术人员的道路。”于是各地纷纷办起“七二一”大学。

8月26日，《人民日报》发表《工人阶级必须领导一切》，传达毛泽东的指示：“凡是知识分子成堆的地方……都应有工人、解放军开进去，打破知识分子独霸的一统天下，占领那些大大小小的独立王国。”此后“工宣队”“军宣队”开进了各教育单位。

10月

5日，《人民日报》发表关于“广大干部下放劳动”的号召，此后各地普遍办起“五七干校”。

13日至31日，毛泽东主持中共中央八届十二中全会，说“这次无产阶级文化大革命，对于巩固无产阶级专政，防止资本主义复辟，建设社会主义，是完全必要的，是非常及时的”。全会做出了把刘少奇“永远开除出党，撤销其党内外一切职务”的决定。

12月22日，《人民日报》传达毛泽东“知识青年到农村去，接受贫下中农的再教育，很有必要”的指示，各地立即掀起知识青年上山下乡热潮。

冯沅君继续劳动改造，写检查，写检举材料。陆侃如先被公安机关拘留，后被逮捕。

2月13日，陆侃如“因流氓罪被群众扭送公安机关拘留”①。

3月，陆侃如被拘留后，冯沅君为了表明自己的立场，写了揭发材料，在大会、小会上发言，严词批判陆侃如。27日，冯沅君向济南市红卫区（今历下区）人民法院，写了与陆侃如离婚的申请书：

离婚申请书

我是鲁迅大学（原山东大学）的教师。1929年，我和陆侃如（也是鲁迅大学教师）结婚。现在陆侃如道德败坏乱搞男女关系，终于违法乱纪，损害人民利益。我决心同他离婚。特此申请，敬候批示。　　此致

济南市红卫区人民法院

申请人　冯沅君

六八年三月二十七日

附一　住鲁迅大学新校家属宿舍3号楼103

附二　工作证号　山大政字0000689②

7月29日，陆侃如“因流氓罪”被逮捕③。

8月20日，陆侃如写信给冯沅君，要钱物，并表示“想多做好事”。冯沅君收到信后，回信：

---

① 参见1972年1月14日中共山东大学革命委员会核心领导小组提交给山东省革命委员会的报告。

② 《冯沅君传》，第323页。

③ 参见1972年1月14日中共山东大学革命委员会核心领导小组提交给山东省革命委员会的报告。

侃如：

八月二十日信收到。下午把你要的钱物送上。你想多做好事，这当然好，不过动力不应放在我身上。动力从哪里来？应当从向毛主席向党向人民赎罪来。以后来信信封上不要写教授字样。这两个字对我来说是罪恶的标志。[①]

9月

5日，山东工人、解放军毛泽东思想宣传队进驻山东大学。

26日，鲁迅大学革命委员会重新组成，并开始清理阶级队伍。

本月，在清理阶级队伍时，学校搞阶级教育和忆苦思甜活动，在老校礼堂里组织了一次吃“忆苦饭”，造反派指令成仿吾、冯沅君等“牛鬼蛇神”站在台子上，监视他们吃用菜糠做成的窝窝头。冯沅君虽然咀嚼困难，但不敢放慢吞咽速度。[②]

本月至冬天，冯沅君的劳动改造主要是按时打扫厕所。她打扫山东大学新校文史楼三层的6个女厕所和3号楼的3个女厕所。她每次上班时，总是一手拿着笤帚，一手拿着小钩子和小煤铲子等工具。她提前上班，认真细致，一丝不苟，把厕所打扫得很干净，并且时有劳动总结。她在日记中写道：

我的劳动任务仍是打扫女厕所，打扫厕所起初有些勉强，主要是怕脏。后来我想为什么人们对自己亲近的人的脏东西就不嫌脏？可见这是思想感情问题。现在这些革命姐妹正在忙“文化大革命”，我没有理由怕脏。我是个思想反动有严重罪行的人，无论什么样的劳动，对我都是思想改造和赎罪。我要提高对劳动的认识，从思想上、操作上提高劳动质量。为了提高劳动效果，要设法备足劳动工具，今天擦玻璃，若有块干抹布，就可擦得更光亮些。

因为我的劳动任务是清扫厕所，为此，我准备了一套特用的工具，有小铲、木棍、粗铁丝、扫帚。蒋先生送给我自制小铲，灵巧方便。他助人为乐的精神应该学习。天寒地冻，给我们厕所整理工作带来困难。水管冻结，便池污垢堵塞，不易清理。痰盂冻结，倒不出也挖不出来。我得设法与之斗争。如若用冷水，痰盂水需三个钟头化

① 《冯沅君传》，第323、324页。

② 参见《冯沅君传》，第331、332页。

开，如若去提热水，一小时二十分便有效果。问题解决。

实践中发现，用小铲细细敲刮，可除去便池中黄黑污垢……

她的劳动，受到了师生的普遍肯定。一次，红卫兵让她汇报思想，问她打扫厕所有什么“活”思想？她说：我的工资每月是三百多元，是一般清洁工人的十倍，我应该打扫得比他们干净，才对得起这份工资！由于她劳动表现好，中文系的工军毛泽东思想宣传队在师生大会上还表扬了她。

冯沅君在劳动改造的同时，还要按规定每周交一份自我检查和揭发材料。今存有她写的《再补充交代我的罪行——与党争夺青年》等检查交代、揭发材料。她写的检查交代材料，如：

一、当祖国处于危亡之际，中华民族的好儿女献身祖国献身革命时，而我为了个人名利去了法国，投奔资本主义世界。

二、抗日战争爆发，考验人的关键时刻到了，我却不去延安而去了昆明，因为我对蒋介石有幻想，我认为他肯抗日。

三、我在北大国学门时，老师中有文化革命的旗手，毛主席的伟大战友鲁迅先生，也有战犯胡适。可是我并未洞察到鲁迅先生伟大的革命精神，而受了不少胡适的恶劣影响。

四、争夺青年是阶级斗争的一种形式，我的罪行有四点。

甲、不听毛主席的教导。毛主席让培养劳动者，我却让学生走上资产阶级邪路。我在培养研究生中流毒最大，在研究生计划中不提毛主席的教育方针，把业务放在重要地位。

乙、忽视学习毛主席著作。

丙、美化古人，混淆阶级阵线。

丁、通过作品传授封建主义思想。

现在处在触及每个人的灵魂的伟大的“无产阶级文化大革命”期间，如果不下决心痛改全非，从新做人，前途是不堪设想的。

她写过揭发校长成仿吾、副校长杨希文、副校长吴富恒、成仿吾的妻子教务长张琳、陆侃如等人的材料。

揭发成仿吾的材料写道：

一、反对毛主席的无产阶级教育路线，贯彻执行刘少奇反动的资产阶级教育路线。

二、对毛主席指示半工半读阳奉阴违，对编写半工半读教材敷衍塞责，不予重视，不求质量。

三、执行知识分子政策右倾，阶级观点错误。毛主席的知识分子政策是团结、教育、改造，成仿吾只看到团结，而忽视了教育改造。(举的例子是：一次，冯从新校回老校，路上成校长坐车经过，请她上车，她不上。几分钟后，张师傅又开车回来接她。)

四、成仿吾是革命老干部，参加过两万五千里长征，但生活资产阶级化，给自己盖高级公馆式的宿舍小楼。

揭发杨希文的材料说：

一、63年春节，杨希文到新校给老教师拜年，他反对吕剧演现代戏，京剧演《红嫂》，他认为不合适。他希望资产阶级统治舞台，是反对文化革命。

二、浪费国家财产是多方面的，大而基建，小而请客吃饭无不如此。他领导下的校二部已成为复辟资本主义的顽固堡垒。

揭发吴富恒的材料说：

吴富恒把黑手伸到了中文系，特别是古典文学教研室。他阴险狡猾，惯耍花招。他曾说，应该让老年教师整理出自己的著作，让他们在死前把专长传下去；不然，这些特长就要失传了。用甜言蜜语打动老教师的心。其实，这些绝活无非是些封建主义、资本主义的破烂货，没有什么价值。吴富恒这一招的鬼心思，除了拉拢老教师做他的党羽外，有更大的野心，是让我们老教师多放毒，迷惑青年，为资本主义复辟创造条件。

揭发张琳的材料写道：

一、张琳是个贪图安逸、娇气十足的资产阶级习气非常重的“官太太”。

二、张琳想当副校长。

揭发陆侃如的材料说：

陆侃如被定为右派（分子）有委屈情绪，他对自己的罪行没有从思想上认识，强调外因。他说如果我不是“九三”的负责人，我也不会成为右派。①

10月

5日，《人民日报》发表关于“广大干部下放劳动”的号召，此后各地普遍办起“五七干校”。对此，冯沅君写有思想汇报：

学习毛主席关于干部下放劳动的“最高指示”和龙江柳河“五七干校”的经验，我受到了深刻的教育。

在学习中，我进一步体会到“落实毛主席指示就是胜利”“紧跟毛主席部署就是胜利”这些话的深意。毛主席的这项最高指示，可以使老年干部永葆青春，使青年干部得到锻炼，永远不脱离群众，保持革命朝气。对反修、防修，搞好斗、批、改有着十分重要的意义。这是毛主席对马克思列宁主义的新发展，为世界革命创造了经验。

在学习中我增强了对中国赫鲁晓夫的仇恨。这条最大的“害人虫”真是罪该万死。他那罪恶的反革命修正主义路线毒害了大批干部，使他们脱离了劳动，远离了劳动人民，站到了劳动人民的对立面，成了修正主义分子。

在学习中，我想到自己该怎么办？我不是机关干部，我又是人民的罪人，五七干校，我当然没有资格进去。自己也不应当为此苦恼，只要言行一致刻苦劳动，同样可以得到改造。②

【剑锋补：

12月

13日下午，在山东大学揭发冯沅君。

17日晚，在山东大学批斗冯沅君，涉及胡适事、包干夫事等。

18日晚，在山东大学批斗冯沅君到23点，涉及“幻想变天”事。

19日晚，在山东大学批斗冯沅君。

20日晚，在山东大学批斗冯沅君，冯沅君交代储安平、陆侃如

---

① 《冯沅君传》，第327～330页。

② 《冯沅君传》，第333页。

“反党密谋”情况，交代到九三学社青岛分社发展社员曾与统战部谈过。】

本年

香港中文出版社翻印陆侃如、冯沅君著《中国诗史》上、中、下三册。①

1969年　己酉　冯沅君70岁　陆侃如67岁

1月

1日，《人民日报》、《红旗》杂志、《解放军报》元旦社论公布毛泽东指示：“清理阶级队伍，一是要抓紧，二是要注意政策。”全国开展大规模“整肃”运动，制造大批冤案。

3月初，中苏在东北珍宝岛发生武装冲突，毛泽东因此更认为国际形势严重，世界大战不可避免，在中央“文化大革命”碰头会上着重谈了准备打仗问题。

4月

1日至24日，中国共产党第九次全国代表大会在北京举行。大会通过党章，把以阶级斗争为中心的“无产阶级专政条件下继续革命的理论”规定为“我党在整个社会主义历史阶段的基本路线”，把林彪作为“毛泽东同志的亲密战友和接班人”写入中国共产党党章的总纲。

28日，中国共产党九届一中全会选举毛泽东为中央委员会主席，林彪为副主席，陈伯达、周恩来、康生为政治局常委。“九大”后，“文化大革命”进入“斗、批、改”阶段。

8月27日，中共中央决定成立全国及各省市防空领导小组，全国开展了挖防空洞、防空壕运动。

10月17日，根据毛泽东关于国际形势可能突然恶化的估计，林彪作出“关于加强备战，防止敌人突然袭击”的指示，要求全军进入紧急备战状态。

本年

上海嘉定县城东公社明代宣姓墓中发现明北京永顺堂刻印《说唱词话》11种。

梁沛锦编《关汉卿研究论文集成》，由香港潜文堂出版。

台湾出版冯沅君、陆侃如著《中国诗史》，台湾两家出版社影印《南

---

① 参见台湾《传记文学》第44卷第3期“民国人物小传”《陆侃如》。

戏拾遗》。冯沅君劳动改造，写检查。陆侃如在济南狱中。

陆侃如、冯沅君著《中国诗史》，台湾明伦出版社出版。[①]

陆侃如、冯沅君著《南戏拾遗》，台北进学社影印。

陆侃如、冯沅君著《南戏拾遗》，台北古亭书屋据哈弗燕京学社排印本影印。

1970 年　庚戌　冯沅君 71 岁　陆侃如 68 岁

2 月 15 日至 3 月 21 日，国务院计划工作会议提出“以阶级斗争为纲，狠抓备战，促进国民经济的新飞跃”口号。

3 月 27 日，中共中央发出《关于清查“五一六”反革命阴谋集团的通知》，数百万人因此遭到迫害。

本月，沈云龙主编《名人文集丛刊》（28 种 58 册），由台湾文海出版社出版。

4 月 24 日，中国发射第一颗人造地球卫星成功。

5 月 22 日、6 月 27 日，中共中央批准《北京大学、清华大学关于招生（试点）的请示报告》，高校开始招生复课。文件规定废除考试，“实行群众推荐、领导批准和学校复审结合的办法”，招收“工农兵学员”，并确定“工农兵学员”的任务是“上大学，管大学，用毛泽东思想改造大学”。

8 月 23 日至 9 月 6 日，中共九届二中全会在庐山召开，林彪集团与江青集团斗争表面化。陈伯达抢先作吹捧林彪、坚持设国家主席、攻击张春桥等的发言。

10 月 31 日，毛泽东写《我的一点意见》，严厉批评陈伯达。

本月，孟瑶撰《中国小说史》，由台湾传记文学出版社出版。

11 月 16 日，中共中央发出《关于传达陈伯达反党问题的指示》，并做出部署，首先在党的领导机关开展“批陈整风运动”。

冯沅君随山东大学文科迁往曲阜，学文件，写检查。陆侃如在济南狱中。

6 月

中共山东省革命委员会核心领导小组决定对省内的高等院校进行调整，山东大学文科迁往曲阜，与曲阜师范学院合并，组建新的山东大学。山东大学生物系迁往泰安，并入山东农学院，山东大学其他理科不动，更名为山东科技大学。冯沅君随文科迁往曲阜，搬家时，除了捆绑书籍、搬

---

① 参见龚鹏程主编：《五十年来的中国文学研究（1950～2000）》，台北，学生书局，2001 年，第 2 页。

运大件家具，系里派人帮忙，其他都由她自己来完成。在她的行李箱里，有一包已保存了二十多年的胡小石先生的信件，有她在抗日战中写的二百多首诗词，还有“文化大革命”以来上缴的各种材料的底本十余册。在收拾行李时，她连鸡毛掸子、小笤帚、蚊帐杆之类，也舍不得丢掉。

冯沅君到曲阜后，学校给她在家属宿舍安排了两小间单元房。空间很小，她只能把几十箱书、家具、杂物堆放在北间，在南间铺上床，放张桌子，摆几个凳子。学校的革委会，工、军宣队管理严格。当时学生均已离校，指令所有的教职员工清晨六点到操场跑步、做操，上午学习文件，下午或开批判会或参加劳动，晚上继续学习，学习结束写汇报。冯沅君除了和其他教职员工一样必须参加上述活动，她还要继续写检查。①

九月

台湾商务印书馆印行陆侃如《乐府古辞考》，为王云五主编“人人文库”第1442至1443号。

本年，香港龙门书局出版《文心雕龙选注》，其中《原道》《辨骚》《神思》《风骨》《情采》《知音》《序志》七篇，选自陆侃如、牟世金1962年、1963年出版的《文心雕龙选译》（上、下）。

1971年　辛亥　冯沅君72岁　陆侃如69岁

4月

15日至7月31日，全国教育工作会议通过经毛泽东同意的《全国教育工作会议纪要》，提出两个估计，认为1949年以后十七年“毛主席的无产阶级教育路线基本上没有得到贯彻执行”“资产阶级专了无产阶级的政”；大多数教师和学生的“世界观基本上是资产阶级的”。同时规定工宣队长期领导学校，知识分子到工农兵中接受再教育，选拔工农兵上大学、管大学、改造大学。

7月9日至11日，周恩来与美国总统尼克松的国家安全助理基辛格在北京举行会谈，16日发表公告，宣布尼克松1972年5月前访华。

9月13日，林彪事件发生，全国震动。

10月25日，中华人民共和国取得在联合国的合法席位。

12月11日，中共中央下发《粉碎林陈反党集团反革命政变的斗争》，在全国开展批林整风运动。

冯沅君给工农兵学员讲过几节课。陆侃如被“无罪”释放，到曲阜。

---

① 参见《冯沅君传》，第334、335页。

9月，第一届工农兵学员入山东大学。学员是实行“群众推荐，领导批准，学校复审”的招生办法入校的。当时的原山东大学中文系和原曲阜师范学院中文系合并成一个大队。中文大队招收工农兵学员近200名，分为两个连。第一届至1976年，山东大学共招收工农兵学员五届。

工农兵学员入校后，领导让冯沅君给学员上几节课。讲的内容尽管是她非常熟悉的，但她深知这次上课非同一般。她备课的认真，上课时的紧张，答疑时的小心翼翼，都是自当教师以来从来所没有的。这是冯沅君最后上的几节课。工农兵学员对她讲的课比较满意。①

深秋，在泰安师范专科学校任教的、原山东大学中文系1949级学生张杰，借到曲阜山东大学中文系学习“教育改革”的经验的机会看望冯沅君。他在教学楼字典编写组见到了冯先生。只见“她那憔悴而木然的脸上布满了皱纹”。张杰走到她面前轻轻地问了一声：“冯先生，你好!”她默默地点了点头，问：“张杰，你现在在哪里?”张杰回答以后，她又默默地点了一下头。②

12月

24日，中国人民解放军山东省公安机关，鲁公法（71）第80号决定免于流氓犯陆侃如刑事处分，“建议原单位给予适当的行政处分”③。

陆侃如获释后，中文系的一位教师到监狱去接他。在从济南到曲阜的火车上，陆侃如立即就谈到今后做学问的计划。

陆侃如被释放后，“只身一人偷偷地来到北京，找到了时任外交部部长的陈毅元帅，请求陈毅同志为他的父亲陆措宜先生写碑文。陆老先生是江苏海门人，抗日战争新四军在苏北抗战，陆措宜老先生为支持新四军抗击日伪，对新四军多有资助，与新四军军长陈毅有所交往，是当地颇有名的爱国亲共士绅。陈毅慨然应允，当场挥笔，题写了：‘陆措宜先生、夫人之墓。’”④

约在本年，冯沅君写有《关于诗词格律》。今存手稿，内容分两部分：首论诗的格律和次论词的格律。1969年春，山东大学中文系组织“毛主

---

① 参见《冯沅君传》，第336、337页；宗璞：《四姑——你能告诉我吗?》，《新民晚报》2018年12月20日。

② 参见张杰：《忆沅君师》，《春风桃李忆吾师》，青岛，青岛海洋大学出版社，1990年，第48页。

③ 1972年元月14日，中共山东大学革命委员会核心领导小组提交给山东省革命委员会的报告。

④ 刘文忠：《四大师：陆侃如、冯沅君、高亨、萧涤非》，《新文学史料》2015年第3期。关于陆侃如请陈毅题写墓碑，《冯沅君传》第354页说：陈毅的题字是“陆侃如六十年代到北京开会，请陈毅元帅题写的”。后一说比较可靠。

席诗词学习小组”，辑成《毛主席诗词讲解汇编》，分“时代背景”“学习体会”两项，供本校师生学习《毛主席诗词》参考。1971 年加以修订（今存“后记手稿”，写于 1971 年 10 月）。《关于诗词格律》是冯沅君为学习毛主席诗词做参考而写作的。

1972 年　壬子　冯沅君 73 岁　陆侃如 70 岁

2 月 21 日，美国总统尼克松访华。28 日，中美双方在上海发表《联合公报》，两国关系开始走向正常化。

9 月 25 日至 29 日，日本总理大臣田中角荣应邀访问中国。29 日，中日两国政府联合声明在北京签字，宣布实现邦交关系正常化。

10 月 14 日，《人民日报》根据周恩来批判极左思潮的讲话精神，发表《无政府主义是假马克思主义骗子的反革命工具》等三篇文章，指出林彪是煽动极左思潮的罪魁祸首。江青等攻击此三篇文章是毒草，在《人民日报》内“大批修正主义回潮”。

12 月 17 日，毛泽东说林彪是“极右，修正主义，分裂，阴谋诡计，叛党叛国”。从此只准批“极右”，不准批极左。

冯沅君参加研究编写教材工作。陆侃如被撤销教授职务，工资由高教四级降为九级。冯沅君和陆侃如到北京探亲。

1 月

14 日，中共山东大学革命委员会核心领导小组向山东省革命委员会提交关于中文系教授陆侃如所犯流氓罪的处分报告。5 月 5 日，山东省革命委员会政治部核心小组批复：“鉴于陆侃如在关押期间，认罪态度较好。经研究，同意给予撤销教授职务，工资由高教四级降为九级的处分。从批准之月份按高教九级发给工资。以前的不再补发。”①

冯友兰致函冯沅君，并寄去自己写的《韶山颂》及《七十六生日自寿诗》。《自寿诗》作于 1971 年 12 月初，诗写道：“老来身尚健，一世再为人。诗词归白发，心性误青春。正献韶山颂，不为梁甫吟；东河（自注：指纽约联合国）昔游地，及见旧邦新。”《韶山颂》是组诗，33 首，作于 1971 年 12 月。②

2 月 27 日，冯友兰收到冯沅君 24 日信。③

---

① 关于陆侃如被拘留、逮捕、释放、处分的材料，参见许志杰：《陆侃如和冯沅君》，济南，山东画报出版社，2006 年，第 189、190 页。

② 参见《冯友兰年谱》下册，北京，中华书局，2014 年，第 696、698 页。

③ 参见《冯友兰年谱》下册，第 699 页。

春，冯沅君接受了《光明日报》记者的采访，“她对自己研究古典文学和中国文学史进行了总结，对未来的学术研究充满了期待”①。

约在本年春，冯友兰的女儿，冯沅君的侄女宗璞和丈夫蔡仲德去上海出差，回程时特地到曲阜看望冯沅君、陆侃如。宗璞后来回忆：“20 世纪 70 年代初，我和仲（德）到上海去，回来时路过曲阜，我们去看四姑。那时山东大学搬到曲阜，教师们的生活很简单。住房更可以说是很简陋。四姑照旧过着她简朴的生活。她上午有课，早早地起来备课。我想，那课她已经教了不知多少遍了。四姑父领我们去看孔庙，大门是锁着的，我们扒在门缝上，里面什么也看不见。”②

5 月

5 日，陆侃如被撤销教授职务。本日，经山东省革命委员会政治部核心小组批准，撤销陆侃如“教授职务，工资由高教四级降为九级”，“以前的不再补发”。

26 日，《光明日报》在第 3 版发表了署名“山东大学中文系”的长篇文章《在社会大课堂上好社会主义文化课》，以及一张冯沅君和教研室的同志在一起研究教材编写工作的照片。工农兵学员入学后，当时的中文大队领导组建老教师、青年教师和工农兵学员三结合的教材编写小组，冯沅君参加了。她身体衰弱，有时有病，但一直坚持，完成了自己承担的任务。③

陆侃如、冯沅君摄于北京天安门广场
（引自《冯沅君传》第 338 页）

1972 年 8 月摄于北京北海水边
（引自《陆侃如冯沅君合集》第八卷正文前、《冯沅君传》第 339 页）

---

① 《陆侃如和冯沅君》，第 170、171 页。

② 参见《冯沅君传》，第 341、342 页；宗璞：《四姑——你能告诉我吗？》，《新民晚报》2018 年 12 月20 日。《冯沅君传》记此事于 1972 年秋冯沅君、陆侃如去北京与冯友兰等亲人团聚后的 1973 年，时间误。

③ 参见《冯沅君传》，第 342 页。

约在6月，陆侃如随部分教师和工农兵学员到曲阜郊区参加麦收劳动，同张可礼等同住一屋，睡地铺。陆侃如帮助张可礼备课，凭记忆写了先秦两汉时期的文学年表。

8月中旬，冯沅君向学校革命委员会请假，同陆侃如去北京探亲。此时中美两国关系已走向正常化。8月11日，冯友兰解放前去美国的大儿子冯钟辽全家回北京探亲。冯沅君欣悉后，和陆侃如到北京。他们到北京没有直接去冯友兰家，而是先到天安门广场留影，接着又去北海，在水边留影。然后去冯友兰家，与冯友兰等亲人见面，在颐和园聚会。他们在北京不到一周，游览了长城等名胜古迹。这是冯友兰、冯景兰、冯沅君等兄妹和侄子辈亲人的最后一次团聚。[①]

1973年　癸丑　冯沅君74岁　陆侃如71岁

1月1日，《人民日报》《红旗》《解放军报》联合发表《新年献词》，强调林彪的路线“是一条反革命的修正主义路线”，“要把批林整风这个头等大事继续抓紧抓好”，并传达毛泽东“深挖洞，广积粮，不称霸”的口号。

3月10日，中共中央根据毛泽东的批示，决定恢复邓小平的国务院副总理的职务。

6月22日，毛泽东提出关于三个世界的理论。

7月4日，毛泽东与王洪文、张春桥谈话，认为林彪同国民党一样，都是“尊孔反法”。

8月24日至28日，中共第十次全国大会在北京召开。大会仍坚持“无产阶级专政下的继续革命”理论，认为“九大的政治路线和组织路线都是正确的”。认为毛泽东所说“天下大乱，达到天下大治，过七八年又来一次。牛鬼蛇神自己跳出来”是客观规律。预言“党内两条路线斗争将长期存在，还会出现十次、二十次、三十次”。

10月，毛泽东授意江青指令北京大学、清华大学成立“大批判组”，编辑批判林彪与孔孟之道的材料，撰写批孔文章。

12月21日，新华社报道，1968年以来全国有八百万知识青年上山下乡。

本年至1978年，人民文学出版社编辑出版《红楼梦研究参考资料选辑》（1～4辑）。

---

① 参见《冯友兰年谱》下册，第701页；《冯沅君传》，第337～341页。

冯沅君患结肠癌，住院治疗。

年初，冯沅君腹部时有不适，在曲阜县医院看了几次，未见好转。县医院的大夫劝她转院诊治，但她舍不得放下工作，没有转院诊治。

【剑锋补：

5 月，冯沅君撰写《七三年五月汇报稿》：

我过去研究古典文学几十年，有不少时间是和古典戏剧打交道的。这方面我曾写过些稿子，当然都不成熟。为某些古剧作注释或校勘工作，我也打算过。现在感谢党的热情关怀，鼓励我继续钻研。我想今后全力写《古剧校注》，首先在近三年内写《元水浒剧校注》。……甲种（指《元水浒剧校注》）完成后，拟开始乙种，校释元代公案剧。（今存手稿。）】

本月，陆侃如、冯沅君著《中国文学史简编》，台北开明书店第 3 版，署名台湾开明书店编著。

6 月，陆侃如陪冯沅君到济南山东省立第一医院，经检查患结肠癌，住二楼一层治疗。山东省委领导及山东大学党委非常关心她的病情，亲自过问医疗方案，充分供应必要的贵重药物及营养品。山东省立医院病号食堂可以到南郊宾馆（山东省接待中央首长的顶级宾馆）供应处领取冯沅君的“特供”食品。她的病号饭一天六餐，月标准 70 元。决定动手术后，省领导非常重视，要求医院要做到万无一失，手术后精心护理，并指示可以动用战备物品，包括人体球蛋白等高档药品。医院对冯沅君的手术非常重视，指派了一位姓张的副院长全面负责，并让颇有名气的李昭廷大夫主刀。山东大学对冯沅君的手术也十分关心。手术时，工宣队和系革委会安排人员等候在手术室门口。下午两点，冯沅君被从手术室里推了出来。医生说：手术很成功，已为她做了人工肛。其实，冯沅君的病已错过了最佳治疗期，癌细胞已经扩散了。手术后，恢复良好，顺利地渡过了手术关。省领导很关心冯沅君的病情，手术后十几天，白如冰就让他的妻子祖敏到医院看望冯沅君。祖敏是山东大学中文系 1962 届的本科毕业生。她来看望老师，冯沅君既高兴又感激，说：我很快会好的，我还能上讲台，还能为人民服务。手术不久，袁世硕和另一位同志到医院去看望她。她对袁世硕等同志说：你们要好好商量着把教研室的工作搞好啊！大约一个月后，冯沅君在别人的搀扶下，可以到室外散步。她向医生表示，准备开春后出院回学校上课。她让陆侃如给她带来《毛泽东选集》《毛主席语录》和一套《中国文学史》等，有空就看这些书。本年的冬天，冯沅君是在医院度过的。[①]

冯沅君住院，开始并没有查明病情，只知肠胃有病。冯友兰得知后，十分着急，到处打听，寻找良药，寻求朋友帮忙。在确诊为结肠癌后，陆侃如即给冯友兰、冯景兰写信告知病情。冯友兰、冯景兰即派子女宗璞、钟越等代表他们到济南看望。

冯沅君住院后，因病住在该医院二楼的山东大学教授高兰去看望她。看到她病床上有一双千补百衲的线袜，便问她何必费神补袜子，并建议她可以去买一双尼龙袜子，结实耐穿。冯沅君惊奇地反问："难道有这种袜子？"[②]

10月，陆侃如编《精简国学基本问答》，香港汇通书店印行。

本年，陆侃如、冯沅君著《南戏拾遗》，台北东方文化书局据哈佛燕京学社出版的燕京学报专号影印。

1974年　甲寅　冯沅君75岁　陆侃如72岁

1月

18日，经毛泽东批准，中共中央转发《林彪与孔孟之道》。

24日至25日，中共中央、国务院在首都体育馆召开大会，动员批林批孔，周恩来、王洪文、叶剑英、张春桥、江青、姚文元等出席。

8月8日，毛泽东、中共中央批准法家著作注释出版规划座谈会领导小组《关于报审〈法家著作注释出版规划（草案）〉的报告》。座谈会于本年7月5日开始，8月8日结束。

11月10日，广州青年李正天、陈一阳、王希哲署名"李一哲"在广州街头贴出大字报《关于社会主义民主与法制》，批判"文化大革命"。被定为"反革命集团"，未经审判即被判刑。

12月26日，毛泽东对周恩来说："列宁为什么说对资产阶级专政，要写文章"，"这个问题不搞清楚，就会变修正主义"。"列宁说，小生产是经常地、每日每时地、自发地和大批地产生着资本主义和资产阶级的"，"工人阶级一部分，党员一部分，也有这种情况。无产阶级中，机关工作人员中，都有发生资产阶级生活作风的"。

本年，台湾大通书局在黄永武主持下，出版《杜诗丛刊》4辑，收集有关杜甫诗集的笺注评解35种。

---

① 参见《冯沅君传》，第343～347页。

② 许志杰：《陆侃如和冯沅君》，第186页。

冯沅君病重期间，牵挂着学生和教学。病逝。陆侃如随山东大学文科由曲阜迁回济南后，参加集体项目《韩非子选注》。

【剑锋补：

2 月

8 日，冯沅君在医院撰写《坚决彻底批林批孔——为省医院墙报作》，其中写道：

> 我在旧社会生活了半个世纪，从小就读四书五经。当我幼时读到《论语》里孔丘说的“唯女子与小人为难养也”这句鬼话，心里就感到不服气。……我因病住在省人民医院，已逾半载。承党的热情关怀和医护同志们的悉心医疗，现在渐渐好转。听说院里大家都对林孔口诛笔伐，我也扶病写此短文，请同志们批评指教。（今存红笔手稿）】

本月，山东大学迁回济南，恢复原来山东大学建制。陆侃如随山东大学由曲阜迁回济南，暂时借住离省立一院不远的山东省党校宿舍。

春

冯沅君病重时还挂念着学生和课堂，有时神情恍惚。

一天，中文系青年教师马瑞芳、牛运清（均为中文系 1960 级学生）到医院看望老师冯沅君。马瑞芳在《唯愿身化光明烛》一文中记述了当时的情景：

> “小马来看你了。”陆先生小心地扶起她。
>
> 冯先生向同来的运清点头，又茫然看看我，如视路人。陆先生忙道：“你不记得她了？她到过我们家好几次呢。”
>
> 冯先生歉然一笑。陆先生又说：“我们散步还去过她们宿舍。你听她发牢骚：背俄语背得眼发蓝，你还笑她顽皮。你也不记得了？”
>
> ……冯先生倚在高高的枕头上，困惑地皱起眉思索着。陆先生搬一张小凳让我坐在冯先生床前。我拉起冯先生骨瘦如柴的手，一阵心酸。陆先生向我解释：“她的记忆大不如前了，三十年前的事历历在目，三年前的事朦朦胧胧。你还在钻研《红楼梦》吗？”
>
> 握在我手中的、瘦骨棱棱的手突然攥紧了。冯先生急切地说起来：“是的，《红楼梦》！我看过你那些卡片！你还找我讨研究生教学大纲，你们那一届却没有招生！我建议你写关于冯惟敏的毕业论文，你却说是‘小作家’……做学问，要大处着眼，小处入手呢。”

一天上午，中文系青年教师郭同文和几位同学到医院看望冯沅君，看到大夫把她从昏迷中救醒时，她深情地望着几位老学生，“望了望年轻的护士，又望了望病房的窗户，看到了灿烂的阳光，她觉得自己又来到了窗明几净的教室。于是，她用最大的力气讲起课来。她讲了几句关汉卿的《窦娥冤》之后，又朗读了都德《最后一课》中韩麦尔老师的最后一句话：‘散学了，你们走吧！’此时，她已气弱如丝，但声音是那样清晰，那样深沉”[①]。

4月

10日，冯友兰寄沈刚如信，为冯沅君询问治肠癌中药方。[②]

13日，冯友兰得沈刚如复信。

14日，沈刚如访冯友兰，谈治肠癌中药方。

本月

冯友兰寄涂又光信，附冯沅君治肠癌中药方，嘱求当地老中医斟酌。涂又光斟酌后即回信。

6月

2日，冯友兰收到陆侃如信，知冯沅君肺部发现黑点。[③]

9日，冯友兰得陆侃如信，知冯沅君被确诊为癌症晚期，癌细胞已经转移到肝、肺等部位。下午，冯友兰由女儿钟璞（即宗璞）陪同，偕夫人往地质学院与冯景兰商议往济南看望冯沅君事。

11日下午，冯钟芸、冯钟广到冯友兰家，继续商议到济南看望冯沅君事。

12日，冯钟琏、冯钟璞、冯钟广代表冯友兰、冯景兰到济南看望冯沅君，三日后返回。另，钟璞后来在《四姑——你能告诉我吗?》一文回忆：“1974年，当时山东大学已经迁到济南。四姑病危，我和姐姐钟琏、堂弟钟广到济南去看望。她已经不能认人。我们叫她，告诉她父亲不能来，很惦记她。我想，她并不知道我们说的是什么，可还是答应。病榻旁边除了四姑父和两个护工以外，还有学生。当时，我和姐姐都很伤感，却无法做一点对她有益的事。在我们回京的路上，四姑去世了。”由于三

---

① 郭同文:《永远难忘的三次讲课——纪念冯沅君先生》,山东大学青岛校友会编:《山东大学(青岛)人物志》,第52页。

② 以下四则资料参见《冯友兰年谱》上册,第719页。

③ 以下四则资料参见《冯友兰年谱》下册,第720页。

人都有工作，他们在济南只住了一天。①

6 月

17 日上午 6 时 30 分，冯沅君在山东省第一人民医院病逝。她在弥留之际，挂念着她主编的《中国历代诗歌选》（下编）。下编本来打好了清样，因“文化大革命”爆发而一直未能出版。② 病逝前，她对前来看望她的山东大学历史系教授王仲荦说：“我一介寒儒，连个后嗣亦无，能为国家民族留点什么？我想个人艰窘一点，存几个钱，身后让国家做学术奖金，奖掖后人吧！”③ 她在病危时，“神志不大清楚，但仍日夜挂念给研究生讲古典文学，常常要护士、大夫扶她到病房隔壁去。隔壁有一间是护士办公室，她误当作古典文学教研室了。她一走进去，便坐下来大声讲课，护士们非常惊讶，也非常感动敬佩”④。

【剑锋补：

冯沅君去世后，有九个学生陆续去山东省第一人民医院搬运遗体，从楼上搬到楼下车上。吕慧娟第一个到，朱其铠第二个到，袁世硕第三个到。曾繁仁、张文建、常国华、殷正林等一起到达。搬上车后大家都没有跟从。时陆晋如在家陪陆侃如，葛本仪当天前往看望陆侃如。次日，张文建、黄炽、刘波等学生前往看望陆侃如。⑤】

1974 年冯沅君灵堂

（引自《陆侃如冯沅君合集》第十五卷正文前）

17 日中午，冯友兰得电报，知冯沅君病逝。⑥

20 日，冯友兰、冯景兰得知冯沅君病逝之后，全家聚在一起，商

① 上引《冯友兰年谱》下册，所记时间与钟璞回忆到济南看望冯沅君的时间与冯沅君去世的时间不符。

② 参见陆侃如：《忆沅君——沉痛悼念冯沅君同志逝世四周年》，《新文学史料》1979 年第 3 辑。

③ 许志杰：《陆侃如和冯沅君》，第 169 页。

④ 陆侃如：《忆沅君——沉痛悼念冯沅君同志逝世四周年》，《新文学史料》1979 年第 3 辑。

⑤ 张文建先生电话告知李剑锋。

⑥ 《冯友兰年谱》下册，第 721 页。

讨致冯沅君治丧委员会唁电内容，由钟璞（宗璞）代拟，最后由冯友兰、冯景兰定稿发出。①

冯沅君病逝后，山东省革命委员会领导成立了治丧委员会，在省政协珍珠泉礼堂举行追悼会，中共中央统战部、全国人大常委会、山东省委及省革命委员会、济南市委及市革命委员会、山东大学党委及革委会等送了花圈。山东省委和省革命委员会的负责同志参加了追悼会。山东省革命委员会文教组长丁方明致悼词。全文是：

> 我们怀着沉痛的心情，悼念冯沅君先生。
>
> 冯沅君先生是山东大学中文系教授，山东省妇代会筹备小组副组长。冯沅君先生从去年六月因患癌症住院，虽经医护人员细心调治，但终因病情严重，久治不愈，于一九七四年六月十七日晨不幸逝世。享年七十四岁。
>
> 冯沅君先生是河南唐河人。解放前，曾在北京大学、武汉大学等校任讲师、教授。一九四九年参加革命后，历任山东大学中文系教授，山东大学中文系古典文学教研组主任，山东大学古典文学研究室主任，山东大学副校长，青岛市人民代表，青岛市妇联副主席，青岛市文联筹委会主任，山东省人大代表，山东省妇联副主席，山东省文联副主席，山东省人民政府委员，山东省人民委员会委员，第一、二、三届全国人大代表。
>
> 二十多年来，冯沅君先生拥护中国人民的伟大领袖毛泽东，拥护中国共产党，拥护社会主义。努力学习马列和毛主席著作，注意改造世界观。冯沅君先生擅长中国古典文学，积极从事祖国文化遗产的整理和著述。工作积极、认真、踏实、细致，生活艰苦、朴素。
>
> 冯沅君先生和我们永别了，我们要化悲痛为力量，认真贯彻落实毛主席党中央关于批林、批孔的一系列指示和解决山东问题的指示，争取批林、批孔的更大胜利，争取抓革命、促生产、促工作、促战备的新胜利。

追悼会后将冯沅君的骨灰盒安放在济南市英雄山山东革命烈士陵园内。

陆侃如送别妻子回来，找出了他们的结婚照，在相片的反面写了一

---

① 《冯友兰年谱》下册，第722页。

首诗：

此别岂永诀？宁无合会期？
新恩兼旧义，耿耿系人思。
捣麝香难灭，拗莲尚有丝。
悠悠四十载，何日暂相离！
白首愿偕老，金婚并赋诗……①

27日，冯友兰收到陆侃如信，云："兄嫂的唁电最长，也最亲切"，丧事办得"备极荣哀"。②

本月

曾任山东大学教授的刘维汉写作：

挽冯沅君教授　七律

才华德茂震文坛，家学渊源方面宽。
词笔已教清照服，史文更令班昭叹。
人民向望嵩山峻①，黉舍共瞻北斗烂②。
哀痛玉楼应召去，长留风范在人间。

注：①冯河南籍，第三届人大代表。②冯曾为山大副校长。③

8月，从本月到1975年8月，陆侃如参加中文系部分师生和解放军某部结合的集体项目《韩非子选注》。他注释了多篇，并写有《前言》（今存手写初稿）。约在这一时期，他写有"儒法斗争史"讲稿（今存手写的此讲稿）。

本年

冯沅君病逝后，陆侃如由省委党校宿舍迁至山东大学新校，开始住在山东大学新校一间学生宿舍，后搬到家属宿舍，与一位教师合住一套房子，他的居室南北两小间，共10多平方米。在这前后，他曾到山东大学老校图书馆，要求把约三万册图书交给图书馆，但图书馆拒绝接收。他没有办法，约三万册书，除少量给了一位教师外，其他都卖掉了，其中很少一部分后来被济南古旧书店收购。

---

① 《冯沅君传》，第351～354页。

② 参见《冯友兰年谱》下册，第723页。

③ 刘维汉：《新天诗稿》，1983年，第24～25页。

【剑锋补：

冯沅君去世后，陆侃如到了曲阜，住在离杨慧文家不远的一栋宿舍楼一层的一个小房间里。杨慧文就常常去看望陆陆侃如，“这样的经历和学识都有天壤之别的一先生一学生，常常是默默地坐一会，学生就起身告辞”①。】

1975年　乙卯　冯沅君诞辰76年　陆侃如73岁

1月

5日，根据毛泽东的提议，中共中央任命邓小平为中央军委副主席兼总参谋长，张春桥为总政治部主任。

8日，中共十届二中全会选举邓小平为中央副主席、政治局常委。

13日至17日，全国人大四届一次会议在北京召开，周恩来在政府工作报告中重申发展国民经济设想，20世纪内实现农业、工业、国防、科技现代化。会后，周恩来病重，邓小平实际主持中央日常工作。

4月

4日，辽宁省委宣传部原干部张志新因指出中共领导犯有“左”倾错误，在长期关押后惨遭杀害，执行前被割断喉咙。

5日，蒋介石去世。

8月14日，毛泽东说：“《水浒》这部书，好就好在投降，做反面教材，使人民都知道投降派。”江青等因此在全国发动批《水浒》运动，影射攻击周恩来、邓小平。

11月

2日，毛泽东根据毛远新关于邓小平的汇报，说：“有两种态度：一是对文化大革命不满意，二是要算账，算文化大革命的账。”此后，政治局根据毛泽东的意见，停止邓小平的大部分工作，让他专管外事。

3日，毛泽东针对邓小平转交清华大学党委副书记刘冰等人反映该校党委书记迟群、副书记谢静宜思想、工作、生活方面问题的信作批示：“我看信的动机不纯”，“矛头是对着我的”，“小平偏袒刘冰”。

下旬，中共中央在北京召开“打招呼会议”，宣读经毛泽东审阅批准

① 杨慧文：《怀念冯沅君陆侃如先生》，《2021山东省古典文学学会年会暨陆侃如、冯沅君学术研讨会学术论文集》上册，济南，山东省古典文学学会、山东大学文学院，2021年4月，内部编印。

的《打招呼的讲话要点》，说“清华大学出现的问题绝不是孤立的，是当前两个阶级、两条道路、两条路线斗争的反映。这是一股右倾翻案风”。从此开始在全国掀起“批邓、反击右倾翻案风”运动。

本年

当代新儒家的又一阵地《鹅湖月刊》在台湾创刊。

江西星子县横塘乡宋墓发掘出宋刻本邵尧夫诗集二部：《重刊邵尧夫击壤集》九卷，《邵尧夫先生诗全集》九卷。

广东潮安县明初墓葬出土明宣德年间写本《刘希必金钗记》，是目前所见最早的戏文写本之一。

叶恭绰编《全清词钞》，由中华书局香港分局出版。

陆侃如继续参加《韩非子选注》，读刘大杰《唐代社会与文学的发展》后，致信刘大杰。

4月18日，人民文学出版社古代文学编辑室主任杜维沫和编辑刘文忠到山东大学组稿，刘文忠看望陆先生。陆先生请他们吃饭。

秋，陆侃如读刘大杰《中国文学发展史》修订稿《唐代社会与文学的发展》部分后，致信刘大杰，“略陈鄙见”。

本年

陆侃如继续参加集体项目《韩非子选注》。

陆侃如编《精简国学基本问答》，香港汇通书店出版，署名侃如。

1976年　丙辰　冯沅君诞辰77年　陆侃如74岁

1月

8日，周恩来去世。全国人民自发地以各种形式哀悼，遭到当局镇压。

21日、28日，毛泽东提议，中共中央政治局通过，确定华国锋任国务院代总理，主持国务院日常工作。

2月25日，中共中央召开各省、市、自治区及各大军区负责人会议，华国锋讲话，说“当前就是要搞好批邓、批邓小平同志的修正主义错误路线”，“对邓小平同志的问题，可以点名批判”。

3月下旬至4月5日，全国人民继续自发地哀悼周恩来。

4月

4日晚，中共中央政治局会议将哀悼周恩来定性为“反革命”，决定当晚清理天安门广场的花圈、标语，抓“反革命”，得到毛泽东的批准。

5日，群众抗议，要求“还我花圈，还我战友”。此举被宣布为

“反革命事件”，遭到当局镇压。

7日，中共中央政治局根据毛泽东提议通过《关于华国锋同志任中共中央第一副主席、国务院总理的决定》《关于撤销邓小平党内外一切职务的决定》。

本月

台湾宏业书局影印出版清代徐倬编著《全唐诗诗录》。

日本樽本照雄在《野草》第18期发表文章，介绍中国国内已佚的《老残游记》二集原刻本，并考证了初、二集的写作、发表时间。

5月，台湾伟文图书出版社有限公司出版《明代论著丛刊》，汇辑明代作家诗文集。

7月

6日，朱德去世。

28日，唐山发生大地震，死伤数十万人。

本月屈万里、刘兆祐主编《明清未刊稿汇编》，由台湾联经出版事业公司影印出版，其中保存了大量明清作者撰写的诗文集。

9月9日，毛泽东去世。

10月

6日，华国锋、叶剑英、李先念等对江青、张春桥、王洪文、姚文元“四人帮”进行隔离措施。

8日，中共中央作出出版《毛泽东选集》第五卷、筹备出版《毛泽东选集》、建立毛泽东纪念堂的决定。此决定违背了毛泽东1956年亲自签字的关于将遗体火化、不建坟墓的决定。

8日至15日，中共中央成立专案组，审查王、张、江、姚罪行。

12月10日起，中共中央陆续下发关于王、张、江、姚罪行的材料，全国掀起揭批“四人帮”运动高潮。

陆侃如参加注释刘禹锡诗文。突患脑血栓，病卧。

6月，司马长风著《中国新文学史》，由九龙昭明出版社有限公司出版，其中评冯沅君的小说《旅行》说：“冯沅君在《旅行》中，写恋爱自由风气初开，一双男女赴外地秘密旅行，将爱的渴切与道德的束缚作了微妙生动的描写，显出了不俗的才华，可惜未能继续发展。”

9月7日，陆侃如为《文史哲》审阅稿件《魏源诗歌尊法反儒思想》，提出需要“较大补充”的三点意见。(今存手稿)

11月1日，陆侃如写完《与刘大杰论杜甫信》。

12月10日上午，陆侃如让家人给他的助手送去便条说：“请将下列几篇原稿注释交下为荷：1 插田歌，2 畲田行……”当时，他正在注释刘禹锡诗文。在取回这些稿子后的继续工作中，突然由座位滑倒在地，经送医院检查为脑血栓，从此开始了两年的病卧生活。①

本月，陆侃如关注揭批“四人帮”情况。他指导过的研究生龚克昌回忆：

> “四人帮”垮台后，陆先生的精神为之一振……二十几年来，他习惯于做检查、写汇报，严格地解剖自己，批判自己；对某些党员干部，对某些党组织，总是毕恭毕敬，唯命是从，这时全变了，他滔滔不绝地谈论政治，评论时政……这时——甚至到他逝世时，他在五七年被错划的右派，“文革”中被错误处理的问题尚未改正。他要求的问题也没解决。这是为什么？为什么会出现这种异样的情形呢？我想了好久，忽然醒悟了，这不正是先生相信新的党中央的领导吗！他已经看出我们党的新的领导是真正的马列主义者，是会正确地对待他提的这些问题的……由于在“十年动乱”的磨难，到“四人帮”垮台不久，先生的身体也垮了，他已瘫在床上不起，但他仍很关心国家大事。我每次到他病榻前，他都要问问批“四人帮”的情况，以及本地清理“四人帮”流毒的进程。每交谈到紧要处，他总是老泪纵横，泣不成声。他是有很多话要说的。可看出他过去受害之大，感受之深，和对党的信任，对追求光明的迫切心情。②

【剑锋补：

本年，陆侃如欲将冯沅君先生藏书赠给杨慧文。杨慧文回忆说，1976年伊始，她一家和陆先生从曲阜山东大学先后迁回济南原山东大学，都住进山大南路20号原宿舍区，杨慧文与刘光裕住进了18号简易楼一单元401，陆先生住23号楼二单元201四间住两家的南北两小间，杨慧文时常去看望陆先生，见陆先生“两小间里垒满了书箱子，小北屋迎门的墙上挂着冯先生的一幅大照片，照片下是陆先生的亲笔题辞‘文章长在　德音永存’。那时，陆先生说过几次要把冯先生的藏书赠送给我，并且说：‘你还年轻，一定用得着。’1976年我36岁。可是，作为晚辈后生，虽然心、神皆向往之极，却实在是不忍心当着陆先生的面，搬走冯先生的书，几乎每次都是含泪婉谢。这件‘赠书’的事，是当年中文系的党政负责人

---

① 参见《陆侃如传略》。

② 龚克昌：《我研究汉赋的前前后后》。

和许多师辈都知道的。”① 】

1977年　丁巳　冯沅君诞辰78年　陆侃如75岁

2月7日，《人民日报》《红旗》《解放军报》发表经华国锋批准的社论《学好文件抓好纲》，提出“凡是毛主席作出的决策，我们都坚决维护；凡是毛主席的指示，我们都始终不渝地遵循”（即“两个凡是”）的方针，将毛泽东的“左”倾路线延续下来。

4月15日，中共中央在全国发行《毛泽东选集》第五卷。

5月1日，《人民日报》发表华国锋《把无产阶级专政下的继续革命理论进行到底》一文，说毛泽东“无产阶级专政下继续革命”的理论仍是今后继续革命的方针。

7月16日至21日，中共中央十届三中全会在北京召开，会议决定恢复邓小平领导职务。华国锋在会上继续宣扬“两个凡是”论，邓小平则强调对毛泽东思想体系应有完整的、正确的认识。

8月

4日至8日，中共中央召开科学教育工作座谈会。邓小平指出，关于教育工作的“两个估计”不符合实际，提出要尊重知识，尊重人才。

12日至18日，中共第十一次代表大会在北京举行，华国锋在报告中宣布“文化大革命”已经结束，在20世纪内建成社会主义现代化强国是党的根本任务，但大会未能纠正“文化大革命”的理论、政策、口号，反而加以肯定。

13日至9月25日，全国高校招生工作会议召开，决定高校招生改变“文化大革命”时期不考试的做法，实行统一考试，择优录取。

10月，《安徽师范大学学报》发表阿英遗作《清末石印精图小说戏曲》。

12月10日，中共中央任命胡耀邦为组织部部长，开始平反冤假错案。

本月，人民文学出版社、上海古籍出版社和中华书局在国家出版事业管理局的组织领导下，对古典文学书籍的整理出版工作做了一个分工协作的出版规划，拟定出版两套古籍文学丛书：一、中国古代大作家集（暂定

① 杨慧文：《怀念冯沅君陆侃如先生》，《2021山东省古典文学学会年会暨陆侃如、冯沅君学术研讨会学术论文集》上册，济南，山东省古典文学学会、山东大学文学院，2021年4月，内部编印。

名），包括屈原、曹植、李白、杜甫等作家集15种；二、总集、选集和小说、戏曲名著，选题暂定120种左右。

本年

中国社会科学院成立。

安徽省阜阳城西南双古堆西汉墓出土《诗经》残简170余枚，这是发现现存最早的《诗经》古本。

考古工作者在秦始皇陵发掘出错银小钟，纽侧镌刻“乐府”二字，引起学术界对乐府起始时间的讨论。

潘重规编撰敦煌文学文献集《敦煌云谣集新书》，由台湾石门图书公司出版。

中华书局校点排印清王琦辑注《李太白集》。

马蹄疾辑录《水浒资料汇编》，由中华书局出版。

陆侃如发表《与刘大杰论杜甫信》，不同意其把杜甫强列为法家。开始准备撰写《文心雕龙》全书译注。台北鼎文书局出版陆侃如著《乐府古辞考》。

春，陆侃如在病榻上开始整理冯沅君的遗稿。他在病榻上半躺着，面前放一块纸板，首先整理出了冯沅君在抗战期间漂泊西南各省时所写的旧体诗词，并撰写了序言。还整理了其他遗稿。约在11月，整理完。陆侃如在1978年写的《忆沅君——沉痛悼念冯沅君同志逝世四周年》一文中写道：

> 时光过得真快，转眼已四周年了。我挥泪整理沅君遗稿，有下列几种：
>
> 1.《诗词稿》——主要是抗战期间在西南大后方各省所写的旧诗词，抒写了反蒋、抗日、忧国哀民的情绪和对祖国西南美丽山水的歌颂。
>
> 2.《中国历代诗歌选》下册——是为高教部编写的全国大学教材的一部分，主要是宋元明清诗词曲的选注。沅君最后几年的精力全滋注在这部教材里，精益求精，一丝不苟。可惜刚打好清样，因“文化大革命”勃发了，未能及时出版。沅君弥留之际，还在挂念这件事。
>
> 3.《近古文学论丛》——是沅君历年研究古典文学的文章的汇编。

陆侃如整理完冯沅君的遗稿，让袁世硕誊清关于旧体诗词序言，并代他与出版社联系出版冯沅君的诗词稿。后来，袁世硕将序言改题为《忆沅君——沉痛悼念冯沅君同志逝世四周年》，交给了人民文学出版社的《新文学史料》①。

4月

陆侃如在《文史哲》第4期发表《与刘大杰论杜甫信》(《陆侃如冯沅君合集》第8卷，第357～375页)。自注：写于“一九七六年十一月一日”。此信被编排在《文史哲》第4期的最后一篇。此信在发表之前，陆侃如曾写信并抄稿挂号寄给人民文学出版社编辑刘文忠。信说：“阅后有何意见，盼告。”② 此信是与刘大杰论杜甫第二函。今存为写此文所记“杜诗镜诠摘要”手稿、此信手稿。刘大杰在修改的《文学发展史》第二册中《杜甫与大历诗人》一章，认为：杜甫“在其后期的思想中，存在着重法轻儒的一面”。“到了晚年，他的思想更有发展，由轻儒而倾向于重法。”陆侃如针对刘大杰上述的观点，在《与刘大杰论杜甫信》中，分四个问题论述刘大杰观点的不当：一是关于“后期”，二是关于“轻儒”，三是关于“重法”，四是关于“彻底”。最后指出：在杜甫的“一生中，在他四十岁以后的‘后期’中，在他四十九岁的‘晚年’中，儒家色彩似乎远远超过其他一切”。关于此文的写作、发表的具体情况，陆侃如的学生龚克昌回忆：

> 1977年夏，陆师把我叫去，交给我一封长信，问我能不能在《文史哲》上发表(我当时负责《文史哲》文学版的编辑工作)。此信是批评刘大杰先生在其修改本《中国文学发展史》中把杜甫说成法家。陆师把杜诗中提到孔子、儒术、儒生、腐儒、管仲、屈原、秦始皇、贾谊、诸葛亮、唐太宗等等诗句逐一进行分析，最后得出结论，杜甫并不是“轻儒”“重法”的法家。此信在大半年前寄给刘先生，刘先生没有回信，故他寻求在《文史哲》发表。我以为此信写得很好，用事实说话，征得主编蒋捷夫同意，就安排在《文史哲》1977年第4期上发表。
>
> 陆师此信完稿于1976年11月1日，他当时是(山东大学)中文

---

① 参见袁世硕、严蓉仙编:《冯沅君创作译文集·编后记》,济南,山东人民出版社,1983年。《冯沅君创作译文集·编后记》说:“一九七八年春,侃如先生开始考虑整理沅君师的遗稿。”此说不确,“一九七八年春”当作“一九七七年春”。根据是1977年12月,陆侃如给他的助手的信说:“关于冯先生的稿子,我已整理完。”详见本年12月。

② 刘文忠:《四大师:陆侃如、冯沅君、高亨、萧涤非》,《新文学史料》2015年第3期。

系《刘禹锡诗文选注》编写组的“壮劳力”，此信只能利用业余时间写。从信中所说的他“对杜集再读一遍”推测，陆师酝酿写此信必在1976年夏秋，而那时正是毛泽东病重，“四人帮”横行之时。当时大家也都意识到，刘大杰改写《中国文学发展史》是有背景的，“四人帮”中的某些人在起作用。聪明过人的陆师不会想不到，但他却偏要去批逆鳞，可见其胆识之不一般。顺便说一下，此信发表后，蒋捷夫主编告诉我，告状人还真不少，说为什么给他这种人发文章。具有讽刺意义的是，几年后，北京、上海等地的一些权威人士都说，陆师信是《文史哲》1973年复刊后最优秀的文章之一。①

文章（此信）有两点值得注意：第一，它是在学术领域内反击“四人帮”大搞儒法斗争的第一篇。虽然发表于《文史哲》一九七七年第四期，但原信早在一年之前就寄给刘大杰先生了。此文写作在“四人邦”横行霸道之际，当时，新版的《中国文学发展史》第二册尚未出书，陆先生看到的，只是大字本的杜甫章校样。对把杜甫强列于法家之列的谬误，能及时大胆地提出辩驳，这是颇具胆识的。第二，这篇文章不仅看得准，而且驳得有力，刘大杰先生本人很快就复信，同意陆先生的意见。②

8月

7日，陆侃如神志不太清楚，写了一首《八十自寿》（今存手稿）：

华灯灿烂已三更，倦拥罗衾梦半成。
不染一尘持晚节，俱灰厉念度余生……

自注：

右八十自寿作于83年11月26日。

20日，陆侃如又写了一首《八十自寿》（今存手稿）：

行年八十驹过隙，踏遍青山人未老……

---

① 参见《陆侃如和冯沅君》，第194页。

② 牟世金、龚克昌：《陆侃如传略》，《晋阳学刊》1983年第5期。编著者按：刘大杰的复信，当是看了此信在《文史哲》发表以后。

老骥伏枥志千里，烈士暮年心还壮，自强不息捷报传。

自注：

83 年 11 月作。

10 月 6 日，在台湾的苏雪林日记："将庐隐《海滨故人》看完……又看（叶灵凤）《女娲氏遗孽》、冯沅君《旅行》《慈母》二篇。沅君文笔当然远胜庐隐，不过与王品青恋爱如此深挚，一见陆侃如便幡然变心，致品青发狂而死，此事大出寻常情理之外。"①

12 月，陆侃如开始准备撰写《文心雕龙》全书译注。《陆侃如传略》说：本月，"山东人民出版社来函，要求出版《文心雕龙》全书译注。译注《文心》全书，正是陆先生生前一大愿望。接到来函，他非常高兴，马上转给他的助手，并附信说：'山东出版社来信，今转上，请予回信。关于冯先生的稿子，我已整理完毕，下月起我就开始搞《文心雕龙》，先搞《正纬》篇，请将这篇有关注解材料检齐送来。'可惜几天后就再度病重入院"。

本年，陆侃如著《乐府古辞考》，台北鼎文书局出版，收入《中国学术类编》。

1978 年　戊午　冯沅君诞辰 79 年　陆侃如 76 岁

1 月，阿英编校《红楼梦戏曲集》，由中华书局出版，收敷演《红楼梦》故事的清代戏曲 10 种。

3 月 18 日至 31 日，全国科学大会在北京召开，邓小平讲话强调科学技术在社会发展中的重要地位和作用，指出脑力劳动者是劳动者的一部分。

4 月 5 日，中共中央批准统战部、公安部关于全部摘掉右派分子帽子的请示报告。

5 月

11 日，《光明日报》发表特约评论员文章《实践是检验真理的唯一标准》。文章引发了全国性大讨论，为中共第十一届三中全会的召开准备了思想条件。

① 苏雪林著，张昌华选编：《苏雪林日记选》（1948～1996），第 240、241 页。

27日至6月5日，中国文联三届三次（扩大）会议在北京召开，宣布文联及作协等正式恢复工作，《文艺报》立即复刊。在此前后，“文化大革命”中被停刊的各种刊物陆续复刊。

6月12日，郭沫若去世。

9月17日，中共中央又批发《关于全部摘掉右派分子帽子决定的实施方案》，并指出对过去错划了的人要坚持有错必纠，做好改正工作。至本年11月，全国摘掉右派分子帽子的工作已全部完成。到1980年，对错划右派的改正工作也基本结束。改正者占原划“右派分子”百分之九十八以上。

本月，台湾成文出版有限公司出版《中国文学批评资料汇编》，收集散见于文集、史传、类书、随笔中的零星资料，依时代分为八编。各编又分为叙论和资料汇编两部分。

10月10日至11月4日，中共中央统战部分批召开落实知识分子政策座谈会，认为“团结、教育、改造”的方针已不适用。

11月14日，经中共中央政治局批准，中共北京市委宣布为1976年的“四五”运动平反。

12月

16日，中美两国政府同时发表联合公报，宣布自1979年1月1日起建立外交关系。

18日至22日，中共十一届三中全会在北京召开，会议批判了“两个凡是”的方针，决定停止使用“以阶级斗争为纲”“无产阶级专政下继续革命”等口号，决定自1979年起把全党工作重点转移到社会主义现代化建设上来，解决了1957年以来未能解决的工作重点转移问题。

本年

本年至1979年，上海古籍出版社出版校点本《唐诗别裁集》《宋诗别裁集》《元诗别裁集》《明诗别裁集》《清诗别裁集》。

吴宏一编《中国文学史参考资料》，由台北县文海出版社出版。

傅璇琮辑《古典文学研究资料汇编·黄庭坚和江西诗派卷》，由中华书局出版。

台南市僶勉出版社编辑出版《元曲六大家研究资料汇编》。

陆侃如开始整理冯沅君的遗稿，撰写《忆沅君——沉痛悼念冯沅君同志逝世四周年》，《刘勰和文心雕龙》出版。12月病逝。

5月，陆侃如在《文史哲》第5期发表《诗歌创作的金光大道》（《陆侃如冯沅君合集》未收）。

【剑锋补：

春夏间，卧病在床的陆侃如接连派小弟陆晋如与助手牟世金到刘光裕家来找他过去。时在省委宣传部工作的刘光裕得知后去看望了陆侃如。“一进他家门，就大声呼喊‘陆先生’。他听到我的呼喊，在病床上微微起身迎我。稍作寒暄后，就开门见山，要求我尽快从省委回山大来，说是与他合作搞‘隋唐文学系年’。我说自己没有搞过隋唐文学，不熟悉资料。他回说：资料有我，不成问题。我又说，省委不肯放我回学校。他回答说，他可以到北京去找方毅（当年负责文教的国务委员）帮助把我调回来。我听了他的话，感到高兴，又很心酸。为何高兴？先生已卧病不起，无论合作著书还是到北京找方毅帮助，显然都是不可能的。尽管如此，先生临走前还想到我这个后生小子，还要和我合作著书，老师的这份信任，这份情意，弥足珍贵，我不只非常感动，更从中获得走向学术的信心与勇气。可是，先生说这些话，说明头脑已不太清醒。所以，不能不感到心酸，感到心痛。我想，先生将不久于人世，一生叱咤风云的学界豪杰将离我而去，心头未免升起莫名的惆怅，更有挥之不去的悲伤。从先生家里出来，我心情十分沉重。这成为我们最后一次谈话，以后再也没有这样的机会了。”① 】

7 月，严灵峰编辑《书目类编》九十四，台湾成文出版社有限公司印行，其中收有陆侃如著《精简国学基本问答》（署名侃如），据 1960 年排印本影印。

8 月，陆侃如、牟世金著《刘勰和文心雕龙》，上海古籍出版社出版。此书为“中国古典文学基本知识丛书”之一。此“丛书”是向中等以上文化程度的读者介绍中国古典文学的基本知识。《刘勰和文心雕龙》内容包括：一、刘勰以前的文学理论；二、刘勰的生平和基本观点；三、刘勰的文体论和批评论；四、刘勰的创作论；五、刘勰的地位和影响。

10 月 1 日，陆侃如带病撰写《忆沅君——沉痛悼念冯沅君同志逝世四周年》。此文略述冯沅君的生平事迹和思想情况，1979 年 5 月刊于《新文学史料》第 3 辑。陆侃如患病后，除了撰写此文、亲手整理了冯沅君的诗集、写了《诗歌创作的金光大道》外，还写了《巨星的陨落》等文。

---

① 刘光裕：《回忆陆先生、冯先生》，《2021 山东省古典文学学会年会暨陆侃如、冯沅君学术研讨会学术论文集》上册，济南，山东省古典文学学会、山东大学文学院，2021 年 4 月，内部编印。

本月下旬，罗竹风到济南中心医院看望陆侃如。罗竹风是山东大学解放后的军代表，曾与陆侃如共事多年，后调到上海工作。10 月 21 日，山东大学在济南军区第二招待所举行全国文科理论讨论会，会期一周。罗竹风应邀参加了此会。

12 月

1 日，陆侃如于济南中心医院病逝。其骨灰由弟陆晋如带回老家海门安葬，详参本谱 1996 年 4 月 3 日条。

3 日，冯友兰收到山东大学中文系来信，知陆侃如 1 日病故，追悼会将于 8 日举行。

11 日，冯钟芸到冯友兰家，谈整理冯沅君遗著事。[①]

陆侃如、冯沅君墓

（赵朴初书。引自《冯沅君传》第 353 页）

陆侃如、冯沅君藏书章

（引自《陆侃如和冯沅君》第 163、164、165 页）

【剑锋补：

27 日，中共山东大学委员会通过《关于陆侃如问题的复审意见》，撤销 1973 年 3 月 31 日山东大学党委对陆侃如所作犯有“严重政治错误”的结论。

约在本月或稍晚，陆侃如遗物分与众人。牟世金遵其遗愿取用二百本藏书。床、大衣橱给了二楼的郑鹤声，书橱给了殷孟伦，搓衣板、洗脸盆给了隔壁的邻居。住房钥匙由陆晋如交还学校。[②]】

---

① 《冯友兰年谱》下册，第 765 页。

② 张文建先生电话告知李剑锋。牟世金去世后，其所承陆侃如藏书由山东省图书馆收藏。

本年

陆侃如、冯沅君著《中国文学史简史》，香港港青出版社出版。

香港李立明著《中国现代六百作家小传》，由香港波文书局1978年出版。其中写有冯沅君，认为："她引起了读者的注意和惊异。因为她的作品大胆无畏他写出了一般女性不敢写的女性恋爱心理，毫无隐饰地表露了出来。她挣脱一切旧礼教的无情束缚，揭开了虚伪的面孔，创作出一种特殊的文章风格，甚为当时青年男女所喜欢。"

九、余音遗绪、身后回响（1979～2021年）

人的生命由形体和精神两部分组成。形体无法超越时空，有时而尽，终为土灰；精神却能久远，长留人世。冯沅君、陆侃如逝世40多年了，但时间并没有隔离人们对他们的关注，人们没有忘怀他们，这是他们长久的生命。他们没有离开这个世界，他们的精神、风范久留人间，仍活在人们的心中。他们的爱国情怀一直在激励人们。他们淳朴的、奋进的天性，他们与人类道义相连着的心灵，一直在陶冶人们。他们突出的教学业绩和丰厚的著述还在时间的长河中持续流传，泽被后世，同人们交流。他们的悲惨遭遇，令人痛惜，让人叩问。这从下面以时间为序列举的他们逝世后的部分事实中，可见一斑。

1979年　己未　冯沅君诞辰80年　陆侃如诞辰77年

5月，《新文学史料》第三辑印行，刊有陆侃如《忆沅君——沉痛悼念冯沅君同志逝世四周年》（《陆侃如冯沅君合集》未收）、袁世硕《缅怀冯沅君师——写于汇编先生的论文集之后》。

10月，经山东省委批复，山东大学对陆侃如被错划为右派问题予以平反，撤销对他的所有处分，恢复其政治名誉。

> 在昆明的一次学术会议中，杨明照先生讲到陆侃如先生的一段海外趣闻：一九三五年，在巴黎大学的博士论文答辩会上，主考人向陆侃如提出一个奇怪的问题："'孔雀东南飞'，何不言西北？"陆应声而答："西北有高楼。"杨先生谓此问答，可入"新世说"。……非此五

字相答，不能成其妙。①

11月，林庚、冯沅君主编《中国历代诗歌选》（上编一、二，下编一、二），人民文学出版社出版。上编是第6次印刷，下编为第1版。

1980年 庚申 冯沅君诞辰81年 陆侃如诞辰78年

1月2日上午，苏雪林“收到六封信，其中有美国李绍昆信及附寄谭戒甫（武大旧同人）儿子谭黄信。信中告知，顾颉刚先生尚健在，现在北京中国社科院历史研究所任顾问，刘永济于20世纪60年代病逝于武大，游国恩任教北大，陆侃如任教山东大学，姜亮夫在杭州。知道武大一些老人近况，颇觉欣慰”②。

8月，袁世硕编《冯沅君古典文学论文集》，山东人民出版社第1版。此书分为四编：第一编是《古优解》及其续篇和《补正》，第二编是考证和评论古剧的十篇文章，第三编是评论文学史上戏剧方面以外的一些作家作品的十篇文章，第四编是《南宋词人小记》一组。书后有《编后赘语》（写于1979年6月9日），述及编辑缘起、冯沅君对编者的培养、冯沅君古典文学研究的成就、高尚的学德、严谨的学风等。

12月28日，在台湾的苏雪林日记：“李又宁来信，说大陆知识分子消息，顾颉刚尚在，但身体已不好，朱光潜今年八十三，仍勤于写作，冯沅君于一九七四年故去，陆侃如今春亦逝，沅君寿仅七十三岁，侃如比她更少，大概去世时不满八十。又知其夫妇均在辽宁东北大学教书，又闻冰心中风已半身不遂。将李又宁寄来自赵清阁编《无题集》中袁兰子所著《牛》万余字阅完。”③

本年

台湾陈敬之著《现代文学早期的女作家》，由台湾成文出版社有限公司出版。此书专列“淦女士”（冯沅君）为第三章，介绍其小说并给予相当高的评价。认为：

---

① 牟世金、龚克昌：《陆侃如传略》，《晋阳学刊》1983年第5期。

② 沈晖编著：《苏雪林年谱长编》，合肥，安徽文艺出版社，2017年，第251、252页。编著者按：关于陆侃如的情况，不确。陆侃如于1978年12月1日病逝。

③ 苏雪林著，张昌华选编：《苏雪林日记选》（1948～1996），第288页。编著者按：李又宁时在美国，不知道冯沅君逝世时73岁，系周岁。陆侃如1978年12月1日病故。冯、陆自1947年至逝世，一直在山东大学任教。又，《苏雪林年谱长编》第257页著录上述一事，个别文字不同，如云“朱光潜已八十二岁”。

她的小说所以受到男女青年读者的重视，是因为她有着比同时代的女作家更大的胆量。敢于挣脱一切旧礼教的束缚，也敢于揭开一切虚伪的面目，赤裸裸的把女性的心理和隐秘，于小说中为之和盘托出。

又指出：

对于旧文学深具根柢，故使其在新文学的成就上越易臻于充实而有光辉的境地，而他的作品才经得起时间和空间的考验，才能可传可诵和可大可久。

台湾尹雪曼在《五四时代的小说作家作品》（台湾成文出版社有限公司出版）中，肯定了冯沅君的小说，还附录了《隔绝》全文，指出：

在那个时期生长的青少年，虽然对爱情的自由十分向往，而且不惜以生命去换取。可是这种叛逆性格乃属外烁的，从这篇小说中可以很明白地看出来。因为故事中的女主角，对于母亲的爱仍旧相当的真挚。所以说，她的本质仍是中国的。

1981 年　辛酉　冯沅君诞辰 82 年　陆侃如诞辰 79 年

2 月，陆侃如、龚克昌选译《楚辞选译》，上海古籍出版社出版。此书是普及性读物“中国古典文学作品选读”丛书之一。此书分“前言”“屈原”“宋玉”三部分。“前言”初稿由陆侃如写于 1964 年 7 月，龚克昌 1979 年 7 月增改，主要介绍楚辞和屈原。“屈原”部分，选《九歌》、《离骚》全文和《天问》、《九章》的一部分。“宋玉”部分，选宋玉的《九辩》和作者未定的《招魂》的若干段落。同时，对每篇作品作了简要的说明、解释，并附以译文。译文尽量采用直译方法。

3 月

《文心雕龙译注》（上），陆侃如、牟世金译注，齐鲁书社出版。1962 年 9 月、1963 年 7 月，陆侃如、牟世金选译的《文心雕龙选译》，曾由山东人民出版社分上、下册出版，选译《文心雕龙》二十五篇。此后，陆侃如和牟世金、龚克昌合作全译《文心雕龙》。龚克昌回忆：“‘文革’前，他要我与牟世金同他合作搞《文心雕龙译注》，由他先给我们讲解，再让我翻译成白话，世金写解题，他负责注释，搞了几个月，完成了多篇，后因政治运动而停止。这工作他花费的力气是最大的。”①

吴长华在《文史哲》第4期发表《鲁迅与冯沅君》。

11月22日，孙瑞珍在《新文学史料》第4辑发表《和封建传统战斗的冯沅君》。

本年，全国《红楼梦》讨论会在济南召开，与会的山东大学校友，冯沅君、陆侃如的学生，来自台湾、长白山麓、繁华京都、边远地区，手捧鲜花、冬青，乘车一起到英雄山祭奠冯沅君、陆侃如。②

1982年　壬戌　冯沅君诞辰83年　陆侃如诞辰80年

1月5日，贺恒仁访问苏雪林，告知安徽大学原校长杨亮功想编安徽大学校史《学府纪闻》一书，嘱写文章。苏雪林“说任教安大仅一年，所知于安大的不多，殊难报命，若单写几个相识教授，如程憬、陆侃如、冯沅君、朱湘、饶孟侃、刘英士则尚易措手”③。

【剑锋补：

3月3日，相关人员从中共山东省委组织干部档案处抄录《山东大学副校长冯沅君教授简历》一份，今藏山东大学人事部档案室。】

4月，陆侃如、牟世金著《刘勰论创作》（修订本），安徽人民出版社第2版。

【剑锋补：

6月8日，山东大学校史编写组整理《冯沅君生平》一份，今藏山东大学人事部档案室。】

9月，《文心雕龙译注》（下），陆侃如、牟世金译注，齐鲁书社出版。

本年

冯沅君《中国文学史》，台北庄严出版社出版。

袁世硕、严蓉仙《冯沅君传略》，刊于《晋阳学刊》第2期。

---

① 龚克昌：《我研究汉赋的前前后后》。

② 参见马瑞芳：《唯愿身化光明烛》，《学海见闻录》，北京，中国文联出版公司，1988年，第25页。

③ 沈晖编著：《苏雪林年谱长编》，第263页。

1983年 癸亥 冯沅君诞辰84年 陆侃如诞辰81年

1月14日，陆侃如的弟弟陆晋如给牟世金写信。主要内容是回忆陆侃如的父亲陆措宜的事迹、冯沅君和陆侃如的简朴生活（今存此信手稿5页）。

3月

人民文学出版社重印陆侃如、冯沅君著《中国诗史》修订本。

陆侃如、冯沅君著《中国诗史》（修订本），重庆出版社出版。

袁世硕、严蓉仙编《冯沅君创作译文集》，山东人民出版社第1版。本书分四部分及附录：一、小说（包括《卷葹》《劫灰》《春痕》），二、杂俎，三、诗词（包括《四余诗稿》《四余词稿》《四余续稿》《拾遗》），四、译文，附录《冯沅君先生传略》。最后有袁世硕写的《编后记》，述编辑的缘起、汇编等问题。

6月

在广州的学术讨论会上，马宏山交给牟世金一张纸，上面写着：

> 献给陆侃如先生
> 以言教讼，以身教从；
> 得经师易，得人师难。
>
> 门人　马宏山
> 一九八三年六月于广州

马宏山是新疆的老干部，原任新疆师范学院副院长，因有志于研究《文心雕龙》，于1963年到山东大学，从陆侃如学习《文心雕龙》。[1]

冯沅君著《卷葹》，署名淦女士，人民文学出版社出版。

本年

陈宗敏在《华中师院学报》第3期发表《论冯沅君小说的思想倾向》，认为：

> 冯沅君的小说虽然为数不多，创作的时期也很短，但却以大胆勇敢反映五四初期广大青年争取恋爱和婚姻自由的斗争出名，她的作品真实展示了五四新女性的觉醒和反抗，歌颂了她们坚决、彻底的反封

① 牟世金:《嘉惠士林的陆侃如教授》,《山东大学校史资料》1988年第8期。今存马宏山手迹。

建精神和纯真热烈的爱情，在五四时期一些女作家中独具特色，得到鲁迅的重视和肯定。

杨明照、吴圣昔论文，赵仲邑、陆侃如解译《文心雕龙研究·解译》，台北木铎出版社出版。

牟世金、龚克昌撰《陆侃如传略》，刊于《晋阳学刊》第5期。此文引言后，分六部分：一、初露锋芒；二、陆、冯的结合；三、抗战十年；四、黄金时期；五、精心培养下一代；六、壮志犹存。[①]

1984年 甲子 冯沅君诞辰85年 陆侃如诞辰82年

3月，台湾刘绍唐主编《传记文学》第44卷第3期刊有关国撰《陆侃如（1903～1978）》，后收入刘绍唐主编《民国人物小传》。

4月4日，冯钟芸到冯友兰家谈为冯沅君著作出版事。[②]

5月，牟世金、龚克昌在《文史哲》第5期发表《著名的古典文学专家陆侃如》。

9月，李庆甲、汪涌豪在《复旦学报》（社会科学版）第5期发表《建国以来〈文心雕龙〉研究概述》，认为陆侃如、牟世金的《刘勰论创作》一书是“解放以后第一部用新观点、新方法剖析《文心雕龙》创作理论的专著”。他们的《文心雕龙选译》“在当时都曾产生过一定的影响”。

11月29日，傍晚冯钟芸到冯友兰家，受山东大学之托，请他撰文回忆冯沅君。[③]

本年

田仲济、孙昌熙主编《中国现代小说史》，山东文艺出版社出版。其中有两页多关于对冯沅君创作的小说的评价，认为：

> 最初的几篇都以男女青年的爱情为题材，塑造了一些向封建传统大胆挑战的新女性形象，为知识妇女继续争取“个性解放”和“人的尊严”的斗争留下了一幅幅生动的面影。

林庆彰在台湾《教育资料与图书馆学》第22卷第4期发表《当代伪

① 此文1982年12月初稿，1983年3月改定。
② 《冯友兰年谱长编》下册，第830页。
③ 《冯友兰年谱长编》下册，第837页。

书问题》[1]，说：陆侃如、冯沅君《中国诗史》，在台湾曾经略去作者，改名为《中国诗词发展史》，在台湾重印。

1985 年　乙丑　冯沅君诞辰 86 年　陆侃如诞辰 83 年

4 月 1 日，台北高明偕同成功大学施人豪、廖国栋到苏雪林寓所访问。“高明说他曾赴美国某处学术会议，遇见冯友兰亦来会，谈冯沅君、罗根泽逝世事。”[2]

【剑锋补：

中文系设立“陆侃如、冯沅君文学研究奖”，《山东大学报》9 月20 日发布消息。】

6 月

冯沅君遗著《李玉剧质疑》（明代文学讲稿之一，1964 年用），黄祖良整理，收入赵景深主编《中国古典小说戏曲论集》，上海古籍出版社出版。

陆侃如著《中古文学系年》（上、下册），人民文学出版社出版。此书的编辑是刘文忠。

【剑锋补：

九月，中共山东大学委员会下发山大字（85）166 号文件《关于陆侃如同志错划右派改正问题的复查意见》，重申山东省委（79）131 号文件批复意见。认为：陆侃如同志错划右派应予改正，撤销原定案结论和处分决定，恢复政治名誉。撤销 1979 年 6 月 25 日给省委的“请示报告”。】

11 月

冯友兰《沅君幼年轶事》刊于《文史哲》第 6 期。

张忠纲《冯沅君先生的古典文学研究——为纪念冯先生诞辰八十五周年而作》，刊于《文史哲》第 6 期。

1986 年　丙寅　冯沅君诞辰 87 年　陆侃如诞辰 84 年

3 月 13 日，台湾《新闻报》载：丁玲于本月四日逝世于北京，享年

---

① 后收入林庆彰：《图书文献学研究论集》，北京，文津出版社，1990 年。

② 《苏雪林日记》，转引自沈晖编著：《苏雪林年谱长编》，第 284 页。

八十二岁，昔日五大女作家已去其二（冯沅君女士于1974年6月17日去世）。[1]

本年

冯沅君遗作《明代文学专题讲稿》，黄祖良整理，刊于《许昌师专学报》第2、3、4期。

尚达翔《冯沅君先生年谱》刊于《河南师范大学学报》第4期。

杨义著《中国现代小说史》，人民文学出版社出版。其中评冯沅君的小说《春痕》说："《春痕》显示了冯沅君社会阅历的加深，也显示了冯沅君创作热情的萎缩。它在思想上不如《卷葹》急进，艺术上也过于琐屑、零碎。"而且作者"笔下的女性的青春火焰，似乎在《卷葹》中已经燃烧完了，这里留下的是接近中年、历尽坎坷的苦涩情绪"。"《春痕》艺术感染力的下降反映了冯沅君作为一个浪漫主义作家的热情，开始被一个严谨学者的理智所冲淡、所冷却。"

1987年 丁卯 冯沅君诞辰88年 陆侃如诞辰85年

1月，陆侃如著《陆侃如古典文学论文集》（全二册），上海古籍出版社第1版。本文集主要由龚克昌、牟世金编选。收辑了陆侃如"有关中国古代文学的论著七十二篇。其中绝大多数曾在国内报刊上发表过。文章以著作时间为经，按著作内容为纬编排"。

7月，淦女士（冯沅君）著《卷葹》，《新文学碑林》丛书之一，人民文学出版社版。

本年

冯沅君遗作《明代文学专题讲稿》（续），黄祖良整理，刊于《许昌师专学报》第2期。

淦女士（冯沅君）著《卷葹》封面，人民文学出版社1983年7月版。

牟世金、龚克昌《陆侃如传略》，载《中国现代社会科学家传略》第8辑，山西人民出版社出版。

---

① 参见沈晖编著:《苏雪林年谱长编》,第289页。

1988年　戊辰　冯沅君诞辰89年　陆侃如诞辰86年

3月，牟世金《嘉惠士林的陆侃如教授》，刊于《山东大学校史资料》第8期。此文分三部分：一、难得的“人师”；二、精心培育下一代；三、坚持不懈的创新精神。后收入樊丽明、刘培平主编《我心目中的山东大学》，山东大学出版社2005年9月第1版；又收入郑春、孔令顺编选《山东大学文学与新闻传播学院校庆110周年文集　记忆卷》，山东文艺出版社2011年10月第1版。

8月

6日，冯友兰收到陆侃如弟陆晋如信，“要求将沅君先生骨灰由山东移至江苏海门，与陆侃如骨灰一起建墓树碑”①。

12日，冯友兰复陆晋如信，说明“沅君先生骨灰已入山东革命公墓，不必再迁，但可在江苏与陆侃如合建一衣冠冢”②。

本年，冯沅君遗作《明代文学专题讲稿》（续），黄祖良整理，刊于《许昌师专学报》第3期。

1989年　己巳　冯沅君诞辰90年　陆侃如诞辰87年

冯沅君遗作《清代戏剧研究札记》，黄祖良整理，刊于《许昌师专学报》第2期。

女作家赵清阁主编的《无题集——现代中国女作家小说专集》（1947年10月由赵家璧在上海创办的晨光出版公司出版），易名为《皇家饭店》，由湖南文艺出版社出版，其中收有冯沅君的《倒下了这个巨人》③。

1990年　庚午　冯沅君诞辰91年　陆侃如诞辰88年

12月，张杰著《春风桃李忆吾师》，青岛海洋大学出版社出版发行。此书前有孙昌熙写的《化短暂为永久——序张杰〈春风桃李忆吾师〉》。书中收有张杰的《忆沅君师》（本文又刊于《山之魂海之韵：天南地北山大人》第2辑，山东大学出版社2005年出版）、陆文采的《忆我敬爱的老师——冯沅君》。孙昌熙在《序》中说：

---

① 《冯友兰年谱》下册，第918页。

② 《冯友兰年谱》下册，第918页。

③ 参见沈晖编著：《苏雪林年谱长编》，第89、319页。

冯沅君教授，其明清戏曲小说研究固早已名闻遐迩，而其孜孜不倦现、当代文学阅读，则欲通古今之变。

读冯沅君传，即欲师其：为学，博古通今；治学，精益求精，一丝不苟；教学，以育人为目的，严格贯彻培养计划，鞠躬尽瘁的爱人精神！

本年

冯友兰写有给女儿宗璞的寿联："鲁殿灵光，赖家有守护神，岂独文采传三世；文坛秀气，知手持生花笔，莫让新编代双城。"①

冯沅君遗作《中国古代戏剧专题研究》，黄祖良整理，刊于《艺术百家》第1、2、3期。

龚克昌著《汉赋研究》，山东文艺出版社出版，其中收有《我研究汉赋的前前后后》一文，此文写于1983年8月。文中有关于陆侃如业绩、思想等方面的叙写和回忆良师陆侃如对自己的指导和培养：

如果有人问我，你对陆先生印象最深的是什么？我会不加思索地回答，他是一位后学的良师。作为一个良师，须具备两条：一是要有广博精深的学问，二是对学生要有谆谆善诱的精神。这两条陆先生都很具备。

1991年　辛未　冯沅君诞辰92年　陆侃如诞辰89年

1月，赵清阁在《香港文学》第73期发表《隔海雪林贺寿星》，其中写道：

没有她（引者按：指苏雪林）和冰心、庐隐、冯沅君、凌叔华、袁昌英等先驱们的奋斗，便不会有后来妇女们的觉醒，也不可能争到妇女的解放、自由、平等；尤其利用文艺为武器而获胜，取得文坛一席之地，因此她们的贡献是可贵的，卓有成效的。②

---

① 《冯沅君传》，前言第5页。

② 《隔海雪林贺寿星》1990年10月写于上海；又载沈晖编：《苏雪林文集》第4卷，第411页。

6月10日，苏雪林致信赵清阁，其中写道：

> 冯沅君则是我北平女高师的同班同学，文笔优美，学术湛深，她丈夫是陆侃如，两人都是有名学者。①

10月，山东大学青岛校友会编《山东大学（青岛）人物志》，由青岛海洋大学出版社出版。其中收有庭民《山大的骄傲　女性的自豪——记冯沅君先生》、郭同文《永远难忘的三次讲课——纪念冯沅君先生》、赵光明《学而不厌　诲人不倦——记陆侃如先生》。

本年

冯光廉、刘增人主编的《中国新文学发展史》，人民文学出版社出版，书中有独立的一小节"冯沅君的《卷葹》"，一千多字。此节在介绍了《隔绝》《隔绝之后》后，认为：她们"以生命的代价，对封建礼教发出了最强烈的抗议……并且将'慈爱'和'残酷'结合于'母亲'形象一身"，"在揭示旧传统的这种普遍性、顽固性方面，超越了当时一般情爱小说"。又在介绍了《旅行》中的女主人公和情节后指出：

> 这个形象，与冰心、庐隐笔下的女性不同，完全没有那种感伤的因素，而鲜明地体现了"五四"青年生气勃勃的青春活力，追求自由解放的无畏精神……小说的心理描写尤为深刻、精确、细致，在突出女主人公热烈泼辣的叛逆性格的同时，也写出了少女的羞涩温柔，对母亲的依恋。在情爱与母爱、热烈和羞涩的矛盾和演进中，构成了其较为丰富的性格。

陆侃如、牟世金著《刘勰和文心雕龙》，台北万卷楼初版。

陆侃如、牟世金著《刘勰和文心雕龙》，台北国文天地杂志社初版。

1992年　壬申　冯沅君诞辰93年　陆侃如诞辰90年

12月，牛志安、李政放编著《作家的世界》，由时代文艺出版社出版。其中收有《学者伉俪（之一）——冯沅君和陆侃如》。

---

① 沈晖编著:《苏雪林年谱长编》,第333页。

1993年　癸酉　冯沅君诞辰94年　陆侃如诞辰91年

【剑锋补：

张忠纲《同耀并辉的学者伉俪——记冯沅君与陆侃如先生》，载《山东画报》第12期；后收入山东画报增刊《百年山大》专刊，2001年10月版。】

1994年　甲戌　冯沅君诞辰95年　陆侃如诞辰92年

【剑锋补：

8月26日，山谷、菩提子合撰《永难忘却的怀念——冯沅君先生二十周年祭》，载《山东大学报》1994年8月26日。后收入樊丽明、刘培平主编《我心目中的山东大学》，山东大学出版社2005年版。】

10月25日，苏雪林为自己的著作《诗经杂俎》写“序”，其中写道：

> 此书对《诗经》也有若干新发现，可补时下流行颇广诗学之缺失，譬如陆侃如夫妇所著《诗史》，坚主二南为楚风，即如胡适之大师亦为所惑，以二南中有江汉、长江诸语，谓周民族虽在长江流域分封子姓，未几时那些国家即尽为楚国所灭，所谓“江汉诸姬，楚实尽之”即是，故二南应为楚风。陆侃如贯为早计，如陈国后为楚灭，他即把陈风当作楚风即其一例。而不悟《召南》中有《甘棠》一首，称美召伯虎，楚国有召伯吗？《何彼秾矣》有“平王之孙，齐侯之子”，明明是周平王以孙女降齐襄公之事，史有明文，楚国有这件大事吗？此种文字明明摆在目前，他们却睁着眼睛看不见，居然乱说，实为可怪。①

本年，陈其相《忆冯沅君师》，载《青年思想家》第1期。后收入《我亲爱的新山大》，2010年9月山东大学出版社第1版。

1995年　乙亥　冯沅君诞辰96年　陆侃如诞辰93年

《文心雕龙译注》，梁刘勰著，陆侃如、牟世金译注，齐鲁书社出版发行第1版。此书译注《文心雕龙》全书五十篇。书前有“引论”。

---

① 沈晖编著：《苏雪林年谱长编》，第353页。

5月，黄修己著《中国新文学史编纂史》，北京大学出版社出版。其中评陆侃如、冯沅君著《中国文学史简编》说：

> 最后一讲"文学与革命"是记述"五四"后新文学的发展的。文中谈到中国的无产阶级文学运动与苏联文学的关系，可能是比较早涉及这个问题的。书中介绍了无产阶级文学运动的基本理论，一是马克思、恩格斯的历史唯物论，一是"科学的美学"，如普列汉诺夫、波格丹诺夫、弗理契等的艺术论。

9月，阎纯德主编《二十世纪中国著名女作家传》，由中国文联出版公司出版，其中收有孙瑞珍撰写的《冯沅君》。

1996年　丙子　冯沅君诞辰97年　陆侃如诞辰94年

3月，山东大学出版社出版陆侃如、冯沅君著《中国诗史》（修订本）。

4月3日，"江苏省海门市三阳镇为陆侃如和冯沅君举行骨灰安放仪式。墓地的左边是陆侃如父母的坟墓，墓碑上题写着'陆措宜先生、夫人之墓'几个大字，那是陈毅的亲笔。这几个字是陆侃如六十年代到北京开会时，请陈毅元帅题写的。右边是陆侃如夫妇的坟墓，墓碑上题写着'陆侃如先生、冯沅君女士之墓'几个字，是由江苏省委统战部请赵朴初先生书写的。两块墓碑的下端分别有四人的相片"。此前，"九十年代中叶，由江苏省委统战部牵头，海门市委、市政府、市政协协助办理，三阳镇政府出资，为陆家修建了墓地。陆侃如的弟弟陆晋如，来济南取走了他哥嫂的骨灰盒，带回了海门"。[①] 又，许志杰记载：陆侃如父母和陆侃如、冯沅君之墓是用白色大理石砌成的。"墓碑的另一面用豆红色的大理石刻着陆措宜、陆侃如、冯沅君三位先生的生平简介。"[②]

本月，黄修己著《中国现代文学发展史》（修订本），由中国青年出版社出版。认为冯沅君的小说，"写的爱情，其特色是大胆、真挚、热烈"，"表现了主人公争取自由恋爱的勇敢行为"，"始终贯穿着反对封建礼教，争取人格独立的炽热感情"。[③]

5月，山东大学中文系1959级学生杨慧文与团结出版社的张阳到北

① 《冯沅君传》，第354页。

② 许志杰：《山大故事》，济南，山东大学出版社，2013年，第98页。

③ 以上有关对冯沅君小说的评价，部分资料引自《冯沅君传》，第92～97页。

京任继愈家，拜谒任继愈79岁高龄的夫人，即冯沅君的侄女冯钟芸。他们受冯钟芸的委托，返回济南后，即前往英雄山烈士陵墓，租焚纸炉，燃香三炷，祭拜冯沅君、陆侃如两位先生。

6月，王运熙著《乐府诗述论》，由上海古籍出版社出版。书中“汉魏六朝乐府诗研究书目提要”介绍陆侃如《乐府古辞考》，说：“其考订方法是于每曲调名目下，先罗列前人之说，最后加按语，眉目颇为清晰。每类歌辞考订讫，附以总表，注明各曲调存佚情况，亦便于检阅。”“此书写作时间较早（序例写于民国十四年），系近人专治乐府著作之前驱者。”

10月1日，山东大学1956级学生、陆侃如的“小老乡”黄元，从崇明县到海门市三阳镇六三村，在海门市政协文史资料委员会主任顾华平、原海门市政协副主席顾培德陪同下，瞻仰了陆侃如、冯沅君合葬墓。得知，海门市准备筹资择地建造“陆侃如冯沅君史料陈列馆”①。

11月，《文心雕龙译注》，梁刘勰著，陆侃如、牟世金译注，齐鲁书社出版发行第1版，第2次印刷。

1997年 丁丑 冯沅君诞辰98年 陆侃如诞辰95年

国务院学位委员会办公室编《中国社会科学家自述》，由上海教育出版社出版。其中第583～584页是《陆侃如》（龚克昌整理，《陆侃如冯沅君合集》未收）。此文前有陆侃如照片、简介。正文写道：

> 要从历史角度来看待我的早年成名……当时搞古代文学的人很少，写点东西就容易引起人们的注意，也即较易出名，这是其一。其二，我那时的论著大多都是资料性的、考据性的，且观点多有偏颇。
>
> …………
>
> 我为什么要研究中国古代文学呢？过去批判胡适时，说我是胡适信徒，说我受胡适“整理国故”影响，企图引导青年脱离现实斗争等等，这是不符合事实的。对此，我1927年写的《〈古代诗史〉自序》说得很清楚……可以看出，我搞中国古代文学的动机确是出于对中国古代文学研究界的现状不满。当时年轻气盛，自不量力，想为改变现象尽一己之力。我当时的确很尊敬胡适。他是大名人，但我绝不盲从……我并不是一个没有主见的人，对于人生道路的选择，我更不会随人乱转。

① 黄元：《绵绵思念无尽头——在冯沅君陆侃如先生塑像揭幕仪式上的讲话》，《山东大学报》2010年10月27日。

1998年　戊寅　冯沅君诞辰99年　陆侃如诞辰96年

1月，金性尧著《当代学术文史丛谈——盏录》，由山西古籍出版社出版，其中第306～308页是《读陆侃如致刘大杰书》。

7月，陆侃如著《中古文学系年》，人民文学出版社重印。

本年，为纪念北京大学百年校庆出版的，由费振刚、温儒敏主编的《百年学术·北京大学中文系名家文存下卷》（北京大学出版社、江西教育出版社出版）中，用15页介绍了冯沅君，还节选了她的代表作《古优解》；由北京大学传统文化研究中心编纂的《北京大学百年国学文粹·文学卷》，选了冯沅君的《〈南戏拾遗〉导言》，全文三万多字。

1999年　己卯　冯沅君诞辰100年　陆侃如诞辰97年

1月

作为20世纪经典学术史之一，陆侃如、冯沅君著《中国诗史》由百花文艺出版社出版。

复旦大学出版社出版《中国学术名著提要·文学卷》，主编陈正宏、章培恒。其中由陈正宏撰陆侃如、冯沅君著《中国诗史》一书，说："本书既富有实证气息，便于研究者复考核实，又不失美学的兴味与对社会文化状况的宏观概括，使读者易于入门。"①

4月，清明时节，山东大学中文系1959级学生杨慧文与二同道前往英雄山烈士陵墓，租焚纸炉，燃香三炷，祭拜冯沅君、陆侃如两位先生。

5月1日《文汇读书报》载章文虎《冰消雪融回归自然——哀苏雪林先生》，文中述及苏梅（苏雪林）在北京女子高等师范学校学习时的片段：

> 苏梅正致力于韩柳体和桐城派古文的研究，也成天钻图书馆。苏梅戏称自己是"桐城遗孽"，而呼唤冯淑兰是"选学谬种"。几十年后，苏先生在给友人的信件中，提到同窗冯沅君时还说："所读的线装书比我多，国文修养之深，全班第一。"

7月，金人、刘燕远编《学海趣谭——传统文化中的旧学新知》，由群众出版社出版，其中第332～334页收王政撰《陆侃如、冯沅君的文学

---

① 陈正宏、章培恒主编：《中国学术名著提要·文学卷》，上海，复旦大学出版社，1999年，第826页。

研究》。

本年，（战国）屈原著，陆侃如、龚克昌等今译，宋成林、唐勇等画《国画离骚·国画天问》，由湖南人民出版社出版。

2000年 庚辰 冯沅君诞辰101年 陆侃如诞辰98年

3月，《学林往事》上册，由朝华出版社出版，其中收有周勋初《胡小石先生与中国文学史研究》一文，指出："冯陆两氏之书，恪守'一代有一代之所胜'的原则，所著《中国诗史》，甚至把宋代以后的诗，元代以后的词，明代以后的曲，全部摒诸诗史之外。立论虽有偏颇，但冯氏出于胡小石的门下，陆氏出于王国维的门下。"学术渊源可追溯至胡小石和王国维。

2001年 辛巳 冯沅君诞辰102年 陆侃如诞辰99年

4月23日、24日，吕家乡在《齐鲁晚报》发表《大学者冯沅君的几件小事》（上、下）。

本月，赵淮青在《炎黄春秋》第4期发表《当代著名女学者冯沅君》。

9月，《百年山大群星璀璨》编委会编、山东大学出版社出版《百年山大群星璀璨》，其中收有尚达翔《学林仰重的古典文学女专家冯沅君》、牟世金《富于创新精神的古典文学专家陆侃如》。

9月，北京大学出版社出版张少康、汪春泓等著《文心雕龙研究史》，其中第三章认为，陆侃如、牟世金的《文心雕龙选译》其长处是："充分尊重原文，力戒随意发挥。""能够处理好译文与注释的关系，使注释成为译文的补充和说明，体例较为严谨。""译注简明扼要。"同时也指出，有一些译注不确切、未及刘勰接受道家思想等问题。①

10月，山东大学百年诞辰，山东大学举行"新世纪古典文学研究暨纪念冯、陆、高、萧国际研讨会"。参加研讨会的约70人。提交有关冯、陆论文的有张可礼《陆侃如冯沅君先生〈中国诗史〉的主要贡献》、严蓉仙《名教授名作家的冯沅君》、杨慧文《如同"卷葹"的冯沅君先生》、黄秉泽《冯沅君师戏曲研究的贡献》、庄克华《一个永不止步的探索者——冯沅君师在古代俗文学研究中的主要成就》、徐振贵《重新拜读冯沅君先生〈古优解〉的启示》、田汉云《一部贯通文学史与学术史的力作——读陆侃如先生〈中古文学系年〉》等。晚上，学校举行的文艺会演，演出的

① 参见张少康、汪春泓等：《文心雕龙研究史》，北京，北京大学出版社，2001年，第199、200页。

节目中有《最后一课》，此节目是以冯沅君住院病重高烧时讲课为题材编写的。学生们表演的朴实入情和中央电视台主持人白岩松朗诵的真情，使观众热泪盈眶。晚会由山东卫视直播。

2002年　壬午　冯沅君诞辰103年　陆侃如诞辰100年

1月

陆侃如、冯沅君著《中国诗史》(修订本)，百花文艺出版社重印。

《文史哲》第1期“20世纪学术名著”载《陆侃如、冯沅君先生的〈中国诗史〉》，张可礼文，全成摄影。

3月，张可礼在《文史哲》第2期发表《陆侃如冯沅君先生〈中国诗史〉的主要贡献》。

8月7日，王师在《旧书信息报》发表《淘旧书　忆故师》。按：“忆故师”指忆陆侃如。

2003年　癸未　冯沅君诞辰104年　陆侃如诞辰101年

1月，董乃斌、陈伯海、刘扬忠主编三卷本《中国文学史学史》，由河北人民出版社出版。第二卷第71～73页，述评陆侃如、冯沅君1932年出版的《中国文学史简编》，认为此书基本上确立了文学史叙述模式的基本形态，“出版后大获好评”。最后的“第二十讲”目标指向五四新文学，“文学史的‘预见性’在这最后又一次显示出来”。第三卷第32～36页用5页的篇幅论述了陆侃如、冯沅君的《中国诗史》。认为此书“更具现代形态，而材料基础也更扎实”。书中“大胆而新颖的诗史序列，实源于近代以来‘一代有一代之胜’的观点”。“在论述和解释一些重要文学现象时，则杂采了当时已涌入中国的外国理论和西方汉学研究成果”，“《中国诗史》的诸种优点标志着诗史撰著的模式和结构此时已然成熟了”。

8月，龚克昌在《文史知识》第8期发表《我心目中的陆侃如先生》。

9月，张可礼《陆侃如先生论著译著年表初编》，刊于《人文述林》第6辑，山东大学文学与新闻传播学院、山东大学文艺美学中心编，山东大学出版社出版。

11月，郭丽著《瞬间与永恒》，山东文艺出版社出版，其中收有《冯沅君、陆侃如青岛生活11年》。此文概述了冯沅君、陆侃如的生平和业绩。

本年，徐雁平著《胡适与整理国故考论》，由安徽教育出版社出版。书中第四章第四节是“胡适和陆侃如：从《中国诗史》谈起”。此节最后写道："陆侃如自称是将胡适的'考据癖'和'历史癖'引入《中国诗史》，陆侃如受其影响是很明显的，胡适不少考证的结论也被《诗史》引用，如王梵志诗即是（可见上表），但陆侃如对他的一些结论有修订处或者完全不同的。如胡适很武断地认为：'《天问》文理不通，见解卑陋，全无文学价值，我们可断定此篇为后人杂凑起来的。'陆侃如在《屈原》（1923 年版）中，对此观点早有反驳，在《诗史》中仍坚持自己的看法，而且证明是屈原所作。又胡适认为屈原是一个在传说中形成的复合物，是一个'箭垛式'的人物，《诗史》并未循此路前进，而是在'楚辞时代'给屈原以足够的篇幅。"

2004 年　甲申　冯沅君诞辰 105 年　陆侃如诞辰 102 年

2 月，郭可慈、郭谦编著《现代作家亲缘录：震撼百年文坛的夫妇作家》，德宏民族出版社出版。下册有《红楼邂逅白首同心（冯沅君、陆侃如）》。

2005 年　乙酉　冯沅君诞辰 106 年　陆侃如诞辰 103 年

2 月 22 日，李剑锋在《山东大学报》发表《邂逅冯沅君》。

6 月，《中国名人故居游学馆　海誓山盟　青岛卷》，中国画报社出版。其中第十四章是"神仙眷侣　名重学林——冯沅君陆侃如故居"。韩千钧撰文。

7 月 18 日～21 日，楚辞国际学术研讨会暨中国屈原学会第十一次年会在包头举行。会上，山东大学王洲明教授作题为《陆侃如先生的楚辞研究》的发言，充分肯定了陆侃如在楚辞研究方面取得的成就。

10 月

严家炎、袁进在《北京大学学报》第 5 期发表《现代性：二十世纪中国文学的显著特征》，其中写道：

> 以女性作家为例，几千年中国文学史上只出现过蔡琰、李清照等屈指可数的几位，而"五四"以后短短十年内，竟涌现出了陈衡哲、冰心、庐隐、淦女士、苏雪林、凌叔华、石评梅、白薇、丁玲、陆晶清、谢冰莹、袁昌英、林徽因、冯铿等一大群。

张可礼《〈陆侃如先生论著译著年表初编〉补编》，刊于《人文述林》第 8 辑，山东大学文学与新闻传播学院、山东大学文艺美学中心编，山东大学出版社出版。

本年

《藏书家》第10辑，由齐鲁书社出版。其中收有翁长松撰写的《〈中国文学史简编〉和陆侃如夫妇》。

青岛市政协文史资料委员会编《青岛市文史资料》(13) 印行，其中收有郭同文《一代古典文学宗师陆侃如》。此文有三部分：一、蜚声20世纪20年代学林的青年文学史家；二、以著述献中华；三、心血化清泉浇灌满园桃李。本文又刊于《山之魂海之韵：天南地北山大人》第3辑，山东大学出版社2008年出版。

2006年　丙戌　冯沅君诞辰107年　陆侃如诞辰104年

3月7日，《山东大学报》"山大故人"栏目发表《冯沅君》一文。此文根据孙瑞珍、杨曦舒、赵淮青的文章整理而成，重点介绍了冯沅君最后近30年在山东大学的业绩和高风亮节的精神。

12月，邹宗良《风范长留天地间——记冯沅君》，载栾开政等编著《山东当代文化丛书》之《山东的第一所大学》，山东人民出版社出版。

本年

王青、曾娅先在《西南民族大学学报》第10期，发表《纫草结蕙　拔心不死——论冯沅君的〈卷葹〉》。此文认为：

> 正是由于冯沅君的小说写出了五四时期年轻人的矛盾心理，才使她的小说更真实地表现了五四时期一代青年的反叛与执着、矛盾与困惑，不仅在当时能引起一代青年的共鸣，而且在现在仍能保持其文学与理论价值。

刘德龙、袁红英、崔凤祥著《山东当代著名学者》出版，其中第11～15页写陆侃如。

王洲明著《诗赋论稿》，由山东大学出版社出版，其中收有《评陆侃如先生的楚辞研究》一文。

朱守良主编《皖江近现代高等教育人物研究》，由合肥工业大学出版，其中第101～106页载《冯沅君、陆侃如红楼邂逅白首同心》。

2007年　丁亥　冯沅君诞辰108年　陆侃如诞辰105年

5月，陆侃如、冯沅君著《中国文学史二十讲》，由山东画报出版社出第1版。此书是吴兵根据陆侃如、冯沅君20世纪30年代出版的《中国文学史简编》编辑的，“为使读者一目了然”，便将《中国文学史简编》中的目录中的二十讲作了书名。文字保持了原貌，增配了十九幅插图。

8月，许敬先著《情结》，由中国社会出版社出版，其中收有《我接触陆侃如先生的亲身感受——在青岛市政协举行的陆侃如先生诞辰100周年座谈会上的发言》。

本年

陆侃如、冯沅君著《中国诗史》（修订本），百花文艺出版社重印。

戴锡琦、钟兴永主编《屈原学集成》，由中央编译社出版，其中第681页收陆侃如释楚辞，第553～557页载王洲明撰写的《陆侃如屈原学研究综述》。

2008年　戊子　冯沅君诞辰109年　陆侃如诞辰106年

1月，任晓东著，和寂堂诗稿《晴耕雨读集》出版，其中第104页写：

陆侃如、冯沅君

因游《诗史》慕天师，颠沛流离笔未迟。
魂痛疯年书泪卷，心吞恶梦忍唇讥。
惊文过顶双峰羡，念语齐天万岭啼。
晚恨难筹后继款，心思渺渺各东西。

4月2日，石家麟在《山东大学报》发表《润物细无声》，其中述及1956年陆侃如对新生进行“入学教育”和1957学年第2学期冯沅君讲授元曲的情况。

10月，刘增人、王焕良主编《青岛高等教育史》（现代卷），由人民出版社出版，此书在第235页概述了冯沅君在教学中，注重培养学生的治学方法、严谨的治学态度和治学能力。

12月

吕章申主编《中国近代留法学者传》，由紫禁城出版社出版，其中第252～255页写陆侃如、冯沅君。

刘梦芙编著《二十世纪中华词选》，由黄山书社出版，书中第1692～1694页选冯沅君词10首：《如梦令》《生查子》《点绛唇·翠湖（二首录一）》《浣溪沙·骑岭晚春》《采桑子·山行》《减兰·纪梦》《菩萨蛮·江干步月》《鹧鸪天·依小山》《踏莎行·中秋夜闻歌》《蝶恋花·甲申之日》。【集评】刘梦芙《冷翠轩词话》：冯沅君“词多为小令，不假雕镌，明澈如清溪，圆转如短笛。虽未能与碧城、还轩、子苾诸家抗衡，亦可自成一格”。

本年

作为20世纪经典学术史之一，陆侃如、冯沅君著《中国诗史》由百花文艺出版社再版。

杨铸在《中国现代文学研究丛刊》第1期发表《冯沅君〈春痕〉的初版时间》。此文认定《春痕》出版的时间是1928年10月。认为：“《春痕》保持了新时代女性追求自由爱情的题材，也保持了女性的主观叙事角度和女性作家特有的细腻叙述风格，但少了些锋芒而多了些沉稳。”

2009年　己丑　冯沅君诞辰110年　陆侃如诞辰107年

5月，陈平原、王风编《追忆王国维》（增订版），生活·读书·新知三联书店第1版，其中收有陆侃如《关于王静安的死》。

6月，黄秉泽《冯沅君师古代戏曲研究的贡献》，收入黄秉泽著《中国古代文学论丛》，中国国际广播出版社第1版。

7月，夏晓虹、吴令华编《清华同学与学术传薪》，由生活·读书·新知三联书店出版，其中收有牟世金、龚克昌撰写的《陆侃如传略》。

9月，高夙胜《九三学社前辈冯沅君》，收入《风雨同舟六十年·九三学社卷》，济南市政协文史资料委员会、中共济南市委统战部、九三学社济南市委员会编，济南出版社第1版。

11月，高尚榘、杨秀娟主编《山东文献家》，中国书籍出版社出版，其中收有朱倩撰写的《冯沅君》《陆侃如》。

本年

山东大学出版社再版陆侃如、冯沅君著《中国诗史》（修订本）。

赵淮青《忆念冯沅君先生》，收入其著《山水人物》，新华出版社2009年版。

林峥《女高师的新教育与“新女性”的塑造》，刊于《云梦学刊》第5期，其中有关于冯沅君等编演话剧《孔雀东南飞》等的述评。

李剑锋辑录《陆侃如馆务日记十七则》，刊于《新文学史料》第4期。

2010年　庚寅　冯沅君诞辰111年　陆侃如诞辰108年

1月，王友胜等著《民国间古代文学研究名著导读》，由岳麓书社出版。其中第六章第211～219页收《陆侃如、冯沅君〈中国诗史〉导读》。

10月

17日上午，冯沅君、陆侃如塑像揭幕仪式在山东大学中心校区文史楼北桂花园举行。塑像由中文系1956级校友捐赠。参加揭幕仪式的有山东大学领导、中文系1956级同学、中文系师生、江苏省海门市政协副主席郁斌等50多人。1956级校友、财政部原部长项怀诚，校党委书记朱正昌为塑像揭幕，校长徐显明出席仪式并讲话（今存讲话稿）（《山东大学报》2010年10月20日）。在揭幕仪式上讲话的还有1956级校友田士琪、黄元。

27日，黄元在《山东大学报》发表《绵绵思念无尽头——在冯沅君陆侃如先生塑像揭幕仪式上的讲话》。

本年

沈智著《性别·社会·人生》，由上海三联书店出版，其中收有《冯沅君、陆侃如伉俪的半张便笺》一文。

在台湾95岁高龄的苏雪林致信作家赵清阁询问冯沅君在“文化大革命”中的遭遇和晚年生活（许志杰：《陆侃如和冯沅君》第92页）。

张春泉在《当代修辞学》第6期发表《〈文心雕龙〉中的感叹类问句——以周振甫、范文澜、陆侃如、牟世金等的解读为例》。

2011年 辛卯 冯沅君诞辰112年 陆侃如诞辰109年

1月，杨华丽在《文史哲》第1期发表《冯沅君〈淘沙〉及其相关问题分析》，认为“《淘沙》一文在解读冯沅君与古典文学研究以及她的文学创作与创造社、书信体的关系方面，都具有非常重要的价值”。

5月23日，程俊英在《成都日报》发表《小脚教授冯沅君：为解除婚姻六年不归家》。

7月，陆侃如、牟世金著《刘勰和文心雕龙》，上海古籍出版社第1版。

8月，陆侃如、冯沅君著译，袁世硕、张可礼主编《陆侃如冯沅君合集》，安徽教育出版社第1版。全书共15卷：第1卷《中国诗史》（上），第2卷《中国诗史》（下），第3卷《中国文学史简编》、《中国文学史简编》（修订本）、《中国古典文学简史》，第4卷《南戏拾遗》《古优解》，第5卷《诗经》《楚辞》及乐府研究集（上），第6卷《诗经》《楚辞》及乐府研究集（下），第7卷《陆侃如古典文论研究集》，第8卷《陆侃如散论集》，第10卷《中古文学系年》（上），第11卷《中古文学系年》（下），第12卷《冯沅君早年文史论集》，第13卷《古剧说汇》，第14卷《冯沅君古典文学研究论文集》，第15卷《冯沅君创作译文集》。书前有袁世硕、张可礼写的“前言”，主要内容是陆侃如、冯沅君的“传略及学术贡献”。书后有张可礼、严蓉仙编《陆侃如、冯沅君论著创作译著年表》。

9月，《文史哲》第5期出版，刊有袁世硕《文学史学大师冯沅君先生》、张可礼《史料、史识和美学的融通：陆侃如先生的中国古代文学史著》。

10月，郑春、孔令顺编选《山东大学文学与新闻传播学院　校庆110周年纪念文集　记忆卷》，由山东文艺出版社出版，其中收有张金龙《三十功名》，赵淮青《忆念冯沅君先生》，李剑锋《邂逅冯沅君二则》，杨慧文《那时的母校和我们》，黄炽《母校青春常在》，牟世金《嘉惠士林的陆侃如教授》，石家麟《润物细无声》，马瑞芳、邹宗良《西北有高楼》，刘淦《记忆中的陆侃如先生》。

11月18日，山东大学中文系1956级学生项怀诚、黄元和项怀诚的夫人郭沔（山东大学中文系1957级学生）专程到江苏省海门市三阳镇普兴村祭扫陆侃如、冯沅君墓。项怀诚在墓前简要地回顾了陆、冯两位恩师对自己的教导。①

2012年　壬辰　冯沅君诞辰113年　陆侃如诞辰110年

8月

1日，马庆洲在《中华读书报》第15版发表《清华学人与山东大学古典文学学科》，其中第二部分以“陆侃如与中古文学研究”为题，简述了陆侃如在中古文学研究方面取得的业绩，指出其“治学方法的重要特点之一，就是从朴学入手”，同时还列举了他培养的一直在山东大学工作的学术传人牟世金、龚克昌、张可礼做出的成绩。

31日，陈祖美在《文汇读书周报》发表《捧览〈陆侃如冯沅君合集〉札记》。陈祖美是山东大学中文及1958级学生，毕业后考取了陆侃如的研究生。此文除了简介《陆侃如冯沅君合集》外，主要回忆了自己亲炙陆侃如、冯沅君两位先生教诲的具体情景。

2013年　癸巳　冯沅君诞辰114年　陆侃如诞辰111年

2月27日，龚克昌在《山东大学报》发表《陆侃如教授治学中的二、三事》。

---

① 参见黄元:《恩师墓前三鞠躬》,《山东大学报》2011年11月30日。

9 月

许志杰著《山大故事》，山东大学出版社第 1 版。其中“魂归故里”，写著者 2009 年 12 月到陆侃如的故乡海门三阳镇拜祭陆侃如冯沅君墓。《魂去归来兮》写陆侃如的助手牟世金“得到了陆侃如先生的一批赠书，而且一直珍藏”，后来这批赠书包括牟世金自己的藏书，捐赠给山东省图书馆。

倪墨炎著《现代文学随拾》，上海书店第 1 版。书中收有关于冯沅君的两篇文章：《从淦女士到沅君》（作于 1982 年 5 月）、《淦女士的〈沅君卅前选集〉》（作于 1985 年 9 月 23 日）。

11 月

郭英德在《文史哲》第 6 期发表《朴学、史学与美学的连珠璧合——〈陆侃如冯沅君合集〉读后》。此文说：

> 说我是“读着陆先生、冯先生的书长大的”，这话一点儿不假。
>
> 我的学术研究领域主要是中国古代戏曲小说，所以冯先生的大著对我的影响更为显著，甚至对我的学术研究产生过直接的滋养。比如，冯先生发表于 1948 年的大作《唐传奇作家身分的估计》（《陆侃如冯沅君合集》第十四卷），统计和分析了 60 种唐代传奇与杂俎的作者的身份，考察了传奇与唐代科举所造成的新社会阶层的关系，进而深入探讨这个新社会阶层的生活情趣和思想状况，揭示了唐传奇兴盛的社会原因，论述了传奇的特点与这个新社会阶层的内在联系……三十年前，当我修读硕士研究生的时候，就曾“模仿”这篇文章的思路和结构，撰写了《元杂剧作家身分初探》（《晋阳学刊》1985 年第 4 期）一文。

指出：

> 在现代学术思想的影响下，陆先生和冯先生自觉地提倡以“历史的眼光”研究文学现象，在文学史研究中表现出独特的历史观念和宏阔的历史视角。陆先生和冯先生往往以过人的审美眼光和鉴赏力，去透视、发掘、阐释中国古代作家的人格风貌和作品的艺术魅力。朴学、史学与美学的珠联璧合，正是陆先生和冯先生一生学术著述的鲜明特色。
>
> 而且，陆先生和冯先生这种朴学、史学与美学珠联璧合的学术研

究特色，并没有简单地停留在操作方法的层面，而是自觉地上升到方法论的层面。

李越主编《学人、学术与教育》，清华大学出版社第1版，其中有马庆洲《同声相应，同气相求——清华学人与山东大学古典文学学科传统》。此文第二部分论述“陆侃如与中古文学研究”。此文最后指出：“高亨、陆侃如、萧涤非几位清华学人会集山大中文系，将清华的朴实学风融入山大这所植根齐鲁大地、质朴厚重的大学，并且发扬光大，深深地影响了整个学科的发展。”

2014年　甲午　冯沅君诞辰115年　陆侃如诞辰112年

7月，法国马伯乐著，伭晓笛、盛丰等译《马伯乐汉学论著选译》，中华书局第1版，其中收有冯沅君译《书经中的神话》。冯沅君译《书经中的神话》，1939年8月国立北平研究院史学研究会出版，商务印书馆发行。书前有顾颉刚的长篇《序》。《马伯乐汉学论著选译》中的《序》，只收了《序》中的前两段，未注明作者。

本年，黄永林、阎志、张永健主编，中国新文学学会主办《新文学研究》（10）出版，刊有杨华丽《抗战时期冯沅君在三台的个性书写》，此文包括一、文学写作：个人的心声；二、学术书写：历史的印痕。

2015年　乙未　冯沅君诞辰116年　陆侃如诞辰113年

7月，丁健民主编《谋略经典》出版，其中第241页有《陆侃如妙解困境》一文，写陆侃如在巴黎大学博士学位论文答辩时，妙答“孔雀”为什么“东南飞”。

8月22日，刘文忠在《新文学史料》第3期发表《四大师：陆侃如、冯沅君、高亨、萧涤非》。刘文忠1962年至1966年在山东大学中文系读研究生，导师是陆侃如。此文第一部分“陆侃如、冯沅君夫妇”，回忆叙述了他所知道的有关陆、冯的事迹。

10月，廖群主编《两汉乐府学术档案》，由武汉大学出版社出版，其中收录陆侃如、冯沅君《中国诗史》中关于两汉乐府的论述。

本年，山东大学校友会编《天南地北山大人》第17辑印行，其中刊有陈敬刚撰写的《陆侃如与冯沅君老山大的夫妻档》，简述陆侃如、冯沅君在山东大学的重要业绩。

2016年　丙申　冯沅君诞辰117年　陆侃如诞辰114年

2月，刘扬忠著《刘扬忠学术论文集》，由江西教育出版社出版，其中“中国诗史研究的世纪回顾”部分用较大的篇幅论述了陆侃如、冯沅君合著的《中国诗史》。认为陆、冯二人“是既受过新学洗礼，又具有旧学根底的新一代学人中之佼佼者。他们的诗学观比之李维，更具现代形态，而材料基础也更扎实。陆侃如向来认为，研究文学史的目的，在于‘鉴古以知今’，不仅要知其‘然’，更要知其‘所以然’”。“《中国诗史》描述中国古典诗歌几千年的演进历程时，于先秦只述《诗》《骚》，两汉只述乐府，三国两晋南北朝述五言，诗只述至唐，词只述唐五代两宋，宋以后只述散曲。这种大胆而新颖的诗史序列，实源于近代以来文学史批评中‘一代有一代之胜’的观点。”“正是从这种20世纪二三十年代为文学史家所普遍接受的‘代有偏胜’观出发，《中国诗史》的著者认定：‘中国诗歌变迁的第一关键在汉，第二关键在唐’（《导论》），从而将中国诗史分为古代（先秦至汉）、中代（三国至六朝）、近代（唐以后）三大时段。”“以上的诗史序列建构，主要的理论依凭是由焦循、王国维发其端，而经新文化运动领袖胡适加以改造充实的文学流变、历史进化的‘代有偏胜’观，但在论述和解释一些重要文学现象时，则杂采了当时已涌入中国的外国理论和西方汉学研究成果。”“《中国诗史》在‘史’的撰述内容的安排和框架经营上也颇具匠心。全书论述结构十分匀称和谐，体系分明而层次井然：以卷系篇，以篇系章，每卷述一个大时段；卷下每篇述一个小时段：每卷都分为四篇，除上卷第一篇不分章（因其总论诗歌的起源）外，每篇都分为五章，用以作‘导论’和论述重要文学现象及代表性诗人……《中国诗史》的诸种优点标志着诗史撰著的模式和结构此时已然成熟了。”（第674～676页）

本年

庄叔炎编著《中国诗之最》出版，其中有题作《第一部系统考察中国诗歌发展史的专著》，评价陆侃如、冯沅君合著《中国诗史》。

【剑锋补：

林夏《〈文学周报〉与陆侃如的〈小梅尺牍〉》，刊于《河南教育》（高教）2016年第5期。】

2017年　丁酉　冯沅君诞辰118年　陆侃如诞辰115年

5月，李剑锋、贺伟补编《陆侃如冯沅君论著创作译著年表补编》，刊于《人文述林》，山东大学文学院编，山东大学出版社出版。

10月，《山大第一》，刘培平主编，山东大学出版社第2版。书中的第一篇文章是山东大学校长徐显明《听山大故事　做山大才俊——在山东大学2009级学生开学典礼上的讲话》。“讲话”中特别讲到冯沅君和陆侃如，说冯沅君“是山东大学的一级教授，在现代文学史上是绕不过的才女”。说陆侃如在巴黎大学读博士学位进行论文答辩时，关于“孔雀为什么东南飞”的机智回答。《山大第一》中还收有王玉平撰写的《一级教授冯沅君》《文学史家陆侃如》。

2018年　戊戌　冯沅君诞辰119年　陆侃如诞辰116年

12月20日，宗璞在《新民晚报》发表《四姑——你能告诉我吗?》。2019年1月8日《作家文摘》摘登此文。

2019年　己亥　冯沅君诞辰120年　陆侃如诞辰117年

2月，《山东大学中文学报》第1辑（总第1辑），由山东人民出版社出版，封面人物为冯沅君。刊有严蓉仙《冯沅君先生传略》。

3月，王春宇《鲁迅推荐的六种中国文学史著与中国文学史学之建立》，刊于《鲁迅研究月刊》第3期。文中从多方面肯定了陆侃如冯沅君著《中国诗史》这部著作，认为，它不仅在“史料的开掘、考辨与选择方面为中国诗歌史的书写奠定了坚实基础，而且在历史分期和编写体例的设计上，也具有开创性意义”。

4月，饶龙隼《中国古代文学制度论纲》，刊于《学术研究》第4期，指出：

> 关于“制度与文学”研究，似始于20世纪80年代。程千帆《唐代进士行卷与文学》，1980年由上海古籍出版社出版；该书考察唐代进士行卷与文学的关系，率先研讨某项制度设施对文学的影响。其实在早前，中外学者已偶尔论涉其域，如陈寅恪、冯沅君等所论。

5月，《山东大学中文学报》第2辑（总第2辑）由山东人民出版社出版，封面人物是陆侃如。刊有张可礼《陆侃如先生和他学术上的重要业绩》。此文分五部分：一、一位早熟而能坚守的学者；二、研究楚辞的重要业绩；三、三部有影响的文学史；四、古代文论研究的开拓；五、勤奋与通识。

6月

25日，张可礼到山东大学文史楼后花园，瞻仰冯沅君、陆侃如塑像，发现塑像前摆着一束鲜花，没有留下姓名。

26日，《山东大学报》发表《熠熠生辉的文史学家——路遥追述他在山东大学求学时的先生们》一文（路遥教授口述，张洪刚整理）。路遥是1947年8月考入山东大学中文系的。文中回忆了他当时在山大中文系听陆侃如、冯沅君讲课的特点。

7月2日下午，张可礼到山东大学文史楼后花园，瞻仰冯沅君、陆侃如塑像，发现塑像前除原来摆着一束鲜花外，又增加了一束，也没有留下姓名。

9月20日下午，山东大学诗学高等研究中心揭牌仪式暨诗学中心（院、所）协同合作论坛在山东大学青岛校区举行。嘉宾致辞时，北京大学中国诗学研究院谢冕教授结合自身学习研究的经历，回忆了冯沅君、陆侃如两位先生合著的《中国诗史》对自己深刻的影响。①

11月20日，张晓芝在《中华读书报》第14版发表《〈读书杂志〉中的人与事》。此文写道：《读书杂志》从1922年9月创刊到1924年2月终刊，共发行了18期，刊登了44篇文章，涉及14位学者。其中年龄最小的是陆侃如，他发表了3篇文章：《大招，招魂，远游的著者问题——〈屈原评传〉"余论"之一》《读〈读楚辞〉》《宋玉赋考》。"发文数量仅次于胡适、顾颉刚、刘掞藜三先生，与陈衡哲并列第四位。对于一个十九岁的学生而言，这是极为难得的。"

本月，赵文兰在《江汉论坛》第11期发表《论五四时期女作家小说的叙事文体》。此文在论五四时期女作家小说的叙事文体自传体、书信日记体、独白体，都有对冯沅君的论述。论自传体，认为：

> 五四女作家的小说多为自传体。借助这种文体形式，她们把往事和经历融入创作中，书写着个体生命体验，建构起自我权威，表达其对世界人生的体认。……
>
> 冯沅君的小说也多为取材于自我生活经历的抒情小说，反映了其自身体验……她的小说表现了青年女性的爱情生活，展示了新旧思想冲撞下面对母爱/情爱的两难选择矛盾的内心。如《隔绝》、《隔绝之后》、《旅行》、《慈母》、《误点》等作品主人公的原型，就是冯沅君和

① 参见山东大学文学院编：《山东大学中文学科动态》第14号，2019年内部印本，第14、15页。

王品青。小说中女主人公在旧式婚约和新式爱情之间的选择、在母爱和情人之爱之间的游移，无不影射着作家的自身经历。小说所展示的女主人公对爱情又惧怕又向往的矛盾心态，也同样是女作家在解除旧式婚约后和恋人之间不和谐关系的写照。冯沅君的自传体小说，暗示了作家自由的婚恋观和女性主义意识。

论书信、日记体，指出：

冯沅君的书信、日记体小说也多是婚恋题材，描绘了主人公的婚恋遭遇及其面对婚姻、爱情的矛盾情感，从而使作家的婚恋观得以传达。她曾说过，文学作品需要作者的个性，书信体比其他体裁的作者个性色彩更多一些。她的小说就采用书信、日记这样的样式，突出表现其个性，如《隔绝》和《隔绝之后》。前者是书信体，后者是其续篇，为日记体。两个短篇均描写了女性的悲剧命运，分别从主人公和旁观者的视角，审视了新旧思想冲撞下的现代女性在母爱与情爱选择中的精神困境和矛盾心理，对封建旧礼教进行了批判，流露出作家的女性主义意识。《我已在爱神前犯罪了》涉及男主人公给朋友的一封信，展现了他对一个婚外异性的感情和对妻子的负罪感，表现了其性压抑状态以及面对婚姻和爱情的矛盾心情。《*Epoch Making*……》是书信体小说，呈现了主人公面对爱情既渴望又惧怕的矛盾心理，勾勒出其对爱情从幻想到幻灭的过程，同时传递出作家消极的婚恋观。《春痕》由五十封璧和瑗之间的情书构成，从中读者可以窥探到主人公虚无、孤独、颓废的精神状态和感受，一种悲观主义的氛围贯穿全文。……

除了整体采纳书信体和日记体以外，五四女作家小说的行文中也穿插着这样的文体样式。如……冯沅君的《林先生的信》……可以说，五四女作家对书信体和日记体的选择运用，不仅使其能得心应手地表达小说的主题，而且使女性个体叙事声音和女性意识得到了凸显，从而构建起女性的话语权威，间接呈现出作家对社会人生的体认。

论独白体，说冯沅君的《潜悼》采用的是自白体——

涉及第一人称叙事者兼主人公对其去世的表嫂的内心独白，受述者的缺席造成了小说叙事格局的戏剧化。通过这种文体样式，读者了解到主人公和表嫂（编著者按：不是“表嫂”，是“族兄之妻”）之间的乱伦之恋，洞窥到了其徘徊于欲望和伦理道德之间的矛盾心情及其对人生的虚无感。同时，主人公的自白从一个侧面也暗示出父权制中旧式女子不能自主的悲剧命运，从而表现出作家对封建专制和旧礼教的批判。无疑，小说中独白体的运用，使五四女作家们能够淋漓尽致地展现出人物隐秘的内心世界，使其人生境遇和个体生命体验得到戏剧性的呈示，从而实现了她们话语权威的建构。

2020 年　庚子　冯沅君诞辰 121 年　陆侃如诞辰 118 年

9 月

10 日，山东大学文学院在知新楼 A 座 8 楼开始展出“冯陆高萧黄”“五岳”主题图片。展出的图片经过文学院几位同志半年多来的搜集，设计精心，选择恰当。主要围绕冯沅君、陆侃如、高亨、萧涤非、黄孝纾五位先生在中国古代文学研究方面做出的重要贡献。内容包括他们的生活、工作、代表著作、书信、手稿等。有些是第一次面世的。

30 日，张洪刚在《山东大学报》第 26 期（总第 2186 期）发表《文学院历史上的“五岳”》一文，介绍了高亨、黄孝纾、冯沅君、陆侃如、萧涤非五位先生的生平经历，主要赞颂了他们在中国古代文学的教学和研究领域做出的重要贡献。

杜书瀛在《文艺争鸣》第 8 期发表《我所知道的陆侃如、冯沅君先生——学术回忆录之一》。此文主要以亲身经历叙写了陆、冯二位先生的高尚品格、学术成就和孜孜不倦的育人情操。

【剑锋补：

2021 年　辛丑　冯沅君诞辰 122 年　陆侃如诞辰 119 年

1 月 11 日，张可礼在《光明日报》发表《从淦女士到冯先生——作为教师的冯沅君》。此文从“投身教育，死而后已”“舍得割爱，专心教学”“创新方法，灵活教学”“关爱学生，亲近学生”等四个方面叙写论析了冯沅君教书育人的事迹和精神。

孙之梅、郭建鹏在《新文学史料》2021 年第 1 期发表《陆侃如集外佚文书信辑考》，该文辑录了《胡适遗稿及秘藏书信》第 34 册所影印的陆侃如致胡适信计24通，并就写作时间做了初步考证。

4月10日，山东省古典文学学会、山东大学文学院在济南珍珠泉宾馆联合举办“山东省古典文学学会年会暨陆侃如、冯沅君学术研讨会”，山东大学党委常委、常务副校长王琪珑，山东省古典文学学会原会长、山东大学终身教授袁世硕先生，山东大学原校长、终身教授曾繁仁先生，陆侃如先生的研究生、人民文学出版社编审刘文忠先生，陆、冯先生的授业弟子吕家乡、刘光裕、郭延礼、杨慧文等，陆、冯先生的亲属陆东生先生，山东省古典文学学会会长、山东大学文学院院长杜泽逊教授，文学院党委书记张帅以及山东省古典文学学会110余位专家学者出席研讨会。开幕式由山东省古典文学学会副会长、山东大学文学院副院长李剑锋教授主持。

王琪珑副校长指出，陆侃如、冯沅君先生专注于中国古代文学研究与著述，是山东大学历史上最为璀璨的双子星座，为山东大学解放后的建设、发展和辉煌做出了重大贡献。在山东大学即将迎来建校120周年校庆这一特殊的历史时刻纪念两位先生，对于学术研究，对于教育事业，尤其是对于山东大学的当前和未来发展都具有重要的意义。

袁世硕先生深情回忆了陆、冯两位老师的提携和教诲之恩，号召大家要学习陆、冯先生终生执着于中国古代文学研究的奉献精神，学习他们踏实谨严的学风，并以张可礼先生《东晋文艺系年》和自己的全元戏曲研究为例，讲述了对陆、冯学术传统、治学方法的继承。

曾繁仁先生高度赞扬了陆、冯所著《中国诗史》的开创性与奠基性贡献，特别是词曲之崭新的研究内容、以诗为宗的美学追求、以社会生活为源的历史深度、扎实的文献基础、以文学性为标准的文学本位与个性化的文学书写，做到了朴学、史学与美学的统一，成为不败的经典之作。刘文忠先生高度赞扬了陆侃如先生为学为师的高尚品格，他对老师的尊敬和怀念，引起了参会学者们的强烈共鸣。

开幕式举行了陆、冯《中国诗史》手稿捐赠仪式，杜泽逊院长细致讲述了《中国诗史》手稿发现、保护的过程，该手稿将由中华书局彩色影印出版，是山东大学120周年校庆的礼品书。杜院长强调，陆侃如先生、冯沅君先生是中国古典文学研究领域的巨匠，是20世纪中国学术史上具有代表性的学术名家，是山东省学术界与山东大学“文史见长”的标志人物。

《2021山东省古典文学学会年会暨陆侃如、冯沅君学术研讨会学术论文集》上册收录关于陆侃如、冯沅君的回忆、研究文章19篇。依次如下：

袁世硕《薪火相传，泽被后学——纪念冯沅君、陆侃如先生》，杜泽逊《〈冯沅君先生手札等五件〉书后》，刘光裕《回忆陆先生、冯先生》，郭同文《师心如灯——忆冯沅君先生的几次谈话》（特邀稿，原已发表），杨慧文《怀念冯沅君、陆侃如先生》，王洲明《陆侃如先生的楚辞研究》，杜书瀛《陆侃如、冯沅君》（特邀稿，原已发表），张忠纲《缅怀冯沅君师》，孙之梅、郭建鹏《冯沅君小说初版考与佚文》，李剑锋《陆侃如、冯沅君论著译著年表》，周爱华《冯沅君古代戏曲研究的当代价值》，刘林《借石他山：冯沅君〈古优解〉与比较文学研究》，孙微《学术创作两峥嵘：冯沅君先生〈四余诗词稿〉刍论》，关家铮《陆侃如、冯沅君致关德栋两通书信浅疏》，郭建鹏《冯沅君、陆侃如史料辑考》，张洪刚《陆侃如、冯沅君结缘山大的新史料》，夏冬红《冯沅君先生传记作品写作策略及其思考》，牧庐《新发现冯沅君先生一篇佚文》，何娟《春风化雨润无声：新时代冯沅君先生教育启迪》。[①] 另有没有收入论文集的发言稿四篇：曾繁仁《〈中国诗史〉的开创性和奠基性贡献》、吕家乡《怀念冯沅君、陆侃如老师》、杜泽逊《“2021山东省古典文学学会年会暨陆侃如冯沅君学术研讨会”开幕式上的发言》（“汉语史与文献学微刊”微信平台4月13日发布）、陆东生《“2021山东省古典文学学会年会暨陆侃如冯沅君学术研讨会”开幕式上的发言》。】

① 孙学堂、刘占召：《山东省古典文学学会年会暨陆侃如、冯沅君学术研讨会》，《山大中文之声》微信平台2021年4月12日发布。剑锋按：此消息“4月9日”应为“4月10日”。

有待查补、未编年资料

陆侃如、冯沅君

Larousse Encyclopaedie 。凡六大册。①

冯沅君

在北京国立女子高等师范学校刊物《文艺观摩录》发表的文章。

《楚辞的研究》。

《楚辞研究》改稿本。

诗《秋雨感怀》，刊于1919年1月冯友兰等在开封创办的杂志《心声》创刊号。

《秋夜赋》(刊于北京女子高等师范学校创办的《文艺会刊》第1卷第2期)。

散文《母女》(《冯沅君传》第66页述及)。

诗一首。1923年11月刊于《心声》(《冯友兰年谱》上册第70页述及)。

《宋元明清诗史》(北京大学研究所国学门毕业论文。冯沅君《我的学生时代》述及)。

为卫聚贤《古史研究》第一集所作的序文(陆侃如《西园读书记》提及)。

博士学位论文《周朝历史与技术》(法文)。

萨特存在主义(在法国留学时作，《陆侃如和冯沅君》第70页述及)。

《与顾颉刚讨论古书用韵》(中国青年出版社1998年版《顾颉刚学术文化随笔》录有《与冯沅君讨论古书用韵》引用冯沅君来信百余字)。

《中华民国民法论》的书评。

钟嗣成《录鬼簿》校勘草稿、明散曲家目录(《冯沅君传》第312页述及)。

---

① 参见《吴宓日记》第7册，第228页；《冯友兰年谱》上册，第330页。

《宋元戏剧史疏证》（1938 年 4 月赵景深《嘤鸣小记　陆侃如冯沅君夫妇》一文述及）。

《北陵诗》（1947 年 6 月 13 日胡小石致冯沅君信述及）。

陆侃如

《古代诗史》（论文）。

《古代诗选》。

《楚辞》商务印书馆本（《屈原与宋玉》附录：《〈楚辞〉研究参考书目》上列有此书）。

《乐府》。

《精简国学基本问答》初版。

《汉籍考原》。

《九歌之意义与时代》（陆侃如《读〈读楚辞〉》述及）。

《词选笺》（张惠言选）（未见出版，据陆侃如 1925 年 10 月 12 日写于北京的《〈词选笺〉自序》，刊于 1927 年《国学月刊》第 1 卷第 4 期）。

《最早的五言诗》（《塔铃半月刊》1931 年第 2 期载其续编）。

《周代社会史》（法文），瑞典高本汉为《周代社会史》作“序”（据陆侃如 1936 年 7 月在《食货》半月刊第 4 卷第 7 期发表的《悼赛昂里教授》一文，《周代社会史》曾出版过。出版后曾寄了一本给法国治经济史的赛昂里教授，赛昂里有很长的复信。赛昂里逝世于 1936 年 3 月 10 日。此书的外文名是：*Histoire sociale de l'époque Tcheou*）。

评郑振铎《插图本中国文学史》。

《师院与澂江》（1940 年 8 月，中山大学由澂江迁往坪石离开澂江时，学校编辑出版了诗文集《骊歌》，其中收有《师院与澂江》）。

《我们向屈原学习什么》。

《关于西洋文学的论文》。

《怎样评价刘勰的世界观》。

《重读〈文心雕龙〉——它的局限性的初步分析》。

附　录

附录一　冯沅君、陆侃如论著创作译著编年表[①]

李剑锋　编

编辑说明

1. 本年表每一条目以著者、著作名称、发表时间为序编辑。

2. 本年表著录的著作，包括改编、重印和再版的。

3. 本年表不著录未公开发表的日记、笔记，不著录书信。

4. 每年著录的具体内容按月、日次序编排。每月之事，未查到何日的，置于各月最后的“本月”内；未查到月份的，置于每年最后的“本年”内。著录冯沅君、陆侃如同一时期的著作，以先冯沅君、后陆侃如为次。

5. 本年表以袁世硕、张可礼主编《陆侃如冯沅君合集》（安徽教育出版社 2011 年版）第 15 卷所收严蓉仙、张可礼《陆侃如、冯沅君论著创作译著年表》（第 445～471 页，下文简称《年表》）为基础，参考李剑锋、贺伟编《陆侃如、冯沅君论著创作译著年表补编》（山东大学文学与新闻传播学院、山东大学文艺美学研究中心编《人文述林》，山东大学出版社 2017 年版，第 86～95 页）、“全国报刊索引·民国期刊全文数据库”和“中国历代文献总集·近代报刊数据库”、关家铮编著《二十世纪〈俗文学〉周刊总目》（齐鲁书社 2007 年版）、《二十世纪四十年代香港〈星岛日报·俗文学〉周刊汇编》（齐鲁书社 2020 年版）等进行增补。

① 剑锋谨按，本年表曾经张可礼师指导修订。

1919 年　冯沅君 20 岁　陆侃如 17 岁

1 月，冯沅君《秋雨感怀》诗一首，《心声》（开封）第 1 期。

4 月，冯沅君（署名冯淑兰）《论文章贵本于经术》、《本校十周纪念会序》、《拟古诗》（含《拟行行重行行》《凛凛岁云暮》《拟驱车上东门》《拟明月何皎皎》四首）、《感旧并序》、《书怀》，《北京女子高等师范文艺会刊》第 1 卷第 1 期。

1920 年　冯沅君 21 岁　陆侃如 18 岁

4 月，冯沅君（署名冯淑兰）《春秋战国时兵制之比较》《读〈汉书·艺文志〉随笔》《中国六大民族同化及其竞争地之研究》《今后吾国女子的道德问题》《中秋对月》《暮春经景山下》《昭君》《曲壮闵墓》《香冢》《拟汉武帝〈秋风辞〉》《百花生日祝词》《秋夜赋》，《北京女子高等师范文艺会刊》第 1 卷第 2 期。

9 月，冯沅君《赠王品青》（题目代拟），据严蓉仙《冯沅君传》，人民文学出版社 2008 年 8 月版，第 43、44 页。

1921 年　冯沅君 22 岁　陆侃如 19 岁

4 月，冯沅君（署名冯淑兰）《历代骈文散文的变迁》、《哲学方法论（节选）》（胡适之讲演，冯淑兰记录）、《感兴》、《元旦后二日赏雪，因忆旧年探梅之游》、《新禽言》、《观弈》、《蓼花》、《秋夜杂感》、《春草赋》、《吊新战场文》，《北京女子高等师范文艺会刊》第 1 卷第 3 期。

5 月 4 日，冯沅君（署名冯淑兰）《五四纪念的杂感》，《晨报》。

6 月 22 日，冯沅君（署名冯淑兰）《南游心影》（杜威讲演、冯淑兰笔记），《民国日报》第 1 版。此文又载《教育公报》第 8 卷第 10 期。同期《教育公报》还发表《教师职业的现在机会》，杜威讲演、冯淑兰笔记。

10 月 24～30 日，冯沅君（署名冯淑兰）《明陵八达岭游记》，《晨报副刊》。

1922 年　冯沅君 23 岁　陆侃如 20 岁

2 月 28 日，陆侃如《英国诗坛大事记》，《学艺杂志》第 4 卷第 9 号。

8 月 9 日～9 月 15 日，冯沅君（署名淑兰女士）《晋鄂苏越旅行记》第一到二十八篇，《晨报副刊》陆续刊出。按：《年表》已著录。第十三篇没有题目和署名，只注明了“游记”和“十三”的序号。

10月1日，陆侃如《〈大招〉〈招魂〉〈远游〉的著者问题——〈屈原评传〉“余论”之一》，《读书杂志》第2期。

12月3日，陆侃如《读〈读楚辞〉》，《读书杂志》第4期。

本年

冯沅君（署名冯淑兰）《释贝》、《杨柳枝》（共8首）、《哀鸿篇》，《北京女子高等师范文艺会刊》第1卷第4期。

冯沅君《孔雀东南飞》五幕剧，（原来署名“北京女子高等师范学校国文部四年级学生合编”，据《文化先锋》1942年第6期所刊冯沅君书评《舒湮的〈董小宛〉》，该剧实际为冯沅君写作，“用的名义是女高师国文学会”）《戏剧》第2卷第2期。

1923年　冯沅君24岁　陆侃如21岁

3月1～21日，陆侃如《屈原生年考证》，《学灯》，又载《文学周刊》第68期。

7月16日、18～20日，陆侃如《王勃评传（改稿）：呈沈尹默先生》，《晨报·副镌》。

本月，陆侃如《屈原》，上海亚东图书馆出版。

11月，冯沅君诗一首，《心声》第1期。

1924年　冯沅君25岁　陆侃如22岁

1月6日，陆侃如《宋玉赋考》（《宋玉评传》的一节），《努力周报》增刊《读书杂志》第17期。

2月28日，冯沅君（署名淦女士）《隔绝》，《创造季刊》第2卷第2期。

3月

15日，冯沅君（署名淦女士）《淘沙　一〈郑振铎君《中国文学者生卒考》——《小说月报》第十五卷第一号〉》，《晨报副刊》。

21日，冯沅君（署名淦女士）《旅行》，《创造周报》第45期。

28日，冯沅君（署名淦女士）《慈母》，《创造周报》第46期。

4月

19日，冯沅君（署名淦女士）《隔绝之后》，《创造周报》第49期。

20日，冯沅君（署名淦女士）《淘沙　二〈郭沫若君的《十字架》——《创造周刊》第四十七期〉》，《晨报副刊》。

6月3日，陆侃如《读诗杂记：谢灵运的纪游诗》，《文艺周刊》第

36 期。《年表》著录，未及副标题。

7 月 29 日，冯沅君（署名淦女士）《淘沙　三〈朱谦之杨没累两君的《荷心》〉》，《晨报副刊》。

本年

冯沅君（署名沅君）《“无病呻吟”》，《语丝》第 6 期。

冯沅君（署名沅君）《买烧饼》，《京报副刊》第 1 期。

冯沅君（署名沅君）《张静庐君的〈单蛮（应作“恋”）集〉》，《京报副刊》第 4 期。

冯沅君（署名冯淑兰）《拟宣城·游山诗》二首，一首题为《游山》，一首题为《离夜》。《北京女子高等师范周刊》第 64 期。

陆侃如《五月五日》，《国学月报汇刊》第 1 卷。

1925 年　冯沅君 26 岁　陆侃如 23 岁

2 月，陆侃如《什么是九歌》，《国学月报》第 2 期。

5 月

7 日、8 日，陆侃如《〈孔雀东南飞〉考证》，《学灯》。

22 日，陆侃如《答黄晦闻书》，《学灯》。

8 月 7 日，冯沅君（署名沅君）《我已在爱神前犯罪了》，《京报》之《莽原》周刊第 16 期。

9 月 3 日，冯沅君（署名沅君）《缘法》，《语丝》第 42 期。

10 月 28 日，冯沅君《祝英台的歌》，《北大国学门周刊》第 1 卷第 3 期。

11 月

18 日，冯沅君《署名沅君》《〈老子〉韵例初稿》，《北大国学门周刊》第 1 卷第 6 期。

23 日，冯沅君（署名沅君）《〈镜花缘〉与中国神话》，《语丝》第 54 期。

本年

冯沅君《〈楚辞〉用韵之格式与“三百篇”》，《金陵光》第 14 卷第 2 期。

冯沅君（署名沅君）《不著名的文人的作品》，《语丝》第 10 期。

马沅君（署名沅君）《对于文学应有的理解》，《语丝》第 10 期。

冯沅君（署名沅君）《愁》《闲暇与文艺》，《语丝》第 22 期。

冯沅君（署名大琦）《未雨绸缪》，《语丝》第 43 期。

冯沅君（署名大琦）《走了》，《语丝》第49期。

冯沅君《秋日的玫瑰》，《猛进》第33期。

法国H. Maspero作、冯沅君译《论重黎绝地天通》，《女师学院期刊》第4卷第12期。

1926年　冯沅君27岁　陆侃如24岁

1月4日，冯沅君（署名沅君）《劫灰》，《语丝》第60期。

本月

陆侃如《就〈《周南》《召南》说〉寄胡适之书》，《国学月报汇刊》第1集。

陆侃如《〈诗经〉参考书提要》（共120种），《国学月报》第1卷第1号，又载《国学月报汇刊》1928年第1集。

陆侃如《"三颂"研究》（《古代诗史》第三篇第二章初稿），《国学月报》第1卷第11号，又载《国学月报汇刊》1928年第1集。

2月，陆侃如《乐府古辞考》，收入王云五主编《国学小丛书》第1集，上海商务印书馆初版。

7月5日，冯沅君（署名沅君）《贞妇》，《语丝》第86期。

本月，陆侃如《〈楚辞概论〉序》，《清华周刊》第26卷第2期。又见游国恩著《楚辞概论》，北京述学社初版。

11月，冯沅君（署名沅君）《〈楚辞〉韵例》《〈楚辞〉之祖祢与后裔》《读〈笔生花〉杂记》，《北大国学门月刊》第1卷第2期。

本月12日，陆侃如、刘节合记的梁启超《清华研究院茶话会演讲辞》在《清华周刊》第26卷第6期，总第389期。

12月，冯沅君（署名漱峦）《南宋词人小记二则：玉田先生年谱拟稿、玉田家世及其词学、张镃传略（附录）》《老丑虎——关于老虎母亲的传说》，《北京大国学门研究所月刊》第1卷第3号。

本年

冯沅君（署名漱峦）《〈易〉韵例初稿》，《北京大学国学门研究所周刊》第2卷第18期。

冯沅君《玉田朋辈考初稿：南宋词人小记之七》，《语丝》第101期。

冯沅君（署名沅君）《玉田朋辈考勘误》，《语丝》第103期。

冯沅君（署名大琦）《林先生的信》，《莽原》半月刊第12期。

冯沅君《写于母亲走后》，《莽原》第22期，收入第2版《卷葹》。

冯沅君（署名沅君）《月夜杂感》，《金陵光》第15卷第1期。

1927年　冯沅君28岁　陆侃如25岁

1月

冯沅君（署名淦女士）《卷葹》，北新书局出版。

冯沅君（署名沅君）《初夏游公园》、《北河沿晚步》、《晚坐寄茝君》、《薄暮自大学归》（七绝四首），《国学月报》第2卷第1期。

冯沅君（署名沅君）《南宋词人小记：草窗年谱拟稿、草窗朋辈考、草窗词学渊源》，《北大国学门月刊》第1卷第4号。

冯沅君（署名漱峦）《唐河的传说：牛郎织女的来历——唐河传说之一、灶爷之来历——唐河传说之二、老猴精——唐河传说之三、蛇吞相（象）——唐河传说之四》，《北大国学门月刊》第1卷第4号。

陆侃如《陶公生年考——跋古层冰〈陶靖节年谱〉》，《国学论丛》第1卷第1号，又载《国学月报汇刊》第1集。

陆侃如《〈词选笺〉自序》，北京大学《国学月刊》第1卷第4期。

《〈古代诗史〉自序》，陆侃如，《国学月报》第2卷第1期。

2月

陆侃如《乐府的影响》（《古代诗史》第五篇第五章初稿），《国学月报》第2卷第2期。

陆侃如《吴桂华〈寄梁任公书〉按语》，《文学月报》第2卷第2号。

3月5日，冯沅君（署名沅君）记、陈援庵先生讲《回回教进中国的源流》，《北京大学研究所国学门月刊》第1卷第6号。

6月

陆侃如《宋玉评传》，收入郑振铎编《中国文学研究》上册，上海商务印书馆6月初版，载《小说月报》17卷号外。

陆侃如《“二南”研究》，《国学论丛》第1卷第1号。

6月～8月

瑞典珂罗倔伦著，陆侃如口译，卫聚贤笔记《论〈左传〉真伪及其性质》，北京大学《国学月刊》第1卷第6至8期。

7月，陆侃如《〈左传真伪考〉的译者引言》，《国学月报》第2卷第7期。

8月7日，陆侃如《关于王静安的死》，《文学周报》第276、277期合刊（第5卷第1、2期合刊）。

本月

冯沅君校点《歧路灯》，李绿园著，冯芝生校阅，朴社初版。

陆侃如《乐府古辞考》，上海商务印书馆再版。

9月，陆侃如《楚辞的旁支》（《古代诗史》第四篇第五章），《国学论丛》第1卷第2号。

10月，瑞典珂罗倔伦著，陆侃如译《左传真伪考》，上海新月书店出版。

12月，陆侃如、冯沅君《〈中国文学史〉序目》，《国学月报》第2卷第12号。

本年

冯沅君（署名沅君）《初夏游公园》《北河沿晚步》《晚坐寄莔君》《薄暮自大学归》，《国学月报》第2卷第1号。

冯沅君（署名大琦）《家书》，《语丝》第113期。

陆侃如《寄胡适之书》，《国学月报汇刊》第1集。按，信末落款日期为1925年11月27日。

陆侃如《闵著〈春深了〉序》，《弘毅》第2卷第3期。

1928年　冯沅君29岁　陆侃如26岁

1月，陆侃如《陶公的千五百周忌》，《国学月报汇刊》第1集。

4月，陆侃如《宋玉评传》，入选郑振铎编《中国文学研究》（上），上海商务印书馆出版。

6月，冯沅君（署名沅君）《卷葹》，北京北新书局再版（同初版相比，增加了《误点》《写于母亲走后》两篇，有陆侃如写的《再版后记》）。

7月

陆侃如（署名小梅）《小梅尺牍》第1～3号，《文学周报》第6卷第301～325期。

陆侃如《论〈山海经〉的著作时代：与程小景先生的一封信》，《新月》第1卷第5号。

9月

冯沅君《论〈左传〉与〈国语〉的异点》，《新月》第7期。

陆侃如《大小雅研究——〈中国诗史〉第三篇第三章初稿》，《小说月报》第19卷第9号。

11月，冯沅君《张玉田》（双玉丛书之一），北京书局出版。

12月，陆侃如《屈原》，上海亚东图书馆第4版。

本年

冯沅君（署名沅君）《庄子释词》，《国立暨南大学中国语文学系期刊》创刊号。

陆侃如《林和靖的诗》，《文学周报》第 344 期（第 7 卷第 19 期《林和靖九百年纪念号》）。

陆侃如《楚辞引论》《乐府引论》，《国立暨南大学中国语文学系期刊》创刊号。

陆侃如《新石器时代遗址发现》，《东方杂志》第 25 卷第 19 号。

1929 年　冯沅君 30 岁　陆侃如 27 岁

1 月，陆侃如（署名小梅）在《文学周报》第 7 卷合订本，发表《小梅尺牍》第 4 至第 13 号。

5 月，陆侃如《读骚楼偶识》，《吴淞月刊》第 2 期。

8 月

陆侃如《宋玉》，上海亚东图书馆出版。

陆侃如《中国文学系课程说明书》，中国公学《中国文学季刊》第 1 期（创刊号）。

陆侃如《〈山海经〉考证——〈古代文学史〉附录之一》，中国公学《中国文学季刊》第 1 期（创刊号），第 2 期续。

本年

冯沅君（署名沅君）《董西厢的体制》，《青海》第 3 卷第 1 期。

冯沅君（署名沅君）《春痕》，上海北新书局再版。其中有陆侃如写的《〈春痕〉后记》。

冯沅君《劫灰》，上海北新书局出版，其中有陆侃如写的《〈劫灰〉跋》。

陆侃如《读王绩的诗》（《中国诗史》第九篇第二章第一节），《青海》第 3 卷第 3 期。

1930 年　冯沅君 31 岁　陆侃如 28 岁

3 月 10 日

冯沅君《私语》《清音》，《中国文学季刊》第 1 卷第 2 号。

陆侃如《中国文学季刊》“卷首语”、《中国文学系课程说明书》、《译诗一首》，《中国文学季刊》第 1 卷第 2 号。

本月，冯沅君《一种古小说中的文学史料》，《语言文学专刊》第 1 期。

6月

冯沅君《温庭筠》(《中国词史》第二章),《旭日》创刊号。

陆侃如《陶潜时代》(《中国诗史》第七篇),《旭日》创刊号。

10月,陆侃如《乐府古辞考》,收入王云五主编《万有文库》第1集,上海商务印书馆初版。

本年

冯沅君(署名沅君)《(七)祝英台的歌》(按:《祝英台的歌》前6首刊于《北大国学门周刊》第1卷第3期,这是第7首),《民俗》第93~95期合刊("祝英台故事专号";文末有南扬案语)。

冯沅君(署名沅君)《私语》《清音》,《中国文学季刊》第1卷第2号。

1931年　冯沅君32岁　陆侃如29岁

1月

陆侃如、冯沅君《中国诗史》卷上,上海大江书铺初版。

陆侃如《乐府古辞考》,收入王云五主编《国学小丛书》,商务印书馆第3版。

7月,陆侃如、冯沅君《中国诗史》卷中,上海大江书铺初版。

9月,陆侃如、冯沅君《中国诗史》卷上,上海大江书铺再版。

12月

陆侃如、冯沅君《中国诗史》卷下,上海大江书铺初版。

陆侃如《屈原》,上海亚东图书馆第5版。

本年,陆侃如《最早的五言诗(续完)》,《塔铃半月刊》第2期。(按:据"续完"二字,当有前篇,待查)

1932年　冯沅君33岁　陆侃如30岁

7月

陆侃如、冯沅君《中国诗史》卷中,上海大江书铺再版。

陆侃如《中国古代的无韵诗》,《文学年报》第1期,北平燕京大学国文学会初版。

陆侃如《论〈卦爻辞〉的年代》,《清华周刊》第37卷第9期。

陆侃如《诗经情诗今译·序》,陈漱琴著《诗经情诗今译》,上海女子书店印行,琴画室丛书。

10月,陆侃如、冯沅君《中国文学史简编》,上海大江书铺初版。

11 月，陆侃如、冯沅君《中国诗史》卷下，上海大江书铺再版。

1933 年　冯沅君 34 岁　陆侃如 31 岁

1 月

瑞典珂罗倔伦著，陆侃如、冯沅君译《中国古书的真伪》，《师大月刊》第 1 卷第 2 期。

冯沅君自编《沅君卅前选集》，上海女子书店出版。

2 月，冯沅君《隔绝》，乐华编辑部编《当代小说读本》下册选录，上海乐华图书公司出版。

3 月，陆侃如《乐府古辞考》，上海商务印书馆国难后第 1 版。

6 月，陆侃如译《恩格斯两封未发表的信》，《读书杂志》第 3 卷第 6 期。

8 月，陆侃如、冯沅君《中国诗史》卷中，大江书铺第 3 版。

9 月，陆侃如、冯沅君《中国诗史》卷上，大江书铺第 4 版。

10 月，法国赛昂里著，陆侃如译《法国社会经济史》（上册），上海大江书铺出版。

12 月 9 日、16 日，冯沅君（署名沅君）《电影与教育》（正、续篇），《华北日报》第 10 版。

本年

《陆侃如、冯沅君〈中国文学史简编〉》，《中学生》第 31 期。

冯沅君《冯沅君害人》，《橄榄月刊》第 29 期。

陆侃如《屈原》，上海亚东图书馆第 6 版。

法国小仲马著，陆侃如译《金钱问题》，开明书店出版。

1934 年　冯沅君 35 岁　陆侃如 32 岁

4 月，陆侃如绘《楚辞地图》，收入郭楼冰编《屈原集》卷首，上海北新书局初版，1949 年重印。

5 月，陆侃如《乐府古辞考》，上海商务印书馆国难后第 2 版。

8 月 20 日，陆侃如《巴黎的旧书摊》，《人间世》第 10 期。

10 月，陆侃如、冯沅君《中国文学史简编》，上海开明书店再版。

本年，冯沅君（署名沅君）《忆庐隐》，《人间世》第 12 期。

1935 年　冯沅君 36 岁　陆侃如 33 岁

1 月，陆侃如《屈原与宋玉》，上海商务印书馆初版。

2月，陆侃如《诗经情诗今译·序》，陈漱琴著《诗经情诗今译》，上海女子书店印行，女子文库：文艺指导丛书。

4月

陆侃如、冯沅君《中国诗史》卷上，上海商务印书馆第1版。

陆侃如《屈原与宋玉》，上海商务印书馆再版。

10月26日，冯沅君（署名沅君）《白云，红叶》，《华北日报》第12版。

本年

陆侃如、冯沅君《“百部佳作”征文散稿·半百佳作》，《人间世》第36期。

陆侃如《巴黎的旧书摊》，选入人间世社编《人间小品：乙集》，上海良友图书印刷公司出版。

约在本年，陆侃如的博士学位论文《周代社会史》（法文名：*Histoire sociale de l'époque Tcheou*）出版。

1936年　冯沅君37岁　陆侃如34岁

1月，陆侃如《屈原与宋玉》，收入王云五主编《百科小丛书》，商务印书馆出版。

4月

瑞典珂罗倔伦著，陆侃如译《左传真伪考及其他》，上海商务印书馆出版。（本书为《左传真伪考》的增订本。除收《左传真伪考》外，增加著者所作《中国古书的真伪》及《〈书经〉中的代名词“厥”字》两篇）

冯沅君《愁》《私语》《清音》，俊生编《现代女作家小品选》选录，上海仿古书店出版。

5月，法国马伯乐（H. Maspero）作、陆侃如译《评郭沫若近著两种》，瑞典高本汉（珂罗倔伦，B. Karlgren）著、陆侃如译《书经中的代名词“厥”字》，《文学年报》第2期。

本月，冯沅君《春痕》，收入俊生编《现代女作家书信选》，上海仿古书店出版。

10月15日，陆侃如（署名陆衎庐）《〈汇纂元谱南曲九宫正始〉跋》，《天津大公报·图书副刊》第11版；又载上海《大公报·图书副刊》第0013版。

本月，陆侃如《屈原与宋玉》，收入王云五主编《万有文库》第1集，商务印书馆出版。

11月27日，陆侃如《鲁迅先生月祭》，《青年作家》第1卷第1期。

12月1日，法国P. Verlaine作、陆侃如译《秋天的歌》，《青年作家》第1卷第1期。

12月5日，陆侃如、冯沅君等签名《北平作家协会成立宣言》，《燕大周刊》第7卷第16期。

本月

陆侃如、冯沅君《南戏拾遗》，《燕京学报》专号之13，北平哈佛燕京学社版。

冯沅君《古剧四考》，《燕京学报》第20期。

陆侃如《〈风〉〈雅〉韵例》，《燕京学报》第20期（10周年纪念专号）。

本年

陆侃如（署名侃如）、冯沅君《二十四年我的爱读书》，《宇宙风》第8期。

陆侃如（署名陆衎庐）《江苏海门的农田》，载《禹贡》第5卷第6期。

冯沅君《读诗札记》《吴声歌中的几个字》，《宇宙风》第13期。

马沅君（署名沅君）《元杂剧与宋明小说中的几种称谓》，《宇宙风》第27、28期。

冯沅君《论杵歌》，《歌谣》第2卷第19期。

冯沅君（署名沅君）《日记的一页》，《青年界》第12卷第1期。

陆侃如《读〈吴歌小史〉》，《歌谣》第2卷第28期。

陆侃如《悼赛昂里教授》，《食货》半月刊第4卷第3期。

陆侃如《工正及其他：〈左传〉中的经济史料之一》，《食货》半月刊第4卷第4期。

陆侃如《介绍一部西洋通史：Peuples et Civilisations》，《燕大周刊》第7卷第1期。

1937年　冯沅君38岁　陆侃如35岁

1月14日，冯沅君（署名沅君）《一个美妙的迷》，《天风报》第2版。

3月10日，H. Vacresco作，冯沅君译《他过去了》《战歌》，《大公报》第12版。

4月19～21日，《陆侃如先生讲欧洲“支那学”家》，本部特约记者张愍言记，《益世报》（“社会服务版”）。

5月

冯沅君《〈再谈关汉卿的年代〉跋》，《文学年报》第3期。

陆侃如《〈楚辞〉补说》，《文学年报》第3期。

本年

陆侃如、冯沅君《二十五年爱读书》，《西北风》第15期。

冯沅君《读〈宝马〉》，《月报》第6期。（按：据《月报》所录文末说明，该篇原载《大公报·文艺副刊》）

冯沅君《说“赚词”》，《燕京学报》第21期。

冯沅君《果足》，《逸经》第28期。

冯沅君《关于儿童读物》，《宇宙风》第46期。

陆侃如《或问》，《宇宙风》第41期。

法国约翰·爱斯嘉拉著，陆侃如书评《中国法》，《燕京学报》第21期。

陆侃如《介绍几部法国革命史》，《燕大半月刊》第1卷第2期。

陆侃如《我第一次见到司徒先生》，《燕大周刊》第7卷第6期。

1938年　冯沅君39岁　陆侃如36岁

3月，冯沅君作诗《闻海门失守》《过香港》《河内病院见大兄》（《陆侃如冯沅君合集》第15卷，第337、338页）。

4月，冯沅君作诗《台儿庄大捷》《滇越道上》《抵昆明》（《陆侃如冯沅君合集》第15卷，第337、338页）。

5月，冯沅君作诗《厦门失守》（《陆侃如冯沅君合集》第15卷，第338～339页）。

6月，冯沅君《从女汉奸说起》，《宇宙风》第72期。

7月17日，冯沅君作“记钟豫”（今存手稿，参见许志杰《陆侃如和冯沅君》第103页。原注写作时间“一九三七”，应作“一九三八”）。

8月，陆侃如《关于方玉润》，《新动向》第1卷第4期。

10月3日，冯沅君（署名沅君）《闻歌》，《大公报（香港）》第8版。

约在10月底，冯沅君作诗《都城山中》（《陆侃如冯沅君合集》第15卷，第339页）。

11月，冯沅君作诗《夜宿白石》《过百鸡岭》（《陆侃如冯沅君合集》第15卷，第339页）。

本年

冯沅君（署名沅君）《撤退》，《文艺阵地》第 6 期。

冯沅君（署名沅君）《烟火人语》，《宇宙风》第 73 期。

冯沅君（署名沅君）《〈踏进伤兵医院〉的回响——〈烟火人语〉之二》，《宇宙风》第 74 期。

冯沅君（署名沅君）《反省吧，被侵略的人们！——〈烟火人语〉之三》，《宇宙风》第 75 期。

冯沅君（署名沅君），《昆明的秋》，《宇宙风》第 77 期。

陆侃如《北平陷落的周年》，《战时知识》第 5 期。

1939 年　冯沅君 40 岁　陆侃如 37 岁

1 月，冯沅君作诗《成都薛涛故居并注》（《陆侃如冯沅君合集》第 15 卷，第 340 页）。

2 月，冯沅君作诗《嘉州乌龙寺并注》（《陆侃如冯沅君合集》第 15 卷，第 340 页）、《川西见杜鹃花》、《嘉陵江》（《陆侃如冯沅君合集》第 15 卷，第 342 页）。

3 月

冯沅君（署名沅君）《丁戍纪事诗并注》，《宇宙风》（乙刊）第 1 期（创刊号）。

冯沅君（署名沅君）《告内地宣传者》，《宇宙风》（乙刊）第 2 期。

春，冯沅君作诗《望峨眉并注》（《陆侃如冯沅君合集》第 15 卷，第 341 页）。

4 月，冯沅君（署名沅君）《说广东精神》，《宇宙风》（乙刊）第 4 期。

7 月

冯沅君作诗《渝州谒夏庐师并注》三首、《渝州生园并注》（《陆侃如冯沅君合集》第 15 卷，第 341、342 页）。

陆侃如、冯沅君《中国诗史》卷上，长沙商务印书馆第 6 版。

8 月

陆侃如、冯沅君《中国诗史》卷中，长沙商务印书馆第 3 版。

冯沅君作诗《闻嘉州被炸并注》（《陆侃如冯沅君合集》第 15 卷，第 340、341 页）。

冯沅君作诗《瀓江秋晚》（《陆侃如冯沅君合集》第 15 卷，第344 页）。

法国马伯乐（H. Maspero）著，冯沅君译《书经中的神话》，国立北平研究院史学研究会出版。

10 月，陆侃如、冯沅君《中国文学史简编》，上海开明书店第 5 版。

本年

陆侃如《五四运动的一段插话：自传之一章》，《宇宙风》第 79 期。

陆侃如《国文科讨论会报告二则》，《云南教育通讯》第 6 期。

陆侃如《吴康著法文汉籍考原》，《青年中国季刊》第 1 期。

陆侃如《记安南的旧戏》，《今日评论》第 1 卷第 2 期。

陆侃如（署名侃如）译《英美法苏援华的步调》，《抗议旬刊》第 9 期。

美国 Paul Reed 著，陆侃如（署名侃如）译《日本的亲美运动》，《抗议旬刊》第 10 期。（按，原文载 *China Today*）

1940 年　冯沅君 41 岁　陆侃如 38 岁

春，冯沅君作诗《澂江春感并注》（《陆侃如冯沅君合集》第 15 卷，第 342 页）。

4 月，冯沅君作诗《曹溪寺》二首并注、《曹溪寺怀升庵、未谷》并注（《陆侃如冯沅君合集》第 15 卷，第 342～343 页）、《南塘并注》（《陆侃如冯沅君合集》第 15 卷，第 350、351 页），作词《点绛唇并注》（《陆侃如冯沅君合集》第 15 卷，第 364 页）。

5 月 27 日，冯沅君（署名沅君）《寄姊》，《平明》第 224 期，《年表》著录。又载《中央日报》第 4 版。

6 月 1 日，冯沅君《续纪事诗》18 首并注。《宇宙风》百期纪念号。其中第 1～16 首、第 18 首，《陆侃如冯沅君合集》第 15 卷收录；第 17 首未收。

8 月，陆侃如作《师院与澂江》，《骊歌》（诗文集），中山大学编辑出版。

本年

冯沅君《一种古小说中的文学史料》，《语言文学专刊》第 2 卷第 1 期。

陆侃如《建安诗谱初稿》（汉魏六朝诗谱之二），《语言文学专刊》第 2 卷第 1 期。

按：《年表》所收《赵辑本〈天宝遗事诸宫调〉跋》一文，作者为匀君（叶德均），应删。

1941 年　冯沅君 42 岁　陆侃如 39 岁

约在 7 月，冯沅君作诗《黄垆并注》(《陆侃如冯沅君合集》第 15 卷，第 353 页)。

约在 9 月，冯沅君作词《鹧鸪天并注》（《陆侃如冯沅君合集》第 15 卷，第 363 页)。

本年

冯沅君（署名沅君)《变》,《新妇女月刊》第 1 卷第 3 期。

冯沅君《南戏拾遗补》,《星岛日报・俗文学》第 21、22 期。

冯沅君《院本补说》,《星岛日报・俗文学》第 27、35、37 期。

冯沅君《读金瓶梅词话旁札》,《星岛日报・俗文学》第 38 期。

陆侃如《建安文学系年（一九六至二一九）》,《清华学报》第 13 卷第 1 期。

1942 年　冯沅君 43 岁　陆侃如 40 岁

2 月 15 日（阴历除夕)，冯沅君赋诗《香岛附注》《再题》《病中得家书感赋并注》（以上三首诗并注见《陆侃如冯沅君合集》第 15 卷，第 354、357 页)。

7 月，冯沅君作《惆怅词　壬午年七月》（《陆侃如冯沅君合集》第 15 卷，第 356 页)。

约在本月，冯沅君作诗《听鹃　粤北作》（《陆侃如冯沅君合集》第 15 卷，第 356 页)。

本年

冯沅君《南戏拾遗补》,《戏曲月辑》第 1 卷第 1 辑。

陆侃如、冯沅君《中国诗歌的起源》（《中国诗史》改订稿第一章),《中国青年》第 6 卷第 6 期。

陆侃如、冯沅君《乐府的起源和分类》,《文艺先锋》第 1 卷第 4 期。

冯沅君《金瓶梅词话中的文学史料》,《艺文集刊》第 1 辑。

冯沅君《我的学生时代》,《妇女新运》第 5 期。

冯沅君（署名沅君)《舒湮的〈董小宛〉》（书评),《文化先锋》第 1 卷第 6 期。

陆侃如《评卫聚贤〈巴蜀文化〉》,《文化先锋》第 1 卷第 4 期。

陆侃如《西园读书记》（书评),《文化先锋》第 1 卷第 5、9、12、17 期。

1943年　冯沅君44岁　陆侃如41岁

1月5日、19日，冯沅君《妇女与文学——三台妇女运动会讲词》(正、续篇)，《中央日报》1月5日第5版、1月19日第5版。

6月，陆侃如《初平兴平文学系年》，《中原》创刊号。

9月

冯沅君《汉赋与古优》，《中原》第1卷第2期。

陆侃如《〈中国文学欣赏举隅〉序》，载傅庚生著《中国文学欣赏举隅》，重庆开明书店初版。

陆侃如《中古诗人生年质疑》，《中原》1卷2期。

陆侃如《译诗两首》：《秋天的歌》(法国P. Verlaine作、陆侃如重译)；《誓辞》(法国P. Louÿs作)，《文艺先锋》第3卷第5期。

本年

冯沅君《元剧中二郎斩蛟的故事》，《说文月刊》第3卷第9期。

冯沅君《记女曲家黄峨、徐媛》，《妇女新运》第4卷第6期。

冯沅君《记女曲家吴藻》，《妇女新运》第4卷第9期。

冯沅君《金院本补说》(正、续)，《志林》第4期。

冯沅君《天宝遗事辑本跋(附表)》，《文科研究所集刊》第1期。

冯沅君《昔昔》《病起》《苏幕遮》(诗词)，《艺苑丛刊》第2期。

陆侃如《"三百篇"的年代》，《说文月刊》第4卷合刊。

陆侃如《中古诗人小记》，国立东北大学《志林》第4期。

陆侃如《评钱基博〈中国现代文学史〉》，《文艺先锋》第3卷第2期。

陆侃如《和杨子英》，《艺苑丛刊》第2期。《陆侃如冯沅君合集》第15卷作冯沅君诗，题作《和杨君子英》。

1944年　冯沅君45岁　陆侃如42岁

1月，冯沅君《古优解》，文史杂志社丛书之三，商务印书馆出版。

3月，陆侃如发表《莎士比亚评传·序》，《莎士比亚评传》，李慕白著，中国文化服务社印行。

春

冯沅君作诗《不寐闻雁，长谣述哀　三十韵》(《陆侃如冯沅君合集》第15卷，第388、389页)。

陆侃如《〈采薇〉〈出车〉〈六月〉三诗的年代》，国立东北大学《志林》第 5 期。

4 月，冯沅君《舒湮的〈董小宛〉》（书评），成都《董小宛特刊》转载。

本年

冯沅君《词的句法》，《读书通讯》第 85 期。

冯沅君（署名沅君）《骰子考》，《紫罗兰》第 12 期。

冯沅君《金院本补说》（续），《志林》第 5 期。

冯沅君《古优解补正》，手稿，《志林》第 8 期。

冯沅君《〈孤本元明杂剧〉钞本题记》，国立北平图书馆专刊丛书，重庆商务印书馆印行。

冯沅君《诸宫调的引辞与分章》，《文史杂志》第 4 卷第 11、12 合刊。

冯沅君（署名沅君）《几封有名的抒情信》，《紫罗兰》第 10 期。

冯沅君《“现代女作家书简”之一》（题目代拟），《风雨谈》第 11 期“现代女作家书简”题目下十三封书信中的第十封。

陆侃如《怎样研究诗经——答某生问》，《读书通讯》第 85 期。

1945 年　冯沅君 46 岁　陆侃如 43 岁

2 月

冯沅君作诗词《岁除篇并注》《如梦令》（《陆侃如冯沅君合集》第 15 卷，第 390、391 页）。

冯沅君《元杂剧与咏史诗》，《文学期刊》创刊号。

冯沅君《古优××的×定》，《学原》创刊号。

法国雨果作，冯沅君译《播种的季节・薄暮》，《文潮》第1 卷第 1 期。

9 月 5 日，冯沅君《为佘雪曼教□（按，此字所据影像缺，当为“授”）画梅作》，《中央日报》（重庆）第 6 版。

1946 年　冯沅君 47 岁　陆侃如 44 岁

5 月 1 日

冯沅君《“科”与“泛科”》，《文潮月刊》第 1 卷第 1 期。

法国雨果作、冯沅君译《播种的季节・薄暮》，《文潮月刊》第 1 卷第 1 期。

8 月，冯沅君译《法国歌曲的价值及其发展——〈法国近代歌曲选〉导言》及《跋》，《文潮月刊》第 1 卷第 4 期。

9 月 21 日，冯沅君（署名沅君）《天真的一群》，《中央日报》第

5版。

本年

冯沅君《再论诸宫调的引辞与分章》,《东方杂志》第42卷13号。

冯沅君《〈双渐小卿诸宫调〉的作者与改者》,《文讯》第6卷新5号。

Dumont Wilden作,冯沅君译《新法国的文学》,《妇女文化》第2卷第1期。

冯沅君《关汉卿及其所创造的女性》,《妇女文化》第1卷第2期。

冯沅君《〈杨白花〉及其作者》,《妇女文化》第1卷第6期。

冯沅君(署名沅君)《法国的高贵,风流人》,《文艺先锋》第9卷第1期。

陆侃如《悼伯希和教授》,《文艺先锋》第8卷第1期。

1947年　冯沅君48岁　陆侃如45岁

1月,冯沅君《古剧说汇》,商务印书馆出版。

3月9日

冯沅君(署名沅君)《妇女与民主:纪念三八节》,《中央日报》第5版。

冯沅君《致赵清阁信》(题目代拟),载赵清阁主编《无题集——现代中国女作家小说专集》,上海晨光出版公司10月初版,该书后易名为《皇家饭店——现代女作家小说散文集》,湖南文艺出版社1989年版。

本月,陆侃如、冯沅君《中国文学史简编》,上海开明书店第7版。

8月1日,冯沅君《杨夫人散曲与〈云窗梦〉》,《中央日报·俗文学》第37期。

9月5日,冯沅君《元剧中的〈东墙记〉》,天津《国民日报·图书》第59期。

本月,Aristide Bruant作,冯沅君译《人民颂》,《文潮》九月号。

10月,冯沅君《倒下了这个家族的巨人——纪念我平生最敬爱者》,收入赵清阁主编《无题集——现代中国女作家小说专集》,上海晨光出版公司发行,该书后易名为《皇家饭店——现代女作家小说散文集》,湖南文艺出版社1989年版。

冯沅君译《我曾漫步》,《诗创造》第4期,《年表》著录;又载《正论》(北平)第6期,题作《我漫步》。

本年

冯沅君《从李煜词论“个”字》,《民言报·艺文》第29期。

冯沅君（署名沅君）译《我漫步》，《正论》（北平）第 6 期。

冯沅君《敬与爱》，《松辽文化》第 2 期。

陆侃如《班彪生于广平说》，《中央日报·文史周刊》第 36 期；又载《新疆日报》12 月 10 日第 4 版，题作《班彪生于广平说：中古文学系年的一段》。

陆侃如《扬雄与王音王根王商的关系》，天津《大公报·文史周刊》第 39 期。

陆侃如《读刘汝霖〈汉晋学术编年〉（专论扬雄部分）》，《大公报·图书周刊》第 32 期。

陆侃如《军事国文选序》，载田一鸣选注《军事国文选》，南京印刷厂印。

1948 年　冯沅君 49 岁　陆侃如 46 岁

2 月 6 日，陆侃如《读郑鹤声〈班固年谱〉》，天津《大公报·图书周刊》第 36 期。

3 月 5 日，冯沅君《关于薛琼琼》，《中央日报·俗文学》第 57 期。

5 月 14 日，陆侃如写成《〈正始石经〉书者辨》（《陆侃如冯沅君合集》第 8 卷，第 227～229 页）。（原注："一九四七年五月十四日于青岛鱼山别墅。"误。陆侃如于一九四七年八月到青岛山东大学任教。一九四七年当作"一九四八年"）

8 月 13 日，冯沅君《暖红室本〈董西厢〉摘误》，《中央日报·俗文学》第 78 期。

9 月

10 日，冯沅君《记侯正卿》，《文艺复兴·中国文学研究号》上。

13 日，冯沅君（署名吴仪）译（法国）民歌《一天早上我起来》，《民言报》。

12 月，陆侃如《左思练都考》，《国立北京大学五十周年纪念论文集》文学院第 13 种。

本年

冯沅君《史弘肇》《史弘肇：金院本补说之一》，《文史杂志》第 6 卷第 1 期。

冯沅君《唐传奇作者身分的估计》，《文讯》第 9 卷第 4 期。

冯沅君《元曲家杂考三则》：一是史樟（史九散仙）的生卒，二是马彦良的官职，三是侯正卿的《离恨》，《文艺复兴·中国文学研究号》下。

法国杜朋作，冯沅君译《工人歌》，《文讯》第8卷第2期文艺专号。

法国杜朋作，冯沅君译《双牛吟》，《文潮月刊》第5卷第2期。

法国 Vacaresco 作，冯沅君（署名吴仪）译《他曾从这里走过》，《民言报》（未详月日）。

陆侃如《一千八百年前的中国文学》，《文潮月刊》第4卷第3期。

陆侃如《记王逸及其子延寿》，《文讯》第8卷第3期。

陆侃如《〈晋潘岳生卒年考〉书后》，天津《大公报·图书周刊》第62期。

陆侃如《时光的考验》，山东大学学生会办的刊物，据《陆侃如自传》。

1949年　冯沅君50岁　陆侃如47岁

1月，陆侃如、冯沅君《中国文学史简编》，上海开明书店第8版。

3月27日，Heiet Kiief 原作，冯沅君（署名沅君）译《我的三日观》，《中央日报》第3版。

8月6日，陆侃如《观〈血泪仇〉小感》，《青岛日报》（?），山东大学人事部所藏陆侃如“干部档案”有剪报件。

冯沅君《看了〈血泪仇〉的几点意见》，同上，冯沅君“干部档案”有剪报件。

10月3日，冯沅君《迎接新中国的诞生》，《青岛日报》（?）。山东大学人事部所藏冯沅君“干部档案”有剪报件。

本年

冯沅君（署名沅君）《不可遏止的急流》，《家》第37期。

陆侃如《关于〈文赋〉——逯钦立先生〈文赋撰出年代考〉书》，《春秋》第6卷第4期。

陆侃如《王延寿的生卒》，《民言报·艺文》第41期。

陆侃如《一个书生的感想》，《青岛日报》（?），山东大学人事部所藏陆侃如“干部档案”有剪报件。

1950年　冯沅君51岁　陆侃如48岁

1月1日，陆侃如《迎接一九五〇》，《山大生活》新1号第3版。冯沅君《咱们就这样过年》，《青岛日报》（?），山东大学人事部所藏冯沅君“干部档案”有剪报件。

2月16日，陆侃如《中苏·友好的新时代》，《光明日报》（?），山东大学人事部所藏陆侃如“干部档案”有剪报件。冯沅君《中国人民的喜事》，同上。

3月8日，陆侃如《学会过穷日子》，陆侃如，《山大生活》新8号第4版。

4月1日，冯沅君《我参加省会得到了些什么》，《青岛日报》（?），山东大学人事部所藏冯沅君“干部档案”有剪报件。

4月8日，冯沅君《我对妇女代表大会的认识》，《青岛日报》（?），山东大学人事部所藏冯沅君“干部档案”有剪报件。

5月

11日，陆侃如《“五四”的教训》，《山大生活》新14号，第4版。

12日，冯沅君《迎接国际护士节》，《青岛日报》（?），山东大学人事部所藏冯沅君“干部档案”有剪报件。

26日，陆侃如《给研究文学史的同志们的一封公开信》，《光明日报》，又载《新华月报》第2卷第3期。

本月，冯沅君《为迎接“六一”“六二”献给青市姊妹们》，《青岛日报》（?），山东大学人事部所藏冯沅君“干部档案”有剪报件。

6月

2日，陆侃如《三个“六二”》，《山大生活》新16号第3版。

11日，陆侃如《论先锋主义》，《山大生活》新17号第4版。

7月1日，陆侃如《七一献词》，《新山大》7月1日。

8月1日，陆侃如《庆祝八一建军节，加强反侵略斗争》，《山大生活》新22号第2版。

9月4日，冯沅君《国际青年节感言》，《青岛日报》（?），山东大学人事部所藏冯沅君“干部档案”有剪报件。

10月

1日，陆侃如《第一个国庆》，《山大生活》新28号第2版。

19日，陆侃如《鲁迅先生和中国文学遗产》，《青岛日报》。

21日，陆侃如《鲁迅先生与中国文学遗产》，《山大生活》新30号第2版。

11月

20日，《教授发表书面谈话表示抗美援朝决心》，《山大生活》新32号第1版。

22日，陆侃如《陆副主任委员在反美侵略大会上的讲话》，《山大生活》新33号第1版。

12月9日，陆侃如《响应祖国的呼唤》，《山大生活》新35号第4版。

本年

冯沅君《我们刻苦学习吧》，《青岛日报》（?），山东大学人事部所藏冯沅君“干部档案”有剪报件。

冯沅君《看〈小二黑结婚〉后的感想》，《山东文艺》第6期。

冯沅君（署名沅君）《不列颠的帝国危机》，《翻译杂志》第6期。

1951年　冯沅君52岁　陆侃如49岁

1月1日

冯沅君《个人的踪迹》，《山大生活》新37号第4版。

陆侃如《在胜利中前进》，《山大生活》新37号第1版。

3月19日，华岗、童第周、陆侃如《山东大学公告（新秘字第五号）》，《新山大》3月19日。

7月

11日，陆侃如《七一献词》，《新山大》。

11日，陆侃如《题辞》（内容为“革命知识青年应该积极参加国防建设事业”），《新山大》第12期第1版。

10月1日，陆侃如《继续深入贯彻“健康第一”的指示》，《新山大》第19期第2版。

12月1日，陆侃如《思想改造与课程改革》，《新山大》第25期第4版。

本年，冯沅君《前七世纪的爱国女诗人——许穆夫人》，《文艺报》第3卷第10期。

1952年　冯沅君53岁　陆侃如50岁

1月1日，陆侃如《要改造工作，必须改造思想——陆侃如副校长在一九五一年十二月二十二日本校政治讲座上的报告》，《新山大》第28期第5版。

2月，陆侃如《关于大学中文系问题》，《人民教育》第2期。

3月15日，陆侃如《一年——为第一届校庆作》，《新山大》第35期第3版。

本月，冯沅君《〈季布骂阵词文〉补校》，《文史哲》第1卷第3期。

4月，冯沅君《答黄云眉、郑静远两先生》，《文史哲》第1卷第4期。

5月3日，陆侃如《纪念“五四”，批判胡适》，《新山大》第42期第1版转第3版；后载《文史哲》本年第5期。

8月，陆侃如《加紧改造思想，迎接新的战斗任务》，收入《教师们的思想改造》，华东人民出版社出版。

10月1日，陆侃如《为爱国卫生运动的普遍、深入和持久而斗争——迎接建国三周年》，《新山大》第61期第2版。

7月12日，冯沅君《批判我的封建的、资产阶级的思想——一九五一年思想工作总结》，《新山大》第52期第5版；又载《文史哲》第7期。

本年

陆侃如《把毛泽东文艺思想贯彻到古典文学的教学中去》，《山东大学学报》总2期。

1953年　冯沅君54岁　陆侃如51岁

1月1日，陆侃如《迎接新年，学好俄文》，《新山大》第73期第3版。

3月2日，华岗、童第周、陆侃如《关于加强校刊工作的决定》，《新山大》。

3月14日，陆侃如《加紧学习，加强工作，来纪念我们的导师》，《新山大》第80期第2版。

本月，陆侃如《我们为什么纪念屈原》，《文史哲》第3期。

5月23日，陆侃如《把爱国卫生工作提高一步》，《新山大》第90期第1版。

6月

14日，陆侃如《屈原的伟大》，《青岛日报》。

15日，陆侃如《屈原——爱祖国爱人民的伟大诗人》，《解放日报》。

8月，陆侃如《论古典作家的宇宙观和创作方法的矛盾》，《山东大学学报》第3期。

10月24日，陆侃如《厉行节约，搞好教学，为国家总路线服务》，《新山大》总106号第1版。

11月7日，冯沅君《满怀信心改革教学——学习辩证唯物论第三个特征的体会》，《新山大》总108号6版。

12月26日，冯沅君《苏联经验同样提高了我们的教学》，《新山大》总115号第3版。

1954年　冯沅君55岁　陆侃如52岁

1月，陆侃如《什么是中国文学史的主流?》，《文史哲》第1期。

5月1日，冯沅君《教学与研究的关系是辩证的》，《新山大》总131第2版。

本月，陆侃如《略论吴敬梓和他的〈儒林外史〉——在山东大学中文系中国文学史教研组吴敬梓逝世二百周年纪念会上的讲话》，《文史哲》第5期。

8月，冯沅君《更上一层楼》，《新山大》(总号待查)。

10月

1日，陆侃如《为全国人民代表大会的伟大成就而欢呼!》，《新山大》总147号第1版。

16日，冯沅君《难忘的日子》，《新山大》总149号第1版。

31日，陆侃如《严厉地肃清胡适反动思想在中国学术界残存的毒害》，《光明日报》。

11月

20日，陆侃如《胡适反动思想给予古典文学研究的毒害——在十一月七日红楼梦第一次讨论会上的发言》，《新山大》总154号第6版；又载《文史哲》1955年第2期。

27日，冯沅君《俞平伯先生在研究方法上的错误——在红楼梦第一次讨论会上的发言》，《新山大》总155号第2版；又载《文史哲》1955年第1期。

12月16日，冯沅君《谈刘姥姥》，《光明日报》。

本年

陆侃如、冯沅君《中国文学史稿》(一至六)，《文史哲》第7至12期。

陆侃如《我们的喜悦》(按，为大标题《拥护中华人民共和国宪法草案》之下一组文章之一)，《文艺报》第14期。

1955年　冯沅君56岁　陆侃如53岁

1月8日，陆侃如《出席中国人民政治协商会议的体会》，《新山大》总161号1版。

本月，冯沅君《试论〈红楼梦〉的人物塑造——以刘姥姥为例》，《文史哲》第1期。

2月，陆侃如《胡适反动思想给予古典文学研究的毒害》，《文史哲》

第 2 期。

3 月

14 日，陆侃如《批判胡适的〈白话文学史〉》，《青岛日报》；又载《光明日报》3 月 15 日。

15 日，陆侃如《批判胡适的白话文学史（提要）》，《新山大》（总号待查）第 1 版。

19 日，冯沅君《了解实际情况，掌握事物规律——学习辩证唯物论的体会》，《新山大》总 169 号第 6 版。

5 月

19 日，冯沅君《批判胡适的〈西游记考证〉》，《青岛日报》；又载《文史哲》第 7 期。

21 日，陆侃如《进一步贯彻全面发展的教育方针》，《新山大》总 178 号第 2 版。

28 日，陆侃如《粉碎胡风的反党阴谋》，《新山大》总 179 号第 2 版。

7 月，陆侃如《依法严惩胡风反革命集团》，《文史哲》第 7 期。

9 月，陆侃如《拥护逮捕审判潘汉年胡风》，《文史哲》第 9 期。

10 月 1 日，陆侃如《五年计划是全国人民幸福的源泉——庆祝 1955 年国庆节》，《新山大》总 190 号第 2 版。

12 月，陆侃如、冯沅君《宋诗简论——〈中国文学史稿〉补》，《文史哲》第 12 期。

本年，陆侃如、冯沅君《中国文学史稿》（七至八），《文史哲》第 1 至12 期。

1956 年　冯沅君 57 岁　陆侃如 54 岁

2 月 9 日，冯沅君《我们要跟上去，我要跟上去》，《新山大》总 208 号第 2 版。

3 月 24 日，陆侃如《印度之行》，《新山大》总 212 号第 4 版。

4 月

陆侃如、高亨、黄孝纾《楚辞选》，古典文学出版社出版。

陆侃如写的《楚辞选・前言》，以《什么是〈楚辞〉》为题，刊于本年《语文学习》第 12 号。

5 月，陆侃如《迦梨陀娑——印度古代最伟大的诗人》，《文史哲》第 5 期。

9月22日，陆侃如《人民的喜讯》，《新山大》第232期第4版。

本月，陆侃如、冯沅君《中国诗史》（修订本），作家出版社出版。

11月25日，陆侃如、冯沅君《关于编写中国文学史的一些问题》，《光明日报·文学遗产》第132期；又载《文史哲》1957年第1期。

本月，陆侃如（署名侃如）《精简国学基本问答》，香港现代文教社出版。

12月，冯沅君《古剧说汇》（修订本），作家出版社出版。

本年，陆侃如《在学术机构里开展“百家争鸣”的关键》，《文学遗产》第115期。

1957年　冯沅君58岁　陆侃如55岁

1月，陆侃如、冯沅君《关于中国文学史分期问题的商榷》，《文学研究》第1期；又载《文史哲》第5期。

3月24日，陆侃如（编著者按，与陈鹤琴、陆秀、曹书田合作）《国民义务教育的年限应该如何规定》，《人民日报》；又载《新华半月刊》第9期。

4月27日，冯沅君《回忆五四——给青年同志的一封信》，《新山大》总260号第2版。

本月

陆侃如、冯沅君《中国古典文学简史》，中国青年出版社出版。

冯沅君《王实甫生平的探索》，《文学研究》第2期。

5月23日，冯沅君《从拆墙说起》，《新山大》总263号第4版。

6月8日，陆侃如《我对学校党委制的看法》，《青岛日报》；又载本月14日《新山大》总268号第1版。

7月10日，冯沅君用笔名“天吴”在《人民日报》第8版发表《管家婆谈生活》。

本月

陆侃如、冯沅君《中国文学史简编》（修订本），作家出版社初版。

冯沅君《关于元曲家的两个问题——答复一位朋友的来信》，《文史哲》第7期。

8月

24日，陆侃如《向全省人民低头认罪》，《大众日报》。

28日，冯沅君《批判陆侃如的反党谬论》，《大众日报》。

9月11日，陆侃如《向全市人民低头认罪》，《青岛日报》。

本年

陆侃如、冯沅君《中国文学史简编》，台北开明书店据 1932 年版印刷。

1958 年　冯沅君 59 岁　陆侃如 56 岁

3 月 20 日，冯沅君《个人规划（1958～1960）》，《新山大》第346 期第 3 版。

6 月 21 日，冯沅君《交出我的白旗，拔去它!》，《新山大》第373 期第 2 版。

本月

冯沅君《座谈周扬〈文艺战线上的一场大辩论〉》，《文史哲》第 6 期。

冯沅君《我所认识的伟大剧作家关汉卿》，收入《冯沅君古典文学论文集》。

11 月，冯沅君《〈中国诗史〉的初步批判》，《文史哲》第 11 期。

本年

陆侃如、冯沅君《中国文学史》，台北启明书局出版。

冯沅君著，杨宪益、戴乃迭译《中国古典文学简史》（英文版），外文出版社出版。

1959 年　冯沅君 60 岁　陆侃如 57 岁

1 月，冯沅君《我在学术思想上的严重错误》，《山东大学学报》第 1 期。

5 月 9 日，冯沅君《揭开尼赫鲁的三个因素的盖子》，《新山大》。

6 月，冯沅君（编著者按，与丁履德、夏鼐、童第周等二十五人合作）《希望印度政治家对当前局势采取明智行动》，《新华半月刊》第 12 期。

秋，冯沅君写作《歌唱跋山水库——词四首》：《蝶恋花》一首、《点绛唇》三首并附注。（《陆侃如冯沅君合集》第 15 卷，第 405 页）

10 月 1 日，冯沅君《不平凡的十年》，《山东大学报》总 437 号第 3 版。

本年，冯沅君《〈三国志演义〉刍论》，《山东大学学报》第 4 期。

1960 年　冯沅君 61 岁　陆侃如 58 岁

1 月，冯沅君《学习毛主席的诗词的初步体会》，《山东大学学报》第

1期。

3月12日，冯沅君《临江仙·为三八节五十周年作》二首，《新山大》。

本月

冯沅君《关于中国文学史上两条道路的斗争》，《文学评论》第2期。

冯沅君《歌唱夏蔚公社》，《山东文学》第3期。

陆侃如《蝶恋花——为夏蔚公社作》，《山东文学》第3期。

5月28日，冯沅君《难忘的省群英会》，《新山大》。

6月

冯沅君《学习毛主席著作和科学研究的“三结合”》，《新华半月刊》第11期。

冯沅君《祝旗手的红旗永远红——献给省群英大会》，《山东文学》第6期。

11月，陆侃如《陶渊明的田园诗》，《文学评论》第6期。

本年

冯沅君《中国古典文学简史》（罗马尼亚文版），外文出版社出版。

陆侃如、高亨、黄孝纾《楚辞选》，香港大光出版社出版。

1961年　冯沅君62岁　陆侃如59岁

1月

冯沅君《古典戏剧中浪漫主义初探》，《文史哲》第1期。

陆侃如《陆机〈文赋〉二例》，《文学评论》第1期。

陆侃如《〈文心雕龙〉中有关浪漫主义的一些论点》，《山东大学学报》第1期。

3月

冯沅君《京剧〈卧薪尝胆〉座谈会上的发言》，《山东文学》第3期。

陆侃如《〈文心雕龙〉论“道”》，《文史哲》第3期。

5月，陆侃如《古典抒情诗中作者形象的自我塑造》，《山东文学》第5至6期。

7月，冯沅君《评价辛弃疾的几点零星意见》，《山东文学》第7期。

8月

1日，陆侃如《陆机的创作理论和创作实践》，《文汇报》第3版。

6日，冯沅君《蒲松龄》，《大众日报》。

9月，冯沅君《对古典文学体裁的一些看法》，《山东文学》第9期。

10 月，陆侃如《文学理论遗产的批判继承》，《山东文学》第 10 期。

11 月

8 日，陆侃如《刘勰》，《大众日报》。

26 日，陆侃如《如何评价〈丁督护歌〉》，《光明日报》。

本月，冯沅君《种瓜不得瓜》，《山东文学》第 11 期。

12 月

17 日，陆侃如《关于文艺理论遗产学习的三点意见》，《光明日报·文学遗产》第 393 期。

本年，冯沅君《陆游的生活道路与创作道路》，《文学遗产》增刊第 8 辑。

1962 年　冯沅君 63 岁　陆侃如 60 岁

1 月

陆侃如、牟世金《刘勰的生平和思想——〈文心雕龙〉简介之一》，《山东文学》第 1 期。

陆侃如、牟世金《〈文心雕龙·序志〉译注——〈文心雕龙〉译注之一》，《文史哲》第 1 期。

2 月

冯沅君《做好继承文学遗产的工作争取作毛主席的好学生》，《文史哲》第 2 期。

陆侃如、牟世金《刘勰的文体论——〈文心雕龙〉简介之二》，《山东文学》第 2 期。

3 月

28 日、4 月 1 日，冯沅君《李清照的〈渔家傲〉与〈永遇乐〉》，《大众日报》。

本月

冯沅君《诗九首》，《山东文学》第 3 期。诗前写道："六二年春初，参加山东省知识分子座谈会，衷心感奋，以小诗纪文。"

陆侃如《〈文心雕龙〉术语用法举例——书〈释"风骨"〉后》，《文学评论》第 2 期。

4 月，陆侃如、牟世金《刘勰论文学与现实的关系——〈文心雕龙〉简介之三》，《山东文学》第 4 期。

5 月

冯沅君《在继承文学遗产的道路上》，《山东文学》第 5 期。

陆侃如、牟世金《刘勰论内容和形式的关系——〈文心雕龙〉简介之四》，《山东文学》第5期。

6月，陆侃如、牟世金《刘勰的创作论——〈文心雕龙〉简介之五》，《山东文学》第6期。

7月

4日，陆侃如《左思和左棻》，《大众日报》。

22日，冯沅君《范仲淹的〈渔家傲〉》，《大众日报》。

本月，陆侃如、牟世金《刘勰有关现实主义的论点——〈文心雕龙〉简介之六》，《山东文学》第7期。

8月

12日，陆侃如、牟世金《刘勰和他的创作论》，《大众日报》。

14日，冯沅君《指导研究生的体会》，《光明日报》(北京)第2版。

本月，陆侃如、牟世金《刘勰有关浪漫主义的论点——〈文心雕龙〉简介之七》，《山东文学》第8期。

9月12日，陆侃如、牟世金《物色》，《大众日报》。

本月

陆侃如、牟世金《文心雕龙选译》(上册)，山东人民出版社第1版。

陆侃如《文学史工作中的三个问题——从文学研究所〈中国文学史〉想起》，《文学评论》第5期。

10月24日，陆侃如、牟世金《神思》，《大众日报》。

本月，陆侃如、牟世金《刘勰的批评论——〈文心雕龙〉简介之八》，《山东文学》第10期。

11月，陆侃如、牟世金《刘勰的作家论——〈文心雕龙〉简介之九》，《山东文学》第11期。

本年

陆侃如、牟世金《刘勰论创作》，香港文昌书局。

陆侃如、牟世金《〈文心雕龙·诠赋〉今译》，《山东大学学报》第2期。

陆侃如、牟世金《〈文心雕龙·镕裁〉今译》，《山东大学学报》第4期。

陆侃如《刘勰论诗的幻想和夸饰——〈文心雕龙〉札记之一》，《文艺报》第8期。

陆侃如、高亨、黄孝纾《楚辞选》，中华书局出版。

1963 年　冯沅君 64 岁　陆侃如 61 岁

1 月

冯沅君《认清阶级关系，加强自我改造》，《文史哲》第 1 期。

陆侃如、牟世金《葛洪的文学观》，《山东大学学报》第 1 期。

2 月，陆侃如《左思评传》，《山东文学》第 2 期。

5 月，陆侃如、牟世金《刘勰论创作》，安徽人民出版社第 1 版。

7 月，陆侃如、牟世金《文心雕龙选译》（下册），山东人民出版社第 1 版。

本年

陆侃如、虞振国《汉人论〈楚辞〉》，《山东大学学报》第 2 期。

陆侃如《刘勰年表》，应山东省莒县刘勰纪念堂之请而作，蒋维崧书写，陈于莒县定林寺。

1964 年　冯沅君 65 岁　陆侃如 62 岁

1 月，林庚、冯沅君主编《中国历代诗歌选》（上编一、二），人民文学出版社出版。

3 月，陆侃如、吕美生《如何批判继承文学理论遗产》，《文史哲》第 3 期。

9 月，冯沅君《怎样看待〈一捧雪〉》，《文学评论》第 5 期。

本年，冯沅君《从思想内容与艺术成就衡量元杂剧》（上），《山东大学学报》第 2 期。

1965 年　冯沅君 66 岁　陆侃如 63 岁

5 月，刘致中、冯沅君《关于〈一捧雪〉的题材》（通信），《文学评论》第 3 期。

7 月，冯沅君《怎样看待（窦娥冤）及其改编本》，《文学评论》第 4 期。

9 月，冯沅君《从〈三家巷〉〈苦斗〉中的人物分析看文学遗产的借鉴问题》，《文学评论》第 5 期。

本年

冯沅君《吴伟业〈圆圆曲〉与〈楚两生行〉的作期——读诗质疑之一》，《文史》第 4 辑。

陆侃如撰写完讲义《中国文学理论简史》，今存手稿 134 页。此手稿后收入《陆侃如冯沅君合集》第7卷，第19～92页。

1968年　冯沅君69岁　陆侃如66岁

陆侃如、冯沅君《中国诗史》（上、中、下三册），香港古文出版社翻印。

1969年　冯沅君70岁　陆侃如67岁

陆侃如、冯沅君《中国诗史》，台北明伦出版社。

陆侃如、冯沅君《南戏拾遗》，台北进学社影印。

陆侃如、冯沅君《南戏拾遗》，台北古亭书屋据哈佛燕京学社排印本影印。

1970年　冯沅君71岁　　陆侃如68岁

《文心雕龙选注》（其中《原道》《辨骚》《神思》《风骨》《情采》《知音》《序志》7篇选自陆侃如、牟世金1962年、1963年出版的《文心雕龙选译》），香港龙门书局出版。

陆侃如《乐府古辞考》，台湾商务印书馆，为王云五主编“人人文库”第1442至1443号。

1973年　冯沅君74岁　陆侃如71岁

5月，陆侃如、冯沅君（署名台湾开明书店编译部编著）《中国文学史简编》，台北开明书店第3版。

10月，陆侃如《精简国学基本问答》，香港汇通书店出版。

本年，陆侃如、冯沅君《南戏拾遗》，台北东方文化书局据哈佛燕京学社出版之燕京学报专号影印。

1974年　冯沅君75岁　病逝　陆侃如72岁

1975年　冯沅君诞辰76年　陆侃如73岁

陆侃如（署名侃如）《精简国学基本问答》，香港汇通书店出版。

1977年　冯沅君诞辰78年　陆侃如75岁

4月，陆侃如《与刘大杰论杜甫信》，《文史哲》第4期。

本年，陆侃如《乐府古辞考》，收入《中国学术类编》，台北鼎文书局出版。

1978年　冯沅君诞辰79年　陆侃如76岁　病逝

5月，陆侃如《诗歌创作的金光大道》，《文史哲》第5期。

7月，陆侃如（署名侃如）《精简国学基本问答》，收入严灵峰编《书目类编》94，据1960年排印本影印，台湾成文出版社有限公司印行。

8月，陆侃如、牟世金《刘勰和文心雕龙》，上海古籍出版社第1版。

本年，陆侃如、冯沅君《中国文学史简史》，香港港青出版社出版。

1979年　冯沅君诞辰80年　陆侃如诞辰77年

5月，陆侃如《忆沅君——沉痛悼念冯沅君同志逝世四周年》，《新文学史料》第3辑，人民文学出版社出版。

11月，林庚、冯沅君主编《中国历代诗歌选》（上编一、二，下编一、二），人民文学出版社出版。（其中上编为第6次印刷，下编为第1版）

1980年　冯沅君诞辰81年　陆侃如诞辰78年

8月，袁世硕编《冯沅君古典文学论文集》，山东人民出版社第1版。

1981年　冯沅君诞辰82年　陆侃如诞辰79年

2月，陆侃如、龚克昌《楚辞选译》，上海古籍出版社第1版。

3月，陆侃如、牟世金《文心雕龙译注》（上册），齐鲁书社第1版。

1982年　冯沅君诞辰83年　陆侃如诞辰80年

4月，陆侃如、牟世金《刘勰论创作》（修订本），安徽人民出版社第2版。

9月，陆侃如、牟世金《文心雕龙译注》（下册），齐鲁书社第1版。

本年，冯沅君《中国文学史》，台北庄严出版社出版。

1983年　冯沅君诞辰84年　陆侃如诞辰81年

3月

陆侃如、冯沅君《中国诗史》修订本，人民文学出版社据1956年作家出版社版本重印。

陆侃如、冯沅君《中国诗史》（修订本），重庆出版社出版。

袁世硕、严蓉仙编《冯沅君创作译文集》，山东人民出版社第 1 版。

7 月，冯沅君（署名淦女士）《卷葹》，人民文学出版社第 1 版。

本年，杨明照、吴圣昔论文，赵仲邑、陆侃如解译，《文心雕龙研究·译解》，台北木铎出版社出版。

1985 年　冯沅君诞辰 86 年　陆侃如诞辰 83 年

6 月

冯沅君遗著、黄祖良整理《李玉剧质疑》（明代文学讲稿之一，一九六四年用），收入赵景深主编《中国古典小说戏曲论集》，上海古籍出版社出版。

陆侃如《中古文学系年》（上、下册），人民文学出版社第 1 版。

1986 年　冯沅君诞辰 87 年　陆侃如诞辰 84 年

冯沅君遗作、黄祖良整理《明代文学专题讲稿》，《许昌师专学报》第 2、3、4 期。

1987 年　冯沅君诞辰 88 年　陆侃如诞辰 85 年

1 月，主要由牟世金、龚克昌编选《陆侃如古典文学论文集》，上海古籍出版社第 1 版。

本年，冯沅君遗作，黄祖良整理《明代文学专题讲稿》（续），《许昌师专学报》第 2 期。

1988 年　冯沅君诞辰 89 年　陆侃如诞辰 86 年

冯沅君遗作，黄祖良整理《明代文学专题讲稿》（续），《许昌师专学报》第 3 期。

1989 年　冯沅君诞辰 90 年　陆侃如诞辰 87 年

赵清阁主编的《无题集——现代中国女作家小说专集》（1947 年10 月由赵家璧在上海创办的晨光出版公司出版），易名为《皇家饭店——现代女作家小说散文集》，由湖南文艺出版社出版，其中收有冯沅君的《倒下了这个家族的巨人——纪念我平生最敬爱者》。

冯沅君遗作、黄祖良整理《清代戏剧研究札记》，《许昌师专学报》第 2 期。

1990 年　冯沅君诞辰 91 年　陆侃如诞辰 88 年

冯沅君遗作，黄祖良整理《中国古代戏剧专题研究》，《艺术百家》第 1、2、3 期。

1991 年　冯沅君诞辰 92 年　陆侃如诞辰 89 年

陆侃如、牟世金《刘勰和文心雕龙》，台北万卷楼初版。

陆侃如、牟世金《刘勰和文心雕龙》，台北国文天地杂志社初版。

1995 年　冯沅君诞辰 96 年　陆侃如诞辰 93 年

4 月，《文心雕龙译注》，陆侃如、牟世金，齐鲁书社第 1 版。

1996 年　冯沅君诞辰 97 年　陆侃如诞辰 94 年

3 月，陆侃如、冯沅君《中国诗史》（修订本），山东大学出版社第 1 版。

11 月，陆侃如、牟世金《文心雕龙译注》，齐鲁书社第 2 次印刷。

1998 年　冯沅君诞辰 99 年　陆侃如诞辰 96 年

7 月，陆侃如《中古文学系年》，人民文学出版社重印。

1999 年　冯沅君诞辰 100 年　陆侃如诞辰 97 年

1 月，陆侃如、冯沅君《中国诗史》（修订本），百花文艺出版社 20 世纪经典学术之一第 1 版。

本年，（战国）屈原著，陆侃如、龚克昌等今译，宋成林、唐勇等画，《国画离骚·国画天问》，湖南人民出版社出版。

2002 年　冯沅君诞辰 103 年　陆侃如诞辰 100 年

1 月，陆侃如、冯沅君《中国诗史》（修订本），百花文艺出版社重印。

2007 年　冯沅君诞辰 108 年　陆侃如诞辰 105 年

5 月，吴兵根据陆侃如、冯沅君 20 世纪 30 年代出版的《中国文学史简编》编辑成《中国文学史二十讲》，山东画报出版社第 1 版。

本年，陆侃如、冯沅君《中国诗史》（修订本），百花文艺出版社重印。

2008 年　冯沅君诞辰 109 年　陆侃如诞辰 106 年

陆侃如、冯沅君《中国诗史》(修订本)，百花文艺出版社重印。

2009 年　冯沅君诞辰 110 年　陆侃如诞辰 107 年

陆侃如、冯沅君《中国诗史》(修订本)，山东大学出版社第 2 版。

陆侃如记、李剑锋辑录整理《陆侃如馆务日记十七则》，《新文学史料》第 4 期。

2011 年　冯沅君诞辰 112 年　陆侃如诞辰 109 年

7 月，陆侃如、牟世金著《刘勰和文心雕龙》，上海古籍出版社第 1 版。

8 月，陆侃如、冯沅君著，袁世硕、张可礼主编《陆侃如冯沅君合集》，共 15 卷，安徽教育出版社出版。

2014 年　冯沅君诞辰 115 年　陆侃如诞辰 112 年

3 月

陆侃如、龚克昌选译《楚辞选》(中华传统文化经典选读)，人民文学出版社出版。

陆侃如、龚克昌选译《楚辞选译》(中学生文学阅读必备书系　高中部分)，人民文学出版社出版。

7 月，法国马伯乐著，伭晓笛、盛丰等译《马伯乐汉学论著选译》，中华书局第 1 版，其中收有冯沅君译《书经中的神话》。

11 月，陆侃如《屈原与宋玉》，山西人民出版社出版。

12 月，陆侃如《乐府古辞考·左思练都考》，山西人民出版社出版。

2015 年　冯沅君诞辰 116 年　陆侃如诞辰 113 年

9 月

陆侃如、冯沅君《中国诗史》卷 1～3，《民国诗歌史著集成》(第 1～4 册)，陈引驰、周兴陆编，南开大学出版社出版。

瑞典高本汉著，陆侃如译《近代海外汉学名著丛刊　左传真伪考及其他》，山西人民出版社出版。

2020年　冯沅君诞辰121年　陆侃如诞辰118年

11月，陆侃如著、清华大学国学研究院主编、鄢嫣选编《陆侃如文存》，江苏人民出版社出版。

附录二　陆侃如、冯沅君先生《中国诗史》的主要贡献[①]

一

在我国，文学史作为一门独立的学科始于20世纪初。根据陈玉堂《中国文学史书目提要》和其他文献资料，我们知道，在陆侃如、冯沅君先生着手撰写《中国诗史》（以下简称《诗史》）之前，我国已经出版的中国文学史约有30种，国外出版的也有多种。对于已经出版的多种文学史，先生都不满意。陆先生在1927年发表的《〈古代诗史〉自序》一文中说：

> 我国文学至少有三千年的历史［（公元）前一一〇〇～（公元）后一九〇〇年］，然迄无一本差强人意的文学史——也有迻译外人所著来充数的，也有杂抄文论诗话来凑成的。书的内容更是可笑——也有远论三王五帝的文学的，也有高谈昆曲与国运之关系的。个个人都诅咒中国无好文学史，个个人都希望中国有好文学史，然而没有一个人肯自己动手做一部文学史。在这种情形之下，我忍不住要来尝试一尝试。
>
> 然而中国文学史的材料异常丰富，像我这样一个年轻学浅的人，自然不能一蹴即成。所以我现在先做《诗史》，做成后再扩充做全部文学史。

先生对以前编写的文学史的看法显然是相当偏激的，但却表现了他开始撰写《诗史》时的青年朝气，表现了一种学术挑战的勇气和超越前人的信念，同时也确定了自己所追求的学术品格。这一点流贯在《诗史》的写作过程中，同时也预示了撰写超越以前的中国文学史，是先生一生治学所追求的一个重要目标。

关于《诗史》的写作情况，陆先生在1930年写的《诗史·序例》中做了说明：

① 原载《文史哲》2002年第2期，收入本书时个别文字有改动。

此书是我和沅君合写的。起初我打算一个人写，在北平读书时，便写成“导论”及《古代诗史》。后来在上海教书，即以此稿作讲义，并续写《中代诗史》。时沅君在上海讲词曲，故以《近代诗史》托付她。我自己又写一篇附论，全书就此完成了。

《诗史》全书定稿是在1930年夏天。此书在没有出版之前，一些知情者就寄予很高的期望。胡适在1928年所写的《白话文学史·自序》中说：“我很抱歉，此书不曾从《三百篇》做起，这是因为我去年从外国回来，手头没有书籍，不敢做这一段很难做的研究。但我希望将来能补作一篇古代文学史，即作为这书的‘前编’。我的朋友陆侃如先生和冯沅君女士不久要出版一部《古代文学史》（按：应为《中国诗史》），他们的见地与功力都是很适宜于做这种工作的，我盼望他们的书能早日出来，好补我的书的缺陷。”先生的《诗史》，的确不负所望。书中不止有一篇“诗经时代”，对《诗经》做了全面的述评，弥补了《白话文学史》的缺陷，更重要的是此书出版以后，因其学术价值而受到了学术界的重视，或推荐，或参考，或评论，产生了相当大的影响。它的影响从20世纪30年代开始，一直延续到今天。

鲁迅在1933年《致曹靖华》的信中，推荐“可看”的文学史共5种，其中有先生的《诗史》，另外4种是：谢无量的《中国大文学史》，郑振铎的《插图本中国文学史》，王国维的《宋元戏曲史》，鲁迅的《中国小说史略》。《诗史》问世之后，相继出版了许多文学史。其中有不少文学史的写作参考了《诗史》。1933年杨荫深出版的《先秦文学大纲》，书末列42种参考书，含近人著作5种，其中有《诗史》卷上。1934年龙沐勋出版的《中国韵文史》，附录列中国韵文简要书目，选“时人论著”4种，其中之一为《诗史》。1935年刘经庵出版《中国纯文学史纲》，此书“曾参考关于中国文学论著的版本数十种”，其中有《诗史》。1936年赵景深出版《中国文学史新编》，分古代、宋元和明清三编，各编均列《诗史》为参考书。1938年杨荫深出版《中国文学史大纲》，除《楚辞》部分吸取陆先生的成果外，关于乐府部分，也多取资于《诗史》。1934年，罗根泽发表了《郑宾于著〈中国文学流变史〉》一文。文中论及“五四”以后“泰半是用观念论的进化史观与缘情的文学观”来编写文学史时，列举了3种著作，第一种就是《诗史》。①

① 王钟陵：《20世纪中国文学史论文精粹·文学史方法论》，石家庄，河北教育出版社，2001年，第114页。

在40年代，顾颉刚在《当代中国史学》一书中，认为《诗史》“颇称详备，为此类书的创作”。

到50年代，《诗史》仍被视为一种重要的著作。1956年，作家出版社出版了修订本。1957年，《文学研究》第2期发表了谷典的以《中国诗史》为题的书评，从多方面肯定了这部著作。认为它是第一部“有系统的诗歌史”，“二十多年来，这部著作在我国古典文学研究方面是起到一定推动作用的”。

自20世纪80年代以来，至少有三家出版社再版了《诗史》。先是1983年，人民文学出版社出版。之后，1996年山东大学出版社出版。1999年百花文艺出版社又把它作为20世纪经典学术史之一出版。

从上面列举的事实可以看到，《诗史》出版以后，一直受到学术界的重视，把它作为我国古代文学研究的一项重要成果。这说明这部著作同诸多短命的文学史不同，它是有生命力的，有的出版社把它列入20世纪经典学术史是符合实际的。

二

冯沅君和陆侃如先生是在五四运动过后不久开始进入中国古代文学研究的。在学术研究上，他们以青年人富有的敏锐，接受了现代学术观念和研究方法。这主要是进化论思想和唯物史观。进化论和唯物史观相当明显地体现在《诗史》当中。先生认为：“文学是渐渐进化而成的，不是一二天才所能凭空创造的。”① 基于上述观点，先生在《诗史》中对我国古代诗歌变迁的趋势，对多种诗体的产生和变化，对许多诗歌的艺术技巧等，大都能从流变的视角，做动态的描述。

我国古代诗歌的演进相当复杂，波浪起伏，时弱时强，时显时隐，但毕竟有其演进的趋势。先生在综合研究的基础上，描述了我国古代诗史演进的大势，认为：“中国诗歌变迁的第一关键在汉，第二关键在唐。”根据上面的认识，先生把我国诗歌的演进分为古代、中代和近代三个时期。古代从诗歌的起源到汉代，约1600年，“古代的诗可以说是‘自由诗’，而《古代诗史》也可以说是‘诗的自由史’”。中代自汉末到唐代，约700年。这一时期诗歌的特点“是于天然的美以外，更加以人工的美。人工美有时不及天然美之自然，天然美也有时不及人工美之工致，我们不能随便轩轾于其间。不过加一种人工，便多一种束缚，我们既称古代为自由

① 陆侃如、冯沅君：《中国诗史》，上海，大江书铺，1931年，第195页。

史，也不妨称《中代诗史》为‘诗的束缚史’”。近代自唐末到清代，约1000年。先生认为，晚唐以后，诗歌沿着两个方向变化：“一个方向是拿乐律代诗律”，“还有一个方向是文字日渐解放”。根据上面的认识，先生把近代诗史称为“诗的变化史”。① 我国的诗歌史源远流长，作为诗歌史，应当依据诗歌的实际，从历史与逻辑的结合上，对诗歌变迁的大体趋势，做出理论上的概括。在这方面，先生的概括是否恰当，可以讨论。但这毕竟表现了一种勇于探索的精神。这在当时是难得的，即使在今天，对我们也有启示意义。

我国古代诗歌有多种诗体，这些诗体都有一个萌生和演变的历程。在这方面，《诗史》从史的角度，常常是溯其源，述其流，有时不惜笔墨予以描述。例如，五言诗是我国古代的一种重要的诗体。《诗史》对它十分重视。先生在述评中世诗坛的五言诗时，首先分乐府诗和文人诗两条线索，比较详细地描述了五言诗的产生和发展。就前者而言，说明五言诗源于乐府诗，靠乐府来滋养。就后者而论，历叙了班固和蔡邕等八位文人所作的五言诗，说明五言诗在乐府诗中滋长的过程中，文人也试作五言诗。两条线索合起来，“历二三百年之久，到东汉的末年便成立了”②。如此说来，先生对盛行在中世诗坛的五言诗，没有做孤立的描述，而是从演进的角度，讲清了它产生的过程。《诗史》对五言诗是这样，对其他诗体大体上也是这样。

两位先生在撰写《诗史》时，唯物史观和马列主义文艺理论陆续传入我国。对这些新的理论，他们深为佩服，以求新的欲望，如饥似渴地学习，并尝试贯彻到《诗史》的撰写当中。③ 现在我们阅读《诗史》，可以发现书中有不少篇章闪耀着唯物史观和马列主义文艺理论的亮点。先生服膺艺术是一种意识形态，而意识形态是由社会存在来决定的观点。基于这种认识，《诗史》在评述许多诗歌现象时，能够把它们放在一定的社会条件下加以分析，进而揭示这些现象产生的根基。《诗史》中关于我国古代诗歌的萌芽问题的描述，就是一个证明。先生在《诗史》卷上“萌芽时代”篇中，根据考古发现的卜辞，假定我国古代诗歌的萌芽时代，是从传说的盘庚即位之年到传说的纣自杀之时。接着联系当时社会的、经济的、文化的、艺术的以及语言的一般状况，阐释了劳动产生了舞蹈、音乐和诗歌，论述了诗歌在那个时代萌发的必然性。又如，论述陶潜说：“桃花源

① 参见陆侃如、冯沅君：《中国诗史》，上海，大江书铺，1931年，第7～10页。
② 陆侃如、冯沅君：《中国诗史》，上海，大江书铺，1931年，第420～433页。
③ 参见牟世金、龚克昌：《陆侃如传略》，《晋阳学刊》1983年第5期。

的理想是由政治的不良与社会的不安宁而产生的。”[①] 论述苏轼说：“苏轼是中国文学史上最有天才的作者之一……这种伟大天才的产生，自然和他所处的环境有密切的关系。”[②] 值得提出的是，先生在运用唯物史观时，注意避免简单化，注意把唯物史观所强调的原则同影响诗歌演进的多种因素结合起来。《诗史》在描述先秦楚国诗歌的演进时，除了关注社会状况之外，还揭示了自然条件、“巫风”和民俗等方面的作用。先生指出：楚国所据的地点，“实最宜于文学的发展。一切大山，一切大水，几乎全在它的范围以内……文学与自然界的关系是很大的，《二南》便是一个实例。所以，其版图若永远像熊绎时那么小，楚民族便不能成为一个独立的团体，大诗人也不会产生于它的境内，而它的历史也永远不能在文学里占篇幅了”，“而且因为吴、越、陈等国并入版图的原故，楚民族的文学又得到一种滋养，这便是《伪商书》所谓‘巫风’”。[③] 宋玉的《招魂》，旧说以为招屈原之魂，所以处处附会到放逐上去。朱熹又认为《招魂》本死后之礼。《诗史》不以上述解释为是，而是从民俗学的角度，作出了新的解释。认为它是类似南方人的“叫火”和北方人的“叫魂”，是巫觋所唱的歌词。[④] 先生撰写《诗史》时，全国革命处于低潮，马克思主义的传播受到限制。在这种形势下，先生坚持用唯物史观来撰写《诗史》，难能可贵，表现了他们为了追求真理无所畏惧的学术品格。

三

我国古代诗歌史料纷繁杂乱。对这些史料，如何弃取，是诗史撰写者面对的一个重要的问题。在这方面，先生有明确的指导思想。先生在《诗史》的“导论”中说：“我们认为一般文学史的失败，多半因为材料的取弃不能适当。”有鉴于此，先生在“导论”中以突出的地位，重点阐释了《诗史》的材料问题，宣明了“人取我弃”和“人弃我取”的原则。表面上看，上述原则太绝对，有故意标新求异的嫌疑。实际上，先生指的是对以前文学史所使用的史料，不能盲从，要加以甄别。文学史应当用真实可靠的史料，应当有文学史家自己的抉择。

就“人取我弃”方面来说，先生认为过去有些文学史著述所使用的某

① 陆侃如、冯沅君：《中国诗史》，上海，大江书铺，1931 年，第 150～151 页。

② 陆侃如、冯沅君：《中国诗史》，上海，大江书铺，1931 年。此据上海书店影印《民国丛书（第五编）》复印本，第 1052 页。

③ 陆侃如、冯沅君：《中国诗史》，上海，大江书铺，1931 年，第 179～180 页。

④ 参见陆侃如、冯沅君：《中国诗史》，上海，大江书铺，1931 年，第 258 页。

些史料是伪作，并不可靠。先生治学，在注意接受现代学术观念和研究方法的同时，又能植根于传统的学术基础之上，保持了乾嘉学派的朴学传统，在史料上以“传信自勉”。[①] 在《诗史》中，先生本着去伪存真的态度，用了不少篇幅做辨伪的工作。这在今天看来，似乎显得烦琐。但在当时，确有必要。检阅《诗史》之前的一些文学史，把伪作当作真史料使用的，屡见不鲜。例如：《诗经》以前传为羲农尧舜禹汤时的作品，过去的不少文学史信以为真，把它们定为“邃古文学”，这显然是缺少证据的。因此，先生在对所谓“邃古文学”所论述的“古逸诗”作了辨伪，并予以舍弃。[②] 文学史必须建立在史料真实的基础上。这方面，《诗史》所做的工作，就其具体内容来分析，随着学术的进步，今天看来，有的不一定正确，但这一精神仍值得我们坚持。

关于“人弃我取”方面，先生说：“有许多材料，为一般文学史家所认为不重要或认为非诗的，我们却认为诗史的主要材料。我们的意思是想扩大‘诗’的领土。从前所谓‘诗’，是专指五七言的古近体而言。我们所谓诗，是指古往今来一切韵文而言。前人选诗的或论诗的，不但把《诗经》《楚辞》除外，并且把乐府也驱出。”[③]《诗史》在“扩大‘诗’的领土”上引起了争议，出现了偏失，这一点，我们在后面予以论述。这里，想强调的、也是值得我们重视的是，在史料问题上，先生勇于突破以前的做法，不但扩大了诗的范围，更重要的是突出了重点，充分重视了那些在诗歌演进史上能够代表时代和反映诗歌变迁大势的史料。书中分别以“诗经时代”“楚辞时代”“乐府时代”“曹植时代”“陶潜时代”“李白时代”“杜甫时代”为题，就说明了这一点。另外，还有对小曲和歌谣的重视。《诗史》用了较多的文字对小曲作了述评。从20世纪20年代开始，搜集和发表近代无名氏歌谣的风气比较盛行。先生对这些歌谣十分看重，认为它们“有许多呈显着时代的标记”[④]。它们是“最质朴，最自然，为大众所共同创作，为大众所共同欣赏的作品”[⑤]。先生把这些歌谣作为《诗史》的“压轴戏”，用了相当多的笔墨予以描述。这在以前的文学史中是比较罕见的。在我国诗歌演进史上，重要的作品和伟大的诗人，常常奠基了某种诗歌或流派，或者是给某种诗歌或流派的演进增加了新的、重要的特

---

① 参见陆侃如、冯沅君：《中国诗史》，上海，大江书铺，1931年，第27页。

② 参见陆侃如、冯沅君：《中国诗史》，上海，大江书铺，1931年，第21～27页。

③ 参见陆侃如、冯沅君：《中国诗史》，上海，大江书铺，1931年，第5页。

④ 陆侃如、冯沅君：《中国诗史》，上海，大江书铺，1931年，第1216页。

⑤ 陆侃如、冯沅君：《中国诗史》，上海，大江书铺，1931年，第1399页。

点。他们审美地表现生活的形式的变化是诗歌史上重要的环节。因此，《诗史》突出重要作品和诗人，是完全应当的。当然重点不能取代整体。作为一部诗史，它在突出重点作品和诗人的同时，也应适当地兼顾其他作品和诗人。如果忽视了其他作品和诗人，就不可能展现诗史的丰富性，也不可能全面地揭示重要作品和诗人出现的根由和探讨诗歌演进的规律。有鉴于此，《诗史》在用重笔述评重要作品和诗人的同时，也根据其他诗人和作品在诗歌演进过程中的地位和作用，给了他们一定的篇幅。同以前的文学史相比，《诗史》在处理重要史料和一般史料方面有创意，即使在今天，仍值得我们借鉴。

四

《诗史》许多篇章的内容，都是由历史背景、诗人传记和作品三部分组成的。作为一部诗歌史，应当说，上述三部分都是需要的。历史背景可以展示诗歌产生的土壤。诗人传记表现诗人的境遇、思想和心态。二者都有助于我们理解作品。上述两部分尽管重要，但毕竟不是诗歌史的主体。历史背景属于诗歌产生的外在条件。这种外在条件是否影响诗人，如果有影响，在多大程度上产生影响，往往与诗人的主观情况密切相关。从传记来说，诗人的生平和创作有多种多样的联系。诗人的创作作为一种审美活动，是由多方面的因素构成的，不能完全把诗人的生平同他的创作和作品径直地联系在一起。因此，历史背景和诗人的传记，虽然是诗歌史的组成部分，但不能成为诗歌史的主体。“诗歌史”者，是诗歌作品演进的历史。对这一点，先生有相当明确的认识。因此《诗史》尽管把历史背景和诗人的传记作为重要的内容，但目的还是为了述评诗歌作品。总观《诗史》，其主要内容和篇幅，是在诗歌作品的述评方面。这种以诗歌作品为本位、为主体的思想和实践，在当时是难得的，在今天也仍值得我们取法。

我国古代的诗歌作品数以万计，丰富复杂。对这些作品，如何选择？这是撰写诗歌史面对的一个重要的问题。在这方面，先生基本上是取宽容态度的。《诗史》述评的作品，大体上是以那些思想内容和艺术形式结合较好的作品为主，同时也兼顾了其他方面，注意了不同作者和少数内容和形式并不高明的作品。对汉代的乐府诗，以前有的文学史，只讲乐府民歌。《诗史》则宽容得多，在“乐府时代”一篇中，除第一章“导论”外，又分别设有“贵族的乐府”“外国的乐府”和“民间的乐府”三章，对汉乐府诗作了全面的述评。有些作品，其内容和形式，先生认为“是没有很高价值的”，但在《诗史》中却受到了重视。如“秦民族的诗”一章中对荀况的作品的述评。在先生看来，荀况的作品，内容多是说理、教训，艺术也不高明，但先生却用了不少笔墨予以述评。先生这样做，是认为荀况的作品在文学史上的位置“很重要，他对前人及后人的关系太明显，我们不能不注意”。一般的文学史，述评的往往是那些优秀的作品，这是应当的。但如果局限于此，又显得不够全面。有些作品，并不能视为优秀之作，但在文学史上却有影响。文学史对这类作品，不应简单地舍弃，而应当适当地选择一部分，把作品的丰富面貌表现出来，把史的脉络显示出来。在这方面，《诗史》的做法，可供我们参考。

在我国古代诗歌史上，许多优秀的作品，都是作者在汲取前人或同时代人所取得的成果的基础上，努力创新的结果。是创新，推动了诗歌的发展，形成了不同的流派，使作品显示出鲜明的特点。这一点，非常明显地体现在《诗史》对作品的分析上。这里，我们列举对宋玉、曹操、岑参的作品和对王维诗派的分析作为例证。《诗史》“宋玉”一章分析宋玉的作品说：“宋玉是一位长于描写的诗人。他在《九辩》里描写秋景的几处都是绝无仅有的作品。《招魂》中——尤其是本文中的第二部分——的描写，无论是写景写人写事，没有一样不是淋漓尽致，栩栩如生……他不但描写极丽，而且都有分寸。”“建安诗人”一章分析曹操的作品时，充分肯定了曹操乐府诗创新的重要意义，指出“两汉是乐府的时代，因为就诗论诗，只有乐府能代表两汉。不过当时的文人所努力的却在辞赋而不在乐府。曹操是第一个能够认识乐府的真价值的人。他能接受乐府时代的遗产而蔚成第三世纪文学之盛”。“他富于创造力。汉代四言不脱《三百篇》旧套，独他的四言不如此……他的五言也能渐脱汉乐府的束缚而自铸伟辞。”对岑参的诗歌，在“李白时代”一篇的“导论”中分析说：“岑诗特点有三：一，长于七言，二，喜写战争，三，风格雄放……岑参若写风定是大风，写雪定是大雪，或是大热大寒。”言简意赅，揭示了岑诗所独具的特色。《诗史》在“王维及其派”一章中，特别注意阐述王维及其诗派的特点，指出：开发王维诗的钥匙是一个“静”字。王维诗最爱用“静”字。“唯其他能静，故他能领略到一切的自然的美，而成为陶潜以后唯一的伟大的自然诗人。”关于王维诗派的特点，先生总结了三点：“(1) 诗的形式，以五言为主。(2) 诗的内容，注重自然的美。(3) 诗的风格，取澹远而摒雄放。”这样的总结，应当说是精当的。

我国古代诗歌有不少优秀的作品，这些作品的内涵极其丰富。为了把它们的丰富的内涵揭示出来，我们在分析这些作品时，应当取多种视角，运用多种方法。在这方面，《诗史》也作了有益的尝试。《诗史》在分析作品时，总的来看，注意了思想内容和艺术表现的统一。在这一前提下，常常运用文艺社会学、文艺心理学、比较文学和语言学等方法。

杜甫是《诗史》述评的伟大诗人之一。《诗史》“杜甫”一章对杜甫诗作的分析，许多地方是运用了文艺社会学方法。如书中分析杜甫第二个时期的诗歌说：“第二期在乱离中的作品，约一百四十余首。这其间倒有一半以上是写安史之乱的。或叙当时的战迹”；“或述丧乱的情形”；“或自伤身世”；“或挂念妻子”；“或希望太平”；“或讥刺尸位”。“而此时期中最重要的作品，终要推三吏三别。”“总之，这时期中的作品，大半是安史之乱的反映。”

关于心理分析，我们看“诗经时代”“二《南》”一章中对《摽有梅》的分析：《摽有梅》“是描写一个待嫁女子的心理。她很迫切地要求恋人来娶她，越早越好。首章说：‘求我庶士，迨及吉兮。’这尚有择日之意。次章说：‘求我庶士，迨其今兮。’这便不用择日。而末章说：‘求我庶士，迨其谓之。’她简直想亲自去催促了”。这样从心理的视角来分析，颇能体悟入微。又如“楚辞的起源”一章分析《九歌·少司命》“悲莫悲兮生别离！乐莫乐兮新相知”说：“这‘生’字不作‘死生’解。无论悲或乐，久则失却刺激性；故‘生别离’之生字与‘新相知’之新字相同，表示刚刚分别为更可悲，刚刚相爱为更可乐。这样描写我们的心理，真可谓入木三分了。”

比较的方法，也常常见于《诗史》，如“韩愈及其派”一章分析韩愈诗派孟郊的诗歌时，一方面指出了孟郊和韩愈都受杜甫“语不惊人死不休”的影响，重视形式，“选奇争胜”，形成了相近的风格。同时又指出了孟郊与韩愈有不同之处：孟郊“喜为穷苦之句”。如：“驱却座上千里寒……暖得曲身成直身”；“富别愁在颜，贫别愁销骨”。此外，还表现在孟郊的诗题，有一大半是用“怨”“苦”“伤”“愁”“忧”“病”“感”“楚”“叹”“饥”“恨”“恼”“贫”“吊”等字。这样的分析，探幽烛微，有助于加深我们对孟郊诗歌的体悟。

文学是一种语言艺术。在文学当中，诗歌的语言又有自己的特质。这些特质常常通过诗中的字词、句法、句调、对偶、节奏、韵律等表现出来。在这方面，《诗史》在分析作品时常常能有所顾及。《诗史》“十一国风”一章分析《七月》“五月斯螽动股”六句说：“我们只看句首的数目字，似乎太规则，然而下半句却有‘震’‘动’‘入’等字，还有三个‘在’字，这几句诗便也‘震动’起来。”同章分析《中谷有蓷》说：这首诗“是一大悲剧。我们读了似乎听得一片女子的哭声：‘有女仳离，条其歘矣。条其歘矣，遇之人不淑矣。’遇人不淑，古今同慨，此诗音调至为凄怆。全篇用‘矣’字助词，颇有深意。‘矣’字表示完成，表示过去，意思是说这事到了生米煮成熟饭的时候了，无可挽回了”。“小雅”一章分析《北山》末段说：“这里接连用十二个或字，来讥讽不均之事，再痛快没有的了。这种体裁，后人竟不敢应用。”字的声韵的协调和变化是构成诗歌语言美的重要因素。《诗史》在解析诗歌时，注意了这一点。如“十一国风”一章分析《月出》时说：“此诗全篇中如首章之‘皎’‘佼’‘僚’‘窈’‘纠’‘劳’‘悄’，次章之‘皎’‘佼’‘懰’‘忧’‘受’‘劳’‘慅’及三章之‘照’‘佼’‘燎’‘夭’‘绍’‘劳’‘惨（懆）’等二十余字都有声韵上的关系，使我们读了，不期然地感到一种忧愁幽郁的不能自抑的烦闷。”衡诸许多诗歌史，一般对诗歌的内容都比较关注，这当然是对的。遗憾的是，对诗歌的字词、韵律、句法等，则往往有所忽视。《诗史》注意了这方面，而且有些分析相当精细。这不只弥补了过去诗史的缺欠，同时也是我们今天应当重视的一个问题。

五

从上面的论述可以看到，在 20 世纪的 20～30 年代，在我国古代诗歌史研究领域，《诗史》斐然有所成，做出了自己的贡献。但综观全书，也不难发现，书中也存在着不少偏失，留下了一些遗憾，其中特别突出的是对晚唐以后诗歌的否定。《诗史》基于“把诗的领土扩展到韵文的全体”的指导思想，狭义的诗歌只写到晚唐，认为“自此以后，狭义的诗便没有光荣的时期了”，“同时另一种体裁‘词’却正在发扬滋长中”①，并认为“词盛行以后的诗及散曲盛行以后的词，则概在劣作之列”，因而“删却了”。② 先生对诗歌的界定，取其广义，不仅涵盖我们通常所说的诗歌，还囊括了词和散曲。这种认识和做法，尽管在当时和后来不被大多数学者所认同，但毕竟可作为一家之说。《诗史》在这方面的偏失，主要不是表现在对诗歌的界定上，而是表现在把“词盛行以后的诗及散曲盛行以后的词”都视为“劣作”。这显然是一种偏失。上述偏失产生的原因，主要有两点：一是盲从了胡适等所宣扬的文学进化论观点。《诗史》在“附论”中引胡适说：“我们若用历史进化的眼光来看中国诗的变迁，便可看出自《三百篇》到现在，诗的进化没有一回不是跟着诗体的进化来的……南方的骚赋文学……是一次解放……汉以后的五七言古诗……是二次解放……

---

① 陆侃如、冯沅君：《中国诗史》，上海，大江书铺，1931 年，第 867 页。

② 陆侃如、冯沅君：《中国诗史》，上海，大江书铺，1931 年，第 7 页。

诗变为词……是三次解放……这种解放，初看去似乎很激烈，其实只是三百篇以来的自然趋势。”先生对胡适的观点，不仅赞成，而且从《诗史》的构架来看，很明显是受到了胡适的影响。二是思想方法的绝对化。如何对待词和曲，人们的认识在不断地变化。20 世纪之前，人们常常把词看成是“诗馀”，瞧不起它；至于曲，也受到冷遇。到 19 世纪 20 世纪之交，情况有了改变。“五四”之后，又有了进一步改变，用胡适在《〈中古文学史概论〉序》中的话说：“不知不觉的起了一种反动。”这种“反动”“对于文学史的见解也就不得不起一种革命了”。看来，《诗史》写作时，正是不少人由以前对词和曲的轻蔑到极为推重的时期，这种推重伴随着对诗歌的否定。《诗史》弃而不讲词兴盛以后的诗歌，当与这种绝对化的思想方法的影响有关。

我国是一个诗的国度，诗歌有悠久的历史。但是系统的诗歌史却迟至 20 世纪 20～30 年代才出现。如果从《诗史》的“导论”和《古代诗史》算起，应当说《诗史》是我国第一部诗歌史，有开创性的学术地位，在多方面做出了贡献。先生撰写《诗史》时，还不到 30 岁。书中偏失的出现，固然与先生当时的学识有关，更重要的是时代的局限。《诗史》从初版到现在有 70 年了，它已经成为一种学术遗产。今天我们分析《诗史》，应当把它放在当时的历史条件下，肯定它的贡献，指出它的偏失，总结经验教训，目的是推进我们的文学史学科的建设。

附录三　冯沅君：两个五四运动的踊跃参加者[①]

一、两个五四运动

我们通常所说的五四运动，实际上包括两种：一是1919年发生在北京的五四学生运动，一是新文化运动。

五四学生运动直接起因于1919年日本对中国青岛的侵占。第一次世界大战，中国本来属于战胜国。第一次世界大战结束后，英、法、美、日、意等国家1919年1月在巴黎召开“和平会议”，签订“凡尔赛条约”，日本提出“二十一条”。中国北洋政府在全国人民的压力下，向和会提出取消“二十一条”和收回被日本夺取的原被德国侵占的青岛及其在山东的权利，结果遭到与会的帝国主义国家的拒绝，北洋政府准备在和约上签字。消息传开，举国愤怒。5月4日，北京以北京大学的学生为首，3000多学生在天安门广场集会，高呼“外争国权，内除国贼”“废除二十一条”“还我青岛”等口号。集会后，游行示威。学生打了章宗祥，火烧曹汝霖住宅。北洋政府派军警镇压，逮捕学生30多人。接着北京学生实行总罢课，并通电全国，表示抗议。天津、上海、长沙、广州等地的学生也纷纷游行示威、罢课，声援北京学生。6月3日、4日，北洋政府又逮捕北京学生800多人，激起全国人民的更大愤怒，天津、上海、南京、杭州、济南等地的工人举行罢工或示威游行，商人也先后举行罢市。10日，北洋政府被迫释放被捕的学生，撤了曹汝霖、章宗祥、陆宗舆的职务。28日，中国政府拒绝在和约上签字。五四学生运动结束。

五四新文化运动，有的也称“五四文化运动和文学改良运动”“五四思想运动”“五四思想文化运动”“白话文运动”“五四新文化运动和文学革命”，等等，用得较多的是五四新文化运动。五四新文化运动起止的时间，一般认为起自1917年胡适在《新青年》发表《文学改良刍议》、陈独秀发表《文学革命论》，结束于1927年。五四新文化运动，是近代以来新文化酝酿觉醒的体现，其主旨是通过革命，破坏旧文化，开启新文化。它的内涵是多层面的、复杂的。它涉及了文化、思想等多方面。它旗帜鲜明地反对封建礼教，宣扬个性解放。它的重点是文学革命，批判死的旧文

① 本文主要征引参考文献为严蓉仙:《冯沅君传》,北京,人民文学出版社,2008年,第19～32页。

学，提倡用白话文创造新文学。

五四学生运动和五四新文化运动有区别，也有联系。五四学生运动，主要是反对帝国主义对中国的侵略，维护的是“国权”，属于政治救亡，起讫时间自5月4日至6月28日，比较明确，时间较短，内容相对简明。五四新文化运动属于文化思想革命，目的是打破中国传统的文化秩序，建立新的文化。起讫的时间难以确定，时间较长，涉及的范围比较广泛。有破坏，有建构，基本上打破了传统的文化秩序，开始建立新的具有现代意义的新的文化秩序。批判封建礼教，提倡白话新文学，主要张扬的是“人权”。从成员来看，五四学生运动和新文化运动不同。五四学生运动的主体是青年学生，而五四新文化运动的代表，多是在文化思想领域有影响的重要人物。他们基本上没有介入学生运动，有的甚至对学生运动持有不同看法。但“万物皆通”，五四学生运动和新文化运动又有密切的联系。两者都基于爱国情怀，都具有要求民主和科学的进步精神，都具有反封建的内涵。还有，参加五四学生运动的不少青年学生，在五四学生运动前后，用不同的方式，通过不同的途径，积极投入了五四新文化运动。冯沅君就是其中的一个代表。她既踊跃地参加了五四学生运动，又在五四新文化运动中做出了杰出的贡献。

二、五四学生运动的女闯将

冯沅君参加五四学生运动，是她在北京女子师范学校读书的时候。

五四学生运动的当天，北京女子师范学校的同学并不知道北京以北京大学为首的学生到天安门广场集会、游行，5月5日上午，她们听了陈中凡老师的讲述才知道。大家决定立即投入运动，从此至运动结束，女子师范学校的学生义无反顾地投入了运动，成为一支中坚力量。冯沅君踊跃参加了。针对5月4日北洋政府反动当局逮捕学生，北京学生联合会为了制止反动当局的暴行，决定5日下午，在北京天安门广场举行更大规模的集会。5日上午，女子师范学校的同学在操场集合。她们身着绿色校服，四名同学举着校旗，其他的同学举着自制的三角标语旗：“打倒日本，打倒卖国贼”“释放爱国学生”“撤退包围北大的军警”……集合后，她们冲出了校门，到了长安街。长安街已经满是手拿小旗、打着横幅的学生，向天安门广场集聚。女子师范学校的同学进入了队伍，向广场奋进。沿途军警密布，枪械森严，但她们和其他同学一样昂首挺胸，旁若无人。这次游行影响很大，引起了全国许多城市罢课罢市。

19日，北京全体学生大罢课。北京女子师范学校同时罢课，支持北京学生联合会。为了帮助解决联合会的经费问题，当天下午，女子师范学校学生自治会开会，决定每人每月节约伙食费二元（每月伙食费共五元，师范学校由国家供给），给北京学生联合会。各人自由捐助零用费铜元，作为慰劳被捕学生的费用。

25日，北京女学界联合会召开女子师范学校第三团成立大会，全体同学参加。大会决定与学生联合会一致行动，成立北京女学界联合会第三团。团员有张曼君、冯沅君、关应麟、罗静轩、程俊英等五人。第三团组织若干演次演讲，到处宣传，冯沅君积极参加了讲演。

6月1日，北京反动政府下令，责成教育部及各省教育厅约束学生即日上课，并且嘉奖曹、章、陆三人。反动政府的倒施逆行，激起北京各校学生决定再度游行讲演。6月3日、4日及5日，各校学生在街头演讲请愿。从6月1日至6月3日，演讲、请愿斗争更为激烈，这是五四学生运动后的又一高潮。几天来从清晨到傍晚，北京及全国各地赴京请愿的学生，布满大街小巷，到处是游行的队伍，到处是呐喊的声音。北京女子师范学校的同学，争先恐后地投入了这次高潮。

6月4日，北京女子师范学校的同学上街游行、请愿。6月3日，她们得知反动政府派许多军警到处抓人，学生被捕的一千多人，都幽禁在北大理科和法科两院里，愤慨异常，马上约各校代表在女高师开紧急会议，会上议决6月4日下午游行和上总统书请愿，并约定在4时前各校队伍齐集天安门，然后派代表到总统府上书。上总统书的内容大约是：释放被捕学生，尊重学生人格，自由讲演，立即撤退包围北大的军警。女高师同学整队冲出校门，浩浩荡荡，手拿纸旗，口里高声地喊：打倒日本！打倒卖国贼！撤退包围北大的军警！当她们走到西长安街时，路上密布军警，她们无所畏惧，昂首挺胸，奋勇前进，警察呆呆地站着，也不敢拦阻。总统府要人，看见她们来势汹汹，也不敢出来，仅派陈某接见学生代表，态度谦恭，答应在三日内一定回信。她们整队归来，天色已晚……这次游行，引起了上海、天津各处的罢市罢课。冯沅君参加了这次的游行、请愿，是请愿书的起草人之一。

6日，北京女学界联合会北京女子师范学校第三团开会，决定下午继续到外宣传，地点在宣武大街和骡马大市一带。沿途看见各校的演讲团络绎不绝，有的团员汗流浃背、力竭声嘶的还在讲。演讲的内容大都以反对外国人干涉中国主权、反对官僚卖国，希望市民罢市为主。听众多为劳动大众和商店店员。有的说：“姑娘们说得对，可恨的日本，可恨的卖国贼，我们也罢市！”

在五四学生运动中，冯沅君不仅和女子师范学校的同学一起参加了集会、游行、请愿、宣传演讲等，同时她还是一位骨干。她在女子师范学校学生自治会中任过职，是一位女闯将。5 月 5 日，当女子师范学校的同学集合整队，准备参加在天安门广场的集会、游行时，校长方还认为学生“举动狂妄”，为了阻止学生上街游行，派人在大门上缠上了铁链，还挂了把大铁锁。同学们奋力摇晃大门，用石头打砸铁链、铁锁，但砸不开。在这紧要关头，冯沅君忽然想到学校在参政胡同那边还有一个小边门，立即约了几个同学转到了小边门。边门虽然也锁着，但木门、门框都比较单薄。她们齐心协力，砸开了边门，处在困境中的同学，冲出了学校，重整队伍。冯沅君这次的举动，使她成了女子师范学校众口称赞的人物。

平时柔弱沉静只知读书的冯沅君，不仅和同学们一起参加了五四学生运动，成为骨干，而且在紧要关头，机警、英勇、果断，成为一位女闯将。其动力是“对祖国的爱”。她在 1957 年 4 月 27 日刊于《新山大》的《回忆五四——给青年同志的一封信》中写道：“参加五四运动的时候，我是个女子高等学校的二年级学生，是个未满 19 周岁的，刚从封建地主家庭走出来的姑娘。在那个半封建半殖民地的社会里，女学校的教育，还是以封建思想为主导思想。我和我的同学们都一味的读死书，其他一概不过问。然而，当五四运动的浪头扑过来的时候，我们这群温顺得像小鸟一样的女孩子，却冲破金丝笼，来迎接这个风暴。这是什么力量推动我们呢？这是对祖国的爱。祖国被少数败类出卖了！祖国马上就要被帝国主义者宰割了！我们不能不管，我们应该站出来保卫它……在投入斗争的一刹那，我是不是顾虑到自己个人的利害，如被逮捕，被开除学籍等等呢？这不能说没有。但是这种顾虑只像萤火的一闪，它是微弱的，而且立即消灭。我是这样，我的同学们也是这样。”“对祖国的爱”使她很快消除了对“个人利害”的私念，无所畏惧地投入了维护国权的斗争。

北京女子师范学校的同学和其他学校的女同学，参加五四学生运动，这是中国历史上的青年妇女第一次的爱国政治运动。它不仅在当时激励了民众的爱国热情，同时也是中国妇女运动的开篇，对促进妇女的解放、提高妇女的地位，争取女权，都产生了深远的影响。

三、五四新文化运动的女战士

冯沅君不仅是五四学生运动的一位女闯将，而且在新文化运动浪潮的激励下，投入了新文化运动，是新文化运动的著名的女战士，做出了重要的贡献，这主要体现在以下三方面。

第一，用创作小说的方式，批判封建礼教，张扬个性解放、婚姻自由。从1924年开始，冯沅君连续发表了多篇小说。1924年有《隔绝》《旅行》《慈母》《隔绝之后》，1925年有《我已在爱神前犯罪了》《缘法》，1926年有《劫灰》《贞妇》《林先生的信》《写于母亲走后》《晚饭》，1927年有《家书》，1928年有《误点》（此篇是作者1925年的未完稿，1928年补完）、《潜悼》、《EPOCH MAKING……》、《春痕》。上列单篇小说，后来结为《卷葹》《劫灰》《春痕》三个小说集，其中的《卷葹》初版后，多次再版。

冯沅君创作的小说，除了《劫灰》写家乡宣统二年土匪的残暴和凶狠、人民遭受蹂躏之外，其他的基本上都是围绕着婚姻恋爱这一题材。她写婚姻恋爱大胆、细腻，其中虽然有自由恋爱的美好，但更多的是蘸着血泪的情感和笔墨，写自由恋爱的苦涩、痛苦乃至死亡的悲剧。这是她的小说的独到之处、深刻之处。它揭示了悲剧的根源在于长期的封建礼教的严酷统治和极不人道的封建伦理道德。她创作的小说，明显有个人生活经历的基因。她把个人在婚姻恋爱中经历的不幸、反抗、斗争、结果，加以扩展、典型化，基于个人的经历而又超越了个人的经历。她写男女婚恋，把人道精神、个性解放、自由精神结合在一起，有时代的特点。她追求的自由是积极的，健康的，是基于人道，是为了维护人的尊严。她体现的自由，没有走向偏执，没有滑向放纵和低俗。为不同时代的读者提供了具有普遍意义的情思，特别受到青年男女的青睐。冯沅君创作的小说，特别突出了女性的觉醒、解放。长期的封建礼教的严酷统治，残害人性，加在人们身上是沉重的枷锁，而加在妇女身上的枷锁尤其沉重，对女性的摧残尤其惨烈。冯沅君对此有深切的体认，所以她的小说张扬恋爱自由、婚姻自主，是人性的觉醒和呼唤，是五四新文化运动倡导个性解放、人权观念，争取女权的折射，也是对五四新文化运动的贡献。

第二，参加编写演出话剧《孔雀东南飞》。1922年冯沅君执笔改编并参加演出话剧《孔雀东南飞》，轰动了北京，影响很大，是五四新文化运动史上重要的一页。《孔雀东南飞》的改编和演出，主要是在李大钊的亲自指导下完成的，并得到鲁迅、陈大悲、陈中凡等知名人士的热情支持。约在1921年的秋天，在北京女子高等师范学校任教并主持国文部的陈中凡教授，把学生想把古代长篇叙事乐府诗《孔雀东南飞》改编成话剧演出的想法告诉了李大钊。李大钊当时在该校兼课。他听了以后，十分赞赏，并主动表示愿意担任导演。女高师的同学知道此事后，特别高兴。迅疾推选冯沅君、黄英（庐隐）和苏梅（苏雪林）等四五名同学，废寝忘食，用了三天三夜，由冯沅君执笔，改编成五幕话剧《孔雀东南飞》。剧本编成后，马上安排角色排演，商量决定演员名单。李大钊说："程俊英是全班年纪最小的，性格温柔，合于演兰芝。孙桂丹（斐君）东北人，带有男性气质，演仲卿。陶玄有办事才能，很泼辣，适合演刘兄。陈定秀身体矮小，带有娇气，演小姑吧。"唯独没有人愿意担任为人厌恶的家长焦母这一角色。李大钊很着急。正在这时，冯沅君挺身而出，说："让我来试试。只是我说不好北京话。"李大钊很高兴。排练开始后，女学生没有演出的经验，李大钊虽然自愿任导演，但没有多少戏剧经验。为了提高演出水平，保证演出质量，李大钊把中国现代戏剧先驱陈大悲请来指导。她们抓紧时间，利用课余，排练了多次，请师生们提意见。立冬前后，彩排了一次，大家都认为可以演出，于是决定在全市公演。当时，鲁迅正在教育部任职，对相隔只有一条胡同的女子高等师范学校，多予关注。女高师的同学对鲁迅也十分仰慕。当演出场所遇到困难时，她们去找鲁迅，想通过他租借位于手帕胡同的教育部礼堂。鲁迅爽快地答应帮忙，问题很快得到了解决。女子高等师范学校的女大学生打破了陈规陋习，破天荒地甘当"戏子"，上台公演自己编写的《孔雀东南飞》，震动了北京。演出海报贴满了京城的大街小巷。

第一次公演是在晚上七点，座无虚席，观众二千余，多是北京各大学的师生。前两排的贵宾席上就座的是许多社会名人和女高师的老师。鲁迅和教育部的官员，李大钊和夫人、儿子在前排就座。首次公演非常成功，许多观众感动不已。为了满足清华大学同学的要求，星期天还专门为他们演出了一场。李大钊对程俊英等同学说："《孔雀东南飞》虽然是一出历史剧，但在现在演出，有着深刻的现实意义，表现了'五四'时代知识界妇女要求摆脱吃人的封建礼教的束缚，争取婚姻自由的强烈愿望。同时，还对一千多年以来文坛上轻视艺人、轻视俗文学的旧传统做了顽强的反抗。"①

第三，写论文批判统治妇女的封建伦理道德观。冯沅君之所以特别重视批判统治妇女的封建伦理道德观，有外因，也有内因，是外因与内因综合促进的结果。从外因来看，五四新文化运动，张扬个性解放，直接关涉到封建伦理道德加在妇女身上的沉重镣铐。西方男女平等的潮流，经由各种途径，不断地流到中国。妇女解放，男女平等，是许多五四新文化运动的代表人物张扬的重要内容。在这方面，李大钊的贡献尤其突出。

---

① 朱杰人、戴从喜编：《程俊英教授纪念文集》，上海，华东师范大学出版社，2004年，第318页。

1919年深秋，李大钊开始为女高师讲授“社会学”“女权运动史”两门课。他说：“这两门课的内容虽不相同，但是互有联系的，如妇女解放，就牵涉到社会性质问题。”在“女权运动史”课上，他介绍了各国妇女争取自由平等、女子参政、保护女工同工同酬的动态，说明世界妇女已经觉醒和她们的迫切愿望。又指出：“但这不过是企图枝节的改良，不能彻底解决问题。只有社会性质改变，只有实现共产主义社会，妇女才能获得彻底的解放。”他还鼓励同学们走出校门做社会调查。他采用新的考试方式，反对在课堂上死记硬背的问答式考试方法，他说：“学习一门课的知识是为了应用，经过学生独自去思考，提出自己的见解，写出论文，才有好处。”他还把讲解、讨论结合起来。曾举行过一次“主观”和“客观”问题的讨论。讨论中，一位同学发言：“我的一个同学，她聪明好学活泼漂亮。她父亲因为生意亏本，把她当抵押品许配给了大老板的傻儿子……她听了父亲的安排，顺从了客观现实，明知前方是个苦海，她跳了下去。她之所以要这样做，是为了家庭，孝顺父母。然而她要面对的将是和这个低能的傻子生活一辈子！……我认为，我们新女性就是不能顺从这种客观现实，任人宰割。我们要自己主宰自己的命运，要用我们的斗争来改变这种病态的社会现象。如果旧势力过大，我们无力改变，也决不能妥协。”李大钊听了带头鼓掌。大家也跟着鼓掌。冯沅君是女高师的学生，亲受李大钊的教诲，加上妇女解放潮流的涌动，使她特别关心妇女问题，关心妇女与道德问题。

从内因来看，冯沅君是女性，她亲身的经历使她对妇女问题有痛彻的体认。她生长在封建社会。她的家庭虽然较为开明，但践行的基本上还是封建的宗法制度和伦理道德。她小时候被订了娃娃亲，缠过足，没有机会接受现代的教育，受到了封建伦理道德的严重摧残。到北京女子师范学校就读后，她亲身看到她的表姐因包办婚姻造成的悲剧，看到了自己的同班同学李超，不幸成为封建宗法制度的牺牲品。冯沅君受婚姻恋爱自由新思潮的洗礼，长期挣脱加在自己身上的沉重枷锁。她痛苦，挣扎，反抗，最后胜利了，解放了，争得了自由恋爱的权力。冯沅君是一位怀有满腔道义的热血青年。她没有囿于个人的命运和遭遇。她由己推及中国整个妇女界，看到中国二万万女同胞尚在苦海里，有待解放。她有一种社会责任感，她拿起了笔杆子，贡献自己的力量，期望通过自己的论著批判封建的女子道德观，建立新的具有现代意义的女子道德观。

冯沅君这方面的论著，集中体现在1920年在《文艺会刊》第1卷第2期上发表的《今后吾国女子的道德问题》一文。此文的主旨，正如题目所揭示的是“今后吾国女子的道德问题”。文中“从建设方面立论”，论述建立今后新的妇女道德问题。建设往往离不开“破坏”。文中认为“今后的道德，和今前的道德，也有种种因果关系；若不把旧道德的利弊考（编著者按：原作“改”，应是“攷”之误）究一番，就谈今后的道德我恐怕有些不妥当”。因此文中首先用了很大的篇幅，揭露和批判陈腐的妇女道德观。指出：“旧时女子的道德不外‘三从’‘四德’。——‘在家从父，出嫁从夫，夫死从子’，就是三从。‘妇德，妇言，妇容，妇工’，就是四德。——这以外还有《内则》上的‘婉娩听从’；《女诫》上的‘卑弱’。这些条件，不能说于日常动静上没有一点益处，但是用这种高压手段，把女子的人格一概抹杀。所以他的流弊，把女子当作机械一般，成男子的附属品，女子既然受了苦，男子也被这些附属品带累的了不得。”在指出封建社会加在女子身上的“三从”“四德”之后，进而用怀疑的口吻，用新的观点加以剖析，认为：“真正的道德，没有不是本着良心的行动。”“今前的道德，完全出于压制，不是出于人类本心，无论他的结果怎样好，在伦理上没价值。”“女子的天性和才能，固然是有和男子不同的地方，但是既不是男子的奴隶，又不是男子的附属品，为什么责备起女子来非常的严，责备起男子来就宽得许多?”“男女的能力，虽说是不同，但不同未必就是不好。况且现在最风行的民治主义的教育，以发展个人的本性，为唯一目的。像今前的道德整天把女子关在家里，做那些琐碎事情，实在不合教育的原理。”“女子也是国家的一份子，也是人类的一份子，为什么处处仗着男子保护养活……女子所以弄到这样不中用的地步，不能不归罪于今前的道德。”值得注意的是，在五四前后，传统的家庭观念和伦理道德遭到了猛烈的攻击，甚至被认为是“万恶之源”，它基本是戕害人性。证诸过去许多家庭发生的悲剧，这种极为激烈的批判，并不是没有根据，但这并不能当作通则。传统的伦理道德，包括有关妇女的伦理道德并非一无是处，其中有值得继承的因子。这一点，冯沅君在文中有所披露。文中指出，传统伦理道德“弊利”并存，“不能说于日常动静上没有一点益处”。冯沅君指出了传统的伦理道德中有“利”和有“益处”，虽然没有多加解析，但在当时是难得的。她写此文时，还是一个大学生，没有随激进之风。她的观点倒是接近王国维、梁启超、陈寅恪的看法。

此文在批判揭露今前加在女子身上的“三从”“四德”之弊端之后，接着从“建设方面立论”，认为道德范围是相当大的，要建设今后女子的新道德应当着重从家庭和社会两方面来进行。社会是“多数人组织成的有机体。家庭也是社会的一部份，更加上一点密切的关系”。就家庭方面来说，应当："第一，发挥同情互助的真精神，以矫正不平等的习惯。第二，应用学理改造家庭，免去坐吃山空的流弊。第三，以民治主义的教育教导子女，一洗从来升官发财的妄想。"从社会方面来看，以前由于"女子没有高深的知识""没有势力"，受"有闺门之修无境外之志"的旧教育的桎梏，"本没有什么社会道德"。今后的女子在社会上的道德，应当："一，今后道德不求仅做一个贤母良妻，要想着在社会上做一个堂堂的人物。二，处世接物，应当发挥同情博爱的精神。三，行为必本着个人的良心，不学那旧式的女子畏首畏尾；更不学那浮躁的女子趋势沽名，应当为真理而活动，为正义而活动。四，不被金钱的引诱；不受势力的压迫。"

批判旧的封建伦理道德，建设新的伦理道德，是五四新文化运动的重要内容之一。在旧的封建伦理道德的统治中，女子受到的摧残最为惨重。冯沅君对此有深切的体认，并特别关注。从上面引用的内容不难发现，她的论文同当时的一些重批判、重破坏的论著不同，主要是摆事实、讲道理，有"破坏"，更重"建设"。尽管她没有论及社会制度与道德的关系，但她着重从家庭和社会两方面，提出的建设新的女子的道德，有针对性，具体切实。她的见解中既有对旧的家庭伦理道德摧残人性的舍弃，同时也有对其中合乎人伦的内容的接受。她注重的不是壁垒森严的契约关系，而是融入了"天赋人权"的内容。她的建设性意见，不仅在当时有现实意义，而且有些具有普遍意义，即使在今天，仍值得我们重视，并践行之。冯沅君发表上述论著是在1920年，年仅20岁。一个20岁的学生，竟能写出如此重要的、有独自见解、比较切实的论著，在五四新文化运动史上是难得的、罕见的。

四、对五四运动的体认与反思

参加两个五四运动，是冯沅君人生征途中的重要事件，对她的一生有深远的影响，给她留下了深刻的印记。这些印记常萦心怀，而且形之于笔墨，有这方面的文章流传下来。从她参加五四学生运动时到1957年，先后发表比较集中地谈五四运动的文章有三篇：第一篇是1921年的《五四纪念的杂感》，第二篇是1954年的《我的学生时代》，第三篇是1957年的《回忆五四——给青年同志的一封信》。在这三篇文章中，主要内容是回忆她自己参加五四运动的情况，对五四运动的体认和反思。

她高度地赞颂了五四运动在中国的划时代的革命意义，赞颂了五四运动是爱国运动，尤其对青年产生了深远的影响。她在《五四纪念的杂感》中，宣称："五四运动是我们中国重新的开始。"在《我的学生时代》中说，五四运动“发动于抨击国贼，争取国际上的平等，而他的最大功绩却在解除封建社会加给人们，尤其是女人的锁镣”。在《回忆五四——给青年同志的一封信》中说：“五四运动是个爱国运动，是个在文化学术方面有深刻的革新意义的运动，一句话是个革命运动。它像阵春雷。春雷能使因严冬而蛰伏在地下的众多生物苏醒起来。”五四运动“唤起潜伏在青年们的思想意识里的求解放、反压迫的愿望。政治斗争使青年们团结起来，活跃起来，结合着资本主义思想，社会主义思想的吸收，他们的眼睁开了，再也不肯受禁闭了”。同许多爱国青年一样，冯沅君也深受五四运动的激发，使她开始自觉地投入了反封建的潮流。她说：“五四运动前，我对封建制度、礼俗是盲目的顺从，即令感觉到它对自己不利的时候，也如此。五四运动以后，我对这些东西由怀疑而和它对立起来，甚且写文章批判它，因而也就为某些思想上保守的人们所憎恶。思想的转变引起学习的转变，我又卷入新文学运动的浪潮中，因而也就为某些在文学上保守的前辈所‘惋惜’。”

往事不忘，新命在前。新中国成立以后，冯沅君殷切地希望广大青年继承发扬五四的爱国革命精神。她在《回忆五四——给青年同志的一封信》中，结合自己的亲身经历，语重心长地对新中国的青年说：“新中国青年的幸福真教我们老一辈羡慕到没办法，在党的亲切关怀与正确领导下，你们的前途是海阔天空，光辉灿烂。但是在前进的道路上，谁也不敢说，他永远遇不到困难。特别是我们现在从事的社会主义建设工作是我们的祖先不曾作过的，特别是我们的敌人整天怀着幸灾乐祸的心，在盼望我们失败，整天挖空心思阴谋教我们失败。我以老大姐的身分，希望你们努力，忘我地努力，继承并发扬五四运动的爱国精神，不屈不挠，坚决斗争的精神，争取成为新时代中最进步的青年。”她强调，继承和发扬五四爱国精神，应紧跟“新时代”，勇往直前。

冯沅君参加五四学生运动时，是北京女子师范学校二年级的学生。她结合并对比自己五四运动前后所受的教育，深切地认识到五四运动推进了教育革命，特别是女子教育的革命。她这方面的认识，主要体现在她的《我的学生时代》一文中。在此文中，她结合自己在北京女子师范学校学习的亲身经历，通过对比，指出了五四运动对教育的革命。五四运动以前也有女子教育，但是“办女子教育的人，大多数不将女生男生同样看待。他们的思想还是半封建的（客气点说）。他们所理解的新女性和从前‘以顺为正’吟风弄月的闺秀初无二致。这种思想反映到学生的生活上，也反映到学生的学业上”。在日常生活上，学生没有自由，“没有课外娱乐，更不许男女朋友往来”。教学内容异常杂乱。“教员多滥竽充数”“浅薄荒谬”。学生都一味地死读书，其他一概不过问。上述状况，经由五四运动的洗礼，发生了巨大的变革。五四运动反封建的浪潮，推进了女性的解放，在理论上，妇女有同男性同样的义务与权利。与此相联系的是，女子教育有了很大的改革，使富有进取精神的女性空前活跃了起来。冯沅君所在的北京女子师范学校随着升格为北京女子高等师范学校，课程、教授有了很大的革新。“北大的名教授如胡适之、刘申叔（师培）、黄季刚（侃）等，新的旧的都来我们系里兼课。此外还有几位名字虽不为一般人所习知，而确有真才实学的专任教授”。教师讲课比较自由，可以讲新的，也可以讲旧的。在这些教授的指导下，学生于文艺习作外，“开始练习写学术论文，课外有讲演会，会中大家报告读书的收获。我们一系出版的文艺会刊是女高师最早的刊物”。学校不再像以前那样“拘束学生。衣食交际学生都有点自由。校长也比从前开明，对于学生团体的校外活动，如街头讲演，天安门开大会，检查商店日货，结队示威游行等绝不干涉。同时五四运动将学生团结起来了。校内有学生自治会，校外有学生联合会”。五四运动后，不仅像北京女子高等师范学校那样发生了很大的变革，其他的院校也都程度不同地有了变革。以前北京大学不收女生，五四运动之后开“女禁”。冯沅君就是在1922年北京女子高等师范学校毕业后考取北京大学研究所国学门做研究生的。

五四运动，开中国现代史的新篇章，具有划时代的伟大意义。同时，它又有局限性。它取得很大的成效，但其成效又是有限的。这一点，作为五四运动的参加者的冯沅君早有体察。冯沅君和许多五四运动的参加者，满怀爱国激情，对五四运动有很大的期望。但是五四运动两年后，她放眼观察现实，却感到很失望。她在五四运动二周年时，发表的《五四纪念的杂感》一文中，明确地指出了五四运动成效的有限，用强烈的质疑的口吻说：我们大家所“竭力鼓吹和运动的成效在那里？换句话说，就是这二年中经我们这番运动后，社会一般沉醉迷梦的群众有没有些微的觉悟，起来向光明路上走？遮蔽、摧残我们的真、善、美，使我们的理想不能实现的恶魔，是不是已经表示一点让步，或衰败的倾向？总说一句话，我们在这二年前这运动刚刚发动的时候的目的是不是已全达到?”接着列举了多方面的具体事实加以印证：五四运动的导火线是“青岛问题。所以五四运动的主要目的，也就是收回青岛。现在青岛问题的情形是怎样？青岛地方仍旧是被我们的敌人占据着”。青岛问题没有解决，其他方面也“不是能令我们满意”。东北珲春五县的人民仍在被外人蹂躏。教育方面，“首都之下，累次陷入无教育的境地，虽说近来些微有点恢复的希望，但是风雨飘摇的状况之中，前途还是茫茫难测。外省呢？裁经费，罢课的事也是时常听见的”。“北五省去年的旱灾，数百万难民卖妻质子，流离死亡。”财政“债台高筑”。督军“佣兵跋扈”。凡此种种，“教人失望而已”。

五四之后，上述诸多令人失望的事实出现的根由，冯沅君在这篇文章中没有述及，到1957年在《回忆五四——给青年同志的一封信》一文中才指出：五四运动“反抗的矛头大都是指向封建社会的上层建筑——思想意识，制度、礼俗等等”。这里，她对上层建筑的理解并不全面，但其中特别提到五四运动的矛头是封建社会的思想意识、礼俗等等，这一点富有启示意义，触及了五四运动成效的有限性的根由。五四学生运动轰轰烈烈，主旨是“外争国权，内除国贼”，其范围主要限于大中城市的学生，并没有对工农大众产生大的影响。五四新文化运动，高唱民主、科学，反对封建礼教，同学生运动一样，都不是政治革命，都没有从根本上提出反对、推翻封建专制制度，更谈不到建立一套良好的新的政治制度。从历史上来看，一个社会的变革和发展，政治制度是非常重要的。在中国，辛亥革命表面上结束了封建帝制，但并没有铲除封建制度的土壤，社会各方面并没有很大的改进。从根本上说，五四运动并没有触及封建政治制度，把五四运动看成是政治革命，是五四运动以后一些左翼人士演绎的结果。不彻底打破长期凝固成的封建专制制度，没有新的政治制度作后盾，只是在一些具体事项上，局限于文化思想上的努力，即使有时很激进，其成效只能是有限的。

五四运动是中国现代史上的一个具有划时代意义的运动，是现代史上给我们留下的一笔非常宝贵的文化遗产，值得我们珍惜，值得我们继续研究。长期以来，关于五四运动的多种资料、理论阐释和历史著述，多偏重于对五四运动革命的、进步的方面的赞扬和肯定，这是可以理解的，但对五四运动的评价，有多种声音，有拔高的，有误解的，有贬抑的，有否定的。冯沅君作为五四运动的踊跃参加者，她的亲身经历，她留下的相关著述，不仅有助于我们全面地、深入地了解她，学习她，同时，也有助于我们返回五四运动当时的场景，参考她对五四运动的体认和反思，进而正确了解和评价五四运动。

附录四　从淦女士到冯先生
——作为教师的冯沅君[①]

冯沅君（1900～1974年），现代著名女作家、学者、教授。1922年北京女子高等师范学校国文系毕业。1927年北京大学研究所国学门研究生毕业。1932年与丈夫陆侃如留学法国，1935年在巴黎大学获博士学位。曾先后在金陵女子大学、北京大学、复旦大学、安徽大学、武汉大学、中山大学、东北大学、山东大学等高等院校任教。曾任第一届、第二届、第三届全国人大代表，山东大学一级教授、副校长。著有短篇小说集《卷葹》《春痕》《劫灰》，古典文学论著《中国诗史》《南戏拾遗》《古剧说汇》等。

冯沅君是“五四”后涌现出的杰出女作家，以“淦女士”等笔名而广为人知。她也是一位卓有成就的学者，还是一位一辈子都在教书育人的教师。作为作家和学者，她的文学作品和学术研究成果历来受到重视，但相对而言，人们对于作为教师的她，关注得不够，论述也较少。

其实，教书育人是冯沅君一生的重心。她曾对学生说，“自从到大学教书后，就洗手不写小说了。因为教师面对的是学生，工作是神圣的，而人的生命有限，时间是个常数，容不得一心二用，一旦误人子弟，则过莫大焉”。

投身教育，死而后已

1917年，冯沅君考入北京女子师范学校（1919年改为北京女子高等师范学校），便留心教育。1921年5月4日，她在刊于《晨报》的《五四纪念的杂感》一文中写道：“教育是大家所公认为国家根本的事业，应当特别扩充的。现在怎样？首都之下，累次陷入无教育的境地，虽说近来些微有点恢复的希望，但是风雨飘摇的状况中，前途还是茫茫难测。外省呢？裁经费，罢课的事，也是时常听见的。”1922年5月15日至6月23日，冯沅君参加了由老师胡小石带队的“国内教育参观团”，到晋、鄂、苏、越参观访问。她对这次参观访问十分投入，细心观察，耐心访问，每

① 原载《光明日报》2021年1月11日，收入本书时个别文字有改动。

天坚持写日记。她的日记后来发表在《晨报副刊》上。从日记中，可以看到她对教育十分关注，而且有自己的思考。在太原参观国民师范，“当我们从（编著者按，原作‘在’）院中走出的时候，见有五六个少年的人，担着泥、砖，由西往东走，看他们衣履之朴实，和手足胼胝的样子，只当成泥水匠了。后来有人告诉，方知是本学校学生，他们这种能耐劳的精神，我真十二分的佩服。临走的时候，他们——校中办事人——还将该校学生由劳力而成的产品，送了我们许多，我真要愧煞了！”生产劳动实践是教育的重要内容之一，冯沅君佩服赞赏这一点，说明她对教育有着相当深切的理解。在武昌参观模范小学，“走到礼堂附近，见挂有时事揭示牌，将每日的大事简单明了写在上面。这种东西我以为于小学生很有益的，比那冷酷的无趣的格言牌子强的多。我素来的主张，小学教育，无论如何，总要使学生的情感尽量发展，这群带有真、爱、美的小天使，要是硬以无情的教育去矫揉造作，使他们失去本来的天真，简直是毁坏世间无上的艺术品，剥夺人们艺术的享乐，其罪真是不可赦啊！”这种重在发展小学生的情趣，让学生身心健康愉快地发展，应当说是符合教育规律的。值得注意的是，此时的冯沅君还是一个只有 22 岁的大学生。

从师范学校毕业，冯沅君又到北京大学国学门读研究生，此后即投身于教书育人的事业。自 1925 年春开始，直至病逝，其间除了在法国攻读博士学位之外，她一直坚守在高等院校的教学岗位上，先后在金陵女子大学、中法大学、复旦大学、暨南大学、中国公学、安徽大学、北京大学、天津女子师范学院、武汉大学、中山大学、东北大学任教。1947 年到山东大学，直到 1974 年病逝。冯沅君到高等院校任教之后，由于时局动荡，运动频仍，还有个人家庭生活的一些不幸、病魔的折磨，她历经坎坷灾难，身心受到了一般人难以承受的重压。她痛苦，她艰难，但她从没有倒下，始终挺立恪守在教学岗位上。

1973 年，她患癌住院，最关注的还是教学，念念不忘的还是教学，还曾让丈夫陆侃如给她带教学参考书。在弥留之际、神情恍惚时，她还让护士扶着给学生讲课。她是在课堂教学的岗位上离开人间远行的。

舍得割爱，专心教学

冯沅君的情趣和爱好是多方面的。她是作家，发表的小说、诗词、散文，至今还为人们所赞赏。她是学者，她的许多学术著作，有不少至今还摆在人们的案几上。她是翻译家，通英文、法文，有重要的译著传世。她到高等院校任教以后，虽然对上述的多方面仍有兴趣，继续努力，取得了不少成就，但她能做到割爱，始终把主要精力投用在教学和教书育人上。

冯先生初登上大学讲坛时，已经发表了多种著述，有相当的名气，后来名气越来越大，头上有作家、学者、博士、教授、才女等不少桂冠，但她作为一名高等院校的教师，在长达50多年的教学生涯中，从来没有单凭学识、才气、名气，随便随意，而是一直践行着认真严谨、一丝不苟的教学原则。

冯先生备课从来都十分认真，每门课都有详细的讲稿。有的课程，她讲过多次。但每次新讲这些课程时，考虑到讲授对象不同、出现了新的研究成果等原因，她都要再备课。从今存多种备课讲稿上可以看到，有些讲稿是重新撰写的，有些是在原讲稿的基础上进行增删。有些字读不准，就查字典，仔细写在讲稿上。山东大学中文系1956级学生石家麟回忆，1957年，冯先生给他们年级讲元曲时说："不少同学的作业中还有错别字，对于中文系的同学是不应有的，希望大家勤查字典，我读了大半辈子书，字典还常备案头。勤查字典是消灭错别字的不二法门，舍此别无捷径。"冯先生备课的认真，已经形成了习惯，习惯成自然，即使给几个人辅导，她也是认真准备。她指导的研究生陈其相回忆，有时她辅导研究生，只有两三个人，她也事先写好详细的提纲，一丝不苟。1962年，冯先生总结自己辅导研究生的体会时，讲到提纲的好处："保证指导时既重点突出，又无遗漏。碰到应解答的问题多，而指导时间不够时，导师可以只讲重要的，次要的可将提纲交研究生带下去自己看……为此，我虽然觉得写提纲很费时间，可是总坚持下去。"她备课、写辅导提纲从来不惜时间，她说自己"指导两个钟头或三节课的时间，备课的时间大都是一天"。

除了备课，冯先生还一直重视编写教材，付出了大量心血。她先后根据教学的需要，编写了多种教材，其中有些正式出版了，如和陆侃如合著的《中国诗史》《中国文学史简编》，和北京大学教授游国恩、中山大学教授王季思等合编的《中国古代文学教学大纲》，和北京大学教授林庚共同主编的《中国历代诗歌选》，还有大量讲义没有来得及整理出版。她认为，教材要"力求符合学生的要求和水平"。她的教材和讲义都是针对不同的教学对象编写的。她深知编写教材之困难，强调编写教材要有研究的基础。1952年，她曾对她的侄女北京大学教授冯钟芸说："编教材很不容易，教材也能显示编者的思想认识高下，不能人云亦云。编教材也需要研究作为基础，不然，岂不误人子弟。"

冯先生编写教材，不论是讲义，还是教科书，始终贯穿其间的是一种认真严谨、一丝不苟的精神。她和林庚共同主编的《中国历代诗歌选》，是为高等院校中文系诗歌选课程编写的教材，共选诗词曲一千首，选目曾三次征求专家意见，最后才确定下来。全书分上、下两编：上编自周至唐五代，由林庚主编；下编自宋代至五四，由冯先生主编。两位主编，除曾先后三次充分面商外，还经常交换情况和意见。冯先生主编的下编，参加者有关德栋、袁世硕、朱德才、郭延礼和赵呈元。冯先生作为主编，司其职，切实地尽到了主编的责任。她负责起草选目，审改初稿，组织讨论，并最后定稿。她还负责注解北宋全部、南宋大部分及金、元全部诗篇的工作。从今存的初稿和定稿中，可以看到很多冯先生修改的字迹。在编写过程中，她的一个助手，“对吴伟业两首诗的创作时期，依据常见的资料，做了个大约的推断，还在稿子上的一端贴了一张字条，说明依据的材料”，“但冯先生在定稿时，却重新做了考证，并得出了确切的答案。她向助手说明改动的依据时，语重心长地说：做学问不能粗枝大叶，敷衍了事，也不能人云亦云，应当力求把问题搞清楚”。从这一事例，可以看到冯先生一贯的认真严谨和做主编的尽职尽责。

创新方法，灵活教学

在教学模式和教学方法方面，冯沅君在遵循传统的同时，特别注意探索和创新。

冯沅君一生讲过多门课程，除了基础课外，还开设了几门选修课。她在讲授时，基于讲稿，但又从不照本宣科。研究文学史、作家作品属于人文学科，其中有一些属于基础知识，但更重要的是其中蕴含着的丰厚人文精神和审美情趣。教者和听者重在体悟、体验。冯先生讲文学史、作家作品，感情特别投入。1949级学生吕家乡回忆：“冯先生讲课则富有感情。有一次讲到王维的诗‘渭城朝雨浥轻尘……’她按照‘三叠’的方式朗诵了一遍，语流很快，像绕口令一样，引得同学们大笑。还有一次讲到明代散曲家王磐的《咏喇叭》，冯先生又朗诵又表演又赏析，我至今还记得她眉飞色舞的神态。”冯先生课堂教学的情感投入，1950级学生赵淮青也铭记不忘：“有一次，她讲苏东坡的词《念奴娇》，一字不落地背诵：‘大江东去，浪淘尽、千古风流人物……’她在讲解的时候，完全沉浸在作品的魅力中，洋溢着对千古名篇的挚爱。我还记得她在讲台上踱着步子，目光凝视前方的风度神态。这首词写得大气磅礴，她讲得也铿锵有力。先生虽外表纤弱，却传达出词中神魄飞扬的气势，把苏词的感情发挥到极致。自然也难忘，冯先生讲李清照的词《声声慢》（‘寻寻觅觅，冷冷清清……’）时，又完全是另一种气氛。又是一次一字不落地朗诵，声音低回如泣如诉，充满似水柔情，字字送进听者的耳膜，令人肃然动容。无意间，发现她的眼角闪烁着晶莹的泪光。沅君先生很推崇元代杂剧大家关汉卿，高度评价关汉卿不屈不挠的斗争精神和《窦娥冤》这部作品。当她朗诵关汉卿的《不伏老》这首散曲，‘我是个蒸不烂煮不熟捶不扁炒不爆响当当一粒铜豌豆’时，声音高亢壮烈，富于感染力，也透露出她自己爱憎分明的性格。”优秀的文学作品，都是作者真挚感情的自然流露，每篇作品都是独特的，不同的作品情调也不同。冯先生讲授时，针对不同的作者作品，设身处地，满怀真挚的感情，讲出了真情别调。

冯先生讲课，常有顿悟，随时随地发挥。1953 级学生郭同文回忆，1954 年春，冯先生讲授岑参的诗歌，“此时，她虽然大病初愈，但讲起课来却精神焕发、口若悬河、声音铿锵有力。她绘声绘色地分析了岑参写边塞风光的《天山雪歌》和《白雪歌》。当她讲到‘忽如一夜春风来，千树万树梨花开’时，她望了望窗外：校园里梨花盛开，洁白如雪，阵阵春风扬起片片梨花飞舞。她满含深情地讲道：‘诗人用春风比北风，用梨花比雪花。何等深切，何等独特！同时也表明了：寒冷的日子里也蕴含着明媚春意来临，显示了诗人在严寒中的乐观情怀！自古以来，写春风的诗歌甚多，而用春风比北风的诗，这却是首创。’”

冯先生特别重视课后辅导这一环节。她同课堂教学一样，认真负责，而且有自己的探索和特点。重视个别辅导，也重视集体辅导。

冯先生个别辅导多是在她家中。她为了辅导有针对性，事先尽量汇集同学们提出的问题，认真准备，然后细心地讲解，即使有时身体不好，也按时辅导。约在 1957 年上半年，冯先生辅导中文系高年级学年论文。1955 级学生吴长华回忆：“那时我们高年级要写学年论文，我选的题目是《论〈牡丹亭〉》，出乎意料的是冯沅君先生竟是我的指导老师。这样我们的接触就多了起来，每一周总有一晚上要到她那里去。每次到她家里时，她总是早已等在会客室里了。那时她身体不好，没讲几句话，就常常要咳嗽，可是她还不厌其烦地给我们辅导、讲解。在讲解前先朗读一遍。使我惊奇的是她身体那么弱，朗读却是铿锵有力，节奏性很强，至今仿佛仍在我的耳边回响。她对我们很亲切，没有一点当教授的架子，对我们提出的哪怕是极幼稚的问题，也都认真解答。”

冯先生的集体辅导，常常是与“集体答疑”结合在一起的。《冯沅君传》第 305 页记载：约在 1959 年，她在教学中，还创造了一种“集体答疑”的教学方式。所谓集体答疑是“在个别辅导、个人阅读告一段落后，她让学生交上阅读札记，同时把疑难问题一起交上”，她“在检查札记时，把学生提的问题梳理归纳后，给学生‘集体答疑’。在她答疑完毕后，学生还可充分提问，然后师生展开讨论。教师答疑结束，她就反过来‘考’学生：让你阅读一段她布置过的古文；让你串讲一段文字，谈出你的评论意见；或向你提出一两个问题让你解答。答得不完善，她会请别人补充”。这种集体辅导、集体答疑，把指导阅读、写阅读笔记、发现问题、提问、讨论、考问自然地接连起来，有严格要求，又有引导启发，既有针对性，又生动活跃，取得了良好的教学效果。后来，“她的学生缅怀老师时，几乎异口同声地说：是冯先生的‘严’和‘逼’，打掉了大家的惰性，引导着我们前行”。

教学相长，双向互动

1964 年 9 月，冯沅君与她指导的研究生张忠纲交谈时说：“教学永远是相长的。”“‘教学相长’在有些老师听来是一句口头禅，其实是千真万确的，将来你们当了老师，就会体会到了。”冯先生在长达 50 多年的教学生涯中，坚信这一真理，并且能切实践行。

冯先生在教学过程中，特别是在备课、辅导和编写教材时，总是要翻阅、参考大量文献资料，但她从不照抄照搬，而是反复阅读、勤于思考，写成详细的讲稿。在这个过程中，常有新的发现。她不仅把这些新的发现充实到教学内容中，同时也诱发了新的研究兴趣，进而取得了重要研究成绩，为学术界提供了不少新的东西。

1939 年，冯先生在中山大学讲授元杂剧时，发现了三条有关王实甫生平的材料，当时她未敢贸然作断。此后她从孙楷第、王季思先生的论著中，又看到了新材料，并且函请王先生询问陈寅恪先生有关见解的依据，这才产生了自己的一些推断，写成了一篇题为《王实甫生平探索》的论文。1956 年秋冬之交，在山东大学一年一度的科学报告会上，她以此为题作了学术报告，提出讨论。讨论后，冯先生继续修改，1957 年刊于《文学研究》杂志。

在编《中国历代诗歌选》时，冯先生注意质疑，发现了不少新问题。如此书所选的清代吴伟业的作品《圆圆曲》与《楚两生行》，对这两篇作品的写作时间，冯先生没有沿袭以前的说法，而是阅读了许多有关的著述，仔细考证，从中找到了一些例证，认为《圆圆曲》作于顺治七年（1650）前后，《楚两生行》作于康熙初年。她把研究的成果纳入教材中，同时撰写了《吴伟业〈圆圆曲〉与〈楚两生行〉的作期——读诗质疑之一》，刊于《文史》杂志。

关爱学生，亲近学生

冯沅君与学生相处，不讲所谓的师道尊严，而是提倡互尊、互爱、真诚、平等的师生关系。

在抗日战争时期，她同陆侃如先生支持进步学生，从经济上帮助过一些进步学生。在东北大学任教时，有一位同学母亲有病，无钱医治，他们给他一笔钱，帮助母亲治病。到青岛山东大学任教后，青岛解放前夕，李希凡旁听冯先生的课，中间遇到了经济困难，冯先生亲自给李希凡姐弟送去了四十银圆。1962 年初，冯先生指导的研究生陈其相的祖母病逝，父亲又病重。冯先生知道后，马上拿出一百元，让她赶快寄回家。凡是接近冯先生的，都知道她生活十分简朴，舍不得多花一分钱。可是对同学，却慷慨大方，毫不吝惜。

冯先生乐意与学生交流，学生也喜欢接近她。吕家乡回忆：1952 年，他和几位同学在毕业前夕去看望冯沅君。“她向我们谈经历，谈治学，谈写作。她告诉我们，她小时候缠过足，后来才放开，因此现在穿皮鞋还要塞一些棉絮，走路很不得劲儿。我这才想到，平时冯先生走路的确有点‘扭搭扭搭’的样子。冯先生很有感慨地说：一个人要违抗社会风气，违抗潮流，是很难很难的，只有极少数杰出者才能做到。谈到写作，我们问她是不是还打算写小说？她叹了一口气，说：淦女士写小说简直是三代以前的事了，早就提不起笔来了。辜负了鲁迅先生的期望，没有办法!”

约在 1952 年，1950 级学生赵淮青和几个同学到冯沅君家看望老师。后来他回忆：“书斋幽雅清静，处处氤氲着书香气。大家谈话无拘无束，亲切惬意。她简单问了我们入学前的经历，然后就兴之所至地谈起来，谈文学，谈人生，谈山大的历史，妙语迭出。记得先生说过：‘你们入大学文科，文、史、哲都要打好基础，古典文学更是基础。古文学不好，白话文也是作不好的。’她主张大学几年起码要背诵上百篇精选出来的古文，古诗词更要多背，越多越好。”“沅君先生讲得兴致盎然。说话间，一大盘黄澄澄的花生糖已被我们‘风卷残云’。先生脸上浮漾着慈祥，颤巍巍地，又从立柜里端出一盘，还没来得及落座，一个性格有点鲁莽的同学发话道：‘冯先生，您在法国留学时，您的脚会招来不少麻烦吧？’这种容易犯上又不相干的提问，很使我们为他着急。不料冯先生却不以为忤，笑容粲然，朗声答道：‘这也不难，学习孟丽君嘛，外面套双靴子就行了……’”

冯先生虽然有博而深的学识，有许多有影响的著述，但她从不谈这些。她不哗众取宠，不露才扬己，对于世俗之名毫无兴趣。她和学生交谈，是真诚的，是自然的。这是经受人文教养浸润而形成的真诚和自然。她与学生的交谈，洋溢着真善美的情趣，从各方面密切了师生关系。从教书育人的角度来看，这种交谈，如同雨露，能起到“润物细无声”的长期效应，学生受到了课堂上和书本上难以受到的教育。

古人说：“师者，人之模范也。”冯先生在她一生的教学生涯中，在做好言传的同时，特别重视身教，正己身，正己心，自然会影响学生。她凭借着向善、求真、趋美的人格魅力，如同甘霖雨露，滋润沾溉了学生的心灵。

冯先生指导的副博士研究生尚达翔回忆：1960年秋，“济南久雨成灾。星期二下午是冯先生给研究生上课的时间，哗哗的大雨就是停不下来。冯沅君住老校，上课却在新校，两地相距有四五里路，都是泥泞的庄稼地。花甲之年的老人，又是双‘解放脚’，如何走得过这么长的田间小道！学生们万分焦急，他们家里又没有电话。商量结果，派了个男生骑自行车去老校，让冯先生改日再来上课。哪料，骑车的学生刚刚上路，她却撑着伞，背上挎了个书包蹒跚着过来了。女同学们赶紧把先生扶进屋，让她换上干燥的鞋子，埋怨她这样大的雨不该蹚水过来。她却若无其事地说：看天下着雨，我就提早上了路。还好，书包没淋湿。说完，她掀开备课本，拿出了一叠卡片，开始上课了”。一位曾经缠过足的60岁老人，为了按时上课，冒着大雨，只身撑着伞，挎着书包，提前踏上四五里泥泞小路，蹒跚蹚水跋涉，终于按时赶到课堂上课。严于律己，不畏艰难，以身作则，行为世范，此情此景，胜于言教，深深地感动了学生，教育了学生。

身教重于言教。冯先生切实地做到了。

附录五　陆侃如先生和他学术上的重要业绩①

陆侃如先生是海内外知名的、具有现代意识的一位学者。他热爱祖国，毕生在高等院校从事教学工作和中国古代文学的研究。他既有深厚的国学根底，又受到了西学的浸润。他勤于著述，业绩突出，给我们留下了丰厚的学术遗产和精神财富，值得我们珍惜和学习。

一、一位早熟而能坚守的学者

陆侃如，字衎庐，小名雪成。1903 年 11 月 26 日生于江苏省海门县（今海门市）普兴村的一个开明士绅家庭。父亲陆措宜先生曾就读师范学校，热心教育事业，在家乡创办恒基小学，亲任校长，推行新学。后为解救乡里贫病，筹办社仓，潜心中医，开设诊所，实行义诊。曾任海门县教育局视学、第二区行政局长，因不愿与贪官污吏同流合污，托病辞职。抗日战争时期，积极支持抗日。苏北抗日民主根据地成立，1942 年 2 月，措宜先生当选为海门、启东两县首届参议长。新四军苏中第四军分区司令员季方经常到陆家，商讨抗日工作。1945 年秋，措宜先生病逝，新四军在海门县临县崇明县为他主办追悼会，陈毅军长为其墓碑题字。陆先生是陆措宜的长子，幼年是在父亲自办的恒基小学度过的。在小学期间，父亲还专聘教师到家里教他学习英文。父亲的爱国精神、仁义情怀、开明和对子女的严格要求，为先生终生热爱祖国、不断追求进步和在学术上取得突出的业绩，打下了良好的基础。

1916 年夏，先生小学毕业，考入了江苏省立第七中学。第七中学是个四年毕业的旧制中学，地点在南通。这所中学的校长，提倡孔教。入学后，课程有英文、国文、历史、地理等。1919 年五四运动的消息传到南通后，先生参加了罢课运动，提倡白话文。读四年级时，和同班的几个同学在课外组织了一个“松竹诗社”，作的大多是七绝。他和同学在英语老师的鼓励下，还做了两件事：一是演英文剧，此剧由先生改编，在礼堂公演，先生还扮演了其中的一个角色；二是编英文杂志，他担任的稿件是编写“英国诗人小传”。后来，他把用英文写的稿子《英国诗坛大事记》译改为中文，寄给了上海《学艺杂志》，1922 年发表了。这是他生平第一次

① 原文载《山东大学中文学报》2019 年第 2 期（总第 2 期），济南，山东人民出版社，2019 年。收入本书时个别文字有改动。

发表的文章。

1920 年夏，先生中学毕业，进入北京高等师范学校学习。到北京，他曾给胡适写信："请详细指教：一、读古代儒家哲学书——《论语》《大学》《中庸》《孟子》和《荀子》——的时候，应注意的是什么？二、近三十年来的文和短篇小说的选本，哪一种是最好？"从此信可以窥见先生当时读书的广博和深入。1922 年，先生决定投考北京大学英文系，虽然考取了，但后来受了"整理国故"运动的影响，转入了国文系。先生在北大学习期间，曾和同学杨鸿烈、徐嘉瑞、卫聚贤、储皖峰、游国恩、刘节等成立述学社，以"整理国故"相号召，并创办《国学月报》，先生任编辑主任。其《发刊引言》说："我们是极恨这种'顽固的信古态度'及'浅薄的媚古态度'的。我们宁可冒着'离经叛道'的罪名，却不敢随随便便的信古；宁可拆下'学贯中西'的招牌，却不愿随随便便的媚古。"先生在北大学习期间，开始研究古代文学。刚到北大，19 岁时，就开始发表了有关于楚辞的论文两篇。20 岁时，发表了《屈原生平考证》一文，出版了专著《屈原》。21 岁发表了《宋玉赋考》。22 岁，发表了两篇考证《孔雀东南飞》的论文。23 岁，发表了有关《诗经》的论文三篇，出版了专著《乐府古辞考》。一个 19 至 23 岁的大学生，四年的时间，竟能发表这么多且受到了学术界重视的论著，这在学术界是罕见的，说明先生当是一位早熟的学者。

1926 年 6 月，先生北京大学毕业，7 月考取了清华大学国学研究院研究生，同时考取的有刘节、王力、金哲、戴家祥等 24 人，后增补至 29 名。1927 年 6 月 1 日毕业。他在读研究生期间，师从梁启超、王国维、陈寅恪等先生。曾做过《词选笺》，发表过有关陶渊明的论文、《宋玉评传》、《楚辞的旁支》、《论〈左传〉真伪及其性质》（瑞典高本汉著，陆侃如口译，卫聚贤笔记）等，但研究的重点是中国古代诗歌，他的毕业论文《中国诗史》（"导论"和"古代诗史"）获得了优秀论文奖。他曾帮助梁启超校对过一部分《桃花扇》传奇。他撰写的《导论》和《古代诗史》，梁启超在健康未恢复时曾替他仔细校阅。

先生研究生毕业后，应聘到北京中法大学任教。1928 年春受聘复旦大学，并兼任暨南大学中文系讲师。冯沅君先生这时也到了上海，与先生同在上述学校任教。1928 年 3 月，胡适就任上海中国公学校长，请陆、冯两位到该校大学部兼课，不久又聘先生任大学部中国文学系主任。同时，胡适同先生商量筹办了《中国文学季刊》，先生任总编辑，先后出版了两期。1929 年 1 月 24 日，陆、冯两位先生在上海由冯友兰主婚，举行婚礼，25日回先生原籍省亲。两位先生结婚，珠联璧合，琴瑟合奏，既是生活上的伴侣，又是学术研究的合作者。1930年夏，两位先生应设在安徽省安庆的安徽大学校长杨亮功和教务长程憬的联合邀请，到该校任教。两位先生结婚后，相继联手完成了《中国诗史》和《中国文学史简编》的写作。他们结婚后，还共同拟订了一个五年计划：从工资中省出一万元，自费出国留学。他们选择了费用较低、人文活跃的法国巴黎。1932年6月15日，他们从上海乘邮船达特安号经香港、西贡、新加坡、吉布提港、苏伊士港，再由马塞乘车到巴黎，同时考入巴黎第三大学（一说第四大学）文学院的博士班。1935年春，他们完成了博士学位论文的写作，6月下旬，获得博士学位，顺利毕业。先生的博士学位论文题目是《周代社会史》。在论文答辩时，有一段插曲：主考人对先生提出了一个奇怪的问题：《孔雀东南飞》中说："孔雀东南飞"，为什么"东南飞"？先生应声回答：因为"西北有高楼"。足见陆先生的机灵和敏捷。陆、冯两位在巴黎留学期间，经刘文澜介绍，一起参加了法国著名左派作家巴比塞领导组织的"反法西斯反帝反战大同盟"。"大同盟"下设"中国留学生支部"，两位先生参加该了支部的活动。当时参加该支部活动的还有留学生戴望舒、李健吾、马宗融等。支部为了扩大宣传，还集资自办了一张油印小报，陆、冯两位负责编辑。先生在攻读博士学位期间，除了完成了博士学位论文和参加反法西斯活动之外，还翻译了法国小仲马的戏剧《金钱问题》和法国赛昂里的《法国社会经济史》（上册）。后来他的《法国社会经济史》译稿和《周代社会史》出版后，曾寄给赛昂里，请他批评。陆先生在法国还访问过世界闻名的法国汉学家伯希和教授，随 Lanson Hagard 等名家学习比较文学。先生在法国特别喜欢买书，逛旧书摊。有时冯先生让他去买面包，一溜烟儿又拐到旧书摊里去了，竟忘记了买面包。他乱买旧书，租住的房间到处堆的都是书。为买书，往往弄得经济上很拮据。两位先生在巴黎大学博士班毕业后，迅疾乘火车，道经苏联，回到了阔别三年的祖国。

两位先生回国后，从1935年秋开始，先生在燕京大学中文系任教，兼任系主任；冯先生去天津河北女子师范学院任教。他们在任教的同时，合作编纂了《南戏拾遗》，1936年12月刊于《燕京学报》专号。《南戏拾遗》出版后，引起了学术界的高度重视。青木正儿、顾随、魏建功、赵景深等国内外学者，分别写信加以肯定或进行商榷。

抗日战争全面开始以后，1938年初，两位先生离开京、津南下，开始了在战乱流离中坚守教学和研究的艰难生活。他们经上海、香港、河内到了云南昆明。到昆明不久，先生应中山大学之聘，到中山大学师范学院中文系任教，兼任系主任和教务主任。他和冯先生一起到了广州。没有几天，广州失守，他们随中山大学迁往粤西罗定，又先后迁到云南澂江仁南镇和广东坪石。先生在师范学院时，明确指出师院的重心："要对得起国家，要对得起责任，第一便须把全院青年陶铸成专门人才。因此院中读书习惯的养成，学术依旧的提倡，便是我们最主要的工作。"他教授的课程主要有中国文学史、历代文选与文学专书等。他热心参加学生的活动，帮助学生组织了"生社"。1942 年 6 月，日本侵略军逼近坪石。这年秋天，两位先生应迁到四川三台的东北大学的邀请，离开坪石到了三台。先生兼任文学院长和中文系主任，直到抗日战争胜利。在三台，两位先生积极参加抗日工作。1945 年 1 月，先生受老舍的委托，在三台成立了"中华全国文艺界抗敌协会川北协会"，任分会主席，冯沅君、赵纪彬任副主席，会址设在三台东门内陈家巷先生家中。参加分会活动的有杨荣国、董每戡、叶丁易、姚雪垠等。他们接待进步学生，从经济上、政治上支持学生进行抗日宣传工作，支持他们去解放区。分会还创办了会报《文学期刊》，冯沅君任主编。由于先生积极抗日，国民党特务曾把他列入黑名单。今存重庆的敌档中，有先生抗日进步的记录。在全面抗战前后的十年，时局动荡，两位先生多次辗转迁徙，在非常艰难的境遇中完成教学和参加抗日工作的同时，仍孜孜不倦地从事学术研究。在这方面，先生除了发表了一些论文外，主要精力投入了《中古文学系年》（以下简称《系年》）的编纂。《系年》是先生早在抗战前就酝酿的一个大计划中的一部分。他在抗战前，就想写一部《中国文学史》。他在《系年序例》中认为：要写成这部文学史，应该有三个步骤：第一是朴学的工作，即对作者的生平、作品写作时间的考订和对作品的校勘、训诂等；第二是史学的工作，即对作者的环境、作品的背景，特别是对当时经济状况的考察等；第三是美学的工作，即对作品的内容和形式进行分析，探究作者的写作技巧以及在文学史上的影响等。上述的三点，说明先生编写《系年》是出自一种学术自觉，有一种学术期待。基于上述的认识，他想用 10 年左右的时间，编纂《系年》。由于抗战时期条件的限制，《系年》只写到西晋末年。先生病逝后，人民文学出版社根据他的手稿，出版了此书。全书共 68 万字，按年系人事，把汉晋间 150 多位作家的有关事迹，做了比较详细的考订和清理，提出了许多新的见识。《系年》出版以后，成了研究中古文学的学者案几必备的书籍，在诸多的中古文学史著作所列的参考书中，无不将此书列为重要的一种。

抗战胜利后，1946 年秋，两位先生随东北大学迁回沈阳。先生到沈阳后，由于思想进步，不满国民党的反动统治，被列入黑名单，常常遭到恐吓。1947 年 8 月，两位先生应山东大学校长赵太侔之聘，离开沈阳，到青岛山东大学任教。先生到山东大学后，继续支持学生的革命活动。1948 年“八一五”，山东大学部分学生因反对国民党的反动统治被捕，学生会募捐相助，两位先生的捐款几乎占全部捐款的一半。有的学生为反动派所迫，不得不到解放区，两位先生从经济上给予支援。他们还经常参加地下党组织的收听解放区广播、阅读革命书报等活动。由于先生积极支持学生的革命活动，国民党反动派逃离青岛时，竟企图谋害先生。

1949 年 6 月 2 日，青岛解放。先生同许多热爱祖国的知识分子一样，他从国民党的反动统治和共产党的正确领导的鲜明对比中，从旧社会与新社会的鲜明对比中，看到了中国的美好未来和光明前途。他焕发了青春，自觉地学习马列主义、毛泽东思想，改造思想，加倍努力从事教学和学术研究。他积极参加社会工作。青岛解放不久，他被任命为山东大学校务委员会副主任委员，兼图书馆馆长。1951 年 3 月，任山东大学学术委员会副主任委员。4 月，参与创办《文史哲》杂志，任副社长。5 月，被任命为山东大学副校长。1954 年以后，又相继任全国政协委员、全国作协理事、《文学研究》编委等。1956 年，当选九三学社中央常委。

先生对自己担任的社会工作，在其位，谋其事，尽职尽责。如他兼任山东大学图书馆馆长时，就切实地履行了馆长的职责，这从今存先生兼任馆长时写的“馆务日记十七则”中可见一斑。其中 1949 年 10 月 7 日一则记载：“青岛解放了四个月，我负责馆务也四个月了。在这四个月中，我天天都和同人们一起工作。”1950 年 3 月 27 日记载：“近来编纂组竞赛工作，馆务组也严订计划，尤其是因为新同人的加多，管内工作的确紧张得多。”1950 年 11 月 27 日记载：“陈云章同志快要离开图书馆了，这对我们真是个莫大的损失。自从青岛解放，山大接管以来，图书馆被认为是个进步的单位……如果能在留馆同人中，培养出继起的人才，那么馆务一定还可以发扬光大。”从上述的记载，可以看出，陆先生与图书馆的同志一起工作，对馆内情况的熟悉，对馆内人才的培养……是多么认真，多么热情，多么负责！

新中国成立以后，先生一家的生活安定了，经济上富裕了，但他同冯先生却一直过着非常简朴的生活。他们看不惯那些讲究吃穿的人。他们的饭食通常是一饭一菜，内衣补了又补，不肯买新的。家里的用具，大都是修补过的。他们自己省吃俭用，可对支援国家和帮助贫困民众，却总是慷慨解囊。他们积极认购国债，每次在全校总是数量最多的。先生经常寄钱给家乡的贫下中农。逢年过节，总是送钱给他住处附近的几家军属，还给青岛市市南区政府送过钱，请政府慰问烈军属。

正当先生踌躇满志、精神百倍地从事教学、科研和社会工作时，却于1957年遭到了不幸。1957年反右之前，他响应党的号召，帮助党整风，提出了教授治校的意见。因此被错划为右派分子，免去了副校长等一切行政职务，教授由一级降为四级。面对突然而降的大难，先生心地坦然，无怨无悔。从此，他专心致志地从事教学和研究。1958年，学校让中文系56级同学和部分教师共同编写《中国大文学史》，先生参加了，任“汉魏六朝”段的负责人。他开始集中地研究中国古代文论，给本科生讲授“《文心雕龙》选讲”，为青年教师、进修教师和研究生举办古代文论研究班，同时撰写、出版了多种有关古代文论的论著。

1966年“文化大革命”开始时，先生被批斗。不久被监禁，长达四年。1971年无罪释放。当时山东大学文科已经迁到曲阜，与曲阜师范学院合并为山东大学。先生到曲阜后，曾随工农兵学员、青年教师到曲阜近郊夏家村参加劳动，帮助青年教师辅导学员。1973年夏，冯先生不幸身患癌症，次年6月在济南病逝，给陆先生带来了极大的悲痛。1976年12月12日，先生突患脑出血，从此常卧病榻，至1978年12月1日与世长辞。他在病逝前，写下了遗嘱：“存款五万元，三分之一给中文系，三分之一给图书馆，三分之一给亲属。”1979年，陆先生被平反昭雪，恢复名誉。

先生被解除监禁之后，即使在自己患病之后，承受了常人难以承受的压力和痛苦，仍然坚持和一些中青年一起，先后参加了《杜甫诗选》《韩非子选注》《刘禹锡诗文》等书的编写工作。同时，他一直关注古代文学研究，当他看到刘大杰先生受“批儒评法”的影响，在修改的《中国文学发展史》第二册大字本的校样《杜甫与大历诗人》一章中，把杜甫视为法家后，迅疾写了《与刘大杰论杜甫信》，认为杜甫不是法家。此信于1976年11月1日完稿，寄给了刘先生。刘先生很快复信，表示同意先生的观点。次年刊于《文史哲》第4期。此文是在古代文学研究领域里率先拨乱反正，肃清“四人帮”大搞“批儒评法”斗争的一篇论文。发表后，产生了相当大的影响。中国社会科学院历史所著名历史家杨向奎认为：此文是陆先生写的最及时、最有价值的一篇论文。

一位学者，在顺境中，能够坚守自己的学术事业并不困难，难的是在逆境中而能不离不弃。在这方面，先生做到了。抗日战争前后10年左右，颠沛流离，艰难重重，他坚守了。1957年被错划为右派分子，免职降级时，他不丧志，不泄气，没有停下脚步。“文化大革命”中被批斗，入囹圄，亲人病逝，自己患病，但没有忘怀自己的事业，以惊人的毅力，做出了难得的贡献。先生之所以能够始终坚守自己的事业，是因为他一直胸怀爱国的情操，是因为他有一种担当，能把弘扬中华民族优秀的文化传统作为自己的责任。

二、研究楚辞的重要业绩

先生研究古代文学的重要业绩，首先体现在研究楚辞方面。他研究楚辞的时间虽然比较长，但重要的业绩是在20世纪二三十年代、他19岁到30岁时取得的。他研究楚辞的重点是屈原和宋玉。

先生对屈原的研究，代表性的成果是他还不满20岁时，1923年7月由上海亚东图书馆出版的《屈原》一书。此书主要有“屈原评传”“屈原集”“附录”三部分。“屈原评传”中考证占十分之七以上。针对国内外，有的学者认为没有屈原此人或对屈原持怀疑态度、对屈原作品多有歧义等问题，先生通过考证，认为：“屈原这个人是有的。他是战国时人。”“屈原的作品共十一篇：1.《橘颂》，2.《离骚》，3.《抽思》，4.《悲回风》，5.《惜诵》。以上五篇作于怀王朝（即公元前4世纪末）。6.《思美人》，7.《哀郢》，8.《涉江》，9.《怀沙》，10.《惜往日》，11.《天问》。以上六篇作于顷襄王朝（即公元前3世纪初年）。还有十六篇，有人认为也是他作的，我却以为不是。”接着论证了胡适认为司马迁写的《屈原列传》不是司马迁写的，是不能成立的；论证了《九歌》十一篇、《远游》、《卜居》、《渔父》、《招魂》、《大招》不是屈原写的。《屈原集》分卷上、卷下，依据在“评传”里考订的时代为序，具体列出了屈原的11篇作品，分行分节，并加标点。“附录”有三：一是校勘记，对于屈原作品中的错简、错字，多加改正；二是古音录，通行本所注古音多有谬误，根据清代学者研究的成果，以正之；三是著者可疑的作品。

先生研究宋玉，先后发表的论著主要有《宋玉赋考》《宋玉评传》《宋玉》《屈原与宋玉》等。代表作当是1929年由上海亚东图书馆出版的专著《宋玉》。此书在“序例”后，有“宋玉评传”“宋玉集”两部分。“宋玉评传”主要论述宋玉的生平、作品。认为宋玉的生平与屈原的卒年相近。他与楚国威、怀、襄三王无君臣关系。他与屈原等无师生关系。他做过小臣，与荀卿仕楚时相近。他不久辞职，作《九辩》。他作《招魂》当在楚国徙寿春以后。他穷得很。他的卒年与楚国亡国时间相近。关于宋玉的作品，先生认为，传为宋玉的作品共14篇，只有《九辩》《招魂》两篇是宋玉的，“其余十二篇都有伪托的嫌疑”。有“附录一”宋玉年表，“附录二”参考书目。“宋玉集”部分，抄录了《九辩》《招魂》两篇作品，并加以分段标点。有“附录”三种：校勘记、古音录、著者可疑的作品。

《楚辞》自西汉编成以后，由于传下来的史料很少，且多有歧义，因此历来对楚辞的研究中，史料考证一直是一个重点。在先生之前，对楚辞的考证有一些成果，但歧义很多，许多问题有待进一步考证。先生研究楚辞，也是首先着眼于史料的考证，在这方面勤于用工，有许多新的见解。屈原和宋玉是楚辞的代表作家。先生对楚辞的考证，重点是屈原和宋玉。他在史料考证的基础上，比较全面地第一次论述了屈原和宋玉的生平和作品，在楚辞研究史上，增添了新的篇章。

先生研究楚辞的业绩，尤其是对屈原和宋玉研究的业绩，受到了学术界的重视，有相当大的影响。1922年，陆先生19岁时，在《读书杂志》第2期，发表了《〈大招〉〈招魂〉〈远游〉的著者问题》（《屈原评传·余论》之一）。胡适看了以后，马上把自己在《读书杂志》第1期上发表的《读楚辞》一文寄给先生，要他“提出批评。当时胡适是北京大学的教授，赫赫有名，竟把自己的论文寄给一个大学一年级的学生”。足见先生发表的第一篇有关楚辞研究的论文，就受到了胡适的重视。后来，先生研究楚辞的成果，常被许多学者所引用。赵景深在1928年出版的《中国文学小史》中论屈原说：“他的作品，最近据陆侃如的考证，凡三篇，即《离骚》《九章》《天问》。”论宋玉说：“据陆侃如的考证，他的作品只有《九辩》和《招魂》，真是他自己的。”1932年出版的刘麟生的《中国文学史》、胡云翼的《新著中国文学史》，都明言根据陆先生的研究成果而论述屈原和宋玉。杨荫深1932年出版的《先秦文学大纲》，书末列有42种参考书，其中近人著作五种，有四种是陆先生的，其中有《屈原》和《宋玉》。杨荫深说：《屈原》“为最近用新的方法来研究屈原及其作品的一部好书”；《宋玉》“对于研究宋玉的作品也有新的见解”。1957年3月11日晚上8点，毛泽东在颐年堂邀集部分大学负责人座谈。参加者有杨秀峰、冯友兰、陆侃如等。毛泽东对陆侃如说：关于宋玉的评价，你未免评价太高，郭老又太低了。比起来，鲁迅先生的意见还是公允的。从上面列举的事实，可以看到先生研究楚辞的论著受到了多方面的关注，影响也是相当广泛的。

三、三部有影响的文学史

在先生的学术生涯中，他为编写中国文学史付出了大量的心血。他从在北京大学学习开始直到病逝前夕，一直对编写文学史情有独钟，并且付诸践行。他有关文学史的重要业绩，主要体现在同冯先生共同编写了三部文学史：《中国诗史》（以下简称《诗史》）、《中国文学史简编》（以下简称《简编》）、《中国古典文学简史》（以下简称《简史》）。

先生1927年在《国学月报》第2卷第1期发表的《〈古代诗史〉自序》一文中，谈到了他编写文学史的缘起，说：我国文学至少有三千年的历史，“然迄无一本差强人意的文学史——也有迻译外人所著来充数的，也有杂抄文论诗话来凑成的。书的内容更是可笑——也有远论三王五帝的文学的，也有高谈昆曲与国运之关系的。个个人都诅咒中国无好文学史，个个人都希望中国有好文学史，然而没有一个人肯自己动手做一部文学史。在这种情形之下，我忍不住要来尝试一尝试”。看来，先生痛切地感到在他之前编写的文学史，没有一部差强人意的，学术界只限于“诅咒”而不肯“动手”。面对上述情况，先生决定尝试新编文学史，有勇气，有责任感。

《诗史》的初稿是在1925至1930年间写成的，1930年由上海大江书铺出版。全书分三卷：卷一是“古代史诗”，自中国诗的起源讲起，至汉代，以《诗经》《楚辞》及乐府为主；卷二是“中代诗史”，自汉末讲起，至唐代，以五七言古体为主；卷三是“近代诗史”，自唐末讲起，至清代，以词及散曲为主。卷首有“导论”，略述本书的材料和分期等问题。卷末有“附论：现代的中国诗”，略述现代白话诗及无产诗运动。前后论及三千多年，计50多万字。全书“近代诗史”由冯先生撰写，其他是由先生撰写的。

陆、冯两位先生具有深厚的国学根底，对《诗经》、《楚辞》、乐府以及其他重要诗人的生平、作品，对唐五代之后的词、曲大家和词、曲作品，大多有比较精审的考证。他们又注意学习运用西方的理论和方法。因此《诗史》同以前出版的诗史，如李维1928年出版的《诗史》相比，更具有现代形态。《诗史》受近代以来王国维、胡适等“一时代有一时代之文学”的文学进化论的影响，在诗歌的界定上，又取广义的（即传统所谓的韵文），所以每一时代只论述最兴盛的文体，“近代诗史”只论述晚唐五代兴起的而盛于宋代的词、元明清散曲，不讲述唐以后的诗、宋以后的词。这样的取舍，显然遮蔽了中国古代诗史的丰富性和演变的复杂性，有偏颇。不过诗史同所有文学史一样，应当容许多样性，不必强求一格。《诗史》对诗歌的取舍，其自成一格，其独特的意义，就是强调新兴的诗体，冲破了传统的诗学观念和雅、俗分立的界限，把元代以后出现的散曲，纳入了中国诗史中，最后附论五四以后出现的新体白话诗。这样由古至今，不仅贯通了诗歌演变的历史，使《诗史》成为我国第一部通史，也有助于读者从一个方面体认诗歌演变的规律。

《诗史》问世以后，学术界或推荐，或参考，或评论，产生了很大的影响。鲁迅先生在1933年12月20日《致曹靖华》的信中，推荐“可看”的文学史五种，其中有《诗史》。《诗史》问世以后，出版的不少文学史，如1934年龙沐勋出版的《中国韵文史》，1935年刘经庵出版的《中国纯文学史纲》，1936年赵景深出版的《中国文学史新编》，1938年杨荫深出版的《中国文学史大纲》等，有的取资于《诗史》，有的把《诗史》作为重要的参考书。20世纪40年代，顾颉刚在《当代中国史学》一书中，认为《诗史》“颇称详备，为此类书的创作”。到20世纪50年代，林庚于1954年出版的《中国文学简史》（上卷），参考书目中关于文学史列有四种，其中有《诗史》。《文学研究》1957年第2期，发表了谷典的以《诗史》为题的书评，从多角度肯定了这部著作，认为它是第一部“有系统的诗歌史”，“二十多年来这部著作在我国古典文学研究方面是起到一定推动作用的”。《诗史》中的许多重要观点，至今仍为不少学者所首肯。如：关于中国“史诗”问题。在《诗史》出版之前，主流观点认为：中国古代没有史诗，而先生认为：中国古代有史诗，在《诗史》中论述《诗经·大雅》时，特别标举“周之史诗”。林岗在《中国社会科学》2007年第1期发表的《20世纪汉语“史诗问题”探论》一文中，认为《诗史》肯定“周之史诗”，“回应了‘史诗问题’造成的紧张，成为学界与主流的否定性意见相对峙的意见”。

从《诗史》再版的情况来看，自1930年初版以来，据初步统计，经由多家出版社至少再版了13次（包括修订本）。《诗史》问世之后的70多年，不断再版。从这一点也可以看出，它有长久的生命力。

《简编》是应大百科全书之约而撰写的。此书是陆、冯两位先生在中法大学、中国公学、安徽大学、北平师范大学、北京大学等校讲授中国文学史的讲义的基础上撰写的。1932年10月初版。全书分上、下两编，每编分十讲，共二十讲，约十万字。上编十讲，讲唐以前的文学。下编自第十一讲至第二十讲，讲唐代至现代文学。此书是“教材型”的文学史，所以同一般的“学术性”的文学史不同：为讲授便利，各讲分量大体相等，所以同一问题有分为两讲或三讲的；为了节省篇幅，全书举例仅写明某诗某文的题目而不引原文；为初学明了，对各问题只讲较可靠的结论，而不详加考证。《简编》虽然属于教材，但在内容和叙事模式等方面，都有一些特点。董乃斌、陈伯海等主编的《中国文学史学史》中评论《简编》时说：在20世纪30年代，中国文学史逐渐凝固成一种“模式”，《简编》“就已经具备了这一叙事模式的基本形态”。特别指出：《简编》最后的目标指向一点，“就是五四新文学。‘文学史’的预见性在这最后又一次显现出来。五四新文学，它是一个时代文学结束的地方，也是另一个时代文学史叙述开头的地方”。《简编》初版以后，受到了读者的欢迎，相当畅销。截止到1949年，至少再版过五次。《简编》之所以受到读者的欢迎，正像作家、藏书家翁长松在其所著的《漫步旧书林》中所指出的，主要有三个原因：首先它是“一本时间跨度最长的中国文学史。全书从中国有记载的商代开始说起，一直讲到中国现代的‘文学与革命’，上下五千年，展现出中国文学发展的轨迹……一册在手，就可明了中国文学的基本概况”。二是“文字简洁流畅，通俗易懂”。三是“富有学术开创性和进步的文学观。此书对中国诗歌、散文的起源做了探索和研究，形成了颇具个性化的见解，尤其是对中国现代文学的研究具有开创性的见解”。书中体现的文学观“对当年的民主人士、文学青年、读者也是有吸引力的，这也是该书畅销的思想基础”。

新中国成立之后，两位先生想用马列主义的立场、观点、方法来处理文学遗产上的问题，开始改写《简编》。在改写开始时，他们不断地和山东大学中文系与历史系的朋友交换意见。改写稿用“中国文学史稿”的名称，在《文史哲》月刊连载了18期后，又得到了许多同志写的信或发表文章，提供了宝贵的意见，再加修改，1957年由作家出版社出版《简编》(修订本)，全书约20万字。修订本在内容、结构等方面，有很大的变动。全书前有“引言”，中分六篇，后有“结语”和“附录”。“引言”部分，概括论述了“文学史的任务——古典文学的评价问题——中国文学史的分期”。六篇除第一篇外，每篇分若干章，以时代为序，依次论述了文学的起源、周代、秦汉魏晋南北朝、隋唐宋元、明清、鸦片战争到五四运动的文学。“结语”是“过去的回顾——今后的展望”。“附录”：《关于编写中国文学史的一些问题》《关于中国文学史分期问题的商榷》。修订本是新中国成立后较早的用新观点编写的文学史，受到了学术界的重视和认可。修订本在体量上、叙事模式上，比较适用于当时的教学，被许多高等院校作为教材。1957年经高教部审定的《中国文学史教学大纲》以及后来游国恩、萧涤非等主编的《中国文学史》，大体上都参考了修订本的体例和叙事模式。

两位先生在修订《简编》的同时，又应中国青年出版社之约，在《简编》修订本20万字的基础上，编写了《简史》，于1957年出版。《简史》

是为具有中等文化水平的读者编写的。在编写时，曾征求过一些中学教师和具有中学水平的青年的意见，以便使《简史》适合读者的要求。由此可见，《简史》的编写，不是闭门造车、自说自话，而是有针对性的，这也反映了两位先生对普及古典文学的热忱，是他们主张“把过去只有少数人能接触到的（古典文学）宝藏交到广大人民手里”的体现。《简史》全书约6万字，简要地论述了文学的起源、各个时期文学的主要特征，说明文学的流派，述评重要作家的文学成就及其在文学史上的地位和影响，对重要作品有简要注释和分析，每一部分后还有复习题。此书出版后，由外文出版社组织翻译，1958年出版了英文版、罗马尼亚文版。出版外文版时，先生被错划为右派分子，署名只有冯先生一人。新中国成立以后，中国人自己编写的中国古代文学史，被译成外文，“送出去”，介绍给国外的读者，《简史》当是第一部。

四、古代文论研究的开拓

先生认为，我国的古代文论，是古代文化遗产的重要组成部分，过去没有得到足够的重视。研究古代文论，对于发展我们的文艺理论具有重要意义。基于这一认识，先生从20世纪50年代末，开始把自己的研究重点转向了中国古代文论。在这方面，他付出了艰辛的劳作。如前所述，他给本科生讲授“《文心雕龙》选讲”，为青年教师、进修教师和研究生举办文论讨论班。他对古代文论的研究的业绩，主要体现在两方面，一是属于通论性质，二是属于个案研究。

关于通论性质的，发表的论文主要有《文学理论的批判继承》《关于文艺理论遗产学习的三点意见》《如何批判继承文学理论遗产》三篇。这三篇论文，面对当时古代文论研究的状况，结合自己研究的体会，认为古代文论是“丰富的宝藏”，其中有许多“精华”，值得我们下功夫去挖掘。同时提出研究古代文论遗产时，应该注意的三点：“第一，应该分清精华和糟粕。”“第二，应该明确古为今用的原则。”“第三，应该做好普及的工作。”如何正确地研究古代文论，先生从总体上提出了上述三点。这三点，应该说是富有建设性的。先生上述的见解，也体现在他的研究实践上。

先生对古代文论的个案研究，发表的论著（有一部分是与青年教师合作）涉及陆机的有三篇、葛洪的一篇、汉人论楚辞一篇、刘勰的《文心雕龙》多篇。其中重点是《文心雕龙》。先生认为，《文心雕龙》“是我国古代文学批评史上的一部承前启后、继往开来的巨著”，“在中国古代文学批评史上具有划时代的意义”，所以对它的研究比较集中，取得的成果也相当突出。据初步统计，自 1962 年至 1978 年，发表的论文达 21 篇，出版的著作五种。先生研究《文心雕龙》，特别重视《文心雕龙》的普及，从 1961 年开始，即在报刊上发表了一些译介《文心雕龙》的文章。这方面集中的成果是 1962 年、1963 年由山东人民出版社先后出版的《文心雕龙选译》（上下册，以下简称《选译》）。《文心雕龙》全书共 50 篇，《选译》选择了 25 篇。这 25 篇基本上囊括了《文心雕龙》中重要的篇章。《选译》前有篇幅较长的“引言”，简介刘勰的生平思想和《文心雕龙》的内容。关于《文心雕龙》内容，从九个方面扼要论述了“文体论”“文学与现实的关系”“内容和形式的关系”“创作论”“有关现实主义的一些论点”“有关浪漫主义的一些论点”“批评论”“作家论”“《文心雕龙》的成就和现实意义”。每篇之前，有“解题”，简要说明全篇的主旨，然后分段列出原文和译文，并附以必要的注释。张少康、汪春泓等著《文心雕龙研究史》认为，在 20 世纪 50 年代到 70 年代末，关于《文心雕龙》的译注本，《选译》“是最重要的”。其长处：“第一是充分尊重原文，力戒随意发挥。”“第二是能够处理好译文与注释的关系，使注释成为译文的补充与说明，体例较为严谨。”“第三，这部译注简明而要，一般不对《文心雕龙》的典故出处加以诠说，对有争论的词语概念亦少详辨。”（《文心雕龙研究史》第 198 页）。在现代《文心雕龙》研究史上，在《选译》出版之前，有的学者曾注意译介《文心雕龙》，但比较零星分散，传播的范围有限。先生在前人工作的基础上，在自己研究的基础上，撰写了普及著作《选译》。就体式来看，既有内容的比较全面的简介，又有重要篇章简明的译注，把内容简介和重要篇章的译注结合在一起，非常适应具有中等文化水平的读者自学。《选译》出版以后，扩大了《文心雕龙》的传播范围，受到了比较广泛的关注。1970 年，香港龙门书局出版的《文心雕龙选注》，其中的《原道》《辨骚》《神思》《风骨》《情采》《知音》《序志》七篇，就选自《选译》。《选译》的出版，也推进了《文心雕龙》的普及，相继出版了多种译注。1963 年，甘肃人民出版社出版了郭晋稀的《文心雕龙译注十八篇》；中华书局 1980 年出版了周振甫的《文心雕龙选译》；2010 年，上海古籍出版社出版了王运熙、周锋的《文心雕龙译注》。此外还有赵仲邑、刘禹昌等人的选译。这些译注，程度不同地都受到了先生《选译》的影响。

先生对《文心雕龙》内容的探讨，除了上面述及的有关《文心雕龙》多方面的简介外，还体现在他对《文心雕龙》所用的术语的研究上。《文心雕龙》作于南朝梁代，是用骈文写成的，其中使用的许多术语的含义，后人难以作出准确的解释。而研究《文心雕龙》，对其中使用的术语是不能绕过的。弄不清这些术语的含义，难以注解《文心雕龙》，也难以理解《文心雕龙》的内容、理论体系和在古代文论中的地位等问题。在先生之前，历来有不少研究者对《文心雕龙》中使用的术语，有所探讨，有所建树。但比较系统的探讨，当始于先生。1962 年，先生在《文学评论》第 2 期发表了《〈文心雕龙〉术语用法举例——书〈释“风骨”〉后》。此文首先指出：“《文心雕龙》中有些常见的字，如‘道’‘性’‘气’‘风’‘骨’之类，大都带有专门术语的性质。”但“刘勰使用这些字的时候，并不永远完全当做术语用，有时只当做普通的字。即使当做术语用的时候，还有基本的意义和引申的意义。如果我们混淆了一个字的普通意义，就会发生误会；而专门意义中的本意和引申义的异点如被忽视，也难以获得确切的理解”。接着“试就《文心雕龙》用字含义的不同类型”，分析了“骨”的意义。指出：《文心雕龙》中使用“骨”字共有 30 次左右，其中有些只作为普通意义来使用，如骨骼；“骨”字作为专门术语来用，其基本意义是“辞之端直者”；“骨”字还有引申意义，“是泛指作品的主要因素或特征之类”。先生对《文心雕龙》中使用的术语系统的探讨，还体现在 1963 年 5 月出版的《刘勰论创作》一书中。此书在附录中，特别列有“《文心雕龙》术语初探”部分。其中首先概括、简明地论述了《文心雕龙》中所使用的术语有三种性质，“希望大家读《文心雕龙》的时候，一定要细看上下文，善于辨别一个字的种种不同的用法与各种不同的含义，从而得出比较正确的理解”。接着，用很大的篇幅，用总括地、具体举例的方法解释了《文心雕龙》中“文”（附“文学”“文艺”）、“道”（附“神道”）、“气”、“体”、“情”、“采”、“风”（附“风格”）、“骨”（附“骨髓”“骨鲠”）、“实”、“华”、“正”（附“贞”）、“奇”12 个术语的各种不同用法和含义。从上面列举的先生关于《文心雕龙》术语的研究，可以看出，他不仅具体解释了多种术语，更重要的是他提出了《文心雕龙》中所用带有术语性的字，大体上具有三种意义。这一点，明显的具有方法论的性质，得到了学术界的认可，产生相当大的影响。台湾著名的《文心雕龙》专家王更生教授，在 1984 年修订版的《文心雕龙研究》中说：“《文心雕龙》的文辞之障，构成了义理之障，我们要想消除这种连锁性的蔽障，唯一的办法，就是寻求刘勰在《文心雕龙》中惯用的字例词例，作比较研究。”认为先生“在这块新辟的荒原上，他的确是第一位拓荒者”。先生对一些术语的解释，不一定完全确切，但他提出的带有方法论的见解与他对一些术语的具体解释，互相参照，有助于读者因其所已知而及所未知，能起到举一反三的作用。先生之后，有许多学者参用先生的方法来研究《文心雕龙》。

五、勤奋与通识

先生之所以在古代文学研究上能取得重要的业绩，常听到一种说法：他有才气。先生的确有才气。从事学术研究，才气固然重要，但才气仅是一个潜在的有利条件，只有把才气和勤奋结合起来，才能有所作为。先生的一生正是这样。先生的一生是勤奋的一生。他在学生时期，勤奋读书，勤奋写作。他毕业以后一直在高等院校任教，能把勤奋读书和教学及学术研究融为一体。他长期兼任过行政职务和社会工作，能勤奋地完成所承担的工作任务，案不留牍，做到了“拿得起、放得下”，工作完以后，会马上进入读书和著述的状态。他珍惜时间，节假日很少休息。他虽然有很强的记忆力，但他读书、做研究时，却勤于做笔记。今存先生读过的部分书籍，如《隋唐嘉话》《大唐新语》《唐语林》《醉翁谈录》《云麓漫钞》等，在每一种书的扉页上，他都随手用铅笔作了密密麻麻的索引，如《唐语林》的索引共58条，其中刘禹锡条9处，武后条18处，李白条4处，白居易条5处，韩愈条4处等。又如，他在研究中国古代文论时，专有一本《汉魏六朝文艺字汇》笔记，其中非常细致地分别汇集列出了《文心雕龙》中的重要字，做了研究《文心雕龙》中使用的术语的基础工作。一位学者当生活顺利时，能勤奋治学，比较容易做到，难以做到的是在遭到不幸时仍能坚持。但先生做到了。他在被错划为右派分子时，没有懈怠，一如既往地勤奋治学。尤其难以做到的是，他晚年在痛失亲人和自己患病之后仍然以惊人的意志，勤奋读书著述。一个例证是他撰写《与刘大杰论杜甫信》一文。刘大杰在修改本的《文学发展史》中，把杜甫定为“轻儒重法”的诗人，其根据是杜甫后期，即40岁以后写作的诗歌。先生不同意刘大杰的观点，认为杜甫实为儒家而非法家。刘大杰的观点有“根据”，当时又正是“四人帮”大搞“批儒评法”、称颂法家甚嚣尘上之际，为了证实刘大杰先生的观点的错误，先生以勤奋坚毅的治学精神，重读杜甫全集，对今存1400多首杜诗，反复阅读思考，分别列出有关诗句一大本。用了两个多月的时间，写成了《与刘大杰论杜甫信》一文。文中针对刘大杰提出杜甫的“轻儒”“重法”论点和论据，对他的每一个例证，从1400多首诗中找出了全部反证，列举了具体的史料，论证刘大杰的看法难以成立，有理有据，不可辩驳。所以刘大杰看到此信后，回信表示同意先生的观点。先生到了晚年，还能写出这样十分费力而全用事实加以论证的论文，充分体现了他勤奋治学的精神。

先生主张研究古代文学，应当具有通识，并且自己能够践行。据张守能在《文学史家陆侃如博士——学府人物志三》中的记载，抗战时期，先生在中山大学师范学院任教时勉励同学说："研究国学的人，不能不同时懂得本国史地，不能不同时懂得世界文学。"这是先生治学的体验。先生虽然研究的重点是中国古代文学，但又没有局限于古代文学。他通英文、法文。他从中学开始，就注意学习外国文学中的重要作家作品，后来他翻译过法国小仲马的戏剧《金钱问题》。他关注中国的现代文学，他撰写的三部中国文学史，都尝试贯通古代文学与现代文学。他在学习中国古代文论的同时，还注意学习西方的理论和马列主义理论。为了学习俄苏的文学理论，他晚年还学习了俄文，并翻译了部分著作。他知道研究文学离不开研究历史，所以一直重视对历史的研究。他在法国读博士的学位论文是《周代社会史》。他关注经济学。在法国留学时，特别翻译了《法国社会经济史》。上面列举的事实说明，先生的一生研究中国古代文学，并非埋头古籍之中，也不只是对自己研究的古代文学感兴趣。他有通识，视域开阔，有现代意识。他在古代文学研究方面，之所以能在一些重大问题上有开创之功，当与此有关。

从总体上来看，先生在研究中国古代文学方面的业绩，不论在数量上，还是在质量上，在当时都是第一流的。他留下的丰厚的著述，为学术界所认可，也有相当大的影响，值得我们珍重和学习。但他的著述毕竟有时代的印记和个人的局限。同先生的著作相比，更值得我们珍重和学习的是他始终不渝的爱国情怀，是他处在逆境中仍持有的敬业精神，是他在学术上勇于开拓、补前修所未逮的创新胆识以及科学的、严谨的治学方法。先生病逝41年了，我们怀念他，要站在新的历史起点上，把他关心并为之奋斗终生的事业向前推进！

附记　本文所引用的资料，主要参考以下文献：

1. 袁世硕、张可礼主编：《陆侃如冯沅君合集》，合肥，安徽教育出版社，2011年。

2. 郑春、孔令顺编选：《山东大学文学与新闻传播学院校庆110周年文集》记忆卷，济南，山东文艺出版社，2011年。

3. 许志杰：《陆侃如和冯沅君》，济南，山东画报出版社，2006年。

4. 张可礼、李剑锋编：《陆侃如冯沅君合集补编》，合肥，安徽教育出版社，待出版。

5. 牟世金、龚克昌：《陆侃如传略》，《晋阳学刊》1983年第5期。

6. 牟世金：《嘉惠士林的陆侃如教授》，《山东大学校史资料》1988年第8期。

附录六　史料、史识和美学的融通：陆侃如先生的中国古代文学史著[①]

在现代中国学术史上，陆侃如先生（1903～1978）的主要贡献是在中国古代文学研究和中国古代文论研究这两方面。就古代文学研究而言，陆先生虽然在史料的考证、作家作品研究、文学史的撰写和古代文学的普及等方面，都有探索，都取得了重要的成就，但综观比较，他的中国古代文学史著的成就更为突出。本文仅就陆先生的中国古代文学史著试作探讨。

一、三部重要史著

陆先生早在1926年7月至1927年6月在清华大学国学研究院学习时，就开始研究和撰写中国文学史。他的毕业论文《中国诗史》获得了优秀论文奖。1927年，他和冯沅君先生结婚后，相继联手完成了《中国诗史》（以下简称《诗史》）、《中国文学史简编》（以下简称《简编》）和《中国古典文学简史》（以下简称《简史》）三部重要史著。《诗史》《简编》出版以后，都作了修改，有的还不止修改一次。同时，陆先生一直关注文学史的撰写问题。他先后发表过《给研究文学史的同志们》、《什么是中国文学史的主流》、《关于编写中国文学史的一些问题》、《关于中国文学史分期问题的商榷》[②]、《文学史工作中的三个问题——从文学研究所〈中国文学史〉想起》。他在去世的前两年，还撰写了一篇有关文学史的论文：《与刘大杰论杜甫信》[③]。上面列举的事实说明，陆先生在他的治学生涯中，一直重视中国古代文学史的研究、撰写和探索。

关于《诗史》，陆先生在1930年夏所写《诗史·序例》中说："此书是我和沅君合写的。起初我打算一个人写，在北平读书时，便写成《导论》及《古代诗史》。后来在上海教书，即以此稿作讲义，并续写《中代

① 原文载《文史哲》2011年第5期。

② 《关于编写中国文学史的一些问题》《关于中国文学史分期问题的商榷》两篇论文是与冯沅君先生合写的。

③ 此文是陆先生看到了刘大杰先生新版的《中国文学发展史》第2册大字本的校样中，把杜甫列为法家后迅即开始写作的。陆先生在"对杜集再读一遍"之后，详细引证分析了有关杜诗，得出令人信服的结论：杜甫并非法家。此"信"寄给了刘先生。刘先生很快复信，表示同意陆先生的观点，次年在《文史哲》第4期发表。此文是在古代文学研究领域里，较早地批判和否定"四人帮"大搞儒法斗争的一篇重要论文。

诗史》。时沅君在上海讲词曲，故以《近代诗史》托付她。我自己又写一篇附论，全书就此完成了。”①《诗史》于1931年出版。

《诗史》出版以后，学术界或推荐，或参考，或评论，产生了很大的影响。其影响从20世纪30年代开始，一直延续到今天。鲁迅在1933年12月20日《致曹靖华》的信中，推荐“可看”的文学史共五种，其中有《诗史》。《诗史》问世之后，相继出版的不少文学史的写作，许多都参考了《诗史》。1934年龙沐勋出版的《中国韵文史》，附录列中国韵文简要书目，选“时人论著”四种，其中之一是《诗史》。1935年刘经庵出版《中国纯文学史纲》，此书“曾参考关于中国文学论著的版本数十种”，其中有《诗史》。1936年赵景深出版《中国文学史新编》，分古代、宋元和明清三编，各编均列《诗史》作参考书。1938年杨荫深出版《中国文学史大纲》，除《楚辞》部分吸取陆先生的成果外，关于乐府部分，也多取资于《诗史》。在20世纪40年代，顾颉刚在《当代中国史学》一书中，认为《诗史》“颇称详备，为此类书的创作”。到20世纪50年代，林庚于1954年出版的《中国文学简史》（上卷）书后附“一般参考书目”，书目中关于文学史列有四种，《诗史》是其中之一。《文学研究》1957年第2期发表了谷典的以《诗史》为题的书评，从多方面肯定了这部著作。认为它是第一部“有系统的诗歌史”，“二十多年来这部著作在我国古典文学研究方面是起到一定推动作用的”。《诗史》中的许多重要观点，至今仍为不少学者所首肯和称引。如，关于中国“史诗”问题。在《诗史》出版之前，主流观点认为，中国古代没有史诗。而陆先生不同意上述看法，认为中国古代有史诗。他在《诗史》中论述《诗经·大雅》时，特别标举“周之史诗”。关于这一点，特别受到前几年研究史诗的林岗的关注。林岗指出：“陆、冯国学基础深厚，在学界颇有声望，而他们的意见，也确实回应了‘史诗问题’造成的紧张，成为学界与主流的否定性意见相对峙的意见。”“近者如汪涌豪、骆玉明主编《中国诗学》第1卷论到《诗经》时，还有小标题‘雄浑昂扬的周族史诗’，显然是承继陆、冯的看法。”②

就《诗史》的出版情况来看，自1931年初版到今天，据初步统计，经由不同的出版社至少再版过13次（包括修订本）。《诗史》问世后的七十多年，不断再版，这是罕见的。从这一点也可以看出，它有长久的生命力。

---

① 陆、冯两位先生合著的中国文学史，大体分工是：陆先生撰写先秦至唐代部分，冯先生撰写唐代以后部分。本文论陆先生的史著基本上限于陆先生所撰写的先秦至唐代部分。

② 参阅林岗：《二十世纪汉语“史诗问题”探论》，《中国社会科学》2007年第1期。

《简编》是应大江百科全书之约撰写的。此书是陆、冯两位先生在上海中国公学、安徽大学等学校所用讲稿的基础上修改后，于1932年10月出版。全书用约十万字的篇幅，述评了自文学起源至现代的文学革命的历史。书分上、下两编。上编十讲由陆先生撰写。董乃斌、陈伯海等主编的《中国文学史学史》一书中评论《简编》时说：在20世纪30年代，中国文学史逐渐凝固成一种"模式"，《简编》"就已经具备了这一叙事模式的基本形态"。特别提出，《简编》最后的目标指向一点："就是五四新文学。'文学史'的预见性在这最后又一次显现出来。五四新文学，它是一个时代文学结束的地方，也是另一个时代文学史叙述开头的地方。"[①]《简编》问世以后，受到了读者的欢迎，相当畅销。截止到1949年，先后至少再版过五次。《简编》之所以受到青睐，正像作家、藏书家翁长松所指出的，主要原因有三点：首先它是"一本时间跨度最长的中国文学史。全书从中国有记载的商代说起，一直讲到中国现代的'文学与革命'，上下五千年，展现出中国文学发展轨迹。……一册在手，就可明了中国文学史的基本概况"。二是"文字简洁流畅，通俗易懂"。三是"富有学术开创性和进步的文学观。此书对中国诗歌、散文的起源作了探索和研究，形成了颇具个性化的见解，尤其对中国现代文学的研究具有开创性的见解"。书中体现的文学观"对当年的民主人士、文学青年、读者也是有吸引力的，这也是该书畅销的思想基础"。[②]

对于《简编》，陆、冯两位先生在新中国成立以后，作了较大的修改。修改稿用《中国文学史稿》之名，先在《文史哲》月刊上连载了18期，倾听专家、朋友和读者的意见，后又两次修改，于1957年由作家出版社出版。《简编》修改本是新中国成立后较早的用新观点编撰的文学史著作，受到了学术界的重视，得到了学术界的广泛认可。《简编》在叙事模式和体量上，又比较适合当时的教学，被许多高等学校选作教材。后来经教育部审定的《中国文学史教学大纲》和游国恩等五位教授主编的《中国文学史》，大体上参用了《简编》的体例。

两位先生在修改《简编》的同时，又应中国青年出版社之约，在《简编》20万字的基础上，压缩篇幅，编写了《简史》，于1957年出版。《简史》是为具有中学水平的读者编写的。全书约6万字，着重叙述了各个时期文学的特征，说明文学的流派，述评重要作家的文学成就及其在文学史

① 董乃斌、陈伯海主编：《中国文学史学史》第二卷，石家庄，河北人民出版社，2003年，第71～73页。

② 参阅翁长松：《漫步旧书林》，上海，远东出版社，2008年，第77～79页。

上的地位和影响。对重要作品作扼要的分析。对所引的作品有简明注释，每章后还有习题。陆先生在撰写此书时，曾征求过一些中学教师和中学水平的青年的意见，以便《简史》适合读者的要求。由此可见，陆先生对普及古代文学史知识是满怀热忱的，是他主张把“过去只有少数人能接触到的（古典文学）宝藏交到广大人民手里”的体现。次年，此书由外文出版社出版了英文版和罗马尼亚文版。出版外文版时，由于陆先生被错划为右派分子，署名只有冯先生一人。中国人编写的中国古代文学史译成外文，“送出去”，介绍给国外的读者，《简史》当是最早的一本。

二、以史料为基础

陆先生从进入中国古代文学研究领域开始，终其一生，一直重视史料的搜集、整理和考证。阅读陆先生的著述，常常可以见到他深厚的考证功力和突出的成绩。他做史料工作，既是为某些专题研究作准备，也是为了撰写中国古代文学史。他在撰写文学史的过程中，一直注意把史料作为基础，重视史料的考证。他早在 1926 年为游国恩《楚辞概论》所写的序中，分析“近来”“中国无好的文学史”的原因时，就指出了史料考证的重要，“若不注重考证，取材必不可靠”。1931 年，陆先生在《诗史》的《导言》中说明了两点，第一点就是“中国诗史的材料”。1932 年，他在初版的《简编·序例》中明确表示：“为初学明了计，对各问题只说个较可靠的结论，而不去详加考证（讲授时可另加说明）。”陆先生特别提示：《简编》限于篇幅，不能对史料进行考证，但在讲授时，要加上。陆先生又在《简编》的第一讲《中国文学的起源》中一开始就说：“中国文学的起源是不容易讲的。一因真的材料太少，二因伪的材料太多。我们现在先把伪的材料加以辨明，其次再从真的材料中试探一下中国原始作品的情状。”从上面引用的陆先生的言论来看，陆先生一直是把重视史料和史料的考证作为编写文学史的基础。

陆先生撰写文学史所用的史料，有些是经过辨析借助于他人的研究成果，更多的是由自己搜集、整理和考证过的。这突出地表现在重要作品和作家生平的考证上。

在作品方面，陆先生用力较多的是对《诗经》《楚辞》和乐府诗的考证。

关于《诗经》，从 1926 年到 1944 年，陆先生先后发表了《〈诗经〉参考书提要》《〈二南〉研究》《就〈周南〉〈召南〉寄胡适之书》《大小雅研究》《中国古代的无韵诗》《〈风〉〈雅〉韵例》《三百篇的年代》《〈采薇〉

〈出车〉〈六月〉三诗的年代》等著述。撰写《提要》，表明陆先生对以前研究《诗经》的史料，有比较全面的了解。《〈二南〉研究》等都是在前人研究的基础上，提出了新的见解。

陆先生对中国古代文学的研究是从《楚辞》开始的。他从1922年19岁时发表《〈大招〉〈招魂〉〈远游〉的著者问题》之后，仅在20年代就相继发表了《屈原生年考证》、《屈原》（其中包括《楚辞地图》《屈赋校勘记》《屈赋古音录》《著者可疑的作品》）、《宋玉》（其中包括《宋玉的生平》《宋玉的作品》《宋玉赋校勘记》《宋玉赋古音录》《著者可疑的作品》）、《楚辞的旁支》等。陆先生关于《楚辞》研究的成果问世以后，得到了学术界的认可，产生了相当大的影响。赵景深在1928年出版的《中国文学小史》中，论屈原说："他的作品，最近据陆侃如考证，凡三篇，即《离骚》《九章》《天问》。"论宋玉说："据陆侃如的考证，他的作品只有《九辩》和《招魂》，真是他自己的。"1932年出版的刘麟生的《中国文学史》、胡云翼的《新著中国文学史》，都明说根据陆先生的研究成果而论述屈原和宋玉。杨荫深1933年出版的《先秦文学大纲》，书末列有42种参考书，其中近人著作五种，有四种是陆先生的。四种中有《屈原》和《宋玉》。杨荫深评价说：《屈原》"为最近用新的方法来研究屈原生涯及其作品的一部好书"。《宋玉》"对于研究宋玉的作品也有新的见解"。从上面列举的史实，可以看到先生在20世纪20年代在楚辞研究领域里的突出贡献。

陆先生对乐府诗的考证，主要论著有《孔雀东南飞考证》《答黄晦闻书》和《乐府古辞考》三种。这三种论著发表以后，受到了学林的重视，直到今天常常被作为研究乐府诗的重要参考。《乐府古辞考》于1926年初版后，至1977年，在大陆和台湾至少再版七次。今人王运熙先生《汉魏六朝乐府诗研究书目提要》中著录此书，说："此书写作时间较早（序例写于民国十四年），系近人专治乐府著作之前驱者。"

陆先生在古代作家生平事迹的考证上，付出了大量的心血，取得了相当丰厚的成果。从今存陆先生的著述来看，他对作家的考证，除了上面所说的有关《诗经》、《楚辞》、乐府诗中有关作者的考证和陶渊明外，重点是对于东汉、三国和西晋时期重要作家的考证。综观陆先生这方面的论文和著述，东汉、三国和西晋这一时期的作家，他几乎都有不同程度的考证。这方面考证的成果集中体现在《中古文学系年》一书中。《中古文学系年》是陆先生早在抗战前就酝酿的一个大计划中的一个组成部分。他在抗战之前，就想写一部《中古文学史》。为了写成这部文学史，他在《中古文学系年·序例》中，认为应该有三个步骤。第一是朴学的工作，即对作者的生平、作品写作时间的考订和对作品的校勘、训诂等。基于上述的认识，他想用十年左右的时间，首先编纂《中古文学系年》一书。由于条件的限制，此书只写到西晋末年。先生去世后，人民文学出版社根据先生的手稿，出版了此书。此书共 80 多万字，按年系人，把汉晋间的 150 多位作家的有关事迹，作了比较详细的考订和清理。《中古文学系年》出版以后，成了研究中古文学的学者案几必备的书籍。在诸多的中古文学史著作所列的参考书中，无不将此书列为重要的一种。

陆先生重视古代文学史料的考证，是对清代朴学的继承，同时也是受到了五四运动开始的“整理国故”风气的影响。1943 年，陆先生在为傅庚生所写的《〈中国文学欣赏举隅〉序》中说：“‘五四’运动时代提倡以科学方法整理国故，并且认为清代朴学方法含有科学精神，故二十年来文史研究都注重史料的考订，渐渐成为风气。”五四运动开始的“整理国故”，重视继承清代的朴学，但又不为清儒所囿，而有很大的超越，已经具有明显的现代色彩。这在陆先生的著述中也有所体现，主要有三点。(1) 清儒的考证，常常显得烦琐。而陆先生的考证，选取的都是一些重要的问题，考证时，重点在列举可靠的证据，提出自己的见解，而舍弃烦琐。(2) 清儒的考证，重点在经书。考证经书又多限于校正文字、注释词义的“小学”方面。陆先生的考证除了校正文字和注释词义外，还拓展到文学现象发生的背景方面。他在《中古文学系年·序例》中认识到，写文学史除了“对作者的生平、作品写作时间的考订和对作品的校勘、训诂”外，还应当做“史学的工作，即对作者的环境、作品的背景，特别是对当时经济状况的考察等”。要考察背景，自然要由清儒重在“小学”扩展至社会、历史、经济、政治等多方面。陆先生正是这样做的。(3) 清儒的考证，或是为考证而考证，或是“要替古圣人揭出他们的圣都王功”。[①] 而陆先生不是孤立地为考证而考证。他重视考证而又不止于考证，是把考证作为治史的基础，作为治史的第一步，作为治史的一种科学方法。上述的三点，陆先生经历了一个由不太自觉到自觉的过程。他在《中古文学系年·序例》中坦言：“文学史的目的，在鉴古以知今。要达到这目的，我们不仅要明白文学史上的‘然’，更要知道‘所以然’。……我自己很早就想研究文学史，可是经过若干年的摸索之后，深深感到过去走的路都不十分对。朴学的工作既不精确，史学的工作完全没做。因此，对于‘然’既

---

① 参阅顾颉刚：《与钱玄同先生论古史书》；钱玄同：《答顾颉刚先生书》，收入《古史辨》第 1 册中编。

仅一知半解，对于‘所以然’更茫然无知。于是我立下志愿，打算对中古一段好好地探索一下。”陆先生的这种自觉意识，在新中国成立之后，对《诗史》《简编》的修改中和《简史》的撰写中都有明显的体现。

陆先生对史料的重视，在史料考证方面取得的成就，使《诗史》和《简编》等史著都能够建立在史料的基础上。他在《诗史》的《导论》中说：“我们认为一般文学史的失败，多半因为材料的取弃不能适当。”鉴于上述情况，对于史料，他采取了“人取我弃”和“人弃我取”的做法。表面上看，先生的做法太绝对。实际上，先生的意思是对以前文学史所使用的史料，不能盲从，要使用真实的史料，对史料要有所选择。就“人取我弃”来说，他认为过去一些文学史所使用的某些史料属于伪作，并不可信。因此，他在《诗史》中，用了不少篇幅做辨伪的工作。今天看来，这样做，似乎没有必要。但在当时是有针对性的。关于“人弃我取”，陆先生的意思是，编撰文学史不能限于一般文学史家所使用的史料，要扩大史料，突出重点。基于上述思想，在《诗史》中，把诗扩大到包括“一切韵文”，突出了在古代诗歌演进史上能够代表时代和能够反映诗歌演进大势的史料。《诗史》中，宋前部分，分别以“诗经时代”“楚辞时代”“乐府时代”“曹植时代”“陶潜时代”“李白时代”“杜甫时代”为题，就是上述思想的具体体现。《简编》尽管限于篇幅，不能像《诗史》那样有较多的史料考证，但仍有不少简明的考证。如第三讲《古民族的文学》（中）讲到《诗经》的二《南》时说：“关于它的时代与地点，旧说亦误，其中时代可考者，如《汝坟》述东迁，《甘棠》颂召虎，《何彼秾矣》称平王，都在前八世纪；而诗中所有地名，都在江、汉之间，其属楚不属周可知。……《诗经》中除二《南》外，还有《陈风》也可属于楚民族。不但陈是灭于楚的，而且其官制方言服饰也多与楚同。”随着学术的进步，陆先生所作的具体的考证的结论，有的不一定正确，对史料的取舍，也是一家之说，把诗扩大到包括“一切韵文”的观点，也值得讨论，但他强调编撰文学史在使用史料时不能盲从，对史料应当考证，“以传信自勉”，必须选择，这些都具有普遍意义，我们应当学习和继承。

在19世纪末和20世纪初，在古代史料方面，有一个重大的发现，就是以甲骨文为代表的大量的地下文物的出土。地下文物属于实物史料。它的出土，使人们对历史的研究，不再限于文献史料，而是把文献记载同实物史料结合起来，相互补正。在这方面，陆先生是相当敏锐的。他通过阅读罗振玉和王国维的研究成果，知道甲骨上“商人的贞卜文辞，实为言古史者之无上材料”[1]。基于上述认识，陆先生早在20年代后期开始撰写《诗史》时，到后来撰写《简编》，都能自觉地使用甲骨卜辞、金文和石刻文等方面的史料来论述文学。在《诗史》篇一《萌芽时代》中明确说明："我们可以根据卜辞述一述当时社会的，文化的，及艺术的一般状况。……卜辞证明商民族尚在氏族制度的阶段是很显然的。……在上层构造的艺术方面，我们知道有舞蹈和音乐。”论《商铭》说：“此诗见《国语》，以为是商末的鼎铭。”但“‘嗛嗛之德，不足就矣’等句，与见存商末金文的文体（如《觞尊》《般甗》等）相距太远，其不可信可知”。在《简编》第一讲论述中国文学的起源时，先辨明了“伪的材料”，然后“据真的材料来推测文学的起源”，说：“推测的根据有二：一是卜辞，二是金文。”在辨析《尚书·虞书·尧典》时说：“《尧典》疑点尤多，其重要者为：一、卜辞只有‘十三月’而无‘韵’字，此篇何得有‘以闰月定四时成岁，之句（马衡说）？二、近代考古学者证明商代器具尚多石制，尧时何得有‘金作赎刑’之事（梁启超说）？……故我们决不能据它们来讲古代散文。”在篇五《附论》中，用了较多的文字，论述了《石鼓文》的时代、内容。

在陆先生之前撰写的文学史，不太注意使用甲骨文之类的实物史料。在这方面，陆先生有开创之功。此后相继出版了一些有关卜辞文学的论著。如1936年清华大学印行了唐兰的《卜辞时代的文学和卜辞文学》。陆先生使用甲骨文等史料的方法和得出的结论，是否恰切，可以讨论，但他能把甲骨文等与文学史相关的实物史料用于文学史的撰写中，把它们同文献史料结合起来，是一种重要的方法，值得我们借鉴。

三、在史识上的探索与实践

撰写文学史，一是要以史料为基础，二是要有史识。所谓史识，源于史料，又超越史料，主要指的是研究和撰写文学史的系统观点和方法。史料和史识，两相比较，在某种意义上史识更重要。评价文学史质量的高低，史识是重要的标准。如果把撰写文学史比作建筑一座大厦的话，史料只是一些建筑材料，至于建筑什么样的大厦，如何选取和使用材料，这就取决于建筑师的设计了。史识在编撰文学史中的作用，近似于建筑师在建筑中的设计。从文学史撰写的实践来看，各种文学史都离不开史识。其区别在于自觉的程度，在于从总体上认识和把握研究对象是否正确，在于在

---

[1] 《中国诗史》卷上，上海，大江书铺，1931年，第28页。

多大程度上接近文学史的实际，以及史识能不能与时俱进，是否注意追求当代意义。以作品为核心的文学史料是客观的，有限的，不变的，而史识属于人的主观意识，是无限的，是处于不断的变化中，有主观调适与更新的弹性。人们对史识一直在探索，在探索中实践，在实践中探索。综观陆先生有关文学史的著述，大体上也是这样。

陆先生在五四运动过后不久，就开始研究中国古代文学史。在史识上，他以青年人富有的敏锐，很快地接受了现代的学术观念、研究方法和表述方法。这主要是进化论、唯物史观和"科学的美学"。这在《诗史》和《简编》中有明显的体现。

1917 年，胡适在《新青年》第 2 卷第 5 号上发表的《文学改良刍议》一文说："文学者，随时代而变迁者也。一时代有一时代之文学。"他主张"以历史进化之眼光"来看文学。陆先生接受胡适的观点，认为："文学是渐渐进化而成的，不是一二天才所能凭空创造的。"[①] 基于上述认识，陆先生在中国文学史著中，对于文学的变迁的大势，对多种主要文体的产生和变化，大多能从产生和流变的角度，作动态的描述。在《简编》中，论先秦时期的楚文学时，认为"楚民族文学的起源，当远溯之于《诗经》中的《二南》"。"楚民族的文学，经数百年的酝酿，到《九歌》便成立了。及屈、宋出世，便是全盛时期了。"[②] 关于《诗史》，陆先生在综合研究的基础上，述评了我国古代诗歌的产生和变迁的大势，认为："中国诗歌变迁的第一关键在汉，第二关键在唐。"根据上面的认识，把古代诗歌的演进分为古代、中代和近代三个时期。古诗从起源到汉代，"可以说是'自由诗'，而《古代诗史》也可以说是'诗的自由史'"。中代自汉末到唐代。这一时期诗歌的特点"是于天然的美以外，更加以人工的美。……加一种人工，便多一种束缚，我们既称古代为自由史，也不妨称《中代诗史》为'诗的束缚史'"。近代自唐末到清代，诗歌沿着两个方向变化："一个方向是拿乐律代诗律"，"还有一个方向是文字日渐解放"。陆先生把近代的诗称为"诗的变化史"。[③] 戏剧和小说是中国古代文学的重要组成部分。《简编》用了约占全书四分之一的篇幅讲戏剧和小说，为了使读者了解戏剧和小说演进的历史，在第十讲特设《戏剧和小说的雏形》一讲，指出："中国的戏剧与小说，都是到了宋以后才完成的，在唐以前只是个'雏形'罢了。"

---

① 《中国诗史》篇三《楚辞时代》。

② 《中国文学史简编》第三讲《古民族的文学》(中)，上海，开明书店，1932 年。

③ 《中国诗史・导论》。

文学，不管是从整体来看，还是从各种文体来看，都有其客观的源流演进的历程。探求文学的源流演进历程，是研究撰写文学史的应有之义。陆先生受进化论的影响所作的探求，有助于人们认识文学自身的历史，进而总结某些规律，为现代文学的发展提供某些借鉴。不过，用进化论来研究和编写文学史，虽然有科学的进步的意义，但是把生物界的进化论应用于文学史的研究，并不是完全的科学的方法。韦勒克认为："并不存在同生物学上的物种相当的文学类型，而进化论正是以物种为基础的。"[①] 文学有自身的特点，有自己演进的历程。阐释文学的演进离不开文学演进的背景。因此研究文学的演进，如果局限于用进化论的方法，是难以科学地揭示文学演进的历程的。幸运的是，陆先生在接受进化论之后不久的1928年前后，又开始接触了历史唯物论，还如饥似渴地阅读了不少马列主义的文艺理论书籍，开始尝试用历史唯物论的观点来研究文学史。陆先生对历史唯物论的接触，使他的史识有所变化。这在《诗史》当中有明显的体现。陆先生在《诗史》卷一篇一《萌芽时代》，根据考古发现的卜辞，假定我国古代诗歌的萌芽是从盘庚即位之年到传说的纣自杀之时。接着联系当时社会的、经济的、文化的、艺术的以及语言的一般状况说：劳动产生了舞蹈、音乐和诗歌。这一见解，显然是基于历史唯物论的一种观点。从1932年至1935年，陆先生在法国留学期间，读过伊可维支的《唯物史观的文学论》，并翻译了其中的第二部第二章第三节《小仲马戏剧之唯物史观之研究》，对如何运用唯物史观研究文学有了新的体会。当然，由于陆先生刚刚接触部分历史唯物论著，热情有余，消化不够，基本上是处于"一知半解的浏览"状态[②]，对长时间流行的进化论不可能有全面的、辩证的认识。所以，从初版的《诗史》和《简编》来看，陆先生当时的史识基本上是进化论和历史唯物论的混合。两相比较，进化论的影响更为明显。

陆先生对历史唯物论比较全面的学习和接受，是在新中国成立之后。新中国成立之后，随着马克思主义在意识形态领域领导地位的确立和巩固，陆先生和许多从旧社会过来的知识分子一样，在"肃清资产阶级唯心论毒害"的同时，努力学习马克思主义和毛泽东思想，不断提高自己的认识。认识的提高，使他感到对过去写的《诗史》和《简编》应作些必要的修改。于是，从1954年开始，陆先生和冯先生一起先后对《诗史》和《简编》加以修改。《诗史》的修改，由于出版时间的限制，主要是尽量去

① ［美］韦勒克：《批评的诸种概念》，丁泓、余徵译，成都，四川文艺出版社，1988年，第57页。

② 参见《中国诗史·自序》（修订本），北京，作家出版社，1956年。

掉“发现的比较严重的错误的地方”①。而《简编》则作了很大的修改。不仅字数由初版的9万多字扩大到24万，更为重要的想“彻底清除资产阶级唯心主义的严重错误，完全用马克思列宁主义的立场、观点、方法来处理文学遗产上的问题”②。出于上述思考，在《简编》修订本中，特别突出了文学背景部分，注重运用阶级分析方法。

在《诗史》和《简编》的初版中，如上所述，陆先生在论述某些文学现象产生的原因时，已经开始注意从背景上加以探讨，但就整体而言，是个别的，还没有把文学赖以产生的背景看成是贯彻历史唯物论的重要内容。到了修订《简编》时，在这方面，就非常自觉了。陆先生在《简编》的《引言》中谈“中国文学史的分期”时说：“历史是物质资料生产者本身的历史，对于文学史应该当作物质资料生产者的历史所间接形成的现象来考察。文学的发展必然地受到社会经济发展规律的深巨的影响，同时文学也有本身发展的独自的规律。”在第三篇《秦汉魏晋南北朝的文学》的《概说》中叙写了这一时期的历史情况之后，总括说：“这些情况对于文学的关系比较密切，对于作品的影响也比较大，所以我们应当首先弄清楚。”陆先生基于对上述历史唯物论观点的认可，因而在《简编》中，从第二篇《周代的文学》至第六篇《鸦片战争到五四运动的文学》，在《概说》中，都有《历史的背景》一部分。在这一部分，陆先生立足于各个历史时期的情况来叙写背景，注意社会、经济、政治和文化等方面，有时也涉及自然条件。在叙写背景时，注意突出同文学关系密切的历史。如论周代的文学，重点叙写了“士”这一阶层的作用，论西汉以后的文学，在思想意识方面，主要强调了儒学在汉代的统治地位，强调了魏晋南北朝时期道教和佛教的影响。陆先生对背景的重视，也体现在对作家和作品的分析上。在《秦汉魏晋南北朝的文学》中论司马迁的《史记》说：“《史记》是贯穿许多朝代的第一部通史，是在先秦许多优秀历史著作的基础上，在秦汉统一以后宏伟局面的启发下产生的。”

文学史应当述评文学演进的历程，但演进的历程只是一种表象，因此我们不能止于这一层面上，而应当进一步探讨是哪些东西在影响文学史的演进。古代的任何文学现象的产生，都离不开当时的历史条件，都是特定的、复杂的历史条件的产物。这种历史条件，可以概括为历史背景。研究文学史必须顾及历史背景。这符合历史真实，也是历史唯物论所要求的。

---

① 《中国诗史·自序》(修订本)，北京，作家出版社，1956年。

② 《中国文学史简编·自序》(修订本)，北京，作家出版社，1957年。

综观中华人民共和国成立以后出版的几部有影响的文学史，都重视背景，把背景作为文学史的重要内容。在这方面，陆先生是较早的实践者。背景虽然重要，但由于背景同文学的关系是一个相当复杂的问题。文学史不是社会、经济、政治和文化等历史状况的简单反映，背景和文学之间存在着许多不易探明的中介，作家并不是完全被动地受制于背景。不能把社会、经济等历史状况简单地移置到文学史里，也要避免叙述的公式化。今天看来，陆先生虽然认识到背景的重要，在《简编》中特别述及了背景，有些论述比较恰切，但他对背景的理解并不全面，择取的有关的背景的内容，有的显得泛化。陆先生研究和撰写文学史，在背景问题上的探索和实践，虽然不全面，有的不一定恰当，但他是立足于历史唯物论，是他学习和运用历史唯物论的体现。这一点，值得我们学习。

历史唯物论认为，在阶级社会里，存在阶级和阶级斗争。阶级和阶级斗争往往会通过一些不同的方式反映在一些文学活动中。新中国成立以后，许多学者在学习历史唯物论的同时，也接受了这一观点，用阶级分析的方法分析古代文学的一些现象。陆先生也是这样。这比较明显地体现在《简编》的修订本中。其主要表现是：（1）给作家定出身、划成分。如说“刘邦可能是中小农”①，陶渊明“出身于一个没落的地主家庭，……可是在现实生活的教育下，有时就离开了自己的阶级”②。（2）把某些文学现象的产生和变化归结为阶级斗争的反映。如讲唐代古文运动和传奇说：“古文运动的主要目标是提倡切合实用的散文，反对骈文，而骈文是和世族地主有些关系的；所以古文和骈文的论争，可以看作地主阶级内部矛盾在文学上的反映。……同时，由于新兴地主的壮大，科举制度的产生，在小说方面便助长了传奇的数量。”③（3）用两分法，把文学分为统治阶级服务和为人民服务两种，如说：汉大赋的“作者们大多是为统治阶级服务的”④，论王充说：“从《论衡》看来，王充基本上是一位替人民说话的思想家。”⑤ 这样的分析，表面上看，是基于历史唯物论，事实上并不符合历史唯物论的要求。历史唯物论要求研究历史，必须基于当时的历史实际，对当时的历史实际作深入细致的研究，然后得出自己的结论。从《简编》的修订本来看，由于陆先生初步接触阶级分析方法，还没来得及用阶

① 《中国文学史简编》，第58页。
② 《中国文学史简编》，第88页。
③ 《中国文学史简编》，第109页。
④ 《中国文学史简编》，第64页。
⑤ 《中国文学史简编》，第71页。

级观点对古代文学作深入细致的研究，就匆忙地套用当时强调的阶级斗争观点来修改文学史，出现了诸如上面所列举的一些认识。这些认识，缺乏史料作基础。这样的认识，把复杂的文学现象简单化了、绝对化了，遮蔽了许多文学现象所蕴含的丰富的、复杂的内涵。

在20世纪，像陆先生那样真诚地学习和使用历史唯物主义和阶级分析方法来研究中国古代文学的学者很多。这反映了一些学者在研究古代文学时不断探索的精神。他们的研究虽然有一定的成就，但确实也出现了明显的简单化等问题。对出现的问题，我们应当作历史的、辩证的分析。历史唯物主义的基本原理是科学的。阶级分析是基于阶级社会存在阶级而提出的。阶级分析的方法也是研究古代阶级社会的一种重要的科学方法。但如何运用历史唯物主义和阶级分析的方法来研究古代文学是一个新的问题，要不断地探索。许多学者学习历史唯物主义和阶级斗争的理论时间很短，不可能对其有较深的理解。另外，从理解到正确应用，有一个过程。即使有较深的理解，也不一定能正确地贯彻到古代文学的研究当中。因此，对于他们在使用历史唯物主义和阶级分析方法时出现的这样那样的问题，应当给予历史的解释，更不能因噎废食，放弃历史唯物主义和阶级分析的方法。面对前辈学者在研究中出现的问题，现在我们应当思考的是，在古代文学研究中如何结合古代文学的实际和特点来正确地运用历史唯物主义，正确地使用阶级分析的方法，如何把运用历史唯物主义和阶级分析的方法同其他科学方法结合起来。这样思考，这样做，是否更具理论价值和现实意义？

四、美学意识

文学史作为史的一种，同其他的史有共同之处，都离不开史料和史识，但文学史是文学的历史，而文学是审美的。因此，编撰文学史仅掌握史料和具有史识是不够的，还必须有美学意识，把美学意识同史料和史识结合起来。在这方面，陆先生有自己的认识，注意不断提升自己的认识，并且能够付诸实践。

陆先生早在编撰《简编》时，就重视“文学的意味”之说和“文学的观点”。他说的“文学的意味”和“文学的观点”，应当说是属于美学意识。后来他在编纂《中古文学系年》的《序例》中，回顾自己多年研究文学史的“摸索之后”，进而总结说：“文学史的工作应当包含三个步骤：第一是朴学的工作”；“第二是史学的工作”；“第三是美学的工作……这是最后一步。三者具备，方能写成一部完美的文学史”。陆先生所说的“美学工作”，指的是“对于作品的内容和形式加以分析，并说明作者的写作技巧及其影响”。这一点，贯穿在他的文学史著中。

陆先生对于古代文学作品的内容和形式，如上所述，往往能从大的方面，区分为“天然的美”和“人工的美”。他说：《古代诗史》可以说是“自由诗”，属于“天然的美”，而自汉末到唐代这一时期诗歌的特点“是于天然的美以外，更加以人工的美”。

在具体论述作家和作品时，陆先生注意从美学的视角，揭示作家和作品蕴含的审美情操和艺术特点。他在《简编》中论屈原的《离骚》说：“全篇表现出作者人格的高洁，感情的浓挚，想象力的丰富，表现力的伟大。其所以传诵千载者，实非偶然。”评汉乐府《鼓吹曲》中的颂诗、情诗，写战争的、写田猎的、写饮宴的，“其特点在设色浓艳，表情热烈，用韵又极自由”。在修订本中述评杜甫说：他的诗“不但有深刻的思想内容，也有高度的艺术价值。例如他的《石壕吏》所表现的真实，是从同类中许多事实提炼出来的精华，它是典型化了的。……他的写作态度非常认真严肃，常常要‘新诗改罢自长吟’。他长吟不仅推敲字句，更重要的是充实内容，这就使作品的思想性与艺术性的结合达到高峰，而获得不朽的荣誉”。

文学史著，不应当是单纯地复述史料和阐释史料，还应当“有我”，有美学意识，提倡艺术化、文学化的表述。在这方面，陆先生是相当自觉的。综观他的文学史著，表述带感情，无理障，无文字障，语言行云流水，简洁利落，通俗易懂，读起来朗朗上口。如《简编》中说王维的作品有三种特点：一是“诗的形式以五言为主”，二是“诗的内容以写自然美为主”，三是“诗的风格取静不取动，重澹远而屏雄放。王维是个‘静观自然’的人，诗中尤喜用‘静’字，因此便影响到作风”。像这样能用精辟简明的语言，从审美的角度概括揭示作家作品的特点的例证，在陆先生的史著中，俯拾即是。

在文学史著述中，如何贯注和体现美学意识，既有时代性，也与著述者的个性有关。今天看来，上述陆先生的认识和做法，不一定完全可取，我们要注意分析。但陆先生在研究和撰写文学史时，十分重视美学意识。这一原则和方法，应当说具有普遍意义，值得我们重视。我们应当在这方面继续探讨。

附录七 鲁迅先生与陆侃如、冯沅君夫妇

鲁迅先生和陆侃如、冯沅君夫妇是两代人。鲁迅属于师长辈，陆侃如、冯沅君夫妇属于学生辈。他们之间很少有直接关系。他们之间的关系，主要体现在鲁迅对陆侃如、冯沅君的创作和著述的编辑和推举上，体现在鲁迅逝世后，陆侃如、冯沅君沉痛的悼念和继承鲁迅的精神上。

一、看《孔雀东南飞》演出

就笔者所见到的有关记载来看，鲁迅与冯沅君相识当在1920年前后。

1917年暑期，冯沅君考取北京女子师范学校，农历九月入校学习。1919年北京女子师范学校改为北京女子高等师范学校。据许钦文回忆：冯沅君在北京女子高等师范学校学习时，经常去北京大学旁听鲁迅讲的课。许钦文1920年赴北京工读，也到北京大学去旁听鲁迅讲授《中国小说史》，"所以常常看到她，只见她的衣着很朴素"。"当时研究文艺的青年人，都愿意亲近鲁迅先生，而鲁迅先生也尽力悉心地培养青年，不管这些青年是绍兴人，还是别的地方人（冯沅君先生是北方人）。"[①] 许钦文是浙江山阴人，因乡谊与鲁迅过从甚密，自称鲁迅"私塾弟子"。许钦文的回忆当是可靠的。

冯沅君到北京大学旁听鲁迅的课时，鲁迅是否认识她，未见这方面的记载。但1920年，鲁迅看冯沅君演出的话剧《孔雀东南飞》时，应是认识冯沅君的。这年春天，在北京女子高等师范学校任教的陈中凡教授，想把揭露封建家长制的长篇叙事诗《孔雀东南飞》编成话剧演出。他把这一想法告诉了李大钊先生。李大钊当时是北京大学教授，同时在女高师兼课。他听了以后，十分赞赏，并主动表示愿意担任导演。女高师的同学知道此事后，十分高兴，迅即推选冯淑兰（冯沅君原名）、黄英和苏梅等四五名同学，废寝忘食，用了三天三夜，由冯淑兰执笔，编出了《孔雀东南飞》五幕剧。[②] 剧本编成后，马上安排角色排演。程俊英扮演刘兰芝，孙桂丹出演焦仲卿，小秀扮演小姑子。唯独没有人愿意担任为人厌恶的家长

---

① 吴长华:《鲁迅与冯沅君》,《文史哲》1981年第4期。

② 《孔雀东南飞》五幕剧本,1922年发表在《戏剧》第2卷第2期,原署名"北京女子高等师范学校国文部四年级学生合编"。据1942年《文化先锋》,第6期所刊冯沅君写的书评《舒湮的〈董小宛〉》一文,该剧实际上是冯沅君写作的,用的名义是"女高师国文学会"。

焦母这一角色。李大钊很着急。正在这时，冯淑兰挺身而出，说："让我来试试。只是我说不好北京话。"李大钊很高兴。陈中凡也鼓励她。排练开始后，女学生没有演出的经验，李大钊虽然愿意担任导演，但戏剧知识不多。为了提高演出水平，保证演出质量，李大钊把中国现代戏剧先驱陈大悲请来指导。她们抓紧时间，利用课余，排练了多次。立冬前后，彩排了一次，大家都认为可以演出，于是决定在全市公演。《孔雀东南飞》公演时，鲁迅正在教育部任职，对相隔只有一条胡同的女子高等师范学校，除了兼课外，在其他方面也多予关注。女高师的同学对新文坛的主将鲁迅也十分仰慕。当演出场所难以决定时，她们去找鲁迅，想通过他租借位于手帕胡同的教育部礼堂。鲁迅爽快地答应帮忙，并很快得到了解决。教育部同意借用礼堂，而且还免收了租金。女高师的女大学生打破了陈规陋习，破天荒地甘当"戏子"，上台公演自己编写的《孔雀东南飞》，震动了北京。演出海报贴满了京城的大街小巷。当时规定的票价虽然较贵，分四等，分别是一元、二元、三元、四元（当时米价是六元一石），但很快被抢购一空。第一次演出是在晚上七点，四五点钟礼堂里已经座无虚席。前两排的贵宾席上，就座的是许多社会名人和女高师的老师，鲁迅和教育部的官员在前排中间就座。一个好的剧本、策划者和导演的精心指导、演员全心投入的演出、鲁迅热心的支持和帮助，使《孔雀东南飞》的首次演出非常成功。扮演焦母的冯淑兰演得真切，"活灵活现"。演出结束后，李大钊夫妇带着儿子、女儿特意到后台，对演员表示祝贺。首演之后，为了满足观众的要求，接连又演了三天，场场爆满。为了满足清华大学同学的要求，星期天还专门为他们演出了一场。演出所得的收入，全部捐给了妇幼救国会。① 《孔雀东南飞》演出的轰动效应，让鲁迅不仅认识了冯沅君，而且会有深刻的印象。

又据鲁迅 1921 年 2 月 9 日、16 日，3 月 9 日、23 日、30 日，4 月 13 日、20 日，5 月 4 日的日记，1921 年 2 月至 5 月鲁迅在北京女子高等师范学校兼课②，冯沅君当时是在校生，听过鲁迅的课。

从上述冯沅君到北京大学旁听鲁迅讲课、鲁迅看过冯沅君编写和演出的《孔雀东南飞》和冯沅君在女子高等师范学校听鲁迅讲课这三种记载来看，在 1920 年前后，鲁迅与冯沅君相识，从广义的角度看，冯沅君也是鲁迅的学生。

---

① 参见《冯沅君传》，第 24～29 页。

② 本文所引鲁迅日记，均据《鲁迅全集》（人民文学出版社 2005 年 11 月版）第 15～17 卷《鲁迅日记》。

1920 年 8 月，鲁迅被聘为北京大学讲师，曾兼任该校国学门委员会委员。1922 年秋，冯沅君是考入北京大学国学门的第一个女研究生，为人们所注目。1926 年，冯沅君在《北大国学门月刊》第 1 卷第 2 期发表了《楚辞韵例》《楚辞之祖祢与后裔》《读〈笔生花〉杂记》；在第 1 卷第 3 期发表了《南宋词人小记二则：玉田先生年谱拟稿　玉田家世及其词学张镃传略（附录）》、《老丑虎——关于老虎母亲的传说》（署名漱峦）；在《北大国学门周刊》第 3 卷第 18 期发表了《易韵例初稿》。一个女研究生，在不到一年的时间内，在北大国学门的刊物上，发表了这么多的论文，鲁迅作为国学门委员会的委员，自然会加深对冯沅君的印象。

二、编辑冯沅君创作的小说

1924 年春天，在北京大学研究院国学门读研究生的冯沅君，开始以淦女士的名字接连发表了 4 篇小说：《隔绝》[①]、《旅行》、《慈母》、《隔绝之后》。[②] 这 4 篇小说以青年男女追求婚姻自由为主要题材，揭露了扼杀妇女自由的封建礼教。小说问世之后，在青年中引起了轰动。

1926 年 9 月 4 日，鲁迅应厦门大学之聘，抵达厦门。10 月，鲁迅在北京大学的学生王品青，把上面列举的冯沅君发表的 4 篇小说寄给了鲁迅，请他用《卷葹》作书名，编入他的《乌合丛书》中，并托鲁迅请陶元庆画封面。据《鲁迅日记》10 月 12 日，鲁迅收到王品青的信和稿件，19 日，给北新书局经理李小峰寄去了信并《卷葹》书稿。10 月 29 日，鲁迅致陶元庆信，请陶元庆为《卷葹》一书画封面，并解释说：小说集《卷葹》，“内容是四篇讲爱的小说。卷葹是一种小草，拔了心也不死，然而什么形状，我却不知道。品青希望将书名‘卷葹’两字，作者名用一‘淦’字，都即由你组织在图画之内”[③]。11 月 22 日，鲁迅又致信陶元庆，谈到为《卷葹》作画一事。鲁迅在 10 月 29 日致陶元庆的信中说：“很有些人希望你给他画一个书面，托我转达，我因为不好意思贪得无厌的要求，所以都压下了。”鲁迅是不轻易麻烦陶元庆的，但为《卷葹》作画，他却在不到 1 个月的时间，两次给陶元庆写信，并概述了小说集《卷葹》的内容、解释了“卷葹”一词的意思。恳切之情，超出一般。足见，鲁迅对《卷葹》是十分重视的。在鲁迅的关照下，《卷葹》很快在 1927 年 1 月由北新书局出版了。

---

① 参见《创造季刊》第 2 卷第 2 期。

② 参见《创造周刊》第 45 期、第 46 期、第 49 期。

③ 本文所引鲁迅书信，均据《鲁迅全集》第 11～14 卷。

鲁迅和创造社有争论，有矛盾，但却把冯沅君发表在创造社刊物上的小说收入了他主编的《乌合丛书》中。鲁迅在 1926 年 11 月 20 日，致韦素园的信中说："我编《莽原》《未名》《乌合》三种……投稿者多互不认识。"鲁迅把冯沅君的小说很快编入《乌合丛书》中，主要是因为鲁迅对她的小说的首肯和赞赏，同时也因为鲁迅是了解冯沅君的。

1924 年 11 月 17 日，孙伏园、鲁迅等创办《语丝》，在《语丝》刊登的石印广告上，有 16 名长期撰稿人的名单，其中有淦女士。此后，自《语丝》创刊至 1927 年 1 月《卷葹》出版时，冯沅君以"沅君"之名在《语丝》上，先后发表了 12 篇文章，其中有短篇小说 3 篇：《劫灰》《贞妇》《缘法》；另外有几篇论述有关文艺的短篇论文：《无病呻吟》《对于文学应有之理解》《不署名的文人作品》《愁》《闲暇与文艺》；还有几篇有关古代文学的，如《〈镜花缘〉与中国神话》《玉田朋辈考初稿》。在一年多的时间里，冯沅君在《语丝》上发表了 12 篇文章，这与鲁迅的支持是分不开的。鲁迅自然也加深了对冯沅君的认知。

鲁迅为了团结和培养青年作者，创办了许多文艺园地。1925 年 4 月 24 日，鲁迅在《京报》上创办了《莽原》周刊，自任编辑。1926 年冯沅君以大琦之名在《莽原》第 12 期发表了《林先生的信》；在第 16 期发表了《我已在爱神面前犯罪了》；又以沅君之名在第 22 期发表了《写于母亲走后》。冯沅君在《莽原》上发表的三篇文章，自然是经过鲁迅的审阅、得到鲁迅的首肯才得以发表的。

冯沅君不断发表有影响的小说和研究文章，使鲁迅特别看重她。1926 年11 月 21 日，在厦门的鲁迅在致韦素园的信中，谈到新编《未名》文学半月刊时说："稿子是一问题，当有在京之新进作者作中坚，否则靠不住。刘（刘半农）、张（张凤举）未必有稿，沅君一人亦难支持。"隔了两天，11 月 23 日，鲁迅致李霁野信中，谈到《莽原》半月刊时①，又说："我想，应以你们为中坚，如大家都有兴趣，或译或作，就办下去，半农、沅君们的帮忙，都不能作为基本的。"鲁迅接连的两封信中，都提到冯沅君，把她同刘半农相提并论，把她看成是"新进作者"，字里行间，蕴含着对冯沅君的依重和了解。

鲁迅一直看重冯沅君创作的小说。1935 年，鲁迅应赵家璧之请，为良友图书公司印行《中国新文学大系》编选《小说二集》。《中国新文学大系》是从 1917 年新文学运动开始，到 1926 年 10 年间的创作和理论的选

① 1926 年 1 月，《莽原》由周刊改为半月刊。

集。鲁迅在《〈中国新文学大系〉小说二集选编感想》中说："这是新的小说的开始时候。技术是不能和现在的好作家相比较的，但把时代记在心里，就知道那时倒很少有随随便便的作品。内容当然更和现在不同了，但奇怪的是二十年后的现在的有些作品，却仍然赶不上那时候的。后来，小说的地位提高了，作品也大进步，只是同时也孪生了一个兄弟，叫作'滥造'。"① 作为青年导师的鲁迅，一直关注文学青年。1933 年 6 月 18 日，鲁迅在《致曹聚仁信》中说："十余年来，我所遇见的文学青年真也不少了，但稀奇古怪的居多。"鲁迅比较 20 年代和 30 年代的小说，从写作的认真和内容特点等角度，高度评价了《小说二集》所选的"新的小说""开始"时的作品。《小说二集》涉及的作家很多，共选了 33 位作家的 59 篇小说，其中有冯沅君的《旅行》《慈母》两篇。鲁迅在《〈中国新文学大系〉小说二集序》中，对这两篇小说有如下的评论：

> 《旅行》是提炼了《隔绝》和《隔绝之后》（并在《卷葹》内）的精粹的名文，虽嫌过于说理，却还未伤其自然；那"我很想拉他的手，但是我不敢，我只敢在间或车上的电灯被震动而失去它的光的时候，因为我害怕那些搭客们的注意。可是我们又自己觉得很骄傲的，我们不客气的以全车中最尊贵的人自命"。这一段，实在是五四运动之后，将毅然和传统战斗，而又怕敢毅然和传统战斗，遂不得不复活其"缠绵悱恻之情"的青年们的真实写照。和"为艺术而艺术"的作品中的主角，或夸耀其颓唐，或炫鬻其才绪，是截然两样的。②

鲁迅曾亲自编辑过《卷葹》，对其内容有深切的认识。他十分赏识《旅行》，特别标举分析了其中"想拉手"而又"不敢"的一段细节。认为这一细节表现了五四时期青年"毅然和传统战斗"而又"不敢"的微妙心态。指出《旅行》所写的主角与"为艺术而艺术的作品的主角"是完全不同的。鲁迅对冯沅君小说的选编和深切的分析，不仅再次表明了他对冯沅君小说的肯定和赞赏，同时也推进了冯沅君小说的传播，扩大了冯沅君小说的影响。

三、推举《中国诗史》

1933 年 12 月 20 日，鲁迅在给曹靖华的信中，谈到中国文学史时说：

---

① 《鲁迅全集》第 8 卷，第 443 页。

② 《〈中国新文学大系〉小说二集序》，见《鲁迅全集》第 6 卷，第 232～258 页。

> 至于史，则我以为可看（一）谢无量：《中国大文学史》，（二）郑振铎：《插图本中国文学史》（已出四本，未完），（三）陆侃如，冯沅君：《中国诗史》（共三本），（四）王国维：《宋元词曲史》，（五）鲁迅：《中国小说史略》。但这些都不过可看材料，见解却都是不正确的。

鲁迅推举《中国诗史》（以下简称《诗史》）时，陆侃如、冯沅君夫妇正在法国巴黎大学读博士。他们结婚已经 3 年多。珠联璧合，琴瑟合奏，《中国诗史》是他们的第一部合撰的学术名著。

检阅中国文学史方面的著述，不难发现，在 1933 年底之前，国人在这方面的著述相当繁富，其中仅就综合通代的文学史和分体通代的文学史而言，前者至少有 80 多种，后者至少有 19 种。19 种中，诗歌史有 5 种，戏曲史有 7 种，小说史有 7 种。在诸多文学史中，鲁迅只选了 5 种。综合通代选了谢无量的《中国大文学史》和郑振铎的《插图本文学史》；诗歌史，选了陆侃如、冯沅君合著的《诗史》；戏曲史，选了王国维的《宋元戏曲史》；小说史，选了鲁迅的《中国小说史略》。从上述著作的著者来看，王国维、鲁迅和谢无量属于师长辈，而陆侃如、冯沅君则属于晚辈。鲁迅之所以推举陆侃如、冯沅君的《诗史》，虽然与对他们的关注有关，但更重要的是基于对《诗史》的重视。

《诗史》上、中、下三册，50 多万字，1931 年由上海大江书铺出版。关于此书的撰写，陆侃如在 1930 年夏写的《中国诗史·序例》中说：“此书是我和冯沅君合写的。起先我打算一个人写。在北平读书时，我编写成《导论》及《古代诗史》，后来在上海教书，即以此稿作讲义，并续写《中代诗史》，时沅君正在讲词曲，故以《近代诗史》托付她。我自己又写一篇《附论》，全书就完成了。”全书以史料为基础，将史料、史识和美学相融通，依据当时流行的文学进化观，论述从先秦《诗经》《楚辞》，汉之“汉乐府”，直到元明清散曲（附“小曲歌谣”），最后附论“现代的中国诗”，展示了中国两千多年诗歌发展演变的总体面貌。

《诗史》出版以后，受到了学术界的推重，相继出版的不少文学史著作，许多都参考了《诗史》。1934 年龙沐勋出版的《中国韵文史》，附录列有中国韵文简要书目，选“时人著作”4 种，其中之一是《诗史》。1935 年刘经庵出版《中国纯文学史纲》，此书“曾参考关于中国文学论著的版本数十种”，其中有《诗史》。1936 年赵景深出版《中国文学史新编》，分古代、宋元和明清 3 编，各编均列《诗史》作参考书。1938 年杨荫深出版《中国文学史大纲》，除《楚辞》部分吸取陆侃如的成果外，关于乐府部分，也多取自《诗史》。1940 年代，顾颉刚在《中国当代史学》一书中，认为《诗史》“颇称详备，为此类书的创作”。到 20 世纪 50 年代，林庚 1954 年出版的《中国文学简史》（上卷），书后附“一般参考书目”，关于文学史的列有 4 种，《诗史》是其中之一。就《诗史》再版的情况来看，自 1931 年出版之后的 70 多年，据初步统计，经由不同的出版社至少再版过 13 次。一部《诗史》，被多种重要著作所参考，长期不断再版，这在同类著作当中，是十分罕见的。这说明，《诗史》是有生命力的。《诗史》一直受到学术界的青睐，不断再版，当是与文化巨人鲁迅的推举分不开的。鲁迅是在文学史方面手眼很高的大家。

四、一个建议，一个驳斥

鲁迅于 1936 年 10 月 19 日逝世。11 月 18 日，陆侃如写了一篇《鲁迅先生月祭》，发表在《青年作家》12 月 1 日第 1 卷第 1 期。遗憾的是，安徽教育出版社 2011 年出版的袁世硕、张可礼主编的《陆侃如冯沅君合集》和其他有关陆侃如的文集，均未收此文。在已经出版的各种鲁迅研究著述中，也均未提及此文。其实，此文是学习鲁迅、研究鲁迅的一篇十分重要文献。其重要，不仅是因为写得早，而在于提出了两个非常重要的问题。此文很短，只有 655 个字，照录如下：

鲁迅先生月祭

（一）编印《鲁迅全集》的需要

鲁迅先生逝世，转眼已一个月了。哀悼是不消说。一时的哀悼当变为永久的纪念，如茅盾先生所说，把绍兴县改称“鲁迅县”，在通都大邑创立“鲁迅文学院”，或者在鲁迅先生沪寓的地带建立伟大的纪念堂，等等。这些都是我们后死者的责任，然而就现在的情形看来，一时还谈不到这些纪念计划的实现。

其实表面上的纪念还是次要，最重要的是学习。二十年来，鲁迅先生久已做了一般青年的导师。我只觉得我们辜负了这么一位伟大的导师，没有能够充分的利用他的教训。我们要跟他学习的不仅在文艺，尤其是在认清我们目前的地位，责任与工作，不为万恶的环境所腐化而变节，始终勇敢地向前迈进。

要学习他，首先要了解他。人人都“读”他的书，但是不见得人人都“细读”他的书。前天报上载日本正在编印《鲁迅先生全集》，是在中国尚无所闻，难道中国人真的不想了解这位现代唯一的“文化巨人”吗？我诚诚恳恳地向一切哀悼鲁迅先生的人们建议：赶快编印他的全集，以“普及版”出售，让人人都有了解并接受他的教训的机会。

（二）鲁迅先生是褊狭的吗？

鲁迅先生死后一个月中，哀悼的文章固然很多，污蔑的话可是也听得不少。最普通的一种就是说他尖酸，刻薄，度量小，爱骂人。这可是个莫大的错误。

且看鲁迅先生自己的话。《作家》第五号上，载他论“统一战线”一文，中有一段说：“例如我和茅盾，郭沫若两位，或相识，或未尝一面，或未冲突，或曾用笔墨相识，但大战斗却都为着同一的目标，决不日夜记着个人的恩怨。然而小报却偏喜欢记些鲁比茅如何，郭对鲁又怎样，好像我们只在争座位，斗法宝。……”看了这段话，若还说鲁迅先生褊狭，那便等于信口胡柴的小报了。

古人说：“论道当严，取人当恕。”这正是鲁迅先生的态度。为着同一目标而战斗，应当勇往直前，但是对于个人的恩怨，却不应该日夜记着。这是多么光明磊落的态度！

十一月二十七日

陆侃如的这篇文章虽然很短，但在鲁迅研究史上却占有重要地位。此文“不戴帽不穿靴”，开门见山，为纪念鲁迅，提出了一个建议，驳斥了一种污蔑。

一个建议，就是为了学习鲁迅，应当赶快编印《鲁迅全集》。陆侃如崇敬鲁迅，溢于言表。他深知“鲁迅先生久已做了一般青年的导师”，“是现代唯一的文化巨人”。认为，纪念鲁迅，最重要的是学习鲁迅，“能够充分的利用他的教训”。他看到了当时国民党反动统治的黑暗，强调学习鲁迅，要同目前的社会现实联系起来，“不仅在文艺，尤其在认清我们目前的地位，责任和工作，不为万恶的环境所腐化而变节，始终勇敢地向前迈进”。要学习鲁迅，首先要了解鲁迅。这就要“细读”鲁迅的书。鲁迅博大深切的著作，是鲁迅精神的主要载体。鲁迅对自己的著述是十分珍惜的。1936 年 2 月 10 日，鲁迅在《致曹靖华信》中说，打算为纪念自己从事写作三十年而编一套约十本的“三十年集”，并拟了两种编目。令人痛惜的是，天不作美，他的打算未能实现。这在很大程度上限制了人们了解鲁迅、学习鲁迅。为了弥补这一缺憾，陆侃如在鲁迅逝世一个月，敏锐地、“诚诚恳恳”地建议：“赶快编印他的全集，以‘普及版’出版。”“赶快”，是要马上启动，迫不及待；“以‘普及版’出版”，是为了面向广大民众。他的建议，抓住了关键，及时，富有前瞻性和建设性，具有重要的指导实践的意义。与当时鲁迅纪念委员会着手筹备编辑《鲁迅全集》的举措不谋而合。1938 年 5 月 19 日，在陆侃如建议编《鲁迅全集》之后的不到两年，由鲁迅先生纪念委员会编、蔡元培作序、上海复社出版的《鲁迅全集》开始预约发售。预约发售是为了解决资金不足的问题。在各方面的联合努力下，历经周折，克服了重重困难，终于在 6 月至 8 月出版，共 20 册。初版分两种：一种是价钱低廉的普及本，只够作纸张印费；一种是精制的纪念本，以备各界珍藏。由于《鲁迅全集》第一次全面系统地整理出版了鲁迅的著述，其中还有不少是未刊稿，所以初版普及本 1500 部，很快就销售完。为满足读者的需求，8 月又再版。陆侃如的建议很快地得以实现。此后，《鲁迅全集》在不断完善，相继有多种版本问世，使鲁迅的著述、中国现代史上珍贵的文化遗产得以存传，成为广大民众了解鲁迅、学习鲁迅的主要载体和媒介，为后人学习和弘扬鲁迅精神留下了历史的记忆。

鲁迅在世时，就有人污蔑他。他逝世后仍有人继续污蔑。其中重要的一点，就是说他“褊狭”。对此，陆侃如在短文中义正词严地予以驳斥。在短文中，陆侃如首先机智地引用鲁迅在晚年撰写的最重要的名文《答徐懋庸并关于抗日统一战线问题》一文中自己的一段表述，证明在人际关系上，鲁迅从来都是立足于“大战斗”这一“同一的目标”，“决不日夜记着个人的恩怨”。接着引用苏东坡“论道当严，取人当恕”之说，同鲁迅的言论融合起来，对“褊狭”之污蔑予以驳斥，赞扬了鲁迅“光明磊落的态度”。从鲁迅逝世到 1937 年年初，各地报刊发表的悼念文章有数百篇。绝大多数文章都是从不同的角度，称颂和肯定鲁迅一生的光辉业绩，也有因立场不同借故攻击和污蔑鲁迅的。直面极少数人对鲁迅的攻击和污蔑，陆侃如旗帜鲜明地就污蔑鲁迅“褊狭”这一点，进行了有据有理的驳斥，从一个方面捍卫了鲁迅“光明磊落”的伟大人格。

五、学习鲁迅，“批判地接受文学遗产”

1950 年 10 月 19 日，为了纪念鲁迅逝世 14 周年，陆侃如在《青岛日报》发表了《鲁迅先生和中国文学遗产》一文。鲁迅作为“现代唯一的‘文化巨人’”，其志趣和贡献是多方面的。研究中国古代文学始终是他的志趣之一，也是他学术研究的重点。在这方面，留下了丰厚的、有生命力的著述。鲁迅对这些著述很重视。1936 年，他拟的“三十年集”两种目录中，都列有《中国小说史略》《古小说钩沉》《唐宋传奇集》《小说旧闻钞》。鲁迅这方面的不少著述，起步早，是“开山”之作，为古代文学研究奠定了基础，指明了思路和方法，影响深远，沾溉了许多后进者。陆侃如从 1922 年 19 岁发表有关《楚辞》的论文开始，一直从事中国古代文学的教学和研究，自然会特别关注和学习“青年导师”鲁迅在古代文学研究方面的著述，所以在纪念鲁迅逝世 14 周年时，特别撰写了《鲁迅先生和中国文学遗产》一文。文章不长，主要从鲁迅的专著和杂文两方面，概括论述了鲁迅在古代文学研究方面的“伟大功绩”。

在专著方面，文中首先引用苏联法捷耶夫在 1949 年中苏友协总会成立时的致词，推举名著《中国小说史略》，认为这部著作“写得那么伟大”。接着列举了鲁迅的《汉文学史纲要》《唐宋传奇集》《小说旧闻钞》《古小说钩沉》《会稽郡故书杂集》《嵇康集》等重要专著。认为这些专著，“不是在玩古董”，而是“批判地接受文学遗产”。“他的工作，正是高尔基所说的‘要向人民指出一条前进的道路，把他们推向这条大路’。”限于篇幅，这篇短文，没有具体分析鲁迅有关古代文学重要专著的优长，而是从大处着眼，强调了对文学遗产应当“批判地接受”。“批判地接受”是为了“向人民指出一条前进的道路”。中国文学遗产丰富而复杂，精华与糟粕并存，我们应当摒弃糟粕，汲取精华。这样才能有益于人民，有益于文化建设。陆侃如强调把“批判地接受”和人民前进的道路联系在一起，应当说抓住了鲁迅在理论上对继承文学遗产的基本原则和重要建树。

鲁迅的杂文，内容丰厚，其中有不少关于中国古代文学的精辟论述。对这些精辟的论述，以前很少有人关注。这可能与杂文和专著是两种文体有关。杂文中的精辟论述不系统，具有发散性。陆侃如特别重视和学习鲁迅的杂文，发现了“其中有不少关于文学遗产的宝贵意见”。他对这些“宝贵的意见”，加以总结归纳，指出“值得我们注意的是下列四点”：

“第一，推崇民间文艺。”认为五四运动以后，“民间文艺渐被重视，但是重视得还不够。因为当时一般观念论的文学批评家不懂得劳动创造世界，不懂得一切文学体裁都是劳动人民创造的”。鲁迅基于劳动创造世界这一理论，表扬“不识字的作家”，肯定民间文艺“其作品刚健清新”，认为“民间流行的新形式，一落到士大夫的手里”，“渐渐的没有生气而‘灭亡’了”。

“第二，证明文学的阶级性。”“说明文学不能超阶级。”鲁迅“举宋人诗文为例，说明为艺术而艺术在事实上是不存在的”。

“第三，反对复古。”认为“鲁迅先生一贯地坚决地反对复古的荒谬主张”。

“第四，重视文艺作品的社会背景。”指出鲁迅懂得“存在决定意识”的真理，特别引了鲁迅下面的论述：“我们想研究某一时代的文学，至少要知道作者的环境，历史和著作。”

鲁迅在杂文中，有关古代文学的论述涉及的问题很多，陆侃如根据自己学习的体会，特别标举了上述四点。应当说，这四点是非常重要的，抓住了鲁迅对中国文学遗产带有本质性的认知和重要的关键点。既有科学性，又有实践性，有方法论的指导意义。中国古代的文艺，大体上是由民间文艺和士大夫文艺两部分构成的。相对而言，自古以来，即使在五四运动以后，对民间文艺重视不够。针对这一欠缺，陆侃如特别指出鲁迅推崇民间文艺，指出民间文艺“刚健清新”的特点。在阶级社会里，存在阶级和阶级斗争。阶级和阶级斗争，往往会经由一些不同的途径反映在文学中。鲁迅在30年代初期的几篇杂文里，鲜明地指出“文学有阶级性”。古代阶级社会的文学也不能超越阶级。这既是古代文学的本质属性之一，也是研究古代文学应当使用的方法之一。陆侃如特别指出这一点，既符合文学的实际，又具有指导的意义。就“反对复古”而言，这与前面所说的鲁迅主张“批判地接受文学遗产”是一致的。文学遗产是宝贵的，应当保存，应当研究，但不能复古，只能是“批判地接受”。文中特别引用了鲁迅说的几句话：“将来的光明，必将证明我们不但是文艺上的遗产保存者，而且是开拓者和建设者。”这可以看作是鲁迅对待古代文学遗产的总策略。文学作品与社会背景的关系，是古代文学研究中的一个重要问题，也是鲁迅特别关注的。鲁迅自1907年至1934年，在不少杂文中对此有所论述。在陆侃如看来，鲁迅先生强调研究文学要重视社会背景，是基于“存在决定意识”这一真理，看到了“文学艺术只是上层建筑，是建立在社会的经济基础上面的”。鲁迅先生的见解，有助于研究者从深层次上理解文学与社会环境的关系，同时也指明了一种重要的研究方法。

从上述鲁迅先生和陆侃如、冯沅君夫妇的多方面关系，可以看出：鲁迅作为一位热心的、有责任心的青年导师，关爱青年，扶持青年，奖掖青年。他对陆侃如、冯沅君夫妇的关爱，是他关爱青年的一个例证。陆侃如、冯沅君夫妇作为鲁迅的学生辈，始终把鲁迅作为“伟大的导师”，不忘鲁迅的教导，学习鲁迅，捍卫鲁迅，弘扬鲁迅精神。

附录八　我的求学与学术探讨之路（代《张可礼文集》前言）[①]

2018 年 9 月，山东大学文学院院长杜泽逊等院领导研究决定，编辑出版文学院名家文集，我忝列其中。虽然自知不是名家，但盛情难却。我在由衷地感谢院领导的同时，也想借编辑文集的机会，回望忆想自己一生所走过的求学和学术探讨之路。我很幸运，时间把我带到了 84 岁。现在身体各方面的零件，自然老化，但总体来看，属亚健康，头脑还比较清楚，尽管有些事情已经忘记了，但有些却还历历在目。我走过的道路，不像前辈许多学者那样艰难险阻，总的来看，比较简单，比较平顺，不过也有蹉跎和迷失。把它勾列出来，对自己是一个总结检查，会有助于自己走好人生最后一段路程，对他人也可能会有一点借鉴的意义。

我于 1935 年 9 月 3 日，出生在山东省胶东半岛荣成县靠海的尹格庄村。家境贫困。父亲张序贞十多岁时，就给人当雇工，后来为生活所迫，只身下了关东。在关东，他学会了编油篓。几年后回到故乡，除了种地，就是打短工、编油篓。因为家境贫困，他 30 多岁才和我母亲王稳结婚。我父亲母亲，辛勤劳作，勤俭持家，忠厚老实。他们对我，没有多少言教，主要是身教。他们善良的为人处事和吃苦耐劳的精神，哺乳了我，影响了我一生。我兄弟姊妹四个，一个哥哥、一个妹妹、一个弟弟。我父母亲，没上过学，不识字，但对子女上学却非常重视。当时家里常常是缺吃少穿，特别是到了春天，要高价借钱借粮，有时用野菜充饥。记得我六七岁时，在春天，常常拐着父亲编的菜篮子、拿着小铲子到田垄山上挖野菜。我母亲常年病魔缠身，患有多种疾病，但没有钱治疗。无钱求医信神仙。有一年的春天，谣传离我们村 10 多里路的一个山沟，发现了能治病的“神水”。我随着大人到那里，连水带泥，高兴地提了一小桶回来。母亲喝了，病情加重了。就是在这样非常贫困的情况下，父母亲还是咬紧牙关，坚持让我们兄弟姊妹上学。回想起来，我能上学，从小学一直读到研究生，能够逐渐学到一些文化知识，成为一名高等院校的教师，首先要感谢我的父母。父母对我的养育之恩，没齿难忘。使我痛惜的是，他们病逝得太早了。“子欲孝而亲不待”，无法弥补，愧疚之痛，经常萦绕心中，挥之不去！

---

① 原文载《山东大学中文论丛》2020 年第 4 辑（总第 4 辑），济南，山东人民出版社，2019 年。个别地方遵从了底稿。

我上小学时，正是抗日战争后期和解放战争时期。当时我们那里的小学分初小和完小两级。初小 4 年，完小 2 年。我上初小是在本村。初小的设备，极其简陋。书桌是用土坯垒的。买不起纸张，学写字用石板。课程很简单，有语文、算术、珠算，写大仿（书法）等。教材是老师自己编写刻版油印的。不知是什么原因，教师经常变换。对学生的管理，还存有一些过去私塾的方式。对有过失的学生，老师用戒尺惩罚，打手掌。我曾因大仿写得不好，被打过。那时我们家乡的教育相当落后。约有 500 户的本村只有初小。我读完初小，只能到离我们村 5 华里的斥山（现改名为赤山）镇读完小。完小的学生，除了斥山镇本村的，还有周围十几个村的。完小的设备也十分简陋。有的教室是借用庙宇和祠堂。没有书桌，上课席地而坐。课程有语文、算术、历史、地理等。教师比较固定。完小的学生多是走读。我读完小时，每天和同村的伙伴早出晚归，风雨不止，冰雪无阻。每天带着用一块布包着的几本书，带着一块玉米面饼子或两块红薯中午充饥。境遇艰难，但不觉为苦。读完小期间，学校已有共产党组织和青年团组织，后来听说，有些年纪大的同学加入了党组织，有的毕业前后就离家参加了革命。我是 1949 年由盛秀华介绍，加入了青年团（后来改为共青团）。我在完小读书时，除了读书，还参与了一些社会活动：在村里办黑板报，宣传党的方针政策，报道国内外大事。组织中老年妇女学习组，为她们讲事实，教她们识字写字。学校有时也组织文娱活动，组织过演讲会。我参加过全区组织的小学生演讲比赛，还侥幸地得了第一名。记得有一年在全区的大会上，我还代表完小学生，在大会上讲话。

由于日本的侵略，我上小学比较晚，直到 1949 年才小学毕业。小学毕业后，想上中学。当时，荣成县全县没有一所中学。后来听说，我们邻县的文登县许家设有初中。1950 年，刚过春节，我独自一人，背着过春节留下的几个饽饽，冒着风雪，步行 50 华里，到文登县高村镇参加考试。头天到那里，夜晚无铺无盖，蜷曲地睡在一个学校教室的铺草上，第二天席地而坐，参加了考试。很幸运，住了几天，接到了被录取的通知。当时全村没有上中学的。村里人知道我考上了中学，都夸奖，家人也非常高兴。当时只知道上中学要花钱，不知道有助学金。母亲病逝不久，家里十分困难。上还是不上？父亲压力很大。他吃不下饭，睡不好觉。父亲的经历够苦的了，我不忍心为难父亲。经过反复考虑，我主动地放弃了上中学的机会。弃学以后，我情绪稳定，主要是帮助父亲和外祖父家干农活，从中学会了不少东西，除了播种之类的细活之外，刨地、锄草、推独轮车等粗活，我都会干。干农活锻炼了我不怕脏、不怕累、吃苦耐劳的精神。

1951 年 5 月，我曾报名参加解放军。当时，抗美援朝战争如火如荼，解放军在我们县招收军干校学员。我知道后，迅疾报了名。区青年团委书记热心支持推举我。我有完小文化程度，是团员，是贫农，出身成分好。在区里很顺利被选上了。家里、亲戚和我个人都认为此事已成，准能入伍。没想到，到了县里却被刷下来了。后来才知道，被刷下的原因是在填写的表格“社会关系”一栏中，写了我的一个姨妈在朝鲜仁川。有“海外关系”，又在朝鲜南部的仁川，自然是不合格了。那时特别重视“社会关系”。人生路上，常有偶然性。像姨妈这样的社会关系，没有必要填写。如果当时我不填写这一“海外关系”，我会成为一位解放军战士，也可能成为一位军官，也可能牺牲在战场上。福兮，祸兮？命运有时会捉弄人，会决定一个人走的道路。参军不成，又想上学。到了 7 月，听说威海一中招生，且有助学金，我到县城所在地崖头镇，第二次考上了初中。

威海市区是一个美丽的海滨城市，三面环海，夏天少炎热，冬季不严寒，自然环境优美。一中设在市区内。教学场所，有两座过去建的二层楼房，有新盖的平房。由于学生较多，住宿条件差。我刚入学时，睡草铺。后来才住上了用木板搭起来的通铺。饭食很简单，常年吃的是用东北三省运来的玉米做成的玉米大饼子，早晨有咸菜，中午饭、晚饭喝用萝卜、冬瓜、菠菜做的菜汤。我家距学校 180 华里。那时荣成、威海地区很少见到汽车。交通工具主要靠骡子或毛驴拉的车和人推小车。我家里穷，上学、放假往返，全是与同学结伴步行。上学时，因为总要背一些东西，途中要在十分简易的旅店里住一宿。放假时，归心似箭，起早带夜步行 180 华里赶回家。现在想想，一次连续步行 180 华里，怎么可能？可当时就是这样步行的。初中三年，教学正规。任课的老师，有 50 多岁的，也有 20 多岁刚从师范学校毕业的。课程依照国家规定，相当全面。主要课程用的是全国通用教材。三年初中，我的学习方式很单一，几乎全是依据课本和老师的授课，没有特别的爱好，很少阅读课外读物。学校的风气很好。我们班上约 50 位同学，有的十三四岁，有的二十岁上下，年龄差别较大，但都很质朴，守纪律，和谐相处，没有争吵。我学习努力，成绩良好。有一位同学年纪大，学习很吃力，成绩差，班主任老师特别安排和我同位，以便帮助他。学校与社会息息相关。荣成、威海一带，是老解放区，社会秩序好，干部廉洁，民风质朴，群众觉悟高。这些自然经由各种途径影响了学校。

我初中毕业后，随着几年来全国经济的恢复和发展，再加上我有了勤俭持家的继母，家里的经济状况有所改善。父亲和继母支持我继续上高中。我决定就近报考文登一中。当时文登是一个专区，管辖荣成、威海、文登、牟平、海阳、乳山等县市。文登一中是文登地区唯一的高中。幸运常常对我垂青，1954 年暑期，我以第一名的成绩考上文登一中。一中建校虽然只有两年，但校风好，学风好。老师很敬业，爱学生，上课、批改作业都非常认真；学生敬老师，努力学习。我们是第三届，只有两个班。我读高中，一如既往，依据课本和老师的讲授，努力学习各门功课，没有特别的爱好，课外阅读过几本当时流行的苏联小说，如《钢铁是怎样炼成的》《卓娅和舒拉的故事》。三年高中，没有运动，各种活动也很少。客观条件的影响，我上小学很不正规，加上少年懵懂，没有学到多少东西。但初中和高中，受到了正规的教育。读高中时，学校有党支部，班级有团支部。我任过团支部书记。在政治上，我热爱共产党，求进步。1956 年 12 月，由学校的两位干部周大伟和丛海滋介绍，我加入了中国共产党。我是我们年级的两个党员之一。

1957 年 7 月，我高中毕业后，顺利地考上了北京航空学院。北京航空学院是新建带有国防工业性质的院校，政治条件要求高。我在高中对文理两方面的课程，没有偏科，成绩比较均衡，政治条件又好，所以第一志愿选了该学院兼有文理特点的工业经济系。9 月到学院后，上课一个多月，得了严重的神经衰弱症，治疗无效。当时学院规定，新生入校有病不能休学，只能退学。无可奈何，我退学回家了。回家后我一直参加农业劳动，病情有所好转，逐渐能看书学习了。鉴于学习理工科太紧张，据说学文科较为轻松，再加上我文科基础还可以，于是 1958 年我第二次参加高考，改报了文科。第一志愿报的是中国人民大学国际新闻系，第二志愿是山东大学中文系。结果被山东大学录取。

50 年代的山东大学中文系，名师荟萃，教古代文学的有陆侃如、冯沅君、高亨、萧涤非、黄公渚、袁世硕等，教语言的有殷孟伦、殷焕先、蒋维崧等，教现代诗歌的有高兰，教民间文学的有关德栋，教文学理论的有孙昌熙、吕慧娟、周来祥，教现代文学的刘泮溪、韩长经等。能到山东大学中文系学习是很幸运的。但遗憾的是，我们 58 级入学以后，变故多、运动多，劳动多，正常的教学秩序被打乱，学习受到了严重的干扰。山东大学在美丽的海滨城市青岛。1958 年 9 月我入学时，还在青岛。想不到的是，我们入学的第一堂课，是系主任章茂桐在大众礼堂作学校由青岛迁到济南的动员报告。此前，在济南洪家楼的山东农学院迁到了泰安。山东大学迁到济南，就用了农学院的校舍。系主任动员报告后，我们立即投入了紧张的迁校劳动。在青岛，用大板车把学校的物品运到火车站。到了济南，再从黄台火车站运到学校。迁校时正值“大跃进”、大炼钢铁。我们到济南后，没有几天，又投入了大炼钢铁运动。开始，我被安排用地排车从南面山区运矿石，后来又当了小高炉炼铁炉的炉前工。1958年，全国贯彻“教育为无产阶级服务，教育与生产劳动相结合”的方针，劳动成了教育的重要内容。我们除了平时的建校、搞卫生等劳动外，还有许多集中的下乡劳动。印象最深的是：每逢麦收时，要到郊区参加麦收。1959年秋天，我到五莲县街头公社参加劳动1个月，与农民同吃同住同劳动。1960年秋天，正值三年灾害最困难时，到齐河县许寺公社参加秋种。干的是人拉犁的重活。1961年春，我参加了济南南部修建卧虎山水库的劳动，挖土、运土，吃住在工地搭起的帐篷里。劳动是繁重的，饭食不好，特别是1960年到1962年，粮食定量，常常伴随着饥饿。我因为从小“劳其筋骨”，干过农活，也“饿其体肤”，能适应，劳动从不惜力，常常受到表扬。但有个别的同学，因难以适应而中途退学了。大学四年，我除了参加集体劳动外，为了在经济上减轻父母的压力，还利用假期，和几个同学一起找活干挣点钱。记得有一年暑假，我和宋连杰、李志宏、范连明4人用大板车把芦苇从北园郊区运到城内。拉大板车，有危险。我身体好，经受过劳动的锻炼，常常由我驾辕。夜晚，我们曾在黄台车站卸过煤炭。卸煤炭，要求速度快。我们拼命干，都能提前卸完。卸完后，全身汗水淋漓，成了“煤黑子”。我自己也单独在校内打过工，拆大炼钢铁时留下的小高炉，然后用地排车把拆下的炉子完整地转运到新的工地。大量的劳动，占用了学习专业的时间，可也进一步锻炼了我的筋骨，磨炼了吃苦耐劳的意志。

大学四年，尽管多次运动、劳动严重地冲击了教学体制，但高等教育长时期以来形成了以教学为主的优良传统，并没有被完全冲掉。学校坚持开基础课。我们学过文学概论、古代文学、现代文学、现代汉语、古代汉语等课程，只是课时少、不系统。到了四年级，有选修课和专题讲座。高亨先生给我们讲授《诗经》，陆侃如先生就给我们上过“《文心雕龙》选讲”。我学习努力，对各门课程都很重视。因为离家远，寒暑假，为了节省路费，从未回家。假期除了打工以外，就是读书。毕业时，要求写论文。我写的是《刘勰论文学的内容和形式》。我在大学期间，担任过团支部书记、党支部委员。由于各方面表现好，常受表扬，曾被评为山东大学青年建设社会主义积极分子。

1962年，我大学毕业，可能因为我学习成绩比较好，系领导安排我报考陆侃如先生的研究生，结果被录取了。那年，陆先生招了三名研究生，除了我，还有刘文忠、陈祖美，专业是汉魏六朝文学。研究生学习的前两年，全国在贯彻党的调整巩固充实提高八字方针，除了全国性社会主义教育运动之外，没有其他运动，劳动也少了。当时高教部对研究生有明确的规定，除了学习专业，还要学习马列著作，要通过两门外语。我们的专业课，汉代文学由赵省之先生辅导，其他全由陆先生指导。陆先生当时办了一个中国古代文论研究班，参加的有文艺理论教研室的青年教师、进修教师和我们三名研究生。研究班的一个重要内容是陆先生讲授郭绍虞编的《中国古代文论选》的附录部分，还定期举行专题讨论。此外的专业学习，就是阅读魏晋南北朝时期重要的作家作品。学习的方式主要是自学，写读书笔记。笔记包括阅读后的体会、疑问等。我们每人都有两本读书笔记，轮换交给陆先生审阅。陆先生精力旺盛，处事勤敏，不留案牍。我们交的读书笔记，不超过两天就审阅完，退给我们。由于我们的外语水平基础单薄，要通过两门外语，用的时间较多，影响了专业学习。陆先生很体谅我们，减少了专业学习的内容。马列著作选读，由政治系的杨贵昌、王守昌老师指导我们导读了《反杜林论》《费尔巴哈与德国古典哲学的终结》等著作。研究生的前两年，我们基本上能集中学习，可到了 1964 年暑假开学后，正当开始撰写毕业论文时，学习中断了。10 月底，学校决定中文系待分配的以及 62 年级、63 年级的研究生到农村参加“四清”。11 月 3 日，我和刘文忠、陈祖美等同学，冒雨随大部队到了曲阜城关公社。我被分配在孔林北的荀家村。进村后，同农民同吃同住同劳动。我被安排在丰宗贞家，吃的是地瓜面煎饼，睡的是用几根木棍、木板支撑，上面用草铺成的床铺。那时孔林可以随便出入。冬天，我曾同房东一起到孔林搂草拾柴。工作方面，我和滕县的两个小青年是一个小组，我任组长，主要任务是查一个小队干部的“四不清”。查来查去，没查出什么问题。到 1965 年4 月中旬，学校通知让我们应届毕业生回校。回校后，我们赶写毕业论文。1963 年 1 月，高教部公布的研究生条例规定，研究生写毕业论文的时间不得少于 8 个月，而参加“四清”占了 6 个月。时间紧促，我们只好缩小论文的内容，同时加倍努力。我的论文题目是《如何评价庾信及其作品中的“故国之思”?》。当时，古代文学专业有 4 名研究生毕业，论文答辩的结果，我得了 4 分（良），其他 3 人都是 3 分（及格）。我的论文很快在《文史哲》1966 年第 2 期发表了。三年的研究生生活，虽然有 6 个月参加“四清”，大部分时间学习外语，学习专业的时间不多。但幸运的是，我们的导师陆先生，学识渊博，孜孜教诲，特别是他的治学精神和治学方法让我深受教益。当时毕业的研究生，由国家统一分配，因为要经过上报、用人单位选用、审批等环节，常常要等几个月才下达分配方案。我们62级是在1966年4月才接到了分配方案，分配我留校，在中文系古代文学教研室任教。

我一个贫农家的子弟能在大学当教师，从未梦想过，可今天成了现实。当时想：学生的路程走到顶了，今后要努力教学，同时争取在学术探讨方面做出成绩。人常想自己支配自己的命运，确定自己的取向。其实，常常是命运支配自己，自己确定的取向往往会成为泡沫。我留校不久，“文革”开始了。“文革”是毛主席发动的，开始时我积极参加，后来基本上是顺从听喝。“文革”的前奏，是全国上下搞“文艺批判”、批判吴晗的《海瑞罢官》。当时中文系党总支指定我们待分配的研究生参加大批判写作组。我们集体写过《〈林家铺子〉兜售的什么货色》《历史剧〈海瑞罢官〉反映的是什么政治方向》等应时随风等批判文章。这些文章都及时地在《文史哲》上发表了。“文革”正式开始后，山大人有造反的，有保守的，有挨批挨斗的，有逍遥的。各种群众组织、“战斗队”之类，纷纷成立。我参加了教工组织的偏于“保守”的“赤卫队”。因为保守，挨过“造反派”的殴打，也曾受到“造反派”中几个友好同学在小范围的批判。因为我出身好，又是党员，在“清理阶级队伍”时，我随从“造反派”的同学一起到过长沙、广州、广西、贵阳、四川等地搞过外调，也曾到山东省陵县、江苏省赣榆县、吉林梨树县做过个别同学关于家庭情况的外调。“文革”期间，继续强调知识分子和工农兵结合，我经常被派到农村、工厂劳动。印象较深的是：1969年春到平原县农村参加春播，边劳动，边整党。1969年秋到1970年春，我被安排为教育革命探索队的成员，到滕县龙阳公社龙山村，参加了7个多月的劳动。还到过章丘县普集公社搞过所谓“教改”，到过博山一个工厂做过调查。还同几个同学和萧涤非先生一起到过青岛市纺织机械厂同工人相结合。我们集体住在一间大屋子里，萧先生住下铺，我住上铺。萧先生给工人讲过毛泽东诗词。1970年6月，山东大学改为鲁迅大学，文科迁到曲阜，与曲阜师范学院合并为山东大学。我到曲阜，在校农场劳动了3个多月。1971年，学校开始招收第一届工农兵学员。工农兵学员入学后，继续坚持教育与生产劳动相结合。我没有正式给工农兵学员上过课，只是做些辅导工作，先后同部分学员到过农村、工厂、部队。曾在曲阜附近的夏家村一边劳动，一边参加“批孔”。那时，陆侃如先生刚从监禁释放，也到了夏家村，同我们同住、同劳动。后来我又到济南柴油机械厂参加劳动，还跨省到石家庄市一个机械厂劳动过。1974年冬，全国开展“批儒评法”期间，蒋维崧先生、我和几个同学，被安排到驻扎在肥城县山沟里的一支部队，同指战员一起注释《韩非子》，一直到1975年5月才返校。返校不到半年，10月我又被安排参加农业学大寨工作队，被分配到郓城县杨庄集公社大王庄，任组长，抓整顿，促生产，直到1976年10月才返校。1966年我留校时，正值“而立”之年。奴性、顺从地虚度了10年，蹉跎、迷惘地抛掉了10年。人生有几个10年！而且是人生精力最旺盛的、黄金般的10年！懊丧无济于事，愧悔徒增伤感。我向前看，决心奋起直追，努力补偿浪费的时间。

我真正从事教学和学术探讨，是从粉碎“四人帮”以后开始的。“四人帮”被粉碎，“文革”结束了，教育的酷寒冬天结束了，明媚的春光普照全国。我沐浴着明媚的春光，开始了新的路程。77级同学入学以后，我虽然兼任中文系系主任和党总支书记达18年之久，但属于“双肩挑”的教师。我长期坚守在教学岗位上。我坚持教基础课汉魏六朝文学部分，讲过古代文选，开过选修课“建安文学研究”。教材是教学之本。山东大学中文系有自编教材的传统。我参加了袁世硕先生主编的《中国古代文学作品选》的编写工作。此书由人民文学出版社出版后，至今不断再版。袁先生和我主编的《中国文学史》，2006年由中国人民大学出版社出版，2014年出了第2版，2019年出了第3版。我1981年被定为讲师，1983年被评为副教授，1990年被评为教授，1993年经国务院学科组评审为博士导师。我从1983年开始招硕士研究生，从1994年开始招博士研究生。共指导硕士19名（其中韩国学生1名），博士19名（其中韩国学生3名）。我指导的研究生毕业论文，一名硕士、一名博士的论文获得全省优秀论文奖，一名硕士、一名博士的论文获得山东大学优秀论文奖。

我留校工作以后，在完成教学任务的同时一直坚持学术上的探讨。就探讨的主要内容来看，大体上可分为三个时段。

第一个时段，自1978年到1990年，重点是建安文学。这一阶段发表的论文和出版的著作主要是有关建安文学的。齐鲁书社1983年出版了《三曹年谱》，山东教育出版社1986年出版了《建安文学论稿》，山东大学出版社1989年出版了《建安诗歌选译》。另外还发表了几篇其他方面的文章，如《〈文心雕龙·体性篇〉“八体”辨析》《刘勰对三曹评价的得失》。《建安文学论稿》是有关建安文学研究的论文集，收有16篇论文，其中有9篇先后发表在《文学评论》《文学评论丛刊》《文史哲》《文心雕龙学刊》《古典文学论丛》等书刊中。《建安诗歌选译》是应出版社之约编著的。我有关建安文学研究的论著发表后受到了学术界的关注，有些论文被转载或摘要刊载，有些常被引用。吴云教授在《建安文学研究述要》（《天津师大学报》1988年第3期）一文中认为：《三曹年谱》“对三曹的生平、政治活动和文学创作情况进行了较详细的考证”。《建安文学论稿》一书的出版，“结束了在这一领域无专题论著的局面，具有突破性的成就”。

第二个时段，从1990年到2009年。这一时段探讨的主要是东晋文艺。除了出版了《东晋文艺系年》《东晋文艺综合研究》两部专著外，还发表了多篇论文：有关《诗经》的两篇，有关陶渊明的两篇，有关《文心雕龙》的两篇等。《东晋文艺系年》把102年的东晋（包括北方十六国）有关文学、书法、绘画、雕塑和音乐等方面的史料，以时间为序，分别系于各年。全书对收录的170多位文艺家的生卒、行迹和著述等详加考订，对民间文艺也收录较全。《东晋文艺系年》出版后，学术界认为该书是研究东晋文艺的案头必备之书。1994年，该书获山东省社会科学优秀成果二等奖。《东晋文艺综合研究》是独立完成的国家社会科学基金项目。结集出版前，其阶段性成果曾在《山东大学学报》、《艺文述林》、《文史知识》、韩国顺天乡大学《汉学集刊》等刊物上发表。此书2001年出版后，2002年再版，2004年第3版，受到国内以及日本一些学者的称许。复旦大学王运熙教授说：“你过去编过《东晋文艺系年》，在充分占有材料的基础上，又进一步作综合研究，内容深入而富有新意；也为与艺术结合研究古代文学开拓了新路。”台湾大学郑吉雄教授认为，此书“以会通之观念，联系文学、书法、绘画之范畴，构筑东晋文艺之网络”。日本京都大学文学部编集《中国文学报》第6册，刊有山钢一朗的评介文章。此书2002年获山东省社会科学优秀成果二等奖，2003年获2001～2002年度山东省优秀图书奖，2004年获华东地区大学出版社第六届优秀学术专著一等奖。

第三时段从2009年开始，探讨的重点是中国古代文学史料学。主要的成果是《中国古代文学史料学》和《20世纪前半期中国古代文学史学编年》两部专著。我酝酿编著《中国古代文学史料学》始于20世纪末。从那时开始，断断续续边搜集史料、边思考。2003年，以此题申报国家社会科学基金项目，被批准。当时计划三年完成，后来因为内容有较大的拓展和反复修订，申报延长至2010年12月。此书在2011年9月出版。全书108万字，在前人研究的基础上，尝试重新建构了中国古代文学史料学体系。内容分四编：绪论编，是对文学史料这门学科的界定；历史编，论述了古代文学史料历代的演变；内容编，从背景史料、传记史料、作品史料、研究史料等方面论述了古代文学史料；方法编，论述了史料的搜集、整理、鉴别、著录、使用等问题。此书出版前在《文学遗产》《文史哲》《山东大学学报》等刊物上发表了一系列阶段性成果；全书出版后，都为学术界所嘉许。2012年获中国出版协会古籍出版工作委员会2011年度全国优秀古籍图书奖二等奖，2013年获山东省社会科学优秀成果一等奖。《中国古代文学史料学》出版以后，我开始把主要精力投入编著《20世纪前半期中国古代文学史学编年》一书。编著此书的缘起，一是认为20世纪前半期是中国古代研究由传统进入现代的一个非常重要的新时代，二是因为中外没有这方面的著述，想补阙。经过几年的努力，到2015年8月，完成了全书计划的70%，申报了国家社会科学基金后期资助项目，12月被批准。2018年8月批准结项。此书约100万字。全书以时间为序，将20世纪前半期中国古代文学史学史料按年月依次编排，所选收的史料兼顾纯文学、杂文学，兼顾实践和理论，兼顾国内外，有助于研究者按时序查阅史料，可供研究、学习古代文学之参考。2009年后，我除了编著上述两种专著外，还编著了《20世纪世说新语——趣闻逸事》一书（待出版），发表了两篇有关《文心雕龙》的论文，出版了《曹操曹丕曹植集》（合著），同袁世硕先生合编出版了十五卷《陆侃如冯沅君合集》等。《陆侃如冯沅君合集》是"十一五"国家重点图书出版规划项目，2014年获第三届中国出版政府奖提名奖。我自1993年开始享受国务院政府特殊津贴。2014年10月，获山东省社会科学突出贡献奖。2018年12月，被山东省社会科学联合会评为"山东社会科学名家"。

回想自己走过多年的学术探讨之路，也有一些粗浅的体会，大体上有以下几点。

一是注意努力创新。学术研究，贵在创新，力避因袭。清代文人袁枚强调：著书立说最忌"得人之得而不自得其得"。我在学术探讨中注意遵循这一治学原则。在我的心目中，创新主要体现在两方面：一是开拓，一是深化。开拓指的是，前此学术界基本上未及涉及的。深化指的是在前人研究的基础上加深细化。我在学术探讨中所选的题目，有些属于开拓方面的，如《东晋文艺系年》《东晋文艺综合研究》《20世纪前半期中国古代文学史学编年》。有些是属于深化方面的，如《中国古代文学史料学》。论著出版后之所以受到关注肯定，当与注意创新有关。

二是史料与理论并重。古代文学形式多样，内容丰厚。由于研究者的志趣和学养的不同，对其研究自然会有多种门径，会有所侧重，获偏于史料，或偏于理论。但就一个时代的总体而言，理想的研究应当是史料与理论的融合。我受陆侃如先生等前辈的教诲，走的是史料与理论相融合的路子。我重视史料的积累，也注意提升自己的理论素养。探讨一个问题，通常是先作史料工作，以竭泽而渔的心态，搜集史料，整理史料，在此基础上再做论述。为了探讨建安文学，我先编三曹年谱。通过编此年谱，大体上掌握了与之相关的史料。掌握了史料，再结合自己学得的理论撰写有关的论文。结果出版了《三曹年谱》和《建安文学论稿》两种专著，在史料和论述两方面为学术界提供了一点参考。我的著述中，使用的史料错误较少。曹道衡先生不止一次地对别人说："我能放心地使用张可礼先生编著的史料。"这是过誉之词，但也从一个方面说明，我在史料方面肯下笨工夫。理论永远不能离开史料，也不能代替史料。我在史料方面做的工作，自信能起到一点灰沙石子铺路的作用。

三是教学与研究相结合。高等院校的教师肩负着教学和研究两方面的责任。我研究生毕业留校任教后，一直注意教学和学术研究相结合，尽力把自己研究的心得体现在教学中，在教学中加深对研究的问题的认知。1981年，我编纂了《三曹年谱》，开始撰写建安文学方面的论文。有了上述基础，我给1979级同学开"建安文学研究"选修课。开这门课后，一面授课，一面听取同学们的意见。对讲稿，不断拓展，反复修改，后来出版的《建安文学论稿》一书，就是在讲稿的基础上修订的。我讲授文学史多年，也参编过文学史。其间，也体现了教学与研究的融合。2006年，中国人民大学出版社出版了袁世硕先生和我主编的《中国文学史》，我负责审定宋前部分，并撰写了《建安正始诗歌》和《两晋诗歌》两章。我撰写的两章，其中不少内容是我研究的心得。这部文学史由于水平较高，适合教学，至今仍为许多高等院校选用。

四是尽力做普及的工作。对于古代文学，我们应当像历代的许多学者那样，不断地做深入细致的高深研究，撰写前人想写而未及写的论著，努力从各方面提升研究的水平，同时我们也应当注意使古代优秀的文学遗产融入现实，接近民众。其重要途径是做好古代文学的普及工作。普及优秀的古典文学，不仅是传播古典文学知识，提高审美情操，更是从一个方面传播民族精神、爱国情怀，是一项有助于民族文化认同、凝聚民族精神的工作。古典文学的生命力，在很大程度上是经由普及呈现的。由于我知道普及古典文学的重要性，所以多年以来在这方面也相当尽力，取得了一些成绩。为了普及建安文学，我先后出版了《建安诗歌选译》和《曹操曹丕曹植集》（合著）。《曹操曹丕曹植集》选注、简析了三曹的重要诗文。由于此书比较适合一般读者的需求，2009年出版后，2014年又出版修订本，至2018年11月连印五次。从20世纪80年代初开始，学术界为了普及古典文学的优秀作品，相继出版了多种鉴赏性的著述。我奉萧涤非、刘乃昌、袁行霈诸位先生之命，先后撰写了多篇赏析性的文章。长久以来，在学术评价上，轻视普及性著述，我不以为然。我认为，古典文学研究者应当把撰写普及性读物，视为自己应当担当的重要职责。

我在学术探讨方面之所以能取得一点成绩，有外缘，也有内因，是外缘与内因的结合。

如上所述，我的学术探讨是从“文革”结束开始的。“文革”结束以后，全国拨乱反正，解放思想，实事求是，进入了改革开放的新时代。20世纪80年代，虽然发生过“清除精神污染”“反对资产阶级自由化”之类的事情，但时间不长，没有阻挡改革开放的历史潮流。国家长期稳定，经济发展，重视文化建设，为研究古代文学提供了亘古未有的大好时机。我珍惜这一时机，决心努力补救过去糟蹋的宝贵时间，在完成教学任务的同时，结合自己的专业，探讨学术，不断有成果问世。古代文学研究与时代密切相连。没有改革开放的新时代，我不可能在学术探讨上取得成绩。我感谢改革开放的新时代！

“人是社会关系的总和。”一个人的能耐是有限的，能在某一方面取得一点成绩，总是与多方面的支持和帮助分不开的。对此，我有深切的感受。我很幸运，我一生受到人民和众多亲友师长的厚爱和帮助。他们对我的帮助、为我付出的大量心血，我说不完，算不清。我从上初中到大学毕业，一直享受较高的人民助学金。我父母亲，含辛茹苦支持我从小学读完研究生。我1963年与张培媛结婚后，因工作难以调动，至1975年一直分居两地。她为了支持我的学习和工作，在奋力工作的同时，自己抚养三个孩子。一次，三个孩子同时患病，她用地排车拉着到医院治疗。我还遇到了很多值得特别尊敬的师友。特别是陆侃如先生，他言传身教，不仅增长了我的专业知识，还使我懂得了一些治学的方法。华东师大教授王元化，南京大学教授程千帆、周勋初，中国社会科学院研究员曹道衡、沈玉成，复旦大学教授王运熙，北京大学教授陈贻焮、袁行霈、张少康，福建师大教授穆克宏，台湾师范大学教授王更生，台湾文化大学洪顺隆，日本山口大学岩城秀夫，日本京都大学教授小南一郎，韩国顺天乡大学教授朴现圭诸位，或赐大作，或赐手书，我从中受到激励，获益良多。齐鲁书社社长孟繁海、山东教育出版社社长张华刚，人民文学出版社编审刘文忠，山东大学出版社总编辑周广璜，凤凰出版社社长江小青，安徽教育出版社编审张丹飞诸位，先后鼎力帮助出版我的著述。我教过的学生，我指导的硕士和博士，他们关心我，从多方面支持和帮助我。我很幸运，一生有那么多的、难得的相遇。没有上面列举的来自多方面的亲友的厚爱和帮助，我根本没有机遇探讨学术，更何能遑谈什么成绩！在这里，我向所有教育过我、扶持过我、表扬过我、批评过我的人，包括恩师、亲友、同事、学生，致以发自肺腑的谢忱！

我知道自己比较笨拙，没有才气，但我深信勤能补拙。我在学术探讨过程中，勤奋耕耘，而且能持之以恒，直到现在，还是这样。我铭记古人“贱尺璧，重寸阴”的教诲，勤读书、勤思考、勤写作。我兼任中文系系主任和总支书记长达 18 年。工作繁忙，除了教学、科研等系务工作外，其他如教职工有病住院、吵架、婚丧、子女上学等都是分内的事。这些占用了不少时间，但我心甘情愿，没有抱怨，而是抓紧工作，拿得起，放得下，做完工作后，争分夺秒，马上坐下来读书写作。节假日，不论是长是短，是酷暑还是严冬，我很少休息。记得 20 世纪 80 年代前后，我的住房小，为了能安静，我就整天在学生宿舍读书写作，我的《建安文学论稿》就是 1985 年在学生宿舍整理完成的。假日我也很少同家人出去游玩。有时大年初一，还照常读书写作，以致落得家人的抱怨。我有时也有玩心，也想看一些娱乐节目，但我能节制，不敢随心所欲，不愿博弈荒嬉，不愿坐抛岁月。1986 年 4 月初，我到北京人民医院治疗多发性的肾结石。医院只有一台肾结石碎石机，病号多，要排队，直到 7 月底才出院。住院期间，我坚持阅读，重读了《文心雕龙》和《南史》《梁书》等，还记了一些卡片。我勤奋，但我不拼命，注意节奏，“一张一弛，文武之道也”。我想尽力延长自己探讨学术的时间。我读书写作，很少“开夜车”，感到算总账，“开夜车”不合算。我生活比较规律，每日按时作息。时间是个常数。它公平无私，对所有的人是一样的，就看你是否能勤奋地利用了。“天道酬勤”，我之所以能在学术探讨上取得一点成绩，是长期勤奋耕耘的酬报。

我开始对古代文学进行探讨，主要是缘于兴趣，研究生毕业之后，又把它当作自己的职业。后来经过多年的学习和探讨，我逐渐加深了对中国古代文学的认识。认识到中国古代文学是中国悠久灿烂的文化的重要组成部分，是一份丰厚的宝藏，有生命力，经过开采，能大放光彩。我们万不能舍弃古代文学这一遗产，应当批判地继承其中的精华，这是提高民众的爱国情怀、审美情操和创造新文学不可缺少的。一个民族的优秀文化，没有地域的限制。中国古代文学中的优秀成果，不仅属于我们中国，也是属于世界的。长期以来，世界上有许多国家的文人学者，热爱中国的古代文学，不惜花费大量的心血研究、传播中国的古代文学。他们有时研究的某些成果，超过了我们，居于世界领先的地位。国外如此看重中国的古代文学，我们作为中华民族的子孙，更应加倍珍惜。作为一名中国古代文学的探讨者，应当感到自豪，应当有一种责任担当。对于古代文学的探讨，不能拘于职业，而应当把它作为一种神圣的事业，要有事业心。职业在很大程度上是一种谋生的手段，具有功利性、有限性。而有事业心者，源自责任，会超越自我，思想境界会更高一些，会有持久的耐力，没有休息站，只有加油站，不断地向前进，能摆脱“俗谛之桎梏”，突破多方面的限制。有了上面的认识，我对古代文学的探讨，逐渐由拘于一种职业而过渡到把它作为一种终生的事业。有了事业心，就突破了退休、年龄诸多界限。2005 年，我 70 岁退休以后，亲友多次劝我休息，但我谢绝了他们的好意。我自不量力，有争强的心态。我退而不休，力避各种牵系干扰，一如既往，潜心读书、思考、写作。我的专著《东晋文艺综合研究》《中国古代文学史料学》都是退休后反复修改出版的，后来经过近 10 年的耕耘，又编著了《20 世纪前半期中国古代文学史学编年》一书。如果没有事业心的支撑，是不可能取得上述成绩的。

据说人的自然生命，至少能活 100 岁。作家冰心说：“生命从八十岁开始。”她年过 80，片刻没有停止写作。季羡林先生把 80 岁作为自己学术研究的冲刺点，写出了一部 73 万字的《糖史》。侯仁之院士在 85 岁时，曾用“老牛自知黄昏晚，不待扬鞭自奋蹄”来自励，一直坚持工作。许多前辈为我们树立了楷模。现在我虽然桑榆暮景，但不怕老，想过有意义的晚年，仍存储着理想和希望，有一个向前的目标，愿意为之付出努力，仍在迈着不太有力的步子向前走。我常想，年迈能读书、能思考、能写作是一种福分。你看，由于多种原因，有多少人想读书、想思考、想写作而不能，而我现在还能。这岂不是一种难得的福分！我暗下立誓：有生之年，不辍读，不止思，不挂笔。

我生来驽钝，悟性不高，长期以来，在学术探讨上虽然勤奋努力，但出版的著述，水平不高。我之所以应允结成文集出版，是想借以记下自己跋涉在学术探讨道路上的足迹，自信有些著述有参考的价值。同时，想用这部文集来纪念养育我的父亲和母亲。贱集承蒙刊行，实出望外。我底子很薄，水平有限，文集中的著述难免幼稚和失误，恳请各位不吝赐正。

收在本文集中的大部分著述都是已经发表过的，有一部分是没有发表的。已经发表的著述，除了订正了个别错字外，均保持了发表时的原貌。

在本文集的编辑出版过程中，先后得到了许多同志的热心帮助。李剑锋教授在非常繁忙的情况下帮助搜集资料，尽心编辑，付出了很多心血。

潘磊博士在忙于撰写毕业论文的紧张时刻，不怕劳累，帮助搜集复印资料。中华书局的编辑葛洪春同志，认真负责，一丝不苟。对于各位的真诚帮助，我鞠躬致以谢忱！

2019 年 2 月 22 日，定稿于山东大学农子晚学斋

主要征引参考文献[1]

B

《百年山大群星璀璨》编委会编：《百年山大群星璀璨》，山东大学出版社 2001 年版。简称《百年山大》。

C

赵清阁编：《沧海往事　中国现代著名作家书信集锦》，上海文艺出版社 2006 年版。简称《沧海往事》。

姚柯夫编著：《陈中凡年谱》，书目文献出版社 1989 年版。简称《陈中凡年谱》。

朱杰人、戴从喜编：《程俊英教授纪念文集》，华东师范大学出版社 2004 年版。简称《程俊英教授纪念文集》。

张杰著：《春风桃李忆吾师》，青岛海洋大学出版社 1990 年版。简称《春风桃李忆吾师》。

D

杨佩祯等主编：《东北大学八十年》，东北大学出版社 2003 年版。简称《东北大学八十年》。

F

郭建鹏：《冯沅君陆侃如史料辑考》，《2021 山东省古典文学学会年会暨陆侃如、冯沅君学术研讨会学术论文集》（上册），山东省古典文学学会、山东大学文学院 2021 年 4 月内部编印。简称《冯沅君陆侃如史料辑考》。

---

① 文献名称以汉语拼音为序，附文献简称。正文引用只用简称。

F

济南市政协文史资料委员会、中共济南市委统战部、九三学社济南市委员会编：《风雨同舟六十年·九三学社卷》，济南出版社 2009 年版。简称《九三学社卷》。

吕家乡著：《风雨人间情》，山东人民出版社 2016 年版，其中收有《冯沅君先生》一文。简称《风雨人间情》。

蔡仲德编撰：《冯友兰年谱长编》，中华书局 2014 年版。简称《冯友兰年谱》。

尚达翔：《冯沅君先生年谱》，《河南师大学报》1986 年第 4 期。简称《冯沅君先生年谱》。

严蓉仙：《冯沅君传》，人民文学出版 1908 年版。简称《冯沅君传》。

H

孙瑞珍：《和封建传统战斗的冯沅君》，《新文学史料》1981 年第 4 期。

李振聚：《黄孝纾年表》（上、下），《山东大学中文论丛》2019 年第 3 辑（山东人民出版社 2019 年版）、第 4 辑（山东人民出版社 2020 年版）。

耿云志著：《胡适年谱》（修订本），福建教育出版社 2012 年版。简称《胡适年谱》。

杜春和、韩荣芳、耿来金编：《胡适论学往来书信选》（上、下册），河北人民出版社 1998 年版。简称《胡适论学往来书信选》。

《胡适的日记》手稿本，台北远流出版事业股份有限公司 1989 年版。简称《胡适的日记》。

曹伯言整理：《胡适日记全集》，台北联经出版公司 2004 年版。简称《胡适日记全集》。

周勋初编：《胡小石文史论丛》，南京大学出版社 2008 年版。简称《胡小石文史论丛》。

耿云志主编：《胡适遗稿及秘藏书信》第 34 册、第 36 册，黄山书社 1994 年版。简称《胡适遗稿及秘藏书信》第 34 册、第 36 册。

l

李燕博主编，北京李大钊故居研究室编著：《李大钊北京十年：教学篇》，中央编译出版社 2016 年版。简称《李大钊北京十年：教学篇》。

王淑芳、麻星甫：《李大钊与北京两师大》，《北京师范大学学报》1989 年第 6 期。简称《李大钊与北京两师大》。

臧慕莲：《两个教授　记陆侃如冯沅君二先生》，《论语》1948 年第 146 期。简称《两个教授》。

《陆晋如给牟世金的信》1983 年 1 月 14 日。简称《陆晋如给牟世金的信》。

陆侃如、冯沅君著译，袁世硕、张可礼主编：《陆侃如冯沅君合集》，安徽教育出版社 2011 年版。简称《陆侃如冯沅君合集》。

李剑锋、贺伟补编：《陆侃如冯沅君论著创作年表补编》，山东大学文学院编：《人文述林》，山东大学出版社 2017 年版。

许志杰著：《陆侃如和冯沅君》，山东画报出版社 2006 年版。简称《陆侃如和冯沅君》。

牟世金、龚克昌撰：《陆侃如传略》，《晋阳学刊》第 5 期。简称《陆侃如传略》。

吴长华：《鲁迅与冯沅君》，《文史哲》1981 年第 4 期。简称《鲁迅与冯沅君》。

M

袁世硕：《缅怀冯沅君师——写于汇编先生的论文集之后》，《新文学史料》1979 年第 3 期。简称《缅怀冯沅君师》。

R

刘文忠：《人争一口气》，人民文学出版社 2008 年版。简称《人争一口气》。

容庚著，夏和顺整理：《容庚北平日记》，中华书局 2019 年版。简称《容庚北平日记》。

S

许志杰：《山大故事》，山东大学出版社 2013 年版。简称《山大故事》。

刘培平主编：《山大第一》，山东大学出版社 2017 年版。简称《山大第一》。

孙长俊主编：《山大逸事》，辽海出版社 1999 年版。简称《山大逸事》。

杜泽逊主编，张洪刚、李振聚编：《山东大学文学院史料丛编》第一辑，山东大学出版社 2021 年版。

山东大学校史编写组：《山东大学校史》（1901～1966），山东大学出版社 1986 年版。简称《山东大学校史》。

山东大学青岛校友会编：《山东大学（青岛）人物志》，海洋出版社 1991 年版。简称《山东大学（青岛）人物志》。

刘相金、黄晓静主编：《山东大学图书馆馆史》，山东大学出版社 2019 年版。简称《山东大学图书馆馆史》。

郑春、孔令顺编选：《山东大学文学与新闻传播学院　校庆 110 周年纪念文集　记忆卷》，山东文艺出版社 2011 年版。简称《记忆卷》。

郭丽著：《瞬间与永恒》，山东文艺出版社 2003 年版。

刘文忠：《四大师：陆侃如、冯沅君、高亨、萧涤非》，《新文学史料》2015 年第 3 期。简称《四大师》。

冯钟芸：《四姑》，《芸叶集》（名家心语丛书），新世界出版社 2002 年版。简称《四姑》。

宗璞：《四姑——你能告诉我吗?》，《新民晚报》2018 年 12 月 20 日。简称《四姑——你能告诉我吗?》。

沈晖编著：《苏雪林年谱长编》，安徽文艺出版社 2017 年版。简称《苏雪林年谱长编》。

苏雪林著，张昌华选编：《苏雪林日记选》（1948～1996），商务印书馆 1917 年版。简称《苏雪林日记选》。

苏雪林著，沈晖编：《苏雪林文集》（1～4 卷），安徽文艺出版社 1996 年版。简称《苏雪林文集》。

W

张守能：《文学史家陆侃如博士——学府人物志之三》，《生活思潮》1941 年第 10 期。简称《文学史家陆侃如》。

冯沅君：《我的学生时代》，《妇女新运》1943 年第 5 期。简称《我的学生时代》。

项怀诚、张毓熙主编：《我亲爱的新山大：中文系 56 级毕业五十周年纪念册》，山东大学出版社 2010 年版。简称《我亲爱的新山大》。

龚克昌：《我研究汉赋的前前后后》，此文写于 1983 年 8 月，载其著《汉赋研究》，山东文艺出版社 1990 年版；后有收入其著《中国辞赋研究》，山东大学出版社 2003 年版。简称《我研究汉赋的前前后后》。

龚克昌：《我心目中的陆侃如先生》，《文史知识》2003年第8期。简称《我心目中的陆侃如先生》。

陈占彪编：《五四事件回忆：稀见资料》，生活·读书·新知三联书店2014年版。简称《五四事件回忆》。

X

倪墨炎：《现代文学随拾》，上海书店出版社2013年版。简称《现代文学随拾》。

Y

陆侃如：《忆沅君——沉痛悼念冯沅君同志逝世四周年》，《新文学史料》1979年第3辑。简称《沉痛悼念冯沅君同志逝世四周年》。

冯友兰：《忆沅君幼年轶事》，《文史哲》1985年第6期。简称《冯沅君轶事》。

刘增人、刘泉、王今晖编著：《1872～1949文学期刊信息总汇》，青岛出版社2015年版。简称《文学期刊信息总汇》。

山东省政协文史资料委员会编：《悠悠岁月桃李情》，中国文史出版社1991年版。简称《悠悠岁月桃李情》。

Z

贺根民：《中国小说观念的近代化进程》，齐鲁书社2010年版。简称《小说观念近代化进程》。

吴定宇主编：《中山大学校史（1924～2004）》，中山大学出版社2006年第1版。简称《中山大学校史》。

人名索引（以汉语拼音为序）

李剑锋等　编

说明：1. 本索引范围仅包括《冯沅君陆侃如年谱长编》正文“年谱目录”“年谱”“有待查补、未编年资料”部分，不涉及“引言”“编著说明”“附录”及其以后内容，也不涉及脚注内容。2. 本索引中关于冯沅君、陆侃如的条目因涉及几乎所有页码，故对常用名“冯沅君”“沅君”“陆侃如”“侃如”仅列目，不再一一标注具体页码；而对二人其他非常用名则标注页码。3. 个别条目涉及二人姓氏并称者，如“冯、陆”，为便于检索，直接以加引号的“冯、陆”形式分别列于冯沅君、陆侃如名下，其他情况以此类推。4. 个别以职务等遵称而暂时未能考出姓名者，暂用原来尊称标目；已考出或者存疑者，在小括号内注明“指/疑指某某”。

A

B

D

E

F

H

J

K

L

M

N

O

P

Q

R

S

V

W

X

Y

Z

2021 年 9 月 13 日初稿，2024 年 1 月重订

后　记

在编著本年谱过程中，我有幸得到了许多师友热诚的支持和帮助。其中有：93岁高龄逝世的原山东大学文史哲研究所的吕慧娟教授，93岁的原山东大学赵洪太教授、原山东大学中文系凌南申教授，山东师范大学中文系吕家乡教授，人民文学出版社刘文忠编审，山东大学文学院杜泽逊院长等领导，李剑锋教授、张洪刚教务员、刘晓多副研究员、郭胜昔副研究员，山东大学儒学高等研究院张雷副研究员，山东大学特聘教授龚鹏程和他的学生彦光，还有我的亲属张培媛、张晓林、宿美丽、朱思荣、张晓阳、朱月村。山东大学出版社的各位领导和编辑。他们或提供珍贵的史料，或帮助搜集复印史料，提供线索，或支持出版。2020年6月，在书稿基本完成后，我和山东大学出版社联合申报国家社会科学基金后期资助项目，结果被批准为重点项目。上述各单位和各位亲友的热诚支持和帮助，不仅帮助我解决了不少难题，同时也激励了我，使我不敢懈怠，不敢马虎，增强了责任感。对诸位的热诚帮助和支持，我感恩，我铭记在心，我衷心致谢！

由于自己学识浅陋，再加上年老昏聩，此年谱中肯定存有不少疏误。倘蒙读者诸君赐以教正，或给予严正的批评，我乐于虚心接受，并致以由衷的谢忱！

张可礼

2020年12月定稿

补后记

可礼师患病住院期间，最为念念不忘的是《冯沅君陆侃如年谱长编》修订出版之事，连手术后出院在家的几天还坚持修订和搜集资料。再次住院后，有一天晚上睡不着觉，他从病床上支撑起来，强忍着病弱之苦艰难地给我留下一张纸条，纸条上面的七条嘱托全是与该书稿相关的，包括吸收评审该稿后期资助项目的“五位专家的修改意见”、使用哪些照片、“请研究生编一人名索引”、“经费从我的经费中付”等具体交代。

将可礼师看过校样的《二十世纪前半期中国古代文学史学编年》定稿后，从今年 3 月 8 日开始，我立即着手修订《冯沅君陆侃如年谱长编》。修订的原则依然是修旧如旧，除非硬伤不做改动。所做的主要工作如下：(一) 补入编年条目等一百多条约 5 万字（含注释等)，主要资料来源有黄山书社 1994 年 12 月出版的《胡适遗稿及秘藏书信》第 34 册、第 36 册，山东省古典文学学会、山东大学文学院 2021 年 4 月初内部编印《2021 山东省古典文学学会年会暨陆侃如、冯沅君学术研讨会学术论文集》（上册)，山东大学人事部档案室藏《冯沅君自传》《陆侃如自传》，“全国报刊索引”（专业版）网络检索数据库等。所补条目一律在其前加“剑锋补”字样。(二) 增补可礼师原来目录提示有待补充的附录内容，主要是《陆侃如冯沅君先生〈中国诗史〉的主要贡献》和《史料、史识和美学的融通：陆侃如先生的中国古代文学史著》两篇文章。所补《从淦女士到冯先生——作为教师的冯沅君》一文没有用初稿，而是遵可礼师遗愿使用了《光明日报》1 月 11 日的发表稿。(三) 在附录末，剑锋自作主张增补了可礼师《我的求学与学术探讨之路》（代《张可礼文集》前言）一文。(四) 订补了相关注释、参考文献信息。(五) 订补了《冯沅君、陆侃如论著创作译著编年表》等内容。(六) 据可礼师遗稿，“冯、陆年谱插图”卡片纸说明等在相应位置补入插图 130 多幅。(七) 增补《长编》人名索引。

在书稿的修订过程中，得到师母张培媛，可礼师子女张晓林、张晓阳等同志的大力支持，研究生李思萌、刘璐（硕士生）、张宇辰、李寅捷、张月辉、侯洪震、刘璐（博士生）、杨寿苹、姚家欣等帮助核校了引文，刘林教授帮助审订了英译书名，责编张彩芸女士认真校改并帮助核订了“人名索引”。特此致谢！

捉笔涕零，所言成赘，忝为恩师《后记》补记。

李剑锋

2021年4月25日

2023年12月1日修订